성막 강해설교

김승석 목사

시온출판사

 성막 강해설교를 펴내면서

출애굽기는 총 40장인데 그 중 **성막에 대한 기록**이 25장 1절부터 31장 17절, 35장 4절부터 마지막 장인 40장 끝절까지 무려 1/3가량으로 상당히 많은 분량입니다. 그래서 출애굽기에서 성막에 대한 내용을 먼저 분리하여 강해설교를 진행하고자 합니다.

하나님은 모세를 시내산으로 부르셔서 **율법과 계명을 주시겠다고** 하셨습니다(24:12). 그 후 모세는 **하나님의 중요한 명령**을 또 받습니다(25장). 그 명령은 바로 **성막을 지으라**는 것이었습니다.

이 명령은 모세가 시내산에 올라가 빽빽한 구름 가운데 임재하신 하나님을 만나 뵐 때 특별히 주어졌습니다. 약속된 땅에 들어갈 이스라엘 백성에게 **하나님께서 함께해주신다는 가장 중요한 약속**이 바로 **성막**이었습니다. 그들은 **그 성막을 중심으로 생활해야** 했던 것입니다. 이토록 성막은 하나님의 선택된 사람들, 즉 가나안을 차지할 사람들에게 **가장 중요한 존재**였습니다.

그래서 하나님은 성막에 대해 **길고 자세하게** 말씀해주셨습니다. 성막 하나하나에 담긴 진리와 하나님의 뜻은 어느 하나도 예사롭게 여겨서는 안 될 아주 중요한 것입니다.

여기에는 선택된 자들을 구원하시는 **하나님의 구원 섭리에 대한 모든 진리와 비밀**이 담겨있습니다. 만약 일부분이라도 잘못 안다면 그만큼 하나님과 하나님의 나라, 하나님의 구원 섭리에 대해 잘 알 수 없고 그만큼 성숙한 하나님의 백성이 될 수 없습니다. 또 알지 못하는 만큼 범죄하며 살게 됩니다.

그러므로 우리는 **이 성막에 대해 자세히 알아야** 합니다. 단 한마디라도 소홀히 여기거나 무관심하거나 잘못 알아서는 안 됩니다.

성막의 모든 비밀을 푸는 열쇠는 **66권의 성경 말씀**입니다.

하나님은 모세오경 이후의 성경 말씀을 주시기 전에 **성막부터 만들게 하셨**습니다. 우선 사람들에게 **말씀하실 모든 진리를 함축해서 눈으로 볼 수 있는 모형**으로 주시고 **이 성막의 의미를 알 수 있는 성경**을 주신 것입니다. 성막은 성경을 알게 해주는 **모형**이고 성경은 성막에 대한 **설명서**입니다. 성막은 **성경 전체의 핵심적인 진리를 담고** 있습니다. 그러므로 **성막을 정확히 아는 일**은 성경 전체를 제대로 아는 것과 깊은 연관이 있습니다.

성막은 성경 전체를 그림을 보고 이해하듯이 매우 사실적이고 정확하게 알게 해주고 그 진리들의 상호 연관성과 연결점을 알게 해줍니다. 말하자면 성막의 구조와 재료, 치수, 색깔, 용도(역할)는 **66권 성경을 하나로 연결시켜서 구체적이고 분명하게 보여줍니다.** 성막은 성경의 모든 보물이 함축되어있는 **보물상자**입니다.

이것은 누구도, 어느 종교도 결코 상상하거나 흉내 낼 수 없고 **오직 완전하신 하나님만이 만들어주실 수 있습니다.**

우리에게 이 놀라운 보물상자를 열고 고귀하고 거룩한 보물들을 발견하고, 소유하고, 영원히 그 은혜를 누리도록 허용하신 하나님께 감사와 찬송과 영광을 돌려드립니다.

저자 김승석 목사

차 례

제 1 강 출25:1~7 ㅣ성막을 짓는데 필요한 물품들을 정해주시고 마련해주신 하나님 - 12

제 2 강 출25:2 ㅣ하나님께 드릴 예물, 성막을 위한 일꾼들 - 19

제 3 강 출31:6 ㅣ하나님께서 일꾼들을 부르심
         출35:4 ㅣ모든 명령을 그대로 전달한 모세
         출39:42~43 ㅣ하나님의 명령대로 모든 것을 제작한 기술자들 - 26

제 4 강 출25:8~9 ㅣ성막의 설계, 용어설명, 위치도, 평면도, <1>성막울타리 - 35

제 5 강 출27:9~19 ㅣ<2>성막 뜰, <3>번제단(1) - 46

제 6 강 출27:4~8,29:11~18 ㅣ<3>번제단(2) - 54

제 7 강 출30:17~21,38:8 ㅣ<4>물두멍(1) - 63

제 8 강 출30:17~21 ㅣ<4>물두멍(2) - 71

제 9 강 출25:8~9 ㅣ성막, <1>성소와 지성소, <2>널판 - 79

제 10 강 출36:22,24,30 ㅣ<3>널판의 받침과 촉, <4>띠, 고리, 가름대 - 88

제 11 강 출26:31~37, 27:16 ㅣ<5>세 개의 출입문(1) - 97

제 12 강 출38:18~19,36:35~38 ㅣ<5>세 개의 출입문(2) - 107

제 13 강 출26:31~37,27:16~17 ㅣ<6>성막 문들의 기둥, 받침, 갈고리 - 119

제 14 강 출26:1~14,36:14~19 ㅣ<7>성막 덮개 - 127

제 15 강 출25:31~40,37:17~24ㅣ<8>등잔대(1), [1]재료, [2]제조법, [3]구조(1) - 136

제 16 강 출25:31~40 ㅣ<8>등잔대(2), [3]구조(2) - 146

제 17 강 출27:20~21 ㅣ<8>등잔대(3), [3] 구조(3) - 157

제 18 강 출27:20~21 ㅣ<8>등잔대(4), [3]구조(4) - 166

제 19 강	출25:23~30,37:10~16	\<9\>진설병상(1),[1]상,[2]구조,[3]기구들,[4]진설병(1)-175
제 20 강	레24:5~9	\<9\>진설병 상(2), [4]진설병(2) - 184
제 21 강	출37:10~16	\<9\>진설병상(3),[4]진설병(3),[5]기물들,[6]진설병상-193
제 22 강	출37:25~28	\<10\>분향단(1), [1]단, [2]목적, [3]향(1) - 205
제 23 강	출30:1~10	\<10\>분향단(2), [3]향(2) - 214
제 24 강	출30:34~35	\<10\>분향단(3), [3]향(3) - 222
제 25 강	출30:34~35	\<10\>분향단(4), [3]향(4) - 231
제 26 강	출30:36~38	\<10\>분향단(5), [3]향(5), [4]분향(1) - 240
제 27 강	레6:12~13	\<10\>분향단(6), [4]분향(2) - 250
제 28 강	출30:6~9	\<10\>분향단(7), [5]분향에 사용되는 불(1) - 259
제 29 강	출30:3~5	\<10\>분향단(8),[5]분향에 사용되는 불(2), [6]단(1)-268
제 30 강	출30:1~10	\<10\>분향단(9), [6]단(2) - 277
제 31 강	출26:31~33	\<11\>지성소(1), [1]지성소 휘장, [2]법궤(1) - 289
제 32 강	출16:32~35	\<11\>지성소(2), [2]법궤(2) - 298
제 33 강	민17:8~10	\<11\>지성소(3), [2]법궤(3) - 308
제 34 강	출25:12~15,37:3~5	\<11\>지성소(4), [2]법궤(4) - 316
제 35 강	출25:17~22,37:6~9	\<11\>지성소(5), [3]속죄소 - 325
제 36 강	출25:18~22	\<11\>지성소(6), [4]두 그룹(1) - 335
제 37 강	출25:18~22	\<11\>지성소(7), [4]두 그룹(2), \<12\>성막 바닥-345

| 제 38 강 출28:1~5 | <13>제사장과 대제사장(1), [1]제사장 직분(1)-354

| 제 39 강 출28:1 | <13>제사장과 대제사장(2), [1]제사장 직분(2)-362

| 제 40 강 출28:2~5 | <13>제사장과대제사장(3),[2]제사장과대제사장의옷(1)-373

| 제 41 강 출39:2~6 | <13>제사장과 대제사장(4),[2]제사장과대제사장의옷(2),
| [3]제작(제작자)(1) - 383

| 제 42 강 출36:1~2 | <13>제사장과 대제사장(5),[3]제작(제작자)(2)-392

| 제 43 강 출36:1~2 | <13>제사장과 대제사장(6),[3]제작(제작자)(3)-401

| 제 44 강 출28:4~5 | <13>제사장과 대제사장(7),
| [4]대제사장을 위해 지을 옷과 사용할 실,
| [5]여섯가지 복식(1), ①에봇과 띠 ②두 개의 견대 - 409

| 제 45 강 출28:9-14 | <13>제사장과 대제사장(8),
| [5]여섯 가지 복식(2), ③견대의 보석(1) - 419

| 제 46 강 출28:9~14 | <13>제사장과 대제사장(9),
| [5]여섯 가지 복식(3), ③견대의 보석(2) - 429

| 제 47 강 출28:9~14 | <13>제사장과 대제사장(10), [5]여섯 가지 복식(4),
| ③견대의 보석(3), ④땋은 순금 사슬 - 440

| 제 48 강 출28:15~30 | <13>제사장과 대제사장(11), [5]여섯 가지 복식(5),
| ⑤판결 흉패(1) - 451

| 제 49 강 출28:22~28 | <13>제사장과 대제사장(12), [5]여섯 가지 복식(6),
| ⑤판결 흉패(2) - 459

| 제 50 강 출28:28 | <13>제사장과 대제사장(13), [5]여섯 가지 복식(7),
| ⑤판결 흉패(3) - 468

| 제 51 강 출28:28 | <13>제사장과 대제사장(14), [5]여섯 가지 복식(8),
| ⑤판결 흉패(4), ⑥우림과 둠밈 - 478

제 52 강	출28:31~34	<13>제사장과 대제사장(15), [5]여섯 가지 복식(9), [7]에봇 받침 겉옷(1) - 487
제 53 강	출28:33~35	<13>제사장과 대제사장(16), [5]여섯 가지 복식(10), [7]에봇 받침 겉옷(2) - 496
제 54 강	출28:33~35	<13>제사장과 대제사장(17), [5]여섯 가지 복식(11), [7]에봇 받침 겉옷(3) - 505
제 55 강	출28:36~39	<13>제사장과 대제사장(18), [5]여섯 가지 복식(12), [8]관 - 517
제 56 강	출28:40~42	<13>제사장과 대제사장(19), [6]제사장 직분의 위임 - 525
제 57 강	출29:1~3	<13>제사장과 대제사장(20), [7]위임식(1) - 535
제 58 강	출29:1~3	<13>제사장과 대제사장(21), [7]위임식(2) - 545
제 59 강	출40:1~8	<14>성막의 설치, <15>재료 총량의 기록, <16>복을 내리심 - 553
제 60 강	출40:33~38	<17>모든 명령을 기록함, <18>모세의 순종, <19>여호와의 임재, <20>구름의 인도 - 562

제 1 강

성막을 짓는 데 필요한 물품들을 정해주시고 마련해주신 하나님

〈출25:1~7〉
1여호와께서 모세에게 말씀하여 이르시되 2이스라엘 자손에게 명령하여 내게 예물을 가져오라 하고 기쁜 마음으로 내는 자가 내게 바치는 모든 것을 너희는 받을지니라 3너희가 그들에게서 받을 예물은 이러하니 금과 은과 놋과 4청색 자색 홍색 실과 가는 베 실과 염소 털과 5붉은 물 들인 숫양의 가죽과 해달의 가죽과 조각목과 6등유와 관유에 드는 향료와 분향할 향을 만들 향품과 7호마노며 에봇과 흉패에 물릴 보석이니라

하나님께서 우리에게 주신 영화롭고 거룩한 세계로 들어가 보겠습니다.

시내산으로 모세를 부르신 하나님께서 말씀하셨습니다.

> 〈출25:1~2〉
> 1 여호와께서 모세에게 말씀하여 이르시되
> 2 이스라엘 자손에게 명령하여 내게 예물을 가져오라 하고 기쁜 마음으로 내는 자가 내게 바치는 모든 것을 너희는 받을지니라

1 **하나님께서는 이스라엘 백성들에게 성막을 짓는 데 필요한 물품들을 바치라고 명령**하셨습니다.

2절에 "이스라엘 자손에게 **명령하여** 내게 예물을 가져오라 하라"고 하셨습니다.
35장 4,5절에 "모세가 이스라엘 자손의 온 회중에게 말하여 이르되 여호와께서 **명령하신 일이** 이러하니라 이르시기를 너희의 소유 중에서 너희는 여호와께 드릴 것을 택하되 마음에 원하는 자는 누구든지 그것을 가져다가 여호와께 드릴지니" 했습니다.

하나님께서 이스라엘 백성들에게 성막을 지어 봉헌하라고 하신 이유는 **그들 중에 거하시기 위함**입니다.
하나님은 모든 민족 중에서 이스라엘 백성을 특별하게 **선택**하시고 그들에게 **하나님의 계시**와 그에 따른 **신앙**이 있게 하셨고 자신을 위한 궁전(성막)

을 **그들 중에 세우라**고 명령하신 것입니다. 그 궁전은 '**성소**', 즉 '**거룩한 곳**', '**거소**'로 불렸습니다.

하나님은 이스라엘의 왕이시므로 **이스라엘 가운데** 자신의 궁전을 지으신 것입니다. 그래서 히브리서 9장 1절에서는 그 궁전을 '세상에 속한 성소'라 했습니다.

이 성막을 통해 하나님께서는
(1) **이스라엘 백성 중에 자신의 임재를 나타내고자** 하셨습니다.

성막은 **하나님의 임재를 나타내는 표시와 증거를** 알리기 위한 것이었습니다.

백성들은 성막이 그들의 한 가운데 있는 한 "여호와께서 과연 우리 가운데 계시는가?" 하고 물을 수 없었습니다. 이스라엘 백성들이 광야에서 **천막 생활을 해야** 했기 때문에 하나님께서는 자신의 궁전도 **장막으로 만들게** 하셨습니다.

(2) **이스라엘 백성들에게 충성과 예물로 하나님을 섬기도록 명령**하셨습니다.

백성들은 **하나님의 뜻을 듣기 위해** 그리로 와야 했고, **희생물을 가져와야** 했으며, **하나님께 경의를 표하기 위해** 그곳에서 모두 만나야 했습니다.

(3) **그 성막을 상징적인 것이 되게** 하셨습니다.

손으로 만들어진 성막은 '**본래의 것의 모형**'이었습니다(히9:23).
예수께서 이 땅에 오신 이후 복음으로 세워진 **교회**는 "참 **장막이니 주께서 세우신 것이요 사람이 세운 것이 아니니이다**(히8:2)" 라고 했습니다.
예수께서 그의 몸을 통해 죄인의 속죄를 이루셨으므로 그 몸은 '**더 크고 온전한 장막**'이 된 것입니다(히9:11).

모세는 자기의 고안으로 성막을 만들 수 없었으며, 자기의 소유물을 가지고 지을 수도 없었습니다.

하나님은 이스라엘 백성들에게 **성막을 만들 재료들을 가져오라고** 명령하셨습니다.

그 이유는 분명했습니다.
(1) 이스라엘 백성들을 애굽에서 해방시켜주시고 애굽인들에게 받은 재물들로 부유하게 하신 분이 **하나님이셨기 때문**입니다.

그러므로 그들은 하나님께서 약속해주신 젖과 꿀이 흐르는 땅에 들어가기 앞서서 주신 재물의 얼마를 하나님을 위해 바침으로써 받은 은총에 대해 감사드림이 **마땅했습니다.**

여기서 우리가 깨달아야 할 것이 있습니다.
1) **하나님께서 얻게 하신 재물을 가장 훌륭하게 사용하는 방법은 하나님과 그 뜻을 위해 사용하는 것입니다.**

그것이 바로 **하나님께 영광을 올려드리는 것입니다.** 하나님과 그 뜻을 위해 사용될 재물이 그와 상관없이 사용된다면 그것은 하나님께 돌려야 할 영광을 돌리지 않는 것입니다. 그것이 어찌 죄가 아니겠습니까?

2) **우리의 삶에서 복된 결과를 이루었을 때는 그에 합당한 몫을 성별하여 하나님께 바쳐드림으로 평소보다 더 하나님께 영광을 올려드려야 합니다.**

우리가 평소에도 **받은 은혜에 합당한 몫**을 하나님께 드려야 하는데 크게 성공하고 큰 복을 받고도 그렇게 하지 않는다면 그것은 **무지하고 염치없는 일입니다.** 이런 사람은 더 큰 은혜와 복을 받기에 합당하지 못한 사람입니다.

(2) **성막은 이스라엘 백성들에게 계속해서 더 큰 은혜를 주시기 위해 세워지는 것이므로 그들이 마땅히 그 비용을 지불해야 합니다.**

지독한 노예생활을 하며 겨우 굶지 않고 살던 그들이 애굽에서 나온 후에는 모든 나라 사람들이 생계를 위해 하는 일의 수고도 없이, 아무 사고나 병드는 것도 없이 매일 하늘에서 내려주신 만나와 메추라기를 배불리 먹고 의복이 해지지 않고 발이 부르트지도 않고 불기둥, 구름기둥의 인도를 받아 전적인 하나님의 도우심으로 살았습니다. 그런데 하나님께서 친히 명령하신 그것을 부당하다고 여기거나 부담스러워하거나 인색하게 한다면 그들은 그동안의 큰 은혜와 앞으로의 은혜 역시 받을 자격이 없습니다.

이런 이유들 때문에 하나님은 성막을 짓는 데 필요한 물품들을 "내게 예물로 가져오게 하라"고 하신 것입니다.

우리 그리스도인들은 내가 **하나님의 은혜로 이 땅에 존재하고, 영육 간에 많은 것을 소유하고 있다**는 사실을 기억해야 합니다. 더불어 나의 전부를 **하나님께 영광 올려드리는 일에 사용해야 마땅하다**는 것도 잊지 말아야 합니다.

우리는 한순간도 하나님의 은혜와 도움이 없이는 존재할 수 없으므로 **언제나 하나님을 위해 살아야** 합니다. 이것을 진정으로 깨닫고 사는 사람들이 **하나님을 알고 섬기는 사람들**입니다.

나는 과연 그런 사람인가 점검해보시기 바랍니다.

② 하나님은 드릴 물품의 품목들을 자세하게 정해주셨습니다.

> 〈출25:3~7〉
> 3 너희가 그들에게서 받을 예물은 이러하니 금과 은과 놋과
> 4 청색 자색 홍색 실과 가는 베 실과 염소 털과
> 5 붉은 물 들인 숫양의 가죽과 해달의 가죽과 조각목과
> 6 등유와 관유에 드는 향료와 분향할 향을 만들 향품과
> 7 호마노며 에봇과 흉패에 물릴 보석이니라

5절의 '해달의 가죽'은 '질기며 부드러운 가죽'입니다.

'조각목'은 '싯딤나무'로 아카시아의 일종이며 애굽과 아라비아 일대에서 많이 생성됩니다. 그 나무의 질이 매우 가볍고 오래간다고 합니다.

6절에서 '관유'는 '사람 머리에 붓는 기름'입니다.

7절을 더 잘 번역하면 "대제사장의 예복인 에봇과 흉패에 달 호마노라"입니다.

이와 똑같은 말씀이 35장 5~9절에도 나옵니다.

하나님은 이스라엘 백성들이 바칠 것들에 대한 **세부사항을 언급**하셨습니다. **성막을 지으라고 명령하시기 전에 그 설계와 재료를 이미 완벽하게 정해놓으신 것**입니다.

하나님께서 우리에게 명령하시는 일 중 단 한 가지도 **즉흥적으로 되는 일은 없습니다**. 하나님은 모든 것을 **사전에 세심하고 완벽하게 계획**하시고 그에 필요한 모든 것(사람, 물질, 기후 등)을 **예비하시고** 이루십니다.

하나님은 **이스라엘 백성들에게 필요한 모든 것을 주셨습니다**. 그리고 성막 짓는 일을 명령하시며 그에 필요한 것들을 가져오라고 하신 것입니다.

하나님은 주시지 않는 것을 가져오라고 하시거나 다 가져오라고 하지도 않으셨습니다. 그것 중 일부, 즉 그들이 **마땅히 하나님께 드릴 몫**을 요구하신 것입니다.

이스라엘 백성들이 성막을 위한 물품들을 너무 많이 가져와서 쓰고도 남게 되자 모세는 "더 이상 가져오지 말라" 고 명령했습니다(36:5,6).

백성들은 그 정도로 **많은 물품**을 하나님께 드렸으나 살아가는 데에 **부족함이나 지장이 없었고 오히려 점점 더 많은 은혜를 받아누렸습니다.**

우리는 하나님께서 명하시는 것을 드릴 때 하나님이 이런 분이심을 명심해야 합니다. 하나님은 결코 없는 것을 가져오라 하시거나 하나님의 몫이 아닌 우리의 몫을 가져오라고 하시지 않습니다. 하나님은 우리가 **하나님께 감사로 드려야 할 물품까지 채워서 주심으로써 하나님과 우리의 사랑의 관계가 잘 유지되게 하시고 더욱 돈독하게** 해주십니다. 따라서 우리가 하나님의 백성으로서 **계속해서 은혜를 받아 누리게** 해주시는 것입니다.

자신이 가지고 있는 것을 **하나님께 드리기를 부담스러워하고 인색해하는 교인들**이 있습니다. 이들이 그렇게 하는 이유는 **하나님을 너무도 모르기 때문**이며 **하나님의 몫과 나의 몫을 구분하지 못하고 모두 나의 몫이라고 여기기 때문**입니다.

그것은 **도둑심보**입니다. 하나님의 몫까지 내 몫이라 여겨 차지하는 사람이 누구의 몫인들 그렇게 못하겠습니까? 우리는 하나님께 드리는 일을 부당하게 여기거나 인색하게 하여 **하나님의 것을 착복해서는** 안 됩니다.

이런 교인들은 자신의 **보잘것없는 믿음과 죄악**을 깊이 뉘우치고 회개해야 합니다. 그런데 많은 교인들이 이것을 제대로 알지 못하고, 심지어 제대로 가르쳐주는 선생도 별로 없습니다.

여기서 우리가 또 알아야 할 것이 있습니다.
(1) 하나님께서 언급하신 품목들은 **매우 귀하고 비싼 것이었습니다.**

하나님 자신이 **최선**이시므로 그들에게 주신 것 중에 **가장 좋은 것을** 바치도록 하신 것입니다. 하나님은 **값비싼 물질들도** 그들에게 주셨고 그중에서 **성막을 짓는 데 필요한 만큼만** 가져오게 하셨습니다.

먼저 **하나님께 드리기에 합당한 품질의 것을** 우리에게 주시고 **그중의 일부**, 즉 **하나님의 몫을** 요구하시는 것입니다.

그러므로 하나님의 명령은 **결코 부당하거나 무리한 것이 아니며** 그것에 불만을 품거나 인색할 이유가 없습니다. 그렇게 하는 사람은 **염치없고 악한 사람**입니다. 우리는 이런 사람이 되지 않도록 **항상 깨어있어야** 합니다.

(2) 하나님께 바치라고 한 물품들은 그들의 소유처럼 **여러 종류였습니다.**

금과 보석 같은 귀금속을 가진 사람들은 그것을, 그것이 없는 사람들은 염소털이나 숫양의 가죽을 가져왔습니다.

우리가 남들만큼 값진 것을 드릴 수 없다 하여 아무것도 드리지 않아서는 안 됩니다. 우리의 **능력대로 정성껏 드릴 때 하나님은 기쁘게 받아주십니다.** 하나님은 우리가 **가지지 않은 것, 주시지 않은 것을 요구하지 않으십니다**(고후8:12).

예수님은 두 렙돈을 드린 과부를 보시고 그가 가장 많이 드렸다고 하셨습니다. 하나님은 **사람들의 심중을 꿰뚫어 보신다는 사실** 또한 잊지 마시기 바랍니다.

(3) **여인들은 자신이 가장 소중하게 여기는 것도 바쳤습니다**(출35:22).

여인들은 소중한 장식품들, 즉 팔찌, 가락지, 명패와 목걸이 등을 바쳤습니다. 여인들, 더욱이 처녀들에게는 장신구들이 매우 소중합니다. 그러나 그때의 여인들은 **자신보다 하나님의 집을 아름답게 장식하는 것을 더 좋아하여 아낌없이 드렸습니다.**

우리에게 귀하고, 가치가 있고, 그것으로 말미암아 점점 가치가 높아질 수 있더라도 **하나님을 위해 기꺼이 바칠 수 있어야** 합니다. 이렇게 하는 것이야말로 **모든 것을 하나님께서 주셨음을 진정으로 인정하고 감사**하는 자세입니다.

만약 값싼 것, 적은 것만 드리고 더 값진 것, 더 많은 것으로 하나님께 드리지 못한다면 그 사람은 **그만큼 하나님이 어떤 분이신지, 하나님이 내게 무엇을 얼마나 주셨는지 모르는 사람**입니다. 이런 사람은 그 **무지와 불신앙을** 속히 깨닫고 변화되어야 합니다. 그렇지 않으면 **하나님께 계속해서 은혜를 받을 수 없을 뿐 아니라 하나님마저도 잃어버리는 위험에 빠지게** 됩니다.

(4) 그들이 바친 물품들은 **애굽인들에게 받아 가지고 나온 것들**이었습니다.

그들은 애굽에서 점점 더 심한 노예생활을 하며 피폐하고 가난해졌습니다. 그 상태로 그냥 있었다면 그들은 어떤 물품도 소유할 수 없고 하나님께 드릴 수 없었습니다. 그런데 그들이 애굽에서 나올 때 **하나님의 권능의 역사로 말미암아** 애굽인들에게서 많은 금은보화와 물품들을 가지고 나왔습니다. 그러므로 그들이 갖게 된 모든 재물은 **100% 하나님에 의해** 다른 민족에게서 건네받은 것입니다. 그들 중 족장들은 애굽인들에게 더 큰 영향력을 행사할 수 있었기 때문에 더 값지고 좋은 물품들을 가지고 나왔을 것입니다.

하나님은 이스라엘 백성들이 400년 동안이나 노예생활하며 착취당했던 것을 **충분히 보상받게** 해주셨습니다. 그들은 **갑자기 상당한 부자가 된 것입니다**. 따라서 그들은 비록 광야생활을 했지만 꽤 많은 물질을 가지고 사용하며 치장하며 살 수 있었습니다.

   그런데 바로 그 **물질들은** 하나님께서 **친히 명령**하심에 따라 **하나님의 영광을 위해 사용**되었습니다. 애굽인들에게 받았든, 이스라엘 백성이 직접 만들었든 **모든 것은 하나님께로부터 나온 하나님의 것**입니다. 모든 사람이 소유하고 있는 것들 역시 마찬가지입니다. 불신자나 우상숭배자들은 하나님도 모르고 이런 사실도 알지 못합니다. 그러나 **하나님의 백성들은 반드시 그 사실을 알아야** 했습니다.

   그러므로 하나님은 이스라엘 백성들에게 그들이 애굽인들에게서 받은 재물 중에서 하나님께 드릴 것을 가져오라고 **명령하심으로써** 이 모든 것이 **본래부터 하나님의 것**이라는 **중요한 사실을 깨닫게 해주셨습니다.**

   여기서 우리가 다시 한번 알 수 있는 사실은 세상 만물이 하나님의 것이므로 하나님은 그 어느 민족, 어떤 사람들에게나 **하나님이 쓰실 것을 요구하신다**는 것입니다. 만약 아무것도 없는 사람에게 "너 어디에서 무엇을 해라" 하신다면 하나님은 그 일에 필요한 것을 **누구에게서든지 받아서 사용하게** 하십니다.

   그러므로 우리 하나님의 사람들은 하나님께서 **"무엇을 하라"** 하셨을 때 내가 무엇을 가지고 있든지 없든지 **순종해야** 합니다.

   "나는 가진 것이 없으므로 할 수 없습니다" 라고 하는 사람은 **하나님이 어떤 분인지 모르고, 도무지 하나님을 신뢰하지 못하는** 사람입니다. 내가 못하는 이유는 하나님을 알지 못하고 신뢰하지 않기 때문이지 결코 내 손에 무엇이 없어서가 아닙니다.

제 2 강

하나님께 드릴 예물, 성막을 위한 일꾼들

〈출25:2〉
이스라엘 자손에게 명령하여 내게 예물을 가져오라 하고 기쁜 마음으로 내는 자가 내게 바치는 모든 것을 너희는 받을지니라

① **하나님은 이스라엘 백성들에게 성막을 짓는 데 필요한 물품들을 바치도록 명령**하셨습니다.
② **하나님은 드릴 물품들의 품목을 자세하게 정해주셨습니다.**
③ **하나님은 이스라엘 백성들에게 그 물품들을 "예물로 드리게 하라" 하시고 "마음이 우러나와서 바치는 자들의 예물을 받으라" 하셨습니다.**

2절 뒷부분을 더 잘 번역하면
"바치고자 하는 마음이 우러나와서 바치는 자들의 예물을 받으라" 입니다.

35장 21절에 **"마음에 감동된 모든 자와 자원하는 모든 자가 왔다"** 했습니다.
이 말씀을 더 잘 번역하면
"마음이 움직이는 사람, 스스로 바치기를 원하는 사람은 여호와께 예물을 가져왔다" 입니다.

하나님께서는 "이스라엘 백성 모두에게 예물을 받으라" 하지 않으셨습니다. 성막을 위해 바치는 물품들은 세금처럼 내는 것이 아니라 **자발적으로, 감사예물로 바쳐드리는 것**이어야 했습니다.
마음이 우러나와서 바치는 것은 하나님께 예물을 바치는 사람에게 절대적으로 필요한 자세입니다.

훗날 신약시대에도 하나님께 드리는 **연보**를 그렇게 드려야 한다고 가르치고 있습니다(고후8:11). 하나님께 예물을 드리는 자세는 신구약성경을 막론하고 **'자원하는 심리'**를 가르칩니다. 하나님께서는 **'기쁘게 드리는 자를 사랑하신다'** 하셨습니다(고후9:7).

하나님은 성막을 위해 바칠 품목을 말씀하셨지만 그 양에 대해서는 언급하지 않으셨습니다. 그러나 그것은 **반드시 예물**이어야 하고, 따라서 "**마음이 우러나와서 바쳐야 한다**" 하셨고, "**마음이 움직이는 사람, 스스로 바치기를 원하는 사람이 바쳐야 한다**" 고 분명히 말씀하셨습니다.

여기에서 우리는 깨달아야 할 것이 있습니다.
하나님께 무엇을, 얼마나 바치겠다는 마음이 우러나는 일, 그래서 스스로 바치겠다고 마음이 움직인 사람이 과연 누구일까요?
하나님이 도와주셔야 하나님께 바치려는 마음도 생기고 우러나옵니다.
믿음 역시 우리의 능력이나 노력으로 가질 수 없습니다. 우리가 성령을 통해 하나님에 대해 깨닫는 것, 말씀을 지키고 명령을 이행하는 것도 마찬가지입니다. **하나님의 도우심이 없이는** 하나님과 관련한 어느 것도 알 수 없고 할 수도 없습니다.

이 말은 또 다른 중요한 의미가 있습니다.
하나님께서는 **아무에게서나 받지 않으시고 합당하게 여기시는 사람들을 통해** 받으십니다. 사람의 마음을 움직이고, 우러나오게 하셔서 무엇을 언제 어떻게 드릴지 **결정하고 실행하게** 하십니다.
하나님께서 무엇을 받으신다면 적어도 그 사람에게 **하나님의 영이 직접 역사하시고, 하나님을 알며 하나님의 뜻에 참여할 사람들을 통해 받으십니다.** 하나님과 관련이 없는 사람, 하나님과 하나님의 은혜를 도무지 알지 못하는 사람들에게 예물을 요구하지 않으십니다.

하나님은 애굽인들이 가지고 있던 물질들을 하나님께로 가져오게 하셨습니다. 그러나 애굽인들의 손이 아닌 **하나님의 백성**, 그것도 **하나님의 은혜를 아는 이스라엘 백성의 손으로** 가져오게 하셨습니다. 그런 사람이라야 **하나님께 진정으로 감사하며 예물을 드릴 수 있는 것입니다.**

그래서 먼저 그 물품들을 "**하나님께 예물로 드리라**" 하셨고, 그렇게 할 수 있는 사람은 "**하나님의 감화와 감동을 받아 무엇을 언제 어떻게 드릴지 마음이 움직이고, 마음이 우러나오는 사람**" 이라고 하신 것입니다.

여기서 우리가 또 깨달을 것은
(1) 우리가 무엇을 하나님께 예물로 드릴 수 있다는 것은 **거룩하고 특별한 은혜입니다.**

내가 하나님의 택하신 백성이 되고, 하나님이 감화, 감동하셔서 무엇을, 언제, 어떻게 하나님께 예물로 드릴지 마음이 움직이고 우러나와서 드릴 수 있는 **특별하고 거룩한 하나님의 은혜**를 입고 있는 것입니다.

불신자나 우상숭배자도 하나님께 무엇을 바칠 수는 있지만 그것은 결코 **우리처럼 드리는 것이 아니며 하나님이 받으실 예물이 될 수 없습니다.**

(2) 우리는 하나님께서 하나님의 몫으로 주신 것을 하나님께 드리는 것이고 (내 것으로 드리는 것이 아님) **하나님께서 감화, 감동해주셔서 드리는 것입니다.**

그러므로 하나님께 무엇을 드린 후에 내가 하나님께 선행을 했다고 여기거나 내 자신을 칭찬하거나 영광을 차지하려 해서도 안 됩니다.

(3) 우리는 하나님께 드리면서 더 큰 보상을 바라서도 안 됩니다.

하나님께서 먼저 내게 주셨고 나로 하여금 그것을 자원하는 마음으로 드릴 수 있게 하셨으며, 그래서 그것이 하나님이 받으실 만한 예물이 되게 하셨습니다. 그러므로 우리는 결코 **그 행위에 대해 또다시 하나님께 보상을 바라서는 안 됩니다.**

우리는 이렇게 **하나님의 도움을 받아 하나님의 것을 드렸을** 뿐인데 **하나님은 그것을 받으시고 그것에 따라 더 큰 은혜를 계속해서 내려주시겠다고** 약속하십니다.

우리는 이렇게 고맙고 좋으신 하나님께 **항상 진심 어린 감사와 찬송을** 드려야 합니다.

내가 이렇게 감사예물을 드려왔는지 정직하게 살펴보시기 바랍니다.

4 하나님께서는 모세로 하여금 성막과 하나님을 섬기는 데에 관련한 시설과 도구들을 만들 일꾼들을 부르게 하셨습니다.

〈출31:1~11〉
1 여호와께서 모세에게 말씀하여 이르시되
2 내가 유다 지파 훌의 손자요 우리의 아들인 브살렐을 지명하여 부르고
3 하나님의 영을 그에게 충만하게 하여 지혜와 총명과 지식과 여러 가지 재주로
4 정교한 일을 연구하여 금과 은과 놋으로 만들게 하며
5 보석을 깎아 물리며 여러 가지 기술로 나무를 새겨 만들게 하리라
6 내가 또 단 지파 아히사막의 아들 오홀리압을 세워 그와 함께하게 하며 지혜로운 마음이 있는 모든 자에게 내가 지혜를 주어 그들이 내가 네게 명령한 것

을 다 만들게 할지니
7 곧 회막과 증거궤와 그 위의 속죄소와 회막의 모든 기구와
8 상과 그 기구와 순금 등잔대와 그 모든 기구와 분향단과
9 번제단과 그 모든 기구와 물두멍과 그 받침과
10 제사직을 행할 때에 입는 정교하게 짠 의복 곧 제사장 아론의 성의와 그의 아들들의 옷과
11 관유와 성소의 향기로운 향이라 무릇 내가 네게 명령한 대로 그들이 만들지니라

〈더 제대로 된 번역〉
2 지명하여 부르고→뽑았다.
3 하나님의 영을 그에게 충만하게 하여 그에게 모든 일을 할 수 있는 기술과 능력과 지식을 줄 것이다.
4 설계를 잘하고 또 금과 은과 놋으로 그 설계대로 만들 수 있는 재능을 그에게 주리니
6 내가 단 지파 아히사막의 아들 오홀리압을 뽑을 것이라 내가 그와 함께하며 기술이 좋은 모든 사람에게도 기술을 더해주어 그들이 내가 명령한 것을 다 만들게 할 것이다.

(1) 하나님은 성막과 모든 기구를 만들 사람들을 친히 뽑으셨습니다(31:2).

1) 하나님은 먼저 수석 공인으로 브살렐을 뽑으셨습니다.

하나님은 브살렐에 대해 "유다 지파 훌의 손자요, 우리의 아들이라" 하셨습니다.
그의 부친뿐 아니라 조부와 소속 지파까지 분명하게 밝히셨습니다. 이렇게 성경은 역사성에 입각하여 기록된 진실임을 보여줍니다.
하나님은 모든 인류의 역사를 시작하게 하신 분입니다. 그러므로 하나님께서 성경에 기록하게 하신 모든 기록은 어떤 역사책보다도 더 강한 역사성을 가지고 있습니다.

하나님은 브살렐에 대해 누구보다 정확하고도 상세히 아셨습니다.
우리는 나 자신에 대해서도 정확하게 알지 못하나 하나님은 모든 사람에 대해 깊이 알고 계십니다. 그리고 하나님의 뜻에 따라 누구를 뽑아서 사명을 주실 때에도 그가 할 일을 먼저 완벽하게 계획하시고 부르십니다.
그러므로 누구든지 하나님께 뽑힘을 받고 사명을 받았다면 그 사명 실행

에 있어서 **하나님이 자기와 함께해주심을 믿고** 그 일을 해낼 수 있고 **하나님에 의해** 완수하는 것입니다.

브살렐은 하나님께서 **가장 즐겨 사용하셔서 영광을 거두신 족속인 유다 지파**에 속했고 **훌**의 손자였습니다. 훌은 아말렉 전투에서 모세의 팔을 들어 세워주었던 사람으로서 모세의 부재시에 아론과 함께 백성을 치리했습니다. 하나님은 **이스라엘 백성 중에서도 가장 충성된 집안에서** 첫 번째 공인을 선택하신 것입니다.

유대 전승에 의하면 훌은 모세의 누이인 미리암의 남편이었다고 합니다. 하나님께서는 그 성막을 만드는 일의 총책임자로 **모세의 친척들에게 명예가 주어지게** 하셨습니다. 이는 모세가 임의로 자신이나 자신의 가문에 영광을 돌리게 한 것이 아닙니다. 그것은 **순전히 하나님께서 친히 하신 일**입니다.

하나님은 때때로 **누구보다도 선하고 충성된 종들과 그 후손들에게 친히** 영광을 부여해주십니다.

2) 하나님은 브살렐의 협력자로 **단 지파**의 오홀리압을 뽑으셨습니다(6절).

"**내가 단 지파 아히사막의 아들 오홀리압을 뽑을 것이라 내가 그와 함께 하며 기술이 좋은 모든 사람에게도 기술을 더해주어 그들이 내가 명령한 것을 다 만들게 할 것이다**" 했습니다.

오홀리압은 별로 명예를 지니지 못한 지파 중 하나인 **단 지파**의 사람이었습니다. 하나님께서는 **미약한 자들도** 하나님의 일에 **등용하여 영광스러운 일을 하게** 하십니다. 이렇게 하여 부족한 지체 위에 존귀를 더하십니다(고전12:24). 그리고 머리가 발에게 "나는 네가 필요 없다" 고 말하지 못하게 하십니다. 훗날 솔로몬 성전을 지을 때의 수석 공인도 **단 지파** 사람이었습니다(대하2:14).

예수께서 제자들을 전도하라고 내보내셨을 때도 **둘씩** 보내셨습니다.

또한 초대교회 때 최초 이방인들에게 보내는 선교사로 바울과 바나바를 함께 보내셨고 바나바가 떠나버리자 주님은 곧이어 실라를 붙여주셨습니다.

하나님은 **사람들에게 무엇이 가장 적절한지 잘 알고** 계십니다. 우리는 하나님의 일을 할 때 **하나님께서 적절하게 붙여주시는 사람들과 동역하기를 힘써야** 합니다.

3) 하나님은 이 사람들의 여러 가지 일을 도울 일꾼들도 뽑으셨습니다.

> 출35:10 무릇 너희 중 마음이 지혜로운 자는 와서 여호와께서 명령하신 것을 다 만들지니
> 〈더 제대로 된 번역〉
> 무릇 너희 중 기술이 좋은 사람들은 다 와서 여호와께서 명령하신 것들을 다 만들어라.

> 〈출36:1~2〉
> 1 브살렐과 오홀리압과 및 마음이 지혜로운 사람 곧 여호와께서 지혜와 총명을 부으사 성소에 쓸 모든 일을 할 줄 알게 하신 자들은 모두 여호와께서 명령하신 대로 할 것이니라
> 2 모세가 브살렐과 오홀리압과 및 마음이 지혜로운 사람 곧 그 마음에 여호와께로부터 지혜를 얻고 와서 그 일을 하려고 마음에 원하는 모든 자를 부르매
> 〈더 제대로 된 번역〉
> 1上브살렐과 오홀리압과 다른 모든 손재주 있는 사람, 즉 여호와께서 재주와 지혜를 부으사
> 2 모세가 브살렐과 오홀리압과 및 여호와께서 재능을 주신 다른 모든 손재주 있는 사람들을 불렀다. 그들은 일을 돕고 싶은 마음이 있어서 모였다.

하나님은 이스라엘 백성 중에 '기술 좋은 사람들', 즉 '여러 가지 손재주'를 가진 사람이 있게 하셨습니다.
"여호와께서 재능 주신 다른 모든 손재주 있는 사람들을 불렀다. 그들은 일을 돕고 싶은 마음이 있어서 모였다" 했습니다.

하나님께서는 브살렐과 오홀리압을 도와 각종 일을 할 사람들도 부르셨는데 그 사람들에게 재능을 주셔서 모든 손재주가 있게 하셨고 하나님의 일을 돕고 싶은 마음을 주셨습니다. 즉 다른 여러 일도 하나님께서 그 일에 쓰실 사람들을 미리 선택하시고 그들에게 재능을 주실 뿐 아니라 하나님의 일을 돕고 싶은 마음도 가지게 하셔서 부르시고 일하게 하신 것입니다.

우리가 하나님의 일에 쓰이고 있다면 우리도 이런 특별한 은혜를 받은 것입니다.

그러므로
가. 우리는 주신 특별한 은혜에 대해 하나님께 감사하며 일해야 합니다.

나. 우리는 하나님께서 주신 마음과 재능으로 일하게 된 것입니다.

내가 특별해서 하나님의 일을 하는 것이 아님을 기억해야 합니다.

　다. **우리는 무슨 일을 하든지 모든 영광을 하나님께 돌려야 합니다.**
　아무리 내가 크고 중하고 많은 일을 할지라도 **모든 공적과 영광은 하나님께만 드려야** 합니다. 그것을 내게 돌리거나 나를 나타내고 자랑한다면 그것은 **참으로 어리석고 배은망덕한 짓**입니다. 이런 사람들이 너무 많습니다.

　라. **성도들은 하나님의 백성이요, 일꾼으로서 위와 같은 재능과 마음을 얻도록 간절히 바라고 구해야 합니다.**
　어떤 교인들은 남다른 지식과 경험과 재물을 가지고 있으나 하나님의 일을 하고자 하는 마음이 없고, 재능을 하나님을 위해 사용하지 않습니다.
　그런 사람은 결코 정상적인 그리스도인이 아니고 지혜롭고 충성된 종이 아닙니다. **어린아이 신자이거나 불신자입니다.**

　마. **우리는 나 외에도 하나님께서 부르시고 재능을 주시고 사용하실 사람들이 이미 예비되어 있으며 세워지고 있다**는 사실을 알고 일해야 합니다.
　하나님의 일은 하나님께서 처음부터 마지막까지 모든 것을 계획하시고 완성하십니다. 사람이든 재능이든 물질이든 **친히 예비하시고 채우시고 이루십니다.**
　내가 땀 흘려 일하고 있을 때 나를 돕는 사람이 아무도 없는 것처럼 보여도 하나님은 **이미 여러 사람을 부르시고 사용하고 계십니다.** 그리고 아직은 그렇게 보이지 않더라도 **때가 되면 나처럼, 나보다 더 훌륭하게 부르심을 받고 일할 사람들이 있습니다.** 하나님께서 누구를 언제 어떻게 부르시고 사용하실지 우리는 다 알 수 없지만 어린아이를 포함한 **모든 그리스도인은 하나님의 일꾼이며, 일꾼이 될 소중한 사람들**입니다.
　그러므로 우리는 주변에 있는 모든 성도들을 **소중하게 여기고 사랑하고 성장시켜야** 합니다. 결코 이들과 하나 되기를 게을리하거나 이들에게 해를 끼치거나 배신하는 죄를 짓지 않도록 기도해야 합니다.

제 3 강

하나님께서 일꾼들을 부르심
모든 명령을 그대로 전달한 모세
하나님의 명령대로 모든 것을 제작한 기술자들

〈출31:6〉
내가 또 단 지파 아히사막의 아들 오홀리압을 세워 그와 함께하게 하며 지혜로운 마음이 있는 모든 자에게 내가 지혜를 주어 그들이 내가 네게 명령한 것을 다 만들게 할지니

〈출35:4〉
모세가 이스라엘 자손의 온 회중에게 말하여 이르되 여호와께서 명령하신 일이 이러하니라 이르시기를

〈출39:42~43〉
42여호와께서 모세에게 명령하신 대로 이스라엘 자손이 모든 역사를 마치매 43 모세가 그 마친 모든 것을 본즉 여호와께서 명령하신 대로 되었으므로 모세가 그들에게 축복하였더라

하나님은
1 이스라엘 백성들에게 성막을 짓는 데 필요한 물품들을 바치도록 명하셨습니다.
2 드릴 물품들의 품목을 자세하게 정해주셨습니다.
3 이스라엘 백성들에게 그 물품들을 "예물로 드리게 하라" 하시고 "마음이 우러나서 바치는 자들의 예물을 받으라" 하셨습니다.
4 모세로 하여금 성막과 하나님을 섬기는 데에 관련한 시설과 도구들을 만들 일꾼들을 부르게 하셨습니다.

(1) 하나님은 성막과 모든 기구를 만들 사람들을 친히 뽑으셨습니다(31:2).

(2) 하나님은 뽑으신 일꾼들에게 필요한 특별한 선물을 주셨습니다.

31장 6절을 더 잘 번역하면

"내가 또 단 지파 아히사막의 아들 오홀리압을 뽑을 것이다. **그와 함께하며 기술 좋은 모든 사람에게도 기술을 더하여 주어** 그들이 내가 네게 명령한 것을 다 만들게 할찌니" 입니다.

하나님은 이미 '기술이 좋은 사람들'이 있게 하셨는데 성막을 잘 만들게 하시기 위해 "**그들과 함께해주신다**" 하셨고 그들에게 "**기술을 더하여 주신다**" 했습니다.

> 출35:10 무릇 너희 중 마음이 지혜로운 자는 와서 여호와께서 명령하신 것을 다 만들지니
> 〈더 제대로 된 번역〉
> 마음이 지혜로운 자→*기술이 좋은 사람들*

하나님께서는 성막을 만드는 데 필요한 모든 물품을 미리 이스라엘 백성들에게 주셨을 뿐만 아니라 그것을 가지고 **하나님께서 의도하시는 대로 만드는 기술 좋은 사람들도** 예비해주셨습니다. 또한 그들에게 **더 좋은 기술을 더해주셨습니다.**

하나님은 있는 자들에게 더 있게 하실 수 있는 분이십니다.

여기서 우리가 알아야 할 것이 있습니다.
1) 사람들이 가진 다양한 기술은 **하나님께서 주신 귀한 선물**입니다.

사람 속에 **지혜나 지식을 주시는 분도** 하나님이십니다(욥38:36). 하나님은 농부나 상인들에게는 **분별력을** 가르치십니다(사28:26). **모든 일반적인 기술**도 하나님께서 주시는 것이므로 그에 대해서도 사람들은 하나님께 감사해야 합니다. 만약 하나님께서 각종 기술을 주시지 않았다면 사람들도 짐승들과 다를 바 없었을 것이고 만물을 지배하고 다스릴 수 없었습니다.

2) **하나님은 그 선물을 각 사람에게 나눠주십니다.**

어떤 사람들에게는 이런 기술을, 어떤 사람들에게는 저런 기술을 주십니다. 그것은 모든 사람이 **서로 돕고 살도록** 하신 것입니다.

> 〈출31:3~5〉
> *3 하나님의 영을 그에게 충만하게 하여 지혜와 총명과 지식과 여러 가지 재주로*
> *4 정교한 일을 연구하여 금과 은과 놋으로 만들게 하며*
> *5 보석을 깎아 물리며 여러 가지 기술로 나무를 새겨 만들게 하리라*
> 〈더 제대로 된 번역〉

> 3 하나님의 영을 충만하게 하여 그에게 모든 일을 할 수 있는 기술과 능력과 지식을 줄 것이다.
> 4 **설계를 잘하고 또 금과 은과 놋으로 그 설계대로 만들 수 있는 재능을** 그에게 주리니

모세는 **하나님과 교통하며 이스라엘 백성을 다스리는 데 최적의 사람**이었습니다. 그러나 창조주 하나님의 설계에 따라 세상에서 유일무이한 건물인 성막과 그 부속물을 만드는 일에는 **브살렐이 더 적합**했습니다.

하나님은 사람들에게 **다양한 능력과 성향**을 주셨는데 그것은 **인간 공통의 유익을 위한** 것입니다. 그러므로 하나님께 남다른 기술이나 지식을 받은 사람들은 그것을 이용해서 자기만을 위해 사용해서는 안 되며 자신만의 부를 축적해서도 안 됩니다. 그것은 **본래 하나님께서 주셨고, 모든 사람의 공통의 유익을 위해 주셨으므로** 모든 사람이 혜택을 누리도록 사용해야 합니다.

더욱이 **하나님께서 주신 기술이나 지식은 하나님을 위해 쓰는 것이 마땅합니다.** 하나님께서 또한 그렇게 하게 하십니다.

하나님은 시대에 따라 새로운 기술과 지식을 사람들에게 주셨는데 사람들은 그 대부분을 하나님과 상관없이 마음대로 이용했습니다. 그러나 하나님은 그것들을 하나님의 뜻에 따라 복음이 각 나라와 민족에 점점 더 신속하고 효율적으로 전파되는 일과 **최종적으로 하나님의 뜻을 이루는 일에 가장 적합하고 적절히 사용되게** 하셨습니다. 즉 **복음전파를 위해** 가장 선용되게 하셨습니다. 문자와 과학기술, 도로와 교통수단 발전이 그 좋은 예입니다.

그러므로 하나님의 뜻을 이루기 위해 사용할 기술이나 지식을 자신을 위해서만 사용하거나 다른 데에만 쓴다면 그 모든 것 또한 **하나님의 것을 도둑질하고 악용**하는 죄를 범하는 것입니다.

3) **하나님께서 주신 기술이나 지식을 가진 사람들 중에 하나님께서 쓰실 사람들은 직접 찾아내시고 부르십니다.**

하나님께서는 성막을 짓는 데에 쓰실 사람들을 **친히** 지명하여 뽑으시고 부르셨습니다.

세상에는 남다른 기술과 지식이 있는 사람들이 많으나 하나님께서 **하나님의 일을 위해 쓰실 사람들은 합당하게 여기시는 사람만을 선별하시고** 사용하십니다. 이런 사람은 어떤 기술자, 지식자보다도 **영광을 얻은 사람**입니다.

한동안 이 땅에 존재하다가 사라질 사람들만을 위해 기술과 지식을 사용하는 것보다 영존하시는 하나님, 창조주 하나님과 영원히 천국에서 살 사람들을 위해 사용하는 것이 **얼마나 더 가치 있고 복된 일**입니까?

이런 사람들은 **누구보다 복 받은 사람들**이요, **지혜 있는 사람들**이며 누구보다도 하나님께 더 큰 감사와 찬송을 돌려드려야 합니다.

하나님의 사람들은 내가 하나님과 하나님의 나라를 위해 어떻게 쓰이고 있든지 세상의 어떤 일을 하는 사람보다 **영적 자부심과 긍지를 가지고**, 어떤 일보다도 **기쁘고 즐겁게** 하고, **온 정성을 다해서** 해야 합니다.

나는 지금 어떻게 하고 있는지 살펴보시기 바랍니다.

> 〈출35:30~35〉
> 30 모세가 이스라엘 자손에게 이르되 볼지어다 여호와께서 유다 지파 훌의 손자 우리의 아들인 브살렐을 지명하여 부르시고
> 31 하나님의 영을 그에게 충만하게 하여 지혜와 총명과 지식으로 여러 가지 일을 하게 하시되
> 32 금과 은과 놋으로 제작하는 기술을 고안하게 하시며
> 33 보석을 깎아 물리며 나무를 새기는 여러 가지 정교한 일을 하게 하셨고
> 34 또 그와 단 지파 아히사막의 아들 오홀리압을 감동시키사 가르치게 하시며
> 35 지혜로운 마음을 그들에게 충만하게 하사 여러 가지 일을 하게 하시되 조각하는 일과 세공하는 일과 청색, 자색, 홍색 실과 가는 베 실로 수 놓는 일과 짜는 일과 그 외에 여러 가지 일을 하게 하시고 정교한 일을 고안하게 하셨느니라
> 〈더 제대로 된 번역〉
> 31 **하나님의 영을 그에게 충만하게** 하여 **기술과 능력과 지식을 주셔서** 여러 가지 일을 하게 하시되
> 32 **설계를 잘하고** 또 금과 은과 놋으로 **그 설계대로 만들 수 있는 재능을 그에게 주셨다.**
> 33下 **여러 가지 재주를 다 가지게** 하셨다.
> 34下 오홀리압에게 **다른 사람들을 가르칠 수 있는 능력을 주셨다.**
> 35上 주님께서는 **그들에게 온갖 일을 할 수 있는 능력을 주셨다.**

하나님께서는 뽑으신 사람들에게 "그 모든 일을 할 수 있는 **기술과 능력과 지식을 주신다**" 했고 "**설계를 잘하고 금과 은과 놋으로 그 설계대로 만들 수 있는 재능을 주신다**" 했습니다. 또한 "**여러 가지 기술로 나무를 새겨 만들게 하신다**" 했고 "**다른 사람들을 가르칠 수 있는 능력을 주셨다**" 했습니다.

성막은 **하나님 자신이 설계자**이시며 그동안 이 세상 어디에도 없던 것입니다.

그러므로 이 성막의 건축은 그동안 사람들이 가진 모든 기술과 지식을 동원해도 하나님의 의도를 완벽히 충족할 수 없습니다. 당시 시내산 앞에 온 백성들은 전생애 동안 애굽에서 노예생활했던 사람들입니다. 그들 중에는 애굽 사람들의 명령에 의해 금, 은, 동 세공품을 만드는 기술을 배우고 그들이 시키는 일을 했던 사람들이 있었으나 그것은 기껏 건물이나 우상이나 장식품 등을 만드는 일부분일 따름이었습니다. 애굽이 가지고 있던 모든 기술과 지식을 노예들이 다 가지고 있을 수는 없었습니다.

또한 하나님께서 지으실 유일무이한 성막과 그 부속품들을 만드는 일은 이스라엘 백성들과 애굽의 모든 기술자들의 기술과 지식을 다 모은다 해도 불가능했을 것입니다.

그래서 하나님은 친히 뽑으시고 부르신 사람들에게 **하나님의 의도에 맞게 성막을 지을 수 있는 기술과 능력과 지식을 불어넣어주시고 더해주신** 것입니다.

하나님은 **사명을 주실 때 그 일에 필요한 능력도 함께 주십니다.**

하나님께서 처음 시내산으로 모세를 부르시고 애굽으로 가서 하나님의 백성을 구원해내라 하셨을 때 모세는 혼자서 그 일을 할 수 없다고 생각했습니다. 더욱이 당시 모세는 미디안 광야에서 목동생활을 한 지 40년이나 되었으므로 애굽에 있을 때 가졌던 지식과 화술과 담대함도 다 잃은 상태였습니다. 그래서 "나는 입이 둔하고 뻣뻣하게 돼서 말도 제대로 할 수 없습니다" 한 것입니다. 그때 하나님은 **그에게 권능을 보여주시면서 "내가 너와 함께하니 가라"** 하셨습니다. 과연 모세는 '**하나님의 권능**'을 가지고 가서 **위대한 일을 완수했습니다.**

하나님은 오늘날에도 누구에게 "가서 내 증인이 되라" 하실 때 **그가 그 일을 하는 데에 필요한 것을 주십니다.**

하나님은 우리를 사용하셔서 **복음의 성막,** 즉 금, 은, 동, 각색 실이 아닌 **복음과 진리로 전 세계 구석구석에 예수 그리스도의 교회를** 세우십니다. 그러므로 히브리서 기자가 말한 것처럼 장차 지어질 장막, 즉 신약시대에 지어질 그리스도의 교회는 '**더 크고 온전한 장막**'입니다. 그 일은 분명히 성막을 짓는 것보다 **더 크고 막중합니다.**

따라서 **우리 그리스도의 제자들, 진정한 복음전파자들이 받은 하나님의 선물은** 옛날 성막을 지은 사람들이 받은 것보다 **훨씬 크고 강력합니다.** 주님은 **우리가 그 일을 완수할 수 있도록 모든 필요를 보장하고** 계십니다.

우리가 주 예수 그리스도를 진정 주인삼고, 자기를 부인하고 자기 십자가를 지고 변함없이 주님의 뒤를 따라가기만 하면 주님은 우리에게 필요한 신령한 선물들, 즉 거룩한 사명수행에 필요한 기술과 능력과 지식을 얼마든지 주십니다. 벙어리 같은 입을 열어 능력의 복음이 선포되게 하십니다.

그러므로 우리는 하나님의 손에 붙들려 성막을 만들었던 사람들보다 더 잘 하기 위해 날마다 부르짖어 기도하며 자신을 잘 가다듬고 무장해야 합니다.

4) 하나님은 이 모든 것을 위해 일꾼들에게 성령을 부어주셨습니다.

"하나님의 영을 그에게 충만하게 하여" 모든 것을 만들게 하신다고 했습니다(31:3, 35:31).

그들은 하나님께서 친히 설계하신, 유일무이한 하나님의 궁전의 모든 것을 완벽하게 만들 만한 기술과 능력과 지식이 없었습니다. 그것은 사람들에게서 나올 수 있는 것이 아니었습니다. 하나님께서 일꾼들에게 성령의 충만을 부어주셔서 기술과 능력과 지식을 주셨기에 하나님의 의도에 따라 모든 것을 완벽하게 만들 수 있었던 것입니다.

오늘날도 하나님은 부르신 일꾼들에게 하나님의 뜻과 의도에 맞게 일할 수 있도록 성령충만을 부어주십니다. 이런 일꾼들은 사람들에게서 배운 기술과 능력과 지식을 훨씬 능가하는, 하나님께서 친히 주신 거룩한 선물을 가지고 모든 일을 완수하게 됩니다. 성령충만 받지 않고도 하나님의 일을 할 수는 있지만 인간의 기술과 능력과 지식으로만 일하는 일꾼은 결코 하나님의 설계와 의도를 충족시킬 수 없습니다.

오늘날 하나님의 일을 한다고 하나 하나님의 의중과 다르게 하고, 하나님께서 인정하실 수 없도록 하는 등의 여러 부작용을 빚어내는 일꾼들이 많이 있습니다.

그러므로 우리 그리스도의 일꾼들, 특히 사람의 영과 육을 구원하는 전도자들은 반드시 성령충만함을 받아야 합니다.

성막과 사도행전은 처음부터 끝까지 이 사실을 모든 교회와 성도들에게 강력하게 가르칩니다.

5 모세는 모든 하나님의 명령을 이스라엘 백성에게 전했습니다.

모세는 "여호와께서 명령하신 일이 이러하니라" 하면서 이스라엘 온 회중에게 모든 명령을 전달해주었습니다(35:4).

하나님께서는 성막에 관련된 모든 것, 즉 사용될 재료, 기술자, 앞으로 살펴볼 각 부분의 치수, 색깔, 용도 등 모든 것을 일일이 모세에게 말씀해주셨습니다. 그 어느 것 하나라도 누군가가 임의로 하거나 변경해서는 안 되므로 모세는 어느 것 하나도 빠짐없이 백성에게 전달해주었습니다.

하나님께서 무엇을 말씀하셨다는 그것이 곧 완전이고 최선입니다. 하나님처럼 완전하고 선하신 분은 없기 때문입니다.

그러므로 하나님의 백성들은 하나님의 사업을 행할 때 하나님의 뜻과 지시대로만 해야 함을 명심해야 합니다.

하나님께서 모세를 통해 창세기 서두를 기록하게 하실 때 천지창조야말로 우주만물, 그중에 작은 별인 지구의 형태, 궤도, 직경, 행성의 고도와 크기 등 더할 나위 없이 장중하고 어마어마한 구조이며 매우 다양한 항목으로 구성되었겠으나 하나님은 그것에 대해서는 대단히 간결하고도 개괄적인 기록만 하도록 하셨습니다.

그러나 같은 사람 모세가 성막에 대해 기록할 때에는 최대의 섬세함과 정확성을 기울여 묘사하게 하셨습니다. 그만큼 성막이 의미하는 진리가 우주만물의 신비보다도 사람들에게 더 중요한 것임을 알 수 있습니다.

하나님께서 예수 그리스도를 통해 이루시는 그리스도의 교회와 하나님의 나라는 인간들에게 있어 가장 소중한 것입니다. 그러므로 우리는 이 우주만물과 그 장엄하고 기묘한 원리원칙은 다 모르더라도 예수 그리스도의 교회와 하나님의 나라는 가장 중요하게 여기고 자세히 알고 믿어야 합니다.

하나님께서는 우주만물과 모든 현상을 통해 사람들이 하나님을 발견하고 인식해서 하나님을 섬길 수 있는 넘치는 관점을 우리에게 설명해주고 계십니다. 그러나 인간들은 그것을 끊임없이 보고 느끼고 즐기면서도 결코 하나님을 제대로 알고, 믿고, 섬길 수 없습니다. 따라서 하나님은 기록된 성경을 통해 하나님의 은혜와 계시에 우리가 보다 친숙해지고 하나님을 정확히 알고 섬길 수 있도록 해주신 것입니다.

하나님은 이 거룩하고 가장 고귀한 진리를 성막을 통해 모세 시대 때부터 말씀해주셨습니다. 따라서 성막에 관한 말씀은 매우 섬세하고 정확했던 것입니다. 모세는 그 모든 하나님의 말씀을 조금도 가감 없이 그대로 전달했고 그것을 출애굽기에 낱낱이 기록했습니다.

하나님을 제대로 아는 사람은 하나님의 말씀과 계시에 대해 어느 한 부분도 소홀함이 없이 자세히 보고 들으며 한 부분도 빠짐없이 그대로 전달하고 그대로 순종합니다. 모세가 이렇게 할 수 있었던 것도 성령충만했기 때문이었습니다.

그러므로 우리도 하나님과 진리를 한 부분도 가감 없이 정확하게 전하고, 그대로 순종하기 위해서는 반드시 성령충만해야 합니다.

6 기술자들이 하나님의 명령대로 성막제작에 착수했습니다.

36장 3절 이하를 보면 기술자들이 성막제작을 시작했는데 그 일에 필요한 물품과 자재가 이미 충분함에도 불구하고 백성들이 계속해서 가지고 오므로 모세가 그만 가져오라고 명령합니다.

여기서 우리가 알아야 할 것이 있습니다.

(1) 당시 이스라엘 백성들은 하나님의 명령에 순종하여 성막제작에 필요한 것들을 바치되 넘치도록 바쳤습니다.

이때 그들의 열정도 하나님께서 주신 것이었습니다.

하나님은 이스라엘 백성들을 위해 성막을 짓게 하실 때 그것에 필요한 물품을 바칠 백성들을 선별하시고 그들의 마음에 감동을 주셔서 아까워하지 않고 넘치도록 바치게 하신 것입니다. 그 결과 하나님께서 합당하게 여기시는 사람들이 즐거운 마음으로 바치는 예물이 성막을 짓기에 충분하고도 남게 되었습니다.

이는 모든 것의 소유주이신 하나님께서 함께하시기 때문입니다.

하나님의 일에 부르심을 받은 사람들은 하나님만을 전적으로 의지하고 그 명령대로 순종하고 충성해야 합니다. 이것이 하나님의 일꾼들이 가져야 할 기본자세입니다.

(2) 하나님께 부름 받은 기술자들은 청백했습니다.

그들이 만약 탐심을 품었더라면 백성들이 물품들을 계속 가져올 때 빼돌리거나 착복할 수 있었습니다. 그러나 누구도 그렇게 하지 않았습니다.

이런 사람들이기에 하나님이 부르시고 성령에 의해 기술과 능력과 지식을 불어넣어주신 것입니다.

정직하고 충성된 일꾼들은 결코 물질을 탐하거나 의지하지 않습니다.

물질을 탐하고 의지하는 사람은 하나님을 제대로 모르는 사람이요, 하나님을 두려워할 줄 모르는 사람이고, 하나님을 충성되게 섬기는 사람이 아닙니다.

하나님은 **하나님을 전적으로 신뢰하고 두려워하며 정직하고 충성되게 일하는 사람**에게 **영육 간에 필요한 것을 부족함 없이 채워주셔서** 그에게 맡기신 일들을 **완수하게** 하십니다.

그러나 그렇지 않은 사람들에게는 이런 은혜를 주시지 않습니다. 따라서 그들은 **사람의 수단이나 노력으로** 하나님의 일을 합니다. 그들은 **언제나 부족함이 있고 결코 하나님이 보시기에 합당한 결과를 만들 수 없습니다.** 이런 사람들이 수단과 노력을 다해 큰 건물을 짓고 사람들을 많이 모으고 이런저런 일들을 한다 해도 하나님께서 함께하시고 주장하시지 않으므로 **많은 부작용을 낳고** 오히려 **하나님의 뜻을 방해**하고, **하나님의 영광을 가리게** 됩니다.

그러므로 하나님의 일꾼들은 무슨 일을 하기에 앞서서 **하나님께서 함께하셔서 사용하시는 사람, 하나님 보시기에 정직하고 충성된 사람**이 되기를 힘써야 합니다. 이런 사람은 사람의 눈으로 보기에 대단해 보이지 않는 일을 할지라도 **하나님께서 인정하시고, 기뻐하시고, 영광 받으시는 일**을 합니다.

성막 기술자들은 **하나님께서 명령하신 대로** 모든 일을 했습니다. 따라서 그들이 하고자 하는 일에 조금도 **부족함이 없었습니다.**

제 4 강

성막의 설계, 용어설명, 위치도, 평면도, 〈1〉 성막울타리

〈출25:8~9〉
8내가 그들 중에 거할 성소를 그들이 나를 위하여 짓되 9무릇 내가 네게 보이는 모양대로 장막을 짓고 기구들도 그 모양을 따라 지을지니라

1 성막의 설계

성막은 **하나님께서 전적으로 자신의 뜻에 따라 친히 설계하셨습니다.**

8절을 더 잘 번역하면
"백성에게 말하여 나를 위한 거룩한 집인 성소를 짓게 하여라 내가 그곳에 있으면서 백성과 함께 살 것이다" 입니다.

성막은 하나님께서 친히 **조감도**(모양)를 자세히 보여주시고 각 부분의 치수, 재료, 색깔 등 **모든 것을 하나님께서 직접 세밀하게 설계해주셨습니다.**

이것은 **중요한 사실을 알게 해줍니다.**
1) **그 설계 안에 거룩하고 특별한 뜻이 세밀하게 반영되어있음**을 보여줍니다.
2) **성막은 하나님의 나라**(천국), 즉 **새 예루살렘의 영광을 보여줌**과 동시에 **그 모형**입니다.
3) 성막 속에 **장차 오실 메시야**(예수 그리스도)**가 상세하게 계시**되어 있습니다.

성막은 하나님의 거룩하고 특별한 뜻이 담긴 **살아있는 한 폭의 그림**과 같습니다.
이를 위해 하나님은 시내산에서 **40주야 동안** 모세와 **함께하시며** 율법과 이 설계도를 마련해주셨습니다(출24:18). 이는 성막이 의미하는 것, 즉 **하나님의 교회**는 사람이 아니라 **하나님께서 친히 설계하여 만드셨음**을 보여줍니다.
하나님은 우주만물을 친히 설계하시고 만드셨습니다. 그러나 인간이 타락함으로써 이 세상은 하나님이 거하실 수 없게 되었고 하나님은 **타락한 죄인들 중 얼마를 구원하시고 그들의 하나님이 되시려고 이 우주만물과 전혀 다른 하나님의 교회를 친히 설계하시고 제작하게** 하신 것입니다.

다만 그 재료는 이미 하나님이 만들어주신 것 중에서 하나님의 백성이 예물로 드리게 하셨습니다.

하나님의 교회, 하나님의 나라는 예수 그리스도로 말미암아 이 땅에 세워지게 하시는데 그 설계 하나하나는 하나님께서 예수 그리스도를 통해 선택하신 백성들을 구원하시는 것을 보여줍니다.

예수 그리스도는 결코 죄인들이 만들 수 없듯 예수 그리스도의 교회를 예표하는 성막의 어느 것 하나도 사람들이 관여하거나 만들 수 없었습니다. 오직 성삼위 하나님만이 만드실 수 있습니다.

하나님은 이 완전하고 거룩한 하나님의 나라에 예수 믿고 구원 얻은 사람들을 불러 모으십니다. 이 나라는 이 세상과 전혀 다른 세계입니다.

성막은 예수 그리스도로 말미암아 구원받은 하나님의 백성만이 성삼위 하나님과 영원히 거하는 천국을 예표하기도 합니다.

2 용어

'성막'은 히브리어로 '마슈칸'으로 '머물다'에서 파생된 말입니다. 영어로는 Tabernacle입니다.

'성막'은 성경에 세 가지 용어로 사용되며, 그 의미는 아래와 같습니다.
① 회막/ 약속에 의한 만남(출33:7,민11:16)
② 장막/ 야훼의 장막,하나님의 집(왕상2:28,대상6:48)
③ 증거막/ 증거궤가 들어있는 막(출25:22,38:21)

3 성막의 위치도(배치상황)

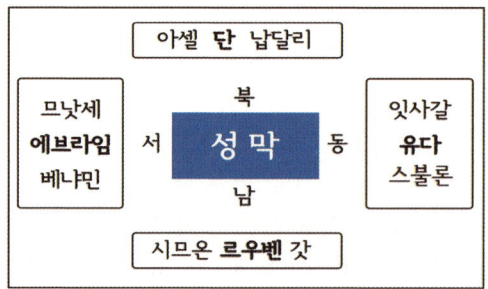

출애굽한 이스라엘 백성의 인구는 약 300만 명이며, 그들이 거하던 **12지파**의 **천막**은 수천 개입니다. 그 천막들의 색은 **잿빛이거나 검정색**입니다.

이들은 **사각형 모양으로** 진을 쳤는데 **그 중앙에 화려하고 아름답고 찬란한 집, 성막**이 있습니다.

(1) **하나님의 집과 인간의 거처는 전혀 어울림이 없었습니다.**

인간들의 거처에는 이기심, 교만, 불결한 마음들, 적대감, 시기, 질투, 미움, 비애, 싸움, 배신 등 **온갖 죄악과 더러운 모습들**이 있습니다.

(2) **하나님은 그 백성들 가운데 거하기를 원하셨습니다.**

하나님은 성막을 백성들의 거처 가운데에 짓도록 명하시고 그곳에 계셨습니다. 이렇게 하나님은 **선택하신 백성들에게 가까이 오셔서 돌봐주십니다.**

(3) **하나님의 백성들은 하나님의 집을 중심하여 살아야 합니다.**

이스라엘 백성들은 성막 사방으로 3지파씩 진을 치고 살았습니다.
하나님은 그들과 **함께하시고** 적들의 침략을 **막아주시고 앞길을 인도**해 주셨습니다. 만약 백성들이 **이 성막을 중심하지 않고 이탈한다면 그들은 멸망**할 수밖에 없습니다. 여기서 하나님은 **하나님의 백성들이 하나님 중심으로 사는 것**이 얼마나 중요한지를 분명히 가르쳐주셨습니다.

그들은 **이동할 때도 하나님을 중심으로** 했습니다.

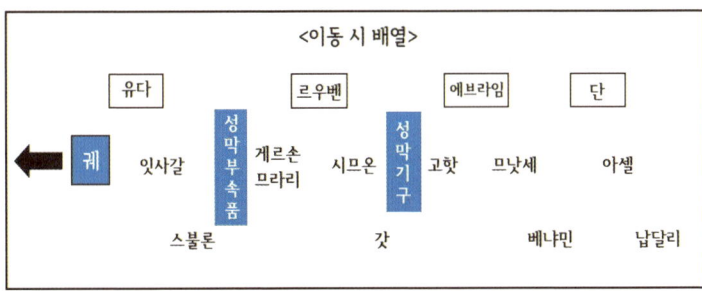

그들이 행진할 때는 대열이 달라졌는데 **그것은 하나님께서 직접 명하신 것으로써 가장 효율적인 대형**이었습니다.

하나님은 우리에게 **지위와 위치와 역할을 세심히 정하시고 명하십니다.**

우리 각자의 과거와 현재와 미래에 대해 하나님만큼 정확하게 아는 존재는 없습니다. **하나님께서 당신의 백성(교회)으로 삼으신 자들의 모든 것은 하나님께서 처음부터 마지막까지 친히 계획하시고 주장**하십니다.

그러므로 각 개인과 가정과 교회는 하나님의 통치를 잘 알고 따를 때 **최상의 평안과 복을 누리게 됩니다.** 이 **완벽한 하나님의 인도**를 조금이라도 벗어나거나 어긋난다면 그만큼 부진함과 실패와 손실과 고통을 당하게 됩니다. 성도들은 **모든 것을 주 하나님을 전적으로 주인삼고 의지하며 해야 합니다.**

4 성막의 평면도

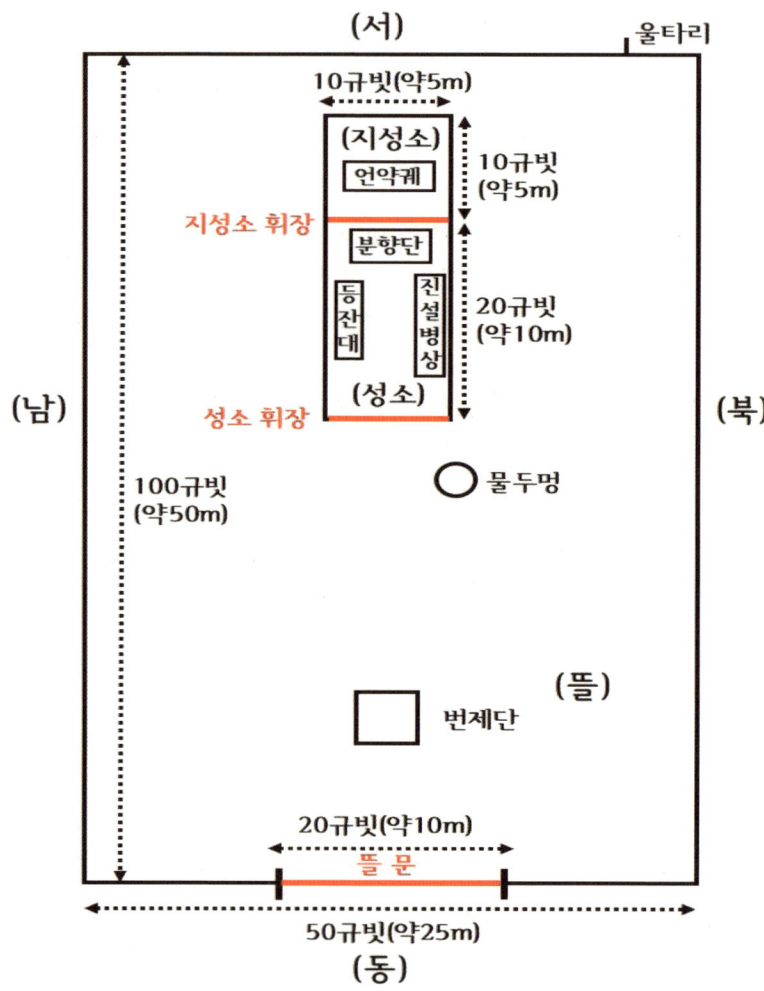

5 성막의 개관

⟨1⟩ 성막 울타리

⟨출38:9~20⟩
9 그가 또 뜰을 만들었으니 남으로 뜰의 남쪽에는 세마포 포장이 백 규빗이라
10 그 기둥이 스물이며 그 받침이 스물이니 놋이요 기둥의 갈고리와 가름대는 은이며
11 그 북쪽에도 백 규빗이라 그 기둥이 스물이며 그 받침이 스물이니 놋이요 기둥의 갈고리와 가름대는 은이며
12 서쪽에 포장은 쉰 규빗이라 그 기둥이 열이요 받침이 열이며 기둥의 갈고리와 가름대는 은이며
13 동으로 동쪽에도 쉰 규빗이라
14 문 이쪽의 포장이 열다섯 규빗이요 그 기둥이 셋이요 받침이 셋이며
15 문 저쪽도 그와 같으니 뜰 문 이쪽, 저쪽의 포장이 열다섯 규빗씩이요 그 기둥이 셋씩, 받침이 셋씩이라
16 뜰 주위의 포장은 세마포요
17 기둥 받침은 놋이요 기둥의 갈고리와 가름대는 은이요 기둥 머리 싸개는 은이며 뜰의 모든 기둥에 은 가름대를 꿰었으며
18 뜰의 휘장 문을 청색 자색 홍색 실과 가늘게 꼰 베 실로 수 놓아 짰으니 길이는 스무 규빗이요 너비와 높이는 뜰의 포장과 같이 다섯 규빗이며
19 그 기둥은 넷인데 그 받침 넷은 놋이요 그 갈고리는 은이요 그 머리 싸개와 가름대도 은이며
20 성막 말뚝과 뜰 주위의 말뚝은 모두 놋이더라

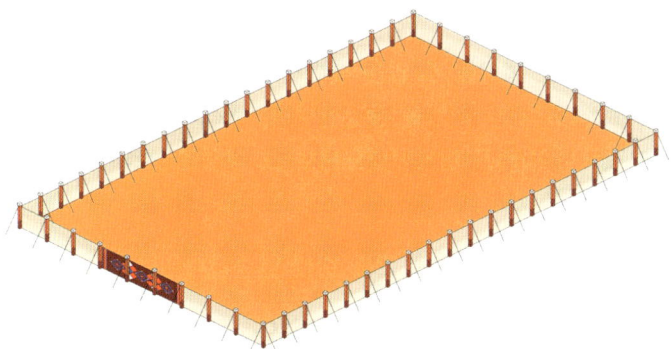

(1) **규격:100규빗 × 50규빗**(1규빗은 약50cm이므로 총면적은 50m × 25m)
(2) **재료: 밝고 흰 세마포장**

백성들 한가운데 위치한 성막은 우선 울타리가 **밝고 흰 세마포장**입니다. **흰 포장**은 **순결**과 **거룩함**을 의미합니다. 백성들이 성막을 볼 때 우선 울타리 색깔로써 **깨끗하고 신성한** 곳임을 한눈에 알 수 있습니다. 이는 **더럽고 낡고 바랜 이스라엘 백성들의 천막**과는 큰 대조를 이룹니다.

그 천막뿐 아니라 그들 자신도 성막과는 전혀 어울리지 않는 추한 존재입니다. 따라서 그 앞에 다가갈수록 **자기의 더러운 죄악을 더 발견하게** 됩니다. **예수께 나오는 자는 자신의 죄를 점점 더 분명히 발견하게 되고 그것 때문에 고민하고 아파하며 두려워하게** 됩니다.

그러나 그들은 **하나님께서 그들을 만나기 위해 짓게 하신 성막 안으로 들어올 수 있고 하나님께서 명하신 법과 절차에 따라 하나님을 만날 수 있으며 하나님과 함께 살 수 있습니다.** 그들은 죄 때문에 오는 고통과 모든 문제가 **근본적으로 해소되는** 것을 경험하고 **진정한 위로와 기쁨을 얻게** 됩니다.

밖에서 바라보기만 할 뿐 울타리 안으로 들어오지 않는 사람은 **죄책감과 수치감과 두려움에서 잠시도 벗어날 수 없습니다.** 그는 잠시 견디다가 미칠 지경이 되거나 도망쳐야 할 것입니다.

교회를 다니기 시작했으나 예수를 영접하지 않고 있는 사람들은 신앙생활 자체가 짐스럽고, 괴롭고, 불안하고, 더 나아가 갈등하거나 상심하거나 도망치고 싶어하게 됩니다. 그러다가 교회 밖으로 도망치는 사람들이 많습니다.

하얀 울타리는 바깥에 있는 사람들에게는 **자신이 지옥 세상에 있다는 것을 알게** 해주고 그 안에 있는 사람에게는 자신이 **천국에 있음을 알게** 해줍니다.

(3) **높이**: 5규빗(2.5m)

그 높이는 **누구도 넘어볼 수 없는 높이**였습니다. 이 높고 흰 세마포장은 **누구나 함부로 들어올 수 없음**을 상징합니다. 이스라엘은 하나님께서 선택하신 백성이었으나 범죄로 **더러워졌으므로 그 상태로는 하나님을 대할 수 없었던** 것입니다.

(4) **하나뿐인 출입문**: 동쪽에 **문이 하나** 있습니다.

우리는 이 문에 대해 몇 가지 알아야 할 사실이 있습니다.
1) 이 문은 **매우 넓었습니다.**
폭이 10m나 되었습니다. 이것은 **많은 사람**을 위한 문이며 **넓은 하나님의 자비와 사랑**을 보여줍니다.

2) 이 문은 **네 가지 색으로 된 아름다운 문**이었습니다.

흰 바탕에 청색, 자색, 홍색 실로 수놓아 만들어져서 주변의 천막들에 비하면 **매우 아름다웠습니다.** 이 4색 실들의 아름다움은 **예수 그리스도**를 상징하는데 후에 구체적으로 언급하겠습니다.

3) 이 문은 **쉽게 들어갈 수 있도록** 만들어졌습니다.

폭은 10m, 높이는 2.5m로 넓고 높으며, 나무나 금속이 아닌 **천으로 만들**어져서 어린아이나 노약자도 얼마든지 들어갈 수 있었습니다.

4) **이 문 외에는 다른 출입문이 없었습니다.**

이 문은 **하나님의 궁전으로 들어가는 유일한 문**입니다.

하나님의 궁전은 반드시 이 하나뿐인 문을 통과해야만 하는데 그 문은 바로 **유일한 구세주 예수 그리스도**를 의미합니다.

하나님은 출애굽시대에 이미 **죄인이 모든 죄를 용서받고 하나님의 백성이 되고 하나님을 만나기** 위해서는 **오직 예수 그리스도를 믿어야 가능하다**는 사실을 보여주신 것입니다. 이렇게 영생구원 받는 길은 **단 하나밖에 없습니다.** 결코 아무나, 자기 방식대로 구원 얻을 수 없습니다.

5) **이 문은 곧 닫히게 됩니다.**

옛날 **노아의 방주의 문**이 닫힌 후에는 아무도 들어갈 수 없었습니다(창 7:16~23). **이 문은 한번 닫히면 누구도 들어갈 수 없습니다.**

또한 열 처녀 비유에 나오는 **혼인 잔치의 문**과 같습니다. 그중 다섯 처녀가 잔치에 참여할 수 없었던 이유는 **단 한 가지의 준비가 부족했기 때문**이었습니다(마25:1~10). 그러므로 이 문은 **닫히기 전에 들어가야** 하며 통과할 수 있는 **준비를 완벽하게 한 사람만이** 들어갈 수 있습니다.

6) **이 문에는 두 가지 가능성만 있습니다.**

문 안에 있느냐 밖에 있느냐 하는 것입니다. 안으로 들어가면 **영생복락**을 누리고 밖에 있으면 **영원한 멸망**을 당하게 됩니다.

동쪽의 하나밖에 없는 출입문은 바로 이런 **거룩한 진리**를 가르쳐줍니다.

이 성막은 보는 이로 하여금 그곳은 **거룩한 하나님의 집**이고 **오직 예수를 믿어 거룩해진 사람만이** 들어갈 수 있음을 처음부터 알게 해준 것입니다. 이처럼 하나님께서는 **예수 그리스도에 대해 무관심하거나 믿지 않는 사람**은 **하나님의 나라에 들어올 수 없음**을 이미 모두에게 깨우쳐주셨습니다.

성막 울타리 안으로 들어오지 않고는 하나님과 하나님의 세계에 대해 **전혀 알 수 없고** 영원한 세계를 발견할 수 없으며 그 매력을 느낄 수 없습니다. 많은 사람들이 이 울타리 밖에 머물고 있으므로 하나님의 세계에 대해 아무리 말해주어도 도무지 매력을 느끼지 못합니다. 그래서 "십자가의 도가 멸망하는 자들에게는 미련한 것이요(고전1:18,23)" 라고 말씀한 것입니다.

여기서 우리가 깨달아야 할 사실이 있습니다.
(1) **죄인이 모든 죄를 용서 받고 구원얻는 일은 하나님께서 친히 이루십니다.**

하나님의 성전인 성막은 하나님께서 친히 설계하여 지으셨습니다.
성막의 크고 작은 모든 시설이 하나님의 의도와 지시대로 만들어진 것은 **죄인들의 속죄와 구원이 하나님의 단독 역사에 의해 성취된다**는 사실을 보여줍니다. 사람은 스스로 아무리 애써도 멸망에서 제외될 수 없으므로 **전능하신 하나님을 의지해야** 합니다. 그러므로 사람들은 **이 하나님의 궁전을 세**상의 어떤 것보다도 **중요하게 여기고 사모해야** 합니다.

다윗은 "내 영혼이 **여호와의 궁정을 사모하여** 쇠약함이여 내 마음과 육체가 살아 계시는 하나님께 부르짖나이다(시84:2)", "주의 궁정에서의 한 날이 다른 곳에서의 천 날보다 나은즉 악인의 장막에 사는 것보다 내 하나님의 성전 문지기로 있는 것이 좋사오니(시84:10)" 라고 고백했습니다.

사람들은 **하나님께서 친히 이 땅에 세우신 하나님의 궁전, 즉 예수 그리스도의 교회를 사모하면서 천국에서 영생을 누릴 것을 사모해야** 합니다.
그런데 많은 사람들이 **어둡고 망해가는 세상만 바라보며 전력질주하고** 있습니다. 사람의 부패타락한 사상과 감정은 하나님의 궁전을 더 두껍게 가로막게 합니다. 마치 짙은 구름에 가려져서 그 뒤에 있는 아름다운 광경을 전혀 볼 수 없는 것과 같습니다.

(2) **이 하나님의 궁전은 예수 그리스도를 중심합니다.**

> 〈히8:1~2〉
> 1 지금 우리가 하는 말의 요점은 이러한 대제사장이 우리에게 있다는 것이라 그는 하늘에서 지극히 크신 이의 보좌 우편에 앉으셨으니
> 2 성소와 참 장막에서 섬기는 이시라 이 장막은 주께서 세우신 것이요 사람이 세운 것이 아니니라

모세가 하나님께서 보여주신 모양과 하나님이 지시하신 설계대로 세운 성막과 제사제도들은 **모두 예수 그리스도를 중심**하는 것입니다.

번제단은 **예수 그리스도의 속죄의 죽으심**을 표상하는 제물을 바치는 곳이고(엡5:2), 분향단의 향은 **예수 그리스도의 공로**를 표상합니다(계8:3). 등잔대의 빛도 **예수 그리스도의 일곱 눈**(성령)**의 역사**를(계5:6), 속죄소도 **예수 그리스도**를 상징합니다(롬3:25). 또한 지성소 휘장과 성소 휘장도 **예수 그리스도**를 표상합니다(히10:19~20).

이렇게 성막은 **예수 그리스도가 중심입니다. 신약교회도 마찬가지입니다.**

1) 바울은 **예수 그리스도로 말미암아 사죄를 받고 하나님을 섬기는 일도** 예수 그리스도로 말미암는다고 했습니다.

성도가 하나님께 감사드리는 일도 **예수 그리스도로 말미암아** 한다고 했습니다(롬1:8).

2) 바울 서신에는 세상에서 신자가 행하는 행위마다 예수 그리스도로 말미암는다는 의미에서 "**그리스도 안에서**" 라는 말과 "**그리스도로 옷 입는다**" 는 표현이 자주 나옵니다(롬8:1, 13:14).

3) 따라서 **사람은 예수께 붙잡혀야 그 삶의 목적을 완성한다**고 했습니다.

바울은 "성도의 생명 자체가 예수님께 붙잡혀 있어서 영혼이 잘 된다" 는 의미에서 "**이는 내게 사는 것이 그리스도니 죽는 것도 유익함이라**" 했습니다(빌1:21).

사람은 피조물 중 으뜸이지만 영육 간의 모든 문제를 스스로 해결할 수 없습니다. **이 세상의 모든 문제를 해결하는 비법은 예수 그리스도를 자신의 구주로 믿는 것입니다.**

예수 그리스도는 죄 없는 인간의 몸을 입고 이 세상에 오셔서 사람들의 모든 죄를 대신 지고 죽어주셔서 **그를 믿는 모든 사람의 영육의 문제를 해결**해주셨습니다.

그래서 "**우리는 긍휼하심을 받고 때를 따라 돕는 은혜를 얻기 위하여 은혜의 보좌 앞에 담대히 나갈 것**" 이 보장된 것입니다(히4:16).

여기 "**담대히 나아간다**" 는 말은 "**의심치 않는 믿음과 요동치 않는 강한 믿음**" 을 의미합니다.

야고보서 1장 6~8절에 **"오직 믿음으로 구하고 조금도 의심하지 말라 의심하는 자는 마치 바람에 밀려 요동하는 바다 물결 같으니 이런 사람은 무엇이든지 주께 얻기를 생각하지 말라 두 마음을 품어 모든 일에 정함이 없는 자로다"** 했습니다.

진리는 언제나 동일하지만 그것에 가까이 다가갈수록 밝아집니다.
모든 문제에서 해방되고 영원한 행복을 얻기 원한다면 예수 그리스도와 교회를 의심하는 눈으로 멀찍이서 바라보지 말고 **가까이 다가가야** 합니다. 그러면 예수 그리스도와 하나님의 영광스러운 세계를 점점 더 분명히 보게 됩니다.

하나님은 이 울타리에 대해 더 구체적으로 명령하셨습니다.
(1) 울타리를 둘러 칠 수 있도록 적당한 간격으로 기둥과 받침을 **놋으로** 만들라 하셨습니다.
(2) 기둥에 갈고리를 만들고 가름대를 **은으로** 만들라 하셨습니다.
(3) 기둥들을 고정시키는 말뚝을 **놋으로** 만들라 하셨습니다.
(4) 뜰 문은 **청색, 자색, 홍색 실, 가늘게 꼰 베실로 수를 놓으라** 하셨습니다.

기둥과 받침은 모두 **놋으로** 만들라 하셨고 흰 세마포 천들을 기둥들에 걸 갈고리와 포장들을 펄럭이지 않게 고정하고 기둥들을 일렬로 고정해주는 가름대는 **은으로** 만들라 하셨습니다. 또한 기둥들을 땅에 고정하는 말뚝은 **놋으로** 만들라 하셨습니다. 이 **모든 것은 예수 그리스도의 신성을** 의미합니다.
흰 세마포 울타리는 **거룩하고 순결하신 메시야 예수**를 의미하는데 좀 더 가까이서 살펴보면 그 울타리를 지탱해주는 기둥들과 그 받침들, 갈고리와 가름대는 **예수 그리스도의 신성을 더욱 확실히 알게** 해줍니다.
게다가 울타리 안으로 들어가기 위해 울타리 문(뜰 문) 앞에 서면 화려하게 4색 실로 수놓아진 광경을 보며 **예수 그리스도가 하나님이심을 보다 더 분명하게 알게 됩니다.**

성막은 어느 각도로 보든지 **온통 메시야 예수가 하나님이시고 거룩하시다**는 사실, 그리고 그 유일한 하나님의 궁전(천국)에 들어오고자 하는 사람은 반드시 성삼위 하나님께서 보내신 **유일한 구세주, 신인 양성을 지니신 예수 그리스도를 통해야**(믿어야) 함을 처음부터 확실히 알게 해줍니다.
이 하얀 울타리, 놋기둥과 받침에 의해 세워지고 은 갈고리와 가름대로 연결되며, 놋 말뚝에 의해 고정된 그 울타리, 특히 4색 실로 수놓아진 출입문이 있는 울타리만이 **하나님의 집**이고 **천국**이고 **교회**입니다.

　무엇이 더해졌거나 빠져있거나 치수와 재료가 조금이라도 다른 것은 아무리 훌륭하고 화려해 보이더라도 결코 이 성막 울타리가 아닙니다. 즉 하나님 집, 천국, 예수 그리스도의 십자가가 아닌 것입니다.

　그런데 얼마나 많은 사람들이 이런 **가짜 울타리, 가짜 하나님의 집, 가짜 천국, 가짜 교회**로 가고 있는지 모릅니다.

　이 유일하고 안전한 하나님의 집, 천국, 교회를 찾고 그 안에 들어온 사람은 세상에서 **가장 복된 사람**입니다. 우리 그리스도인들은 이것을 참으로 하나님께 감사해야 합니다.

제 5 강

〈2〉 성막 뜰, 〈3〉 번제단(1)

〈출27:9~19〉

9너는 성막의 뜰을 만들지니 남쪽을 향하여 뜰 남쪽에 너비가 백 규빗의 세마포 휘장을 쳐서 그 한 쪽을 당하게 할지니 10그 기둥이 스물이며 그 받침 스물은 놋으로 하고 그 기둥의 갈고리와 가름대는 은으로 할지며 11그 북쪽에도 너비가 백 규빗의 포장을 치되 그 기둥이 스물이며 그 기둥의 받침 스물은 놋으로 하고 그 기둥의 갈고리와 가름대는 은으로 할지며 12뜰의 옆 곧 서쪽에 너비 쉰 규빗의 포장을 치되 그 기둥이 열이요 받침이 열이며 13동쪽을 향하여 뜰 동쪽의 너비도 쉰 규빗이 될지며 14문 이쪽을 위하여 포장이 열다섯 규빗이며 그 기둥이 셋이요 받침이 셋이요 15문 저쪽을 위하여도 포장이 열다섯 규빗이며 그 기둥이 셋이요 받침이 셋이며 16뜰 문을 위하여는 청색 자색 홍색 실과 가늘게 꼰 베 실로 수 놓아 짠 스무 규빗의 휘장이 있게 할지니 그 기둥이 넷이요 받침이 넷이며 17뜰 주위 모든 기둥의 가름대와 갈고리는 은이요 그 받침은 놋이며 18뜰의 길이는 백 규빗이요 너비는 쉰 규빗이요 세마포 휘장의 높이는 다섯 규빗이요 그 받침은 놋이며 19성막에서 쓰는 모든 기구와 그 말뚝과 뜰의 포장 말뚝을 다 놋으로 할지니라

〈더 제대로 된 번역〉

9너는 **성막의 뜰을 만들지니** 남쪽에는 고운 모시로 만든, 길이가 백 규빗인 휘장을 둘러서 울타리를 만들어라. 12뜰의 옆 곧 서쪽에 길이가 쉰 규빗인 휘장을 둘러서 울타리를 만들고 그 기둥이 열이요 받침이 열이며 13동쪽의 울타리의 길이도 쉰 규빗씩으로 해라. 17뜰 둘레의 모든 기둥에는 은 고리와 은 갈고리와 놋 밑받침을 만들어라.

〈2〉 성막 뜰

[1] 뜰의 구조

(1) 뜰 남편과 북편의 **너비는 100규빗**이며 **고운 모시로 만든 포장**으로 막았습니다(9~11절).

(2) 서편은 **너비가 50규빗 되는 포장**으로 막았습니다(12절).

(3) 동편은 **20규빗인 휘장 문 좌우에 각각 15규빗의 포장**으로 막았습니다(14~16절).

(4) 뜰의 길이는 **100규빗**, 너비는 **50규빗**, 포장의 높이는 **5규빗**이었습니다(18절).

[2] 뜰의 용도와 의미

(1) **뜰은 하나님의 백성들이 하나님 앞에 나와서 회개하는 장소였습니다.**

그곳은 날마다 레위인들이 생축을 잡고 제물의 각 부위를 뜨는 피비린내와 그 제물을 번제단에서 태우는 냄새가 진동했습니다.

그런데도 이스라엘 백성들은 **그곳을 사모해야** 했습니다. 하나님의 선택된 자들이 모든 죄를 사함 받고 하나님을 만나 긍휼과 사랑을 얻으려면 **세상에서 유일한 성막으로 와야** 하고 **그 울타리 문을 통과해서** 성막 안으로 들어와야 합니다. 그들은 **자기의 죄를 대속하기 위한 제물을 바쳐야** 하고 **그 제물이 피를 흘리고 죽을 뿐 아니라 불에 태워져야**만 했습니다. 그제야 그들은 비로소 모든 죄를 사함 받고 성막 안에 들어온 하나님의 백성이 되는 것입니다. 그러므로 성막 뜰은 **하나님의 백성이 거룩한 마음으로 사모해야 할 장소**입니다.

(2) **성막 뜰이야말로 하나님께 부르심을 받고 예수 그리스도를 확실히 영접한 백성들이 기뻐하고 감사하며 찬송하는 진정한 예배의 장소**입니다.

누가복음 1장 9,10절을 보면 사가랴가 성소에서 분향할 동안 "**모든 백성은 밖에서 기도했다**" 했습니다.

이 뜰은 이스라엘 백성들이 **회개하고 기도하며 감사와 찬송을 드리며 하나님께 예배하는 장소**였습니다. 아울러 하나님께 부르심을 받은 백성들이 **거룩한 교제를 하는 곳**이었습니다.

하나님의 백성들은 성막의 뜰에서 **기도하고**(마21:13, 사56:7, 왕상8:27~53), **모여서 찬송했습니다**(시100:4). 하나님께서는 백성들이 그 뜰에서 **회개하며 감사하며 찬송할 때** 그들에게 은혜와 사랑을 더욱 베풀어주셨습니다. 그러므로 제물의 피와 그것을 태우는 냄새가 가득했어도 하나님의 백성들은 그곳을 **간절히 사모**했습니다.

이 성막은 **장차 올 예수 그리스도를 의미**합니다.

그러기에 하나님의 진실한 사람들은 이 **뜰, 곧 교회**를 간절히 사모했습니다.

다윗은 "주의 궁정에서의 한 날이 다른 곳에서의 천 날보다 나은즉 악인의 장막에 사는 것보다 내 하나님의 성전 문지기로 있는 것이 종사오니(시84:10)"라고 했고, "내 영혼이 **여호와의 궁정을 사모하여 쇠약함이여 내 마음과 육체가 살아 계시는 하나님께 부르짖나이다**(시84:2)" 했습니다.

이 성막 뜰에 대한 기록들에서 우리가 깨달아야 할 것이 있습니다.
성도들은 **구별된 사람이 되어야** 하며 **구별된 생활을 해야 한다**는 것입니다.

(1) 성막 뜰을 두르고 있는 **울타리**는 밖에서 볼 때 **하얀색의 포장**으로 되어 있어서 백성들의 장막과 매우 대조적으로 **성결함을 강하게 나타냈습니다.**

(2) 울타리를 떠받쳐주는 **기둥**(말뚝)은 **매우 귀중하며 녹슬지 않는 놋**으로 만들었습니다.

또한 모든 기둥에는 **은으로 된 고리와 갈고리**로 기둥과 포장을 걸게 했고 그 **밑받침도 놋으로** 만들었습니다. 이것 또한 **성막 울타리 안쪽이 거룩하고 귀중한 장소**임을 강조해줍니다.

그러므로 **성막 울타리 안**, 즉 **성막 뜰**에는 **거룩히 구별된 사람만** 들어갈 수 있음을 알 수 있습니다. 새하얀 울타리, 놋으로 된 기둥들과 받침들, 그리고 은으로 만든 고리와 갈고리로 하얀 포장을 기둥들에 묶은 모습은 **그 울타리 안과 거기에 들어갈 수 있는 사람들이 얼마나 성별되어야 하는가를 시각적으로 강하게 보여줍니다.**

(3) 동편에 있는 **출입문**(울타리 문)은 **새하얀 울타리와 달리 형형색색으로 수놓아진 매우 아름답고 신비한 휘장**이었습니다.

그 문을 통해서만 울타리 안으로 들어갈 수 있는데 그 문은 울타리보다 **특별한 의미**를 담고 있는 것으로써 **아무나 들어갈 수 없고 매우 거룩하고 존귀한 사람만**이 들어갈 수 있음을 강하게 나타내줍니다.

성막 뜰에 둘러쳐진 울타리 포장과 울타리 출입문은 **성막이 모든 속된 것과 확실하게 구별된 곳이며 그 안에 들어오는 사람들도 그러한 자들이어야 함**을 분명히 깨우쳐줍니다.

에스겔서 42장 20절에 "그 담(성전 뜰의 울타리)은 **거룩한 것과 속된 것을 구별하는 것이더라**" 했습니다.
하나님의 나라, 예수 그리스도의 교회는 속된 것을 철저히 금합니다. 성도들은 세상에서 추구하던 **편리주의와 쾌락을 멀리해야** 한다는 것입니다.

하나님의 백성은 **하나님께서 주신 계명과 말씀들을 지키며 살아야** 합니다. 그것을 지키지 않는 모든 생각과 행위는 다 **죄악이며 속된** 것입니다.

많은 성도들이 아직도 **치료되지 못하고, 부패하고 타락한** 성품이 원하는 대로 **편리하게** 계명과 말씀을 지키려 합니다. 상황에 따라 자기 위주로 계명과 말씀을 해석하고 불의와 적당히 **타협하며** 살아갑니다. 또한 계명과 말씀을 철저히 지키려 할 때 따르는 불편과 고됨과 세상적인 불이익을 **회피하려** 합니다. 이런 사람들은 기본 신앙은 있을지 모르나 **성별된 생활을 위해** 힘쓰지 않으므로 **시간이 지날수록 속화되고 더러워져 갑니다.** 그렇게 하면서도 자신은 예수를 믿고 있고 예배에 참석하고 있으므로 하나님의 백성이요, 성도라고 생각합니다.

이런 사람들도 처음에는 자신이 죄인임을 깨닫고 죄용서 받기 위해 예수 그리스도를 자신의 구주로 영접함으로써 **울타리 문을 통과해서 성막 뜰**, 즉 **예수 그리스도의 교회 안에 들어왔다가도 또다시 거룩함과 성별됨을 잃어버리고 온갖 죄에 빠져 사는 것**입니다. 이들이 그 어리석음과 죄악을 다시 번제단에서 태워버려 사함을 받지 못하고 **하나님이 정하신 기한을 다 허비하며** 계속 자신을 더럽히면 결국 **성막 울타리 밖으로 쫓겨나게** 됩니다.

그러므로 우리 성도들은 **결코 신앙생활을 편하게 하려 하면 안 됩니다.**

우리는 '어떻게 하면 하나님의 계명과 말씀을 잘 지킬 수 있을까?'를 밤낮으로 살피고 찾아내야 합니다. 그리고 아직도 짓고 있는 죄악을 수시로 찾아내어 즉시 물두멍에서 **씻어내야** 합니다. 따라서 아직도 하나님 앞에서 치료되지 못하고 거룩해지지 못한 나를 찾아내서 말씀과 기도로 점점 **더 변화시키고 치료하고 거룩해져야** 합니다.

또한 그렇게 함에 있어 말씀을 읽고 배우고 실행하고 기도하고 사명을 감당하는 모든 일을 위해 **피곤해도 참고 눈물과 땀을 흘려야** 합니다. 또 손해를 보고 핍박을 당해야 한다면 이를 악물고 감당해야 합니다.

이것이 육신을 입고 이 세상에서 신앙생활해야 하는 **하나님의 백성들의 생활철학**이고 **생활상**입니다. 신앙생활, 즉 **우리가 날마다 성결되어야 하는 일**에는 결코 융통성이나 타협이 있을 수 없으며 일보 후퇴, 이보 전진도 없습니다. 성도는 편리만을 따르거나 인간적인 이익이나 쾌락을 추구해서는 안 됩니다.

(4) 성막의 뜰은 장차 올 신약세계의 교회를 상징합니다.

이 뜰은 지극히 소수의 사람만이 들어가서 하나님께 예배할 수 있었습니다. 그러나 예수께서 이 땅에 오신 이후에는 이방인들도 그 예수 그리스도를 믿으면 어디에서나 하나님께 예배를 드릴 수 있게 되었습니다.

성막 뜰의 구조를 보면 그 주위에 흰 포장을 두른 정도였습니다. 이것은 그 뜰이 한 장소에 고착된 것이 아니라 임시성을 띤 것임을 보여줍니다.

성막의 뜰과 그 주위를 두른 포장은 하나님의 지시에 따라 만들어졌습니다. 이것은 구약교회의 상태를 나타내주는 것입니다. 성막의 뜰은 울타리로 제한된 하나님의 궁전의 정원이었습니다. 그러나 천으로 된 막으로 쳐진 것은 하나님의 교회가 한 민족에만 항구적으로 존재하는 것이 아님을 암시해 줍니다. 그 장막은 율법의 장막이었습니다. 그것도 옮길 수 있고 움직일 수 있었으며, 접어서 거둘 수도 있었습니다. 때가 되면 장막의 터가 확장되고 그 줄이 연장되어야 합니다. 그것은 하나님께서 이방세계로 하여금 그 장막 안으로 들어올 수 있는 여지를 만들어주신 것입니다.

이 지상에 있는 교회는 하나님의 집의 뜰에 불과합니다. 그러나 이 뜰 안에 있는 사람들은 복된 사람들입니다. 사람들은 유일한 구세주 예수 그리스도(울타리 문)와 이 뜰을 통과하여 하나님을 만나게 되기 때문입니다.

〈3〉 번제단(1)

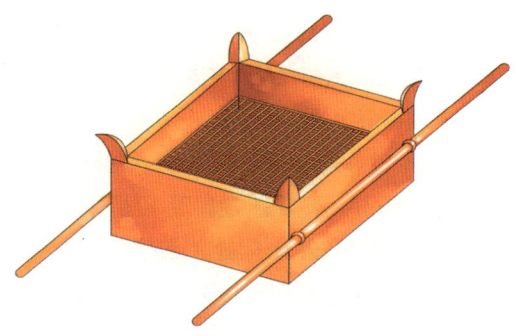

〈출27:1~8〉
1 너는 조각목으로 길이가 다섯 규빗, 너비가 다섯 규빗의 제단을 만들되 네모 반듯하게 하며 높이는 삼 규빗으로 하고

> 2 그 네 모퉁이 위에 뿔을 만들되 그 뿔이 그것에 이어지게 하고 그 제단을 놋으로 싸고
> 3 재를 담는 통과 부삽과 대야와 고기 갈고리와 불 옮기는 그릇을 만들되 제단의 그릇을 다 놋으로 만들지며
> 4 제단을 위하여 놋으로 그물을 만들고 그 위 네 모퉁이에 놋 고리 넷을 만들고
> 5 그물은 제단 주위 가장자리 아래 곧 제단 절반에 오르게 할지며
> 6 또 그 제단을 위하여 채를 만들되 조각목으로 만들고 놋으로 쌀지며
> 7 제단 양쪽 고리에 그 채를 꿰어 제단을 메게 할지며
> 8 제단은 널판으로 속이 비게 만들되 산에서 네게 보인 대로 그들이 만들게 하라

[1] 구조와 재료

(1) 구조

번제단은 **네모반듯한 정사각형**입니다.

이는 거기서 취급되는 일이 **규칙이 있고 견고함**을 표상합니다. 그곳에서 드리는 제사는 **하나님께서 엄격히 정하신 규칙대로 해야** 하고 **그 효과는 매우 확실함**을 알게 해줍니다. 이것은 또한 **하나님의 공의**를 표하기도 합니다.

(2) 재료

속재료는 조각목(아카시아나무의 일종)으로서 **예수 그리스도의 인성**을 의미합니다(사53:2). **겉재료는 놋**(불에 가장 잘 견디는 금속)이며 **예수 그리스도의 신성**을 의미합니다.

1) **그리스도의 인성이 신성에 가리워진 것**입니다.
2) 그리스도는 **인성이 바탕으로 돼야** 하므로 반드시 사람의 몸을 입어야 합니다.
3) 죄에 대한 하나님의 진노의 불을 견디는 **근본 대책은 그리스도의 신성**입니다.
4) **그리스도의 인성과 신성이 합할 때** 죄를 속량할 번제단이 완성됩니다.
5) 그런데 **사람들은 신성**(놋)은 볼 줄 모르고 **인성**(나무)만 봅니다.
6) 죄인들은 번제단에 **하나님께서 요구하시는 제물을 드려야** 속죄받을 수 있습니다.

제물은 **하나님께서 지정하시고 시키신 방법대로** 드려야 합니다. 즉 하나님께서 죄인들의 대속제물로 보내실 **신인양성을 지닌 메시야의 희생**이 필요합니다. 하나님께서 정하시고 보내신 예수 그리스도만이 대속제물이 됨을 보여주신 것입니다.

7) 희생제물을 단 위에 올리고 그 피를 그 위에 뿌리게 했습니다.

그때 피가 아래로 흘러 단 아래 고랑에 고이는데 하나님의 진노의 불이 그 제물과 흘러내린 피까지 완전히 태워버립니다.

그것은 예수 그리스도의 피의 대속을 의미하며, 그 희생이 얼마나 처참하고 하나님이 받으시기에 완전한지를 보여줍니다.

예수 그리스도는 그 고랑에 흐르는 피처럼 골고다 언덕에 모든 피를 쏟으셨고, 하나님은 그 예수 그리스도를 구주로 영접할 자들의 죄에 대한 진노를 예수 그리스도의 육체제물과 피에 맹렬하게 내리셨습니다. 따라서 그들의 죄와 그에 대한 하나님의 진노가 사라지게 되는 것입니다.

[2] 크기

(1) 가로, 세로가 5규빗입니다.

이는 다섯 손가락과 다섯 발가락처럼 완전한 구속을 의미합니다.

(2) 가로, 세로가 5규빗인 단을 높이가 3규빗인 면이 감싸는 것은 예수 그리스도에 의한 완전한 구속이 삼위일체 하나님에 의해 이뤄지고 있음을 의미합니다.

그리고 그 면은 4면입니다.

4는 땅의 수입니다(4계절, 4풍향, 땅 4면). 즉 세상의 만민 중에서 예수 그리스도에 의한 구속이 성취될 것을 나타냅니다.

[3] 단의 네 모퉁이에 뿔을 만들라 하셨습니다(27:2).

(1) 이 뿔들은 하늘을 향해 손을 벌린 모양입니다.

이는 구세주 예수께서 죄인을 용서해주시도록 하나님께 호소함을 의미합니다.

(2) 그 뿔(손)에는 피가 묻어 있습니다.

예수 그리스도께서 친히 희생제물이 되시고 피를 흘려서 그 손으로 죄인들의 죄를 속량해주기를 하나님께 간청하고 계신 것입니다.

(3) 그러므로 이 뿔은 완전한 중보를 의미합니다.

누구든지 예수만을 자신의 구주로 믿는 사람은 대속의 은총을 입고 모든

죄를 용서받게 됨을 보여줍니다. 이 **완전한 예수 그리스도의 중보 없이는 결코 속죄 받을 수 없음**을 여기부터 확실히 보여주고 있습니다.

(4) *이 뿔은* **하나님의 보호와 사랑**을 *의미*하기도 합니다.

죽어 마땅한 죄인이 제단 뿔을 잡으면 살려주었습니다.
아도니야가 솔로몬을 피해 도망하여 제단 뿔을 잡아 죽음을 면했습니다(왕상1:50~53).

(5) *제단 뿔은* **죄인을 구원해주시는 예수 그리스도의 권세**를 상징합니다.

시편 18편 2절에 "여호와는 나의 구원의 뿔이시다" 했습니다.
단의 네 모퉁이에 뿔이 있게 하심은 **하나님의 아들 예수 그리스도의 중보가 사망권세를 무너뜨리는 것임**을 충분히 보여줍니다. 뿔은 **효과적이고도 강력한 공격과 방어 무기**입니다. 그 무엇도 예수 그리스도의 대속을 방해할 수 없습니다. 만약 그런 자가 있다면 그에게는 이 뿔이 **멸망시키는 뿔**이 되어 고꾸라지게 됩니다.

이 뿔은 **그리스도의 능력**을 상징합니다(삼하22:3,시18:2,왕상1:50,51,2:28).

제 6 강

〈3〉 번제단(2)

〈출27:4~8〉

4제단을 위하여 놋으로 그물을 만들고 그 위 네 모퉁이에 놋 고리 넷을 만들고 5그물은 제단 주위 가장자리 아래 곧 제단 절반에 오르게 할지며 6또 그 제단을 위하여 채를 만들되 조각목으로 만들고 놋으로 쌀지며 7제단 양쪽 고리에 그 채를 꿰어 제단을 메게 할지며 8제단은 널판으로 속이 비게 만들되 산에서 네게 보인 대로 그들이 만들게 하라

〈출29:11~18〉

11너는 회막 문 여호와 앞에서 그 송아지를 잡고 12그 피를 네 손가락으로 제단 뿔들에 바르고 그 피 전부를 제단 밑에 쏟을지며 13내장에 덮인 모든 기름과 간 위에 있는 꺼풀과 두 콩팥과 그 위의 기름을 가져다가 제단 위에 불사르고 14그 수소의 고기와 가죽과 똥을 진 밖에서 불사르라 이는 속죄제니라 15너는 또 숫양 한 마리를 끌어오고 아론과 그의 아들들은 그 숫양의 머리 위에 안수할지며 16너는 그 숫양을 잡고 그 피를 가져다가 제단 위의 주위에 뿌리고 17그 숫양의 각을 뜨고 그 장부와 다리는 씻어 각을 뜬 고기와 그 머리와 함께 두고 18그 숫양 전부를 제단 위에 불사르라 이는 여호와께 드리는 번제요 이는 향기로운 냄새니 여호와께 드리는 화제니라

〈3〉 번제단(2)

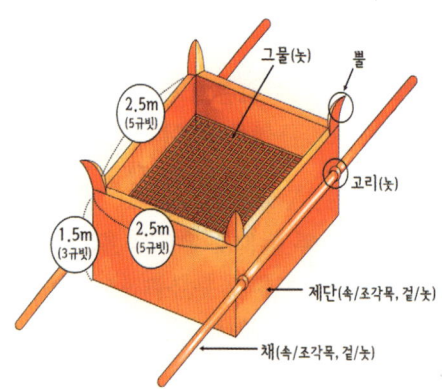

[4] **불타는 나무를 담을 놋 그물을 만들어 제단 주위 가장자리 아래, 곧 제단 절반에 위치하게 하셨습니다**(27:4~5, 38:4).

놋 그물은 제단 중간 높이로 안쪽에 설치됩니다.

그 위에 나무가 놓이고 제물을 그 위에 놓으면 제물은 **하나님께서 점화시키신 맹렬한 불에 의해 탑니다.**

(1) 제물은 나무와 함께 타므로 **그 불길과 열은 훨씬 더 크고 뜨거워집니다.**

이것은 **죄인들의 죄에 대한 하나님의 진노가 그 죄보다 더 무서움**을 보여줍니다. 죄에 대한 하나님의 진노는 우리가 생각하는 것보다 **더 크고 무섭습니다.** 동시에 **예수 그리스도의 대속의 은혜가 얼마나 큰지**를 깨달을 수 있습니다(롬5:15~18).

(2) 제물은 반드시 **번제단에서 태워져야** 합니다.

번제단은 오직 하나뿐입니다.
사람이 만든 다른 제단에서는 결코 어떤 죄도 태워주시지 않습니다.
죄인들의 속죄는 성삼위 하나님께서 정하신 대로 예수 그리스도를 믿음으로써만 가능하다는 것을 분명히 보여줍니다.

(3) 그물은 **놋**으로 만들었습니다.

놋 그물은 예수 그리스도의 **신성**을 의미합니다.
그 위에서만 제물(예수 그리스도)**이 태워집니다.** 예수 그리스도의 신성 외에는 그 무엇도 하나님의 진노를 감당할 수 없습니다. **죄인들의 속죄는 그리스도의 신성이 바탕이 되어 성취되는 것입니다.**
그러므로 **인간은 누구도 구세주가 될 수 없습니다.** 인간이나 천사를 구세주, 속죄자로 여기는 행위는 큰 죄악입니다.

(4) 탄 **제물은 재가 되어 그물** 사이로 떨어집니다.

죄인의 모든 죄는 사라져버리고 그 자리에는 모든 진노를 당하신 예수 그리스도(그물)만 보이게 됩니다. 죄만 드러내던 사람이 예수만을 드러내게 되는 것입니다. 진정으로 예수를 영접한 사람은 **죄와 함께 인간적인 모습들이 점점 사라지고 오직 예수만이 점점 더 소중하게 빛나게 되어야** 합니다.

[5] **채를 만들게 하셨습니다.**

(1) 채는 **조각목**으로 만들고 **놋**으로 **싸게** 하셨습니다(38:6).

채 역시 **예수 그리스도의 인성과 신성**을 의미합니다.

(2) 채는 **번제단을 이동시키는 데에 사용**했습니다.

놋 그물 네 모퉁이에 **채를 꿸 고리 넷**을 만들게 하셨습니다.

1) **예수 그리스도의 구속의 은총**(복음진리)은 한 곳에 머물지 않고 **이동함**을 나타냅니다.

구속의 은총은 예수님을 영접할 사람이 있는 곳이라면 어디든지 임합니다. 채를 제단에 결부시키신 것은 **이스라엘의 광야생활**을 연상하게 합니다. 이스라엘 백성들이 가나안을 향해 끊임없이 움직여야 했듯이 **제단도 부지런히 움직여져야** 했습니다.

그리스도인들은 천국에 도달할 때까지 **언제, 어디서나 복음을 전파해야** 합니다. 낡아지고 없어질 집과 재물과 명예를 남기려고 모든 시간과 정성을 쏟을 것이 아니라 **언제, 어디에나 예수 그리스도를 믿는 사람들이 있게 하여 끊임없이 복음의 족적을** 남겨야 합니다. 결코 나 혼자, 우리 가족끼리, 몇몇 성도들끼리만 모여 있지 말아야 합니다. 나 혼자든지, 가족과, 성도들과 함께 **끊임없이 성령**(구름기둥과 불기둥)**이 명하시고 이끄시는 대로 움직이며** 복음을 전파해야 합니다. 불기둥과 구름기둥이 움직이는데 가만히 보고만 있는 이스라엘 백성은 결코 가나안에 들어갈 수 없었습니다.

2) 채가 번제단과 같은 재료로 만들어진 것은 **이방인의 구속도 유대인의 구속과 같음**을 의미합니다.

3) 채는 레위인에 의해서만 옮겨졌듯이 복음은 **선택된 그리스도의 사람들에 의해 전파됨**을 보여줍니다.

복음은 예수 그리스도를 알지도 못하고 믿지도 못하는 학자들을 통해 전파되는 것이 아닙니다.

4) 채는 **손으로 잡고 어깨에 메고** 운반했습니다.

복음전파는 어떤 일보다 우선순위에 두고 자랑스럽고 영광스럽게 해야 함을 의미합니다. 그리스도의 어깨에 정사를 메었듯이 그리스도인들의 어깨에는 **그리스도를 메는 것입니다.**

[6] 제단 속은 **흙이나 다듬지 않는 돌로 만들라고 하셨습니다** (20:24,25).

이는 제단을 **인공적으로 쌓지 못하게 하신** 것입니다. 즉 죄인의 속죄는 오직 거룩하시고 완전하며 의로우신 하나님만이 하실 수 있습니다. 죄인은 죄인을 구원할 수 없습니다. 그래서 **참신앙**은 **하나님과 하나님의 말씀만을** 대상으로 합니다.

[7] **번제단의 부속품들도 모두 놋으로 만들라 하셨습니다**(38:3).

재를 담는 통, 부삽, 대야, 고기 갈고리, 불 옮기는 냄비를 모두 놋으로 만들게 하셨습니다.

이 기구들은 모두 생축들을 태우는 데 사용되기 때문에 **무섭고 엄하게** 느껴집니다.

대야는 제물을 죽인 피를 담는 것이고, 갈고리는 제물을 꿰는 것이며, 그릇(냄비)은 제물을 태운 불을 옮기는 것이고, 통과 부삽은 제물을 태운 후 그 재를 담는 것으로서 모두 **심판의 성격을 암시**합니다.

(1) **재는 성도들의 죄가 예수로 말미암아 완전히 분쇄됨**을 보여줍니다.
(2) **부삽이나 불 옮기는 그릇은 무서운 심판의 불을 연상**시킵니다.
(3) **대야와 고기 갈고리는 예수께서 당하실 우리 죗값의 죽음**을 연상시킵니다.

이 번제단을 배우면서 우리가 깨달을 것이 있습니다.
(1) **사람이 하나님의 나라에 들어와서 가장 먼저 할 일은 죄인들의 죄를 대속하기 위해 하나님의 진노를 담당하신 예수 그리스도를 영접하는 것입니다.**

사람이 성막 울타리 안으로 들어오자마자 제일 먼저 만나는 것이 번제단입니다. 그가 가장 먼저 할 일은 **제물을 이 제단에 드리고 속죄받는 것**입니다.

예수 그리스도는 도덕군자, 정치가, 학자, 성인이 아닌 **죄인의 죄를 대속하기 위해 이 세상에 오셔서 십자가에서 죽으셨습니다.** 죄인들이 성막 울타리 안으로 들어오자마자 목격하는 것은 잘생긴 인물이 아니요, 화려한 잔치 석상도 아니라 **하나님의 무서운 진노가 내려지는 번제단**과 그 안에서 무섭게 불타는 **제물**입니다.

구원받고자 하는 사람은 이 **예수 그리스도를 믿고 죄 사함을 받아야** 하는 것입니다.

(2) **성막 안으로 들어오는 사람은 반드시 제물을 가져와야 하며, 그 제물이 피흘리며 죽고 무섭게 태워지는 것을 보게 됩니다.**

예수를 믿는 사람은 죄가 얼마나 큰 희생을 초래하는지 깨달아야 합니다.

(3) 성막 안에 들어온 사람은 제물인 짐승에게 손을 얹고 자기 죄를 전가시켜야 하며 그 제물이 불에 탈 때 편안히 돌아갈 수 있었습니다.

신자는 내 모든 죄를 대신 담당하셔서 십자가에 피흘려 죽으신 예수를 믿음으로써 모든 죄를 용서받았다는 것을 확실히 믿을 때 비로소 자유와 평안을 누릴 수 있습니다. 예수를 믿는다 하면서도 진정한 자유와 평안을 누리지 못하는 교인들이 많습니다.

(4) 이스라엘 백성들이 속죄받을 때마다 번제단에 제물을 드린 사실을 통해 오늘날의 성도들은 내가 범죄할 때마다 예수 그리스도를 또다시 맹렬한 진노의 불에 태우는 죄를 저지르고 있다는 것을 생각해야 합니다.

그들이 제물이 불타는 것을 볼 때마다 두려워하며 다시는 범죄하지 않으리라 결심했듯이 우리도 회개하고 죄 짓는 것을 두려워하고 멀리해야 합니다.

(5) 번제단에 제물을 드리는 사람, 즉 자신이 죄인임을 깨닫고 회개하여 예수 그리스도를 믿는 사람이 그리스도인이요, 하나님의 자녀가 됩니다.

많은 사람들이 아직도 성막 문 앞에서만 서성이고 있습니다.
종종 성막을 향해 나아와 하얀 성막 울타리와 아름다운 성막 문을 보면서 신비한 느낌과 감정에 잠시 젖어있다가 그냥 돌아가기를 반복합니다.
또 어떤 사람들은 정기적으로 성막 문 앞에 와서 자기 나름대로 종교적인 행위를 하고 돌아갑니다. 이들은 성막 안에서 얼마나 중요한 일이 일어나는지 자세히 알려 하지 않고 참여하지 않으며 번제단에 제물을 가져오지도 않고 나름대로 기도하고 찬송도 부르고 바쁘다는 핑계를 대면서 서둘러 떠나버립니다.
또 어떤 사람들은 다른 곳에 나름대로의 성막을 만들고 거기서 하나님을 섬긴다고 합니다. 그들은 그 안에 여러 개의 단을 만들고 하나님이 지시하시지 않은 것들을 더 만들어 놓기도 하며 자기들 좋을 대로 예배드리며 신앙생활한다고 합니다.
어떤 사람들은 성막 울타리와 성막 문을 없애버리고는 모든 인류가 다 구원받는다고 주장합니다.
어떤 사람들은 오직 화려한 성막 문만 만들어 놓고 그 안의 모든 것은 필요 없다고 합니다. 즉 교회나 회개, 예배와 감사와 봉사와 전도 등이 필요하지 않고 마음속으로 예수를 믿기만 하면 된다고 말합니다.

또 어떤 사람들은 **반복해서 제물을 가지고 성막에 들어가는 사람들을 보면서**, 즉 예수를 믿은 이후에 또 저지른 죄에 대해 회개하는 것을 보면서 "나는 저런 위선자가 될 바에 차라리 성막에 안 들어가겠다"고 말하기도 합니다.

또 어떤 이들은 제사장과 레위인도 범죄하는 것을 보고 "그래서 나는 성막으로 안 들어가겠다"라고 합니다.

이 모든 행위는 잘못된 것입니다. 그것은 신앙생활이 아니며 구원과는 상관이 없습니다.

오직 하나의 문인 성막 문 안에 들어와야 하며 출세, 재물, 질병의 해결 등 어느 무엇보다 자기 죄를 회개하여 사함 받는 일부터 해야 합니다. 또한 성막 안에 들어온 사람은 그때부터 언제나 예수와 더불어 생활해야 합니다.

성막은 그 울타리에서부터 전체가 예수 그리스도를 보여줍니다. 항상 예수 그리스도가 강조되고 핵심이 되지 않는 교회와 신앙생활은 모두 잘못된 것입니다.

(6) 죄인은 제물을 끌고 성막으로 나아와야 합니다.

결코 다른 방법으로 죄사함 받을 수 없습니다. 어떤 죄든지 사함을 받으려면 **반드시** 이 하나뿐인 **성막으로 나와야 합니다.** 즉 죄인은 반드시 예수 그리스도를 믿어야만 죄사함 받을 수 있습니다. 혹 다른 곳에 비슷한 성막이 있다 해도 하나님은 결코 그것을 하나님의 성막으로 주시지 않았으므로 그 모든 행위는 헛되고 가증할 뿐입니다.

그 당시에 다른 민족들에게는 수많은 종교와 그들의 제단들이 있었으나 그것들은 하나님과 아무 관계가 없었습니다. 거기서는 결코 단 하나의 죄도 없앨 수 없고 오히려 그 행위들을 하면 할수록 죄에 죄를 더할 뿐이었습니다.

(7) 번제단이 있는 울타리 안과 그 바깥은 완전히 다른 세상입니다.

울타리 바깥에는 **많은 사람들의 장막**이 있고 거기에는 먹고 마시고 입고 만들고 즐기고 우는 일 등 각양각색의 인간생활로 가득 차 있습니다.

그러나 울타리 안에는 오직 제물이 죽는 일, 그 제물과 피가 하나님의 진노의 불에 타는 광경, 그것을 위해 분주히 일하는 제사장들과 두려워 떠는 죄인, 그리고 사죄 받고 거룩해져서 평안하고 경건한 마음으로 기도하고 감격하는 사람만이 있습니다. 또한 예수와 함께 있고 하나님께 감사와 영광을 돌리는 일만 있습니다.

교회는 육신적인 삶을 추구하는 것보다 죄인들이 회개하고 죄사함 받는 일을 가장 먼저 하는 곳입니다. 그러므로 그리스도인은 인간적인 목적성취를 위한 신앙생활을 해서는 안 됩니다. 그렇게 하는 것은 성막을 인간의 장막으로 만드는 것입니다.

교회는 번제단과 그 제사로 시작해서 하나님께 영광을 돌리는 곳입니다. 죄를 회개함은 없고 오히려 죄인들의 죄를 정당화하도록 도와주고 그것을 통해 고민이나 죄책감에서 위로받게 하며 그들의 욕심을 채워줄 방법만을 가르쳐주어서는 결코 안 됩니다. 오늘날 이런 교회들이 너무나도 많습니다.

진정한 위로는 죄를 용서받았을 때 오고 복은 하나님의 말씀대로 순종할 때 받는 것입니다. 회개하지 않고 죄를 용서받지도 못한 사람에게 "염려하지 마세요. 마음을 편하게 가지세요. 하나님은 당신을 사랑하십니다" 하고 위로하는 것은 고름을 짜내거나 수술을 하지 않고 계속 진통제만 먹이는 것과 같습니다. 그 나중 형편은 더 고통스럽고 불행해질 뿐입니다.

죄사함 받은 사람은 자신의 집과 생활로 돌아갑니다. 그는 용서받은 죄를 반복하지 않으려는 각오와 결심을 가지고 나가야 하며 그렇게 생활해야 합니다. 만약 그것이 잘 안 되어 또 범죄했다면 다시 교회와 그리스도 안에서 회개하고 용서를 받아야 합니다. 그리고 또다시 죄를 범하지 않기 위해 더욱 힘써야 합니다. 이 반복되는 생활 중에 성도는 자기도 모르는 사이에 점점 거룩한 생활을 하게 됩니다. 하나님은 그런 진정한 하나님의 백성들 가운데 거하시며 그들을 보호하시고 인도해주시고 복을 주십니다. 이런 삶을 끝까지 살아가는 자들만이 젖과 꿀이 흐르는 가나안, 즉 천국에 들어가게 됩니다.

[8] 제사장들은 종일 제사를 드리느라 성막 뜰에는 의자가 없었습니다.

히브리서 10장 11절에 "제사장마다 서서 드리며(섬기며) 자주 같은 제사를 드리되…" 했습니다.

(1) 이스라엘 백성들은 선택된 백성이었지만 반복하여 죄를 범했음을 보여줍니다.

지금도 우리 주님은 성도들의 끊임없는 범죄 때문에 계속 제사장의 일을 수행하고 계십니다.

(2) 구약시대에는 제사장들이 백성들의 죄 하나하나마다 같은 제사를 드려야 했는데 그것은 **모든 죄가 오직 예수 그리스도를 통해서만 속죄됨**을 의미합니다.

따라서 **날마다 회개해야 하는 성도들은 예수를 중심으로 생활**하지 않을 수 없습니다. 예수를 주인으로 삼고 사는 사람들은 우선 모든 생활 속에서 범죄하지 않기 위해 예수를 의식하며 살아갑니다. 날마다 회개생활이 없다는 것은 그 사람이 아직 예수를 중심으로 살지 못하고 있음을 드러내는 것입니다.

(3) 구약의 반복되던 제사는 **예수께서 단번에 드린 제사로써** 신약시대에는 더 이상 필요하지 않게 되었습니다.

이제는 **예수를 영접하고 그 의의 공로를 의지하여 회개하기만 하면** 사죄를 받게 된 것입니다. 신약시대의 성도들은 날마다 제물을 끌고 와서 제사드리지 않게 된 것을 **참으로 감사해야 합니다.**

(4) **오늘날의 교역자들과 교회지도자들도 구약시대의 제사장들이 날마다 쉴 새 없이 제사를 드렸던 것과 같은 봉사를 해야 합니다.**

이 세상에 살아가는 동안은 성도들 역시 범죄할 수밖에 없으므로 목사와 교회지도자들은 성도들이 날마다 자신이 지은 죄를 자각하며 **회개하도록 깨우쳐줘야** 하며 동일한 죄를 반복하지 않도록 도와주어야 합니다.

이 일은 **세상의 어떤 일보다 먼저 할 일**입니다. 왜냐하면 하나님의 백성이 되었어도 범죄하고도 **회개하지 않으면** 반드시 징벌을 받게 되기 때문입니다. 그렇게 되면 그동안 힘쓰고 애썼던 모든 것이 헛되이 되기도 합니다.

(5) 이스라엘 백성은 죄 사함을 받기 위해 **남녀노소, 지위고하를 막론**하고 **성막으로 나와야** 했고 **같은 문으로 들어와야** 했으며 **같은 방법으로 제물을 드려야** 했습니다.

예수 그리스도를 믿고 구원받은 사람들은 누구든지 죄를 **회개하여 용서받는 일을 반드시 해야** 하며 그 일에 있어서는 결코 **차별이 없습니다.**

(6) 사죄 받고자 하는 사람은 **반드시 제사장에게 나오고 그에게 죄를 고백하고 그에 의해 사죄를 받아야** 했습니다.

죄인은 죄인일 뿐 신분과 학벌, 성별과 연령이 상관없습니다. 부끄럽고 괴롭더라도 그는 **모든 죄를 정직하게 시인하고 용서를 구해야** 합니다. 성도들은 **이렇게 할 수 있는 겸손을 기본적으로 소유해야** 합니다. 교만한 사람은 굽히지 않으며 사죄 받기 위해 날마다 예수 그리스도께 나오지 않습니다.

그러므로 날마다 예수 그리스도께 나와서 회개해야 함을 깨닫지 못하고 실행하지 못하는 사람은 **겸손하지 못한 사람**입니다.

(7) **죄인은 스스로 사죄받을 수 없습니다.**

예수 그리스도의 대속의 은총을 의미하는 제사장과 제사 드림이 반드시 있어야 합니다. 죄인은 이것을 **인격적으로 관계해야** 하며 그것을 위해 제물을 끌고(자기 죄를 인정하고) **제사장에게 와야** 합니다.

이것은 예수 그리스도가 오시기 이전인 구약시대에 하나님께서 세우신 방식이고, **신약시대에는 모든 신자가 제사장 자격을 얻어 직접 하나님께 나아가 죄를 고백하고 용서를 구하기 되었습니다.** 하나님은 바로 이것을 보여주시려고 **예수님이 숨을 거두시자마자 지성소 휘장이 위에서 아래로 찢어져 열리게 하셨습니다.**

가톨릭의 고해성사제도는 **예수님의 대속의 죽으심을 무효화시키는 것**이므로 크게 잘못된 것입니다.

제사장의 **가장 큰 임무가 죄인들을 사죄받게 해주는 일**이었듯이 목사는 무엇보다 먼저 성도들이 **자기 죄를 깨닫도록 회개하여 사죄받도록 돕는** 그리스도의 종입니다. 제사장들이 앉아 쉴 틈도 없이 제사를 지냈듯이 **하나님의 종들은 성도들이 죄를 깨닫고 회개하도록 말씀을 가르치고 선포하는 일에 항상 총력을 기울여야** 합니다. 위로와 복은 **회개 후에** 주님께서 필연적으로 주십니다.

제 7 강

〈4〉 물두멍(1)

〈출30:17~21〉
17여호와께서 모세에게 말씀하여 이르시되 18너는 물두멍을 놋으로 만들고 그 받침도 놋으로 만들어 씻게 하되 그것을 회막과 제단 사이에 두고 그 속에 물을 담으라 19아론과 그의 아들들이 그 두멍에서 수족을 씻되 20그들이 회막에 들어갈 때에 물로 씻어 죽기를 면할 것이요 제단에 가까이 가서 그 직분을 행하여 여호와 앞에 화제를 사를 때에도 그리 할지니라 21이와 같이 그들이 그 수족을 씻어 죽기를 면할지니 이는 그와 그의 자손이 대대로 영원히 지킬 규례니라

〈출38:8〉
그가 놋으로 물두멍을 만들고 그 받침도 놋으로 하였으니 곧 회막 문에서 수종 드는 여인들의 거울로 만들었더라
〈더 제대로 된 번역〉
下 그것은 회막 입구에서 봉사하는 여인들이 바친 놋 거울로 만든 것이다.

〈4〉 물두멍(1)

[1] 위치

물두멍은 성소 안으로 들어가는 사람이 손발을 씻는 곳으로 성막 울타리 안의 번제단을 지나 성소 휘장 앞에 있습니다.

그 당시에는 **제사장**과 **대제사장** 외에는 누구도 성소에 들어갈 수 없었으므로 번제단에서 제사를 드려서 사죄받은 사람도 물두멍에는 접근할 수 없었습니다.

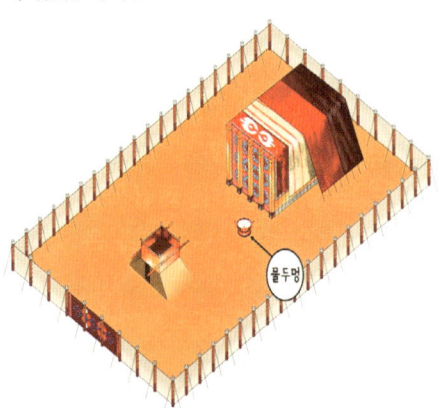

성소 안에는 **진설병**과 **포도즙**이 있어서 제사장이 그것을 먹고 **등잔대**를 밝히고 **분향단**에 향을 피우고 나옵니다.

이것은 번제단에서의 제사에 대한 후속절차로 예수 그리스도를 통한 하나님의 구속사역에 대한 재음미와 기원, 그리고 찬송의 의미가 있습니다.

간단히 설명하면 진설병과 포도즙은 죄인으로 하여금 예수가 구세주이심을 알게 해주고, 일곱 등잔대는 예수 그리스도를 중심한 교회, 성도들의 연합을 의미하며, 분향단은 예수 그리스도를 통한 속죄와 구원을 위한 기도와 찬송을 의미합니다.

구약성도들은 번제단까지만 올 수 있고 성소는 제사장만 들어갈 수 있었습니다.

이것은 구약과 신약시대의 은혜의 차이입니다.

예수 그리스도께서 단번에 죽으심으로 신약성도는 믿는 즉시 제사장이 되지만 구약성도는 그럴 수 없었기에 반드시 제사를 통할 수밖에 없었습니다. 이런 점에서 신약성도가 누리는 은혜는 참으로 큽니다.

번제단의 제사로써 죄인의 구속은 확실해집니다. 그리고 성소와 지성소 안에 있는 기명들과 거기서 행해지는 일들은 번제단에서의 구속을 보다 정밀히 설명해줍니다. 구원의 완성과 하나님과의 연합을 보여줍니다. 즉 메시야가 어떤 분이시고 이 세상에 어떻게 오시며 어떤 사역을 하시며 그로 인한 효과와 결과가 무엇인지 상세히 설명하고 확인시켜줍니다.

그런데 이런 상세한 비밀이 구약성도들에게는 감추어진 비밀인 것입니다. 그들은 자기들의 죄악에서 구원할 메시야가 올 것과 그가 자기들을 구속할 것이라는 하나님의 구원약속에 대해 제사장들을 통해 믿을 뿐 오늘날 우리가 예수 그리스도와 복음에 대해 상세히 아는 것처럼 알 수 없었습니다.

구약시대에 이스라엘에는 제사장들만 사용할 수 있는 놋 대야, 즉 물두멍이 있었으나 지금 우리에게는 유다족속과 이스라엘 거민이 사용할 수 있는 개방된 우물(슥13:1), 곧 "무진장한 생수의 샘"이 있습니다.

그러므로 신약시대에 예수 그리스도를 믿은 성도가 죄에 오염된 채로 있는 것은 큰 잘못입니다. 신약성도들은 그들 자신이 제사장이 되어 성소 안의 모든 비밀을 알고 참여하게 된 것입니다. 이것이 얼마나 놀라운 은혜이며 특권입니까?

이런 신약성도가 누리는 위안과 감격과 감사는 번제단에서만 누리던 구약성도들보다 훨씬 커야 합니다. 과연 내가 위안과 감격과 감사를 항상 느끼며 누리고 있는지 살펴보시기 바랍니다.

베드로전서에도 "**너희들은 신령한 제사를 위한 거룩한 제사장들이요, 그분의 덕을 선포하기 위한 왕 같은 제사장이다**(벧전2:5,9)" 했습니다.

우리는 **하나님께서 우리를 제사장이 되게 하신 이유**를 알아야 합니다.
그 이유는 첫째, **하나님께 신령한 제사를 드리기 위함**이며
둘째, **그분의 덕을 찬양하기 위해서**입니다.
우리는 이것을 결코 잊어서는 안 됩니다.
그러므로 우리는 보통의 사람들처럼 이 세상에서 부귀영화를 누리거나 정욕을 만족시키는 것이 **삶의 목표가 아님**을 명심해야 합니다.
우리는 지금의 형편과 처지가 어떠하든지 **주님께 신령한 제사를 드리는 일과 그분의 덕을 찬양하는 일을 삶의 목표로 삼아야** 하며 그 일을 점점 더 잘해야 합니다. 만약 세상의 것 때문에 이 두 가지를 잘못하고 있다면 그런 성도는 **거룩한 제사장이 아니요, 왕 같은 제사장도 아닙니다.**
구약시대에 누구도 거룩한 제사장, 왕 같은 제사장을 함부로 대할 수 없었듯이 오늘날 날마다 신령한 제사를 주님께 드리고 그분의 덕을 찬양하는 일을 제대로 하는 성도는 **주께서 누구도 함부로 할 수 없도록 지켜주십니다.**
내가 과연 이런 거룩한 자리에 서 있는 그리스도인인지 정직하게 살펴보시기 바랍니다.

[2] 재료

물두멍을 만든 재료는 놋이었습니다.
놋은 **그리스도의 신성**을 의미합니다(번제단과 같음).
여기에 **정결한 물**이 담겼고 제사장들은 **이 물에서 손발을 씻어야** 했습니다.
제사장이 성소에 들어갈 수 있는 것은 **전적으로 예수 그리스도의 신성에 의해 된 것임**을 보여줍니다. **성자 하나님이신 예수께서** 하나님의 선택된 자들 가운데 오셔서 그들을 위해 죽으시고 부활하심이 없었다면 그 누구도 자신의 죄를 용서받을 수 없으므로 결코 거룩한 하나님의 궁전인 성소에 들어갈 수 없었던 것입니다.
그러므로 **예수 그리스도만이 유일한 구세주요, 성자 하나님으로서 이 땅에 오신 메시야임을 믿지 않는 사람은 결코 성소 안으로 들어올 수 없습니다.**

[3] 용도와 의의

물두멍은 제사장의 손발을 씻는 데에 사용되었습니다.

(1) **제사장은 성소에 들어가기 위해 날마다 물두멍에서 씻어야 했습니다.**

구원을 위한 대속은 번제단에서 **피 흘림의** 제사로 이뤄집니다. 제사장도 구원을 얻기 위해서는 번제단의 구속을 거쳐야 했습니다. 즉 **예수 그리스도를 자신의 구주로 영접하는 것**입니다. 구원을 위한 **제물의 피 흘림의 제사는 예수 그리스도를 영접한 것으로 영원히 유효**합니다.

그러나 이렇게 구원받은 사람도 또다시 많은 죄를 저지르므로 **날마다 순간마다 주님 앞에 와서 말씀을 통해 깨닫고 회개하여 씻음 받아야** 합니다. 이미 구원받은 자요, 하나님의 제사장이라도 죄악 때문에 더러워진 손과 발을 매일 순간마다 물두멍에서 씻어야 거룩한 직무를 수행할 수 있었습니다. 만약 여기에서 씻지 않고 일을 한다면 그는 죽음을 면할 수 없었습니다.

그래서 "그들이 회막에 들어갈 때에 **물로 씻어 죽기를 면할 것**이요 제단에 가까이 가서 그 직분을 행하여 여호와 앞에 화제를 사를 때에도 그리할지니라 이와 같이 그들이 **그 수족을 씻어 죽기를 면할지니** 이는 그와 그의 자손이 **대대로 영원히 지킬 규례니라**(30:20, 21)" 한 것입니다.

그러므로 죄를 회개하지 않고 하나님을 섬기는 사람은 **참으로 위태**합니다. 하나님은 긍휼의 덕으로써 참으시지만 실상 날마다 끊임없이 죄를 짓는 성도로서 날마다 회개하지 않는다면 그는 죽어 마땅한 사람입니다. 그만큼 날마다 물두멍에서 씻는 일은 **제사장에게 매우 중요한 일**이었습니다.

씻지 않고 번제단에서 제사드리고, 무교병과 포도주를 먹고, 등잔대의 불을 밝히고, 분향단에서 향을 피우는 사람은 죽는다고 했는데 오늘날 **날마다 회개생활이 없이 거룩한 직무를 수행하는 사람들이 얼마나 하나님 앞에서 불합당하며 진노를 당할 대상**인지 알아야 합니다.

그러므로 회개의 중요성을 깨닫지 못하고 있거나 날마다 회개하지 않는 성도는 **영혼이 심히 병들어 있는 사람**입니다.

주께로 가까이 나아가고 주님을 만나며 온갖 은총을 누리는 사람은 **수시로 물두멍에서 씻는 사람**입니다.

무교병과 포도주를 날마다 먹는 은총, 즉 예수 그리스도가 구세주요, 그의 죽으심 때문에 내가 죄 사함을 받는다는 것을 수시로 깨닫고 감사, 감격하는 생활을 하는 사람, 일곱 등잔대에 불을 밝히는 은총, 즉 내가 예수 그리스도로 말미암아 하나님의 나라(교회)와 연합되었음을 깨닫고 성도들과 하나 되어 사는 은총, 분향단에서 향을 피우는 은총, 즉 받은 모든 은혜에 대한 감사와 찬송의 생활을 시시때때로 누릴 수 있는 사람은 다름이 아니라 이 물두멍에서 날마다 씻는 사람입니다.

제사장이라도 물두멍에서 씻지 않으면 성소에 들어갈 수 없었듯이 날마다 회개하지 않는 성도는 성도로서 누리는 신비하고 거룩한 은총에서 제외됩니다. 이런 성도가 얼마나 많은지 모릅니다.

만약 수시로 회개하지 않고 성도의 은총을 누리려고 한다면 그는 죽는 것과 같은 고통과 슬픔을 면할 수 없을 것입니다.

아론과 그의 아들들은 직무를 행하러 성소에 들어갈 때마다 이 물두멍에서 손발을 씻어야만 했고 최소한 매일 아침마다 그렇게 해야 했습니다 (30:19~20). 이 거룩한 목적을 위해 물두멍에 깨끗한 물을 새로 부었습니다. 그들이 다른 물로 아무리 깨끗이 씻어도 그것만으로 충분하지 않고 오직 하나님이 지정하신 거룩한 물두멍에서 다시 씻어야 했습니다. 그러므로 "씻으라" 는 명령이 다시 주어진 것입니다(왕하5:12~14).

그렇게 한 이유는 다음과 같습니다.
1) 그들이 직무를 수행할 때 순결함을 보전하기 위함이었습니다.

그들은 처음에 위임을 받을 때뿐 아니라 직무를 행하러 들어갈 때마다 또다시 씻고 깨끗해져야 했습니다. "손이 깨끗하며 마음이 청결한 자" 만이 하나님의 거룩한 곳에 설 수 있기 때문입니다.

2) 하나님의 성결하심을 기억하고 그에 대한 존경심을 갖게 하기 위함이었습니다.

3) 죄의 오염을 조심할 것을 가르치기 위함이었습니다.

4) 죄악에 대한 참회를 매일 새롭게 하여 그리스도의 보혈이 그 영혼의 속죄를 이루셨다는 믿음을 매일 되새기게 하려는 것이었습니다.

5) 매일 하나님 앞에 거룩하게 예배해야 함을 가르치기 위해서였습니다.
우리는 매일 많은 일로 인해 범죄하며 죄악에 물들게 됩니다.

그러므로 우리는 날마다 순간마다 회개하는 이 엄숙한 규례를 성실히 지켜야 합니다.

야고보서 4장 8절에 "죄인들아 손을 깨끗이 하라 두 마음을 품은 자들아 마음을 성결하게 하라" 했습니다. 다윗 왕도 "여호와여 내가 무죄하므로 손을 씻고 주의 단에 두루 다니리이다(시26:6)" 했습니다.

(2) 성경에서 물은 "정결케 하는 것", 즉 말씀을 의미합니다.

피는 속죄를, 물은 정결케 하는 말씀을 의미합니다.

▎ 엡5:26 이는 곧 물로 씻어 말씀으로 깨끗하게 하사 거룩하게 하시고

▎ 요15:3 너희는 내가 일러준 말로 이미 깨끗하여졌으니

여기서 말하는 물은 하나님의 말씀이 사람에게 역사하여 깨끗하게 하는 능력을 말합니다. 그 물두멍의 물은 바로 이런 것입니다.

(3) 물두멍은 여인들이 거울로 사용하던 놋으로 만들었습니다.

여기에서 우리는 몇 가지 중요한 사실을 알아야 합니다.
1) 물두멍은 성막에서 수종 드는 여인들이 쓰던 놋 거울로 만들었습니다.

물두멍이 놋으로 만들어졌다는 사실은 매우 중요한 의미를 내포합니다.
즉 보통의 거울로는 죄인들이 자기의 죄성과 죄악을 낱낱이 발견하지 못하지만 그리스도의 신적 능력에 의해서 환하게 보게 됨을 의미합니다.
구원받은 사람들의 회개는 이 그리스도의 능력 때문에 자기의 부패타락함과 죄를 발견하고 그것을 깨끗이 해결하게 된 것입니다. 더구나 그 놋 그릇 안에는 하나님의 말씀의 물이 담겨 있습니다. 그 물(말씀)은 인간의 모든 사정을 잘 압니다. 그것은 무엇이 옳고 그른지를 완벽하게 가려내어 거기에 자신을 담그고 씻는 사람은 어떤 죄이든 그리스도의 신적 능력에 의해 말끔히 씻깁니다.

여인들이 자기 얼굴이나 비춰보고 깨끗하게 하던 놋 거울이 성막에 바쳐져서 그리스도의 신성이 바탕이 된 거울, 즉 죄인들의 모든 죄악을 밝혀내고 말끔히 씻어주는 거룩한 물두멍이 된 것입니다.

그러므로 아무리 추한 죄인이요, 보잘것없는 사람이라도 예수 그리스도와 하나님의 말씀으로 돌아오는 사람은 정결해질 뿐 아니라 거룩해집니다.
인간적으로 내세울 것이 없고 오히려 남들에게 멸시와 천대를 받을 수밖에 없던 사람이라도 예수께 드려지면 자신뿐 아니라 많은 죄인들을 영육 간에 깨끗하게 해주는 거룩한 존재가 되는 것입니다. 전적으로 부패타락한 인간이 이 세상에서도 거룩한 사람으로 존재할 수 있다는 사실이 얼마나 감사합니까?

이런 모든 일은 **진정으로 예수께로 나아오는 자에게만 이루어집니다.** 인간적으로 모든 것을 다 갖췄어도 예수께 나아오지 못한 사람은 **시간이 갈수록 점점 더 추하고 더러운 존재로 전락할 뿐입니다.**

2) 물두멍을 만들 때 놋을 드린 사람들은 **성막의 일에 성심을 다해 봉사한 여인들**입니다.

이들은 성막의 일뿐 아니라 **성막을 만드는 일에도 열심히 동참**했습니다. 성막에서 제사장들과 레위인들을 열심히 도울 뿐 아니라 **자기가 가진 것을 드려서 성막의 중요한 기물이 되게 한 일은 두고두고 큰 영광이 되었습니다.** 이들은 **영예로운 여인들**이 된 것입니다.

교회 안에는 하나님의 종들과 거룩한 직분을 맡아 수행하는 일꾼들 옆에서 여러 모양으로 돕는 사람들이 있습니다. 그들은 **제사장이나 레위인을 열심히 도움으로써 거룩한 일에 동참**한 것입니다.

아직 성숙한 성도가 되지 못했으나 **기본적인 믿음을 가진 사람들은 이렇게 하나님의 사람들과 교회지도자들의 수족이 되어 잘 도와야** 합니다. 그것은 신앙생활에 있어 **참으로 지혜로운 일입니다. 이런 일을 잘하는 사람들이 하나님의 인정을 받아 교회의 지도자와 하나님의 종이 됩니다.** 혹 그렇게 되지 않아도 **충성된 하나님의 종들과 교회의 지도자들이 누리는 영광과 은총을 함께 누리게** 됩니다.

그런데 단지 하나님의 일을 돕는 정도가 아니라 **자기의 놋 거울을 바쳐서 물두멍을 만듦으로** 두고두고 많은 이스라엘 백성들이 그것을 통해 죄사함을 받고 약속하신 은총을 받아 누리게 했듯이 보다 많은 사람들에게 은혜와 복을 끼치는 일을 한다면 그런 성도는 **더욱 지혜로운 성도**입니다.

당시 그 여인들의 이름이 성경에 일일이 기록되지는 않았으나 그 사실이 성경에 기록된 것을 보면 **그 여인들과 후손들은 하나님께 특별한 은총을 받아 누렸을 것입니다.** 무엇보다도 제사장들과 대제사장이 그 물두멍을 통해 정결하게 되어 성소와 지성소에 들어갔을 때 죽음을 면하고 직분을 완수함으로 모든 이스라엘 백성에게 하나님의 큰 은총이 전달되게 한 사실은 **그 여인들과 후손들에게 참으로 큰 영광이** 되고 하나님 앞에 섰을 때 그만큼 **큰 칭찬과 상급을 받았을 것입니다.**

우리는 **이 여인들의 지혜를 배우고 잘 본받아야** 합니다.

3) 놋 거울은 그 여인들에게 매우 소중하고 값진 것이었습니다.

당시 놋 거울은 많은 대가를 지불한 여인들만이 사용할 수 있는 흔하지 않은 물건이었습니다. 여인들은 자신에게 매우 특별하고 소중했을 그 거울을 아낌없이 하나님께 드렸습니다.

가. 이는 교만과 허영을 하나님 앞에 내려놓고 회개하는 표시였습니다.

여인들은 그동안의 어리석음을 깨닫고 하나님의 사업에 자신을 드릴 뿐 아니라 그 표시로 소중히 여기던 놋 거울을 아낌없이 드린 것입니다. 그것을 가지고 치장하는 것이 잘못은 아니지만 많은 사람들이 하나님 앞에서 회개하고 용서받게 하기 위해 그것을 포기했습니다.

훗날 부끄러운 여인이었던 마리아도 모든 것을 회개하며 비싼 향유를 예수님의 발에 붓고 자신의 소중한 머리카락으로 그리스도의 발을 씻음으로 예수님의 가장 귀한 제자 중 하나가 되었습니다.

우리 그리스도인들은 이 여인들처럼 자기의 교만과 허영을 위해 가지고 사용하고 누렸던 것들을 예수 그리스도를 위해, 많은 사람들의 구원을 위해 기꺼이 포기할 줄도 알고 드릴 줄 알아야 합니다.

나. 여인들은 자신의 가장 소중한 것을 드렸습니다.

그들은 자신을 아름답게 단장하는 일이 불편해질 것을 알면서도 놋 거울을 하나님께 드렸습니다.

우리는 언제나 자신의 만족이나 편의보다 하나님의 일과 영광이 앞서야 합니다. 그래서 하나님께 영광을 위해 바침으로써 오는 결핍이나 불편함에 대해 결코 불평하지 않는 믿음을 소유해야 합니다. 그러나 그렇게 내 소중한 것을 드릴 때 현실적으로 잠깐 불편과 결핍이 오지만 결코 그것으로 끝나지 않습니다. 하나님은 그것과 비교할 수 없는 놀라운 은총을 영육 간에, 일시적인 것이 아니라 영원한 것으로 베풀어주십니다.

그러므로 하나님의 영광을 위해 무엇을 드리고자 할 때 주저하거나 인색하게 하는 사람은 어리석은 사람이며 그의 믿음은 보잘것없는 믿음입니다.

제 8 강

〈4〉 물두멍(2)

〈출30:17~21〉

17여호와께서 모세에게 말씀하여 이르시되 18너는 물두멍을 놋으로 만들고 그 받침도 놋으로 만들어 씻게 하되 그것을 회막과 제단 사이에 두고 그 속에 물을 담으라 19아론과 그의 아들들이 그 두멍에서 수족을 씻되 20그들이 회막에 들어갈 때에 물로 씻어 죽기를 면할 것이요 제단에 가까이 가서 그 직분을 행하여 여호와 앞에 화제를 사를 때에도 그리 할지니라 21이와 같이 그들이 그 수족을 씻어 죽기를 면할지니 이는 그와 그의 자손이 대대로 영원히 지킬 규례니라

〈4〉 물두멍(2)

[3] **용도와 의의**

(1) 제사장은 성소에 들어가기 위해 날마다 물두멍에서 씻어야 했습니다.
(2) 성경에서 물은 "정결케 하는 것", 즉 말씀을 의미합니다.
(3) 물두멍은 여인들이 거울로 사용하던 놋으로 만들었습니다.

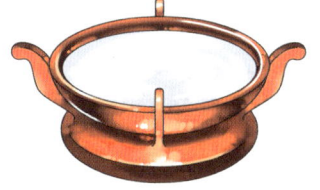

(4) 제사장이 정결해지는 방법은 오직 물두멍에서 씻는 것뿐이었습니다.

오직 물두멍을 통해서만 제사장이 정결하게 될 수 있었습니다.
번제단을 통과한 사람(구속받은 사람)이라도 그 후에 짓는 죄를 회개하여 그 죄를 씻어내야 합니다. 그러기 위해서는 수시로 자기를 반성하게 해주는 거울이 필요한데 우리 영혼을 볼 수 있는 유일한 거울은 곧 하나님의 말씀입니다(약1:23).

우리는 우리 영혼을 수시로 말씀의 거울에 비춰봐서 죄와 오점을 찾아내야 합니다. 그리고 그것을 구체적이고 세부적으로 고백해야 합니다. 그렇게 하는 만큼 우리는 그리스도의 피의 은총을 힘입어 깨끗해지고 죄사함으로 오는 신령한 위안이 우리 안에 점점 더 풍성하게 임하게 됩니다.

이렇게 죄 씻음을 받고 신령한 은총을 받아 누리는 것은 그리스도의 신성(神性)을 바탕으로 한 말씀의 물이 담긴 물두멍을 통해서만 가능합니다.

그러므로 예수 그리스도를 바탕으로 한 하나님의 말씀과 상관없이 사는 사람들은 단 하나의 죄도 용서받을 수 없으며 하나님께서 주시는 신령한 위로와 은총을 받아 누릴 수 없습니다.

우리는 이 말씀의 물두멍이 우리에게 주어졌음에 대해 참으로 기뻐하고 감사해야 합니다. 그리고 이 크고 놀라운 복을 결코 멀리하거나 잃어버리지 말아야 합니다.

(5) 제사장은 물두멍에서 손과 발만 씻었습니다.

여기에서 우리는 또한 중요한 진리를 깨달아야 합니다.

1) 제사장은 이미 그리스도의 대속으로 말미암아 의인, 즉 거룩하게 되었으므로 손, 발만 씻고 성소에 들어갈 수 있었습니다.

예수께서 베드로의 발을 씻어주려 하실 때 베드로가 "절대 씻지 못합니다" 하자 예수님은 "내가 너를 씻어주지 않으면 네가 나와 상관이 없다" 하셨습니다. 베드로가 "내 발뿐 아니라 손과 머리도 씻어주옵소서" 하니 예수님은 "이미 목욕한 자는 발밖에 씻을 필요가 없다. 온 몸이 깨끗하니라" 하셨습니다.

이 말씀도 물로 씻는 생활, 즉 날마다 회개하는 생활이 얼마나 중요한지 깨우쳐줍니다.

이미 목욕했다 함은 예수 그리스도를 확실히 영접한 것을 의미합니다.

온몸이 깨끗해진 사람이라야 손발만 씻어도 거룩한 하나님의 백성으로 온갖 은총을 받아 누릴 수 있습니다.

예수 그리스도를 영접한 후 그리스도인들은 발과 손을 씻는 것, 즉 계속적인 회개만 필요할 뿐입니다. 얼마나 고마운 일입니까?

이 은총은 예수를 확실히 영접한 자라야 누릴 수 있습니다. 예수를 영접하지 못한 사람도 순간적으로 어떤 감격과 흥분에 의해 자기 죄를 고백하면서 용서해달라고 말할 수 있으나 그의 고백은 아무 소용없습니다.

2) 물두멍의 은총은 번제단을 통과하지 않고는 결코 누릴 수 없습니다.

동시에 번제단은 통과했어도 날마다 순간마다 물두멍을 통과하지 않고는 결코 성소 안에 들어갈 수 없습니다.

많은 성도들이 **기본적인 믿음**은 가졌으나 **매순간마다 죄를 씻지 못함으로 하나님의 백성으로서의 온갖 은총을 구체적으로 누리지 못하고 있습니다.**

그러므로 **예수 안에 담긴 말씀의 물에 늘 자신을 비춰보고 담가서 죄를 깨끗이 씻음 받아야** 합니다. 그 일을 잘할수록 **성소와 지성소의 온갖 신령한 은혜들을 구체적으로 받아 누릴 수 있게** 됩니다.

3) 제사장은 물두멍에서 **단순히 손과 발을 씻는 것으로 죽음을 면하는 큰 은총을 누렸습니다.**

물두멍이라는 시설물 자체는 **매우 간소하며 그다지 아름답지도 않습니다.** 제사장이 그곳에서 손발을 씻는 것도 복잡한 일이 아니었습니다. 그러나 **그것을 하지 않고 성소에 들어가면 제사장은 죽음을 면할 수 없었습니다.** 그러므로 물두멍에서 손발을 씻는 **이 단순한 행위**는 매우 중요했습니다.

우리 그리스도인의 신앙생활은 **순간마다 매우 단순하고도 작은 행위**가 중요합니다. 우리는 **작은 것부터 순종하고 충성함으로써 크고 많은 것을 하나님께로부터 받게** 됩니다(마25:21,23).

아람 왕의 군대장관 나아만은 문둥병자였으나 하나님의 종 엘리사를 통해 고침을 받았습니다(왕하5:1~14). 그는 자기 집에서 수종 드는 어린 여종의 말을 듣고 엘리사 선지자를 찾아갔고 **그의 무례하고도 단순한 말에 순종했습니다.** 그는 요단강 물에서 일곱 번 씻으라는 말에 순간 불평했으나 부하들의 충언을 듣고 실행에 옮긴 결과 깨끗이 고침을 받았습니다.

나아만은 **아주 단순하고 작은 것에 순종하여 큰 것을 받았습니다.** 하나님께서는 곧바로 순종하지 못했던 그의 과오를 문제시하지 않으셨고 **하나님의 종의 명령에 순종한 것만을 기뻐하시고 병을 고쳐주셨습니다.**

또한 예수께서는 나면서부터 소경이었던 사람을 고치실 때 **땅에 침을 뱉어 흙을 이겨** 그의 눈에 바르시고 **"실로암 못에 가서 씻으라"** 하셨습니다. 소경은 **그 단순한 명령에 순종하여** 눈을 뜨는 큰 복을 받았습니다(요9:6,7).

우리는 물두멍에서 이런 놀라운 의미를 깨닫게 됩니다.

구약시대에 제사장들이 이 물두멍에서 손과 발만을 씻음으로 죽음을 면했다는 것은 **작은 일에 단순하게 순종함으로써 큰 복을 받는 신약의 진리를 비유한 것입니다.**

예수를 믿음으로 의롭다 여김을 받는 것도 같은 성격의 것입니다.

예수를 믿는 일은 큰 돈을 바치거나 고되고 힘들게 일하는 것을 전제로 하지 않습니다. 단순히 예수가 메시야이심을 믿으며, 죄인의 죄를 대신 지고 십자가에서 죽으셨다가 부활하셨음을 믿고, 그 예수를 자신의 구주로 믿기만 하면 그 단순한 순종에 의해 모든 죄를 사함 받고 하나님께 의로운 자라 인정받게 됩니다.

우리의 이 신앙세계는 단순한 순종이 크고 영원한 복을 가져다주는 세계입니다. 얼마나 감사한 일입니까?

그런데 크고 힘들고 복잡한 일이나 대가를 요구하지도 않는 단순한 명령에도 관심을 보이지 않고 불순종하는 자들이 많습니다. 이들이야말로 참으로 불쌍한 자들입니다. 많은 성도들조차도 순간마다 이 단순한 주님의 명령에 순종하지 못함으로써 더 많은 은총을 받아 누리지 못하고 있습니다.

(6) 번제단은 예수 믿고 속죄 얻는 것이 그 내용이라면 물두멍의 내용은 모든 하나님의 말씀입니다.

대속 받고 구원을 얻은 모든 신자(제사장)는 하나님의 말씀으로 날마다 자신을 점검하고 잘못된 것을 회개하며 가다듬어야 합니다. 이것을 잘하는 제사장이어야 성소에 들어갈 수 있습니다. 물두멍에서 씻지 않고는 성소에 들어갈 수조차 없었습니다.

그러므로 성도는 예수를 믿는 것으로 그쳐서는 안 됩니다.
날마다 하나님의 말씀을 연구하고 배우며 그 말씀에 자신을 비추어 죄를 회개하여 씻음 받는 것을 반복적으로 함으로써 그 영혼과 삶이 점점 거룩해져야 합니다. 예수를 확실히 영접한 사람에게 성령께서 들어오시는 목적도 바로 이것을 위함입니다. 하나님께서는 그 사람에게 성령을 보내주셔서 날마다 말씀을 읽고 배우게 하시며 진리들을 깨닫게 하시고 하나님을 알아 믿음이 성장하게 하십니다. 동시에 자신이 어떻게 잘못된 생활을 해왔는지 점점 구체적으로 발견하게 하여 회개하게 합니다.

예수 그리스도를 확실히 믿은 자의 회개는 반드시 응답받습니다. 그래서 범죄로 인한 하나님의 진노의 채찍을 면하게 되며 점점 사람이 변화되고 삶이 변화되며 거룩해져가게 됩니다.

이렇게 되게 하시려고 하나님께서 성령까지 보내주셨는데 예수 믿고 구원 얻었다는 사람이 날마다 위와 같은 생활을 성실히 하지 못한다면 결코 정상적인 그리스도인이 아닙니다.

그러므로 성도들은 삶의 형편과 사정이 어떻든지, 청소년이든지, 혈기왕성한 청년이든지, 가족의 생계를 위해 힘들게 일하는 사람이든지 **어떤 일보다 날마다 말씀의 거울에 자신을 비춰보고, 자신의 어리석음과 죄를 회개하고 씻음 받는 일을 결코 소홀함이 없이, 중단하지 말고 열심히 해야** 합니다.

그런데 말씀을 일부분만 아는 사람은 **그만큼 자신의 죄를 발견하기가 어렵습니다.** 따라서 자신의 어리석음과 죄를 세부적으로 회개할 수 없습니다. 이런 사람은 날마다 회개생활을 해도 **수많은 더러운 것 중 일부만 없애게** 될 뿐입니다.

그러므로 성도들은 **하루도 거름이 없이** 하나님의 말씀을 열심히 읽고 배우고 **연구해야** 합니다. 세상적으로 좀더 지식과 지위가 있고 바쁘게 생활하는 사람일수록 말씀의 소중함을 깨닫지 못하거나 잊고 이 일을 뒷전으로 미룹니다. 이런 사람들은 **어리석은 사람**입니다.

사탄은 성도들로 하여금 **말씀에 무관심하게 하며 그 중요성을 잊어버리게** 하고 **세상에 눈이 팔리고 마음이 쏠리게 하여** 말씀중심의 생활을 하지 못하도록 끊임없이 역사합니다. **이것을 이겨내지 못한 성도**는 하나님의 백성다운 백성이 될 수 없으며 하나님의 사람으로서의 삶을 살 수 없으며 그에게 예비된 온갖 은총을 받아누릴 수 없습니다.

목사들과 교회지도자들은 교회에 나오는 사람들에게 **하나님의 말씀을 한 마디라도 더 깨우쳐주기 위해 힘써야** 합니다. 듣기 좋은 말만 하고 인간의 지혜롭고 아름다운 말, 부드럽고 매끄러운 말로 설교하여 그들로 하여금 여전히 말씀에 무지하게 하고, 그래서 그들이 **정상적인 회개를 하지 못하게 하는 일**이 없도록 조심해야 합니다. 이런 목사와 지도자는 말씀을 읽고 배우고 연구하기를 게을리하는 어떠한 성도와 비교도 할 수 없는 **큰 죄인**입니다. 왜냐하면 이 사람은 **자신뿐 아니라 자기에게 오는 많은 사람들을 날마다 하나님의 말씀으로 씻어서 거룩하게 되는 일을 막는 악한 사람이기 때문입니다.**

(7) 우리에게 물두멍이 있다는 사실은 **큰 위로와 안심**이 됩니다.

많은 성도들이 예수를 믿으면서도 여전히 법죄하는 자신을 보면서, 또 그로 인해 하나님께 매를 맞게 되는 것을 경험하면서 "내가 과연 구원받은 사람인가?" 근심하고 의심하게 됩니다.

그러나 우리 앞에는 번제단만 있는 것이 아니라 **물두멍**도 있습니다.

하나님께서 이미 예수를 믿는 사람들(번제단을 통과한 사람들)이 여전히 범죄하여 성막을 통한 온갖 은총을 구체적으로 받아 누리지 못할 때 하나님은 이 물두멍(말씀의 거울)에 우리를 부르시고 모든 죄를 회개하여 사함 받게 하십니다. 그래서 아직 완전해지지 못한 우리들을 날마다 거룩해지게 하심으로써 비록 내일, 또 모레 범죄할 수밖에 없을지라도 어제 회개하고 오늘 회개함으로써 그만큼 성막의 은총을 받아 누리게 하시는 것입니다.

우리는 이 물두멍에서 날마다 회개함으로 모든 죄의 징벌을 면하게 됩니다. 이렇게 죄 용서받고 하나님께 기도할 때 그 기도는 결코 헛되지 않습니다. 하나님은 회개하고 드리는 기도를 기쁘게 들으십니다. 그리고 우리는 점점 거룩해지며 믿음이 성장하게 됩니다. 더 나아가서 성도로서 불의의 세력과 싸우며, 사명을 감당하기 위해 필요한 신령한 은사를 받게 되고 능력을 힘입게 됩니다. 이렇게 되어질수록 우리는 점점 더 귀한 일에 쓰여지고 더 많은 거룩한 열매를 맺게 됩니다. 또 그만큼 하나님께로부터 거룩한 상과 복을 받게 되는데 이것은 나뿐 아니라 자자손손에게 미치게 되며 내가 사랑하는 사람들과 주변의 모든 사람에게까지 큰 유익이 됩니다.

말씀을 중심으로 한 회개생활이 우리에게 얼마나 복된지 반드시 기억하시기 바랍니다. 사탄도 이것을 알기에 날마다 회개하지 못하도록 끊임없이 방해합니다.

(8) 모든 죄를 씻어주시는 분은 예수 그리스도이십니다.

우리가 말씀으로 나아올 때 예수의 영인 성령께서 감화감동하셔서 진정으로 회개하게 하시고 주께서 친히 우리 손과 발을 씻겨주시는 것입니다. 주님이 씻겨주시지 않으면 누구도 죄를 용서받을 수 없습니다.

따라서 성도가 예수 이름으로 회개할 때마다 예수께서 친히 그 죄를 씻겨주셔서 그 사람은 확실히 죄사함을 받고 점점 거룩해지며 주님을 닮아가게 됩니다.

(9) 물두멍에서 손과 발을 씻을 때(회개할 때) 그것은 죄인이 하나님 앞에 나오는 것이 아니고 아들이 아버지 앞에 나오는 것이 됩니다.

예수 안에 있는 말씀을 통해 자기 죄를 발견하고 회개할 수 있는 사람은 먼저 하나님의 아들이 된 사람입니다. 하나님은 죄를 싫어하시지만 그 범죄자가 다름 아닌 아들인 것입니다. 번제단을 통과한 사람은 그가 아직 완전하지 못하여 여전히 죄를 범해도 그가 하나님의 아들이라는 사실에는 변함이 없습니다. 예수를 믿는 자들의 회개는 범죄자가 아니라 예수로 말미암아 하나님의 아들이 된 사람으로서 회개하는 것입니다.

반면에 예수를 확실히 믿지 않고는 백 번, 천 번 용서를 구해도 어떤 죄도 용서받을 수 없습니다. 이처럼 신자의 회개는 불신자와 우상숭배자들의 회개와 차원이 다릅니다.

그러나 하나님의 아들이어도 너무 빈번하거나 뻔뻔스럽게 범죄한다면 그는 결코 심령의 평강을 누릴 수 없습니다. 언제나 하나님께 벌 받을까봐 두려워 떨며 지내야 합니다. 또한 이런 아들은 아버지인 하나님 앞에 나오기가 어색하고 불편해지게 됩니다. 그래서 말씀을 읽고 배우는 것이나 예배하는 것이나 기도하는 것이 어색하고 불편해져서 결국 그 일을 점점 멀리하게 됩니다. 이런 아들은 때가 되면 하나님께 사랑의 매를 맞게 됩니다.

따라서 성도들은 물두멍의 은총을 남용해서는 안 됩니다. 즉 쉽게 범죄해서는 안 됩니다. 날마다 진정으로 회개하는 성도들은 그만큼 죄를 멀리하며 범죄하지 않기 위해 힘쓰고 애쓰게 됩니다.

범죄에 대해 민감하지 않으며 애통하고 부끄러워하며 회개할 줄 모르며 죄 짓지 않기 위해 힘쓰지 않는 사람은 목사요, 교회지도자라 할지라도 하나님 앞에서 추한 죄인이요, 보잘것없는 인간에 불과합니다.

우리는 이 물두멍이 영적으로 의미하는 바를 분명히 깨달아야 합니다.

물두멍은 하나님께 나아갈 수 있게 하는 씻음(세례)을 비유합니다. 물두멍에서 씻음은 신약시대에 될 일을 가르치는 것입니다(히9:9~10).

"몸을 맑은 물로 씻는다(히10:22)" 는 것은 예수 그리스도의 이름으로 세례 받는 것을 가리킵니다. 우리가 예수의 이름으로 세례를 받는 것은 공적으로 예수를 믿는 신앙을 고백하는 것입니다.

내가 예수 그리스도를 믿을 때에는 그의 죽으심과 연합하여 나의 옛사람이 죽는 것입니다(롬6:1~4,고후5:4~15). 예수께서 죽으셨다가 다시 살아나신 사실은 예수를 믿는 우리의 신앙고백이 특별히 칭의를 받게 하는 것이 됩니다. 이 고백은 불과 말씀을 통한 것으로 신약성경에 종종 말씀하고 있습니다.

물두멍에서 씻는 행위는 신약시대에 죄인이 예수를 믿고 세례를 받아 칭의 받음을 비유하는 것입니다. 그러므로 성도들은 이 칭의를 받음으로써 영원히 살게 됩니다.

"**씻어서 죽기를 면하라**(출30:20,21)" 라는 말씀은 우리에게 *이런 큰 소망*을 가지게 해줍니다.

이 말씀은 또한 "우리가 행한 바 의로운 행위로 말미암지 아니하고 오직 그의 긍휼하심을 따라 *중생의 씻음과 성령의 새롭게 하심으로 하셨나니*(딛 3:5)" 라는 말씀이 **우리에게 성취되는** 것입니다.

우리 믿는 자들의 구원은 이렇게 **나의 주관적인 공로가 아니라 전적으로 하나님의 은혜에 의해 주어집니다.** 그것은 **객관적인 것으로 하나님의 뜻에 따라 예수 그리스도를 진실하게 믿는 사람들은 누구나 받을 수 있게 하신 하나님의 선물**입니다.

만약 구원이 우리의 노력에 의해 받는 것이라면 그것은 쇠약해지며 없어지는 우리 자신처럼 사라지고 말 것입니다. 우리 자신에게서 나는 것은 무엇이든지 고민과 걱정거리가 됩니다. **우리는 구원받기를 원할 뿐 스스로 구원할 힘이 없습니다. 구원은 *하나님께서 주시는 선물*(엡2:8)이며, 하나님께만 있습니다**(계7:10).

이렇게 우리가 받은 구원은 **하나님께서 주셨으므로 *참으로 견고하며 영원한 것***입니다.

물두멍은 이런 놀라운 진리를 우리에게 깨우쳐줍니다.

제 9 강

성막, 〈1〉 성소와 지성소, 〈2〉 널판

〈출25:8~9〉
8내가 그들 중에 거할 성소를 그들이 나를 위하여 짓되 9무릇 내가 네게 보이는 모양대로 장막을 짓고 기구들도 그 모양을 따라 지을지니라

성막

성막은 건축물의 성격상 **장막**이었습니다.

요즘으로 말하면 군인들이 야영할 때 사용하는 천막과 같은 것으로서 **이동할 수 있는 목적**으로 만들었습니다.

더욱이 하나님의 법궤는 성막이 만들어진 이후 480년이 지나 솔로몬 왕이 화려하고 거대한 성전을 지을 때까지는 좋은 집을 차지하지 못했습니다.

그러므로 **이 장막을 통해 하나님께서 이스라엘과 함께 계셨다**는 사실은 우리에게 중요한 것을 깨우쳐줍니다.

(1) **장막은 광야에서 끊임없이 이동하던 이스라엘 백성들에게 적합**했으며 **그들이 어디를 가든지 하나님께서 그들과 동행하신다**는 사실을 알게 해주었습니다.

하나님은 **백성들의 형편에 따라** 그들과 함께하시며 자비를 베푸시고, 그들에 대한 하나님의 은총의 증거와 은혜의 선물은 **언제나 그 백성의 요구와 필요에 부합**했다는 사실을 깨우쳐줍니다.

그야말로 "네가 물 가운데로 지날 때에 내가 함께할 것이라(사43:2)" 한 말씀대로 이루어주신 것입니다.

(2) **이 세상에 존재하는 교회는 장막의 상태임을 깨우쳐줍니다**(시15:1).

우리가 이 땅에 살고 있는 동안 영속적인 도성은 없습니다.

우리는 **영원한 본향을 향해 나아가는 여행객**이므로 그곳에 이르기까지는 결코 어느 한 곳에 완전히 정착할 수 없습니다.

교회는 **다른 장소로 옮길 수 있는 동산(動産)**입니다. 복음은 장소에 얽매이지 않습니다. 하나님의 촛대는 이 장막 안에 있으므로 **그것은 언제든지 옮겨갈 수 있습니다**(계2:5).

우리가 교회를 소중히 여기고 교회를 통한 하나님의 특별한 은총을 활용하려고 한다면 우리는 **어디로 가든지 이 장막과 동행해야** 합니다.

그러나 만약 우리가 **이 하나님의 장막을 소홀히 하고 멀리하고 욕되게 한다면 장막은 다른 데로 옮겨집니다**. 그러므로 우리는 혈통과 신분에 상관없이 **하나님의 촛대가 함께하는 장막, 즉 하나님이 함께하시는 교회**를 중심으로 살아야 합니다.

이스라엘 백성들에게 성막이 없었다면 그들은 우상숭배하는 사람들처럼 영원히 버려진 사람들과 같았을 것입니다. 성막이 함께하고 있다는 것이야말로 그들은 어느 나라 백성들보다도 **특별하고 영원한 복**을 받은 것입니다.

오늘날 신앙생활을 한다고 하면서도 **교회**(하나님의 촛대)를 중심으로 살지 못하는 교인들이 많습니다. 그들은 불신자나 우상숭배자들과 다를 바 없으므로 **이 성막을 통한 하나님의 함께하심과 온갖 영원한 복을 누릴 수 없습니다**.

⟨1⟩성소와 지성소

⟨출25:8~9⟩
8 내가 그들 중에 거할 성소를 그들이 나를 위하여 짓되
9 무릇 내가 네게 보일 모양대로 장막을 짓고 기구들도 그 모양을 따라 지을지니라
⟨더 제대로 된 번역⟩
8 백성에게 말하여 나를 위한 거룩한 집인 성소를 짓게 하라. 내가 그곳에 있으면서 백성과 함께 살 것이다.

⟨출26:31~37⟩
31 너는 청색 자색 홍색 실과 가늘게 꼰 베실로 짜서 휘장을 만들고 그 위에 그룹들을 정교하게 수 놓아서
32 금 갈고리를 네 기둥 위에 늘어뜨리되 그 네 기둥을 조각목으로 만들고 금으로 싸서 네 은 받침 위에 둘지며
33 그 휘장을 갈고리 아래에 늘어뜨린 후에 증거궤를 그 휘장 안에 들여놓으라 그 휘장이 너희를 위하여 성소와 지성소를 구분하리라
34 너는 지성소에 있는 증거궤 위에 속죄소를 두고
35 그 휘장 바깥 북쪽에 상을 놓고 남쪽에 등잔대를 놓아 상과 마주하게 할지며
36 청색 자색 홍색 실과 가늘게 꼰 베 실로 수 놓아 짜서 성막 문을 위하여 휘장을 만들고
37 그 휘장 문을 위하여 기둥 다섯을 조각목으로 만들어 금으로 싸고 그 갈고리도 금으로 만들지며 또 그 기둥을 위하여 받침 다섯 개를 놋으로 부어 만들지니라
⟨더 제대로 된 번역⟩
32 그 휘장을 조각목으로 만든 네 기둥 위에 늘어뜨려라. 금을 입힌 그 기둥들

> 에는 금으로 만든 갈고리 네 개를 만들고 금으로 싸서
> 33 그 휘장을 천장에 있는 갈고리에 매달아 늘어뜨려라. 그리고 돌판 두 개가 들어있는 언약궤를 휘장 안에 두어라. 그 휘장이 너희를 위하여 성소와 지성소를 구분하리라.
> 36 청색 자색 홍색 실과 가늘게 꼰 베실로 수를 잘 놓는 사람이 그 위에 수를 놓아서 회막으로 들어가는 입구를 가리는 막을 만들어라.
> 37下 그 갈고리도 금으로 만들지며 거기에 휘장을 걸어 늘어뜨려라. 그 갈고리도 금으로 만들지며 거기에 휘장을 걸어 늘어뜨려라. 또 그 기둥을 위하여 받침 다섯 개를 놋으로 부어 만들지니라.

이 부분에서는 **성소**와 **지성소**에 대해 말하고 있습니다.

지성소는 **그룹 모양을 수놓은 천으로 휘장을 만들어** 꾸몄습니다.

그 휘장은 **금으로 싼 네 기둥**에 드리웠습니다. 그리고 **증거궤**(법궤)를 그 휘장 안에 두고 지성소 바깥 편에 성소를 시설했습니다.

그 성소에는 북편에 **진설병을 놓은** 상이 있고, 남편에 **등잔대**, 서편에 **분향단**이 놓였고, 동편에 **금으로 싼 다섯 기둥에 걸친 문장**(휘장으로 된 문)이 있습니다.

이 성소와 지성소의 시설도 우리에게 신령한 뜻을 보여줍니다.

(1) **법궤가 있는 지성소가 휘장으로 가려져 있습니다.**

구약시대에도 은혜가 있었으나 저렇게 **가려져** 있었습니다. 바로 이것이 신약시대와 다른 점입니다. **하나님의 놀라운 은혜는 신약시대에 이르러 개방** 되었습니다(고후3:18, 히9:8~9, 마27:51).

(2) **성막에 들어가는 문은 휘장으로 되어있습니다.**

하나님께서 친히 그 집을 보호하신다는 것을 의미합니다.

하나님의 신령한 집은 **하나님께서 친히 불성곽이 되셔서 보호하시기** 때문에 철문으로 막을 필요가 없었습니다.

스가랴서 2장 4~5절에 "예루살렘에 사람이 거하리니 그 가운데 사람과 육축이 많으므로 그것이 성곽 없는 촌락과 같으리라 여호와의 말씀에 내가 그 사면에서 불 성곽이 되며 그 가운데서 영광이 되리라" 하셨습니다.

하나님께서 교회를 침해하는 자를 **친히 완벽하게 막아주시는** 것입니다.

(3) **성막의 벽은 정금으로 입힌 조각목을 연결하여 만들었습니다.**

〈2〉 널판

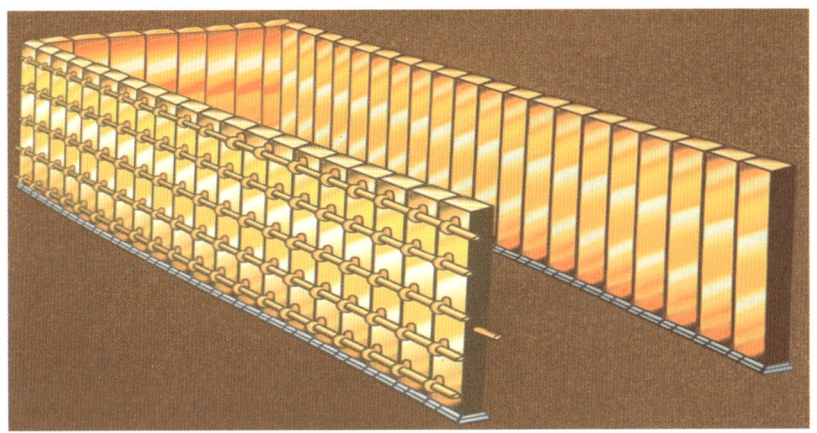

〈출36:20~30〉
20 그가 또 조각목으로 성막에 세울 널판들을 만들었으니
21 각 판의 길이는 열 규빗, 너비는 한 규빗 반이며
22 각 판에 두 촉이 있어 서로 연결하게 하였으니 성막의 모든 판이 그러하며
23 성막을 위하여 널판을 만들었으되 남으로는 남쪽에 널판이 스무 개라
24 그 스무 개 널판 밑에 은 받침 마흔 개를 만들었으되 곧 이 널판 밑에도 두 받침이 그 두 촉을 받게 하였고 저 널판 밑에도 두 받침이 그 두 촉을 받게 하였으며
25 성막 다른 쪽 곧 북쪽을 위하여도 널판 스무 개를 만들고
26 또 은 받침 마흔 개를 만들었으니 곧 이 판 밑에도 받침이 둘이요 저 판 밑에도 받침이 둘이며
27 장막 뒤 곧 서쪽을 위하여는 널판 여섯 개를 만들었고
28 장막 뒤 두 모퉁이 편을 위하여는 널판 두 개를 만들되
29 아래에서부터 위까지 각기 두 겹 두께로 하여 윗고리에 이르게 하고 두 모퉁이 쪽을 다 그리하며
30 그 널판은 여덟 개요 그 받침은 은 받침 열여섯 개라 각 널판 밑에 두 개씩이었더라

〈더 제대로 된 번역〉
20 그가→그들은
22 각 판에 말뚝 두 개를 박아서 서로 연결시켰다. 성막의 모든 판이 그러하다.
29 그들은 이 두 널빤지를 걸어서 이 널빤지들 밑에서부터 꼭대기까지 쇠고리로 연결했다. 그 모서리의 널빤지들은 모두 그렇게 연결했다.

[1] 크기
길이는 **10규빗**(5m), 너비는 **1.5규빗**(75cm)입니다.

[2] 수량
총 **48장**으로 남쪽에 **20장**, 북쪽에 **20장**, 서쪽에 **8장**입니다.

[3] 널판마다 아래에 두 촉이 있고, 한 촉에 은 받침 하나씩(도합 96개), 한 널판에 두 개씩 연결되게 했습니다.

[4] 정금으로 입힌 조각목은 아카시아 또는 싯딤나무입니다.

여기에서 우리가 깨달을 것이 있습니다.
(1) 그 집은 하나님께서 구속하신 인간과 함께하시는 집입니다.

그 집은 예수님의 인성을 의미하는 나무와 신성을 의미하는 금으로 만들었습니다. 하나님은 바로 이러한 널판으로 된 집 안에 계신 것입니다.
죄인은 오직 이렇게 신인 양성을 입으신 예수 그리스도로 말미암아 하나님과 만날 수 있고 함께(연합)할 수 있습니다.
죄인이 구원얻는 것, 천국에 들어가는 것, 하나님의 자녀로 영원히 함께하는 것은 전적으로 예수 안에서 됩니다. 이 성막은 예수로만 둘려 있습니다. 거기에는 사람이나 어떤 존재의 공로도 포함되거나 낄 수 없습니다.
하나님이신 예수께서 인간의 몸을 입고 이 땅에 오셔서 죄인들의 죄를 대속하는 죽으심에 의해서만 모든 것이 가능해진 것입니다.
그러므로 구속된 죄인이 하나님과 함께하는 자리는 온통 그 인성과 신성을 입으셨던 예수님의 공로로 충만해야 하는 것입니다. 사방이 금을 입힌 나무, 또는 휘장인 것은 모두 예수 그리스도를 상징합니다.

예수를 믿고 구원 얻었음을 확신하는 성도들은 모든 생활 속에서 예수의 공로와 영광으로 충만해야 합니다. 그들은 어디를 보든지 거기서 오직 예수와 그 은혜만을 보거나 느껴야 하며 결코 다른 것에 이끌려서는 안 됩니다.
이것이 바로 그 사람이 온전히 하나님과 연합되었다는 증거이며, 그는 하나님과 동행하는 사람이요, 천국의 삶을 사는 사람입니다.

천국은 오직 예수 그리스도로 말미암아 구속된 죄인이 하나님과 함께 있는 곳(성막)입니다.
그런데 세상의 것들이나 염려, 근심거리들만 보이고 그렇게 살고 있다면 그 사람은 성막 안에 있는 사람이 아닙니다. 성막 안에 들어온 사람은 오직 금으로 된 널판만 보일 뿐 바깥 것은 보이지 않습니다.

그러므로 내가 무엇을 가졌느냐가 아니라 내가 어디 있느냐가 중요한 것입니다. 하나님은 언제나 은혜 충만한 삶을 예비해 놓으시고 "네가 차지하라"고 하시는데 내가 그 생활권 안으로 들어가지 않고 계속 바깥에 머물며 투정을 부리는 것입니다.

하나님은 이런 불쌍한 성도들을 향해 무엇보다 먼저 "성소 안으로 들어오라"고 하십니다. "네가 필요한 것은 여기에 있으니 더 이상 방황하지 말고 들어오라" 하시는 것입니다.

(2) 성소 안에 있는 사람은 속은 나무이나 겉은 찬란하게 빛나는 널판을 항상 보게 됩니다.

예수를 믿어 구원 얻은 사람은 예수가 하나님이시라는 사실에 점점 눈을 뜨게 됩니다.

그 금은 불순물이 없는 순금(정금)입니다. 그것은 예수의 신성이 완전하며 가장 고귀함(영광)을 상징합니다. 동시에 금은 모든 보화를 대표하는 것으로 그것을 보거나 가지는 자로 하여금 진정한 즐거움과 기쁨을 갖게 합니다.

그것은 또한 영원불변함을 의미합니다.

예수님은 죄인을 대속하기 위해 치욕적으로 인간의 형상을 입으셨고, 여인의 태를 빌어 오셨고, 천한 신분을 지니셨고, 율법에 복종하셨고, 때리면 맞으시고, 욕하면 당하시고, 빼앗으면 빼앗기시고, 머리 둘 곳이 없으셨고, 벌거벗겨져 강도들과 함께 십자가형을 당하셨고, 무덤에 장사되셨지만 그분은 완전무결하며 거룩하며 가장 높은 위치에 있는 만왕의 왕, 만주의 주이시고 그 모든 것에 영원히 변함이 없으신 하나님입니다.

신자(예수 안에서 사는 자)는 이런 예수를 점점 알게 되면서 그 위엄 앞에 점점 머리를 조아리게 되며, 동시에 점점 더 말할 수 없는 기쁨과 즐거움을 누리게 됩니다. 따라서 이런 사람은 이전에 즐기고 소중하게 여기던 것이 보잘 것없음을 확실히 깨달으며 예수 한 분으로 만족하며 살게 됩니다.

따라서 이들은 예수를 위해 그것들을 필요로 할지언정 그것을 위해 예수를 필요로 하지 않습니다. 이것이 바로 무엇이 주인인가를 가려주는 것입니다.

순금으로 빛나는 예수를 항상 보게 되는 사람이 성소 안(천국)에 있는 사람이며, 세상 것들이 사방으로 보이는 사람은 성소 바깥에 있는 사람입니다.

성도는 **이 순금으로 둘러싸인 하나님의 집에 있을 때만 천국의 즐거움과 안식**을 누릴 수 있습니다.

금은 창세기 2장에서부터 **땅**(에덴)의 모습으로 설명되고 있습니다.

계시록 21장의 새 **예루살렘**의 묘사에도 금이 나옵니다. 솔로몬의 성전도 수많은 금으로 장식되었습니다.

금은 **천국, 하나님의 영광**을 의미하며 **예수님 안에 있는 사람에게 주어지는 진정한 기쁨과 즐거움**을 의미합니다. 이 천국의 은총으로 온통 충만한 곳은 **성막**(예수님, 교회)**뿐**입니다.

(3) 널판의 **속은 나무**로 되어있습니다.

죄인을 대속하려면 반드시 **완전한 사람이 대신 죽어야** 하는데 그런 사람은 없습니다. 하나님이시며 인간이시고 죄인들을 대신하여 죽고 부활하는 존재만이 메시야입니다. 예수님 외에 그런 존재는 없습니다.

(4) 번제단으로서 하나님의 진노를 당하신 예수는 그로 인해 **구속된 성도들과 함께 모든 권세를 소유하신 만왕의 왕, 만주의 주가 되신 것입니다**(놋→금).

성도는 처음에는 **내 대신 돌아가신 예수를 바라보며** 감격하고 그 후에는 **자신이 만왕의 왕**(금)**이신 예수의 보호 안에 있음을 보며** 감격하게 됩니다. 또한 그 **만왕의 왕이 나를 대속하기 위해 인간의 형체를 입고 이 세상에 오셨다가 죽어주셨던 분이라는 사실을 깨달을 때마다** 더욱 감격하며 머리를 숙이게 됩니다.

그 찬란한 금 안에는 **나무**가 있습니다.

예수님을 영접한 사람들도 금 널판과 같이 하나님의 의로 옷 입혀지는 것입니다. 이는 탕자가 돌아왔을 때 아버지가 **가장 좋은 옷**으로 갈아입혀준 것과 같습니다(눅15:22).

그래서 예수님을 영접한 사람들은 "그분이 나에게 **구원의 옷**을 입혔고 나에게 **의의 겉옷**을 입히셨기에 내 영혼이 하나님을 찬양합니다(사61:10)" 라고 말할 수 있는 것입니다. **이 예복**(구원의 옷, 의의 옷)을 입지 않고는 결코 주님과의 혼인잔치에 참여할 수 없습니다.

(5) 성소에 들어가는 제사장(성도)은 **금 널판에 의해 보호를 받고 감춰져 있게** 됩니다.

금으로 된 담으로 보호받는 사람은 **왕**이요, **제사장**(왕 같은 제사장) 입니다.

이렇게 하여 성도는 복음의 문이 닫히기까지 이 세상에 사는 동안 **하나님의 권능의 보호 안에서 예수님과 함께 왕 노릇하는 것**입니다. 이것이 **천년왕국**입니다(계20:4).

그들은 구름기둥이 항상 성막에 드리워 있고 하나님이 직접 지성소에 임재해 계심으로써 **하나님의 임재가 항상 함께하는 왕 노릇**을 합니다. 누구도 이들을 무시할 수 없습니다.

그런데 이 놀라운 사실이 성막 밖에 있는 사람들에게는 **비밀**일 뿐입니다. 저들은 **예수가 금 널판이라는 사실과 성도가 그 안에 있다는 사실**, 그리고 **구름기둥이 무엇인지, 지성소에 임하신 하나님이 어떤 분인지** 전혀 알 수가 없습니다.

교회 안에 들어온 자라야 천국비밀들을 알 수 있습니다. 하나밖에 없는 성막 울타리문을 통하지 않고는 성막으로 들어올 수 없습니다. **예수님이 출입문이신 그 성막만이** 진정한 성막입니다.

(6) 금 널판 안에 있기 위해서는 **번제단뿐 아니라 물두멍도 통과해야** 합니다.

만왕의 왕이신 예수 그리스도의 보호와 그와 함께함으로 누리는 신비한 은총들은 **예수 그리스도를 영접할 뿐만 아니라 끊임없이 말씀을 통해 자신을 정결하게 하고 가다듬는 사람**이 누릴 수 있습니다.

성막 울타리 바깥과 안이 크게 다르듯이 **성소 안과 밖도 크게 다릅니다.** 즉 **신앙의 단계에 따라 누리는 은혜가 크게 다릅니다.** 그러므로 그리스도인들은 **서둘러서 신앙을 성장시켜야** 합니다.

(7) **하나님은 이런 성도들이 있는 금 널판의 가운데에 임재**해 계셨습니다.

속은 나무, 겉은 금인 널판들의 가운데에, 그리고 예수 그리스도의 문을 통해 들어오고, 번제단과 물두멍을 통과한 사람들이 들어와 있는 그곳에만 하나님은 임재해 계셨습니다.

사람들이 위와 같은 교회 안에 들어오지 않으면 **모든 노력은 아무 소용이 없게** 됩니다. 예수교 외에 다른 종교에는 결코 구원이 없고 하나님이 함께 하시지 않습니다.

제 10 강

〈3〉 널판의 받침과 촉, 〈4〉 띠, 고리, 가름대

〈출36:22, 24, 30〉
22각 판에 두 촉이 있어 서로 연결하게 하였으니 성막의 모든 판이 그러하며
24그 스무 개 널판 밑은 은 받침 마흔 개를 만들었으되 곧 이 널판 밑에도 두 받침이 그 두 촉을 받게 하였고 저 널판 밑에도 두 받침이 그 두 촉을 받게 하였으며
30그 널판은 여덟 개요 그 받침은 은 받침 열여섯 개라 각 널판 밑에 두 개씩이었더라

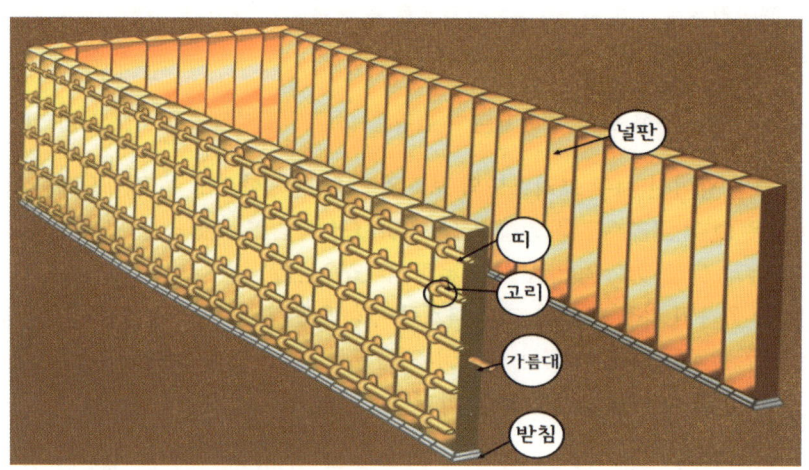

〈3〉 받침과 촉

(1) 각 널판에 **두 촉**씩 내어 받침의 **구멍**에 끼웠습니다.

촉은 성막을 흔들리지 않게 하는 **견고한 장치**입니다. 두 촉을 두 받침에 박아 **견고함**을 보장했습니다.

이사야 54장 2절에 "네 장막터를 넓히며 네 처소의 휘장을 아끼지 말고 널리 펴되 너

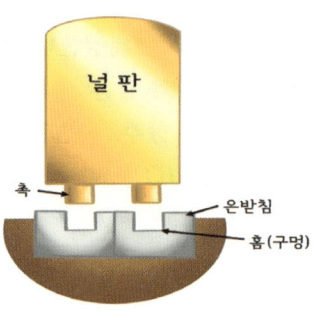

의 줄을 길게 하며 너의 말뚝을 견고히 할지어다" 라고 하셨습니다.
여기서 우리는 "말뚝을 견고히 한다" 는 것에 유의해야 합니다.
성도에게 있어서 견고함은 반드시 필요합니다.
고린도전서 15장 58절에서도 "견고하며 흔들리지 말라" 했습니다.

널판이 없다면 성막은 바람이 불 때마다 흔들릴 것입니다.
우리 믿음의 심령은 은혜로 세워진 튼튼한 널판과 같이 되어야 합니다. 이런 튼튼한 신앙의 고백이 없는 사람은 오래 견딜 수 없습니다.
우리 성도들은 촉이 받침에 확실하게 맞춰진 것처럼 믿음의 뿌리가 견고하며 흔들리지 말아야 합니다. 많은 성도들이 불안정한 신앙생활을 하고 곧 잘 넘어집니다.
그러므로 성도들은 어떤 환난과 유혹도 견딜 수 있도록 날마다 말씀과 기도로써 믿음을 견고하게 키워야 합니다.

(2) 은으로 된 받침

각 널판마다 은으로 된 받침을 두 개씩 있게 했습니다.
1) 하나님은 20세부터 50세의 남자들에게 속전으로 똑같이 은 반 세겔씩 바치도록 명령하셨습니다(출30:11~16, 38:24~28).

가. 속전은 죄를 용서받은 것에 대한 감사로 드리는 헌물입니다.
나. 속전의 분량은 누구나 똑같았습니다.
부한 자나 가난한 자나, 잘난 자나 못난 자나, 젊은이나 노인의 구별이 없이 똑같이 은 반 세겔씩 드렸습니다.
이것은 예수 그리스도를 믿는 자라면 누구에게나 동일하게 구속의 은총이 적용됨을 의미합니다. 이는 하나님 앞에서 인간의 가치가 동일함을 보여줍니다. 그러므로 누구든지 차별해서는 안 됩니다. 하나님께서 균등히 여기시는데 어찌 사람들끼리 차별을 두겠습니까?

2) 은은 주로 대가를 지불하는 수단으로 사용됐습니다.
아브라함은 은 400으로 밭을 샀고, 요셉은 은 20에 노예로 팔려갔으며, 가룟 유다는 은 30에 예수님을 팔았습니다.
히브리어나 불어 등 몇몇 언어들에서는 은과 돈이 같은 단어로 쓰입니다.
널판을 은 받침으로 지탱되게 하신 것은 그 널판과 성소와 지성소의 의미하는 바가 매우 고귀함을 깨우쳐줍니다.

성소와 지성소는 온갖 금으로 장식되었고 그 바탕은 은이었습니다.

참으로 성소와 지성소가 의미하는 비밀은 세상에서 가장 귀하고 거룩한 것입니다.

이스라엘 백성들 가운데 이같이 값지고 고귀한 것은 없었습니다. 그들은 유일한 하나님의 선민이었지만 이 성소와 지성소가 의미하는 하나님의 비밀에 비하면 보잘것없고 추하기 그지없었습니다. 그 외 모든 이방 족속들은 더 말할 것이 없었습니다.

사람들에게 성소와 지성소가 의미하는 진리보다 더 소중하게 여겨야 할 것은 없습니다. 그러나 대부분의 사람들은 그것을 알 수가 없습니다.

그러므로 이 성소와 지성소를 알고 그 놀라운 은총 속에 사는 사람들은 저 불쌍한 사람들에게 부지런히 달려가서 이 거룩한 비밀을 알려줘야 합니다. 저들은 이 사람들의 말에 귀를 기울여야만 하나님께서 베푸시는 가장 귀하고 복된 세계로 들어올 수 있습니다. 복음을 전파하는 사람들은 그 일이 세상의 어떤 일보다 가치 있고 귀한 것임을 항상 명심하며 자부심을 가지고 담대하고 자랑스럽게 해야 합니다.

3) 받침을 은으로 만든 것은 그 받침이 이스라엘 백성을 위한 예수 그리스도의 대속의 보혈을 의미함을 알게 해줍니다.

속전(죗값으로 지불하는 제물)으로 사용하는 은으로 그 받침을 만들게 하신 것은 그 은 받침이 이스라엘의 대속과 관계가 있음을 깨우쳐줍니다.

죄인이 성도가 되고(금 널판), 그 널판들이 서로 연결되어 튼튼한 하나님의 집(교회, 천국)이 되는 것은 예수의 대속의 죽으심과 그 보혈의 공로에 기인함을 보여줍니다. 성도와 교회가 되는 기초는 예수의 십자가 보혈입니다.

그러므로 십자가의 도처럼 자랑할 만한 것은 없습니다.

바울은 "우리 주 예수 그리스도의 십자가 외에 결코 자랑할 것이 없다(갈 6:14)"고 했습니다.

4) 은 받침이 한 널판에 두 개씩 연결되게 했습니다.

즉 금 널판이 제 위치에 든든히 서게 하는 것은 두 개의 은 받침입니다.

두 은 받침은 예수 그리스도의 인성과 신성을 의미합니다.

죄인이 대속 받을 수 있는 보혈은 유일하신 어린 양이며 흠과 티가 없으신 예수 그리스도의 보혈뿐입니다.

베드로전서 1장 18,19절에 "우리는 없어질 은이나 금으로 구원받은 것이 아니요 오직 흠 없고 점 없는 어린 양 예수 그리스도의 보혈로 말미암아 얻은 것이라" 했습니다.

'오직'은 '유일하다'는 뜻이고, '흠 없고 점 없는'이란 말은 그리스도의 신성을 의미하며, '어린 양'은 희생제물이 되기 위해 육신을 입으신 예수님을 의미합니다.

이 예수만이 죄인을 대속하는 구세주입니다. 두 은 받침은 오직 예수만이 구세주가 되심을 또다시 확실히 선언해주는 것입니다.

진정한 성도는 인성과 신성을 동시에 입으신 예수의 공로를 입은 사람입니다. 이런 성도들은 예수와 한 몸을 이룸으로써 그들도 금 널판이 되는 것입니다. 예수 외에 다른 구세주를 믿거나 예수와 우상을 겸해 섬기는 사람들은 금 널판과 성막과 상관이 없습니다.

48개의 금 널판마다 똑같은 두 은 받침이 연결되었습니다. 다른 받침이나 크기가 다른 받침은 결코 없습니다.

이 또한 죄인이 예수 그리스도를 믿고 영생 구원 얻는 일은 예수의 보혈의 은총이 동일하게 적용되어 이뤄짐을 확실히 깨우쳐줍니다. 죄인이 예수를 믿고 구원받는 일에는 차별이 없습니다. 그러므로 성도들은 어떤 이유로든 누구도 차별해서는 안 됩니다.

5) 널판들은 이 받침들 위에 설 때 안전하게 지탱할 수 있었습니다.

그리스도인들은 언제나 예수 그리스도의 대속의 은총 위에 확실하게 서 있을 때 하나님의 백성으로서 안식할 수 있습니다. 그리스도의 보혈의 공로를 의지하고 살 때에만 하나님의 능력을 발휘할 수 있고 천국생활을 누릴 수 있습니다.

또한 성도마다 예수의 보혈의 공로 위에 굳게 설 때 튼튼한 교회(안정된 교회)가 됩니다. 어느 한 사람이라도 보혈의 공로 위에 굳게 서지 못할 때 은 받침 없는 널판이 되어 그 자신뿐 아니라 그가 속한 교회가 허약해지는 것입니다. 따라서 그만큼 그 개인과 그가 속한 교회가 구실을 다하지 못하게 됩니다.

그러므로 모든 교회는 성도 각자가 예수 그리스도의 대속을 확실히 믿을 뿐 아니라 그 은총 위에 더욱 굳건해져야 합니다. 아무리 교인이 많고 건물이 커도 성도 각자가 이렇게 되지 못한다면 그 교회는 튼튼한 은 받침도 없는, 금 널판이 아닌 널판들만 잔뜩 얽혀있는 것에 불과하며 곧 쓰러져버리게 됩니다.

6) 널판에는 촉, 받침에는 홈이 있어서 그것들끼리 서로 연결됩니다.

받침이 먼저 놓이고 그 위에 널판이 놓였지만 그것들이 실제로 연결되는 것은 **받침의 홈에 널판의 촉이 끼워짐으로써** 됩니다.
 받침이 있어도 널판이 다가와 그 촉을 받침 홈에 맞추지 않는 한 성막이 될 수 없는 것입니다. 받침과 따로 있는 한 그 널판은 결코 성막 널판이 될 수 없습니다. 즉 죄인이 성도가 되려면 예수 그리스도의 대속의 피흘림이 먼저 있어야 하지만 그가 **인성과 신성을 입으신 예수 그리스도를 개인적으로 확실하게 영접할 때** 비로소 진정한 성도가 됩니다. 그저 "예수가 존재하는구나" 하는 인식 정도로는 결코 구원을 얻을 수 없습니다.

 그리고 성막의 금 널판이 되려면 **오직 그 은 받침에만 맞춰져야** 합니다. 결코 다른 받침에 촉이 맞춰져서는 안 됩니다. 즉 신성과 인성을 입으신 예수 그리스도만 순수하게 신앙하지 않는 모든 종교적인 행위는 헛된 것입니다.

7) 은 받침 위의 금 널판은 **가장 이상적인 조화**를 이룹니다.
 그것의 외형이 그렇듯이
 가. 인성을 입고 십자가에서 죽으신 예수님(은 받침)이 결국은 "인성을 입으셨던 만왕의 왕(금 널판)" 으로 더욱 찬란하게 빛나게 됩니다.

 나. **그리스도의 보혈의 공로를 입은 성도는** 그리스도와 함께 왕 노릇하는 **입장**이 되어 **거룩하고 놀라운 조화**를 이룹니다.
 죄인이 예수를 믿어 **예수와 한 몸이 된다**는 것은 이렇게 **거룩하고 놀라운 신분**을 차지하게 되는 것입니다. 이런 사람들은 **예수 그리스도와 함께 영원히 왕 노릇하게** 됩니다.

8) 은은 **20세 이상부터 50세로 계수된 남자들만** 드렸습니다.
 성막의 밑받침이 될 재물을 바친 사람들은 얼마나 복된 사람들입니까?
 우리 그리스도인들이 바로 그처럼 **특별하고 복된 사람들**입니다.
 하나님은 **특별히 선택된 자들의 것을** 기쁘게 받으십니다. 그 선택된 자들이 드리는 일이 **엄청난 복으로 되돌려지는 것**입니다.
 하나님은 백성들에게 결코 지나치게 많이 요구하지 않으십니다.
 은 반 세겔은 이스라엘의 20세부터 50세까지의 남자라면 **누구나 드릴 수 있는 것**이었습니다. 만약 그것이 아까워서 드리지 않은 자가 있었다면 그는 얼마나 불행하게 되었겠습니까? **하나님께 마땅히 드려야 할 것을 드리지 않는 것은 참으로 어리석은 일입니다.** 그런 사람은 **하나님의 백성이 누릴 수 있는 거룩하고 놀라운 은총을 입을 자격이 없습니다.**

〈4〉 띠, 고리, 가름대

> 〈출26:26~30〉
> 26 너는 조각목으로 띠를 만들지니 성막 이쪽 널판을 위하여 다섯 개요
> 27 성막 저쪽 널판을 위하여 다섯 개요 성막 뒤 곧 서쪽 널판을 위하여 다섯 개이며
> 28 널판 가운데에 있는 중간 띠는 이 끝에서 저 끝에 미치게 하고
> 29 그 널판들을 금으로 싸고 그 널판들의 띠를 꿸 금 고리를 만들고 그 띠를 금으로 싸라
> 30 너는 산에서 보인 양식대로 성막을 세울지니라

26절에서 '띠'는 빗장을 의미합니다.

널판은 꼭대기와 밑바닥이 모두 고리로 연결되게 했습니다. 각 널판에 있는 고리를 관통하는 빗장이 있어서 널판이 견고하게 세워지게 했습니다. 이 널판과 빗장들은 모두 금으로 화려하게 씌웠습니다.

(1) 널판들은 어깨를 맞대듯 하나로 연결됩니다.

이것은 널판들이 각기 제자리에 서서 하나로 된 것을 말하며 예수 그리스도를 구주로 영접한 사람들이 하나로 연합됨을 의미합니다.

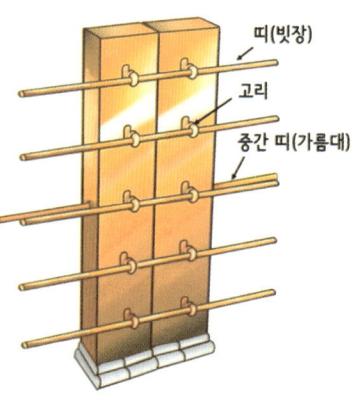

널판들은 따로 있을 때에도 분명히 금 널판이지만 그것들이 하나로 연결되기 전에는 완성된 성막이 아니므로 성소와 지성소의 위상을 형성할 수 없고 그 영광과 복이 효력을 나타낼 수 없습니다. 진정한 교회 역시 모든 성도가 하나로 연합될 때 이루어집니다. 성도들끼리 하나가 되지 못한 교회와 교인들은 성소와 지성소의 위상과 영광과 복을 상실하게 됩니다. 성도들끼리 예수를 머리로 하나되는 일은 이처럼 중요합니다.

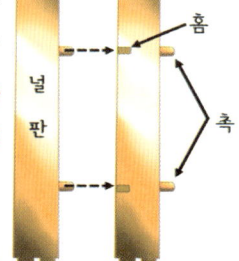

(2) 널판들이 일시에 만들어지는 것이 아니라 하나씩 만들어지고, 차례로 연결되어 완성을 이루듯이 성도 개인과 교회도 그렇습니다.

그러므로 성도와 교회는 "지어져 가는 집"입니다.

에베소서 2장 22절에 "너희도 성령 안에서 하나님이 거하실 처소가 되기 위하여 그리스도 예수 안에서 함께 지어져 가느니라" 했습니다.

성도들이 성소와 지성소의 위상을 갖추고 그 영광과 복을 소유하려면 각자가 신속히 완성된 금 널판이 되어야 하며 서로 하나로 연합되어야 합니다. 말씀과 기도로 자기를 훈련하지 않는 성도들은 결코 금 널판이 되지 못하고 다른 성도들과 하나 되기를 힘쓰지 않는 성도들은 널판들이 하나로 연결되는 일에 동참하지 않는 사람입니다.

성도들은 자기훈련과 성도와의 교제가 얼마나 중요한지를 늘 기억해야 합니다. 사탄도 이것을 알기 때문에 이 일을 잘하지 못하도록 세상의 것들로 끊임없이 방해합니다. 성도들은 이 유혹과 시험부터 싸워서 이겨야 합니다.

(3) 하나님의 집은 금 널판이 된 성도들의 연합으로 지어졌습니다.

오직 예수 그리스도를 구주로 영접함으로써 의의 거룩한 새 옷(금)을 입은 성도들의 연합이 하나님의 집(교회)입니다.

고린도전서 6장 19절에 "너희 몸은 너희가 하나님께로부터 받은 바 너희 가운데 계신 성령의 전인 줄을 알지 못하느냐" 했습니다.

그러므로 그리스도인들은 성전이 구별되어야 하듯이 이 세상에서 성별되어야 합니다. 성도와의 연합은 그저 교회 안에 들어온 사람들끼리 친하게 지내는 것이 아니라 성도 개개인이 세상과 불신자와 분명히 성별될 때 가능해집니다. 두 주인을 섬기는 사람은 이렇게 널판의 연합으로 하나가 되는 일에 동참할 수 없는 것입니다.

성도들이 말씀에 분명하게 순종하는 생활로써 불신자와 구별되고(고후6:17) 깨끗한 마음으로 주를 부르는 자들과 연합될 때 예수의 이름 아래 진정으로 하나가 될 수 있습니다. 이렇게 연합된 사람들은 "그가 그들 중에 함께하시리라"는 약속(마18:20)을 받고 성도의 일원이 되는 것입니다.

그러므로 우리 성도들은 어떤 형편과 처지에 있든지 성경에 기록된 대로 성실하게 지킴으로써 세상과 세상 사람들과 구별된 삶을 살아야 합니다. 그것을 위해 애쓰고 힘썼어도 범죄했을 때에는 즉각 회개하여 용서받고 점점 순종의 생활로 변화되어 감으로 자신과 그 삶이 거룩해져가야 합니다. 이런 성도라야 예수를 머리로 하여 다른 성도들과 함께 거룩한 연합을 이룰 수 있습니다. 그것이 바로 성소입니다.

(4) 널판들은 스스로 하나로 연결되지 못하고 빗장(띠)에 의해 연결됩니다.

1) **널판들은 다섯 개의 띠로 연결됩니다.**

그 띠들을 널판에 달려있는 고리들이 물고 있게 했습니다. 널판들은 다섯 개의 띠로 질서정연하고 튼튼하게 연결됩니다. 그 널판들의 연합은 **질서정연하며 완전함**을 의미합니다. 그보다 적은 수의 띠로 묶는다면 그만큼 허술할 것입니다.

사도행전에는 **초대교회 성도들을 연합시켰던 몇 가지 사실**이 나옵니다 (2:42).

그들은 **사도들의 가르침을 받고 서로 교제하며 떡을 떼며 기도하기를 힘썼습니다.** 이 중에 하나라도 누락되거나 소홀히 될 때 **성도는 자신을 지킬 수 없고 시험에 빠져 쓰러지게** 됩니다.

하나님이 함께하시는 종(선생)**으로부터 말씀으로 교육과 훈련을 받지 않고는** 영육 간에 변화되거나 자라거나 무장할 수 없고 오히려 점점 하나님을 멀리하고 잊어버리고 세상으로 빠져갈 수밖에 없습니다.

성도끼리 교제하려 힘쓰지 않으면 그만큼 불신자들과 가까이 지내게 되고, 점점 타락의 길을 걷고, 교회를 멀리하게 됩니다.

성례전에 참여하지 않으면 그리스도의 대속의 은총과 감격을 잊어버리고 기본적인 신앙마저 잃게 됩니다.

기도하기를 힘쓰지 않으면 회개생활이 부실하게 되어 점점 부패하게 될 것이요, 영혼이 어두워지고, 잠자게 되고, 유혹과 시험을 이길 수 없고, 하나님의 능력을 힘입을 수 없어 성도의 구실을 할 수 없게 됩니다.

그러므로 성도는 싫든 좋든 **이 생활들을 힘써 성실하게 실행해야** 합니다.

하나님은 널판들뿐 아니라 **띠와 고리도 모두 금으로 입히게 하셨습니다.** 이것은 죄인이 예수를 믿어 모든 죄를 사함받고 거룩한 하나님의 자녀가 되는 것과 다른 성도들과 영원히 하나가 되는 것은 **단지 인간의 노력으로만 되는 것이 아니라 역시 예수의 보혈의 은총에 기인**함을 깨우쳐줍니다. 예수의 대속의 은총이 **없었다면** 참으로 천태만상의 사람들이 예수를 머리로 하여 한결같이 똑같은 금 널판이 되어 하나로 연결될 수 없습니다. 그리고 **예수의 신적인 권세와 능력, 즉 성령께서 친히 성도들을 한 몸으로 만드시는 일**이 없었다면 성도들이 예수를 머리로 하여 거룩한 금 널판들이 되어 견고하게 한 몸이 될 수 없는 것입니다.

2) 널판들은 하나의 가름대로 더 확실히 연결되었습니다.

널판들을 이 끝에서 저 끝까지 하나의 가름대가 다섯 개의 빗장과 별도로 그 중간에서 단단하게 묶고 있습니다. 그것은 바로 사랑의 띠입니다.

"사랑은 온전하게 매는 띠(골3:14)" 라 했습니다.

다른 빗장들은 이 끝에서 저 끝까지 매는 것이 아닙니다. 아무리 위에서 말한 생활들을 열심히 해도 예수 그리스도를 통한 하나님의 사랑이 없다면 온전히 하나가 될 수 없습니다.

그러므로 다섯 개의 빗장과 이 사랑의 가름대 중에 혹시 한 가지가 빠지지 않았는지 항상 돌아봐야 합니다. 혹시 위에서 말한 다섯 개의 빗장, 즉 성도들이 반드시 이행해야 하는 몇가지 생활 중에 한 가지가 불완전하다 할지라도 이 성령이 하나 되게 하는 사랑의 띠는 반드시 있어야 합니다. 이 강력한 신적 능력을 입지 못하면 그 사람은 언젠가 쓰러지거나 떨어져 나갈 것입니다. 아무리 널판의 숫자가 많아도 사랑의 띠가 확고히 붙들어주지 않는다면 그것들은 흔들리고 질서가 없을 것이며 결국 와해될 것입니다.

그러므로 우리는 예수 그리스도를 통한 사랑의 띠로 우리를 하나로 묶으시는 성령님의 인도하심에 철저히 순응해야 합니다.

혹시 내가 예수 그리스도에게서 점점 멀어지고 있지 않은지, 성도들과 점점 멀어지고 있는 것은 아닌지 날마다 세심하게 살펴봐야 합니다. 만약 거기에 조금이라도 이상이 있다면 그것은 의식주를 다 잃어버리는 것보다도 심각한 문제임을 깨달아 철저히 회개하며 하나님께 부르짖어 도움을 구해야 합니다.

이 사랑의 띠가 없는 성도와의 교제는 유명무실하며 결코 제구실을 할 수 없습니다. 사랑의 띠가 없는 개인이나 가정이나 교회는 결코 오래 가지 못하여 쓰러지며 와해되고 맙니다. 교인들은 많고 건물은 큰데 사랑의 띠가 확실하지 못하여 수많은 사람들이 모였다가 흩어지는 것뿐이요, 도무지 그리스도의 빛과 향기를 발하지 못하는 교회들과 성도들이 많습니다.

모든 교회들은 이 사랑의 띠가 확실하게 드리워 있는지 면밀하게 살펴보고 만약 문제가 있다면 무엇보다 먼저 그것을 회복하기 위해 목사와 교회지도자들과 온 성도들이 전심전력을 다해야 합니다.

제 11 강

〈5〉 세 개의 출입문(1)

〈출26:31~37〉

31너는 청색 자색 홍색 실과 가늘게 꼰 베실로 짜서 휘장을 만들고 그 위에 그룹들을 정교하게 수놓아서 32금 갈고리를 네 기둥 위에 늘어뜨리되 그 네 기둥을 조각목으로 만들고 금으로 싸서 네 은 받침 위에 둘지며 33그 휘장을 갈고리 아래에 늘어뜨린 후에 증거궤를 그 휘장 안에 들여 놓으라 그 휘장이 너희를 위하여 성소와 지성소를 구분하리라 34너는 지성소에 있는 증거궤 위에 속죄소를 두고 35그 휘장 바깥 북쪽에 상을 놓고 남쪽에 등잔대를 놓아 상과 마주하게 할지며 36청색 자색 홍색 실과 가늘게 꼰 베 실로 수놓아 짜서 성막 문을 위하여 휘장을 만들고 37그 휘장 문을 위하여 기둥 다섯을 조각목으로 만들어 금을 싸고 그 갈고리도 금으로 만들지며 또 그 기둥을 위하여 받침 다섯 개를 놋으로 부어 만들지니라

〈더 제대로 된 번역〉
32그 휘장을 조각목으로 만든 네 기둥 위에 늘어뜨려라. 금을 입힌 그 기둥들에는 금으로 만든 갈고리 네 개를 만들고 네 은 받침 위에 두라. 33그 휘장을 천장에 있는 갈고리에 매달아 늘어뜨려라. 그리고 돌판 두 개가 들어있는 언약궤를 휘장 안에 두어라. 36청색 자색 홍색 실과 가늘게 꼰 베 실로 수를 잘 놓는 사람이 그 위에 수를 놓아서 성막으로 들어가는 입구를 가리는 막을 만들어라.

〈출27:16〉
뜰 문을 위하여는 청색 자색 홍색 실과 가늘게 꼰 베 실로 수 놓아 짠 스무 규빗의 휘장이 있게 할지니 그 기둥이 넷이요 받침이 넷이며

〈5〉 세 개의 출입문(1)

성막에는 세 개의 출입문이 있습니다.
첫 번째는 성막 울타리에 단 하나밖에 없는 **성막 울타리 문**,
두 번째는 성소로 들어가는 **성소 휘장**,
세 번째는 지성소로 들어가는 **지성소 휘장**입니다.

지성소 휘장은 성소와 지성소를 구별하는 문입니다.

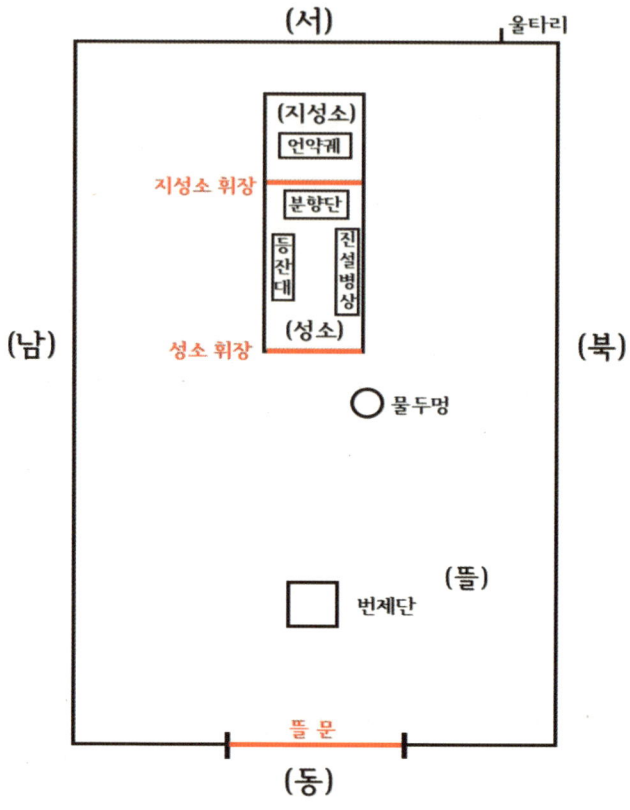

　성소 휘장은 장막의 바깥문으로 사용되었고 제사장들은 매일 이곳을 통해 성소로 들어가 직무를 수행했습니다.
　성막 울타리의 출입문은 천으로 만든 휘장으로서 유일한 문이었습니다.
　성소와 지성소에는 **자물쇠나 빗장이 없으므로** 누구나 쉽게 들어갈 수 있을 것이라고 생각할 수 있지만 일반 백성들은 함부로 들어갈 수 없었습니다.
　비록 사람들이 보기에는 교회가 약하고 무방비상태로 노출되어 있는 것처럼 보여도 우주만물을 지으신 하나님께서 **권능으로 지켜주셔서 놋쇠로 된 대문과 쇠 빗장보다 강한 방벽**이 되는 것입니다.
　불신자나 우상숭배자들에게는 하나님의 집에 들어오는 문이 **어떤 철문보다 강한 장벽**이지만 예수 그리스도를 영접하여 모든 죄를 사함 받고 의롭다고 인정된 사람, 하나님의 교회에 들어오기에 합당한 사람들은 **가볍게 열고 들어올 수** 있습니다. 이처럼 예수를 확실히 믿었는지의 여부에 따라 하나님 앞에서는 **엄청난 신분과 자격의 차이**가 있습니다.

그러므로 예수를 정확하게 믿은 사람들은 자신이 **하나님께 큰 은총을 입었음**을 깨달으며 날마다 감사감격하고 기뻐하며 찬송하며 살아야 합니다.

[1] 세 문은 모두 **네 가지 색으로 수놓아 짜여진 휘장**입니다.

이 문들은 울타리를 두른 세마포장과는 크게 다릅니다. 우선 네 가지 색으로 화려하게 수놓아져 있으며 두꺼운 직조물로서 통으로 짜여 있었습니다.

(1) 성막의 문들은 **흰색의 세마포 울타리**와 **금으로 싸인 널판들**과 함께 사막의 모래 속에서 **유난히 화려하고 아름답게** 보입니다.

그 휘장은 **최상품**이었고 색깔도 매우 **아름다운 흰색, 청색, 자색, 홍색**이었습니다. 이것은 하나님의 거룩한 교회와 천국에서도 **예수 그리스도가 가장 뛰어나고 아름다운 영광**을 나타낸다는 사실을 보여줍니다.

진정으로 예수 그리스도를 아는 사람은 이 세상의 어떤 것보다도, 우리가 상상할 수 있는 천국의 어떤 화려함보다도 **예수를 가장 아름답게 보며 보배롭게 여깁니다.** 이런 사람은 세상의 어떤 것도 부럽지 않으며 다른 것을 좇거나 유혹당하지 않습니다. 또한 그 예수를 위해서라면 이전의 모든 것을 기꺼이 포기하며(자기 부인) 어떤 손해도 주저하지 않고 기쁘고 즐겁게 예수만을 바라보며 그 길을 따라갑니다(자기 십자가를 지고 주님을 따르는 것).

이런 일은 성소 휘장을 열고 성소로 들어온 사람이 할 수 있습니다.

많은 성도들이 예수보다 세상의 것들을 더 좋아하고 예수를 좇는 일보다 더 열심을 내어 그것을 가지기 위해서 애쓰며 자기를 부인하고 자기 십자가를 지고 주님의 길을 제대로 따라가지 못하고 있는데 그 이유는 **성막 뜰에 머물러 있든지 아직 성막 울타리 바깥에 있기 때문입니다.**

나는 과연 어디에 위치하고 있는지 정신을 차리고 살펴보시기 바랍니다.

(2) 성소 휘장을 발견하고 그곳으로 들어가는 사람은 세상 어디서도 볼 수 없는 아름다움과 찬란함 때문에 **세상 어디서도 맛볼 수 없는 기쁨과 즐거움을 맛보게** 됩니다.

성소에 들어온 사람, 즉 예수 그리스도를 진정으로 발견하고 구주로 영접하고 자기를 부인하고 자기 십자가를 지고 주님의 뒤를 따라가는 사람들은 **신령한 기쁨과 즐거움과 평안을 누리며 뜨겁게 하나님을 찬송하며 영광 돌리며** 살아갑니다. 그리고 성소와 지성소의 은혜를 모르는 사람들에게 주저함 없이 말하게 됩니다.

그러나 성막 뜰에 있는 사람은 성소와 지성소에 무엇이 있는지, 또 그 안의 신령한 기쁨과 즐거움을 아무리 설명해줘도 도저히 이해할 수 없습니다. 그것은 그들에게 그림에 있는 떡이요, 꿈같은 소리에 불과합니다.

예수를 믿는다고 말하지만 신령한 기쁨과 즐거움을 맛보지 못하거나 진정한 평안을 누리지 못하는 이유도 성소 안으로 들어오지 못했기 때문입니다.

이런 사람들은 예수와 그 은총에 대해 분명하고 충분하게 설명해줄 수 없습니다. 따라서 이런 사람들은 복음을 전한다 해도 복음의 진가를 확실하게 설명해주지 못하며 사람들에게 조금도 그 맛을 알게 해줄 수 없습니다. 그런 전도의 결과는 뻔합니다.

그러므로 우리 그리스도인들은 번제단, 그리고 불두멍을 통과할 뿐 아니라 성소 휘장을 열고 성소로 들어가는, 하나님께서 인정하시는 제사장이 되어야 합니다. 그래서 그곳에 무엇이 있는지 확실히 알고 그 놀라운 은총을 확실히 보고 체험해야 합니다. 내가 확실히 보지 못하고 체험하지도 못한 것을 어떻게 확실히 증언할 수 있겠습니까?

(3) **이 문들은 네 가지 색깔로 정교하게 수놓아져 있습니다.**

따라서 아주 가까이 가야 그 정교한 무늬의 아름다움과 찬란함을 알 수 있고 볼 수 있습니다. 휘장을 마주 대하고 있어도 멀리 떨어져서 본다면 흰 세마포 울타리보다 덜 아름답게 보일 것이며 그 정교한 부분들이 의미하는 놀라운 은혜를 알 수도 없고 맛볼 수도 없습니다.

사람들은 교회에 대해 들을 때 흰 세마포 울타리를 보는 것처럼 어떤 신비감이나 신선함을 느끼기도 하지만 예수 그리스도에 대해 말하면 마치 중요한 그림을 멀리서 보는 것처럼 아무런 흥미나 매력을 느끼지 못합니다.

그러므로 최고의 아름다움과 가치를 지닌 예수 그리스도는 그에게 가까이 나아오는 자라야 모든 것을 알 수 있고 볼 수 있습니다. 예수 그리스도는 그 무엇보다도 자세히 연구할 대상이며 그렇게 할수록 진가를 알게 됩니다.

교회 안에 들어와 있는 많은 사람들조차 예수를 더 알고자 힘쓰고 있지 않습니다. 정기적으로 예배당에 나와서 수없이 많은 예배를 드리지만 그 목적이 다른 데 있으므로 예수를 아는 것에 너무도 진전이 없습니다. 그러다가 세상의 유혹과 시험이 점점 더 강하게 다가오면 주저 없이 예수 앞을 떠나 버리게 됩니다.

또한 많은 성도들이 **세상살이에 너무 빠져서** 예수 그리스도에 대해 가장 정확하고 충분하게 말씀해주는 성경을 날마다 읽고 배우지 않고 **멀리합니다.** 이런 성도들은 돈을 좀 벌고 지위가 향상되고 성적은 올라가더라도 **그것과 비교할 수 없는 예수에 대하여는 점점 무지하게** 됩니다. 따라서 이들은 **성소에 들어온 사람이 보고 알 수 있는, 이 세상에서는 상상할 수 없는 놀라운 복과 기쁨을 점점 잃어버리게** 됩니다. 그러면서 육신적으로 원하는 것을 조금 이룸으로써 오는 위로와 기쁨을 누리려고 애를 씁니다.

그러나 **그것들은 더 가질수록 오히려 점점 더 무거운 짐을 지고 가는 괴로운 인생을 살 뿐** 진정한 만족과 평안과 기쁨과 감사가 있을 수가 없습니다. 예배당에 나와 예배드리는 사람 중에 이런 **가련한 영혼들이** 얼마나 많은지 모릅니다.

그런데 목사와 교회지도자들이 예배에 참석한 사람들 중 대부분이 이런 사람들임을 **보지 못한다면** 이 얼마나 어처구니없는 일입니까? 이런 사람들 또한 그 가련한 사람들 중 **하나입니다.**

(4) 정교하게 수놓인 것은 예수 그리스도의 탁월하심과 존귀하심을 암시합니다.

온갖 죄악으로 더럽혀진 사람은 그 문 앞에서 자신의 비천함을 절실히 깨닫게 됩니다. 그러므로 하나님의 집 문 앞에서 당당히 서 있을 사람은 한 사람도 없습니다. **누구나 사울처럼 꼬꾸라져야** 하는 것입니다.

복음진리를 충분히 들었음에도 불구하고 **예수 앞에서 자신이 추하고 더럽혀진 존재인지 절실히 깨닫지 못한다면** 그는 **거듭나지 못한 사람**입니다. 복음진리를 들으면서 **예수가 얼마나 거룩하신 분인지, 자신이 얼마나 죄악덩어리였는지를 절실히 깨닫는 일은 결코 혼자의 능력으로는 불가능합니다.**

예수의 영인 성령께서 그 사람의 영혼에 강력하게 역사하여 그 영혼이 다시 태어나야 합니다(중생, 거듭남). 그래야 **예수를 확실히 알고 자신의 구주로 영접하게** 됩니다. 동시에 **자신이 죄악으로 완전히 더럽혀진 존재임을 절실히 깨달으며 예수 앞에서 꼬꾸라지게 됩니다**(회심). 그리고 **그 예수 그리스도를 자신의 구주로 모시고 그 뜻을 따라 살아갑니다**(신앙).

성령에 의해 복음과 성경의 진리들을 **점점 더 상세히 깨닫는 사람**은 정교하게 수 놓여 있는 **예수 그리스도의 탁월함과 존귀함을 점점 더 확실히 깨닫게** 됩니다.

이렇게 되어갈수록 그 사람은 세상의 무엇보다도 예수께 나아오고 사모하며 의지하며 순종하고 충성하게 됩니다. 따라서 점점 더 사람과 삶이 새로워지고 거룩해져 감으로써 그런 사람들에게 약속하신 온갖 은총을 이 땅에서 받아 누릴 뿐 아니라 그 예수와 함께 신령한 세계에서 영원히 살게 됩니다.

(5) 그 문은 변함없이 최고의 아름다움과 능력으로 자신을 드러내며 죄인들을 부르고 있습니다.

그 문 바깥의 세상과 사람들은 가지각색의 추한 모습을 하고 시시각각 변하는데 그 문만은 네 가지 색깔로 정교하게 수놓인 변함없는 모습으로 그들을 응시하며 부르고 있습니다. 예수 그리스도는 어떤 종류의 사람과 사회에도 오직 하나의 자신을 드러내고 계심을 의미합니다.

이렇게 주가 하나이듯이 그를 믿는 사람들은 나라와 민족이나 모든 영역을 초월하여 예수 그리스도를 머리로 하나가 됩니다.

그러므로 복음전파자는 복음을 어느 나라 민족에게나 전해야 합니다.

이 복음전파자는 언제나 어디서나 누구에게나 전도할 수 있고 전도를 해야만 합니다. 만약 상황에 따라서 예수 그리스도가 다르게 전달된다면 그것은 결코 성막의 문이 아니라 사탄에게로 들어가는 문일 뿐입니다.

토착화나 시대에 맞는 신앙을 부르짖어서도 안 됩니다. 변해가는 시대에 맞추어서 복음과 진리를 다르게 가르쳐야 한다고 생각하거나 말하는 사람들은 언제나 변함없이 최고의 아름다움과 권능으로 자신을 드러내며 사람들을 부르고 계시는 예수를 보지도 못하고 만나지도 못한 사람입니다. 따라서 이런 사람들은 인간의 지혜로운 말이나 아름다운 말, 부드럽고 매끄러운 말을 할지라도 그것을 듣고 따르는 사람들에게 진정한 유익을 단 한 가지도 끼칠 수 없고 결코 하나님의 집으로 들어오게 할 수 없습니다.

예수 그리스도에 관한 진리는 처음 들을 때에는 어색하고 부담스럽고 그다지 아름답게 보이지 않을지라도 그 복음진리만을 받아들이는 사람들만이 하나님이 계시는 집으로 들어올 수 있습니다.

(6) 그 분은 통으로 짜였습니다.

이것은
1) 예수 그리스도의 유일성, 단일성을 암시합니다.
그 길이가 십 규빗, 이십 규빗이고, 너비(높이)가 오 규빗, 십 규빗이나 되지만 **조각을 연결한 것이 아니고 하나로 짜여진 것**입니다.

이것은 복음진리가 **조금도 가감되지 않아야 함**을 암시합니다. 하나님께 나아가는 자는 **예수만이 구세주**라는 것을 **세 번이나**(문이 세 개) **확인하게** 되어 있습니다. 즉 예수 외에 우리가 하나님께 나아가고 하나님을 만나게 해주는 통로가 전혀 없음을 강조합니다.

만약 통으로 짠 문이 아니거나 일부가 찢겨 나갔거나 다른 것이 덧붙여진 문이라면 **그것은 성막 문이 아니요, 그 성막도 거짓**입니다. 하나님은 그런 곳에 결코 임재하지 않으십니다.

그러므로 예수가 유일한 구속주요, 그를 통해서만 하나님의 세계로 들어온다는 진리를 가감하며 말하는 이단집단들과 마리아, 성자들, 천사들을 통해 중보된다는 천주교는 **모두 거짓이요, 사탄의 집단**입니다.

2) 그것은 **쉽게 갈 수 없음을** 의미합니다.

하나님이 가르지 않으시는 한 누구도 그 문을 가를 수 없습니다.

그런데 단 한 번 **예수께서 돌아가실 때** 지성소 휘장이 하나님에 의해 갈라졌습니다.

예수 그리스도를 믿어야 구원 얻는 원칙은 세상 끝날까지 변함이 없습니다. 그리고 그를 믿는 사람은 예수 그리스도가 죽으신 후에는 **모두 대제사장처럼 지성소의 하나님을 대할 수 있게** 되었습니다. **예수께서 죽으심으로 단번에** 모든 믿는 사람을 위한 대제사장 역할을 완수하셨기 때문입니다.

우리는 지성소 휘장은 갈라졌으되 **울타리와 성소의 휘장은 갈라지지 않았다**는 이 사실에 유의해야 합니다.

지성소 휘장이 갈라진 일의 은총은 성막 안으로 들어온 사람만이 누릴 수 있을 뿐 성막 바깥에 있는 사람들(불신자, 우상숭배자)과는 상관이 없습니다.

예수만을 믿지 않는 사람은 누구든 구원을 얻을 수 없으며 예수 그리스도를 무효화시키려고 하는 모든 시도는 반드시 실패하고 맙니다. 하나님도 가르시지 않는 성막 울타리 문과 성소 휘장을 누가 없앤단 말입니까?

그러므로 우리는 **이 예수 그리스도의 유일함과 단일성을 담대하게 증언해야** 합니다.

[2] 문들의 **네 가지 색**에 대해 살펴보겠습니다.

이 색들은 **주님의 네 가지 특징**을 의미하는 것으로, 사복음서에서 잘 말해줍니다.

(1) 청색

하나님은 이 세 문의 휘장에 대해 명하실 때마다(청색, 자색, 홍색 실과 가늘게 꼰 베 실로...(출26:31,36,27:18)) **똑같은 순서로 색깔을 나열하셨습니다.**
여기에서 제일 먼저 나온 색이 청색입니다.
청색은 하늘의 색입니다.
이것은 예수 그리스도가 "하늘에서 오신 분(요3:31,고전15:47)", "하늘에 계신 분(요13:3)", "참 하나님이요, 영생이신 분(요일5:20)", "하나님의 아들" 이심을 의미합니다.
요한복음은 예수가 하나님이시며 하나님의 아들이심을 강조합니다. 하나님이신 예수를 부인하게 하려는 모든 시도는 우리가 예수만 섬기지 못하게 하려는 사탄의 수작입니다. 사탄은 예수 그리스도의 신성을 부인하게 하려고 그의 주권과 부활과 대속의 능력도 무효화시키려고 합니다.
그러므로 우리는 먼저 청색의 예수, 즉 하나님이신 예수를 알고 믿어야 합니다. 예수 그리스도는 우리가 메시야에 대해 알아야 할 첫 번째 진리이며 우리는 그분을 숭배의 대상으로 삼고 모든 영광과 존귀와 사랑을 드려야 합니다.

(2) 자색

당시 자색 옷감은 매우 귀하여 왕이나 부자만 옷으로 만들어 입을 수 있었습니다. 성경은 자색 옷을 귀족이나 왕족들이 입는 옷임을 자주 말씀하고 있습니다(삿8:26).
예수 그리스도는 모든 것의 주인이요, 왕이심을 의미합니다.
"만물을 그 발아래 두셨다(시8:6)" 했습니다.
누가복음은 예수 그리스도가 "만주의 주, 만왕의 왕" 임을 강조하고 있습니다.

(3) 홍색

마태복음에서는 예수 그리스도가 "홍포를 입고 계심(27:28)"을 특기합니다.
이것은 선택된 백성들만을 위한 왕권을 의미합니다.
선택된 죄인들을 구속하시기 위해 피 흘려 죽으시사 그들의 왕이 되시는 예수님을 보여주는 것입니다.

여기서 우리가 유의할 것은 **이 홍색과 자색 실을 만들 때 수많은 자색 달팽이와 진홍 벌레들이 죽었다**는 점입니다. 이것은 **달팽이나 벌레 같은 수많은 죄인들을 위해 왕 중의 왕이신 예수께서 희생제물이 되었다는 사실**을 연상하게 합니다.

달팽이나 벌레들은 죄가 없지만 인간들은 셀 수 없는 죄악을 범하니 우리는 하나님 앞에서 그것들보다 악하고 추한 죄인들입니다. 그래서 인간들은 이 땅에서도 온갖 형벌을 받을 뿐 아니라 지옥에 떨어져 영원히 고통을 당해야 하는 것입니다.

그런데 **이런 죄인들 중 일부를 영생구원 얻게 하시려고 거룩하신 예수께서 이 땅에 오셨습니다.** 그리고 죄인들의 죄를 대신 짊어지고 십자가에서 죽어주셨습니다. 이렇게 하심으로써 그 예수 그리스도를 자신의 구주로 믿는 사람들은 그 피의 은총을 입어 모든 죄를 사함 받아 영원한 천국으로 들어가게 된 것입니다.

우리는 벌레만도 못한 죄인을 구원해주신 예수께 **영원히 감사와 찬송을 돌려드려야** 합니다. 그리고 그런 예수 그리스도를 세상에 있는 수많은 **불쌍한 죄인들이 이 세상을 뜨기 전에 서둘러서 알게 해줘야** 합니다.

(4) 흰색

"가늘게 꼰 베 실"이라 했는데 이것은 **흰색의 아마씨**로 만든 것입니다. **흰색은** 성막 울타리에서와 같이 **예수의 순결함과 거룩함**을 의미합니다.

마가복음은 **예수가 완전한 자**이며 **하나님께 충성된 종**이었음을 강조합니다.

죄인이 예수 그리스도를 믿어 죄사함을 받는 것은 더럽고 추악한 죄를 벗어버리고 하나님 앞에서 **순결함과 거룩함을 되찾는 것**입니다. 이 일은 **인간의 방법으로는 결코 할 수 없고 오직 예수 그리스도에 의해서만 가능합니다.**

그러기에 모든 죄를 용서받고 순결과 거룩함을 회복한 사람들에게 있어서 **예수 그리스도는 참으로 소중하고 보배로운 존재입니다.**

예수께서 이 땅에 오시지 않았다면 어떤 죄인도 순결함과 거룩함을 회복할 수 없었으며, 영원한 지옥에 떨어지는 것을 면할 수 없습니다. 이런 일은 억만금을 주고도 살 수 없고 내가 열 번, 백 번 죽는다 해서 되는 일도 아닙니다. 나를 위해 수백 명, 수천 명이 대신 죽어준다 해도 어림없습니다.

그러므로 예수 믿고 구원 얻은 사람들은 이 땅에서 사는 동안에 그 무엇보다 예수님을 앙망하고 자랑스럽게 여기며 열심을 다해 증거해야 합니다.

우리는 네 가지 색상이 의미하는 예수 그리스도를 더욱 자세하고도 충분하게 깨달아야 합니다. 그럴수록 우리는 예수 그리스도를 통해 받아누리는 놀라운 은총에 대해 더욱 확실히 깨닫게 되며 그로 인한 기쁨과 즐거움이 더욱 넘치게 됩니다. 그리고 우리가 예수 그리스도를 전파함에 있어서도 더 큰 힘과 동기를 얻게 됩니다.

여기에서 우리가 또 깨달을 것이 있습니다.
(1) 이 네 가지 색은 예수 그리스도의 신성과 거룩성과 창조주이심과 모든 것의 통치자이시며 믿는 자들의 보호자이심을 증명해줍니다.

예수께 가까이 나아오는 사람은 이런 사실을 점점 더 분명히 깨닫게 됩니다. 이런 사람은 세상의 그 무엇보다도 예수 그리스도를 앙망하고 의지하고 순종하며 충성하게 됩니다.

사람들이 이 그리스도의 문을 통과하지 않는 것은 그 문이 무엇인지 모르기 때문이며 그들 눈에는 '세상의 썩어질 보배'가 더 잘 보이기 때문입니다.

신앙생활을 한다고 하면서도 세상일에 분주하게 사는 사람들은 이 네 가지 색이 의미하는 예수를 아직 너무 모르고 있는 것입니다. 이런 성도들은 어떤 일보다도 서둘러 예수 그리스도를 알기 위해 힘쓰고 애써야 합니다.

목회자들과 교회지도자들은 예수 그리스도를 아는 지혜와 지식이 충만해져서 성도들에게 이 예수 그리스도에 대해 확실하게, 수시로 가르쳐주어야 합니다.

(2) 예수 그리스도는 네 가지 색의 의미를 가진 분임을 강조합니다.

우리의 구세주는 하나님의 신분을 가진 분이어야 하며, 모든 권세를 지닌 분이어야 하며, 선택된 자들을 구원하는 분이시며, 그들을 위해 거룩한 피를 흘리시고 죽으시고 부활하신 분이어야 합니다.

이 중 단 한 가지라도 부족한 존재는 결코 메시야가 될 수 없으며 이런 진정한 메시야는 예수 외에는 없다는 사실을 강조하는 것입니다.

우리가 죄 용서를 받고 하나님을 만나기 위해 찾아야 하고 통해야 할 분은 오직 예수뿐입니다. 결코 마리아나 천사나 성자들을 통해서 되는 것이 아닙니다.

제 12 강

〈5〉 세 개의 출입문(2)

〈출38:18~19〉

18뜰의 휘장 문을 청색 자색 홍색 실과 가늘게 꼰 베 실로 수놓아 짰으니 길이는 스무 규빗이요 너비와 높이는 뜰의 포장과 같이 다섯 규빗이며 19그 기둥은 넷인데 그 받침 넷은 놋이요 그 갈고리는 은이요 그 머리 싸개와 가름대도 은이며

〈더 제대로 된 번역〉
19下기둥 위의 고리와 갈고리는 은으로 만들고 기둥 꼭대기도 은으로 입혔다.

〈출36:35~38〉

35그가 또 청색 자색 홍색 실과 가늘게 꼰 베 실로 휘장을 짜고 그 위에 그룹들을 정교하게 수놓고 36조각목으로 네 기둥을 만들어 금으로 쌌으며 그 갈고리는 금으로 기둥의 네 받침은 은으로 부어 만들었으며 37청색 자색 홍색 실과 가늘게 꼰 베 실로 수놓아 장막 문을 위하여 휘장을 만들고 38휘장 문의 기둥 다섯과 그 갈고리를 만들고 기둥머리와 그 가름대를 금으로 쌌으며 그 다섯 받침은 놋이었더라

〈더 제대로 된 번역〉
37청색 자색 홍색실과 고운 모시로 마를 짜고 수를 잘 놓는 사람이 그 위에 수를 놓았다.

〈5〉 세 개의 출입문(2)

[3] **세 개의 출입문**에 대해 좀더 살펴보겠습니다.

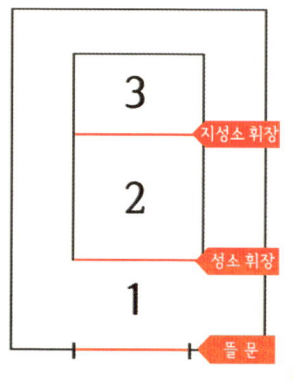

(1) 세 개의 출입문은 성막의 영역을 **성막 뜰, 성소, 지성소로 구분 짓습니다.**

1, 2, 3은 같은 성막이지만 **사람이 접하고 경험하는 바의 차이**가 있습니다.

1) **1**영역에 있는 사람은 **번제단**과 **물두멍**, 그리고 **죽임을 당하는 제물과 제사드리는 작업**을 하는 레위인들을 봅니다.

2) **2**영역에 있는 사람은 **진설병상과 일곱 등잔대와 분향단**을 봅니다.

3) 3영역에 있는 사람은 법궤와 그룹들과 하나님의 임재하심을 봅니다.
바깥에는 죄 많은 인간들과 그들의 죄악, 그리고 그들이 생활하는 복잡하고 무질서한 천막들이 있습니다.

그러나 1영역에 들어오면 죄인의 죄를 대신 담당한 희생제물에 하나님의 진노가 임하여 불살라지는 광경과 말씀의 거울과 물에서 계속 죄를 씻어 거룩해져가는 광경을 보게 됩니다. 동시에 이를 위해 많은 일꾼들이 쉼 없이 일하는 것을 보게 됩니다.

그런데 성소 휘장을 열고 그 안(2영역)으로 들어가면 너무 다른 광경이 펼쳐집니다. 거기에는 온통 금으로 장식된 상과 등잔대와 향단이 있고 벽도 금으로 되어 있습니다. 그리고 앞과 뒤와 천장에 각색 실로 수놓아져 있는 아름답고 찬란한 광경을 보게 됩니다.

금 상 위에는 거룩한 무교병과 포도즙이 놓여 있고, 금 등대에는 거룩한 불이 가지런히 타오르고 있으며, 금 향단에는 거룩한 향이 피어올라 향내음이 진동합니다. 너무도 평화롭고 아름다우며 황홀합니다. 이것은 예수 그리스도와 성도와의 연합이 아름답고 거룩함을 보여줍니다.

1영역인 성막 뜰과 2영역인 성소 안에서 보고 경험하는 것은 이처럼 큰 차이가 있습니다.

예수 그리스도를 믿어서 성막 울타리 문과 번제단을 통과했으나 물두멍을 통과하지 못한 성도들은 언제나 죄에 대한 하나님의 진노와 형벌을 보고 느끼며 두려워 떨며 신앙생활을 합니다.

그러나 물두멍을 거친 사람, 즉 예수를 믿은 후에도 짓는 모든 죄에 대해 날마다 순간마다 회개하여 말끔히 용서받아 제사장 신분을 가진 사람이 성소로 들어왔을 때는 예수가 누구이시며 그를 통한 은총이 얼마나 놀라운지를 점점 더 세심하게 발견하고 체험하게 됩니다. 뿐만 아니라 예수를 통해 하나님께로부터 오는 신령한 기쁨과 즐거움, 위로, 새 힘, 의욕, 소망, 주를 향한 충성된 마음이 자신을 완전히 사로잡은 삶을 살게 됩니다.

성소 안에 들어온 사람은 성막 뜰의 무서운 광경과 울타리 바깥의 세상은 보이지 않습니다. 죄인으로 살았던 그동안의 모든 삶을 완전히 벗어버리고 그야말로 예수 안에서 천국의 삶을 누리게 되는 것입니다.

그러므로 성막 뜰에 머물러 있지 말고 속히 물두멍을 거쳐 성소로 들어와야 합니다. 이렇게 하는 사람만이 성도로서 신령한 복을 받아 누릴 수 있습니다.

그런데 많은 교인들이 *이것을 놓치고 있습니다.*

예수를 믿어 울타리 문과 번제단과 물두멍을 통과하여 성소로 들어오지 않고 또다시 울타리 바깥으로 나갔다 들어왔다 하는 사람들이 있습니다. 이런 사람들은 성막 뜰에 들어와서 번제단을 통해 모든 죄를 사함받고 하나님의 자녀가 되었음을 깨달으며 잠시 *감사 감격하다가 어느새 다 잊고* 또 다시 바깥으로 나가 먹고 살고 즐기고 자기를 나타내고 자랑하려고 애쓰면서 수많은 죄를 범합니다. 그러다 다시 울타리 안으로 들어오는 삶을 반복합니다. 이런 사람들은 신앙생활을 하고 있음에도 불구하고 **근심, 걱정, 불안, 초조, 두려움,** 그리고 **회개하지 못한 죄악들에 내리는 하나님의 징벌로 인해 예수 믿기 전의 삶과 별로 다를 바 없는 지치고 고된 삶**을 살게 됩니다.

내가 바로 이런 사람이 아닌지 돌아보고 *이제부터는 어떤 일보다 먼저 성소로 들어오기 위해* **열심을 기울여야** 합니다.

지성소 휘장을 열고 3영역에 들어가면 **더욱 다른 광경을 보게** 됩니다.

거기에는 **금으로 싸인 법궤가 있고 그 안에는 만나 항아리, 두 돌판, 싹 난 지팡이가 들어 있고, 그 위에는 희생제물의 피가 뿌려지는 금 판**(속죄소)이 있습니다. 또한 그 양편에는 두 그룹이 있으며 짙은 구름 속에 눈부신 빛으로 임재해 계신 하나님을 보게 됩니다. 이곳이야말로 **죄인이 완전히 거룩하게 되어 하나님을 대면**하는 곳입니다.

이 세 개의 문은 이런 **영역 상의 큰 차이**를 구분 짓고 있습니다.

이 문들은 모두 예수 그리스도를 의미합니다.

이것은 **성도가 신앙상 발전의 단계**가 있다는 것과 **그 단계를 거칠 때마다 거기에 결정적으로 작용하는 문이 예수 그리스도**임을 말해줍니다.

1영역으로 들어가려면 **예수 그리스도를 만나야** 합니다. 더 나은 **2영역**으로 들어가기 위해서는 **예수 그리스도와 더 깊이 관계해야** 합니다. 그리고 **3영역**으로 들어가려면 **예수 그리스도와 완벽한 관계**를 형성해야 합니다.

한 번 예수에 대해 듣거나 알고 지나치는 것으로는 하나님을 제대로 만날 수 없습니다. 반드시 **예수와 모든 진리를 계속적으로 접하여 예수에 대해 더 알아야 하며 그와의 관계가 점점 밀접해지고 확실해져야** 합니다.

예수님의 열두 제자들은 **해가 거듭될수록 예수님을 더 잘 알게** 되고 부활하신 후에야 **확실히 알게** 됩니다. 그들은 언제나 같은 예수님을 대했지만 그들이 예수님에 대해 아는 것과 그 관계는 **시간이 지날수록 달랐습니다.**

제자들은 예수 그리스도를 확실히 알게 되고 온전히 하나가 되었을 때 전혀 다른 사람, 능력의 사자들이 되었습니다. 그때 비로소 하나님께서 함께 하시는 사람들이 된 것입니다.

그러므로 우리는 예수 그리스도에 대해 더 잘 알고 예수님과의 관계가 완숙 단계에 이르기 위해 힘쓰고 애써야 합니다. 하루도 빠짐없이 말씀을 읽고 묵상하고 배우는 것과 기도하는 생활에 열심을 기울여야 합니다.

신앙생활을 오래 한 사람이라도 이런 생활을 성실히 하지 않으면 한동안 신령한 체험을 했다가도 또다시 성막 뜰에서 맴돌거나 들락날락하는 생활을 하게 됩니다. 이런 점에서는 목사도 예외가 아닙니다.

목사들은 먼저 자신이 경건생활을 충실히 하여 성막 뜰에서 성소로, 성소에서 지성소로 들어가는 영적 발전과 성숙이 있어야 합니다. 그리고 교회 안에 들어 온 사람들도 그와 같이 되도록 세심히 관찰하고 감독하고 훈련해야 합니다. 성도들의 형편이 어떻든지 남녀노소를 불문하고 하루도 빠짐없이 경건생활을 열심히 하도록 온 정성을 기울여 도와야 합니다.

목사들이 이것을 제대로 하지 못하면 성도들은 성막 뜰에서 맴돌거나 성막 뜰과 성막 문 바깥을 왔다갔다 하는 사람들로만 남게 됩니다.

많은 목사들이 은퇴할 즈음 뒤를 돌아볼 때 그동안 함께 신앙생활했던 성도들이 이런 모습임을 보며 부끄러워지고 두려워 떨게 됩니다. 결국 명예롭지 못하게 물러나게 됩니다.

비록 성도들의 수는 많지 않아도 목사가 성도들로 하여금 매일 경건생활에 충실하도록 함으로써 세상에 있다가 성막 뜰로, 성막 뜰에서 성소로, 성소에서 지성소로 들어와서 사는 천국 백성으로 키운다면 그는 하나님께 칭찬받고 상 받을 목회자요, 그런 교회는 반드시 하나님 나라 건설에 귀하고 능하게 쓰이게 됩니다. 그리고 그 성도들은 자기 주변뿐 아니라 나라와 민족과 세계를 복음화하는 일에 사용되는 영광을 누리게 됩니다.

(2) 문마다 출입할 수 있는 사람이 달랐습니다.

뜰은 선택된 사람이면 누구든 출입할 수 있었지만 성소는 제사장 이상, 지성소는 대제사장 이상만 일 년에 한 번인 대속죄일에 출입이 가능했습니다. 이 사실을 통해 우리는 각 사람의 신앙 위치에 따라 누리는 영적 은총과 특권이 다르다는 것을 알 수 있습니다.

그런데 신약시대에 이르러 예수를 믿은 사람은 제사장의 자격을 얻게 되었습니다. 진정 예수를 믿은 사람은 누구나 성소에 들어가게 된 것입니다.

신약성도는 구약성도에 비해 예수 그리스도와 그와의 연합에 있어서 훨씬 쉽게 체험하고 하나님의 비밀을 많이 알 수 있게 된 것입니다.

그러나 예수를 믿어 제사장의 자격을 가졌다 할지라도 날마다 순간마다 자기 죄를 성실하게 회개하지 않으면 결코 성소 안에 들어갈 수 없습니다.

많은 주의 종들과 성도들이 이 회개생활의 중요성을 깨닫지 못하거나 잊어버리고 성실히 하지 못하여 제사장의 자격을 잃어버린 것처럼 살고 성소의 신령한 은혜를 누리지 못합니다. 즉 성막 뜰에 있는 사람처럼 죄책감과 수치심과 근심과 걱정, 불만족과 두려움과 불안과 초조함에 시달리며 신앙생활을 합니다. 이런 사람들은 목사로서, 성도로서 해야 할 일을 제대로 해낼 수 없습니다.

하나님의 종이요, 성도이지만 신령한 은혜와 복을 충만하게 누릴 수 없는 사람, 즉 성소 안에 있지 못한 사람은 그 안에서 만나게 되는 일곱 등잔대, 진설병 상, 분향단의 역할을 도무지 알 수도 없고 실천할 수 없습니다.

그러므로 예수를 확실하게 믿고 하나님의 백성이 된 사람들은 우선 회개생활을 성실하게 해야 합니다. 날마다 순간마다 말씀의 거울에 자신을 비추어 보고 불순종한 죄, 불충한 죄, 거짓말한 죄, 도둑질한 죄, 시기하고 질투한 죄, 원망하고 불평한 죄, 미워한 죄, 주의 이름과 영광을 가렸던 죄 등 모든 죄를 낱낱이 회개하고 용서받아야 합니다.

(3) 예수께서 십자가에서 죽으실 때 지성소 휘장의 가운데가 갈라졌습니다.

그래서 성소와 지성소가 하나로 연결되었습니다.

구원과 영생은 예수 그리스도에 의해 밝히 드러나기 전까지는 숨겨져 있었습니다. 지성소에 들어가는 길은 처음에는 드러나지 않았다가 예수께서 모든 선택된 사람들의 죄를 대신 짊어지고 십자가에 죽으실 때 지성소의 휘장이 찢어짐으로써 보다 분명하게 나타났습니다(마27:51).

지성소는 대제사장만이 일 년에 한 번 들어갈 수 있는데 예수께서 죽으심으로써 그 대제사장의 역할을 단번에 완성하셨습니다. 따라서 지성소 휘장은 더 이상 필요 없게 되었습니다. 우리 신약의 성도들은 예수 그리스도의 피와 우리의 신앙적 행위를 통해 담대히 지성소로 나아가게 되었으며 제사장이면서 얼마든지 하나님을 만나고 함께할 수 있게 되었습니다.

그러나 성소 휘장과 뜰 문은 그대로 있음을 잊지 말아야 합니다.

구원은 예수 그리스도를 영접해야 얻을 수 있고(뜰 문 통과) 복음과 천국, 교회. 하나님에 관한 비밀을 깨달음과 체험은 물두멍을 거쳐서 성소 휘장을 열고 들어가는 사람이라야 얻을 수 있습니다.

뜰 문을 통과하고 번제단을 거쳤으나, 즉 기본적인 믿음은 가졌으나 날마다 물두멍에서 씻지 않는 사람은 결코 성소 휘장을 통과하지 못합니다.

또한 ① 깊은 깨달음(진설병 상, 등잔대, 분향단)이 없고, ② 은혜의 체험(금으로 된 성소 안에 있음)이 없으며, ③ 성도들과의 친밀함과 그 혜택(등잔대의 은총)을 맛보지 못하며 ④뜨거운 기도와 감사, 찬송(분향단의 은총)이 없고 ⑤하나님의 동행과 천사의 돌봄(지성소 휘장, 천장, 지성소의 은총)을 경험하지 못합니다.

그러므로 우리는 여전히 하나님에 대해 경외감을 가져야 하고 하나님과 우리 사이의 거리를 깨닫는 겸손한 거리를 지켜야 합니다. 쉽게 범죄하며 그 죄를 회개하여 용서받지 못한 채 신앙생활해서는 안 됩니다. 그런 사람이 임의로 성소에 들어오고자 하면 하나님께서 엄벌로 다스리십니다. 아무리 제사장이요, 대제사장이라 할지라도 경건하고 거룩하게 되지 못한 채 그곳에 들어가면 불에 타서 죽었습니다. 제사장이 되어서도 하나님 앞에서 경건하지 못하면 결코 그곳의 출입을 허용받을 수 없습니다.

확실히 믿는다고 스스로 말하고 교회의 지도자와 목사가 되기도 했으나 단 한 번도 성소 안으로 들어오지 못하다가 세상을 뜨는 사람들이 있습니다. 이런 신비한 비밀들과 은총들은 모두 예수 안에 깊이 감춰져 있습니다.

그러므로 우리는 예수를 더 잘 알기 위해 힘쓰고 배우고 연구해야 합니다. 모든 복된 비밀들이 담겨 있는 예수에 대해 관심이 없는 사람은 기본적인 믿음은 가졌다 할지라도 성막 뜰에 있는 사람입니다. 성소와 지성소에 들어오고 신령한 은혜와 은총들을 맛보려면 예수에 대해 깊이, 충분하게 알고 깨달아야 합니다.

그것을 위해서는 내 안에 계신 성령의 인도를 성실하게 따라가야 합니다. 성령님은 우선 성경에 관심을 가지고 읽고 듣게 하십니다. 그때마다 그 의미를 깨닫게 하시며 나의 어리석음과 죄를 점점 더 발견하며 회개하게 하십니다. 이것을 계속해 나감으로써 예수에 대해 점점 더 알게 되고 믿음이 성장하게 됩니다. 그리고 자신과 삶이 새로워지고 치료되고 거룩해져 갑니다.

그런데 많은 성도들이 그 성령의 인도를 따르지 않고, 깨닫게 해주시는 것을 묵살해버리고 불순종합니다. 오히려 악한 영이 주는 생각에 사로잡혀 그것이 시키는 대로 함으로써 예수에게서 점점 멀어지고 예수에 대해 조금이나마 알았던 것조차 점점 잊어가고 있습니다. 이런 사람들은 결코 성소 안에 들어올 수 없으며 그 은총을 누릴 수 없습니다.

그래서 **많은 목사와 성도들이 성소 안에서의 은총과 능력을 체험하지 못하며 발휘하지 못하고 성막 뜰에서 허우적거리기만** 하는 것입니다.

나는 어떤 사람인가? 지금 하나님 앞에서 정직하게 돌아보기 바랍니다. 그리고 모든 진리와 거룩하고 신비로운 은총들은 **예수 안에 감추어져 있음을 다시 한번 명심하시기 바랍니다.**

(4) 각 휘장의 크기는 다릅니다.

세 문은 **같은 재질이며 네 가지 색깔로 수놓아 짜여졌습니다.**
이것은 모두 **예수 그리스도**를 **의미**하는데 위치에 따라 **크기가 다릅니다.**

	뜰 문	성소 휘장	지성소 휘장
높이	5규빗 (2.5m)	10규빗 (5m)	10규빗 (5m)
너비	20규빗 (10m)	10규빗 (5m)	10규빗 (5m)

1) 뜰 문은 다른 문에 비해 배나 더 넓습니다.
이것은 뜰 문으로 **보다 많은 사람이 출입하게** 되는 것을 의미합니다.
하나님은 가능한 한 더 많은 사람이 예수께 나아오기를 원하셔서 **넓은 문**을 마련하고 기다리십니다.

그러나 예수 믿고 교회 다니는 사람들 중에는 **기초적인 믿음으로 만족하고 더 이상 하나님의 세계**, 즉 말씀, 기도, 찬송, 감사, 헌신, 교제가 있는 성소와 지성소로 들어가지 않는 사람들이 많습니다. **보다 충만한 은혜의 세계로 들어가는 사람은** 처음 예수를 믿는 사람들에 비해 **수가 훨씬 적습니다.**

그들 중에는 **확실히 예수를 믿지 못하는 사람들도 섞여** 있습니다. 그들은 성막 뜰 문을 통과하지 못합니다.

이 세상의 **가시적인 교회** 안에는 이렇게 성막의 뜰 문 앞까지 와서 그 문을 보기만 하는 사람들이 있습니다. 그 신비함을 어느 정도 느끼는 사람들도 많지만 **창세 전에 선택받지 못한 사람들, 성령으로 거듭나지 못한 사람**

들은 결코 그 문으로 들어올 수 없습니다. 즉 예수 그리스도를 영접할 수가 없습니다.

성막 뜰 문 앞에 오는 수많은 사람들 중에 그 문을 열고 들어가는 사람은 매우 적습니다. 그런데 뜰 문과 번제단을 통과한 사람(기본적인 믿음을 가진 사람)들 중에 물두멍을 통과하여 성소 안으로 들어오는 사람의 수는 훨씬 적습니다.

우리가 사람들을 전도하여 교회에 등록하게 했다 하여 그들이 모두 참된 하나님의 사람이 되는 것은 아닙니다. 그들 중에 거듭나지 못하고 예수를 믿지 못하여 성막 뜰 문을 열고 들어오지 못하는 사람들이 많습니다. 우리가 그들을 위해 많은 시간을 할애하고 정성을 기울이고 때로는 핍박도 당했지만 그 사람들이 얼마 되지 않아, 또는 상당한 시간이 지났는데도 다시 세상으로 나갈 때 우리는 낙심하지 말아야 합니다.

또한 성막 뜰 문과 번제단을 통과한 사람들, 즉 예수 그리스도를 자신의 구주로 영접한 사람들 중에도 성소 안으로 들어오지 못하고 성막 뜰과 울타리 바깥을 계속 드나드는 사람들이 얼마든지 있습니다. 이들 중에는 성령의 감화와 감동을 무시하고 악한 영이 시키는 대로, 육신의 정욕대로 하다가 결국 성령이 떠나시고 다시 뜰 바깥으로 나가는 사람들이 많이 있습니다. 우리는 이런 사람들을 볼 때 아예 성막 뜰에 들어오지 못한 사람들을 통해 겪는 것보다 더 큰 실망감을 겪게 됩니다. 이런 사람들도 얼마든지 있다는 것을 기억하시기 바랍니다.

우리는 성막 뜰에 있는 사람들에게 날마다 회개생활을 똑바로 하도록 가르쳐줘서 반드시 성소 안으로 들어오도록 훈련하고 치료하고 양육해야 합니다. 이 일은 결코 쉽지 않습니다.

물두멍에 나와서 수시로 회개하는 것은 단순한 일이 아닙니다.

신앙생활하면서 죄를 깨달아 이것저것 회개하지만 영혼이 좀 더 밝아지고 깨어나면 자기가 지금까지 회개한 것과는 또 다른 죄를 저지르고 있었다는 사실과 이미 회개한 것보다 더 많고 큰 죄를 발견하게 됩니다. 그것을 계속해서 회개하고 고침받는 일도 결코 편안한 일이 아닙니다.

예수를 믿은 사람으로 하여금 자기가 발견하지 못하고 깨닫지 못하던 죄악들을 깨우치고 바로잡게 하고 그동안 하지 않았던 일들을 하게 하면 그들은 매우 힘들고 고통스럽게 느끼게 됩니다. 그럼에도 선생은 그들을 위해 열심히 기도해주며 먼저 모든 것에 본을 보여주며 그 일을 중단없이 해야 합니다.

그런데 **이것을 끝내 견디지 못해 다시 세상으로 나가버리는 사람들**이 있습니다. 우리는 열 명 중 한 명만이라도 말씀과 기도로 훈련하고 치료하고 양육하여 **물두멍의 생활을 제대로 하게 하여 성소 안으로 들어가게 해야** 합니다. 이런 사람이 되어야 **신자다운 신자, 하나님의 일꾼, 전도자**가 될 수 있습니다.

2) **성소와 지성소 휘장이 뜰 문 휘장보다 배나 더 높습니다.**
성소나 지성소의 문 앞에 선 사람은 그 문이 뜰 문보다 **좁으나 높이는 배나 높은 것**을 보게 됩니다.

이것은 **보다 깊은 은혜의 자리로 나아갈수록 그런 사람의 수는 줄어든다는 것**을 의미합니다. 동시에 **예수 그리스도와 그의 은총에 대해서는 더 많은 것을 더 깊이 맛보게** 됨을 의미합니다.

하나님께로 가까이 다가갈수록 인간적으로 고독감을 느끼게 됩니다. 성막 뜰에서 성소에 들어가는 사람이 제사장으로 국한되고, 또 거기에서 지성소로 들어가는 사람이 대제사장으로 국한됩니다. **어린아이와 같은 신자**였을 때는 함께하는 사람이 많이 있으나 **청년의 신앙**을 가지게 되었을 때는 그들 중 상당수가 옆에 남아있지 않는 것을 발견하게 됩니다. 더욱이 장년의 신앙으로 들어서게 되면 겨우 몇 명, 또는 **아무도 없을 수도 있습니다**. 따라서 **영적으로 성장할수록** 인간적으로 점점 고독감을 느끼지 않을 수 없습니다.

그러나 그 사람이 **거룩하시고 영광스러운 하나님을 마주하고 있으면** 전에 보이지 않던 **천군천사들이 자신을 둘러 진 치고 함께하고 보호하는 것을** 알게 됩니다. 그리고 **성막 뜰과 전혀 다른 성소의 세계를 맛보게 되며, 또 성소의 세계와 전혀 다른 지성소의 세계를 맛보게** 됩니다. 결코 고독감이나 실망감이나 후회나 두려움에 사로잡힐 수 없습니다. 예수 그리스도가 더욱 뚜렷이 보이고 충만하게 보일 때 **세상 것들은 보이지 않습니다.** 더 깊은 은혜의 자리로 나아가는 사람은 **그 영적인 시야에 더 높이 쳐진 예수 휘장이 온통 가득한 것을 발견하게** 됩니다. 그 사람은 그야말로 다시는 성막 뜰도 보이지 않고 울타리 밖은 아예 보이지 않는 **아주 다른 삶**을 살게 됩니다.

이런 사람이 영적으로 성숙해가고 있는 사람입니다.
우리의 **신앙이 성숙될 때** 예수 그리스도에 대해 더 절실하고 분명히 알게 되고 더 가까이 다가가게 됩니다. 그러나 **예수 그리스도에게서 관심이나 지식이 멀어지면** 곧바로 신앙적으로 뒷걸음질하게 됩니다. 그만큼 **성소와 지성소에서 점점 멀어지게** 되는 것입니다.

많은 교인들이 처음 예수를 믿을 때보다 예수가 점점 희미해지고 점점 그

에게서 멀어져 갑니다. 오히려 믿기 이전보다도 세상이 더 잘 보이고 더 좋아보이는 사람들이 있습니다. 주일마다 예배에 성실하게 참여하고 있는 교인들 중에 이런 사람들이 참 많습니다.

이런 상태로 살면서 성적이 올라가고 돈 좀 더 벌고 지위가 향상된다 해도 그것은 오히려 **하나님의 사랑과 복에서 점점 멀어지고 있는** 것입니다.

그런 것은 전혀 예수를 믿지도 않고 우상숭배하는 자들도 얼마든지 자신의 노력으로 가지고 누릴 수 있습니다. 그러나 그들이 인간적으로 힘써서 무엇을 가지고 누리게 될수록 그만큼 **하나님 앞에서 더 큰 죄를 저지르는 것**이고 **도둑질하는 것**입니다. 그것은 복이 아니라 오히려 **형벌**이 됩니다.

그래서 우리 예수의 사람들은 불의를 행하며 형통하는 자들을 **결코 부러워하지 않습니다**. 우리는 육신적으로 모든 것을 다 잃어버려도, 다 포기하더라도 기꺼이 **끝까지 예수를 뒤따라가야** 합니다.

그런데 더 심각한 일은 목사라는 사람이 점점 세상의 것들을 잘 보며, 더 좋아하며, 더 가지고 누리기 위해 힘쓰면서 교인들에게 활짝 웃는 낯으로 대하고, 그들을 칭찬하고 복을 빌어주고 격려하는 것입니다.

그들은 **점점 더 높고 거룩하게 보이는 예수 그리스도를 보는 것이 아니라** 전에 있던 울타리 바깥의 세상을 더 좋게 보고 나가서 더 가지고 누리고 자기를 더 나타내고 자랑하려고 애쓰다가 주일에 잠깐 들어왔다가 또다시 나가 온갖 죄를 범하는(말씀을 지키지 않고 사명을 수행하지 않는) 사람들을 계속 그렇게 살도록 칭찬해주고 격려해줍니다. 심지어 그런 생활에 더 큰 복을 내려달라고 하나님께 기도합니다. 얼마나 어처구니없는 일입니까?

목사들은 내가 이런 사람이 아닌지 잘 돌아보고 조금이라도 이렇게 하고 있다면 **누구보다도 큰 죄인**이므로 살려달라고 하나님께 울부짖어야 합니다.

3) 성소 휘장과 지성소 휘장의 크기가 같은 것은 성소와 지성소가 예수의 죽으심을 통해 **본질상 하나**(같은 영역)이기 때문입니다.

"예수 그리스도와 연합된 성도들"을 의미하는 성소의 기물들, 즉 진설병 상, 등잔대, 분향단은 결국 "**하나님과 연합된 성도들**"을 의미하는 지성소와 동일한 것입니다.

그러므로 성소에 들어갈 때 만나는 예수 그리스도와 지성소에 들어갈 때 만나는 예수 그리스도는 **동일**합니다. 예수 그리스도와 하나가 되었음을 확신하는 성도는 **성삼위 하나님과 하나가 되었음**을 확신하게 됩니다.

예수 그리스도와의 연합은 곧 성삼위 하나님과의 연합인 것입니다.

이렇게 확실히 예수 그리스도와 연합한 사람은 **예수가 누구신지, 성삼위 하나님이 누구신지를 확실히 알게** 됩니다. 따라서 **하나님과 복음과 진리를 가감없이 정확하고 충분하게** 사람들에게 증거할 수 있습니다.

하나님에 대해 성경에 없는 말을 더하거나, 성경에 있는 말을 빼거나, 인간의 생각과 지식을 가미하거나, 복음을 정확하게 전하지 못하는 사람은 아무리 목사요, 신학박사라 할지라도 결국 **성소에 들어온 사람이 아니요,** 여전히 성막 뜰에 있는 사람에 불과합니다.

성소와 지성소는 **인간의 상상을 훨씬 초월하는 세계**입니다.

즉 금으로 된 널판, 4색 실로 수놓인 휘장과 천장, 일곱 등잔대, 진설병 상, 분향단, 법궤, 속죄소, 두 그룹, 하나님의 임재하심, 이런 것들에 대해 결코 상상할 수 없습니다.

오직 성소 안에 들어올 수 있는 사람만이 **그 모든 것을 볼 수 있고 알 수 있고 깨달을 수** 있습니다. 따라서 그 성소와 지성소가 의미하는 **모든 하나님과 관련된 비밀들을 정확하고 충분하게** 말해줄 수 있습니다.

그러므로 예수를 믿고 날마다 회개하는 삶을 통해 성소에 들어오지 못하는 사람들은 **결코 성도다운 성도가 될 수 없으며 교회지도자다운 지도자, 목사다운 목사가 될 수 없습니다.**

우리는 **성소에 들어오는 제사장**이 되기 위해 늘 힘써야 합니다. 여기에 실패하면 **하나님의 사람으로서의 영광을 누리거나 특권을 발휘할 수 없습니다.** 더욱이 예수 그리스도와 하나님의 나라를 **확실히 전해주거나 사람들을 구원하는 일을 할 수 없습니다.**

(5) **지성소 휘장만은 그룹**(천사의 모양)**이 수놓아져 있습니다.**

이는 지성소가 **하나님께서 임재해 계신 곳임**을 특히 강조합니다.

사실 **천사들은 언제나 성막 둘레에 장막을 치고 있습니다.**

천사들은 하나님의 보좌뿐 아니라 장로들까지도 둘러싸고 있습니다(계 5:11). 이와 같이 **하나님께서 임재하시는 곳에는 아무나 접근하지 못하도록 천군천사들이 둘러 진 치고 방비합니다.**

지성소에는 **일 년에 한 번 대속죄일에 대제사장만이** 들어갈 수 있었습니다. 그것은 곧 **대제사장이신 예수 그리스도만이** 하나님을 마주 대하며 대화하실 수 있었던 것을 의미합니다. 그런데 예수께서 십자가에 죽으실 때 그 **지성소의 휘장 한 가운데가 찢어짐으로써** 대제사장뿐 아니라 제사장들도 지성소에 임재해 계시는 하나님을 만날 수 있고 교통할 수 있게 되었습니다.

지성소 휘장이 갈라진 것은 신약 성도의 영적인 자격이 대제사장의 위치까지 향상되었음을 보여줍니다. 이는 하나님께서 신약의 성도들에게 베푸신 특별한 은총입니다.

그러나 거기 임재해 계시는 하나님을 둘러 진 치고 보호하는 천사들은 여전히 존재하며 그 기능을 수행하고 있습니다. 따라서 지성소는 대제사장의 자격을 갖춘 사람만이 들어갈 수 있었듯이 신약시대의 성도들은 지성소까지 들어갈 수 있는 대제사장처럼 진정으로 예수 그리스도와 한 몸을 이루고 거룩해져야 함에는 변함이 없습니다.

신약시대에도 성소에 들어갈 수 있는 사람과 그렇지 못한 사람은 분명히 구별되는 것입니다.

하나님을 만나고 교통할 수 있을 정도로 치료되고 변화되고 성장되고 거룩해지지 못한 사람이 하나님을 만나고 그 능력을 힘입고자 하면 그는 반드시 천사들에 의해 제지를 당하고 수치와 욕을 당하게 됩니다. 사람들은 속일 수 있어도 하나님과 천사들은 속일 수 없습니다. 성소에 들어올 수 없는 사람들 앞에는 지금도 여전히 그룹이 수놓여 있는 지성소 휘장이 가로막혀 있는 것입니다.

그러므로 우리 신약의 성도들은 대제사장처럼 하나님을 만나고 교제할 수 있을 정도로 영적인 수준을 성장시켜야 합니다. 결코 구약시대의 성도들보다 영적으로 뒤쳐져서는 안 됩니다.

제 13 강

⟨6⟩ 성막 문들의 기둥, 받침, 갈고리

⟨출26:31~37⟩

31너는 청색 자색 홍색 실과 가늘게 꼰 베 실로 짜서 휘장을 만들고 그 위에 그룹들을 정교하게 수놓아서 32금 갈고리를 네 기둥 위에 늘어뜨리되 그 네 기둥을 조각목으로 만들고 금으로 싸서 네 은 받침 위에 둘지며 33그 휘장을 갈고리 아래에 늘어뜨린 후에 증거궤를 그 휘장 안에 들여놓으라 그 휘장이 너희를 위하여 성소와 지성소를 구분하리라 34너는 지성소에 있는 증거궤 위에 속죄소를 두고 35그 휘장 바깥 북쪽에 상을 놓고 남쪽에 등잔대를 놓아 상과 마주하게 할지며 36청색 자색 홍색 실과 가늘게 꼰 베 실로 수놓아 짜서 성막 문을 위하여 휘장을 만들고 37그 휘장 문을 위하여 기둥 다섯을 조각목으로 만들어 금으로 싸고 그 갈고리도 금으로 만들지며 또 그 기둥을 위하여 받침 다섯 개를 놋으로 부어 만들지니라

⟨더 제대로 된 번역⟩

32그 휘장을 조각목으로 만든 네 기둥 위에 늘어뜨려라. 금을 입힌 그 기둥들에는 금으로 만든 갈고리 네 개를 만들고 네 은 받침 위에 두고 33그 휘장을 천장에 있는 갈고리에 매달아 늘어뜨려라. 그리고 돌판 두 개가 들어있는 언약궤를 휘장 안에 두어라. 그 휘장이 너희를 위하여 성소와 지성소를 구분하리라. 36청색 자색 홍색 실과 가늘게 짠 베 실로 수를 잘 놓는 사람이 그 위에 수를 놓아서 회막으로 들어가는 입구를 가리는 막을 만들어라. 37下그 갈고리도 금으로 만들지며 거기 휘장을 걸어 늘어뜨려라. 또 그 기둥을 위하여 받침 다섯 개를 놋으로 부어 만들어라.

⟨출27:16~17⟩

16뜰 문을 위하여는 청색 자색 홍색 실과 가늘게 꼰 베 실로 수 놓아 짠 스무 규빗의 휘장이 있게 할지니 그 기둥이 넷이요 받침이 넷이며 17뜰 주위 모든 기둥의 가름대와 갈고리는 은이요 그 받침은 놋이며

⟨6⟩ 성막 문들의 기둥, 받침, 갈고리

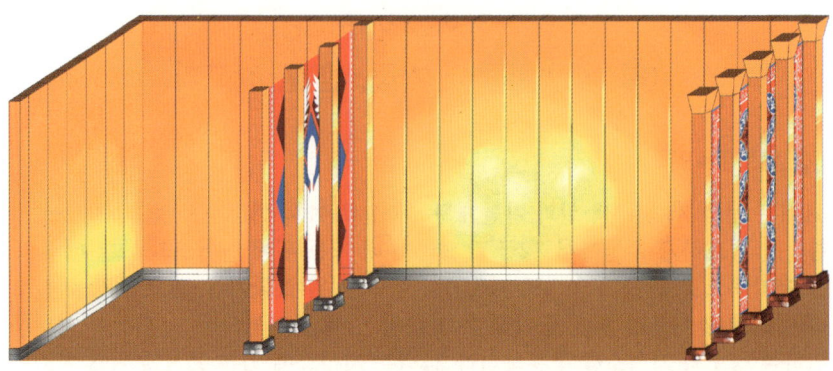

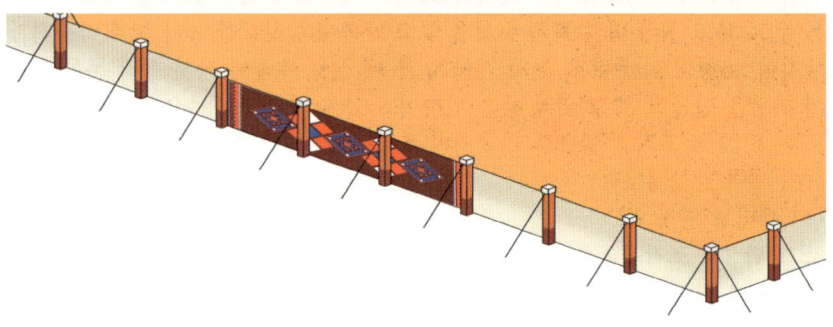

	기둥 수	기둥재료	받침재료	갈고리	가름대
뜰 문	4	놋으로 싼 나무	놋	은	은
성소휘장	5	금으로 싼 나무	놋	금	금
지성소휘장	4	금으로 싼 나무	은	금	금

(1) 뜰 문과 성소 휘장과 지성소 휘장을 받쳐주는 **기둥들은 모두 속은 조각목이고, 겉은 놋이나 금으로 쌌습니다.**

  이것은 성막이 제구실을 할 수 있도록 떠받쳐주는 기둥은 **예수 그리스도이심을** 강조합니다. 인간의 몸을 입고 오셨다가(조각목/인성), 모든 죄를 짊어지고 죽으시고 부활하신 예수 그리스도(놋,금/신성)만이 성막이 의미하는 모든 것을 가능하게 해주는 기둥인 것입니다.

  속은 나무요, 겉은 놋이나 금이 아닌 것은 아무리 화려하고 복잡하게 만들어졌어도 **헛된 것**이며 하나님의 성막이 아닙니다.

세상에는 수많은 종교들이 있고 저마다 크고 화려한 신전을 만들고 안팎으로 온갖 금은보화로 장식하기도 합니다. 그러나 그 모든 것들은 인성과 신성을 입은 메시야와는 **전혀 상관이 없습니다.** 그것들은 **사탄이 자기 사람들을 사용하여 교회를 모방하여 만든 것**일 뿐이므로 죄인들의 구원과 전혀 상관이 없습니다. 오히려 죄인들을 **더 악하게 만들고 더 많은 죄를 짓게 하여 더 큰 형벌을 받게** 만들 뿐입니다.

범죄하고 타락한 인간들은 하나님과 단절되고 원수지간이 되고 마귀에게 속한 자가 되었습니다. 그러한 인간들은 **인성과 신성을 입고 죄인들의 죄를 대신 짊어지고 피 흘려 죽음으로써 죗값을 대신 치러줄 수 있는 구세주, 메시야에 의해서만** 하나님과의 관계가 회복되고 하나님의 사람으로 회복될 수 있습니다.

성막의 모든 것은 **처음부터 끝까지 신성과 인성을 입으셔서 인간을 구원하실 유일한 구세주 예수를 일관되게** 보여줍니다. 하나님께서 인간들을 위해 만드신 성막은 **하나뿐**입니다.

(2) 뜰 문의 기둥과 받침, 성소 휘장의 받침은 **놋으로** 되어 있습니다.

죄인이 처음으로 예수 그리스도를 만날 때 예수님은 나의 죄를 담당하사 하나님의 무서운 진노를 대신 당하신 분(놋/불에 가장 잘 견디는 것)**임을 발견해야** 합니다. 동시에 그분은 **본래 아무 죄도 없으신 거룩한 하나님이심**(놋/그리스도의 신성)**을 알아야** 합니다.

이렇게 예수 그리스도를 만나고 영접한 사람이 성소로 들어오고자 할 때에 역시 성소 휘장의 기둥의 받침이 **놋으로 되어있는 것**을 발견하게 됩니다.

예수 그리스도를 진정으로 만나는 사람들은 예수 그리스도가 내 죄에 대한 무서운 진노를 대신 당해주심으로써 내가 모든 죄를 용서받았음을 **무엇보다 먼저 절실하게 깨달아야** 하는 것입니다.

그러므로 처음부터 재물이나 명예나 자기 욕심의 성취를 위해 예수를 믿으려 하는 사람은 **아직 성막 울타리에 접근도 못한 사람이고 뜰 문이 무엇인지도 알지 못한 사람**입니다. 그런데 이런 사람들이 이 세상의 교회 안에 많이 들어와 있습니다. 그들의 몸은 성전에 들어와 예배에 참석하고 있으나 그들은 여전히 **성막 울타리 바깥에 있는 사람들**입니다.

신성과 인성을 입으신 예수 그리스도를 만나지 못하고 믿지 못하는 사람들은 결코 성막 울타리 안에 있는 사람이 아닙니다.

(3) 성소 휘장의 받침은 놋으로 만들어졌고 기둥은 금으로 싸여있습니다.

예수를 믿어서 죄 문제를 해결한 사람은 성소 휘장 앞에 섰을 때 내 대신 진노를 당하신 예수(놋 받침)가 모든 것을 창조하신 하나님이시오, 모든 권세를 가진 왕 중의 왕이시오, 나의 모든 문제를 해결하실 수 있는 전능하신 하나님(금 기둥)이심을 발견하게 됩니다.

이런 사람은 이제는 죄에 대한 징벌에 대해 두려워 떠는 것이 아니라 예수 그리스도의 모든 영광과 존귀한 것들을 내 것으로 삼게 되며 그 모든 것을 누리게 됩니다.

휘황찬란한 금 기둥을 보며 아름답게 수놓인 예수를 발견하고, 더욱이 성소 안에 들어왔을 때 온통 금으로 장식된 가운데에서 느끼고 누리는 것이 어떨지 상상해보시기 바랍니다. 그것은 이전에 어디서도 볼 수 없고 느낄 수 없던 신비로운 것입니다.

동시에 그런 신비로운 변화를 가져다준 분이 바로 내 죄를 담당하사 무서운 진노를 당하셨던 예수라는 사실(놋)을 더 분명하게 깨닫게 되며, 따라서 그분에게 영원히 갚을 수 없는 빚을 졌다는 사실을 깨닫게 됩니다.

우리는 내가 제사장이 된 것은 내 죄 때문에 내려진 하나님의 무서운 진노를 완벽하게 당해주신 예수 그리스도 덕분이라는 사실을 잠시도 잊어서는 안 됩니다.

그런데 이렇게 살아야 할 사람이 바깥세상을 생각하며 그것들을 좋아하고 가지려 하고 그것이 넉넉하지 못하다고 괴로워하고 속상해할 수 있겠습니까? 이런 사람들은 성소 휘장 앞에 확실하게 도달하지 못한 사람입니다. 아직도 놋 받침 위의 금 기둥, 그리고 사색 실로 수놓아진 예수 그리스도를 발견하지 못했으며 그 앞에 나오지 못한 사람입니다.

(4) 성소 휘장의 기둥은 금이고 받침은 놋이라는 사실은 어딘가 어울리지 않아 보입니다.

예수께서 인성과 신성을 입고 이 땅에 오셔서 죄인들의 죄를 대신 지고 죽어주심으로써 그들이 모든 죄를 사함 받고 하나님의 사람이 되는 일은 제 3자의 편에서 볼 때 자연스럽지 못하고 어울리지 않아 보입니다.

하나님은 성자 예수를 이렇게까지 비하시키시면서 우리를 구원해주신 것입니다. 참으로 예수 믿고 구원 얻은 우리 성도들에 대한 하나님의 자비와 긍휼하심을 우리는 결코 다 이해할 수 없으며 그 은혜를 영원히 갚을 수 없습니다.

이렇게 하나님의 자녀가 된 사람들이 어찌 하나님 앞에서 자기를 나타내고 자랑하려 할 수 있겠습니까?

우리는 하나님 앞에서 낮아지고 낮아져야 합니다. 바로 그 낮아짐을 통해 모든 사람들이 하나님의 존귀하심을 점점 더 분명히 보게 되어야 합니다.

그러나 오늘날 많은 성도들과 주의 종들이 자기를 나타내고 자랑하고 높아지고 대접받으려 함으로써 하나님의 존귀하심을 모든 불신자, 우상숭배자들 앞에서 끌어내리고 있습니다. 이 어찌 작은 죄가 되겠습니까?

이런 사람들은 성직자라 할지라도 성소 안에 있는 사람이 아닙니다.

성막 시대에는 제사장이 되지 못한 사람이 성소로 들어가면 살아남을 수 없었습니다. 하나님께서 그가 성소 안에서 제사장의 특권과 복을 받아누릴 수 없도록 바깥으로 쫓아내신다는 것입니다.

지금은 그때처럼 이런 자들이 곧바로 죽임을 당하지 않으나 모든 것을 꿰뚫어 아시는 하나님은 거짓 제사장들을 가려내시고 성소 안으로 들어올 수 없게 하십니다. 즉 성소 안에서 누릴 수 있는 신령한 기쁨과 즐거움을 맛볼 수 없게 하시며 제사장의 직분 수행하는 것을 허용하시지 않습니다.

이렇게 교회 안에서 지도자, 성직자가 되었음에도 불구하고 성소 안의 제사장이 되지 못하여 신령한 사명들을 수행하지 못하며 놀라운 은총들을 누리지 못하는 사람들이 얼마든지 있습니다.

목사들과 교회지도자들은 자신이 과연 어떤 사람인지 지금 정직하게 돌아보시기 바랍니다.

(5) 뜰 문에서 성소 휘장으로, 성소 휘장에서 지성소 휘장으로 이를수록 만나는 기둥과 받침이 점점 가치 있는 금속으로 되어있습니다.

안으로 들어갈수록 놋 기둥에서 금 기둥으로, 놋 받침에서 은 받침으로 바뀝니다.

이것은 신앙이 발전하는 것에 따라 예수 그리스도에 대해 아는 바가 점점 깊어진다는 것과 그로 인해 오는 은혜도 더 크고 좋음을 나타내줍니다.

내 대신 진노를 당해주신 예수(놋)께서 왕의 왕이요, 전능하시며 모든 것을 소유하신 분(금, 은)으로 내게 나타나니 지식적으로 더 밝히 알게 되며 영적으로는 더 큰 은혜를 누리게 되는 것입니다. 그러므로 예수 그리스도에 대해 점점 깊이, 상세히 깨달아 아는 사람은 그만큼 더욱 신령한 기쁨과 감격과 감사가 넘쳐나게 됩니다.

많은 성도들이 이런 은총을 누리지 못하는 것은 환경이 좋지 않아서, 물질이 부족하고, 원하는 대로 되지 않기 때문이 아니라 예수 그리스도를 더 분명하게 깊이 깨달아 알지 못하기 때문입니다. 세상의 어떤 것도 예수 그리스도보다 아름답고 가치 있고 영광스러운 것은 없습니다. 그러므로 예수 그리스도를 점점 더 확실히 알게 될수록 그 사람은 형편과 처지가 어떻든지 더욱 신령한 기쁨과 감사와 감격이 넘쳐나는 것입니다.

내가 과연 이러한 성도인가를 살펴보시기 바랍니다.

많은 성도들이 예수 그리스도를 더 알려고 힘쓰고 그것을 위해 기도하기보다 육적이고 세상적인 것들을 위해 온갖 시간과 정성을 쏟고 그것들을 위해 기도합니다. 이런 성도들은 아직도 예수 그리스도가 누구인지를 너무나도 모르는 사람들입니다.

그러므로 우리 성도들은 예수님(하나님)을 잘 알게 해달라고 날마다 기도해야 하며 예수님을 가장 잘 알게 해주는 성경말씀을 하루도 거르지 않고 가까이하고 읽고 연구하고 배워야 합니다. 그렇게 해서 말씀충만한 사람은 신령한 기쁨과 즐거움과 감사와 감격이 넘쳐나며 예수를 아직 잘 모르는 사람에게 달려가서 가르쳐주는 일을 서둘러서 하고 기쁘고 즐겁게, 적극적으로 합니다. 사람들이 그 말을 듣기를 싫어하고 오히려 반발할지라도 말씀충만한 사람은 오히려 그들을 불쌍히 여기며 어떤 환난과 핍박에도 불구하고 그들에게 예수에 대해 말해주는 것을 중단하거나 게을리하지 않습니다.

말씀충만한 사람이야말로 성소에 들어온 사람입니다.

이런 사람이라야 예수 그리스도를 중심한 삼위일체 하나님과 복음과 진리를 때를 얻든지 못얻든지, 사람들이 듣든지 아니 듣든지 끊임없이 담대하게, 능력있게 전파합니다.

이것이 바로 제사장이 해야할 일입니다.

나는 과연 이런 제사장다운 제사장이 되었는가 돌아보시기 바랍니다.

또한 내 대신 진노를 당하신 예수(놋 받침)에서 나를 위해 속죄제물로 자신을 희생하신 예수(은 받침)를 의식할 때 성막 뜰에서 가졌던 무섭고 비참한 감정에서 그리스도의 뜨거운 사랑을 맛보는 감정을 가지게 되며 나도 그 주님께 모든 것을 맡기고 드리고 싶은 감정으로 변화됩니다. 따라서 이로 인해 기쁨과 감격이 넘쳐나게 됩니다. 그리하여 예수 그리스도를 향한 헌신과 충성심이 더 분명해지게 되는 것입니다.

성장하는 그리스도인들은 이렇게 자기가 성도로서 받고 있는 은혜를 **더 깊이 있게, 근본적으로 깨닫게** 됩니다. 따라서 현실적으로 더 가지게 되어서가 아니라(형편이 어떻든지) **자기에게 임한 은혜가 점점 크고 좋은 것임을 알고 감사하고 항상 기뻐하게** 됩니다. 이런 사람은 **계속해서 주님께 기꺼이 순종하고 충성하게** 되며 이런 **거룩한 순환**에 의해 **말씀이 충만하게** 될 뿐 아니라 **믿음과 성령이 충만해지게** 됩니다.

많은 성도들이 이런 **위치 변화**, 즉 뜰 문에서 성소 휘장으로, 성소 휘장에서 지성소 휘장으로, 놋 기둥에서 금 기둥으로, 놋 받침에서 은 받침으로 진전되는 **영적인 변화**가 없습니다. **신앙적 성숙과 발전**이 개인의 행복과 받아 누리는 복과 긴밀한 관계가 있으므로 신앙이 퇴보하는 사람은 결코 이런 은혜를 누릴 수 없다는 것을 명심해야 합니다.

그런데 많은 성도들이 영적으로는 퇴보하면서 육적으로 더 가지고 누리려고 애쓰고 있습니다. 울타리 바깥에도 부귀영화를 누리는 사람들이 얼마든지 있지만 그 모든 것은 **일시적이고 허황되고 죄악된 것**으로써 성소 안에서 누릴 수 있는 것과는 비교할 수 없습니다. **성소 안에서 누리는 신령한 은혜**는 사람이 노력해서 가지는 것이 아니라 **하나님께서 주시는 것으로서 영원하며 거룩하며 하나님의 나라 안에서만 누릴 수 있는 것**입니다.

그러므로 이미 하나님의 백성이 된 우리들은 성막 울타리 바깥에서 세상의 것들을 얻고 누리기 위해 애쓰는 상태에 맴돌 것이 아니라 **성소 안으로 들어와서** 하나님께서 주시는 놀라운 은혜와 복을 받아누리기를 힘써야 합니다.

(6) 갈고리가 **모두 은, 금**으로 되어있습니다.

진정으로 예수와 하나 된 사람들(성소로 들어온 사람들)은 **하나님의 사랑과 성령의 하나되게 하심에 의해 확실하게 서로 연결**되어 주 안에서 거룩한 한 **성전**(한몸)**으로 되어가는 것**입니다(엡2:21,22, 4:16).

휘장과 기둥의 연결은 **하나님께서 하시는 일**입니다. 그것은 하나님 외에는 누구도 나눌 수 없습니다. 이 성막의 모든 구조물이 **이 갈고리로 연결**되었으니 예수 그리스도의 세계는 **누구도 나누거나 파괴할 수 없음**을 보여주고 있습니다. **이 세계**(교회)**야말로 진정하고도 영원한 피난처요, 안식처요, 요새요, 낙원**이 되는 것입니다.

은, 금(그리스도의 신성)**이신 예수만이 완전한 메시야요, 예수만이 죄인의 구속을 완성시키십니다.**

그러므로 이 예수 그리스도에 대해 조금이라도 가감하면 그것은 진정한 메시야 신앙이 아니며 구원도 없습니다.

울타리 문(뜰 문) 역시 갈고리만은 기둥이나 받침과는 달리 **"은으로 만들라"** 하셨음을 주목해야 합니다(27:17).
겉에서 볼 때 고리는 휘장 못지않게 빛납니다.
이것은 **그리스도의 신적인 보호**가 강조되며 **하나님이신 예수**께서 죄인의 구속을 완벽하게 이루신다는 사실을 다시 강조해주는 것입니다.
죄인에 대한 모든 구원 계획은 **처음부터 마지막까지 예수 그리스도에 의해 이루어집니다**. 그러므로 신인 양성을 입으신 예수, 성경에서 보여주는 예수에 대해 조금이라도 가감하여 말하는 모든 것들은 다 **허위요, 죄인의 구원과는 전혀 상관이 없습니다.**

따라서 우리 모든 성도들과 전도자들은 **예수 그리스도에 대해 자세하고 분명하고 충분하게 알아야** 하며 **가감 없이 증거해야** 합니다. 이렇게 하는 사람들이야말로 성소 안에 들어와 있는 사람들입니다.
복음을 이렇게 증거하지 못하는 이유는 **예수 그리스도에 대해 정확하고 충분히 알지 못하기 때문입니다.** 그런 사람은 아직 성소 안에 들어오지 못한 사람입니다.

제 14 강

⟨7⟩ 성막 덮개

⟨출26:1~14⟩

1너는 성막을 만들되 가늘게 꼰 베 실과 청색 자색 홍색 실로 그룹을 정교하게 수놓은 열 폭의 휘장을 만들지니 2매 폭의 길이는 스물여덟 규빗, 너비는 네 규빗으로 각 폭의 장단을 같게 하고 3그 휘장 다섯 폭을 서로 연결하며 다른 다섯 폭도 서로 연결하고 4그 휘장을 이을 끝폭 가에 청색 고를 만들며 이어질 다른 끝폭 가에도 그와 같이 하고 5휘장 끝폭 가에 고 쉰 개를 달며 다른 휘장 끝폭 가에도 고 쉰 개를 달고 그 고들을 서로 마주 보게 하고 6금 갈고리 쉰 개를 만들고 그 갈고리로 휘장을 연결하게 한 성막을 이룰지며 7그 성막을 덮는 막 곧 휘장을 염소 털로 만들되 열한 폭을 만들지며 8각 폭의 길이는 서른 규빗, 너비는 네 규빗으로 열한 폭의 길이를 같게 하고 9그 휘장 다섯 폭을 서로 연결하며 또 여섯 폭을 서로 연결하고 그 여섯째 폭 절반은 성막 전면에 접어 드리우고 10휘장을 이을 끝폭 가에 고 쉰 개를 달며 다른 이을 끝폭 가에도 고 쉰 개를 달고 11놋 갈고리 쉰 개를 만들고 그 갈고리로 그 고를 꿰어 연결하여 한 막이 되게 하고 12그 막 곧 휘장의 그 나머지 반 폭은 성막 뒤에 늘어뜨리고 13막 곧 휘장의 길이의 남은 것은 이쪽에 한 규빗, 저쪽에 한 규빗씩 성막 좌우 양쪽에 덮어 늘어뜨리고 14붉은 물 들인 숫양의 가죽으로 막의 덮개를 만들고 해달의 가죽으로 그 윗덮개를 만들지니라

⟨더 제대로 된 번역⟩
4청색 고→ 청색 천으로 고리
14회막을 덮을 덮개를 두 개 더 만들어라. 하나는 붉은 물들인 숫양의 가죽으로 막의 덮개를 만들고 하나는 해달의 가죽으로 그 윗덮개를 만들어라.

⟨출36:14~19⟩

14그 성막을 덮는 막 곧 휘장을 염소 털로 만들되 열한 폭을 만들었으니 15각 폭의 길이는 서른 규빗, 너비는 네 규빗으로 열한 폭의 장단을 같게 하여 16그 휘장 다섯 폭을 서로 연결하며 또 여섯 폭을 서로 연결하고 17휘장을 연결할 끝폭 가에 고리 쉰 개를 달며 다른 연결할 끝폭 가에도 고리 쉰 개를 달고 18놋 갈고리 쉰 개를 만들어 그 휘장을 연결하여 한 막이 되게 하고 19붉은 물 들인 숫양의 가죽으로 막의 덮개를 만들고 해달의 가죽으로 그 윗덮개를 만들었더라

⟨더 제대로 된 번역⟩
19그들은 회막을 덮을 덮개를 두 개 더 만들었다. 붉은 물 들인 숫양의 가죽으로 막의 덮개를 만들고 해달의 가죽으로 그 윗덮개를 만들었다.

⟨7⟩ 성막 덮개

[1] 성막 덮개는 네 겹으로 되어있습니다.

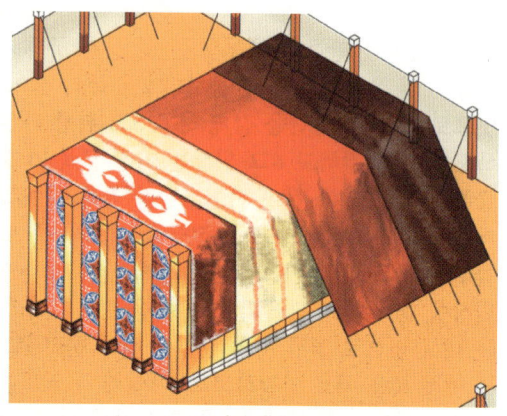

덮개의 맨 밑에는 '사색 실로 공교히 수놓아 짠 것' 인데 거기에는 그룹이 수놓아져 있습니다. 이 첫 번째 덮개 위에 염소 털 덮개가 있고, 그 위에 붉은 물 들인 숫양의 가죽으로 만든 덮개가 있고, 그 위에 해달(수달)의 가죽 막의 덮개가 있습니다.

[2] 사색 실로 짠 첫 번째 덮개는 지성소 휘장과 같은 모양을 하고 있습니다.

'앙장'은 히브리 원어로 '예리아'이며 덮는 휘장을 말합니다.

성막의 첫 번째 천장이 된 덮개의 구조는 다음과 같습니다.
가. 그룹 모양을 수놓은 휘장으로서 그 너비는 열 폭이었습니다(26:1).
나. 각 폭의 길이는 28규빗, 너비는 4규빗이었습니다(26:2).
다. 각각 다섯 폭씩 연접시켜서 천장의 이편과 저편을 덮게 했습니다(26:3).
라. 다섯 폭으로 된 두 조각에 각각 오십 개씩 달려있는 고리들을 맞대어 금 갈고리로 연결시켰습니다(26:4~6).

사색 실은 예수 그리스도를, 그룹은 천사들의 보호를 의미합니다.
성소와 지성소를 뒤덮고 있는 이 덮개는 두 장소 모두 예수 그리스도로 성립되고 예수로 인해 하나가 되는 것과 천군천사의 보호를 받는 것을 보여줍니다.
지성소가 그렇듯 하나님의 처소(교회)에도 아무나 들어오지 못합니다.
예수 그리스도를 믿어 의롭게 되고(번제단을 통과) 날마다 말씀으로 자기를 정결하게(물두멍을 통과) 하는 사람만이 들어올 수 있습니다.

성소에 들어온 사람은 앞뒤는 휘장이요, 양 옆은 금 널판이요, 위는 지성소 휘장과 같은 막이요, 아래에는 진설병 상, 금 등대, 금 향단을 보게 됩니다.

이 모든 것은 **예수 그리스도**를 의미하며, 또한 **예수와 연합된 사람**을 의미합니다. 이곳에 들어오는 사람은 **온통 예수만을 보게 되며 신비하고 황홀한 상태에서 예수와 연합한 성도들의 거룩함과 복됨을 보게** 됩니다. 동시에 이곳은 **특별한 보호가 있음도 알게** 됩니다.

이런 체험은 오직 **이 안에서만** 할 수 있습니다.

이 첫 번째 덮개에 **그룹이 수놓아져 있는 것은 하나님의 백성으로 하여금 그것을 볼 때마다 보호하는 천사를 생각하게** 해줍니다(시34:7).

이 덮개는 **성막 뜰에서는 보이지 않습니다**. 그 위에 세 겹의 천장이 씌워지기 때문입니다.

성막 뜰에 있는 사람들은 사색 실로 수놓인 성소 휘장을 보며 예수의 구세주이심과 왕 되신 것을 **어느 정도 알 수 있지만 지성소 휘장과 이 첫 번째 덮개에만 이 수놓아져 있는 그룹을 볼 수 있으므로 천군천사들이 나와 교회**(성도들)**를 둘러 진치고 보호하고 있다는 사실을 분명하게 알 수 없습니다.** 그래서 많은 성도들이 **천사들이 과연 나를 돕고 보호하고 있다는 것을 알지 못하고 느끼지 못하며 누리지 못하는 것**입니다.

이것 또한 성막 뜰에 있는 사람들과 성소 안에 있는 사람의 큰 **차이**입니다. 수많은 천군천사들이 나를 돕고 보호하고 있다는 사실을 확실히 알고 그 은혜를 누리는 사람과 그 사실조차 모르고 그 은혜를 모르는 사람은 얼마나 다르겠습니까? 또한 성도로서 할 수 있는 일 역시 큰 차이가 있습니다.

성막 뜰에 있는 사람들은 **모든 것을 자기 혼자** 한다고 생각합니다.

주님이 함께하시며 천군천사들이 자신을 돕고 보호한다는 사실도 확신하지 못하므로 언제나 불안하고 초조하고 두려워 떨며 모든 일에 자신이 없습니다.

이런 사람은 예수가 그리스도인 줄은 알지만 **그가 천사를 부리시는 하나님인 줄은 모르며, 예수께서 나를 권능으로 보호하시고 나와 연합되어있고 하나님과 하나되게 하신 것**을 실감하지 못합니다. 또한 **놋의 그리스도**(번제단, 물두멍)**는** 알지만 **금의 그리스도**(중보자, 금 널판, 진설병 상, 금 등대, 금 향단) **는 모릅니다.**

따라서 이런 사람은 성소 안에 있는 사람들에 비해 모르는 것이 너무 많고, 화려하고 신비하고 거룩함을 느낄 수 없고 만족함도 누릴 수 없습니다.

그래서 **여전히 답답하고 불안하고 초조하며 두려워하며 불만족한 신앙생활**을 하게 됩니다. 구원받았다고 하면서도 **하나님의 백성으로서의 기쁨과 행복**을 느끼지 못하고 그것을 **다른 사람들에게 자신있게 말할 수 없습니다.** **도무지 전도를 못하는 사람들**이 바로 이런 사람들입니다.

그러므로 성도다운 성도, 목사다운 목사, 전도자다운 전도자가 되기를 원한다면 내가 어디에 있는지 잘 살펴보고 **신속히 성소 안에 들어오는 제사장이 되어야** 합니다.

[3] 두 번째 덮개는 염소 털로, 세 번째 덮개는 숫양의 가죽으로 만들었습니다.

26장 7~13절은 **둘째 앙장**(덮개)의 구조에 대한 말씀입니다.
(1) 염소 털로 만들었으며 열 한 폭입니다.
밑에 있는 첫 번째 덮개보다 **사방을 약간 더 크게** 만들었는데 그것은 안쪽의 막을 둘러막고 또 거기서 좀 떨어져서 쳐질 것이기 때문이었습니다.
(2) 각 폭의 길이는 **30규빗**(약15m)이고 너비는 **4규빗**(약2m)입니다.
(3) **앙장 다섯 폭을 연결시켜** 천장 이 편을 덮고, **앙장 여섯 폭을 연결시켜** 천장 저쪽을 덮어 그 여섯째 폭의 절반은 성막 전면에 드리우게 했습니다. 또한 성막 뒤에도 한 폭의 절반이 드리워지게 했습니다.
(4) 두 조각 끝폭 가에 각각 오십 개씩 달려있는 고리들을 맞대어 놋 갈고리로 연결시켜 다섯 폭으로 된 조각과 여섯 폭으로 된 조각을 서로 연결시켰습니다.

이 덮개들은 **놋 갈고리로** 서로 연결했습니다.
그 놋 갈고리는 금 갈고리만큼 장막 앙장들을 **효과적으로 연결시켜주었습니다. 즉 죄인들을 대신하여 하나님의 무서운 진노를 당하신 예수 그리스도(놋)에 의해** 장막 덮개의 효과가 확실하게 된 것입니다.

이렇게 성막 덮개를 **4중으로** 하게 하신 것은 성막과 성막이 의미하는 모든 것을 함부로 침투하거나 손상시킬 수 없게 하시는 **하나님의 완벽한 보호하심**을 의미합니다.

이 첫 번째 덮개와 두 번째 덮개를 보며 우리가 깨닫게 되는 것이 있습니다.
(1) 성막의 외부는 아름답지 못하나 **내부는 점점 더 아름답다**는 것입니다.

세 번째 덮개와 네 번째 덮개는 **염소 털 덮개보다 더 아름답지 못합니다.**
이것 또한 성소가 의미하는 예수 그리스도, 그리고 그분과 한 몸을 이룬 성도들(교회)이 겉으로는 그다지 아름다워 보이지 않지만 **내면으로 들어갈수록 점점 더 아름답고 거룩하다**는 것을 깨닫게 해줍니다(고후4:16).
참된 성도는 겉모습보다 내면이 더욱 아름답고 거룩합니다.
그러나 진정 하나님의 사람이 되지 못한 사람들(외식자)은 속이 부패하고 겉은 회칠한 무덤 같습니다.

(2) **사람들은 하나님의 세계 안으로 들어와야** 비로소 하나님께서 성막이 의미하는 모든 것을 완벽하게 보호하신다는 사실을 알 수 있습니다.

그곳에 들어오려면 **네 겹으로 가려진** 덮개 안으로 들어와야 합니다. 즉 진정한 하나님의 사람이 되어야 합니다. 이 또한 거룩한 세계로 들어오는 일이 결코 쉬운 일이 아님을 보여주고 있습니다.
이 네 개의 덮개가 의미하는 바를 잘 깨닫는 사람만이 하나님의 세계 안으로 들어올 수 있는 것입니다.

여기서 우리가 중요하게 알 것이 있습니다.
(1) **염소나 숫양은 제사장 같이 존귀한 사람들이 거룩해지기 위해 드리는 제물**이었습니다(출29:15~34, 레8:2).

이 희생제물은 **"아버지께 드리는 아들의 완전한 헌신"** 을 의미합니다.
"십자가에 죽으시기까지 순종하시며(빌2:8)" 했습니다.

"붉게 칠해진 숫양의 가죽"은 예수 그리스도의 피의 희생을 의미합니다.
첫 번째 덮개가 덮고 있는 세계(성소와 지성소)**는 예수의 완전한 헌신과 희생**에 의해 이뤄질 뿐 아니라 그 세계의 신비하고 찬란함이 예수의 헌신과 희생 속에 **감추어져 있음**을 깨우쳐줍니다. 두 개의 덮개가 **염소와 숫양으로** 만들어졌음은 이 거룩한 사실을 거듭 강조하는 것입니다.

(2) **염소 털은 사색 실로 수놓아진 첫 번째 덮개와 가죽 덮개 사이를 구별하는 위치**에 있습니다. 이 염소 털의 덮개는 **가죽이 아닌 푹신한 털**입니다.

이 두 번째 덮개는 특히 **분리를** 의미합니다.
하나님의 집(성도들, 교회)이 세상과 하나님 보시기에 합당하지 못한 모든 것으로부터 **성별되어 따로 거해야 한다는 것**을 의미합니다.

성도들은 모든 악, 그리고 불신자들과 우상숭배자들과는 질긴 가죽처럼 엄격하게 자신을 구별해야 하는데 거기에는 어떤 경우에도 조금의 타협도 있을 수가 없습니다. 성도와 교회는 불신 세계와 확실하게 구별되어야 합니다.

그러나 성도와 교회의 내면은 불신세계 속에 있는 사람들을 구원하기 위해 언제나 털과 같이 부드럽고 따뜻해야 합니다. 불신자나 우상숭배자들이 성도들을 대할 때 조금도 불의와 타협하지 않고 고지식하고 냉철하게 보이지만 그들을 알면 알수록 온화하고 부드럽다는 것을 발견하게 되어야 합니다.

이것이 바로 성도들이 예수 그리스도를 닮아가는 것을 의미합니다.

반면에 외식자, 가식자들은 겉으로는 온화하고 부드럽게 보이고 친절하지만 그 내면은 차갑고 단단하며 사악합니다. 그래서 바깥사람들은 교회 안에 있는 이런 사람들을 보면서 교회를 욕하고 멀리하게 됩니다.

많은 성도들과 교회지도자들 중에서도 겉으로는 온화하고 부드럽게 보이나 안으로는 차갑고 무방비 상태여서 열심히 가르치면서도 정작 자신은 실족 당하는 사람들이 많습니다.

(3) 성막을 덮는 숫양의 가죽 덮개와 염소 털 덮개는 교회가 특별한 엄호를 받고 있다는 사실을 깨닫게 해줍니다.

하나님께서는 당신의 백성들을 위해 "낮에는 햇빛을 피하는 그늘을 지으며 또 폭우를 피하여 숨는 곳"을 마련하셨습니다(사4:6). 그 덮는 막은 해와 달빛이 그 속을 비추지 못하도록 하고, 하나님의 진노와 같은 폭풍과 거짓의 피난처를 소탕하는 우박(사28:17)으로부터 성막을 보호해줍니다.

성막 바깥에 있는 사람들, 즉 하나님의 세계(교회) 바깥에 있는 사람들이 끊임없이 범죄하여 무서운 재앙을 당할 때에도 하나님의 전에 거하는 사람들은 그 어떤 것도 해할 수 없다는 것을 알 수 있습니다.

그러므로 진정으로 예수 그리스도를 머리로 한 몸을 이룬 사람들은 이 세상에 어떤 무서운 진노가 임하든지 하나님의 거룩하고 특별한 보호로 인해 진정한 평안과 안식을 누릴 수 있습니다.

따라서 복음은 이런 교회에 의해 땅 끝까지 전파됩니다. 복음을 땅 끝까지 전하는 일도 진정한 교회 안에 있는 사람들에 의해 완성되는 것입니다.

하나님의 특별한 보호를 받지 못하는 사람들은 죄악이 가득 차고 악령들이 들끓는 이 세상에서 자신을 지탱할 수 없고 마귀의 세력과 싸우고 이기며 선택된 모든 백성을 구원하는 일을 해낼 수 없습니다.

[4] 네 번째 덮개는 해달(수달)의 가죽으로 만들었습니다.

세 번째 덮개와 네 번째 덮개가 가죽으로 되어있다는 것은 어떤 것도 성막 안을 침투하지 못함을 더욱 강조합니다.

하나님의 집(성도들, 교회)은 이토록 세상(사탄의 세력)과 철저하게 분리되어 있으며 튼튼하게 방비되어있는 것입니다.

마지막 덮개인 해달의 가죽은 어둡고 볼품없는 빛깔입니다.

이것은 하나님의 세계가 세상 사람들의 눈에는 도무지 매력적이지 못함을 의미합니다. 더욱이 하얀 성막 울타리와는 어울리지 않으며 실망스럽게 보이기까지 합니다.

세상 사람들이 하나님 또는 교회를 대하거나 들을 때에는 어느 정도 신비함이나 순전함을 연상하지만(하얀 울타리) 그 덮개를 볼 때 그것은 처음보다 훨씬 못 미치고 오히려 자기들이 있는 곳보다 더 못해 보입니다.

그러므로 그들에게는 그 말들이 허무하고 못 믿을 소리로 들리는 것입니다. 그래서 그 사람들은 성막을 알고 체험한 사람이 감격에 사무치고 새로운 세계에서 사는 것을 보고 미쳤다고 생각하게 됩니다. 그들은 겉만 보고 속은 모르기 때문입니다.

몇 년씩 예배에 출석하면서도 성막의 겉만 보고(하얀 울타리/어떤 신비함과 순결함을 잠깐 느끼는 것, 해달의 가죽/아무 매력도 없고 거룩한 체험이나 기쁨이 없는 것) 속은 볼 줄 모르는 사람들이 많습니다. 그들은 성막 바깥에 있는 사람들과 같습니다. 예수 그리스도를 믿기는 하지만 자세히 알지 못하는 사람, 즉 뜰 문을 통과하여 성막 뜰에 들어오기는 했으나 물두멍을 통과하여 성소 안으로 들어오지 못한 사람은 울타리와 해달의 가죽만 알 수 있을 뿐입니다.

이런 사람들이 하나님과 예수 그리스도, 교회, 천국 등에 대해 다른 사람들에게 말한다 해도 그것은 울타리와 해달의 가죽을 묘사하는 것에 불과합니다. 이들의 가르침과 전도는 결코 인생의 문제를 해결해주지 못하며 구원의 문제와는 거리가 멉니다.

가시적인 교회 안에 들어와 있으나 신앙의 유무와 정도에 따라 하나님, 예수 그리스도, 천국, 복 등에 대해 알고 체험하는 정도가 다릅니다.

그러므로 신앙세계에서는 지식이나 학벌, 명예나 재산이 얼마나 더 있는지가 아니라 어디에 위치하고 있는지가 중요합니다. 즉 울타리 밖에 있느냐? 성막 뜰에 있느냐? 성소 안에 있느냐에 모든 것이 달려있는 것입니다.

많은 사람들이 울타리 밖에서 해달의 가죽을 바라보며 암담하게 서있는 순간에 성소 안에 있는 사람들은 휘황찬란함과 신비롭고 거룩하며 온갖 충만한 은혜 속에 잠기는 것을 비교하며 연상해보시기 바랍니다.

하나님의 진노에 의해 소돔과 고모라의 사람들, 노아 때의 홍수에 신음하며 죽어가는 사람들이 있는가 하면 바로 그들 옆에는 천국의 기쁨과 감격과 진정한 행복을 누리는 사람들이 있는 것입니다.

참으로 이 세상에는 이렇게 놀랍고도 큰 차이가 공존합니다.

[5] 첫 번째 덮개는 마지막 세 덮개보다 가로, 세로가 더 작습니다.

따라서 이 첫 번째 덮개는 그 위에 덮여있는 세 개의 덮개에 가려져 있습니다. 이것은 성소의 세계가 바깥세계로부터 감춰진 보화와 같음을 의미합니다. 이 사색 실로 수놓아져 있는 첫 번째 덮개와 성소와의 만남은 사람이 그 안으로 들어가야만 이루어집니다. 그러므로 성소에 들어가기 위해 힘써야 합니다. 즉 예수 그리스도를 구주로 영접(뜰 문을 열고 번제단을 통과) 해야 하며 날마다 자신의 죄를 깨닫고 회개(물두멍을 통과) 해야 합니다. 이 거룩한 절차를 밟지 않고는 누구도 이 사색 실로 수놓아져 있는 덮개와 나머지 세 개의 덮개를 열고 거룩한 성소의 세계로 들어갈 수 없습니다.

많은 성도들이 이 절차를 분명히 밟지 못하여 성도다운 성도가 되지 못하며 하나님의 사람으로서 특권과 행복을 맛보지 못합니다.

이 성소 안으로 들어오는 것에 실패하는 교인들이 참으로 많습니다.

그들이 실패하는 이유는 성막 안에 들어오는 것보다 성막 울타리 밖 세상에 더 관심이 있고 거기서 여전히 범죄하며 세상의 것들을 차지하기 위해 밤낮으로 힘쓰고 애쓰기 때문입니다.

그러므로 먼저 성막 안으로 들어오기 이전(불신자 때)에 부패한 정욕에 의해 가졌던 모든 욕심을 다 주님 앞에 내려놓아야(자기 부인) 합니다. 그리고 성막 안으로 들어오기 위한 절차를 성실하게 밟아야(먼저 그의 나라와 의를 구하는 것, 즉 세상의 어떤 일보다 말씀부터 지키고 사명부터 감당하는 것) 합니다. 그리고 이렇게 신앙생활 함으로써 오는 핍박과 손해들을 기꺼이 감당(자기 십자가를 지는 것)해야 합니다. 여기에 합격하고 승리하는 자들만이 성막 울타리 문을 열고 성소 안으로 들어갈 수 있습니다.

그런데 많은 성도들이 자기를 부인하고 자기 십자가를 지고 주님의 뒤를 따라가지 않습니다. 이들은 **세상에 속한 사람들**입니다. 이들이 아무리 물질과 지위를 향상시킨다 해도 **결코 성막 안에서 누릴 수 있는 영광과 복을 알 수도 없고 누릴 수 없습니다.**

나는 지금 어떤 사람인가 정직하게 돌아보시기 바랍니다.

그러므로 전도자는 **울타리 밖으로 나가서** 온갖 죄악에 빠져있는 사람들을 **데리고 들어와야** 합니다. 그들에게 자신이 어떻게 성막 안에서 행복을 누리고 있는지를 알게 해주고 그 안에 있는 신령한 기쁨과 복들을 최대한 설명해줘서 그들을 성막 안으로 이끌어야 합니다. 울타리 안에서 건너편에 있는 사람에게 손짓만 하거나 소리만 질러서는 안 됩니다. 또한 많은 사람들이 전도한다고 하면서 성막이 아닌 다른 곳으로 사람들을 이끌고 있습니다. 바로 이들이 **거짓 종들**입니다.

[6] 첫 번째 덮개와 두 번째 덮개의 고(고리)**와 갈고리는 차이가 있습니다.**

첫 번째 덮개는 **청색 실로 짠 고리와 금 갈고리**로, 두 번째 덮개는 **그냥 고와 놋 갈고리**와 연결되게 하셨습니다.

금과 놋의 차이는 뜰 문 기둥과, 성소 휘장과 지성소 휘장의 기둥과 받침에서의 차이와 같은 의미입니다. 첫 번째 덮개는 **하늘로부터 온 예수 그리스도**를 알게 해줍니다.

이것을 볼 때 성소와 지성소는 벽과 문과 천장 등 모든 것이 **예수 그리스도를 보여주는 것**임을 알 수 있습니다. 그곳은 **오직 예수 그리스도의 세계**입니다. 이 성막 안에서는 **언제나 어디서나 예수 그리스도만 보이며 그 안에서 존재할 뿐**입니다. 만일 바깥의 것을 다시 볼 수 있다 해도 **그것은 아무것도 아니게 여겨지게** 됩니다.

예수 그리스도로 만족하지 못하는 영혼은 성소 안에 있는 영혼이 아닙니다. 세상과 세상의 것들을 더 사랑한다면 그는 **아직 성소 안의 예수 그리스도의 세계를 모르는 사람**이며 **성소 밖에 있는 사람**입니다.

제 15 강

⟨8⟩ 등잔대(1)
[1] 재료, [2] 제조법, [3] 구조(1)

⟨출25:31~40⟩

31너는 순금으로 등잔대를 쳐 만들되 그 밑판과 줄기와 잔과 꽃받침과 꽃을 한 덩이로 연결하고 32가지 여섯을 등잔대 곁에서 나오게 하되 다른 세 가지는 이쪽으로 나오고 다른 세 가지는 저쪽으로 나오게 하며 33이쪽 가지에 살구꽃 형상의 잔 셋과 꽃받침과 꽃이 있게 하고 저쪽 가지에도 살구꽃 형상의 잔 셋과 꽃받침과 꽃이 있게 하여 등잔대에서 나온 가지 여섯을 같게 할지며 34등잔대 줄기에는 살구꽃 형상의 잔 넷과 꽃받침과 꽃이 있게 하고 35등잔대에서 나온 가지 여섯을 위하여 꽃받침이 있게 하되 두 가지 아래에 한 꽃받침이 있어 줄기와 연결하며 또 두 가지 아래에 한 꽃받침이 있어 줄기와 연결하며 또 두 가지 아래에 한 꽃받침이 있어 줄기와 연결하게 하고 36그 꽃받침과 가지를 줄기와 연결하여 전부를 순금으로 쳐 만들고 37등잔 일곱을 만들어 그 위에 두어 앞을 비추게 하며 38그 불 집게와 불똥 그릇도 순금으로 만들지니 39등잔대와 이 모든 기구를 순금 한 달란트로 만들되 40너는 삼가 이 산에서 네게 보인 양식대로 할지니라

⟨더 제대로 된 번역⟩
33살구꽃 형상 → 감복숭아꽃의 형상 34등잔대 줄기에는 감복숭아꽃 모양의 잔을 네 개 만들고 그 잔들에도 꽃받침과 꽃잎을 만들어라.

⟨출37:17~24⟩

17그가 또 순금으로 등잔대를 만들되 그것을 쳐서 만들었으니 그 밑판과 줄기와 잔과 꽃받침과 꽃이 그것과 한 덩이로 되었고 18가지 여섯이 그 곁에서 나왔으니 곧 등잔대의 세 가지는 저쪽으로 나왔고 등잔대의 세 가지는 이쪽으로 나왔으며 19이쪽 가지에 살구꽃 형상의 잔 셋과 꽃받침과 꽃이 있고 저쪽 가지에 살구꽃 형상의 잔 셋과 꽃받침과 꽃이 있어 등잔대에서 나온 가지 여섯이 그러하며 20등잔대 줄기에는 살구꽃 형상의 잔 넷과 꽃받침과 꽃이 있고 21등잔대에서 나온 가지 여섯을 위하여는 꽃받침이 있게 하였으되 두 가지 아래에 한 꽃받침이 있어 줄기와 연결하였고 또 두 가지 아래에 한 꽃받침이 있어 줄기와 연결하였고 또 다시 두 가지 아래에 한 꽃받침이 있어 줄기와 연결되게 하였으니 22이 꽃받침과 가지들을 줄기와 연결하여 전부를 순금으로 쳐서 만들었으며 23등잔 일곱과 그 불 집게와 불 똥 그릇을 순금으로 만들었으니 24등잔대와 그 모든 기구는 순금 한 달란트로 만들었더라

⟨더 제대로 된 번역⟩
19이쪽 가지에 감복숭아꽃 모양의 잔이 세 개 있었고 각 잔에는 꽃받침과 꽃잎

이 있었다. 저쪽 가지에 감복숭아꽃 모양의 잔 셋과 꽃받침과 꽃이 있어서 등잔대에서 나온 가지 여섯이 그러했다. 23등잔 일곱 개를 만들어서 등잔대 위에 두었다. 그리고 심지를 자르는 가위와 불똥 그릇도 순금으로 만들었다.

〈8〉 등잔대(1)

이제부터는 **성소 안**을 살펴보겠습니다.

금 널판들과 4색 실로 수놓아진 휘장으로 앞과 뒤의 문과 천장으로 덮여 있는 성소 안에 있는 물건들과 기명들은 무슨 의미와 놀라운 비밀들을 담고 있을까요?

우리는 이제부터 더 놀라운 그리스도의 세계를 발견하게 될 것입니다.

[1] **재료**/정금

[2] **제조법**/쳐서 만듦(주조가 아님)

(1) **정금**(순금)은 그리스도의 신성, 그의 왕권과 최고의 권위를 의미합니다.

이때의 신성은 **놋이 아닌 금으로** 나타내고 있습니다. 이제는 **죄인들의 죄에 대한 하나님의 진노를 견디는 신성**(놋)이 아니라 **왕 중의 왕이신 신성**(금)이 뚜렷하고 강력하게 나타나는 것입니다. 이에 대해서는 뒤에서 좀 더 자세히 설명하겠습니다.

(2) **등잔대**(금 등대)는 예수 그리스도와 성도의 연합인 교회를 상징합니다.

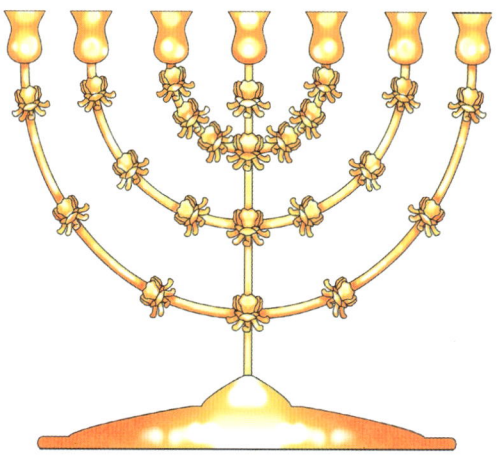

이 등대가 **온전히 순금으로만 만들어졌다는** 것은 **교회는 전적으로 예수 그리스도의 신성과 최고의 권위와 영광을 지니고 있음**을 보여줍니다.

하나님이신 메시야가 구속주로 이 땅에 오셨기에 죄인의 대속이 가능했고 교회가 성립된 것입니다. 그러므로 **교회는 그리스도의 신성과 권위와 영광 그 자체**입니다.

우리는 이 정금 등대를 제대로 알고 있습니까?

이 교회를 사람이나 세상 것들보다 귀하게 여기고 있습니까? 이 세상의 그 누가, 그 무엇이 하나님 앞에서 이런 정금으로 드러날 수 있겠습니까?

그런데 **부패한 죄인이 예수 그리스도와 연합될 때 옛사람은 없어지고 예수 그리스도인 정금 등대를 형성하게** 되는 것입니다. **존귀하신 예수 그리스도와 하나가 되어 거룩한 빛을 발하는 것만큼** 놀라운 변화와 영광이 어디 있겠습니까?

죄인이 예수를 믿어 그와 한 몸이 되는 것, 즉 교회를 형성하는 것은 이토록 **엄청난 복을 누리는** 것입니다. 그런데 많은 성도들이 이 놀라운 사실을 깊이 깨닫지 못하고 있습니다.

(3) **이 놀라운 사실은 성소 안에서야 밝히 드러납니다.**

울타리 밖에 있는 사람들은 이런 등대가 있다는 사실을 알 수 없고 이 사실을 들려준다 해도 도저히 알 수 없습니다.

예수와 한 몸을 이루지 못한 사람은 **죄인과 예수의 연합의 신비를** 알 수 없습니다. 그러나 진정으로 예수와 한 몸을 이룬 사람들은 **자신이 이 성소 안의 금 등대임을 확실히 알고 그것이 얼마나 복된지를 알게** 됩니다. 그들은 **참으로 존귀하고 영광스러운 존재**들인 것입니다.

(4) **등잔대는 주물에 금을 녹여 부어 만든 것이 아니라 금을 쳐서 만들었습니다.**

구조상 정교한 세공술이 사용되었으나 "쳐서 만들다"를 강조하고 있습니다. 즉 금을 두드리고 두드려서 형태를 만든 다음 정교한 세공술로 만들고 깎은 것입니다.

이것은 **성도와 그리스도의 연합이 많은 시련과 연단을 거쳐 이뤄짐을** 보여줍니다.

우선 **예수께서 천한 신분의 인간으로 마구간에서 탄생하시고, 인간 부모**

와 율법에 순종하시고, 온갖 고난을 당하시고, 십자가에서 죽으시고, 무덤에 장사지내지셨습니다.

그리고 죄인이 예수께 나아와 영접하는 것과 거룩해지기 위해서도 끊임없는 고통과 수고가 있습니다. 이것을 끝까지 감당해내는 성도만이 예수 그리스도와 진정으로 한 몸을 이룰 수 있습니다.

또한 다른 성도들과도 한 몸을 이뤄야 합니다. 그렇지 못한 사람은 예수 그리스도와 한 몸을 이루지 못한 사람입니다. 그러므로 성도들은 반드시 성도들과 하나되기를 힘써야 하고 적극적으로 사랑하고 섬겨야 합니다. 이 일에 실패하는 사람은 금 등대가 될 수 없습니다. 그런데 이런 교인이 얼마나 많은지 모릅니다.

이렇게 예수와 성도들의 "쳐서 만드는 과정", 즉 수많은 시련의 십자가를 통해 금 등대(교회)가 형성됩니다. 수도 없이 두드려지고 예리하게 잘리고 깎인 후에 찬란한 등잔대가 만들어지는 것입니다.

말씀과 기도로 끊임없이 자기를 훈련하여 말씀대로 순종하고 사명을 감당하느라 수고하고 땀과 눈물을 흘리며 고통당하고 손해보는 것이 싫고 힘들다고 교회를 떠나버리는 사람이 많습니다. 이런 사람은 결코 정금으로 된 등잔대의 영광과 복을 차지할 수 없습니다.

나는 과연 이 금 등대가 되었는지 생각해보시기 바랍니다.

(5) 등잔대의 모양은 매우 복잡하고 정교하여 상당한 시간과 작업을 통해 완성됐습니다.

"너는 삼가 이 산에서 네게 보인 식양대로 할찌니라(40절)" 하셨으니 만일 그 식양대로 만들어지지 않았거나 일부분이 미완성이라면 그 작업은 결코 중단될 수 없을 뿐 아니라 성소 안에 들여놓을 수 없습니다.

이 세상에는 인간들 나름대로 만든 등잔대들이 있습니다.

그러나 오직 예수만을 확실히 믿고 자기의 모든 욕심과 포부들을 그 예수 앞에 다 내려놓고(자기부인) 먼저 하나님의 말씀부터 잘 지키고 사명을 충실히 감당하며(먼저 그의 나라와 의를 구함) 그에 따라 오는 환난과 시련과 손해들을 기꺼이 당하는 신앙(자기 십자가를 짊)만이 진정 예수의 뒤를 따르는 것입니다. 만약 이 중에 하나라도 부족하거나 다른 것이 첨가되었다면 그 등잔대는 아무것도 아닙니다. 우리는 이런 가짜 등대를 정확하게 분별하고 물리쳐야 합니다.

또한 아무리 괴롭고 힘들어도 우리가 달려갈 길을 마치기까지는 내 마음대로 그 걸음을 그만둘 수 없고 수정할 수도 없습니다. 자기 종을 대로 하는 신앙생활은 하나님이 명하신 신앙생활이 아니므로 인정될 수도 없고 금 등대의 영광과 복과 상관이 없습니다.

우리는 "너는 삼가 이 산에서 네게 보인 식양대로 할찌니라" 하신 하나님의 명령을 깊이 새기고 하나님의 말씀을 세심하고 정확하게, 그대로 받아들이고 끝까지 지켜야 합니다.

많은 성도들이 다른 성소에서 다른 등잔대를 마음대로 만들고 있습니다.

[3] 구조(1)

(1) 밑판, 줄기, 가지, 꽃받침, 꽃, 잔, 등잔으로 구성되며 한 덩이로 연결됩니다.

이 등잔대의 무게는 정금 한 달란트(약 34kg)입니다.
등잔대의 구조와 부속품에 대해 25장 39절까지 길게 진술되어 있습니다.
"밑판과 줄기와 가지와 꽃받침과 꽃" 은 그 등대 밑에 붙어있습니다.
"줄기" 는 가지들이 붙어있는 지주입니다. "잔" 은 꽃 형상의 잔이며 "꽃" 은 그 잔 아래에 붙어있는 꽃 모양이고 "꽃받침" 은 꽃 아래에 있는 받침입니다.

이와 같이 제조된 등잔대는 결론적으로 세상에 하나님과 하나님의 모든 비밀을 알게 하는 빛이신 예수 그리스도와 교회를 상징합니다.
등잔대는 밤낮 계속 불을 켜서 맞은편에 놓여있는 진설병 상을 환하게 비춥니다. 이에 대하여는 뒤에서 더 자세하게 설명하겠습니다.

'잔 넷'은 '줄기', 곧 지주에 연결돼있는 잔들입니다. 그 잔들은 '꽃받침'이 받쳐주고 있습니다. 이 꽃받침이 여섯 개의 가지를 원 줄기에 연결해줍니다.

1) 밑판과 줄기는 "참 포도나무이신 예수 그리스도" 를 의미합니다.
2) 가지는 "그 나무에 접붙혀진 성도들과 교회들" 을 의미합니다.
3) 꽃받침, 꽃, 잔은 "성도가 그리스도와 연합한 후 순간순간 성장하고 열매 맺는 것" 을 의미합니다.

꽃받침, 꽃은 꽃모양으로 만들 것을 강조하는 표현입니다. 이는 성도가 그리스도와 연합함이 하나님 앞에서 아름답고 향기롭다는 사실을 의미합니다.

예수 그리스도의 희생으로 죄사함 받고 거룩해진 성도들은 세상에서 가장 아름답고 향기롭게 된 것입니다.

꽃받침과 꽃을 정금으로 만들라 하신 것은 그리스도와 연합한 성도들이 하나님 앞에서 순결하고 거룩하고 가치 있음을 의미합니다.

그러므로 성소의 등잔대가 된 성도와 교회는 시간이 지날수록 성령에 의해 향기롭고 아름다우며 순결하고 거룩하고 가치 있게 되어가야 합니다.

이런 성도와 교회만이 예수와 한 몸을 이룬 정금 등대로서 성소 안에 존재할 수 있습니다.

그러나 그렇게 되어가다가도 다시 사탄의 시험에 빠져 등대의 자격을 잃어버리는 성도들이 많습니다. 금 등대였다가 다른 것이 되었다가 하는 등대는 결국 성막 바깥으로 내쳐지게 됩니다.

4) 등잔은 '성도가 결과적으로 드러내는 역할'을 의미합니다.

예수와 연합하여 성소 안의 금 등대가 된 성도들은 반드시 예수 그리스도의 빛을 발해야 합니다. 즉 복음과 진리를 끊임없이 전파해야 합니다. 이것을 제대로 하지 않고 있는 성도들과 교회가 얼마나 많은지 모릅니다. 그 또한 아직 금 등대가 아닙니다. 나와 내가 속한 교회는 과연 성소 안에 있는 정금 등대의 등잔인지 신중하게 점검해보기 바랍니다.

하나님께서는 이 일곱 가지 부분들의 모양과 연결방법, 그리고 기능을 별도로 상세히 말씀하셨습니다. 그 의미는 하나하나가 거룩하고 심오합니다.

(2) 줄기 양옆으로 "세 가지씩 연결해라" 하셨습니다.

1) 6은 인간의 수, 미완성의 수로서 여섯 개의 가지는 성도들만으로는 완전하지 못함을 의미합니다.

이러한 성도가 예수 그리스도라는 원줄기에 합해질 때 비로소 완성을 이루는 것입니다(7은 완전수). 예수가 없는 그리스도인, 예수와 멀리 떨어져있는 그리스도인, 예수가 중심에 없는 그리스도인은 미완성의 그리스도인입니다.

줄기가 없는 가지, 줄기와 떨어져 있는 가지, 줄기가 나약하고 떨어져가는 가지는 오래갈 수 없고 제구실을 할 수 없습니다. 이런 가지는 죽었거나 죽어가는 가지입니다.

그러나 약하고 볼품없는 들 포도나무의 가지라도 튼튼한 참 포도나무(예수 그리스도)에 확실하게 붙어있을 때 강해지고 아름다워지며 참 포도열매를 맺게 됩니다.

그러므로 지금의 나와 형편을 따지거나 집착하지 말고 예수께 집착해야 합니다. 예수만 확실히 붙잡으면(하나가 되면) 모든 문제는 해결됩니다.

그래서 주님은 "내게로 오라"고 말씀하십니다.

"어떤 사람이 될까?", "어디서 살까?" 하는 것보다 예수 그리스도와 진정 하나 되기를 먼저 신경쓰고 힘써야 합니다.

"내가 얼마나 예수 그리스도와 하나가 되어있나?", "얼마나 예수 그리스도를 의지하고, 주인삼고, 앙망하고, 순종하고 있는가?" 하는 것이 내 인생을 가름합니다.

2) 가지가 줄기 양편에 세 개씩 똑같이 질서 있게 연결되게 하셨습니다.

교회는 "균형과 질서"를 지녀야 합니다.

우선 성도들이 서로 매사에 균형을 이루기 위해 의도적으로 힘써야 합니다. 만약 한쪽은 무겁고 한쪽은 가볍다면 우선 그 줄기이신 예수께 불균형한 교회의 짐을 짊어지우는 일이 됩니다. 물론 그 줄기는 그것까지 당해낼 힘이 있지만 예수께 부담을 주는 것은 사실입니다. 무엇이든 한쪽으로 치우치는 것은 주님께 잘못하는 것입니다.

또한 한 부류의 성도만 일하거나 잘하는 것도 주님께 잘못하는 것입니다. 우선 일하지 않는 사람, 일을 잘하지 못하는 사람의 잘못이 더 크지만 그 반대편의 성도들도 다른 성도들이 함께 일하고 잘하도록 돕지 못한 책임이 있습니다.

"이웃을 네 몸과 같이 서로 사랑하라"는 말씀은 이런 거룩한 의미가 담겨있습니다. 진정으로 성도들과 한 몸을 이루고 있다면 잘하고 있는 손이 잘 못하는 손을 그냥 내버려두지 않습니다.

또한 성도들은 매사에 질서를 세워야 합니다.

여섯 개의 가지는 "줄기를 가운데로 하고 서로 대칭이 되도록 가지런히 연결" 했습니다. 이것은 모양을 아름답게 해주며 등대의 기능면에서도 최대의 효과를 줍니다.

마찬가지로 성도들은 자신보다 먼저 교회의 명예를 생각하고, 교회의 기능을 극대화하는 데에 유의해야 합니다.

만약 여섯 개의 등불 중 하나가 다른 곳을 향한다면 어떻게 될까요?

a. 그 등대는 어울리지 않게 보일 것입니다.

그런 모습은 결국 등대 전체의 모습을 보기 흉하게 만듭니다. 성도 한 사람이 자기 자리에 서있지 못할 때 자신도 보기 좋지 않고 교회 전체가 무질서해 보입니다. 그것은 결국 교회의 머리이신 예수께 불명예를 끼치는 것입니다.

b. **밝기가 일정하지 않게 될 것입니다.**
이 등대의 불은 일제히 앞쪽을 비추게 되어있는데 만일 하나가 뒤 또는 옆으로 향한다면 한쪽은 다른 쪽보다 밝거나 어두워질 것입니다. 이것은 **하나님의 은혜가 치우치게 되므로 합당하지 않습니다.**
우리는 예수 그리스도를 통해 전달되어야 하는 **하나님의 빛이 누구에게나, 어디에나 더하거나 덜하지도 않게**, 그리고 **변함없이 전달되게 해야** 합니다.

이 가지들의 모양은 "교회의 각 기능들이 균형을 이뤄야 함"을 보여줍니다.
예배, 교육(말씀선포), **전도, 기도, 봉사, 교제 등이 골고루 시행되고 발전되어야** 합니다. 만약 그것들 중 누락이 있거나 부진한 것이 있다면 그 또한 위와 같은 결과가 나타나게 됩니다.
여섯 개의 가지 중 하나가 다른 것보다 짧든지 너무 길든지, 여섯 개의 등불 중 한두 개의 불이 약하든지 꺼져있다면 그 기능이 어떻게 되겠습니까? 그러므로 **너무 긴 가지는 겸손과 절제로 자신을 알맞게 가다듬어야** 하며 **짧은 가지는 훈련을 통해 자신을 키워야** 합니다. 어느 기능이 누락되어있다면 **서둘러 시작**하고 **부진한 기능은 되살리고 활성화시켜야** 합니다. 이것은 당사자뿐 아니라 모든 가지가 함께 해결해야 할 일입니다.

이렇게 교회는 성도 개개인이 우선 각자가 정상적인 등불이 되기를 힘써야 하고, **다른 성도들을 살펴보아 부족한 부분이 보인다면 협력해서 제 위치에서 제 기능을 균형있게 발휘되게 해야** 합니다. 이것을 잘하는 교회가 성숙한 교회요, 그리스도의 빛을 잘 발할 수 있습니다.
우리 교회가 이렇게 되고 있는지 목사를 비롯한 성도들은 점검해보아야 합니다.

3) **가지들은 두 개씩 짝을 이뤄서 줄기와 연결되게** 하셨습니다.
가지들의 연결모양을 살펴보면 **매우 독특한 모습임**을 알 수 있습니다.
여섯 개의 가지를 양옆으로, 직선상으로 세 개씩 나오게 했습니다(32절).
"두 가지 아래 한 꽃받침, 또 두 가지 아래 한 꽃받침, 또 두 가지 아래 한 꽃받침" 으로 만들라 하셨습니다(35절).
두 가지를 한 쌍으로 해서 줄기에 층층이 연결하라는 것을 강조했습니다.

미적인 면에서만 고려한다면 여섯 개의 가지를 반드시 그런 방식으로 배열해야만 가장 아름다운 것이 아닙니다. 그러나 하나님은 **"질서와 균형을 중시한 아름다움"**을 강조하신 것입니다. 질서와 균형을 중시한다면 이 구조는 완벽합니다.

더욱이 이 모양과 하나님의 지시 말씀(35절)을 연관해서 살펴볼 때 "두 가지를 한 쌍씩 줄기와 연결"된 것에 주목하지 않을 수 없습니다.

하나님의 세계와 교회는 모든 것이 짝이 있습니다. 하나님의 말씀도 서로 설명하고 입증해주는 짝이 있고 교회 기능도 짝이 있습니다(예배와 교제, 교육과 전도, 기도와 봉사). 뿐만 아니라 **남녀의 짝**이 있고 **동년배의 짝**도 있습니다. 이 짝들은 서로 어울리기 좋도록 되어있고 각자 있을 때보다 모든 면에서 훨씬 좋은 능력을 발휘합니다.

그러므로 **하나님의 세계와 교회 안에서도 짝끼리 먼저 하나 되고 협력해야** 합니다. 그들이 또한 **그리스도와 하나가 되어야** 하며 앞서 말한 **전체적인 질서와 균형을 이뤄야** 합니다. 그리고 그 짝들은 **각자 고유한 위치와 기능을 지님과 동시에 다른 짝들의 위치와 기능을 무시하거나 무관심해서는 안 됩니다.**

세 쌍이 층층이 줄기와 연결됨으로 등잔대가 완성되듯이 **각 쌍은 상호 유기적이며 질서적, 균형적 관계를 공고히 이뤄야** 합니다. 맨 위의 가지 쌍이 아래 가지 쌍보다 크기가 작다 하여 중요성 면에서나 가치 면에서나 기능 면에서 결코 차이가 없습니다.

이처럼 **모든 성도들과 교회들은 서로 존경하며 사랑해야** 합니다.

그러나 각자의 위치나 기능은 **고유한 성질**이 있습니다. 짧은 가지와 긴 가지가 **위치를 바꾸면 안 됩니다.** 그러므로 임의대로 자신의 위치와 기능을 변경하거나 포기해서는 안 됩니다. 그런 가지는 이 거룩한 등잔대에 붙어있을 자격을 잃게 됩니다.

가지들이 두 개씩 쌍을 이루어 줄기와 연결되게 하고, 그 가지들을 일직선상으로 배열하고, 똑같은 높이의 등불이 켜지게 하라는 것은 그 **불빛이 앞을 향하여 하나의 빛으로 비춰지게** 하기 위함임을 알 수 있습니다.

이것은 더욱이 **여섯 개의 불이 원줄기의 불 양쪽에서 똑같이 비춰지도록 하라**는 것에서 분명하게 드러납니다.

그러므로 성도들 각자와 교회들(가지들)이 명심할 것은 **예수 그리스도의 빛**

이 세상을 향해 하나의 빛으로 빛나게 해야 한다는 것입니다. 가지들은 **어디까지나 예수 그리스도의 빛을 밝게 비추는 역할을 해야만** 합니다. 이것이 줄기에서 나와서 양옆에서 비춘다는 의미입니다.

예수의 빛이 아닌 다른 빛이 돼서는 안 되며 그 빛에 방해가 되거나 손상을 주지 말아야 합니다. **그런 가지는 이 등잔대의 가지가 아닙니다.** 우리는 비슷한 등대들이 얼마든지 존재할 수 있음을 유의해야 합니다.

성소와 지성소는 밖에서 햇빛이 들어올 창문이 없었기에 **그 안의 유일한 광원은 이 금 등대의 등불**이었습니다. 이것은 **구약율법의 어느 정도의 암흑성**을 시사합니다. 아직 **의의 태양**(예수 그리스도)**이 떠오르지 않았고 그 샛별이 하늘에서 온 천하를 비추지 않았던 시대**였던 것입니다.

그러나 **하나님께서 주신 계명이 등잔**이었고 **율법이 빛이었으며 구약의 예언자들**은 여러 시대 동안 구약시대의 교회에 **그 빛을 비추어주던 등잔의 가지들**이었습니다.

옛날의 성막이 그러했듯이 지상의 교회는 천국의 완전한 모습과 비교할 때 여전히 **어두운 면이 있습니다**. 그러나 **하나님의 말씀**은 등대요, 어두운 곳에서 비추는 빛입니다(벧후1:19). **이 말씀이 없다면 세상은 암흑천지가 되는 것입니다.**

하나님의 말씀이 정확하게 선포되는 교회는 이 성소 안에 있는 금 등잔대입니다. 교회는 촛대가 빛을 발하듯이 **"생명의 말씀을 발하는 이 세상의 빛"** 입니다(빌2:15,16). 진정 예수 그리스도를 영접한 성도들과 하나님의 일꾼들은 **하나님의 말씀을 사람들에게 열심히 공개함으로써 이 등잔대의 등불을 밝히는 것**입니다. 그래서 등잔대의 가지들이 양쪽으로 뻗어있는 것처럼 **이 복음의 빛이 좌우사방으로 온 세상에 널리 퍼져야** 합니다(마5:14,15).

제 16 강

〈8〉 등잔대(2)
[3] 구조(2)

〈출25:31~40〉

31너는 순금으로 등잔대를 쳐 만들되 그 밑판과 줄기와 잔과 꽃받침과 꽃을 한 덩이로 연결하고 32가지 여섯을 등잔대 곁에서 나오게 하되 다른 세 가지는 이쪽으로 나오고 다른 세 가지는 저쪽으로 나오게 하며 33이쪽 가지에 살구꽃 형상의 잔 셋과 꽃받침과 꽃이 있게 하고 저쪽 가지에도 살구꽃 형상의 잔 셋과 꽃받침과 꽃이 있게 하여 등잔대에서 나온 가지 여섯을 같게 할지며 34등잔대 줄기에는 살구꽃 형상의 잔 넷과 꽃받침과 꽃이 있게 하고 35등잔대에서 나온 가지 여섯을 위하여 꽃받침이 있게 하되 두 가지 아래에 한 꽃받침이 있어 줄기와 연결하며 또 두 가지 아래에 한 꽃받침이 있어 줄기와 연결하며 또 두 가지 아래에 한 꽃받침이 있어 줄기와 연결하게 하고 36그 꽃받침과 가지를 줄기와 연결하여 전부를 순금으로 쳐 만들고 37등잔 일곱을 만들어 그 위에 두어 앞을 비추게 하며 38그 불 집게와 불 똥 그릇도 순금으로 만들지니 39등잔대와 이 모든 기구를 순금 한 달란트로 만들되 40너는 삼가 이 산에서 네게 보인 양식대로 할지니라

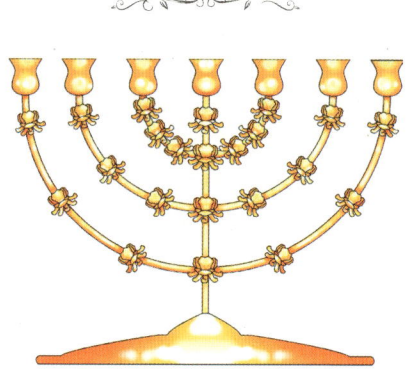

〈8〉 등잔대(2)

[3] 구조(2)

① 밑판, 줄기, 가지, 꽃받침, 꽃, 잔, 등잔으로 구성되며 한 덩어리로 연결됩니다.

② 줄기 양 옆으로 "세 가지씩 연결하라" 하셨습니다.

(1) 6개의 가지는 **성도가 되었어도 그 자신만으로는 완전하지 못함**을 의미합니다(6은 인간의 수, 미완성의 수). 이러한 성도는 예수 그리스도라는 줄기에 합해질 때 비로소 완성을 이루게 됩니다(7은 완전수).

(2) 가지가 줄기 양편에 세 개씩 똑같이 질서 있게 연결되게 하셨습니다.

(3) 가지들은 두 개씩 짝을 이뤄서 줄기와 연결되게 하셨습니다.

(4) 우리는 이 가지들의 연결모양에서 중요한 사실을 발견해야 합니다.

가지들은 **중심 줄기로 그 위치를 지탱**할 수 있게 되어있습니다. 줄기가 없다면 우선 짝들이 서로 연결될 수 없고 다른 짝들이 유기적인 관계를 이룰 수 없습니다. 이 줄기가 **가지들과 연결될 때** 아름답고 찬란한 등잔대의 가지가 됩니다.

그 가지들은 줄기를 잃으면 아무것도 아닙니다. 그들은 **예수와 연합함**을 통해 들 포도나무 가지가 참 포도나무 가지로, 그리고 **금 가지로** 변화되는 것입니다.

그러므로 **예수가 없는 교인, 예수가 없는 기능과 역할, 예수가 주인이 아닌 교회는 아무것도 아니며** 아무 구실도 할 수 없습니다. 그리고 성도가 다른 성도와 하나라는 인식이 없거나 다른 성도들과 기관과 기능들의 중요성을 확실히 인식하지 못하고 **다른 성도들을 사랑하는 마음이 없다면** 그가 과연 예수와 하나가 되어있는지 의심해봐야 합니다. 과연 **예수라는 줄기에 확실히 연결되어있는지 의심스러운 것입니다.**

진정 예수 그리스도를 뿌리로 하는 성도는 그러한 다른 성도를 사랑하게 되며 하나 되기를 힘씁니다. 내가 먼저 예수를 구주로 확실히 믿고 예수를 통한 하나님의 사랑을 확실히 맛보아서 예수를 주인삼고 살아가게 되고, 그래서 성도들이 영원히 나와 한 몸이 되었음을 확실히 깨닫고 그들을 진정으로 사랑하고 섬기는 것이 바로 **신자다운 신자의 모습**입니다.

이것이 잘 되어가는 사람이 **성숙해가는 성도**입니다. 이런 사람이 이 **금 등대의 일부로서 영광스럽고 거룩한 사명을 잘 수행하게 됩니다.**

(5) 우리는 등잔대의 모양에서 **예수 그리스도는 나뿐 아니라 다른 성도들도 떠받치고 있다**는 것을 알 수 있습니다.

내가 성도들을 사랑하는 것이 또한 주님을 사랑하는 것입니다. 그러므로 주께서 내게만 사랑 베푸시기를 기대해서는 안 됩니다.

> 신6:5 너는 마음을 다하고 뜻을 다하고 힘을 다하여 네 하나님 여호와를 사랑하라

> 〈마22:37~39〉
> 예수께서 이르시되 네 마음을 다하고 목숨을 다하고 뜻을 다하여 주 너의 하나님을 사랑하라 하셨으니 이것이 크고 첫째 되는 계명이요 둘째도 그와 같으니 네 이웃을 네 자신 같이 사랑하라 하셨으니
> 〈더 제대로 된 번역〉
> 예수께서 이르시되 네 모든 마음과 모든 목숨과 모든 정성을 다해서 네 하나님을 사랑하라 하셨으니 이것이 가장 중요하고 우선되는 계명이다. 두 번째 계명은 네 이웃을 네 자신처럼 사랑하라 인데 이것도 첫째 계명과 똑같이 중요하다.

> 요15:12 내 계명은 곧 내가 너희를 사랑한 것 같이 너희도 서로 사랑하라 하는 이것이니라

> 요14:15 너희가 나를 사랑하면 나의 계명을 지키리라

예수님과 하나가 되고자 하는 사람은 성도들과 하나가 되어야 하고, 예수님을 사랑하고자 하는 사람은 **성도들을 사랑해야** 합니다. 그리스도인의 세계는 "**주님과 나**"의 세계가 아니라 "**주님과 나와 성도들**"의 세계입니다.

등잔대는 ⊥ 모양(주님과 나)이 아닙니다. ⊻ 모양(주님과 나와 내가 좋아하는 사람)도 아닙니다. 등잔대는 ⊎ 모양(주님과 나와 모든 성도들)입니다.

많은 성도들이 **이 중요한 사실을 잘 모르거나 알아도 대수롭지 않게 여기고** 지나칩니다. 다른 성도들도 예수를 믿고 있다는 사실과, 자신이 그들과 한 몸이라는 사실을 확실히 깨닫지 못하는 사람은 **예수를 진정으로 믿는 사람들은 예수를 머리로 하여 한 몸을 이룬다는 사실을 진정으로 깨닫지 못하고 있는** 사람입니다. 이런 사람은 **어린아이 신자**입니다.

어린아이가 구실을 제대로 할 수 없듯이 **어린아이 신자들은 구실을 제대로 할 수 없습니다.** 그러므로 **성도들을 얼마나 사랑하는지**를 보면 그 사람의 신앙의 정도를 알 수 있습니다.

우리가 더 중요하게 생각해야 할 일은 **내가 성도들을 진정으로 사랑하지 못하고 있다면 아직 진정으로 예수와 한 몸을 이루고 있지 못한 것**이고 **아직도 예수를 진정으로 사랑하지 못하고 있는 것**입니다.

이런 성도는 **예수와의 관계가 분명하지 않기 때문에, 즉 예수라는 참 포도나무에 확실히 접붙임 받지 못했으므로 그 진액을 제대로 공급받을 수 없으며 참 포도열매를 맺을 수 없습니다.**

이런 가지는 **종래 개선이 되지 않으면 찍혀 불에 던져지게** 됩니다.

그러므로 성도들은 **다른 성도들과 진정으로 하나되기를 힘써서 예수와 진정으로 연합하고 예수를 머리와 주인으로 삼고 살아야** 합니다. **서로 도와야** 하며 아직 다듬어지지 못하고 성장하지 못해서 잠시 시기하고 다투었다가도 **신속히 하나가 되고 사랑을 회복해야** 합니다.

또한 목사와 지도자들은 **성도들이 이 일을 잘하도록 탁월한 지도와 능력으로 돕고 키워야** 합니다. 이것을 제대로 하지 못하면서 사람 숫자만 불리기에 힘쓰는 자들은 **어리석고 불충한** 종입니다. 계속 그렇게 하면 **그 자신이 찍혀서 불에 던져질 것**입니다.

(6) **가지마다 잔과 꽃받침과 꽃이 세 개씩 붙어있게** 하셨습니다.

여기에도 심오한 비밀이 숨겨져 있습니다.
가지마다 살구꽃 형상의 잔과 꽃, 꽃받침이 세 개씩 있게 하셨습니다.
우선 주목할 것은 잔과 꽃이 **살구꽃 모양**이라는 점입니다.
잔은 성막에서 **포도즙을 담아 마시는 그릇**입니다. 그러므로 이 잔은 **포도즙, 즉 예수 그리스도의 보혈과 관련**이 있습니다.
그 잔은 **살구꽃 형상**이고 바로 아래에는 **살구꽃이 떠받들고** 있습니다.

살구나무에 대한 신비한 말씀이 창세기 30장에 나옵니다.

> 〈창30:37~39〉
> 야곱이 버드나무와 살구나무와 신풍나무의 푸른 가지를 가져다가 그것들의 껍질을 벗겨 흰 무늬를 내고 그 껍질 벗긴 가지를 양 떼가 와서 먹는 개천의 물구유에 세워 양 떼를 향하게 하매 그 떼가 물을 먹으러 올 때에 새끼를 배니 가지 앞에서 새끼를 배므로 얼룩얼룩한 것과 점이 있고 아롱진 것을 낳은지라

이 사건은 단순히 야곱이 자기 양을 얻기 위해 재주부린 것이 아닙니다. 하나님께서 **예수 그리스도를 통해 자기 백성을 사탄의 수중에서 구별해 내신 것**을 예표해주신 사건입니다.

야곱이 버드나무와 살구나무와 신풍나무의 가지를 취한 것은 그 색이 푸르다는 데에 의미가 있습니다. 그 가지들의 껍질을 군데군데 벗겨서 흰 무늬를 냈고 양들이 물 먹는 곳에 세워서 보게 했는데 하나님이 바로 그때 양들로 하여금 배게 하신 새끼들의 털이 얼룩얼룩하거나 점이 있거나 아롱지게 하셨습니다.

이것은 **모태에서부터 죄인**(얼룩무늬 양이 아님)**이 아닌 하나님이신 메시야**(푸름)**가 벌거벗겨져서 십자가에 죽으심**(껍질이 벗겨지고 잘린 가지)**을 받아들임으로써**(흰무늬의 가지들을 만나고 바라봄) **심령이 거듭나고 하나님의 백성이 되는 것**(양이 모태에서 변화되어 무늬를 지니고 태어남)을 예표합니다.

하나님께서 등잔대의 **가지들에 살구꽃 모양의 잔과 꽃을 만들라** 하심은 바로 이 예표된 진리와 연결됩니다.

가지는 본질적으로 성도를 의미하는데 성도가 **거룩한 하나님의 백성이 되는 것은 하나님이신 예수의 죽으심과 죄인이 그 예수를 영접함으로써 다시 태어나는 것**을 의미합니다.

살구꽃 모양의 잔은 죄인을 거룩한 하나님의 자녀로 만들어준 "예수 그리스도의 죽으심", 특히 **"보혈의 은총"을 강조**합니다.

살구꽃이 이 잔을 떠받치듯 하는 것은 "그 하나님의 구속사업의 아름다움을 찬양하고 빛내는 것"을 의미합니다.

그 아래 꽃받침은 "그 하나님의 구속사업이 변함이 없고 영원한 효력을 지님"을 의미합니다.

이런 잔과 꽃과 받침이 가지마다 군데군데 붙어있는 것은 그 금 가지는 예수 그리스도의 은총을 통한 하나님의 구속사업에 의해 있게 되었고, 그것은 당사자에게 크고도 확고부동한 복임을 재차, 삼차, 증거해주는 것입니다.

가지들을 바라볼 때 가장 두드러지게 보이는 부분이 **이 잔과 꽃과 꽃받침**입니다. 즉 **하나님의 자녀가 된 사람**(성도)에게 가장 두드러지고 아름답게 드러나야 하는 것은 돈, 명예, 인물이 아니요, **"예수 그리스도의 보혈의 은총과 그것을 주신 하나님과 그 은총의 가치와 영원성"** 입니다.

만약 줄기에 이 세 가지가 없을 때 매력을 나타낼 수 없듯이 **성도가 위의 것을 확실히 드러내지 않을 때 그 자신도 아무것도 아닐 뿐** 아니라 누구도 매력을 느끼고 따라오려지 않는 것입니다.

그러므로 **예수 그리스도의 죽으심과 보혈을 확실히 증거하지 못하는 성도,**

하나님의 구속사업이 아름답고 영화로움을 나타내지 못하는 성도, 영원히 변함이 없고 효력을 지니는 구속사업을 성사시키신 하나님과 예수 그리스도를 확실하게 나타내지 못하는 성도는 누구에게도 특별한 매력을 느끼게 하지 못하며 하나님과 예수께로 인도하지 못하는 것입니다.

등잔대는 밝은 빛을 발할수록 자신이 거룩하고 아름다운 금 등대임을 점점 드러내게 됩니다. 즉 복음전파자가 복음을 정확하고 능력있게 전파할 때 이로써 자신과 예수가 가장 거룩하고 아름답고 가치있는 금 등대임을 확실하게 보여주는 것입니다. 따라서 그는 이 어두운 세상에서 밝고 영광스러운 사람이 됩니다.

성도가 자신의 가치와 행복을 확실하게 소유하는 방법은 하나님과 예수 그리스도의 은총을 확실히 드러내고 자랑하는 것입니다. 그것은 또한 가장 효과적인 전도방법이 됩니다. 인간적이고 세상적인 것을 자랑하는 성도나 목사는 등잔대의 가지(잔, 꽃받침, 꽃)가 아니기 때문에 전도할 수 없습니다.

(7) 가지들에 대해 마지막으로 하신 말씀은 "등대에서 나온 여섯 가지를 같게 할지라" 입니다(33절).

가지들은 모양과 재질이 똑같습니다. 이것은 믿는 사람들이 각자 위치(부여된 직책)가 다를 뿐 본질상 다 같은 신분이며 귀중하다는 것을 의미합니다.

어느 하나도 누락되거나 부족하면 등대 전체가 균형을 잃게 됩니다. 모든 직책이 다 중요하므로 큰 일만 귀히 여기고 작은 일은 경히 여겨서는 안 됩니다. 그러므로 성도들은 서로 존중하고 각자의 위치(직책)를 인정하며 귀하게 여겨야 합니다. 이 거룩한 원칙을 어기는 사람은 "여섯 가지를 같게 하라"고 하신 하나님의 명령을 거역하는 사람입니다.

여섯 가지를 같게 하는 것은 그것이 "등대 줄기의 옆에서 나온 가지들" 이기 때문입니다. "등대에서 나온" 이라 했습니다. 즉 그 가지들은 오직 하나의 줄기인 예수를 위하는 것입니다.

가지들이 항상 명심할 것은 "나는 등대를 위한 자" 라는 사실입니다. 내게서 등대가 나온 것이 아니라 등대에서 내가 나온 것입니다.

줄기인 예수 그리스도를 더욱 빛내기 위해 가지들도 금으로 된 것처럼 성도들은 서로 금 가지가 되도록 힘쓰고 도와야 합니다. 자기만 성숙하기를 힘쓰고 다른 성도들에게 무관심해서는 안 됩니다. 또 자신이 다른 사람들보다 뒤쳐지는 상태에 머물러 있어서도 안 됩니다.

줄기는 여기에서 **"등대"** 라 표현하셨습니다.

그 옆에서 나온 것들은 어디까지나 **"등대의 가지"** 입니다. 예수 그리스도가 등대요, 그와 연합된 자들은 가지로서 그 등대를 돕는 것뿐입니다. 만약 그 가지들이 줄기를 상실하거나 무시해버린다면 그것들은 더 이상 등대가 아닙니다. **믿는 자가 예수와 연합하고 있을 동안에만 그도 등대의 일부분이 되는 것입니다.**

많은 성도들과 일꾼들이 **예수와의 관계가 분명하지 못해서** 등대의 가지 구실을 제대로 하지 못하고 있습니다. 뿐만 아니라 **많은 교회들도** 겉으로 보기에는 큰 등대요, 수많은 가지들이 붙어있지만 그 줄기가 확실하게 예수 그리스도가 아니므로 도무지 등대의 구실을 할 수가 없습니다.

'나는 예수의 줄기에서 나온 가지인가? 예수의 빛을 발하는 것을 돕는 가지인가? 우리 교회의 주인과 머리가 과연 예수이신가? 교회 구성원들이 예수에게서 나온 가지들인가? 그 구실을 제대로 하고 있는가?' 살펴봐야 합니다.

(8) 줄기에 대해서는 크게 세 가지로 말씀하셨습니다.

① 34 등잔대 줄기에는 살구꽃 형상의 잔 넷과 꽃받침과 꽃이 있게 하고
② 35 등잔대에서 나온 가지 여섯을 위하여 꽃받침이 있게 하되 두 가지 아래에 한 꽃받침이 있어 줄기와 연결하며 또 두 가지 아래에 한 꽃받침이 있어 줄기와 연결하며 또 두 가지 아래에 한 꽃받침이 있어 줄기와 연결하게 하고
③ 36 그 꽃받침과 가지를 줄기와 연결하라

이 말씀을 자세히 보면 ①②는 별개의 것임을 알 수 있습니다. 즉 ①과 연결된 것이 아닌 ②가 있게 하라는 것입니다.

34절의 잔, 꽃, 꽃받침은 가지가 연결되는 사이사이에 위치하고(◆표시-A,B,C,D) 35절의 두 가지 아래의 한 꽃받침은 별개의 것으로 만들라는 것입니다(◎표시).

이것은 매우 중요한 의미가 담겨 있습니다.
1) 살구꽃 모양의 잔, 꽃, 꽃받침이 A,B,C,D 의 위치에 있는 것은 바로 그것들에 의해 가지들이 예수 그리스도와 연결되는 것임을 보여줍니다.

가지 하나하나가 그 잔과 꽃과 꽃받침에 의해 "등잔대의 가지"가 된 것처럼 그 가지가 예수 그리스도와 연합하여 한 몸을 이루게 된 것 역시 **그것들 덕택**인 것입니다.

예수를 믿으면 그의 보혈의 공로로 모든 죄를 사함 받고(잔) **하나님의 자녀로 인침을 받고 영생구원을 얻는다**(꽃)**는 이 확고불변의 구원계획에 따라**(꽃받침) 누구든지 저를 믿으면 그리스도와 하나가 되고, 성도들도 그리스도와 더불어 한 몸을 이루게 되며, 천국시민이 된다는 사실이 **가지들마다 강조**되었듯이 **이 줄기에서도 강조**되고 있는 것입니다(잔과 꽃과 꽃받침이 네 개씩 있음).

2) 이렇게 줄기와 연결된 가지들은 꽃받침에 의해 연결이 더 튼튼해졌습니다.
그 꽃받침은 확고 불변한 하나님의 구원계획을 의미하는 만큼 한번 그리스도와 성도들과 연합되면 **누구도 그것을 무효화할 수 없음**을 강조해줍니다. "**두 가지 아래에 한 꽃받침**" 이 세 번이나 반복되어 기록되었습니다. 그런데 36절에서 "**그 꽃받침과 가지를 줄기와 연결하라**"고 특별히 다시 언급하셨습니다.

자신이 구원받은 자라고 말하고(세 개의 잔, 꽃, 꽃받침을 과시하는 것), **그럴듯한 구원의 도리를 선전해도**(꽃받침) **오직 예수만이 구세주요, 예수만 믿고 의지하고 선포하지 않는 가지는** 결코 그리스도와 교회와 하나가 아닌 것입니다. 이 등잔대에서 **가장 핵심은 줄기**요, 또한 중요한 것은 **가지가 그 줄기와 분명히 연결되어 있는지,** 즉 예수 그리스도만을 영접했는지의 여부입니다.

이 등잔대에서는 **죄인이 오직 예수만을 믿어서 그와 진정으로 연합되어야만** 성소 안에 있는 등잔대요, 하나님과 영원한 복락을 누리게 된다는 것을 매우 사실적으로 깨우쳐주고 있습니다. 열 명이든, 백 명이든 **그것들의 잔과 꽃과 꽃받침이 하나님께서 인정하시는 동일한 가지여야** 하나님께서 인정하시는 백성이 됩니다. 이것이 제대로 갖추어지지 못한 사람은 아무리 잘 갖춘 사람들 속에 오래 끼어 있었다 할지라도 결코 이 금 등대의 가지가 아닙니다. 그 사람은 결코 하나님이 인정하시는 백성이 아니며 그가 언제까지나 그런 상태로 있다면 하나님은 분명히 **그 가지를 찍어 바깥으로 내치십니다.**
그러므로 성도들은 내가 복음을 정확하게 알고 믿고 있는지, 진정 예수와 연합했는지, 또한 그런 성도들과 진정으로 한 몸이 되어 사랑하고 있는지 자세히 살펴봐야 합니다.

③ "등잔 일곱을 만들어 그 위에 두어 앞을 비추게 하라" 하셨습니다.

> 〈출27:20~21〉
> 20 너는 또 이스라엘 자손에게 명령하여 감람으로 짠 순수한 기름을 등불을 위하여 네게로 가져오게 하고 끊이지 않게 등불을 켜되
> 21 아론과 그의 아들들로 회막 안 증거궤 앞 휘장 밖에서 저녁부터 아침까지 항상 여호와 앞에 그 등불을 보살피게 하라 이는 이스라엘 자손이 대대로 지킬 규례이니라

(1) 등잔들이 빛을 비추게 했습니다.

등잔은 빛을 비추기 위한 것입니다. 성도가 예수와 연합되어 교회(한 몸)를 이룬 것은 어디까지나 예수 그리스도의 빛을 비추기 위함입니다.

성소 안에 있는 이 등잔대는 밤이나 낮이나 항상 불이 켜져 있습니다.

이것은 교회와 성도 개인이 끊임없이 구실을 해야 함을 깨우쳐줍니다. 그러므로 금 등대의 가지가 된 사람, 즉 예수 그리스도를 영접한 사람은 누구나 이 등잔을 준비하여 예수 그리스도의 빛을 비추어야 합니다.

예수 그리스도의 빛을 확실하게 비추는 성도나 교회는 이 거룩하고 영광스러운 성소에 있는 것입니다. 그런 사람들은 하나님을 마주 대하고 교제하며 온갖 신령한 은혜와 능력을 힘입어 끊임없이 구실을 다하게 됩니다.

등잔이 없는 등잔대나 가지는 아무 쓸모가 없습니다.
불이 꺼진 등잔대나 가지는 성소 안에 있을 이유나 가치가 없는 것입니다.
오늘날 등대 같기도 하고 가지인 것 같지만 예수 그리스도의 빛을 비추지 못하는 성도나 교회들이 많습니다. 다 꺼져가는 촛불처럼 너무나 미약하게 비추는 성도와 교회들이 있습니다.

아무리 성도가 많고 규모가 크고 화려할지라도 예수 그리스도의 빛을 비추지 못하는 교회는 하나님 앞에서 합당하지 못하며 아무 의미가 없습니다. 우리는 예수 그리스도의 빛을 얼마나 성실하게 중단없이 비추고 있는지, 나와 우리 교회가 도무지 빛을 비추지 못하는 것은 아닌지 정신을 똑바로 차리고 살펴봐야 합니다.

(2) 등잔은 일곱 개입니다.

일곱은 완전함을 의미합니다. 일곱 등잔에 켜지는 등불은 완전한 성령의

역사를 의미합니다(계4:5). **완전한 성령의 역사에 의해** 예수 그리스도의 빛을 비춤으로써 **하나님과 복음과 진리들이 확실하게 전파되며** 그 빛을 받는 **사람들은 생명을 얻게** 되는 것입니다.

사람들에게서 나오는 빛은 영적인 생명을 줄 수 없으며, 잠깐 있다가 사라져 버립니다. 일곱 등잔의 빛은 **진설병 상과 분향단을** 밝히 보여주는 역할을 합니다. 이 땅에는 많은 교회들이 존재하지만 **완전한 성령의 역사가 없는 빛**은 결코 사람들에게 영원한 생명을 주지 못합니다. 이 생명의 빛이 아니고는 하나님과 복음과 진리를 **정확하게 알 수도 없고 가질 수도 없습니다.** 이 빛을 비추는 교회만이 교인들에게 완전한 생명을 주며 그 빛은 아무리 죄악이 가득 차고 사탄의 역사가 극심하며 깜깜한 세계라 할지라도 **결코 꺼지거나 약화되거나 중단되지 않고 구원받을 자들에게** 비추어집니다.

오늘날 많은 빛이 이 땅에 존재하지만 이렇게 **일곱 등잔이 빛을 비추는, 즉 완전한 성령의 역사에 의해** 예수 그리스도의 빛을 비추는 것은 그다지 많지 않습니다.

나와 우리 교회는 지금 어떠한 빛을 비추고 있는지 살펴보시기 바랍니다.

그런데 이 일곱 등잔은 **줄기에 붙어있는 가지에 의해** 비출 수 있습니다. 줄기가 없는 가지는 있을 수 없으며 가지 없이 일곱 등잔이 있을 수도 없습니다. 즉 **예수 그리스도와 확실하게 연합하지 못한 사람**이나 **예수 그리스도를 주인으로 삼지 않은 성도나 교회**는 이런 완전한 빛을 비출 수 없습니다.

그러나 예수 그리스도를 확실하게 영접하고 확실하게 연합한 교회는 교인 수가 얼마이든, 그들이 잘났든 못났든 이 일곱 등잔의 빛을 비추게 됩니다. 예수 그리스도를 머리로 하고 주인삼은 교회가 **완전한 교회**요, **완전한 빛을 비출 수 있습니다.** 하나님 안에서의 완전함은 **예수 그리스도가 주인과 머리가 될 때** 이루어지는 것입니다.

그러므로 모든 성도들과 교회들은 이 예수와 연합하며 예수를 머리로 하고 주인으로 삼기 위해 **전심전력해야** 합니다. 그 무엇도 이것을 **방해하도록 허용해서는 안 됩니다.** 많은 성도들과 목사들과 교회들이 **명예나 재물이나 자기를 나타내고 자랑하고 대접받으려** 하는 것으로 이 일에 실패하고 있습니다. 이것이야말로 **사탄의 시험에 보기 좋게 걸려 넘어지는** 것입니다.

(3) 이 등잔들은 **하나의 빛, 동일한 빛을 비추어야** 합니다.

등잔대의 가지들은 **어디까지나 줄기에서 나온 것이요**, 등잔대는 **그 줄기에 의해 형성**된 것입니다. 31절 이하에서 줄기가 계속해서 **등잔대로 지칭**되고 있습니다. 그러므로 이 등잔들은 줄기의 등잔과 **동일해야** 하고, 빛도 줄기의 등잔 불빛과 **같아야만** 합니다.

"등잔 일곱을 만들라", "빛을 비추게 하라" 고 하셨습니다. 이것은 등잔과 빛이 동일해야 함을 의미합니다. 등잔의 크기나 모양에 차등이 없고 빛도 마찬가지입니다.

가지들이 줄기와 같은 금 가지가 되었듯이 가지의 등잔들의 빛도 줄기의 등잔과 **같은 빛이어야** 합니다. 이렇게 해서 **"하나의 빛, 예수 그리스도의 빛"** 만 비추어져야 합니다.

만약 그 등잔의 빛과 다른 등잔이나 빛이 있다면 그것은 이 등잔대의 가지, 등잔, 빛이 아니요, **몰래 들어온 도둑의 것**입니다. 우리는 그 뿌리가 어디에 연결되어 있는지, 그 등잔과 불빛이 어디에서 나왔으며 우리의 등잔대와 어떻게 다른지 분별할 줄 알아야 합니다.

복음과 진리를 가르친다고 하면서 **인간의 지혜나 아름다운 말, 매끄러운 말, 부드러운 말을 첨가한다면 그것은 이 등잔대의 빛을 비추는 것이 아닙니다.** 비슷하더라도 **다른 줄기와 다른 가지에서 나오는 다른 빛**입니다.

우리 모든 목사들과 교회지도자들과 전도자들은 내가 지금 이 등잔대의 등잔들과 동일한 빛을 비추고 있는가를 영의 눈을 활짝 떠서 점검해보아야 합니다. 만약 **여기에 조금이라도 문제가 있다면** 나는 이 성소 안에서의 등잔대가 아니며 성막 바깥에서 사탄의 세력에 의해 엉뚱한 빛을 비추고 있는 **가짜 등대, 가짜 등잔, 가짜 빛**임을 알아야 합니다.

제 17 강

⟨8⟩ 등잔대(3)
[3] 구조(3)

⟨출27:20~21⟩

20너는 또 이스라엘 자손에게 명령하여 감람으로 짠 순수한 기름을 등불을 위하여 네게로 가져오게 하고 끊이지 않게 등불을 켜되 21아론과 그의 아들들로 회막 안 증거궤 앞 휘장 밖에서 저녁부터 아침까지 항상 여호와 앞에 그 등불을 보살피게 하라 이는 이스라엘 자손이 대대로 지킬 규례이니라

⟨8⟩ 등잔대(3)

[3] 구조(3)

1 **밑판, 줄기, 가지, 꽃받침, 꽃, 잔, 등잔으로 구성되며 한 덩이로 연결됩니다.**
2 **줄기 양 옆으로 "세 가지씩 연결하라" 하셨습니다.**
3 **"등잔 일곱을 만들어 그 위에 두어 앞을 비추게 하라" 하셨습니다.**
4 **이 등잔들은 오직 "감람나무의 기름으로" 불을 켜야 합니다.**

(1) 감람나무는 감람유를 내는 요긴한 나무로서 예수 그리스도를 상징합니다.

로마서 11장 17~18절에 "또한 가지 얼마가 꺾이었는데 돌 감람나무인 네가 그들 중에 접붙임이 되어 참 감람나무 뿌리의 진액을 함께 받는 자가 되었은즉 그 가지들을 향하여 자랑하지 말라 네가 뿌리를 보전하는 것이 아니요 뿌리가 너를 보전하는 것이니라(그러니 너희는 잘려나갈 가지를 향해 자랑하지 말라. 자랑하더라도 명심해라. 네가 뿌리를 지탱하는 것이 아니라 뿌리가 너를 지탱하는 것이다)" 했습니다.

감람유(올리브유)는 각종 귀한 제품의 원료로 사용되기도 하고 피부를 치료하거나 부드럽게 하는 데와 불을 켤 때도 사용됩니다.

이 감람유는 성령을 상징합니다(슥4장).

왕과 제사장을 임명할 때 이 감람유가 머리에 뿌려집니다. 등잔대의 등잔불은 반드시 이 기름을 사용했습니다. 즉 예수의 영인 성령에 의해 예수의 생명의 빛을 비추게 한 것입니다.

> 행1:8 오직 성령이 너희에게 임하시면 너희가 권능을 받고... 내 증인이 되리라

> 요14:26 보혜사 곧 아버지께서 내 이름으로 보내실 성령(진리의 성령) 그가 너희에게 모든 것을 가르치고 내가 너희에게 말한 모든 것을 생각나게 하리라

> 요16:13 진리의 성령이 오시면 그가 너희를 모든 진리 가운데로 인도하시리니... 장래 일을 너희에게 알리시리라

"오직 감람유로만 빛을 비추게 하라" 하셨습니다.

지상에 있는 교회가 좋은 감람나무(예수 그리스도)에게서 흘러나오는 신선한 기름(성령)을 항상 공급받아 예수 그리스도의 빛을 발하게 하신 것입니다.

감람유(성령)가 등잔(성도, 교회)에 가득히 담겨짐(성령충만)으로써 예수 그리스도의 빛, 생명의 빛, 복음의 빛은 꺼지지 않고 항상 비추게 됩니다. 복음의 빛은 성령의 권능으로 비춰지는 것입니다.

이 등잔의 빛을 끊이지 않고 밝게 비추기 위해서는 기름이 언제나 가득히 채워져 있어야 합니다. 마찬가지로 성도와 교회는 예수와의 연합이 분명해야 하며 예수를 머리로 하고 주인삼는 것이 분명해야 하고, 따라서 예수께로부터 성령충만함을 받아야 합니다.

이렇게 끊임없이 성령의 충만함과 성령의 능력으로 말미암아 예수 그리스도의 빛을 비추는 성도와 교회라야 그 빛은 중단없이 밝게 비추게 됩니다.

그러므로 성령의 도우심이 없는 성도나 교회는 아무리 규모가 크고 교인이 많을지라도 예수 그리스도의 빛을 정확하게, 중단없이 비출 수 없습니다.

(2) 이 기름은 "감람으로 찧어낸 기름"이어야 했습니다.

감람열매를 자르고 부서뜨리고 으깨서 짠 기름입니다.

이것은 죄인들을 대신해 십자가에서 죽임을 당하신 예수 그리스도를 통해 성령세례 받아 성령의 능력을 끊임없이 힘입는 것을 의미합니다.

이 "찧어진 그리스도의 희생", 즉 예수께서 부서지고 깨어지는 거룩한 피를 흘리심으로 말미암아 그를 믿고 모든 죄를 사함받고 하나님의 백성이 된 사람들은 그 예수로부터 나오는 성령의 능력으로 예수의 빛을 비춤으로 이 세상에 있는 어둠을 물리치고 이길 수 있습니다. 그리고 그 안에 죽어가

던 하나님의 선택된 사람들을 구원할 수 있습니다.

그러므로 우리 모든 성도들과 교회들은 내 죄 때문에 당하신 예수의 수난과 십자가를 항상 중심에 간직해야 하며 그 은혜에 감사, 감격해야 합니다. 그리고 그 생활 가운데서 성령의 능력을 끊임없이 제공받고, 각자가 치료되고 변화되고 연단되고 성장하며 점점 거룩해져서 이 세상을 뜨는 날까지 가장 귀한 사명, 즉 예수의 빛을 이 어둠의 세계에 땅끝까지 비추는 일에 승리해야 합니다. 여기에 실패하는 사람은 성소의 등대가 아니며 하나님의 백성, 천국시민이 아닙니다.

(3) 이 기름은 '순결한 기름'입니다.

예수는 죄를 알지도 못한 분이요, 한 점의 흠도 없는 거룩한 하나님이십니다. 성령은 그 순결한 감람나무(예수)가 죽으신 이후에 그를 진정으로 영접하여 속죄받은 사람(순결해진 사람)에게 오시는 순결한 기름으로서 성도들을 사망의 굴레에서 해방되게 하시고 예수의 빛을 발하게 하십니다.

이 감람유는 "등잔대의 가지들 위의 등잔 안에만" 담겨지고 사용됩니다. 성령은 오직 예수만을 믿고 따르는 사람들에게만 함께하시고 도우십니다. 거짓 등대의 가지들에는 돌 감람나무의 기름으로 채워지는데 그런 등대나 가지나 빛은 사람이 죄 용서받는 것과 영생구원을 얻는 것과 상관이 없습니다.

(4) 감람유는 이스라엘 백성들이 가져오도록 하셨습니다.

"명하여 내게로 가져오게 하라" 하셨습니다.

하나님께서는 예수 그리스도의 빛을 비추기 위한 기름을 성도 각자가 준비하게 하셨습니다. 그들은 기름이 언제나 등잔에 가득하도록 충분히 준비해야 했습니다. 만일 그들이 이 일을 하지 않거나 게을리한다면 그 등잔과 등대는 결코 제구실을 할 수 없습니다.

또한 그릇된 등대가 있을 수 있듯이 잘못된 감람유를 준비하게 하는 거짓 선지자도 있고 엉뚱한 감람유를 준비하는 사람들도 많습니다.

제사장은 "찧어진 순결한 감람유"를 충분히 준비하도록 백성들을 깨우쳐야 했고 백성들은 이유여하를 막론하고 기름을 각자 준비해와야 했습니다. 둘 중 어느 한 쪽이 할 일을 잘못하면 그 등대는 구실을 못하게 되며 그 책임은 전적으로 잘못한 쪽이 져야 했던 것입니다.

그러므로 우리는 하나님께서 요구하시는 "찧어진 순결한 감람유"를 정확하게 알아야 하고 그 기름을 언제나 충분하게 준비해야 합니다.

"찧어낸 순결한 기름"은 성령세례를 받은 성도들이 성령의 인도하심을 따라 예수 믿기 전의 모든 욕심과 계획들을 주님 앞에 내려놓고, 하나님과 진리를 점점 더 분명히 깨달아 믿음을 성장시키며, 나의 어리석음과 죄악을 깨달아 날마다 철저하게 회개하고(물두멍), 성령께서 내 안에서 명하시는 대로 말씀부터 지키고 내 사명부터 감당하려고 애쓰는 것을 의미하기도 합니다.

그런데 성령의 역사를 방해하는 욕심과 계획들 때문에 찧어낸 순결한 기름을 준비하는 일을 제대로 하지 못하는 성도들과 교회들이 많습니다. 이는 성도(제사장)들과 그들로 구성된 교회들이 가장 중요하게 여기며 해야 할 일, 즉 등잔대의 불이 끊임없이 밝게 비춰지도록 감람유를 정성스럽게 가져오는 일을 소홀히 하거나 중단하고 있는 것입니다. 만약 옛날 이스라엘 백성들이 그렇게 했다면 어떤 일이 벌어졌겠습니까?

목사와 교회지도자들은 어떤 일보다도 자신과 성도들이 이 거룩한 감람유를 중단없이, 성실하게 준비하는 일에 힘쓰고 애써야 합니다.

5 등불은 제사장들이 항상 관리하게 하셨습니다.

"끊이지 말고 등불을 켜되 아론과 그 아들들로...그 등불을 보살피게 하라" 하셨습니다.

"아론과 그 아들들"은 대제사장과 제사장들을 말하는데 이는 예수 그리스도와 그가 세운 종들을 의미합니다.

등잔대의 등불을 관리하고 기능을 다하게 하는 이는 역시 예수 그리스도이십니다. 예수 그리스도에 의해 이루어진 등잔대는 예수 그리스도만이 관리하고 사용하실 수 있는 것입니다.

그런데 이 일을 예수께서 친히 기름부어 세우신 사람들에게도 위탁하신 것입니다. 이 사람들은 이 일을 할 때 결코 자기 뜻이 아니라 주님께서 맡기신 대로 할 뿐입니다. 이로써 그들이 하는 일은 곧 주님이 하시는 일이 됩니다.

예수를 확실히 믿고 예수에 의해 선발되고 기름부음 받은 사람들은 전적으로 예수의 뜻대로 그 맡기신 일을 충실히 해야 합니다. 결코 자기의 의사나 포부나 철학으로 해서는 안 됩니다. 그렇게 하는 사람들은 나름대로 주를 위해 충성했다고 하지만 결코 주께서 인정해주시지 않으며 오히려 책망과 징벌을 받게 됩니다. 오늘날 이런 사람들이 많습니다.

이런 사람들은 주께서 사용하시는 제사장이 아닙니다.
성도들은 사명을 수행할 때 '예수 그리스도의 뜻대로 하는 것인가? 예수님 보시기에 합당하게 하고 있는가?'를 정직하게 살펴보며 해야 합니다.

주님의 명령에 따라 기름을 잘 준비하는 사람들은 주님과 주님의 사람들이 잘 도와주고 보살펴줍니다.
백성들은 자기 마음대로 불을 밝힐 수 없습니다. 내가 준비한 기름이 일곱 개의 등잔 중 어디에 보충되고 사용되든지 내 뜻대로가 아니라 전적으로 주님의 뜻대로 사용되어야 합니다. 즉 우리가 받은 능력과 은사들은 개인적으로 사용해서는 안 되며 교회 전체가 주님을 중심으로 하여 질서와 균형을 이루며 주님의 뜻대로 모든 구실을 할 수 있게 사용되어야 합니다. 만약 교회의 어느 부분의 기능이 마비되거나 약화되어있다면 그것은 성도들이 자신을 주님의 뜻대로 사용하지 않았거나 자기 종을 대로 했기 때문입니다.
성도들 모두가 모든 것을 주님께 맡기고 순종하면 비록 등잔의 불꽃이 그리 크지 않을지라도 일곱 개의 등잔, 곧 모든 성도들의 등잔이 골고루 빛을 발하게 됩니다. 이런 교회가 교회다운 교회요, 구실을 다하는 교회입니다.
교회가 아무리 커도 등잔불이 서로 다르거나 여기저기 꺼져있다면 결코 주님께서 인정하실 만한 교회가 아닙니다. 이런 교회는 예수 그리스도 자체를 볼품없고 불완전하게 만드는 것입니다.

제사장들은 "주야로 등불이 타게 하는 일"에 책임이 있었습니다.
교역자들은 하나님의 말씀을 정확하게 해석하고 정확하게 전달하는 일을 충실히 감당함으로써 하나님의 지상 궁전인 교회를 깨우치고 영적 제사장들을 지도하며 하나님을 끊임없이 잘 섬기게 해야 합니다. 이것이 이들의 과업이요, 이들에 대한 "영원한 규례"입니다.
그런데 그것과 상관없는 일이나 별로 중요하지 않은 일에 온갖 시간을 보냄으로써 그 일을 불성실하게 한다면 그는 결코 이 성소 안의 제사장이 될 수 없습니다.
오늘날 많은 목사들이 노회나 총회 등에서 감투를 가지는 일에 동분서주하다가 자기도 모르게 성소에서 쫓겨나고 있습니다. 그들은 그 사실을 알지 못하고 헛된 일을 하느라 주님이 주신 은혜들을 헛되게 하고 있습니다.
목사들뿐 아니라 성도들 역시 이 성소 안의 등대로서 그 빛을 중단없이 비추는 일과, 제사장으로서 그 등대의 불을 끊임없이 비추도록 간수하는 일을 세상의 어떤 일보다 전심전력을 다해야 합니다.

이런 일을 잘하는 목사들과 성도들은 신령한 기쁨과 즐거움을 누리며 하나님께서 주시는 영광을 차지하게 됩니다.

6 등잔불은 "회막 안, 증거궤 앞, 휘장 밖에서" 비췄습니다.

"회막"은 예수 그리스도의 교회를, "증거궤"는 하나님과 하나님의 명령을 의미합니다.

예수 그리스도의 빛, 복음의 빛은 어디까지나 교회 안에서부터 발산됩니다. 동시에 그것은 하나님과 말씀에서 비롯되어 나옵니다. 예수 그리스도를 통한 구속사업은 여호와 하나님과 그의 언약에서부터 나옵니다.

그러나 이 빛은 지성소 휘장 바깥에서 비추는 것으로서 어디까지나 구원받을 사람들을 위한 빛입니다. 즉 그 빛은 일방적으로 하나님에게서 죄인에게로 나가는 것입니다.

예수 그리스도를 통한 선택된 죄인들의 구원은 증거궤가 약속하는 것입니다. 증거궤의 결과로 등잔대가 있는 것입니다. 이처럼 증거궤와 등잔대는 뗄 수 없는 관계이므로 등잔대의 정체를 아는 사람은 바로 그 뒤에 있는 증거궤를 보게 됩니다.

이런 놀라운 비밀들은 "지성소 휘장 밖", 즉 성소 안에서만 드러나는 것으로 성소 밖에서는 알 수 없습니다. 번제단을 거쳤어도 물두멍에서 충분히 씻지 못한 사람은 이 증거궤 앞 등잔대의 진리를 소유하지 못합니다.

"그리스도의 빛을 비추는 등잔대의 가지" 만이 성소 안과 증거궤 앞에 있을 수 있습니다.

여기서 우리는 회개의 생활과 열매 맺는 생활의 중요성을 알아야 합니다. 오늘날 많은 성도들이 세상의 헛된 것들 때문에 이 일을 뒷전으로 미루거나 잊어버리거나 중단하고 있습니다. 이런 성도는 성소 안의 등잔대, 증거궤 앞의 등잔대의 위치에 서지 못하고 그 구실도 할 수 없으며 그 행복과 영광을 맛볼 수 없습니다.

그러므로 성도들은 날마다 물두멍을 통과하는 일, 즉 날마다 성령의 깨우치심에 따라 크고 작은 모든 죄를 회개하여 정결하게 하는 일을 성실히 해야 하며 등잔대의 가지로서 예수의 빛, 즉 거룩한 열매 맺는 일을 중단없이 해야 합니다.

7 등잔불은 "항상 끊임없이 비추어야" 합니다.

(1) 성막은 구조상 **6면이 밀폐형**으로써 창이 없으므로 이 등잔대의 불이 없으면 성소 안은 암흑만 있을 뿐 제사장들이 아무 일도 할 수 없었습니다.

하나님은 **오직 이 등대의 불로** 성소 안을 밝히게 하신 것입니다.

레위기 24장 2~4절에 **"계속해서 등잔불을 켜 둘지며** 아론은 회막 안 증거궤 휘장 밖에서 저녁부터 아침까지 여호와 앞에 항상 등잔불을 정리할지니 이는 너희 대대로 지킬 영원한 규례라 그는 여호와 앞에서 순결한 등잔대 위의 **등잔들을 항상 정리할지니라"** 하셨습니다.

"저녁부터 아침까지" 란 말은 낮에는 불을 켤 필요가 없다는 뜻이 아니고 사람들이 다 자는 밤중에도 불을 켤 것을 강조하는 말씀입니다.

특히 이 명령은 대제사장 아론에게 주어졌습니다. 대제사장이 책임을 지고 밤낮으로 끊임없이 빛을 비추게 하라는 것입니다.

이 말씀 앞뒤에서 **"항상"** 이라는 말씀으로 강조하셨고 이렇게 하는 것이 **"너희 대대로 지킬 영원한 규례다"** 고 말씀하셨습니다.

이것을 종합해보면 하나님께서 등잔대의 불이 끊이지 않고 비춰지는 일을 **참으로 중요하게 여기심**을 알 수 있습니다. **이 일을 위해 대제사장과 제사장이 있고 온 백성은 그 일에 협력해야** 하는 것입니다.

이스라엘 백성 전체가 항상 신경쓰고 할 일은 오직 이 일이었습니다.

이것은 그리스도의 빛을 비추는 일이 **"하나님의 백성 모두가 항상 힘을 모아서 할 일"** 이라는 것과 **"그들이 존재하는 목적이 바로 여기에 있다"** 는 것을 깨우쳐줍니다.

오늘날 목사들과 교회지도자들과 성도들이 **과연 밤낮으로 온 힘을 합해** 이 불빛을 비추고 있는가? 나의 존재의 목적이 여기에 있음을 깨닫고 있는가? 이 사실을 돌아볼 때 우리는 두려움을 금할 수 없습니다.

만약 교회 전체의 구성원들이 이렇게 하고 있지 못하다면 그들은 예수로 말미암아 모든 죄를 사함받은 하나님의 사람(제사장)들로서 **그 어떤 일보다 가장 중요하게 여기고 힘써서 해야 할 일을 하지 않고 있는 것**이며, 하나님의 백성으로서의 존재의 목적을 **잃고 있는 것**이 됩니다. 그렇다면 **이런 교회는 성소 안에 있는 것이 아니며 등잔대와 제사장이 아닙니다.**

얼마나 무서운 말씀입니까?

성막은 오늘날의 교회에게 자신의 모습을 똑바로 바라보라고 강력하게 깨우쳐주고 있습니다.

내가 등잔대의 사명을 제대로 수행하고 있는가? 그 일을 위해 내가 온 정성을 기울이고 있는가? 그래서 하나님 앞에서 나의 존재의 목적을 확실하게 보여드리고 있는가? 정신을 똑바로 차리고 살펴보시기 바랍니다.

우리가 이것을 회복하지 못하고 소유하지 못한다면 스스로 성소 안에 있다고 생각하고 성소 안의 등잔대라고 생각하더라도 결코 아니며, 아직은 성소 안의 제사장이며 등잔대이더라도 우리가 이 존재의 목적과 힘써야 할 일을 계속 상실한다면 때가 되었을 때 성막 밖으로 내쳐지게 될 것입니다.

그래서 천국으로 입성하는 사람은 아주 소수에 불과하다고 하신 것입니다.

(2) 등잔대의 끊이지 않는 빛이 무엇을 비추는지를 보겠습니다.

"앞을 비춘다" 했습니다.

그 앞에는 무엇이 있습니까? 진설병과 잔이 놓여있는 진설병 상입니다.

진설병(무교병)은 죄가 없는 육체를 입으시고 이 세상에 메시야로 오신 예수 그리스도를, 포도즙은 죄인들의 대속을 위해 흘리신 예수 그리스도의 보혈을 의미합니다. 등잔대는 이 진설병 상을 끊임없이 환하게 비추어 밝히 드러나게 합니다.

진설병 상에 대해서는 후에 자세히 말씀드리겠습니다.

여기에서 우리는 중요한 것을 깨달아야 합니다.

1) 모든 성도와 교회가 전하고 드러내야 할 것은 오직 예수 그리스도입니다.

죄 없는 인간의 몸으로 이 땅에 오신 예수께서 구원하실 자들의 모든 죄를 짊어지고 피 흘려 죽으심으로 그를 믿는 모든 자들은 대속의 은총을 입어 영생구원을 얻게 된다는 복음의 핵심을 정확하게 증거해야 합니다. 이 등대가 환히 비추어 드러내야 할 것은 오직 예수만이 구세주이심을 가장 절실하게 강조해주는 진설병과 포도즙뿐입니다.

2) 주님은 "내 증인이 되라"고 하셨습니다.

"오직 성령이 너희에게 임하시면 너희가 권능을 받고 예루살렘과 온 유대와 사마리아와 땅끝까지 이르러 내 증인이 되리라(행1:8)" 하셨습니다.

성령이 믿는 자에게 오시고 권능을 주시는 것은 오직 복음을 전파하는 일을 위함입니다. 성령은 오직 예수만을 증거하게 하는 영이므로 이 예수만을 구세주로 확실히 믿는 사람들만이 성령세례를 받습니다.

"너희는 가서 모든 족속으로 제자를 삼아 아버지와 아들과 성령의 이름으로 세례를 주고 내가 너희에게 분부한 모든 것을 가르쳐 지키게 하라(마 28:19,20)"하셨습니다.

모든 성도들과 교회가 전할 것은 **예수 그리스도와 그의 말씀**입니다. 그리고 우리 모두가 부를 이름은 **성삼위 하나님의 이름뿐**입니다.

결코 마리아나 성자들, 천사들, 교주들의 이름이나 그들의 가르침을 전하거나 입에 담아서는 안 됩니다. 그런 일은 등잔대 앞의 진설병 상에 **다른 것을 함께 놓는** 것이 됩니다. 그것은 **사탄**이 예수 그리스도, 즉 **진설병과 포도즙을 혼란시키고 다른 것으로 대체시키는 악한 계교**입니다.

그러므로 우리는 천주교나 이단, 그리고 이방종교들과는 **신앙적인 멍에를 조금도 함께할 수 없으며** 그들이 그 모든 것을 버리고 오직 예수 그리스도만을 영접하도록 가르쳐야 할 뿐입니다.

일곱 개의 등잔불은 오직 진설병과 포도즙만을 비추고 있습니다.
예수 그리스도에 관련한 진리를 조금이라도 가감하며 가르치는 것들은 이 성소의 등잔대의 빛이 아니며 성소의 진설병과 포도즙이 아닙니다.

그런데 오늘날의 교회 안에는 이런 **거짓 등잔대**와 **거짓 진설병 상**이 많이 가르쳐지고 있습니다. 성도들은 이런 것에 의해 오염되지 않도록 늘 깨어있어야 하며 성막 안의 등잔대, 진설병 상이 되기 위해 늘 기도해야 합니다.

3) **복음전파**는 "**때를 얻든지 못얻든지 항상 힘써서**(언제나 어디서나 항상 하나님의 말씀을 전하라) **해야 하며**(딤후4:2)", "**오늘이라 일컫는 동안에 매일 피차 권면하며 할 일**(오히려 오늘이라고 부르는 이 시간에 서로를 더욱더 격려하라)**이고**(히3:13)", "**할 수 있는 대로 어디든지 누구에게든지 가서 해야 할 일이며**(롬1:15)", "**날마다 성전에 있든지 집에 있든지**(성전 뜰에서, 그리고 집집마다 다니며) **예수만이 그리스도라 가르치는 것과 전도하기를 쉬지 않아야 하는 일**(행5:42)"임을 확실히 깨우쳐줍니다.

등잔대의 빛이 밤낮 꺼지지 않고 그 앞에 있는 진설병 상을 밝게 비춰야 하는 것처럼 우리 모든 성도들과 교회는 **복음을 전파해야** 합니다.

제 18 강

⟨8⟩ 등잔대(4)
[3] 구조(4)

⟨출27:20~21⟩

20너는 또 이스라엘 자손에게 명령하여 감람으로 짠 순수한 기름을 등불을 위하여 네게로 가져오게 하고 끊이지 않게 등불을 켜되 21아론과 그의 아들들로 회막 안 증거궤 앞 휘장 밖에서 저녁부터 아침까지 항상 여호와 앞에 그 등불을 보살피게 하라 이는 이스라엘 자손이 대대로 지킬 규례이니라

⟨8⟩ 등잔대(4)

[3] 구조(4)

① 밑판, 줄기, 가지, 꽃받침, 꽃, 잔, 등잔으로 구성되며 한 덩이로 연결됩니다.
② 줄기 양 옆으로 "세 가지씩 연결하라" 하셨습니다.
③ "등잔 일곱을 만들어 그 위에 두어 앞을 비추게 하라" 하셨습니다.
④ 등잔들은 오직 "감람으로 찧어낸 기름으로" 불을 켜야 합니다.
⑤ 등잔의 불들은 제사장들이 항상 관리하게 하셨습니다.
⑥ 등잔불은 "회막 안, 증거궤 앞, 휘장 밖에서" 비췄습니다.
⑦ 등잔대의 불은 "항상 끊임없이 비추어야 합니다."

(1) 성막은 구조상 6면이 밀폐형으로써 창이 없으므로 등잔대의 불이 없으면 성소 안은 암흑만 있을 뿐 제사장들이 아무 일도 할 수 없었습니다.

(2) 등잔대의 끊이지 않는 **빛은 특정한 것만 비추었습니다.**

(3) **등잔대는 오직 성소 안에서만 빛을 비춥니다.**

즉 성막 울타리 문을 통해 들어오고 번제단을 거쳐서 물두멍을 통과한 다음에야 이 등잔대를 볼 수 있습니다.

예수 그리스도를 영접한 기본적 신앙뿐 아니라 끊임없는 경건생활(늘 말씀 읽고 묵상하며 기도하는 생활)**이 충분하지 않은 사람은 예수를 확실히 알지 못하며 밝히 증거할 수도 없습니다.**

성도가 성막 울타리 문을 대할 때, 번제단을 통과할 때, 물두멍을 통과할 때 예수 그리스도에 대해 어느 정도 잘 알게 됩니다. 매일 **충분한 경건생활로 예수와 진정으로 연합**(등잔대의 가지로 확실히 자리매김)**될 때** 이 등잔대의 빛을 비출 수 있고 그렇게 할수록 진설병과 포도즙인 예수를 더 확실하게 알게 되고 더 아름답고 사랑스럽게 여기게 됩니다. 따라서 이 가지는 **점점 더 넘치는 은혜 속에서 활발하게 진설병과 포도즙을 드러낼 수 있습니다.**

즉 날마다 경건생활을 잘하여 성소로 들어온 사람은 우선 **말씀으로 충만**해집니다. 복음을 중심한 하나님의 진리들을 **자세하고 확실하고 충분히 깨닫게** 되며 **그렇게 증거할 수 있게** 됩니다. 이런 사람은 곧 **믿음과 성령충만한 사람**이 됩니다.

여기에서도 우리가 복음을 중심한 하나님의 진리들을 자세하고 확실하게 깨닫고 그것을 담대하고 능력있게 증거할 수 있기 위해서는 **말씀과 믿음과 성령충만함을 받아야 함**을 알 수 있습니다. 그런 사람은 우선 **성소 안의 제사장과 등잔대의 가지가 되어야 함**을 성막은 확실하게 깨우쳐줍니다.

(4) **등잔대가 언제나 그 앞에 있는 진설병과 포도즙만을 비추고 있다는 사실은 예수와 연합한 성도들은 세상의 어떤 일보다 우선하여 전력을 기울여 예수 그리스도의 증인이 되어야 함을 강조합니다.**

등잔대는 **언제나 오직 진설병 상만을 열심히 비춥니다.**

예수님은 자기 가족을 장사하고 나서 예수님을 따르게 해달라는 요청에 **"죽은 자들로 자기의 죽은 자들을 장사하게 하고 너는 가서 하나님의 나라를 전파하라**(눅9:60)**"**고 대답하셨습니다.

이는 인류를 저버리라고 하신 것이 아니라 성도들이 **무엇을 우선순위**로 두어야 하는지, 무엇이 **본업**이며 **주임무인지를 확실히 깨우쳐주신 것입니다.**

더욱이 나뭇가지가 등잔대의 가지가 되고 **"찧어낸 감람나무 열매의 순결**

한 기름(성령)"을 받아 이 거룩한 빛을 비추게 되었는데 그 영광스러운 일을 세상의 일들로 인해 뒤로 미루고 마다할 수 있겠습니까?

그래서 바울은 말하기를 "내가 복음을 전할지라도 자랑할 것이 없음은 내가 부득불 할 일임이라 만일 복음을 전하지 아니하면 내게 화가 있을 것이로다(고전9:16)" 했습니다.

그러므로 우리 성도들과 교회가 인간적인 일과 세상적인 일들로 인해 복음전파하는 것을 소홀히 하거나 뒷전으로 미루거나 중단한다면 그것은 본분을 망각한 행위이고 큰 범죄행위이며 또다시 예수 그리스도를 배반하는 일임을 깨달아야 합니다.

그런데 많은 성도들과 교회들이 이 일을 너무 서슴없이 합니다. 이것이야말로 잠자고 어둡고 병든 영혼임을 스스로 드러내는 것입니다. 이런 성도들은 당장 본래의 자리로 돌아가 본업과 주업을 충실하게 수행해야 합니다. 이것을 신속히 하지 않는 사람은 때가 되면 주님께 징벌의 채찍을 맞게 될 것입니다.

⑧ 등잔의 등불은 아론과 제사장들이 "항상 정리해야" 했습니다.

여기서 말하는 '정리'란 "불똥을 제거하고 심지를 일정하게 하여" 일곱 개의 등잔불이 "똑같이 최상의 빛을 발하도록" 하는 것입니다.

이것이 꼭 필요하기에 하나님은 등잔대와 아울러 불집게와 불똥그릇도 만들게 하셨습니다.

불집게는 "심지를 세우고 불똥을 제거"하고, 불똥그릇은 "불똥을 담아서 버리는" 일에 사용됩니다.

"그 불집게와 불똥그릇도 정금으로 만들지니 등대와 이 모든 기구를 정금 한 달란트로 만들라" 하셨습니다.

(1) 심지를 세우고 불똥을 제거하는 일은 "한 분 예수 그리스도에 의해" 이루어짐을 의미합니다.

중요한 것은 등잔의 불집게와 불똥그릇도 등잔대를 만드는 정금의 일부로 만들게 하셨다는 점입니다. 불집게와 불똥그릇도 "등잔대와 동질이며 하나임"을, 즉 등잔대와 동일한 권위와 기능을 지니고 있음을 말합니다.

심지를 세우고 불똥을 제거하는 일도 예수 그리스도의 신적 권위와 능력으로 행해진다는 말입니다. 그러므로 이 일은 하나님 앞에서 두려워하며 신중하게 감당해야 합니다. 이 일을 예수 그리스도에 의해 행하지 않는 사람은 결코 등잔대의 가지나 불집게와 불똥그릇이 될 수 없습니다.

진정으로 예수와 연합하지 못하고 전적으로 예수님의 종으로서의 사명을 수행하지 못하는 성도들과 일꾼들은 아무리 하나님의 일을 열심히 하고 많이 할지라도 결코 성소 안에 있는 등잔대나 불집게나 불똥그릇이 아닌 것입니다. 따라서 그가 하는 모든 것들은 결코 주님께 인정받을 수 없습니다.

등잔대의 가지인 우리가 예수 그리스도의 빛을 발하도록 세워주고 불필요한 찌꺼기를 제거하는 일은 우선 예수께서 하십니다. 그는 우리의 연약함을 담당하여 강하게 해주십니다. 즉 불집게가 되어 우리의 쓰러져가는 심지를 세워주십니다. 또한 우리의 죄를 지고 죽어주심으로 우리가 거룩한 빛을 비춤에 있어서 합당하지 못한 것들을 완전히 제거해주십니다. 불집게인 예수께서 등잔의 찌꺼기를 불똥그릇인 예수께로 담아다가 없애주시는 것입니다.

레위기 24장 3절에 "아론은 회막 안 증거궤 휘장 밖에서 저녁부터 아침까지 여호와 앞에 항상 등잔불을 정리할지니 이는 너희 대대로 지킬 영원한 규례라" 하셨습니다.

이것은 기름을 채우는 일뿐 아니라 불집게와 불똥그릇으로 불을 정리하는 일도 예수에 의해 이루어짐을 반복적으로 강조해주시는 것입니다.

그 일은 등잔 자신이 결코 할 수 없습니다.

아무리 등잔이 잘 만들어졌더라도 불집게요, 불똥그릇이요, 대제사장인 예수 그리스도의 끊임없는 도움이 없이는 도저히 구실을 할 수가 없고 계속해서 구실을 할 수 없습니다. 그리스도인들은 그리스도를 떠나서는 아무것도 할 수 없는 것입니다.

그래서 예수께서 요한복음 15장 3~5절에 이르시기를 "너희는 내가 일러준 말로 이미 깨끗하여졌으니 내 안에 거하라 나도 너희 안에 거하리라 가지가 포도나무에 붙어 있지 아니하면 스스로 열매를 맺을 수 없음 같이 너희도 내 안에 있지 아니하면 그러하리라 나는 포도나무요 너희는 가지라 그가 내 안에, 내가 그 안에 거하면 사람이 열매를 많이 맺나니 나를 떠나서는 너희가 아무것도 할 수 없음이라" 하셨습니다.

그리스도와 확실하게 연합하지 못한 자나 그리스도를 떠난 자는 등잔대의 가지나 금 등잔이 아닙니다. 그는 '순결한 감람유'도 담을 수 없고 대제사장의 돌봄을 받을 수 없습니다. 따라서 이런 등대나 가지는 밖에 버려져 말라지고 불에 던져질 뿐입니다(요15:6).

금 등대의 등잔으로 존재하고 구실하기 위해서는 **"오직 등잔대와 하나로 꼭 붙어있는 것"** 뿐입니다. 그렇게 해야만 그 등대의 재료 중 일부로 만들어진 불집게와 불똥그릇과 감람유와 대제사장의 도움을 받을 수 있습니다. 나는 참으로 예수님과 하나가 되었는지 진지하게 살펴보시기 바랍니다.

(2) 불집게는 **심지를 세울 뿐 아니라 불똥을 제거합니다.**

아무리 귀한 등잔이더라도 불집게는 **불똥**(불필요한 찌꺼기)**을 가차없이 떼어냅니다.**

우리 성도들은 하나님의 백성임에는 틀림없으나 **육신을 입고 있는 한 계속해서 범죄할 수밖에 없습니다.** 따라서 **그 죄악**과 죄악을 유발하는 **옛사람을 계속해서 제거해야만** 합니다.

심지는 자주 쓰러지며 불똥을 남깁니다. 따라서 **심지를 세우고 불똥을 제거하는 일을 계속해야** 하는데 이 일은 바로 **우리 주께서 하십니다.** 우리는 나도 모르게 쓰러졌을 때 주저말고 그 모습을 주님께 **드러내 보여야** 합니다. 우리는 쓰러진 심지를 **감추거나 찌꺼기를 위장시키지 말아야** 합니다. 쓰러진 심지는 빨리 세우고 불똥은 빨리 제거할수록 좋습니다. 또한 찌꺼기도에서 제거해주시라고 **요청해야** 합니다. 주님께서 나를 세워주시고 가다듬어주시려 하는데 **내가 그것을 기피하고 싫어하고 있는 것은 아닌지** 돌아보아야 합니다. 오늘날 교회 안에 이런 성도들이 많은데 이들은 **등잔대의 가지나 불이 될 수 없으므로** 예수 그리스도의 빛을 항상 비출 수 없습니다.

(3) 대제사장과 제사장은 이런 정리를 **"항상"** 해야 합니다.

결론적으로 **교회는 복음의 빛을 중단없이 지속적으로 세상에 비추어야 함**을 명하시는 것입니다(사60:1~3, 빌2:15,16, 마5:14~16).

"아론은 여호와 앞에서 순결한 등대 위의 등잔들을 **항상 정리할지니라**(레24:4)" 하셨습니다.

등잔의 정리는 **대제사장인 아론에게 위임된** 일입니다.

제사장들은 대제사장을 도와서 일하는 사람들입니다. **대제사장이신 예수만이** 제사장이 된 성도들이 구실을 할 수 있도록 도와주십니다. 그분은 등잔의 의사와 관계없이 심지가 쓰러지면 세우시고 불똥이 생기면 제거하십니다.

이런 대제사장께 등잔이 심지를 세워주시라고, 불똥을 제거해주시라고 요청할 때 어찌 돌봐주시지 않겠습니까? 심지가 쓰러지고 불똥이 잔뜩 끼어서 제대로 빛을 발할 수 없는 상태로 있다면 이런 성도는 **대제사장이신 예수께 구하지 않은 사람**이거나 **예수께서 그 일을 하시는 것을 거부하고 방해하는 사람**입니다. 어찌 이런 사람들이 이 금 등대의 잔이 될 수 있겠습니까?

날마다 자신을 돌아볼 줄 모르는 사람, 아직도 주께서 명령하신 사명을 수행하는 일에 방해되는 것이 있음을 끊임없이 찾아내서 그것을 해결하기 위해서 먼저 힘쓰고, 그래도 안 될 때 간절히 주님께 기도하지 않는 사람은 **복음의 빛을 결코 제대로 비출 수 없습니다.** 이런 사람들이 복음의 빛을 제대로 비추는 사람들을 흉내내어 이런저런 말들을 구사하고 인간의 지혜로운 말, 아름다운 말, 부드럽고 매끄러운 말까지 섞어서 그럴듯하게 말할지라도 그들은 **쓰러져버린 심지요, 도무지 불똥을 제거하지 않은 등잔**이므로 **등잔대의 빛, 즉 복음의 빛을 제대로 비출 수 없습니다.** 이런 목사들과 성도들이 얼마나 많은지 모릅니다.

만일 심지를 바로 세우기에 힘쓰지 않고 불똥 제거하기를 기피하는 등잔(성도)**이 있다면 대제사장**(예수 그리스도)**은 불가항력적인 능력으로 그를 다스리실 것입니다.** 그때가 되면 그는 **수치와 고통**을 당합니다. 그러나 등잔의 의사와 상관없이 대제사장의 강력한 돌보심이 있기 때문에 그 등잔들은 **구실을 하게 되며 자기 위치에서 존재**할 수 있습니다.

그러므로 이러한 등잔들은 대제사장 예수 그리스도께 **항상 감사하며 모든 영광을 올려드려야** 마땅합니다.

또한 대제사장인 예수께서 이렇게 끊임없이 등잔을 돌봐주시는 것은 **"순결한 등대 위의 등잔"** 이기 때문입니다. 즉 예수와 **연합했고** 그로 인해 **순결해진**(의로워진) **가지**가 되었기 때문입니다. 그러므로 진정으로 예수와 연합되지 못한다면 그 등잔이 아무리 원해도 대제사장의 돌보심을 받을 수 없습니다. 등잔은 **예수 그리스도를 빼면 아무것도 아니며 아무 은총도 누릴 수 없고 구실도 할 수 없습니다.**

그 등잔이 그리스도의 빛을 발하는 등잔으로 성소 안에 있을 수 있는 것은
1) **예수 그리스도라는 등대**(줄기)**와 연합되었기 때문입니다**(순결한 등대의 가지).
2) **예수 그리스도의 세우심과 가다듬으심이 있기 때문입니다**(불집게와 불똥그릇).
3) **예수 그리스도의 끊임없는 돌보심 때문입니다**(대제사장의 끊임없는 정리).

그러므로 우리의 구원과 열매맺음과 계속적으로 하나님의 백성으로 존재하는 이 모든 것은 **전적으로 예수 그리스도의 은혜로 되는 것입니다.**

(4) 제사장들이 대제사장에게 위임을 받아 이 등잔불을 정리했습니다.

1) 기름부음을 받은 주의 종들이 예수님처럼 성도들을 돌봅니다.
그들은 **쓰러진 사람들을 세우며 찌꺼기를 제거**하는 일을 합니다. 그런 일은 성도들이 원하든 원치 않든 해야 합니다.

그러므로 주의 종들은 이런 일을 할 때 **사람의 눈치를 보는 것이 아니라 주님의 입장에서** 해야 하며 성도들도 주님이 내게 하시는 것으로 받아들이고 순종해야 합니다. 대제사장이 그래야 하듯이 주의 종들도 심지를 세우는 일과 찌꺼기를 제거하는 일을 **자신의 처지에 상관없이, 자기 이익을 도모하지 않고 "끊임없이"** 해야 합니다.

그러므로 개인의 일과 세상의 일을 하느라 심지를 세우고 찌꺼기 제거하기를 게을리하거나 미루는 사람들은 **그리스도의 빛을 비추는 금 등대의 잔으로 존재할 수 없습니다.**

모든 성도들과 주의 종들과 교회지도자들은 성도들과 교회들로 하여금 예수 그리스도의 빛을 최대한으로 발하게 하는 일을 어떤 일보다 전심전력해야 합니다. 이 일은 예수님처럼 **자신을 온전히 하나님께 드리지 않고는** 결코 할 수 없습니다.

그러므로 참으로 자기를 부인하고 자기 십자가를 지고 주님의 뒤를 따라가려고 자신과 싸우고 기꺼이 손해와 핍박을 당하며 본연의 사명을 제대로 수행하기 위해 눈물과 땀을 흘리지 않는 사람은 **이 성소 안의 등잔대의 가지나 잔으로 결코 남아 있을 수 없습니다.** 즉 예수 그리스도의 빛을 정확하게, **중단없이, 능력있게** 발할 수 없는 것입니다.

오늘날 이런 목사와 교회지도자들과 성도들이 참으로 많습니다.

자신이 그런 사람이라는 것조차 알지 못하고 계속해서 심지가 쓰러지고 불똥이 뒤덮여 아무 구실도 못하는 **가짜 등대요, 가짜 잔**들끼리 잔뜩 모여 커다란 예배당을 짓고 예배드린다 하고 목사, 선교사의 일을 수행한다고 하는 사람들이 많습니다.

하나님의 종들이 할 일은 **성도들이 예수 그리스도의 빛을 제대로 비추도록 그 심지를 세우고 찌꺼기를 제거하는 일**입니다. 결코 성도들이 **세상의 빛이나 인간의 빛을 발하는 일을 하도록 내버려둬서는 안 됩니다.** 만약 사람의 수나 신경쓰고 교회 안에 들어온 사람들이 등잔대의 등잔이 하는 일을 제대로 하게 하지 못한다면 그의 모든 사역은 **헛것**이요, 그 사람은 주님 앞에서 범죄자가 되는 것입니다. 그가 만드는 등잔은 **자신이나 다른 누구를 위한 등잔**이지 예수 그리스도의 등잔은 아닙니다.

모든 목회자들은 **내가 지금 성도들을 어떤 등잔으로 양육하고 있는지** 정직하게 돌아보시기 바랍니다.

2) 제사장이 등잔들을 돌보듯이 신약의 성도들은 다른 성도들을 돌봐야 합니다.

여기서 중요한 것은 주의 종이나 성도가 등잔들을 돌보되 **자기 힘이나 재주가 아니요, "금으로 된 불집게와 불똥그릇으로 해야 한다"** 는 것입니다. 그 기구들로 심지를 세우고 불똥을 제거해야 **"진정한 돌봄"** 이 됩니다. 일은 사람이 하나 **이루시는 이는 어디까지나 예수 그리스도**이십니다. 하나님의 일을 하는 모든 성도들과 주의 종들은 **언제나 철저하게 예수의 종으로 처신해야** 합니다.

결코 자기의 포부나 욕심을 이루기 위해서 해서는 안 됩니다.

그러나 이러한 사람들이 참 많습니다.

이들은 **결코 예수의 일꾼이 아니며 성소 안에 있는 제사장이 아니므로** 아무리 힘쓰고 애써도 주님께서 인정하실 수 있는 일을 할 수 없습니다.

이 사람들은 나중에 주님 앞에 서서 "내가 주의 이름으로 병자를 고치고 귀신을 내쫓았나이다. 내가 주의 이름으로 커다란 성전을 지었고 많은 업적을 이루었나이다" 외쳐도 예수께서는 **"나는 너와 그 모든 일을 알지 못한다"** 하실 것입니다. 그때 이들이 당하는 **수치와 고통**이 어떻겠습니까?

우리 목사와 교회지도자들은 이 문제에 대해 깊이 생각해 보아야 합니다.

> 잠16:9 사람이 마음으로 자기의 길을 계획할지라도 **그의 걸음을 인도하시는 이는 여호와시니라**

> 잠16:33 제비는 사람이 뽑으나 **모든 일을 작정하기는 여호와께 있느니라**(그 결정은 여호와께서 하신다.)

> 롬1:17 복음에는 하나님의 의가 나타나서 믿음으로 믿음에 이르게 하나니 기록된 바 오직 의인은 믿음으로 말미암아 살리라 함과 같으니라(하나님께서 주시는 의가 복음에 계시되어 있다. 성경에 의인은 믿음으로 인하여 살 것이다고 기록되어 있듯이 **하나님께로부터 오는 의는 처음부터 끝까지 믿음으로 얻을 수 있는 것이다.**)

> 딤후3:16 **모든 성경은 하나님의 감동으로 된 것으로 교훈과 책망과 바르게 함

과 의로 교육하기에 유익하니(진리를 가르쳐주며, 삶 가운데 무엇이 잘못되었는지 알게 해주고, 그 잘못을 바르게 잡아주고, 의롭게 사는 법을 가르쳐준다.)

그러므로 우리 성도들과 일꾼들은 **모든 일을 예수의 말씀과 그의 거룩함으로, 그의 능력과 그의 의로** 해야 합니다. 이것들 중 하나라도 모자라거나 다른 것으로 한다면 그가 돌보는 등잔들은 결코 이 등잔대의 등잔과 빛이 될 수 없습니다.

불집게와 불똥그릇과 대제사장과 제사장이 있는 것은 어디까지나 **"등잔의 불이 최상의 것이 되고 그것을 끊임없이 비추게 하기 위함"** 입니다. 우리는 잠시도 이 사실을 잊지 말고 **이것을 제대로 하기 위해 끊임없이 기도하고 준비하고 훈련해야** 합니다. 그리고 **이 모든 일에 서로 합심, 합력해야** 합니다.

이렇게 해야만 **진정한 성소 안에 있는 등잔대**입니다.

제 19 강

〈9〉 진설병 상(1)
[1] 상, [2] 구조, [3] 기구들, [4] 진설병(1)

〈출25:23~30〉

23너는 조각목으로 상을 만들되 길이는 두 규빗, 너비는 한 규빗, 높이는 한 규빗 반이 되게 하고 24순금으로 싸고 주위에 금 테를 두르고 25그 주위에 손바닥 넓이만한 턱을 만들고 그 턱 주위에 금으로 테를 만들고 26그것을 위하여 금 고리 넷을 만들어 그 네 발 위 네 모퉁이에 달되 27턱 곁에 붙이라 이는 상을 멜 채를 꿸 곳이며 28또 조각목으로 그 채를 만들고 금으로 싸라 상을 이것으로 멜 것이니라 29너는 대접과 숟가락과 병과 붓는 잔을 만들되 순금으로 만들며 30상 위에 진설병을 두어 항상 내 앞에 있게 할지니라

〈더 제대로 된 번역〉

26그것을 위하여 금 고리 넷을 만들어 상의 네 모서리 곧 상다리가 있는 곳에 그 금 고리를 붙여라. 27상 위의 턱에 가깝게 고리를 붙여서 거기에 채를 끼워 상을 운반할 수 있게 하여라. 29상 위에 놓은 접시와 대접과 숟가락과 병과 붓는 잔을 만들되 순금으로 만들라. 이것들은 부어드리는 제물인 전제물을 바칠 때 쓰는 것이다.

〈출37:10~16〉

10그가 또 조각목으로 상을 만들었으니 길이가 두 규빗, 너비가 한 규빗, 높이가 한 규빗 반이며 11순금으로 싸고 위쪽 가장자리로 돌아가며 금 테를 둘렀으며 12그 주위에 손바닥 넓이만한 턱을 만들고 그 턱 주위에 금으로 테를 만들었고 13상을 위하여 금 고리 넷을 부어 만들어 네 발 위, 네 모퉁이에 달았으니 14그 고리가 턱 곁에 있어서 상을 메는 채를 꿰게 하였으며 15또 조각목으로 상 멜 채를 만들어 금으로 쌌으며 16상 위의 기구 곧 대접과 숟가락과 잔과 따르는 병을 순금으로 만들었더라

〈더 제대로 된 번역〉

14고리가 상 위 턱에 가깝게 붙어서 상을 메는 채를 꿰게 하였으며 16상 위 기구 곧 접시와 그릇과 부어 드리는 제물인 전제물에 쓸 병과 잔을 순금으로 만들었다.

<9> 진설병 상(1)

[1] 상

상은 히브리어로 '슐칸'입니다. 거기에 빵 열두 개를 진설했습니다.
(1) 이 상은 조각목으로 만들고 금으로 쌌습니다.

이것은 금 널판에서와 같이 예수 그리스도를 의미합니다. 즉 **나무는 인성**을, **금은 신성**을 의미합니다.

이것 역시 **속은 나무이나 온통 금으로 싸여 있어서** 이 성소 안에서는 정금만 보입니다. 즉 예수 그리스도는 **선택된 자들을 구원하는 메시야로서 이 땅에 잠시 인성을 입고 오셨으나 그는 어디까지나 하나님이심**을 다시 강조하고 있습니다.

[2] 구조

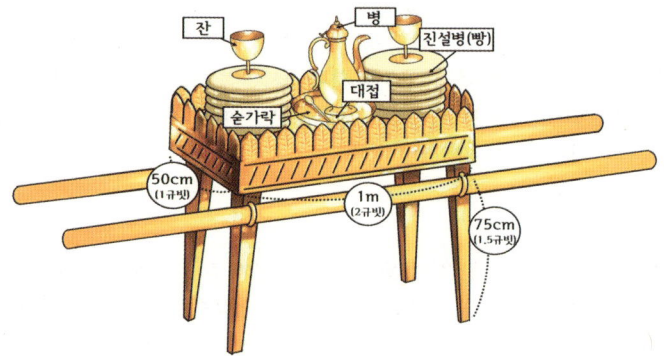

(1) 길이 2규빗(1m), 너비 1규빗(50cm), 높이는 1.5규빗(75cm)입니다.

이것은 무교병과 기구들을 담기 위해 **적당한 너비**이고 관리자, 즉 대제사장이나 제사장이 관리하기에 **적당한 높이**입니다.
이는 **하나님의 배려하심**입니다.
예수를 영접한 사람들, 그리고 날마다 자신의 죄를 회개하며 점점 거룩해진 성도들(제사장)이 무교병을 차리고 먹기에 편하도록 해주신 것입니다.
그 무교병은 성소 안에 들어올 수 있는 **거룩한 제사장만** 먹을 수 있었습니다. 성소 안에 들어올 수 없는 사람은 이 무교병을 볼 수조차 없었습니다.
그 상은 **인성과 신성을 입으신** 예수 그리스도를, 무교병은 **전혀 죄가 없는 완전한 희생제물인** 예수 그리스도를 의미합니다.

옛날 이스라엘 백성들은 모세를 통해 하나님의 명령에 순종하여 이 무교병을 먹음으로써 **모든 죄를 사함 받은 하나님의 백성으로 인정되었고**, 즉시 애굽과 바로의 억압에서 **해방**되었습니다.

즉 예수 그리스도는 인성과 신성을 입으신 메시야요, 전혀 죄가 없는 사람으로서 선택된 죄인들의 죄를 대신 담당하여 죗값을 다 치러주신 완전한 희생제물이셨음을 **확실히 깨닫고 믿는 사람들만이 죄와 사탄의 억압에서 해방되어 하나님 앞에서 의로운 자가 되며 하나님의 백성이 되는 것**입니다.

그런데 이 모든 진리는 예수를 믿는 것이 무엇인지를 확실히 깨닫는 사람, 예수를 분명하게 영접할 뿐만 아니라 **날마다 자기의 죄를 깨닫고 회개하여 점점 거룩해지는 사람**(물두멍을 통과한 사람), 그래서 성소 안으로 들어올 수 있는 **거룩한 제사장**이 된 사람만이 확실하게 깨닫고 믿을 수 있습니다.

이런 사람은 일곱 등잔대와 그 등잔대가 환하게 비춰주는 이 진설병 상과 무교병을 **확실하게 보고 알 수 있습니다.** 그리고 성막 뜰에서 있던 자신, 즉 자기 죄와 하나님의 진노에 대해 무서워 떨던 것을 넘어서서 자기도 **예수와 한 몸이 되고 거룩한 등대의 가지와 잔이 될 뿐 아니라 진설병 상과 무교병이 되었음을 확실히 체험하게** 됩니다.

(2) 상 주위에 금 테를 두르게 하셨습니다.

이것은 **상 자체와 기능이 참으로 소중하며 거룩하고 영광됨**을 의미합니다. **그리스도의 신적인 능력이 복음을 확실하게 둘러 진치고 보호**하신다는 것과 **복음이 거룩하고 존귀하다는 사실**을 뜻합니다.

모든 그리스도인들과 복음전파자들은 복음과 함께하는 그리스도의 신적 능력과 보호를 기억하고 복음을 전파해야 합니다.

그런데 어찌 이런 복음에 무엇을 더하거나 뺄 수가 있겠습니까? 그렇게 하는 사람들은 **그리스도의 사람이 아니며 그리스도가 보낸 사람이 아닙니다.**

(3) "상 위에 **손바닥 넓이만한 턱**을 만들라. **그 주위에 금 테를 두르라**"고 하셨습니다.

턱은 상 위의 물건들을 **보호**하고 **구별**하는 장치입니다. 그 턱 주위에 금 테를 두르게 하신 것은 그 턱이 보호하고 있는 것이 **매우 소중하고 거룩하다는 사실**을 강조합니다.

턱을 '**손바닥 넓이만 하게**' 만들라 하셨습니다.

하나님이신 그리스도의 손이 복음을 온전히 감싸고 있는 것입니다.

누가 이 **그리스도의 손**을 치울 수 있겠습니까? 그런 자들은 전능하신 하나님(예수)의 손에 의해 **파멸될 것입니다.**

복음뿐 아니라 **복음전파자** 또한 이 그리스도의 손이 받쳐주고 보호해주십니다. 그러므로 진실한 복음전파자에게 해를 끼치려 하고 대적하는 자들 역시 이 손에 의해 파멸되는 것입니다. 그래서 복음은 땅 끝까지 전파되며 누구도 막을 수 없습니다.

복음을 정직하게 전하지 않는 사람들은 이런 보호와 도움을 받지 못합니다.

(4) **"금 고리 넷을 네 발 뒤 모퉁이, 턱 곁에 달라"** 하셨습니다.

진설병 상은 **네 개의 금 고리**가 네 발 귀퉁이에 붙어있게 하셨고 거기에 **금으로 싼 조각목의 채**가 항상 꿰어 있게 하셨습니다. 이것은 **항상 이동할 준비**를 갖추게 하신 것입니다. **고리와 채도 상과 똑같이 금으로 입히게 하신** 것은 진설병이 의미하는 것, 즉 **복음이 땅끝까지 전파되기 위해 항상 예비되어 있다**는 것과, **복음전파** 또한 **그리스도의 신적 능력과 권위에 의해 완전하게 이루어지도록 정해져있음**을 확실하게 증거하고 있습니다.

상을 메고 이동시키는 제사장은 바뀔 수 있으나 **상과 고리와 채는 언제나 변함이 없습니다.** 복음이 선택된 마지막 한 사람에게 전해질 때까지 이 상은 그 고리와 채에 의해 전파되는 것입니다. 누구도 이 일을 막을 수 없고 이 일은 결코 실패할 수 없습니다.

그러므로 **이 상의 궤를 어깨에 메고 이동시키는 사람**(복음을 전하는 사람)은 **그 일을 참으로 두려워하며 신중하게 해야** 합니다. 만약 그 일을 잘못하거나 실수한다면 누구보다도 **큰 죄인**이 됩니다. 그래서 이 상을 메는 사람은 반드시 **성소 안으로 들어갈 수 있는 거룩한 제사장**이어야만 하는 것입니다. 만일 합당하지 못한 사람이 그 상을 메려고 손댄다면 그는 당장 죽게 됩니다.

그러므로 **모든 성도는 거룩한 제사장이 되어야** 합니다. 그렇지 못한 성도는 **그리스도의 최고의 명령인 복음전파**를 제대로 할 수 없습니다.

그런데 거룩한 제사장이 되지 못한 채 진설병 상을 메고 이동시킨다는 사람들이 많이 있습니다. 그들이 메고 있는 것은 **결코 성소 안에 있는 진설병 상이 아닙니다.** 그들은 **다른 것을 임의로 만들어서 메고 있는 것입니다.** 그들이 주는 빵은 결코 그리스도의 무교병이 아니요, 그것을 아무리 열심히 먹어도 **하나님의 백성이 될 수 없습니다.** 하나님, 그리스도의 이름을 빙자하며 성경을 이용하면서 가짜 진설병 상을 메고 많은 사람을 미혹하는 자들은 하나님께 무서운 심판을 받고 멸망하게 됩니다.

[3] 기구들

진설병 상에 부수되는 기구들이 있습니다. 대접, 숟가락, 잔, 병입니다.

이것도 모두 정금으로 만들라 하셨습니다. 정금은 예수 그리스도의 신성을 의미합니다.

(1) 진설병 상의 부속물도 모두 정금으로 만들게 하신 것은 복음을 전파하는 일에 사용되는 모든 것들이 비록 사람의 눈에는 대단해 보이지 않아도 그리스도의 신적 능력과 권위가 함께함을 깨우쳐줍니다.

복음전파가 거룩하고 존귀하다는 사실을 다시 한 번 강조하신 것입니다.

무교병을 담아 이동시키는 대접과 숟가락, 포도주를 옮기는 잔과 병은 그 화려한 상에 비하면 특별해 보이지 않습니다. 그러나 그것들은 진설병 상의 기능을 돕는 것이기에 그리스도의 신적 능력과 권위가 함께합니다.

따라서 복음전파를 위해 어떤 형태로든 돕고 있는 사람이나 사물은 이 세상에 존재하는 어떤 값지고 화려한 것들보다 존귀하고 거룩한 존재입니다.

진정으로 예수 그리스도를 영접하고 성령이 함께하는 성도는 누구나 이 복음전파를 위해 크든 작든 사용됩니다. 사람으로서 이처럼 자신과 삶이 거룩하고 존귀하게 사용되는 일은 없습니다.

그러므로 성도는 어떤 형태로든 복음전파에 동참해야 하며 그 일을 세상의 어떤 일보다 존귀하고 거룩하게 여기고 우선해서 해야 합니다.

(2) 만약 제사장이 이 기구들을 사용하지 않고 그 일들을 한다면 어떻게 되겠습니까?

모든 일이 불합당하여 헛되이 되고 하나님의 진노를 사게 될 것입니다.

오늘날 그리스도인들이 과연 그리스도의 대속의 죽으심을 기념하는 일과 증거하는 일을 얼마나 거룩하고 존귀하게 수행하고 있는지 진지하게 점검해봐야 합니다.

또한 예배드리는 것이나 하나님의 명령을 수행할 때에는 **반드시 하나님이 보시기에**, 그리고 받으시기에 **합당하게 해야** 합니다. 만약 여기에 잘못이 있다면 그동안의 수고는 헛되며 **하나님의 진노를 살 일**이 됩니다.

이런 진리들을 볼 줄 알고 깨닫는 사람이 진정으로 거듭나서 예수 그리스도를 영접한 사람이요, 성령을 받은 사람입니다. 성령에 의하지 않고는 이런 거룩한 비밀들을 깨달을 수 없습니다.

[4] 진설병(무교병)(1)

〈레24:5~9〉
5 너는 고운 가루를 가져다가 떡 열두 개를 굽되 각 덩이를 십분 이 에바로 하여
6 여호와 앞 순결한 상 위에 두고 두 줄로 한 줄에 여섯씩 진설하고
7 너는 또 정결한 유향을 그 각 줄 위에 두어 기념물로 여호와께 화제를 삼을 것이며
8 안식일마다 이 떡을 여호와 앞에 항상 진설할지니 이는 이스라엘 자손을 위한 것이요 영원한 언약이니라
9 이 떡은 아론과 그의 자손에게 돌리고 그들은 그것을 거룩한 곳에서 먹을지니 이는 여호와의 화제 중 그에게 돌리는 것으로서 지극히 거룩함이니라 이는 영원한 규례니라

〈더 제대로 된 번역〉
5 너는 **고운 가루**를 취하여 **빵 열둘**을 굽되 **매 덩이를 에바 십분 이로 하라.**
6 **여호와 앞 금 상 위에** 두고 두 줄로 한 줄에 여섯씩 진설하고
7 너는 각줄 위에 **순수한 향**을 얹어라. 그 향은 **빵을 대신해서 기념하는 몫으로** 바치는 것이다. 그것은 여호와께 화제를 드리기 위한 제물이다.
8 **안식일마다** 이 빵을 여호와 앞에 **항상 진설**할지니 이스라엘 백성과 맺은 이 언약은 **영원히 계속될 것**이다.
9 이 빵은 **아론과 그의 자손에게** 돌리고 그들은 그것을 **성소에서 먹어라.** 그것은 여호와께 바치는 가운데 **가장 거룩하기** 때문이다. 이것은 그들이 **영원히 지켜야 할 규례**이다.

1️⃣ **매 덩이를 고운 가루 에바 2/10로 구워서 열두 개의 빵을 만들라 하셨습니다.**

"고운 가루를 취하여 빵 열둘을 굽되 매 덩이를 에바 십분 이로 하라(5절)" 하셨습니다.

진설병(누룩 없는 빵)은 그 옆에 있는 포도즙과 함께 **예수 그리스도**를 의미합

니다. 즉 **예수님의 살과 피의 희생**을 의미하는데 이것은 또한 **예수 그리스도의 대속의 은총을 입고 구속받은 성도들**을 의미하기도 합니다.

(1) **하나님께서 만들게 하시고 하나님 앞에 있는 이 식탁은 언제나 진설병**이 차려져 있어야 했습니다.

그 빵은 **이스라엘의 각 지파**를 나타내는 열두 덩이였고, 한 줄에 여섯 개씩 두 줄로 놓였습니다.

성막은 하나님께서 이스라엘 백성과 함께 거하시겠다고 말씀하신 **하나님의 집**입니다. 따라서 하나님은 **이 세상의 무엇과도 비교할 수 없는 훌륭한 집**을 나타내 보이고자 하셨습니다.

왕궁에는 **왕이 함께하는 식탁**이 있듯이 열두 덩이의 빵은 **하나님의 백성**이요, 기록된 바 '**그의 마당의 곡식**(사21:10)' 과 같은 **이스라엘의 열두 지파**를 나타냅니다. 그래서 **하나님 앞에 놓여있는 것**입니다.

법궤는 하나님께서 그들과 함께하심을 나타내듯이 이 **열두 덩이의 빵은 그들이 하나님께 드려졌음**을 의미합니다.

이 빵이 **하나님 앞에 진설된 사실에서 몇 가지 중요한 뜻**을 발견할 수 있습니다.

1) 하나님은 광야에서 **이스라엘 백성들을 위한 식량으로 매일 아침 만나를 내려주셨습니다.** 또 가나안에 들어간 후에는 그 땅의 곡식들을 주실 것인데 이렇게 그들에게 베풀어주시는 **선하심에 대한 감사의 표시로 무교병을 진설하게 하신 것입니다.**

또한 이로써 이스라엘 백성들은 **언제나 하나님의 선하심을 의지한다는 고백을 항상** 했습니다. 즉 밭의 곡식의 첫 소산을 하나님께 드려서 감사드릴 뿐 아니라 **그들이 빵을 집에 가져갔을 때 하나님께서 불어버리지 않으신 사실**(학1:9)에 대해서도 감사를 드린 것입니다.

우리는 **일용할 양식을 주시는 하나님께 날마다 감사를 드려야** 합니다.

2) **이스라엘 백성들의 식탁에 놓인 빵과 하나님의 식탁의 빵이 똑같은 곡식으로 만들어짐**으로써 하나님과 이스라엘 백성이 **한 가족처럼 맺어진 것을 확인하는 표로 함께 그 빵을 먹은 것입니다.**

곧 **하나님께서 그들과 함께 드시고 그들도 하나님과 함께 먹었던 것입니다.**

3) 그 양식(빵)은 **하나님의 백성들을 위해 제사장이 되시고, 제사 제물이 되신 분, 곧 예수 그리스도가 거룩한 영적 양식이 되었음**을 나타냅니다.

'우리 아버지의 집에는 충분히 먹고 남을 만큼의 빵이 있으니' 한 것처럼 예수 그리스도는 **하나님의 모든 백성들에게 나누어질 빵**이 된 것입니다. 하나님의 집에 참여하는 사람들은 모두 **그 집의 양식으로 풍족해집니다**(시36:8).

하나님의 집과 그의 식탁과 그 빵을 경홀히 여기는 자들이 많으나(말1:12) **하나님의 풍성하신 은혜는 예수를 믿는 자들에게 끊임없는 잔치 자리**가 됩니다. 예수는 그의 모든 지체들(진정한 성도들, 성소 안에 들어온 거룩한 제사장들)이 **그와 함께 영원히 먹고 마실 식탁을 그의 나라에서 베푸시는 것**입니다(눅22:30).

(2) 진설병은 '고운 가루'로 만들게 하셨습니다.

밀알이 으깨지고 부서지되 철저하게 가루가 되어야 했습니다(고운 가루). **예수님은 하나님**이신데 죄인들을 위한 희생제물이 되시기 위해 **자신을 철저하게 낮추시고 작아지셨습니다.** 즉 여자의 후손(인간의 몸)으로 이 땅에 오셨고, 마구간에서 태어나셨고, 천민의 신분으로 오셨고, 율법에 복종하셨고, 온갖 수난과 고초를 당하셨고, 십자가에 죽음을 당하셨고, 음부에 장사지내지셨습니다.

이 이상 어떻게 더 깨어지고 부서질 수 있겠습니까? 그 누가 이렇게까지 낮아지고 작아질 수 있겠습니까?

진설병 상에 놓여있는 **열두 개의 빵**은 또한 **성도가 하나님 앞에서 희생적으로 헌신하여 봉사하는 것**을 의미합니다.

'**진설병**' 이란 말은 히브리어로 '**레헴파님**' 인데 '**하나님의 얼굴 앞에 있는 빵**' 을 의미합니다. 즉 진설병은 **이스라엘 백성이 드리는 희생제물**로서 **자신을 하나님께 희생제물로 드린다**는 것을 의미합니다.

예수께서 자신을 '하늘의 빵' 이라 하신 것은 **당신의 몸의 희생을** 염두에 두고 하신 말씀입니다(요6:51).

우리도 주님과 교회를 위해 **고운 가루로 만든 빵이 되어야** 합니다.

진설병이 **성도의 헌신과 희생**을 의미한다는 것은 그 빵을 **안식일마다 새로이 드린 사실**(레24:8)이 보장하고 있습니다. 성도는 안식일에 하나님께 경배를 드림으로써 **새 힘을 얻고 새롭게** 됩니다.

진설병 위에 유향을 두게 한 것(레24:7) 역시 마찬가지입니다. 유향은 **기도**를 의미하는데 **우리의 기도는 우리의 헌신을 성립**시킵니다.

　바울은 자신이 평생토록 하나님 앞에 희생제물로 바쳤다는 의미에서 '**나는 날마다 죽노라**' 했습니다(고전15:31).

　조지 뮬러도 그의 봉사에 대한 질문을 받았을 때 대답하기를 "**나는 어느 날 죽었습니다. 조지 뮬러에 대해 죽었고, 그의 의견에 대해 죽었고, 그의 선택에 대해 죽었고, 좋아하는 것에 대해 죽었고, 의지에 대해 죽었고, 세상에 대해 죽었고, 세상의 칭찬과 책망에 대해 죽었습니다. 그때부터 나는 하나님께 인정받기만 힘쓰고 있습니다**" 했습니다.

제 20 강

<9> 진설병 상(2)
[4] 진설병(2)

〈레24:5~9〉

〈더 제대로 된 번역〉
5너는 고운 가루를 취하여 빵 열둘을 굽되 매 덩이를 에바 십분 이로 하라. 6여호와 앞 금 상 위에 두고 두 줄로 한 줄에 여섯씩 진설하고 7너는 각 줄 위에 순수한 향을 얹어라. 그 향은 빵을 대신해서 기념하는 몫으로 바치는 것이다. 그것은 여호와께 화제를 드리기 위한 제물이다. 8안식일마다 이 빵을 여호와 앞에 항상 진설할지니 이스라엘 백성과 맺은 이 언약은 영원히 계속될 것이다. 9이 빵은 아론과 그의 자손에게 돌리고 그들은 그것을 성소에서 먹어라. 그것은 여호와께 바치는 가운데 가장 거룩하기 때문이다. 이것은 그들이 영원히 지켜야 할 규례이다.

<9> 진설병 상(2)

[4] 진설병(무교병)(2)

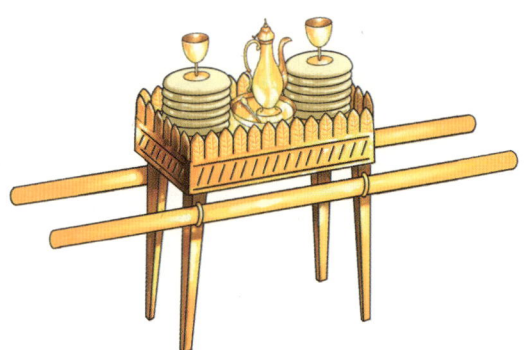

① **매 덩이를 고운 가루 에바 2/10로 구워서 열두 개의 빵을 만들라** 하셨습니다.

(1) 하나님께서 만들게 하신 하나님 앞에 있는 이 식탁은 언제나 **진설병**, 즉 '얼굴 앞에 있는 빵'이 차려져 있어야 했습니다.

(2) 진설병은 **'고운 가루'**로 만들게 하셨습니다.

여기에서 우리가 또 알아야 할 것이 있습니다.
1) **우리는 하나님께 몸을 바쳐야 할 이유가 있습니다.**

① **예수께서 나를 위해 죽으셨다가 다시 사셨기 때문**입니다.
그런 분을 위해 내 몸을 바치지 않을 수 없는 것입니다.

② **내 몸을 주님께 바치지 않으면 마귀에게 바쳐지기 때문**입니다.
로마서 6장 16절에 "**혹은 죄의 종으로 사망을 이루고 혹은 순종의 종으로 의에 이르느니라**" 했습니다.
사람은 이 둘 중 하나에 속할 수밖에 없습니다.
예수님은 말씀하시기를 "**나와 함께하지 않는 자는 나를 반대하는 자요 나와 함께 모으지 아니하는 자는 헤치는 자니라**" 하셨습니다(눅11:23).

2) **우리는 하나님께 몸을 바침으로써 거룩함을 이루게 됩니다.**

거룩은 죄를 떠남을 의미하는 동시에 **천국의 숭고한 아름다움**을 가리키기도 합니다.
헌신은 정결과 모든 덕을 생산합니다. 그 이유는 **우리가 하나님께 헌신할 때 주님의 영이 우리 속에서 활발하게 역사하시기 때문**입니다.
생선을 소금에 절이면 부패되지 않는 것과 같이 **우리가 하나님께 헌신하면 죄는 녹아지고 정결과 덕이 발생**합니다.

1556년, 영국에 두 순교자가 있었습니다.
휴 레브락(hughlaverock)이란 사람은 절름발이였고 존 에프리스(johnap-price)는 소경이었습니다. 레브락은 함께 죽어가는 에프리스에게 말하기를 "형제여, 위로를 받으시오. 오늘 주님께서 우리를 고쳐주십니다. 나의 저는 발을 고치시고 당신의 보지 못하는 눈을 고쳐주실 것이오" 했습니다.

다니엘은 자신의 정결을 유지하기 위해 **모든 것을 주님께 맡겼습니다**(단 1:8~16). 기름진 음식과 술을 먹지 않고 채식만 하고 물만 먹었으나 그의 육신은 누구보다도 건강하고 아름다웠습니다. 그의 영혼은 말할 것도 없었습니다.
거룩은 **진정한 아름다움**이며 **건강**입니다. 그러므로 사람의 아름다움은 **거룩한 사람이 되고 거룩한 생활을 함으로써 만들어지는 것**입니다.

대속의 은총은 이렇게 예수 그리스도의 엄청난 희생을 바탕으로 존재합니다. 그 은총을 입은 우리는 무엇으로도 결코 다 보답할 수 없습니다.

무교병을 먹고 포도즙을 마시는 사람(예수 그리스도를 진정으로 영접한 자)은 주님의 살과 피의 희생으로 거룩해집니다.

우리가 아무리 낮아지고 목숨을 드린다 해도 주님의 희생에 비교할 수 없지만 스스로 주님처럼 철저하게 가루가 되고 무교병이 되어 이 땅에서 희생하여 다른 사람들을 깨끗하게 해야 합니다.

등잔대의 불빛은 이런 무교병과 포도즙을 끊임없이 드러내고 있습니다.

우리는 십자가에 돌아가신 예수님을 언제나 생각하지 않을 수 없고 전하지 않을 수 없습니다. 복음을 전하고 주님을 위해 주님처럼 희생하는 일을 잠시도 잊거나 게을리해서는 안 됩니다.

무교병과 포도즙만이 성소 안에서 등잔대의 불빛과 여호와의 궤 앞에 존재합니다.

예수를 닮은 그리스도인이 아닌 자, 즉 무교병과 포도즙이 아닌 다른 형태를 지닌 자는 결코 그 거룩한 자리에 있을 수 없습니다. 예수를 닮기 위해 힘쓰지 않고 다른 것을 위해 애쓰는 자의 모든 수고는 헛될 뿐입니다.

나는 거룩한 자리에 있는지, 언제나 그 장소에 있는지 살펴보시기 바랍니다.

예수를 닮고자 하는 사람은 먼저 자신이 죽어야 하며 으깨지고 부서져야 합니다.

예수께서 "내가 진실로 진실로 너희에게 이르노니 한 알의 밀이 땅에 떨어져 죽지 아니하면 한 알 그대로 있고 죽으면 많은 열매를 맺느니라" 하셨습니다(요12:24).

자기가 죽고 부서지고 깨어지는 것은
1. **자기의 각양 부패함을 발견**(자각)**하는 것**이고
2. **그것들을 철저히 회개하는 것**이며
3. **버리는 것**입니다.

밀 이삭은 껍질이 있는 그대로는 아무 곳에도 쓸 수 없습니다. 나중에 누룩으로 변하여 썩게 하는 껍질의 무익하고 해됨을 발견하고 껍질이 벗겨지는 아픔과 손실을 감내하며 벗어버려야 합니다.

이 껍질 벗김의 작업이 어느 정도 되었습니까? 우리는 껍질을 벗을 뿐 아니라 그 안의 교만하고 완악함이 철저히 으깨지고 부서져야 합니다(고운 가루).

그런데 우리는 이것을 스스로 할 수 없습니다.

말씀과 기도의 맷돌 사이에 들어가야 하며 성령의 힘이 그것을 움직이서

야 합니다. 맷돌은 외짝만 있어서는 안 되며, 두 짝이 다 있으나 돌리는 힘이 없어서도 안 됩니다. 말씀, 기도, 성령의 역사, 이 세 가지의 도움을 항상 갈구해야 합니다. 이것을 잘할 때 성숙한 그리스도인이 되고 말씀과 믿음과 성령이 충만한 사람이 됩니다. 이런 사람이 바로 성소 안에 있는 진설병 상의 무교병과 포도즙입니다.

(3) 고운 가루를 기름으로 반죽하게 하셨습니다.

하나님은 모든 소제물과 무교병이나 무교전병에 반드시 기름을 섞거나 부어 만들도록 명령하셨습니다(레위기 2장).

성령을 의미하는 기름은 제물과 무교병이 잘 구워지고 태워지게 합니다.

고운 가루가 무교병이 되는 데에는 성령의 역사하심이 주어져야만 가능합니다.

스스로 도를 닦아서 어느 정도 가루가 되었다 할지라도 하나님의 언약의 선물을 받지 못하거나 성령의 도우심을 받지 못하는 사람은 결코 구속의 은총을 입을 수 없고 그리스도인, 즉 하나님의 자녀가 될 수 없습니다.

언약을 선물로 받은 사람, 성령의 도우심을 받은 사람은 참으로 복 있는 사람입니다.

좋은 무교병이 되려면 기름으로 골고루 잘 반죽되어야 하듯이 성도는 성령의 도우심을 갈망해야 하며 성령이 나의 전부를 지배하시고 다스리시고 변화시키시도록 해야 합니다. 그리고 반죽이 충분히 섞여지듯이 말씀과 성령의 역사로 충분히 연마되고 성숙되어야 합니다.

가루는 입김에도 흩날릴 만큼 나약하나 기름을 섞어 반죽하면 가루가 하나로 뭉쳐 전혀 새로운 구조물(조직체)이 됩니다.

이렇게 성령은 죄인들의 부패했던 부분들을 새롭게 하며 서로 제 위치를 찾게 하고 제구실을 하게 하며 성도들을 하나 되게 하며 그리스도와 한 몸을 이루게 합니다.

"평안의 매는 줄로 성령이 하나 되게 하신 것을 힘써 지키라" 했습니다(엡4:3).

성령께서 역사하심으로 내가 가진 것들이 하나님의 나라와 의를 이루는 일에 적절히 사용되며 성도 개개인이 자기 위치에서 고유의 사명을 감당할 수 있습니다. 이리하여 모든 것이 한 주인 예수의 뜻대로 치밀하게 이루어져 나가는 것입니다.

만약 선택된 사람이 이 성령의 역사하심을 모르고 무시하며 살아가면 그는 그렇게 하는 만큼 반드시 모든 것에 실패합니다. 선택된 사람은 반드시 구속받아야 하며 그가 해야 할 사명을 하게끔 성령께서 역사하십니다. 이 성령의 역사에 보조를 맞추지 않는 사람은 성령의 역사로 그 진로가 변경될 것이며 하나님이 정하신 때가 다 지나도록 성령의 역사에 보조 맞추기를 거절하면 성령과 상관이 없는 사람이 되어버립니다. 이런 사람은 그리스도와 한 몸을 이룬 사람이 아니며 구원에서 제외됩니다. 그래서 그리스도인은 '성령이 하나 되게 하신 것'을 힘써 지켜야 합니다. 그것만이 '평안의 삶'을 얻는 길입니다.

(4) 반죽된 것을 불에 구워야 합니다.

가루가 기름에 의해 다른 것들과 뗄 수 없는 관계를 갖게 되었는데 이제는 불에 구워져서 근본적으로 변화됩니다. 반죽이 먹을 수 있는 빵이 되고 미완성이 완성이 되는 것입니다. 이것은 불에 구워짐으로써 되어집니다.

예수님은 가루가 되시고 성령의 도우심으로 온갖 고난을 당하셨으며(기름으로 반죽) 하나님의 무서운 진노를 당하심으로(불에 구워짐) 메시야의 사명을 완수하셨습니다.

마찬가지로 성도들도 먼저 가루가 되고 성령의 도우심을 받아 새로워지며 하나님의 뜻에 따라 죽기까지 자신을 굴복시키고 헌신하고 희생함으로써 주어진 사명을 완수해야 합니다. 철저하게 자기를 부인하고 자기 십자가를 지어야 합니다. 이런 성도만이 성소 안의 무교병입니다.

'구워지는 무교병'에서 깨달을 것이 있습니다.
1) 모든 부분이 골고루 익은 전병이 되어야 합니다.

'뒤집지 않은 전병'이 있다는 말씀이 있습니다(호7:8).
한 편은 익었으나 다른 편은 설익었든지, 한 편은 너무 탔고 한 편은 도무지 익지 않으면 안 됩니다.
말과 행실, 배움과 실천, 속사람과 겉사람, 모든 신앙생활 활동(예배, 기도, 감사, 성경공부, 전도, 봉사, 사랑실천) 등이 골고루 성장하고 있는지, 균형을 이루고 있는지 항상 살펴봐야 합니다. 이것을 잘하지 못하여 골고루 익는 전병이 되지 못하는 교인들이 많습니다. 이런 사람들은 성소 안에 있는 무교병이 아닙니다.

2) 구워지는 만큼 아픔이 있습니다.

가루가 되는 데에도 아픔이 있으나 구워질 때에는 **더 큰 아픔**이 있습니다. 그러나 이것은 **타버리거나 쓸모없어지는 것이 아니라 '익는 것'** 입니다. 그러므로 시험을 당할 때, 특히 큰 시험을 당할 때 기쁘게 여겨야 합니다. "내 형제들아 너희가 **여러 가지 시험을 만나거든 온전히 기쁘게 여기라**" 했습니다(약1:2). **많은 시험을 만날 때 더 크게 기뻐하라는 것입니다.**
 왜냐하면 나는 지금 '**구워지는 무교병**'이기 때문입니다. 구워진 무교병이어야 성소 안에 있을 수 있습니다.
 많은 성도들이 여러 시험들을 이기지 못하고, 시험을 통한 영육 간의 고통을 끝까지 견뎌내지 못하는데 이런 사람들은 아직 성소 안에 있는 무교병이 아닌 것입니다.

(5) 무교병들은 매 덩이를 같게 만들어야 합니다.

"**매 덩이를 에바 십분의 이로 하라**" 하셨습니다.
 여러 덩이를 만들되 '**같은 양의 가루**'이며 크기도 같습니다.
 이것은 그 덩이들이 **똑같은 중요성과 가치를 지님**을 의미합니다.
 예수를 영접하고 예수를 닮아가며 그리스도인의 사명을 다하는 사람들은 모두 하나님 앞에서 **똑같이 중요하며 가치가 있습니다.** 이것은 또한 예수 그리스도의 대속의 은총이 개개인에게 **차별이 없이 적용됨**을 의미합니다. 주님은 이렇게 **구속 받음에 있어 차별이 없이** 우리를 사랑하십니다(달란트는 다를 수 있음). 그러므로 우리는 믿는 사람 사이에 신분상 차별을 두어서는 안 됩니다. 신자는 누구나 그리스도 안에서 **똑같은 신분이요, 같은 가치를 지닙니다.** 만약 이것이 지켜지지 않는다면 그것은 각자에게 베푸신 하나님의 거룩한 은총을 사람이 **무가치하게 만들거나 빼앗는 것이요**, 그런 행위는 **큰 죄악**입니다.

 '**똑같은 크기의 무교병**'에서 **성도 간에 서로 사랑하고 존경할 이유**를 깨달아야 합니다.
 성도들 가운데서 큰 자로 행세하려는 자는 아무리 그것을 위해 애써도 성공하지 못하며 오히려 그런 악한 마음에 대한 **징벌**이 따릅니다.
 성도는 **낮아질 때에만** 그만큼 주님께 인정받고 사랑을 받게 됩니다.
 낮아지는 것은 **주님을 점점 닮아감으로써** 됩니다. 진정으로 **주님처럼 겸손한 마음을** 가지게 될 때 **그 아름다운 마음 때문에** 주님께서 높여주십니다.

> 시138:6 여호와께서는 높이 계셔도 낮은 자를 하감하시며 멀리서도 교만한 자를 아시나이다
> 〈더 제대로 된 번역〉
> 하감하시며 → 굽어 살피시며

> 잠18:12 사람의 마음의 교만은 멸망의 선봉이요 겸손은 존귀의 앞잡이니라

> 잠22:4 겸손과 여호와를 경외함의 보응은 재물과 영광과 생명이니라
> 〈더 제대로 된 번역〉
> 사람이 겸손히 여호와를 경외하면 재물과 영예와 생명을 얻는다.

> 마18:4 누구든지 이 어린아이와 같이 자기를 낮추는 그이가 천국에서 큰 자니라

> 마23:12 누구든지 자기를 높이는 자는 낮아지고 누구든지 자기를 낮추는 자는 높아지리라

> 골2:18 누구든지 일부러 겸손함과 천사 숭배함을 인하여 너희 상을 빼앗지 못하게 하라
> 〈더 제대로 된 번역〉
> 겸손한 체하며 천사를 숭배하는 무리가 있다. 환상을 보았다고도 하는 그들의 말에 귀를 기울이지 마라. 아무도 꾸며낸 겸손과 천사숭배를 이유로 너를 정죄하지 못하게 하라.

> 벧전5:5 서로 겸손으로 허리를 동이라 하나님이 교만한 자를 대적하시되 겸손한 자들에게는 은혜를 주시느니라
> 〈더 제대로 된 번역〉
> 대적하시되 → 물리치시되

(6) 진설병은 열두 개를 두 줄로, 한 줄에 여섯 개씩 진설하게 하셨습니다.

"빵 열둘을 굽되...두 줄로 한 줄에 여섯씩 진설하고" 하셨습니다(레24:5,6).
1) 열두 개의 진설병은 '모든 성도', '모든 지교회'를 의미합니다. 이것은 선택받은 사람들 모두가 반드시 구원받아 그리스도의 몸(교회)이 완성될 것을 의미합니다.

> 12사도/ 그리스도께서 뽑으시고, 훈련하시고, 권능을 주시고, 내보내셔서 전 세계에 복음을 증거하게 하신 사람들
> 12지파/ 하나님께 선택받은 모든 사람

2) **열두 개의 무교병**(모든 선택된 의인들)은 **금으로 입힌 조각목의 상 위에 있으며, 등잔대 맞은 편에서 거룩한 불빛을 받고 있고, 여호와 하나님의 언약궤 앞에 있습니다.**

즉 열두 개의 무교병은 진설병 상과 등잔대와 여호와 하나님의 언약에 의해 존재하는 것입니다.

모든 성도는 신인양성을 입으신 예수 그리스도를 바탕(기본)**으로 존재합니다. 예수가 이 땅에 오셨기에 신자가 될 여지가 마련되었습니다**(진설병 상).

예수의 고난과 죽으심이 있었기에 성도들이 **거룩한 자**(의인, 무교병, 포도즙)가 될 수 있습니다. 또한 선택된 자들은 예수께 붙은 성도들(교회)에게 복음을 듣고 받아서 믿게 됩니다(등잔대와 빛). 이런 모든 계획은 여호와 하나님의 구속 언약에서 비롯되었습니다(여호와의 궤 앞에 있음).

이렇게 **열두 개의 무교병이 진설병 상 위**에 있고, **등잔대 맞은편**에 있고, **여호와 하나님의 언약궤 앞에** 있는 의미를 확실하게 깨달아야 합니다.

3) **열두 개의 무교병이 두 줄로 진설되는 것은 안정성을 위함**입니다.

한 줄로 열두 개의 빵을 세우면 무너지거나 떨어지기가 쉽습니다.

열두 개의 무교병은 **대제사장**(예수)**이** 진설하는 것입니다. 제사장(그리스도인)은 대제사장이 시키는 대로 할 뿐입니다.

진정한 그리스도인은 **예수의 권능의 손에 의해, 또는 그리스도의 종과 먼저 믿은 신앙 선배들에 의해** 안전하게 위치를 차지하고 보호받습니다.

이것은 그 무교병들을 받치고 있는 상과 연관이 있습니다.

우리가 진설병 상에 대해 배웠듯이 "금 상에 손바닥 넓이만한 턱을 두되" 라는 말은 **예수의 권능의 손이 누구도, 무엇도 거룩하고 소중한 하나님의 백성을 침범하거나 해치지 못하도록 안전하게 보호해주시는 것**을 뜻합니다.

이 턱은 무교병이 다른 곳으로 굴러떨어지는 것을 방지하고, 다른 것들이 함부로 들어오지 못하게 합니다.

사탄과 그 무리가 성도들을 해치려고 한다면 그것들은 반드시 **예수 그리스도의 신적 권능**(금 손)**에 의해 실패하게 되며**, 또한 거룩함을 입은 자가 옛 세상을 동경하여 떨어져 나간다면 **예수 그리스도의 신적 권능에 의해 영원한 심판을 받게 됩니다.**

금 상의 턱 둘레에 **금 테**를 두르게 하심은 "**그리스도의 손의 보호**"를 **거**

룩하고 존귀한 하나님의 명예를 걸고 확고불변하게 시행하실 것을 강조해 줍니다.

누가 이 테를 끊을 수 있겠습니까?

그러나 "성소 안의 무교병" 이 아닌 사람은 이런 은총을 항상 누릴 수 없으며 언제든지 사탄과 그 졸개들에 의해 공격을 당하고 상하고 쓰러집니다.

(7) 무교병 옆에는 항상 포도즙이 함께 진설되어 있게 하셨습니다.

이것은 구속언약이 예수 그리스도의 육체의 희생과 피에 의해 반드시 성사된다는 것과 또한 오직 그것에 의해서만 죄인이 구속됨을 확실하게 깨우쳐줍니다.

금 상 위에는 무교병과 포도즙 외에 먹을 수 있는 다른 것이 없었습니다.
이것은 무교병인 성도가 언제나 '예수 그리스도의 보혈의 공로'를 항상 기억하며 살아야 하고, 그 공로와 더불어 살아야 하며, 특히 내가 나된 것은 오직 예수의 보혈의 공로 덕분임을 항상 나타내고 증언해야 함을 암시해줍니다.

그리스도인이 그리스도의 보혈을 잊고 지내는 것은 영혼이 없는 육체와 다름이 없습니다. 그런 육체는 아무런 기능도 할 수 없고, 가치도 없고, 어떤 매력과 아름다움도 있을 수 없습니다. 대제사장은 떡과 포도즙을 함께 먹고 나서야 지성소에 드나들 수 있었습니다. 포도즙이 없는 무교병은 의미나 가치가 없습니다.

예수 그리스도의 거룩한 육체의 희생과 피에 의한 구속을 확실하게 알지 못하고 믿지 못하는 사람은 결코 이 성소의 무교병이 될 수 없는 것입니다.
나는 어떠한 사람인가? 정신을 차리고 살펴보시기 바랍니다.

제 21 강

〈9〉 진설병 상(3)
[4] 진설병(3), [5] 기물들, [6] 진설병 상

〈출37:10~16〉
10그가 또 조각목으로 상을 만들었으니 길이가 두 규빗, 너비가 한 규빗, 높이가 한 규빗 반이며 11순금으로 싸고 위쪽 가장자리로 돌아가며 금 테를 둘렀으며 12그 주위에 손바닥 넓이만한 턱을 만들고 그 턱 주위에 금으로 테를 만들었고 13상을 위하여 금 고리 넷을 부어 만들어 네 발 위, 네 모퉁이에 달았으니 14그 고리가 턱 곁에 있어서 상을 메는 채를 꿰게 하였으며 15또 조각목으로 상 멜 채를 만들어 금으로 쌌으며 16상 위의 기구 곧 대접과 숟가락과 잔과 따르는 병을 순금으로 만들었더라
〈더 제대로 된 번역〉
14고리가 상 위 턱에 가깝게 붙어서 상을 메는 채를 꿰게 하였으며
16상 위 기구 곧 접시와 그릇과 부어 드리는 제물인 전제물에 쓸 병과 잔을 순금으로 만들었다.

〈9〉 진설병 상(3)

[4] 진설병(무교병)(3)

① **매 덩이를 고운 가루 에바 2/10로 구워서 열두 개의 빵을 만들라** 하셨습니다.

(1) 하나님께서 만들게 하신 하나님 앞에 있는 이 식탁은 언제나 **진설병**, 즉 **'얼굴 앞에 있는 빵'**이 차려져 있어야 했습니다.
(2) 진설병은 **'고운 가루'**로 만들게 하셨습니다.
(3) 고운 가루를 **기름으로 반죽하게** 하셨습니다.
(4) 반죽된 것을 **불에 구워야** 합니다.
(5) **매 덩이를 같게 만들어야** 합니다.
(6) **열두 개를 두 줄로, 한 줄에 여섯 개씩 진설하게** 하셨습니다.
(7) 무교병 옆에는 항상 포도즙이 함께 진설되어 있게 하셨습니다.
(8) **무교병과 포도즙은 금 상이 그것만을 떠받치고 있을 만큼 중요**합니다.

사람들은 예수를 어떤 훌륭한 사람, 선한 사람 등으로 나름대로 미화하기도 합니다. 그러나 그것은 그들의 눈에 보이는 금 상입니다.

예수께서 사람들에게 반드시 알게 하시려는 것은 "내가 너희의 속죄를 위해 거룩한 살과 피를 희생제물로 드린 너희의 구세주니 **나만 믿으라. 그러면 너희가 죄 사함을 받고 구원을 얻는다**" 는 사실입니다. 그래서 금 상(예수 그리스도)은 **오직 무교병과 포도즙만을** 떠받치고 드러내는 것입니다.

금 상의 턱 둘레에 **금 테를** 두르게 하심도 그 안에 있는 것들이 **참으로 고귀하며 거룩하다는 사실을** 확실하게 깨우쳐줍니다.

무교병과 포도즙은 이토록 귀하고 거룩합니다.

우리가 이런 복음을 부끄러워하고 감출 것입니까? 이렇게 고귀하며 거룩한 그리스도인이 어찌 옛 생활로 돌아가기를 꿈꾸고 애쓸 수 있겠습니까? 그런 사람은 하나님을 진노하시게 하는 사람입니다.

사도 바울은 "나는 오직 **이 십자가의 도만 자랑한다**" 했습니다.

이 복음 외에 세상에서 자랑할 만한 것이 무엇이겠습니까?

예수 그리스도와 복음보다 다른 것을 더 소중하게 여기고 자랑하는 사람은 아직 금 상이 떠받치고 있는 무교병과 포도즙이 되지 못한 사람입니다.

(9) 두 줄의 무교병 위에 **유향을 두어 화제로 삼게** 하셨습니다.

> 레24:7 너는 각 줄 위에 **순수한 향을** 얹어라. 그 향은 빵을 대신해서 기념하는 몫으로 바치는 것이다. 그것은 여호와께 화제를 드리기 위한 제물이다.

화제는 하나님께 드리는 **향기로운 제물**입니다.

하나님께서 그 무교병을 향기로운 제물로 받으시는 것입니다. **예수의 대속의 죽으심은 하나님께서 가장 향기롭게 받으신 제물이었으며 예수와 연합한 성도들** 역시 마찬가지입니다.

그 향기로움은 '**정결한 것**' 이어야 합니다.

하나님께서 받으시는 모든 것은 **향기롭고 정결해야** 하며 **예수와 그와 연합한 모든 성도들**(교회) 또한 언제나 그러해야 합니다.

그러므로 성도와 교회는 **항상 하나님 앞에서 향기롭고 정결해야 할 의무가** 있습니다. 악취를 내고, 어지럽게 하고, 더럽게 하는 자들은 하나님 앞에서 **불합당한 자들**입니다. 이런 자들이 교회 안에 많이 있습니다.

2 무교병과 포도즙은 "안식일마다" 진설하게 하셨습니다.

> 레24:8 안식일마다 이 떡을 여호와 앞에 항상 진설할지니 이스라엘 백성과 맺은 이 언약은 영원히 계속될 것이다.

하나님께서 **안식일**에 **진설병과 포도즙이 의미하는 은총을** 성도들에게 **깨우쳐주시고 그것에 대한 감사와 영광을 그날에 받고자** 하신 것입니다.

그러므로 모든 그리스도인은 안식일(주일)에는 **모든 일을 중지하고, 한자리에 모여서** 예수 그리스도의 이름과 대속의 은총을 듣고 배우며 그 은혜를 누리며 **감사의 축제를 벌여야** 합니다. 이것은 **영적 이스라엘 자손**(예수와 연합한 자들)만이 누릴 수 있는 **영원한 특권이요, 복**입니다.

그런 우리가 세상의 일로 그날을 보내는 것은 **큰 잘못**이며 우리에게 **큰 손실**을 가져다줍니다.

교회는 주일마다 예수 그리스도의 대속의 진리를 강조하고 열심히 반포해야 하며 교회와 성도들이 다른 일로 시간을 허비하지 않게 해야 합니다.

"이는 **이스라엘 자손을 위한 것이요, 영원한 언약**이라" 하셨습니다.
어찌 이런 복과 특권을 우리 스스로 소홀히 하고 포기한단 말입니까?
하나님께서는 그 특권의 **특별함**에 대해 또다시 언급하셨습니다.

> 레24:9 이 빵은 아론과 그의 자손에게 돌리고 그들은 그것을 성소에서 먹으라. 그것은 여호와께 바치는 화제 가운데 가장 거룩하기 때문이다. 이것은 영원히 지켜야 할 규례이다.

무교병과 포도즙은 **성소 안에 있는 사람**(예수와 한 몸이 된 사람)**만이 먹을 수 있습니다.** 이것은 **하나님께서 영원히 정하신 규례**입니다. 아무리 시대가 바뀌고 세상이 변해도 무교병을 먹고 포도즙을 마실 수 있는 사람은 **'오직 예수와 연합한 자들'** 뿐입니다. 합당하지 않게 그것을 먹고 마시는 자들, 즉 예수를 확실히 영접하지도 않고 자기를 부인하지도 않고 자기 십자가를 지지 않는 사람들은 **예수 그리스도의 살과 피에 대해 죄를 짓는 자들**입니다.

> 〈고전11:27~29〉
> 27 그러므로 누구든지 주의 떡이나 잔을 합당하지 않게 먹고 마시는 자는 주의 몸과 피에 대하여 죄를 짓는 것이니라
> 28 사람이 자기를 살피고 그 후에야 이 떡을 먹고 이 잔을 마실지니
> 29 주의 몸을 분별하지 못하고 먹고 마시는 자는 자기의 죄를 먹고 마시는 것

이니라

〈더 제대로 된 번역〉

27, 28 떡 → 빵

29 주의 몸이라는 인식이 없이 먹고 마시는 자는 자기에게 내릴 하나님의 심판을 먹고 마시는 것이다.

〈고전11:24~26〉

24 축사하시고 떼어 이르시되 이것은 너희를 위하는 내 몸이니 이것을 행하여 나를 기념하라 하시고

25 식후에 또한 그와 같이 잔을 가지시고 이르시되 이 잔은 내 피로 세운 새 언약이니 이것을 행하여 마실 때마다 나를 기념하라 하셨으니

26 너희가 이 떡을 먹으며 이 잔을 마실 때마다 주의 죽으심을 그가 오실 때까지 전하는 것이니라

〈더 제대로 된 번역〉

24 축사하시고 떼어 이르시되 이것은 너희를 위한 내 몸이니 나를 기억하면서 이것을 행하라 하시고

25 식후에 또한 그와 같이 잔을 가지시고 이르시되 이 잔은 내 피로 세운 새 언약이니 이 잔을 마실 때마다 나를 기억하고 이것을 행하라.

26 너희가 이 빵을 먹으며 이 잔을 마실 때마다 주님이 오실 때까지 주님의 죽으심을 전하라.

제사장이 된 그리스도인은 무교병과 포도즙을 먹고 마시면서 **예수 그리스도의 대속의 죽으심**을 (1) **기억하고**, (2) **전해야** 합니다.

무교병과 포도즙을 먹지 않는 제사장을 상상할 수 있습니까? 예수의 죽으심을 기억하지 않고 증언하지 않는 그리스도인이 무슨 존재가치가 있겠습니까?

"**빵은 아론과 그의 자손들에게만 돌리라**" 하셨고 "**그들은 그것을 성소에서 먹으라**" 하셨습니다.

이 말씀 또한 예수의 죽으심을 기억하고 증언하는 일이 오직 그리스도인에게만 부여된 일임을 강조합니다.

성소(거룩한 곳)에서 먹으라 하신 것은 **무교병과 포도즙을 먹는 일**, 즉 **그리스도의 대속의 은총을 직접 받는 일**은 오직 예수 그리스도를 참으로 믿고 그와 연합된 사람들에게만 주어진다는 것을 깨우쳐줍니다.

"**이것이 영원히 지켜야 할 규례이다**" 했습니다.

이 원칙은 **영원히 변함이 없다**는 것입니다. 즉 **예수를 믿고 그와 연합된 사람들만 예수의 은총을 입는다는 사실은 절대 변경되지 않습니다.**

여기서 다시 **예수 그리스도를 말미암지 않고는 아버지께로 올 수 없다는 사실**을 확고하게 선언하신 것입니다.

[5] **"대접, 숟가락, 잔, 병들 모두를 정금으로 만들라"** 하셨습니다.

이 기구들은 대제사장이나 제사장이 **무교병과 포도즙을 진설하거나 먹을 때** 사용하는 것들입니다.

(1) **"그것들을 모두 정금으로 만들어서 사용하라"** 하신 것은 **그 일들이 지극히 거룩하고 존귀한 일임**을 암시해줍니다.

성소의 **무교병과 포도즙**, 그리고 그것들이 항상 성소 안에 진설하는 것, 대제사장과 제사장들이 그것을 먹는 일은 바깥에서 그 어떤 것을 만들고 먹는 것과는 **근본적으로 다른 일**입니다. 그러므로 그 일을 하는 사람들은 **'언제나 지극히 거룩하고 존귀하게'** 수행해야 합니다.

그리스도인들은 **항상 예수 그리스도의 죽으심**(대속의 은총)**을 기억하는 일**(특히 안식일에 해야 함)**과 그것을 증언하는 일을 어떤 일보다도 거룩하고 존귀하게 여기며 해야** 합니다.

나는 과연 그리스도의 대속의 죽으심을 기억하고 증거하는 일을 거룩하고 존귀하게 수행하고 있는지 진지하게 점검해보시기 바랍니다.

우리는 **하나님 앞에서 예배를 드릴 때나 하나님의 명령을 수행할 때 반드시 하나님께서 보시기에, 받으시기에 합당하게** 해야 합니다.

만약 제사장이 이 기구들을 사용하지 않고 그 일을 하면 어떻게 되겠습니까? **불합당한 모든 수고는 헛되이** 되고, **하나님의 진노를 사게** 될 것입니다.

> 신17:1 흠이나 악질이 있는 소와 양은 아무것도 네 하나님 여호와께 드리지 말지니 이는 네 하나님 여호와께 가증한 것이 됨이니라
> 〈더 제대로 된 번역〉
> **흠이 있는 소와 양**은 아무것도 네 하나님 여호와께 드리지 말지니 **여호와께서는 이런 것을 싫어하신다.**

〈사66:2~4〉
2 나 여호와가 말하노라 내 손이 이 모든 것을 지었으므로 그들이 생겼느니라 무릇 마음이 가난하고 심령에 통회하며 내 말을 듣고 떠는 자 그 사람은 내가 돌보려니와
3 소를 잡아 드리는 것은 살인함과 다름이 없이 하고 어린 양으로 제사드리는 것은 개의 목을 꺾음과 다름이 없이 하며 드리는 예물은 돼지의 피와 다름이 없이 하고 분향하는 것은 우상을 찬송함과 다름이 없이 행하는 그들은 자기의 길을 택하며 그들의 마음은 가증한 것을 기뻐한즉
4 나 또한 유혹을 그들에게 택하여 주며 그들이 무서워하는 것을 그들에게 임하게 하리니 이는 내가 불러도 대답하는 자가 없으며 내가 말하여도 그들이 듣지 않고 오직 나의 목전에서 악을 행하며 내가 기뻐하지 아니하는 것을 택하였음이라 하시니라

〈더 제대로 된 번역〉
2 나 여호와가 말하노라 나의 손이 이 모든 것을 지었으므로 그들이 생겼느니라. 이 모든 것이 다 내 것이라. 무릇 겸손하여 자기를 뉘우치는 사람, 나를 두려워하고 내 말을 듣고 따르는 사람, 이런 사람이 내가 좋아하는 사람이다.
3 분향하는 것은 우상을 섬기는 것과 다름이 없다. 이런 사람은 자기 멋대로 하며 내 뜻을 따르지 않는 사람이다. 그들은 그 역겨운 짓 하는 것을 좋아한다.
4 그러므로 내가 그들을 심판하겠다. 그들이 가장 무서워하는 것으로 그들을 심판하겠다. 그들은 내가 불러도 대답하지 않았고 내가 말해도 귀담아듣지 않았다. 그들은 내가 악하다고 말한 일을 행했으며 내가 좋아하지 않는 일만을 골라 했다.

〈삼상15:22~23〉
22 사무엘이 이르되 여호와께서 번제와 다른 제사를 그의 목소리를 청종하는 것을 좋아하심 같이 좋아하시겠나이까 순종이 제사보다 낫고 듣는 것이 숫양의 기름보다 나으니
23 이는 거역하는 것은 점치는 죄와 같고 완고한 것은 사신 우상에게 절하는 죄와 같음이라 왕이 여호와의 말씀을 버렸으므로 여호와께서도 왕을 버려 왕이 되지 못하게 하셨나이다 하니

〈사1:11~17〉
11 여호와께서 말씀하시되 너희의 무수한 제물이 내게 무엇이 유익하뇨 나는 숫양의 번제와 살진 짐승의 기름에 배불렀고 나는 수송아지나 어린 양이나 숫염소의 피를 기뻐하지 아니하노라
12 너희가 내 앞에 보이러 오니 이것을 누가 너희에게 요구하였느냐 내 마당

만 밟을 뿐이니라
13 헛된 제물을 다시 가져오지 말라 분향은 내가 가증히 여기는 바요 월삭과 안식일과 대회로 모이는 것도 그러하니 성회와 아울러 악을 행하는 것을 내가 견디지 못하겠노라
14 내 마음이 너희의 월삭과 정한 절기를 싫어하나니 그것이 내게 무거운 짐이라 내가 지기에 곤비하였느니라
15 너희가 손을 펼 때에 내가 내 눈을 너희에게서 가리고 너희가 많이 기도할지라도 내가 듣지 아니하리니 이는 너희의 손에 피가 가득함이라
16 너희는 스스로 씻으며 스스로 깨끗하게 하여 내 목전에서 너희 악한 행실을 버리며 행악을 그치고
17 선행을 배우며 정의를 구하며 학대 받는 자를 도와주며 고아를 위하여 신원하며 과부를 위하여 변호하라 하셨느니라

〈더 제대로 된 번역〉
11 여호와께서 말씀하시되 나는 너희가 바친 이 모든 제물을 바라지 않는다. 이제는 너희의 숫양과 번제물과 살진 짐승의 기름이 지겹다. 수송아지와 양과 염소의 피도 반갑지 않다.
12 너희가 나를 만나러 오지만 누가 너희더러 이렇게 들락날락하며 내 마당만 밟으라고 했느냐?
13 헛된 제물을 다시 가져오지 말라. 너희가 태우는 향이 역겹다. 너희가 초하루 축제일과 안식일과 특별한 절기에 모이는 것도 참을 수 없고, 거룩한 모임에 모여서 악한 짓을 하는 것도 견딜 수 없다.
14 정말로 나는 너희의 초하루 축제일과 특별 절기들이 역겹다. 그것들은 오히려 내게 무거운 짐이다. 나는 그것들을 짊어지기에는 너무 지쳤다.
15 팔을 벌려 내게 기도해도 나는 눈을 감고 너를 쳐다보지 않겠다. 이는 너희의 손에 피가 가득하기 때문이다.
16 너희는 몸을 씻어 깨끗하게 하여라. 내가 보는 앞에서 이런 악한 짓을 멈춰라. 못된 짓을 그만 두어라.
17 선행을 배우며 정의를 구하며 억눌림 받는 사람을 구해주고, 재판에서 고아들을 지켜주며, 과부의 억울한 사정을 들어주어라.

〈미6:6~8〉
6 내가 무엇을 가지고 여호와 앞에 나아가며 높으신 하나님께 경배할까 내가 번제물로 일 년 된 송아지를 가지고 그 앞에 나아갈까
7 여호와께서 천천의 숫양이나 만만의 강물 같은 기름을 기뻐하실까 내 허물을 위하여 내 맏아들을, 내 영혼의 죄로 말미암아 내 몸의 열매를 드릴까
8 사람아 주께서 선한 것이 무엇임을 네게 보이셨나니 여호와께서 네게 구하

시는 것은 오직 정의를 행하며 인자를 사랑하며 겸손하게 네 하나님과 함께 행하는 것이 아니냐
〈더 제대로 된 번역〉
7 여호와께서 천 마리의 양이나 강줄기 만 개를 채울 만한 기름을 기뻐하실까? 내 허물을 벗기 위해 내 맏아들을, 내 죄를 씻기 위해 내 몸으로 낳은 자식이라도 바칠까?
8 사람아, 그분이 네게 말씀하셨다. 무엇이 선하며 여호와께서 너희에게 요구하는 것이 무엇이냐? 그것은 오직 정의를 행하며 인자를 사랑하며 겸손하게 네 하나님과 함께하는 것이다.

말1:14 짐승 떼 가운데 수컷이 있거늘 그 서원하는 일에 흠 있는 것으로 속여 내게 드리는 자는 저주를 받으리니
〈더 제대로 된 번역〉
속이는 사람, 즉 짐승 떼 가운데 수컷을 바치기로 약속해놓고 흠 있는 것으로 바치는 사람은 저주를 받는다.

우리가 하나님 앞에서 얼마나 신중하고 조심성 있게 행해야 하는가를 깨우쳐줍니다. 무교병과 포도즙은 문제가 없는데 그것을 진설하고 먹는 사람들(그리스도인)과 그들의 생활이 문제되는 일들이 참으로 많습니다.

내가 하나님 앞에서 합당하지 않게 하고 있는 것이 무엇인지 철저하게 찾아내고 반드시 개선해야 합니다. 그렇게 하지 않는 사람들은 하나님께서 역겨워하시며 눈과 귀를 가리시며 저주를 내리시는 사람이 되는 것입니다.

(2) 무교병과 포도즙을 진설하고 먹는 데에 여러 도구들이 사용되게 하신 것은 그리스도의 죽으심을 기억하고 증거하는 일에는 여러 가지 기능들이 필요함을 일깨워줍니다.

그 일들이 무엇인지 알게 해주고 그것의 고귀함을 항상 잘 드러내는 일, 즉 일꾼이 있어야 하며(대접), 그리스도의 보혈의 능력을 전해주고(병), 그것을 받아들이도록 적극적으로 돕고(잔), 모든 진리와 그 은혜를 남김없이 받아들이도록 끊임없이 돕고 세심하게 돕는 일(숟가락)이 있어야 합니다. 그 모든 기능은 어느 하나도 소홀히 해서는 안 되며 반드시 해야 할 것들입니다. 이것이 네 가지 도구를 반드시 금으로 만들어야 한다는 의미입니다.

잔과 병을 '붓는 잔', '붓는 병'이라고 칭했습니다(출25:29, 37:16). 이 잔과 병은 '부어주는 것'입니다.

그리스도인은 **신앙과 진리와 복을 반드시 사람들에게 건네주어야** 합니다. 그것을 잘하면 비록 조그마한 잔, 병, 숟가락, 대접에 불과할지라도 '**성소 안, 진설병 상 위의 금으로 된 도구들**'이 됩니다. 그 모든 것은 무교병과 포도즙이 영원히 존재하듯이 **영원히 존재**합니다.

나는 예수를 믿어 하나님께 받은 모든 은혜를 다른 사람들에게 성실하게 나누어주었는가를 날마다 살펴보아야 합니다. 여기에서 하나님 앞에 인정받지 못하는 사람은 결코 진설병 상 위에 있는 도구들이 아닙니다.

[6] 진설병 상은 금으로 된 고리에 금 막대기(채)가 꿰어져서 언제든 옮겨질 태세로 되어있습니다.

(1) 놀라운 사실은 **진설병 상에 대한 일곱 절의 말씀 중에 세 절이 금고리와 채에 대한 말씀이라**는 것입니다.

이는 **진설병 상에 있어서 금 고리와 채가 차지하는 의미가 매우 중요함**을 깨우쳐주시는 것입니다. 그렇다고 해서 진설병 상 자체의 의미가 덜 중요한 것은 결코 아닙니다.

(2) **고리는 채를 꿰기 위한 것**이요, **채가 항상 고리에 꿰어진 채로** 놓여있었습니다.

"상을 위하여 **금 고리 넷**을 부어 만들어 네 발 위 네 모퉁이에 달았으니 그 고리가 턱 곁에 있어서 **상을 메는 채를 꿰게** 하였으며 또 조각목으로 **상 멜 채**를 만들어 **금으로 쌌다**(출37:13~15)" 했습니다.

채가 항상 꿰어져 있는 모습은 어느 한 곳에만 머물러 있는 것이 아니고 **옮겨가야 하는 것**, 그것도 **자주 옮겨가야 하는 것**을 의미합니다. 무교병과 포도즙, 그리고 그 상은 **이 땅 이곳저곳으로 자주 옮겨가야** 하는 것입니다.

그것이 머물렀던 곳 중에 가장 안전하고 화려하고 거대하면서도 오래 머물렀던 곳은 솔로몬의 성전입니다. 그러나 **거기에도 항상 있을 수 없었고 이스라엘의 멸망과 함께 이방인들에게 넘겨졌으며 계속해서 옮겨졌습니다.**

신약시대에 이르러서는 **그것이 '예수 그리스도의 복음'이 되어 전 세계 곳곳으로 옮겨졌습니다.** 거듭되는 이스라엘의 멸망과 변혁으로 옛날 성막의 모든 것은 사라졌습니다. 이제는 그 **유형적인 복음**이 더 이상 필요치 않고 **무형적 복음인 예수 그리스도의 복음**의 시대가 되었기 때문입니다.

만약 그것이 지금도 남아있다면 사람들이 그것을 신성시하며 우상숭배의 대상으로 삼았을 것입니다.

복음 진리는 예수께서 다시 이 땅에 오시기 전까지는 계속해서 다른 곳, 다른 사람들에게 전달되어야 합니다. 만일 그리스도인들(교회)이 그렇게 하지 않는다면 그것은 진설병 상에서 **채를 없애 버리는 것**이요, 그런 상은 결코 하나님 앞에 놓여 있을 수 없습니다. 고리와 채가 없는 진설병 상은 아무리 그럴듯한 것이라도 결코 이 성소 안에 놓여 있을 수 없는 것입니다.

그런데 이런 성도와 이런 교회가 얼마나 많은지 모릅니다.

전도의 사명에 불붙지 않은 성도와 교회는 결코 주님을 기쁘시게 하지 못합니다.

(3) **'옮겨져야 하는 진설병 상의 진귀성'** 은 고리가 **금이라는 것과**(더구나 그것은 부어 만든 것임) **채도 조각목에 금을 싼 것**과, 그렇게 하여 **어깨에 메어 옮기라고 하신 것**에서 더욱 드러납니다.

고리가 **오직 금으로 만들어지게 하신 것은 거기에 채가 꿰어지고 옮겨지는 일이 '오직 신적 권능에 의해 이루어질 것'** 임을 암시해줍니다.

그러므로 **그것은 누구도 막을 수 없고 없앨 수 없습니다.**

더욱이 그것은 금으로 덮인 조각목이 채가 되어 옮겨집니다. 그것은 예수 그리스도의 인성과 신성을 의미하는데(진설병 상과 동일) **'진설병 상의 은혜가 바로 예수 그리스도가 채가 되어 전달되는 것'** 임을 또한 깨우쳐줍니다.

복음 진리는 다름이 아니라 예수 그리스도 자신에 의해서 전달됩니다. 사람은 그것의 **운반자일 뿐**입니다(제사장들, 선택받은 자들은 오직 그 채를 만지며 그 채를 어깨에 매고 옮길 뿐입니다).

사람이 있어서가 아니라 **금 고리와 채가 있어서 옮겨지는 것입니다.** 진설병 상은 어디까지나 **그 고리와 채에 의해** 옮겨지는 것입니다. 그러므로 전달자(운반자) 자신은 **결코 자랑거리가 돼서는 안 되며 그 일에 쓰임 받게 된 것을 영광스럽게 여겨야 할 뿐입니다.** 어디까지나 **고리와 채와 진설병 상만이 자랑거리가 되고 강조되어야** 합니다.

> 고전2:2 내가 너희 중에서 **예수 그리스도와 그의 십자가에 못 박히신 것 외에는** 아무것도 알지 아니하기로 작정하였음이라
> 〈더 제대로 된 번역〉
> 上 내가 너희와 함께 있는 동안에는

> 갈6:14 그러나 내게는 우리 주 예수 그리스도의 십자가 외에 결코 자랑할 것이 없으니 그리스도로 말미암아 세상이 나를 대하여 십자가에 못 박히고 내가 또한 세상을 대하여 그러하니라
> 〈더 제대로 된 번역〉
> 下 결코 자랑할 것이 없으니 그리스도의 십자가를 통해 세상은 나에 대해서 죽었고 나는 세상에 대하여 죽었다.

> 빌3:3 하나님의 성령으로 봉사하며 그리스도 예수로 자랑하고 육체를 신뢰하지 아니하는 우리가 곧 할례파라
> 〈더 제대로 된 번역〉
> 우리는 참 할례를 받은 사람들로서, 하나님의 영으로 예배드리며, 예수 그리스도 안에서만 자랑한다. 우리는 우리 스스로가 얼마나 믿을 수 없는 존재인지 잘 안다.

> 빌3:7~9上 그러나 무엇이든지 내게 유익하던 것을 내가 그리스도를 위하여 다 해로 여길뿐더러 또한 모든 것을 해로 여김은 내 주 그리스도 예수를 아는 지식이 가장 고상하기 때문이라 내가 그를 위하여 모든 것을 잃어버리고 배설물로 여김은 그리스도를 얻고 그 안에서 발견되려 함이니
> 〈더 제대로 된 번역〉
> 그때는 이 모든 것이 내게 너무나 소중하고 가치있는 일이었다. 그러나 예수 그리스도를 만난 이후 그 모든 것이 아무 쓸모 없는 것임을 알았다. 내 주 예수 그리스도를 아는 지식이 가장 고상하기 때문이었다. 그것들뿐만 아니라 세상 그 어떤 것도 내 주 예수 그리스도를 아는 것과 비교가 되지 않는다. 예수 그리스도를 위해 나는 모든 것을 버렸다. 모든 것이 쓰레기처럼 아무런 가치가 없다는 것을 이제 안다. 이로써 나는 그리스도를 알게 되었다.

운반자(사람)는 얼마든지 바뀔 수 있으나 금 고리와 채와 진설병 상은 항상 동일합니다. 그러므로 그 일을 잘하는 자를 배나 존경해야 하지만 신앙생활의 중심은 반드시 예수 그리스도와 십자가의 도가 되어야 합니다.

진설병 상과 금 고리와 채보다 운반자(전도자, 교사, 목사)가 더 부각되고 앞서면 안 됩니다. 즉 영웅적인 목회자나 전도자가 나와서는 안 됩니다.

바울은 고린도 교인들이 자신과 아볼로를 치켜세우며 분파를 형성하기까지 하자 그것을 **책망하며** 자기와 아볼로는 그저 **심는 이, 물 주는 이에 불과하고 자라나게 하시는 이는 예수이시므로 오직 예수를 바라보라**고 했습니다 (고전3장). 그는 **언제나 예수 그리스도를 전면에 내세우고 자기들을 그 뒤에 철저하게 가려지게** 했습니다.

복음은 이런 '**그리스도의 참된 종들**' 에 의해서 '**하나님의 권능**(금 고리)' 아래 온 세상에 전파되는 것입니다.

(4) 진설병 상은 **온 세상 땅끝까지** 전달되지만 **그것의 은혜를 입을 자는 정해져 있음**을 보여줍니다.

'그 고리가 턱 곁에 있어서 상을 메는 채를 꿰게 했다' 했고 그 금 고리와 채가 '턱 곁에 있어야 한다(14절)'고 했습니다.

턱은 무교병과 포도즙이 상 바깥으로 떨어지거나 또한 바깥의 것이 함부로 들어오지 못하게 보호하고 막아줍니다. 그것은 **예수를 영접한 선택된 자들만이 죄 사함을 받고, 거룩해지고, 예수의 손에 의해 항상 보호받는**다는 것을 의미합니다.

그런데 바로 그 '턱 곁에' 고리와 채가 연결되는 것입니다.

이것은 **진설병 상의 은혜가 이스라엘 백성뿐 아니라 이방인들에게도 전달되는데 어디까지나 선택된 자들만이** 그 은혜를 얻게 될 것을 암시해 줍니다.

그러므로 복음을 전하는 사람은 모두가 그것을 받아들이지 않는다고, 또는 핍박한다고 낙심하거나 그들을 정죄해서는 안 됩니다.

'**들을 귀가 있는 자**'가 듣는 것입니다. 우리가 **믿는 자가 되었다는 것은 선택받은 증거**이니 참으로 감사한 일입니다.

제 22 강

⟨10⟩ 분향단(1)
[1] 단, [2] 목적, [3] 향(1)

⟨출37:25~28⟩

25그가 또 조각목으로 분향할 제단을 만들었으니 길이는 한 규빗이요 너비도 한 규빗이라 네모가 반듯하고 높이는 두 규빗이며 그 뿔들이 제단과 연결되었으며 26제단 상면과 전후 좌우 면과 그 뿔을 순금으로 싸고 주위에 금 테를 둘렀고 27그 테 아래 양쪽에 금 고리 둘을 만들었으되 곧 그 양 쪽에 만들어 제단을 메는 채를 꿰게 하였으며 28조각목으로 그 채를 만들어 금으로 쌌으며

⟨10⟩ 분향단(1)

⟨출30:1~10⟩
1 너는 분향할 제단을 만들지니 곧 조각목으로 만들되
2 길이가 한 규빗, 너비가 한 규빗으로 네모가 반듯하게 하고 높이는 두 규빗으로 하며 그 뿔을 그것과 이어지게 하고
3 제단 상면과 전후 좌우 면과 뿔을 순금으로 싸고 주위에 금 테를 두를지며
4 금 테 아래 양쪽에 금 고리 둘을 만들되 곧 그 양쪽에 만들지니 이는 제단을 메는 채를 꿸 곳이며
5 그 채를 조각목으로 만들고 금으로 싸고
6 그 제단을 증거궤 위 속죄소 맞은편 곧 증거궤 앞에 있는 휘장 밖에 두라 그 속죄소는 내가 너와 만날 곳이며
7 아론이 아침마다 그 위에 향기로운 향을 사르되 등불을 손질할 때에 사를지며
8 또 저녁 때 등불을 켤 때에 사를지니 이 향은 너희가 대대로 여호와 앞에 끊지 못할지며
9 너희는 그 위에 다른 향을 사르지 말며 번제나 소제를 드리지 말며 전제의 술을 붓지 말며
10 아론이 일 년에 한 번씩 이 향단 뿔을 위하여 속죄하되 속죄제의 피로 일 년에 한 번씩 대대로 속죄할지니라 이 제단은 여호와께 지극히 거룩하니라
⟨더 제대로 된 번역⟩
2下 높이는 두 규빗으로 하며 단 네 모퉁이에는 뿔이 나오도록 만들고, 그 뿔들은 제단과 이어져서 하나가 되게 하여라.

3下 순금으로 싸고 제단 둘레에는 금테를 두르라.
8下 이 향은 너희가 대대로 날마다 여호와 앞에 끊지 못할지며
9 너희는 그 위에 다른 향을 사르지 말며 번제물이나 곡식 제물이나 부어 드리는 전제물도 바치지 말라.
10 아론이 일 년에 한 번씩 제단 뿔에 피를 부어서 죄를 씻는 의식을 행하여라. 그 피는 죄를 씻기 위해 바치는 피라. 아론은 지금부터 일 년에 한 번씩 대대로 이 의식을 행하여라. 그 제단은 여호와께 가장 거룩한 것이다.

[1] 단

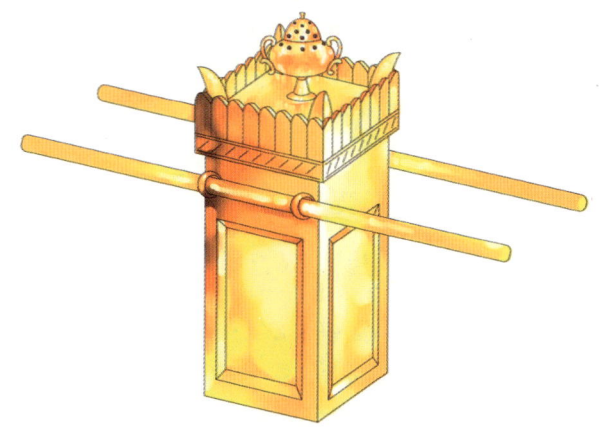

(1) 안은 조각목으로 만들고 겉은 금으로 쌌습니다.

(2) 구조

1) 길이와 너비가 1규빗(50cm)씩으로 네모반듯하고, 높이는 2규빗(1m)입니다. 이 또한 제사장이 향을 사르기에 용이하도록 배려하신 것입니다.
2) 단 위 주위에 금 테를 두르게 하셨고 네 모퉁이에는 금으로 싼 뿔이 나오도록 하셨습니다.
3) 금 테 아래 양 쪽에 금 고리 둘을 만들고 금으로 싼 조각목으로 채를 만들고 그 채는 고리에 꿰게 하셨습니다.
(1)과 2)와 3)은 진설병 상의 의미와 같습니다. 이 단의 기능과 관련해서 각 부분의 의미는 뒤에 자세하게 설명하겠습니다.

[2] 목적(용도)

이 단은 이름 그대로 하나님 앞에서 분향하는 단입니다.

성막에는 두 개의 제단, 즉 **분향단**과 **번제단**이 있습니다.

제단은 **하나님께 제물을 드리고 응답을 받는 곳**입니다. 번제단은 **죄인의 대속제물이 드려지고 하나님의 진노**(불)**가 그것을 사름으로써 속죄받는 제단**이고, 분향단은 **향을 피워드리는 제단**입니다.

[3] 향(1)

1 향의 의미

향은 **예수 그리스도의 중보기도**를 의미하며, 동시에 **성도들의 기도와 감사와 찬양과 예배**를 의미합니다.

> 〈계8:3~5〉
> 3 또 다른 천사가 와서 제단 곁에 서서 금 향로를 가지고 많은 향을 받았으니 이는 **모든 성도의 기도와 합하여 보좌 앞 금 제단에 드리고자** 함이라
> 4 향연이 **성도의 기도와 함께 천사의 손으로부터 하나님 앞으로 올라가는지라**
> 5 천사가 향로를 가지고 제단의 불을 담아다가 땅에 쏟으매 우레와 음성과 번개와 지진이 나더라

천사가 성도들의 기도를 도와서 하나님께 상달하게 한다는 것과 **그 기도들의 응답으로 이 땅에 놀라운 하나님의 능력이 나타나게도 한다**는 것입니다.

> 계5:8 그 두루마리를 취하시매 네 생물과 이십사 장로들이 어린 양 앞에 엎드려 각각 거문고와 **향이 가득한 금 대접**을 가졌으니 **이 향은 성도의 기도들**이라

> 시141:2 **나의 기도가 주의 앞에 분향함과 같이** 되며 나의 손 드는 것이 저녁 제사 같이 되게 하소서

> 〈눅1:9~13〉
> 9 제사장의 전례를 따라 제비를 뽑아 주의 성전에 들어가 분향하고
> 10 모든 백성은 그 분향하는 시간에 밖에서 기도하더니
> 11 **주의 사자가** 그에게 나타나 향단 우편에 선지라
> 12 사가랴가 보고 놀라며 무서워하니
> 13 천사가 그에게 이르되 사가랴여 무서워하지 말라 너의 간구함이 들린지라 네 아내 엘리사벳이 네게 아들을 낳아 주리니 그 이름을 요한이라 하라
> 〈더 제대로 된 번역〉
> 9 제사장의 임무를 맡은 관례에 따라 제비를 뽑았다. 사가랴가 주님의 성전에 들어가 **향을 피우는 사람**으로 뽑혔다.

> 10 다른 사람들은 그 분향하는 시간에 밖에서 기도하더니
> 11 주의 사자가 그에게 나타나 향단 우편에 선지라.
> 12 사가랴가 보고 매우 놀라서 두려움에 휩싸였다.
> 13 천사가 그에게 이르되 사가랴여, 무서워하지 말라. 네 기도를 하나님께서 들으셨다. 네 아내 엘리사벳이 네게 아들을 낳아 주리니 그 이름을 요한이라 하라.

제사장이 성소에서 분향할 때 모든 백성은 기도하고 있었습니다.
이것은 그 분향과 기도가 관련이 있고 백성들의 기도가 분향으로써 하나님께 드려지는 것을 암시해줍니다. 천사가 나타난 것은 그 분향(기도)에 대한 하나님의 응답을 전달해주기 위해서였습니다.

> 히13:15 그러므로 우리는 예수로 말미암아 항상 찬송의 제사를 하나님께 드리자 이는 그 이름을 증거하는 입술의 열매니라

찬미, 즉 감사와 찬송과 예배의 제사는 번제단의 제사가 아니라 분향단의 제사입니다. 더욱이 찬송은 하나님께 영광을 드리고 감사드리고 간구하고 회개하는, 모든 기도가 포함되는 곡조 있는 기도입니다. 찬송은 '아름답게 부르는 기도'로써 그 자체가 '입술로 드리는 열매'입니다.

기도가 성소 안에서 하나님께 드려지는 향기로운 분향이요, 그것이 분향단에서 드려지며, 분향단이 지성소에서 가장 가까운 곳에 있음을 볼 때 하나님께서 성도의 기도와 감사와 찬송을 얼마나 귀중하고 거룩하게 여기시며 기뻐하시는지 알 수 있습니다.

그러므로 우리는 찬미와 기도를 결코 소홀히 해서는 안 됩니다. 동시에 우리의 기도를 기뻐 받으시고 가장 복되게 응답하신다는 사실을 알아야 하며 이 일을 참으로 기쁘고 즐겁게, 그리고 거룩한 사명감을 가지고 해야 합니다. 제사장이 된 성도들이 기도를 쉬는 것도 죄가 아닐 수 없습니다.

2 향의 재료와 제조

> 〈출30:34, 35〉
> 34 여호와께서 모세에게 이르시되 너는 소합향과 나감향과 풍자향의 향품을 가져다가 그 향품을 유향에 섞되 각기 같은 분량으로 하고
> 35 그것으로 향을 만들되 향 만드는 법대로 만들고 그것에 소금을 쳐서 성결하게 하고

(1) 분향에 쓸 향은 반드시 소합향, 나감향, 풍자향으로만 만들어야 했습니다.

소합향은 나무에서 분비되어 나오는 고무진과 같은 향을 말합니다.

이것은 **하나님을 간절히 사모하는 성도의 마음에서 솟아나는 기도**를 비유합니다.

나감향은 어떤 연체동물의 껍질을 빻아서 그 가루로 만든 향입니다.

그것은 **상한 심령으로 기도함**을 비유합니다(시51:7).

풍자향은 고무나무와 같은 나무의 진액으로 만든 향이며 해독제로도 사용이 가능합니다.

이것은 **우리 심령에 자극을 주는 해로운 생각들을 없애 버리는 하나님의 능력**을 비유합니다. 이 능력은 **우리의 심령을 정화시킴으로써** 참된 기도가 되게 합니다.

1) **이 세 가지 향품은 고급 향료품들**입니다.

이는 하나님께서 이스라엘 백성들로 하여금 **기도와 찬송과 예배를 드릴 때 하나님 보시기에 가장 거룩하고 성결하며 온전한 것으로 드리게** 하신 것이었습니다.

우리는 하나님께 **최고의 것**, 즉 흠이 없이 온전한 것, 가장 좋은 것, 첫 새끼, 깨끗한 것이어야 합니다. 왜냐하면 **우리 하나님은 가장 존귀한 분**이시고 우리는 하나님께 **영원히 못 갚을 빚을 지고 있기 때문**입니다. 생명으로도 갚을 수 없는 빚을 졌으므로 **생명까지도** 기꺼이 드려야 하는데 생명이 아닌 다른 것들로 드린다면 **얼마나 좋은 것을 드려야** 하며 **기꺼이 드려야** 하겠습니까?

옛날 이스라엘 백성들이 지극히 형식적인 절기를 지키고 제사를 드렸을 때 하나님은 그 모든 것을 **역겨워**하셨으며 **결코 받지 않으셨다**고 했습니다. 그리고 "다시는 내게 와서 그런 일들을 하지 말라"고 하셨습니다.

오늘날에도 하나님께서 도저히 받으실 수 없는 예배나 기도나 감사와 찬송을 드리는 교인들이 많습니다. 또한 그런 예배를 습관적으로 드리는 교회도 많습니다. 이것은 반드시 **회개하고 개선해야 할 일**입니다.

소합향과 나감향과 풍자향이 아닌 **다른 것으로 드리는** 모든 것들은 결코 하나님께서 받지 않으시고 하나님을 기쁘게 해드릴 수 없으며 그 결과로 **징벌을 받게** 됩니다.

그러므로 우리 성도들과 교회는 **하나님께 드리는 기도와 감사와 찬송과 예배를 얼마나 합당하게 드리고 있는지를 정신을 차리고 면밀하게 살펴보아야** 하고 문제가 있다면 반드시 **이것부터 개선하고 바로잡아야** 합니다.

2) 세 가지 향은 성질이 다르지만 같은 분량으로 섞어 만들게 하셨습니다. 이 향들은 성격과 냄새가 다 다릅니다. 그것이 같은 분량으로 섞여 만들어짐으로써 성소의 향이 되어 하나님께서 기쁘게 받으시는 것입니다.

이와 같이 성도들이 서로 다르고 기도도 각양각색이지만 그것이 모두 하나님 앞에서 귀중히 여김을 받는 것이요(같은 분량), 그것이 하나로 연합되어(한마음 한뜻으로) 드려질 때 하나님께서 기쁘게 받으십니다.

그 세 향의 값은 같지 않았을 것입니다. 그러나 하나님은 "같은 분량으로 섞어 만들라" 하셨습니다.

성도의 기도는 사람이 판단할 때 크고 작은 차이가 있어도 하나님은 모두 귀중하고 거룩하게 보시며 기뻐하시는 것입니다.

단, 성소 안에 들어올 수 있는 제사장이 드리는 기도여야 합니다. 이들의 기도는 어떤 종류의 기도이든지 하나님 앞에서 고귀한 것입니다.

그러나 그것 외에는 다른 어떤 향도 허용되지 않았습니다.

'하나님께서 원하시고 합당히 여기신 그 세 향'만이 용납되는 것입니다. 향은 이 세 가지 외에도 많이 있듯이 사람들이 하나님께 드리는 기도도 많지만 하나님께서 받으실 수 없는 기도들이 많습니다. 그것은 '인간의 정욕대로 쓰려는 목적으로 구하는 기도들'입니다. 이런 기도를 하는 사람들은 아직 성소 안에 들어오지 못한 성도들(거룩한 제사장이 되지 못한 교인들)입니다. 이들은 아직도 자기를 부인하지 않고 자기 십자가를 지고 온전히 주님을 주인삼고 살아가는 자들이 아니요, 먼저 주의 나라와 의를 이루는 자들이 아닙니다. 즉 무엇보다도 하나님의 말씀부터 지키고 주신 사명부터 충실히 감당하는 것을 앞세우고 살아가는 사람들이 아닙니다.

이들은 성막 뜰에 있는 사람들로서 다시 성막 바깥으로 들락날락하는 사람들입니다. 번제단을 통과하여 대속의 은총을 알고 기본적인 믿음은 가지고 있으나 날마다 경건생활을 하지 않음으로써(날마다 물두멍을 통과하지 않음) 성소 안에 들어올 수 있는 거룩한 제사장이 되지 못한 사람들인 것입니다.

하나님이 받으시기에 합당한 향, 즉 하나님께서 받으시기에 합당한 기도와 감사와 찬송과 예배는 성소 안에 있는 분향단에서 드려지는 것뿐이요, 성소 밖에는 하나님께서 받으실 수 있는 것이 없습니다.

오랫동안 신앙생활을 했고 교회의 직분을 받고 일하고 목사의 일을 수행하는 사람이라 할지라도 이 성소 안에서 드리는 향을 피워드리지 못하는 사람들은 결코 이 황금의 집인 성소(천국)에 있는 사람들이 아닌 것입니다.

나도 예수 믿는다고 하면서 **자기 좋을 대로 자기 방식대로 신앙생활하면서** 하나님이 받으실 수 없도록 예배하고 기도하며 감사하고 찬송하는 사람들이 얼마나 많은지 모릅니다.

> 〈사66:2~4〉
> 〈더 제대로 된 번역〉
> 2 나 여호와가 말하노라. 나의 손이 이 모든 것을 지었으므로 그들이 생겼느니라. 이 모든 것이 다 내 것이라. 무릇 겸손하여 자기를 뉘우치는 사람, 나를 두려워하고 내 말을 듣고 따르는 사람, 이런 사람이 내가 좋아하는 사람이다.
> 3 소를 잡아 드리는 것은 살인함과 다름이 없이 하고 어린양으로 제사 드리는 것은 개의 목을 꺾음과 다름이 없이 하며 드리는 예물은 돼지의 피와 다름이 없이 하고 분향하는 것은 우상을 섬기는 것과 다름이 없다. 이런 사람은 자기 멋대로 하며 내 뜻을 따르지 않는 사람이다. 그들은 그 역겨운 짓 하는 것을 좋아한다.
> 4 그러므로 내가 그들을 심판하겠다. 그들이 가장 무서워하는 것으로 그들을 심판하겠다. 그들은 내가 불러도 대답하지 않았고 내가 말해도 귀담아듣지 않았다. 그들은 내가 악하다고 말한 일을 행했으며 내가 좋아하지 않는 일만을 골라 했다.

하나님의 종들은 먼저 자신을 철저하게 돌아보고 내가 목양하고 있는 성도들은 이런 사람들이 아닌가 **살펴봐야** 하고, 사람 숫자를 늘리고 시설을 확장하는 일보다 먼저 교회 안에 들어온 사람들이 하나님 받으시기에 합당한 예배와 기도와 감사와 찬송을 드릴 수 있도록 **치료하고 훈련하고 양육해야** 합니다. 이것을 제대로 하지 못하거나 충실히 하지 못하는 목사들은 **게으르고 악한 종**이라고 **책망받고 징벌을 받게** 될 것입니다.

> 약4:2下~3 너희가 얻지 못함은 구하지 아니하기 때문이요 구하여도 받지 못함은 정욕으로 쓰려고 잘못 구함이니라

> 〈요일5:14~15〉
> 그를 향하여 우리의 가진바 담대한 것이 이것이니 그의 뜻대로 무엇을 구하면 들으심이라 우리가 무엇이든지 구하는 바를 들으시는 줄을 안즉 우리가 그에게 구한 그것을 얻은 줄을 또한 아느니라
> 〈더 제대로 된 번역〉
> 우리는 아무런 의심 없이 하나님께 나아올 수 있다. 이것은 우리가 하나님께 무엇을 구할 때, 그리고 이것이 우리를 향한 하나님의 뜻이 맞을 때 하나님께서 우리가 구하는 것에 깊은 관심을 가져주신다는 것을 뜻한다.

〈요일3:22~24〉
22 무엇이든지 구하는 바를 그에게서 받나니 이는 우리가 그의 계명을 지키고 그 앞에서 기뻐하시는 것을 행함이라
23 그의 계명은 이것이니 곧 그 아들 예수 그리스도의 이름을 믿고 그가 우리에게 주신 계명대로 서로 사랑할 것이니라
24 그의 계명을 지키는 자는 주 안에 거하고 주는 그의 안에 거하시나니 우리에게 주신 성령으로 말미암아 그가 우리 안에 거하시는 줄을 우리가 아느니라
〈더 제대로 된 번역〉
22 무엇이든지 구하는 바를 그에게 받나니 이는 그의 명령을 지키고 그 앞에서 기뻐하시는 것을 행함이라.
23 하나님께서 명령하신 것은 이것이니 곧 그 아들 예수 그리스도의 이름을 믿고 그가 우리에게 명령하신 대로 서로 사랑하는 것이다.
24 하나님의 명령을 지키는 사람은 하나님 안에서 살게 되고 하나님도 그 사람 안에 거하시게 된다. 하나님께서 우리 안에 거하신다는 사실을 어떻게 알 수 있는가? 우리는 그것을 하나님께서 우리에게 주신 성령으로 알 수 있다.

잠10:24 악인에게는 그의 두려워하는 것이 임하거니와 의인은 그 원하는 것이 이루어지느니라

〈시145:18~19〉
여호와께서는 자기에게 간구하는 모든 자 곧 진실하게 간구하는 모든 자에게 가까이하시는도다 그는 자기를 경외하는 자들의 소원을 이루시며 또 그들의 부르짖음을 들으사 구원하시리로다

■ 마5:6 의에 주리고 목마른 자는 복이 있나니 그들이 배부를 것임이요

가. 예수 그리스도를 믿는 참 믿음을 가져야 합니다.
나. 하나님의 계명(말씀)을 열심히 순종하며 기도(형제를 사랑하며)해야 합니다.
다. 그런 사람이 하나님의 뜻에 맞게 구하는 모든 기도는 하나님께서 들으시고 이루어주십니다.

3) 하나님은 형제(성도들)를 미워하고 다투고 원수시하며 해를 끼치고 배신하는 자의 기도는 들어주지 않으십니다.
하나님께서 원하시고 기뻐하시는 향은 하나만의 향, 또는 둘만의 향이 아닙니다. 세 가지 향이 골고루 섞여야 합니다.
하나님께서 기뻐 받으시는 기도는 기본적 신앙만으로 드리는 것이 아니

요, 기본적 신앙과 말씀을 성실히 지키는 것만으로도 아니고, **기본적 신앙과 순종생활**(경건생활)**과 주의 뜻대로**(정욕으로 쓰려고 하는 것이 아님) **구하는 것**이어야 합니다.

세 가지 향이 동일한 분량으로 섞여진 것이 아니면 분향단의 향으로 용납되지 않았던 것처럼 위와 같은 조건에서 **하나라도 결여되는 기도**가 되어서는 안 됩니다.

성막에 드려진 세 가지 향품들은 그것들이 동일하게 섞여지기까지 금 향단에 드려지지 않고 그때를 위해 예비되어 있었습니다.

마찬가지로 **기도의 필요조건들이 골고루 갖춰지기 이전의 기도들은** 전혀 무가치한 것은 아니지만 **그 요건들이 갖춰질 때까지 그때를 위해 준비되고 있는 것**입니다.

소합향에 나감향이 첨가되고 거기에 풍자향이 첨가될 때가 있듯이 **기도의 제 요건들이 골고루 갖춰질 때까지** 성도의 생활이 무르익는 시간이 필요하고 그때를 성실히 기다려야 하며, 동시에 **열심히 노력하여 성취해야** 합니다.

모세는 일찍이 생모로부터 자신이 이스라엘 백성의 구원자라는 사실을 들어 알았습니다. 그러나 그가 **하나님 앞에서 성숙한 사람**이 되기 이전에 왕자로 있을 때 자기 할 일을 하려고 했으나 실패하고 도망치는 신세가 되었습니다. 그 후 **미디안에서 40년 동안 연단과 훈련을 거친 후 하나님 앞에서 자신을 온전히 부인하게** 되었을 때, 즉 하나님께서 과연 그를 이스라엘의 해방자로 쓰실 수 있도록 **준비가 되었을 때** 하나님은 그를 부르시고 그 본연의 사명을 이행하게 하셨습니다.

그러므로 우리 성도들은 평생 기도의 특권을 가지고 많은 열매를 맺고 많은 사람에게 유익을 끼치며 하나님께 점점 더 큰 영광을 돌려 드려야 하는데 그 귀한 기도가 헛되이 되지 않기 위해 **소합향과 나감향과 풍자향이 골고루 섞인 향이 되도록**, 즉 확실한 믿음을 가질 뿐 아니라 **하나님께 순종하고 충성하며 주의 뜻대로 구하는 사람이 되어야** 합니다.

목회자들은 스스로 **이런 기도다운 기도를 할 수 있어야 하며** 모든 성도들이 그렇게 되도록 잘 돕기 위해 **날마다 변화하고 치료되고 성숙해져야** 합니다.

그러나 오늘날 이것을 제대로 가르치고 훈련할 수 있는 사람이 매우 적고 하나님께서 기쁘게 들으실 만한 기도를 하는 사람도 매우 적습니다. 이것은 참으로 성도들과 교회에 있어 **큰 손실**입니다.

제 23 강

〈10〉 분향단(2)
[3] 향(2)

〈출30:1~10〉

〈더 제대로 된 번역〉
1너는 분향할 제단을 만들지니 곧 조각목으로 만들되 2길이가 한 규빗, 너비가 한 규빗으로 네모가 반듯하게 하고 높이는 두 규빗으로 하며 단 네 모퉁이에는 뿔이 나오도록 만들고 그 뿔들은 제단과 이어져서 하나가 되게 하여라. 3제단 상면과 전후좌우 면과 뿔을 순금으로 싸고 제단 둘레에는 금 테를 두르라. 4금 테 아래 양쪽에 금 고리 둘을 만들되 곧 그 양쪽에 만들지니 이는 제단을 메는 채를 꿸 곳이며 5그 채를 조각목으로 만들고 금으로 싸고 6그 제단을 증거궤 위 속죄소 맞은편 곧 증거궤 앞에 있는 휘장 밖에 두라 그 속죄소는 내가 너와 만날 곳이며 7아론이 아침마다 그 위에 향기로운 향을 사르되 등불을 손질할 때에 사를지며 8또 저녁 때 등불을 켤 때에 사를지니 이 향은 너희가 대대로 날마다 여호와 앞에 끊지 못할지며 9너희는 그 위에 다른 향을 사르지 말며 번제물이나 곡식 제물이나 부어 드리는 전제물도 바치지 말라. 10아론이 일 년에 한 번씩 제단 뿔에 피를 부어서 죄를 씻는 의식을 행하여라. 그 피는 죄를 씻기 위해 바치는 피라. 아론은 지금부터 일 년에 한 번씩 대대로 이 의식을 행하여라. 그 제단은 여호와께 가장 거룩한 것이다.

〈10〉 분향단(2)

[1] 단
[2] 목적(용도)
[3] 향(2)
  ① 향의 의미
  ② 향의 재료와 제조

(1) 분향에 쓸 향은 반드시 소합향, 나감향, 풍자향으로만 만들어야 했습니다.

(2) "이 세 가지 향을 유향에 섞으라" 하셨습니다.

> 출30:34 여호와께서 모세에게 이르시되 너는 소합향과 나감향과 풍자향의 향품을 가져다가 그 향품을 유향에 섞되 각기 같은 분량으로 하고

유향은 여러 가지 향품 중에서 **가장 귀한 것**으로서 그것이 하나님 앞에 드려질 때는 **그가 하나님을 가장 사랑하고 있다는 사실을 나타냄**과 동시에 **하나님께서도 그 사람을 가장 사랑하고 계심을 보여줍니다.**

유향은 몰약과 함께 사랑하는 자의 향을 상징했습니다.

> 〈아3:5,6〉
> 5 예루살렘 딸들아 내가 노루와 들사슴을 두고 너희에게 부탁한다 사랑하는 자가 원하기 전에는 흔들지 말고 깨우지 말지니라
> 6 몰약과 유향과 상인의 여러 가지 향품으로 향내 풍기며 연기 기둥처럼 거친 들에서 오는 자가 누구인가
> 〈더 제대로 된 번역〉
> 5 예루살렘의 아가씨들아. 내가 노루와 들사슴으로 너희들에게 부탁한다. 제발 내 사랑이 원할 때까지 내 사랑을 깨우지 말라.
> 6 (합창)마치 연기 기둥같이 유향과 향료 냄새를 풍기며 광야에서부터 올라온 것은 무엇인가?

그러므로 진설병 상에서 두 줄의 무교병 위에 유향을 두는 것과(레24:7) 모든 소제를 드릴 때 그 위에 유향을 두는 것(레2:1), 화제로 찧은 곡식과 기름과 유향을 불사르는 것(레2:16) 등은 '**하나님께서 그 드려지는 것을 하나님을 사랑하는 자가 드리는 것으로 여겨주시고 기쁘게 받으심**'을 의미합니다.

동방의 박사들이 아기 예수께 **황금과 함께 유향과 몰약**을 드렸는데 이는 그들이 **예수님께 영광과 존귀**(황금)를 드리고 **사랑의 표시**(유향, 몰약)를 드린 것입니다. 이것은 또한 **예수님 자신**이 '하나님 아버지께 **최대의 사랑을 입은 제물**'이시며 동시에 '**만왕의 왕**' 이심을 상징합니다.

하나님은 세례를 받으신 예수님을 가리켜 "이는 내 사랑하는 아들이요, 내 기뻐하는 자다" 하셨습니다.

그러므로 **유향**은 '**하나님께 드리는 사랑**', '**하나님으로부터 받는 사랑**'을 의미합니다. 따라서 **유향은 그것을 드리는 자와 하나님이 나누는 사랑**입니다.

소합향, 나감향, 풍자향을 골고루 섞되 그것을 반드시 유향에 섞어야 한다는 사실은 **그 향에는 반드시 하나님께 드리는 사랑과 받는 사랑이 함께해야 함**을 일깨워줍니다.

신앙 안에서의 사랑의 개념은 독특합니다. 사람들이 흔히 생각하듯이 그저 인간들끼리 모든 것을 덮어주고 이해하며 나눠주는 것만을 의미하지 않습니다.

신앙 안에서의 사랑은
(1) 나의 전체를 드려 **하나님을** 사랑하는 것입니다.
(2) **하나님의 사랑을 전제로** 하며 하나님을 사랑하는 데에 손상을 입히지 않고, **하나님의 바람이나 명령을 이행해드리면서** 나의 전부를 기울여 **이웃을 사랑하는 것입니다.**

여기서 우리가 잊지 말아야 할 것이 있습니다.
1) 어떤 은혜 베풂이나 사랑도 **하나님의 사랑을 잃어버리면 무가치**합니다.

하나님 사랑을 잃어버린 사람의 사랑은 그 자체가 모두 죄악이 됩니다.
이는 부모를 부인하면서 다른 사람들을 예우해주는 것과 비슷하고, 도둑질한 것으로 다른 사람을 돕는 것과 다를 바가 없습니다.
그러므로 **사랑을 알고 행하고자 하는 사람은 '나에 대한 하나님의 사랑'을 알아야** 하고, **'나도 그 하나님을 사랑할 줄 알아야'** 합니다. 또한 **그 속에서 '하나님의 명령'과 '하나님께 대한 나의 빚'을 생각하며** 이웃을 사랑해야 합니다.
나에 대한 하나님의 사랑과 하나님이 원하시는 바를 깨달으면 이웃사랑은 의무감 때문이 아니라 **벅찬 감격과 끓어오르는 사랑으로 하게** 됩니다. 진정으로 이웃을 사랑할 마음과 여유가 거기에서부터 나오는 것입니다.
그러므로 성도는 사람을 사랑하기 전에 우선 **하나님부터 자신의 전부를 드려 사랑해야** 합니다.

> 출20:6 나를 사랑하고 내 계명을 지키는 자에게는 천대까지 은혜를 베푸느니라
> 〈더 제대로 된 번역〉
> 나를 사랑하고 나의 명령을 따르는 자에게는 **수천 대 자손에 걸쳐 한결같은 사랑을 베풀 것이다.**

> 신11:1 그런즉 네 하나님 여호와를 사랑하여 그가 주신 책무와 법도와 규례와 명령을 항상 지키라
> 〈더 제대로 된 번역〉
> 그런즉 **네 하나님 여호와를 사랑하여 여호와의 규율과 규례와 율법과 명령을 항상 지키라.**

〈신11:13~15〉
13 내가 오늘 너희에게 명하는 내 명령을 너희가 만일 청종하고 너희의 하나님 여호와를 사랑하여 마음을 다하고 뜻을 다하여 섬기면
14 여호와께서 너희의 땅에 이른 비 늦은 비를 적당한 때에 내리시리니 너희가 곡식과 포도주와 기름을 얻을 것이요
15 또 가축을 위하여 들에 풀이 나게 하시리니 네가 먹고 배부를 것이라
〈더 제대로 된 번역〉
13下 너희의 하나님 여호와를 사랑하여 마음을 다하고 정성을 다하여 섬기면
14上 여호와께서 너희의 땅에 때를 따라 가을과 봄에 비를 내려주실 것이고

신30:20 네 하나님 여호와를 사랑하고 그의 말씀을 청종하며 또 그를 의지하라 그는 네 생명이시요 네 장수이시니 여호와께서 네 조상 아브라함과 이삭과 야곱에게 주리라고 맹세하신 땅에 네가 거주하리라
〈더 제대로 된 번역〉
네 하나님 여호와를 사랑하고 여호와께 복종하고 여호와의 곁에서 떠나지 말라. 그러면 네 하나님 여호와께서 네 조상 아브라함과 이삭과 야곱에게 주리라고 맹세하신 땅에 네가 거주하리라.

하나님을 가장 사랑하고 그의 계명(말씀)대로 순종하는 자, 즉 하나님을 경외하는 자는 큰 복을 받아 누리며, 하나님께 구하는 것이 이루어집니다.

시145:19 저는 자기를 경외하는 자의 소원을 이루시며 또 저희 부르짖음을 들으사 구원하시리로다

하나님을 진정으로 사랑하는 사람은 다른 사람들을 얼마든지 사랑할 수 있는 여지를 갖게 됩니다.

마10:37 아버지나 어머니를 나보다 더 사랑하는 자는 내게 합당하지 아니하고 아들이나 딸을 나보다 더 사랑하는 자도 내게 합당하지 아니하며
〈더 제대로 된 번역〉
아버지나 어머니를 나보다 더 사랑하는 자는 나의 제자가 될 자격이 없다. 아들이나 딸을 나보다 더 사랑하는 자도 나의 제자가 될 자격이 없다.

하나님보다 다른 것을 더 사랑하는 사람은 예수 그리스도의 제자가 아니라는 것입니다. 예수 그리스도의 제자는 자기나 가족, 다른 사람들, 물질이나 명예나 쾌락 등 **하나님보다 더 사랑하는 것들을 하나하나 정리해야** 합니다. 이 말은 그 모든 것을 다 떠나고 저버리고 잊어버리라는 뜻이 아닙니다.

하나님보다 사람이나 다른 것을 더 사랑한다는 것은 **아직도 하나님을 사람이나 세상 것들보다도 귀하게 여기지 않으며 사랑하지 않는다는 것**입니다. 이런 사람은 **하나님을 도무지 모르는 사람이며 불신자와 다름이 없는 사람**입니다.

하나님도 제대로 모르는 사람이 어떻게 하나님을 어떤 사람이나 다른 무엇보다도 존귀하게 여기며 섬기겠습니까?

많은 사람들이 사람이 만든 신들의 이름을 부르며 제물을 바치면서 도와달라고 간청합니다. 그들은 그 신이라는 것들을 제대로 알아서가 아니라 단지 그런 신들이 있다면 자신과 자기가 사랑하는 사람들과 자기가 원하는 것들을 돕고 더 풍성하게 해달라고 구하는 것뿐입니다. 그것은 결코 그 신들을 섬기는 것이 아니요, **우상숭배일 뿐**입니다.

우리가 하나님을 섬기는 것은 그런 우상숭배와 아주 다릅니다. **하나님은 우주만물을 만드신 유일무이한 신이시요, 사람을 지으시고 뜻대로 주관하시고 심판하시는 분임을 알고 그 하나님을 가장 존귀하게 여기며 두려워하며** 그분을 기쁘시게 하기 위해 **전부를 드려 그 뜻에 순종하고 명령에 충성**하는 것입니다. 그러면서 그분이 주신 모든 은택에 대해 **감사와 찬송과 영광을 돌려드리는 것**입니다.

그런데 이 일은 하나님을 제대로 알지 못하고, 하나님을 섬긴다는 것이 무엇인지를 진정으로 깨닫지 못하는 사람들은 할 수가 없습니다.

더욱이 **모든 인간은 전적으로 부패하고 타락한 죄인들로서 영원한 멸망에 빠질 수밖에 없었는데 하나님께서 그중 얼마를 창세 전에 선택하시고 그 사람들의 영혼을 재창조하셔서**(거듭남) 그들의 죄를 대속하시기 위해 보내신 메시야 예수 그리스도를 알고 믿게 하셔서 모든 죄를 용서받고 하나님의 자녀가 되고 영생을 얻게 하셨음을 **확실히 깨닫고 믿는 자가 아니고서는** 그 하나님의 사랑을 깨달을 수 없습니다. 또한 세상의 무엇보다도 하나님을 사랑해야 한다는 것을 깨달을 수가 없습니다.

그러므로 유일하신 하나님과 예수 그리스도를 믿지 못하는 사람들은 결코 하나님을 제대로 사랑할 수 없으며 예수 그리스도의 제자가 될 수 없습니다. 예수 그리스도를 알지도 못하고 믿지 못하여 **전적으로 부패하고 타락한 사람**으로 있는 한 진정한 사랑을 알 수 없으며 그러한 사람이 자신과 가족이나 다른 사람들을 사랑한다 할지라도 그것은 **치우친 것이요, 불완전하며 부**

패타락한 것일 뿐입니다. 그런 사랑은 자신이나 누구에게도 진정한 유익과 행복을 가져다줄 수 없습니다.

그래서 **아버지나 어머니를 예수님보다 더 사랑하는 사람, 아들이나 딸을 예수님보다 더 사랑하는 사람은 예수님의 제자가 될 자격이 없다**는 것입니다.

예수 그리스도의 제자가 되려면 참으로 예수 그리스도를 믿어 **자신에게 베푸신 하나님의 놀라운 사랑을 체험하고 확실히 깨닫고 그 무엇보다도 하나님을 사랑하는 사람**이 되어야 합니다. 이런 사람은 그 체험한 사랑으로써 자신이든 가족이든 누구든 **진정으로 사랑**할 수 있습니다.

> 〈마22:37~40〉
> 37 예수께서 이르시되 네 마음을 다하고 목숨을 다하고 뜻을 다하여 주 너의 하나님을 사랑하라 하셨으니
> 38 이것이 크고 첫째 되는 계명이요
> 39 둘째도 그와 같으니 네 이웃을 네 자신 같이 사랑하라 하셨으니
> 40 이 두 계명이 온 율법과 선지자의 강령이니라
> 〈더 제대로 된 번역〉
> 37 예수께서 이르시되 "**네 모든 마음과 모든 목숨과 모든 정성을 다해서 네 하나님을 사랑하여라**" 하셨다.
> 38 **이것이 가장 중요하고 우선되는 계명이다.**
> 39 두 번째 계명은 "**네 이웃을 네 자신처럼 사랑하라**"인데 이것도 첫째 계명과 **똑같이 중요하다.**
> 40 모든 율법과 선지자들의 말씀이 **이 두 계명에서 나온 것**이다.

여기서도 예수께서 말씀하시기를 "네 모든 마음과 모든 목숨과 모든 정성을 다해서 네 하나님을 사랑하라"고 하셨습니다.

하나님께서 나의 영과 육을 지으셨는데 나는 태어날 때부터 전적으로 부패하고 타락한 사람으로서 그 상태로 존재한다면 끊임없이 범죄하며 이 땅에서 온갖 불행을 당할 뿐 아니라 영원한 지옥에 떨어져 말할 수 없는 고통을 당해야 했습니다. 그런데 하나님께서 내게 **큰 은혜를 베푸셔서** 나를 선택해주시고 내 영혼을 거듭나게 하셔서 예수 그리스도를 확실히 알고 믿게 하심으로 모든 죄를 사함받고 마귀의 자식이었던 자가 하나님의 자녀가 되고 영생구원을 얻게 하신 것입니다.

그러므로 모든 것을 다해 하나님을 사랑하라고 하신 것은 결코 부당한 일이 아닙니다. **내가 가진 모든 것, 즉 모든 마음과 모든 정성과 목숨을 다해**

서라도 하나님을 사랑해야 마땅합니다. 그렇게 할지라도 그것은 하나님께서 내게 베푸신 사랑의 만분의 일도 되지 않습니다.

그래서 "이것이 가장 중요하고 우선되는 계명이라" 하신 것입니다.

두 번째 계명은 "이웃을 네 자신과 같이 사랑하라" 하시며 "그것이 첫째 계명과 똑같이 중요하다"고 하셨습니다.

하나님이 누구신지 알며 예수를 확실하게 믿은 사람들은 하나님께서 내게 베푸신 이루 말할 수 없는 사랑을 점점 깨닫고 누리게 됩니다. 그래서 그 사랑을 내 안에 더욱더 채우게 되고 그 사랑을 가지고 다른 사람들도 진정으로 사랑하게 됩니다. 그러므로 신자라면 이웃을 내 몸처럼 사랑하는 것을 하나님을 사랑하는 것과 똑같이 중요하게 여기며 반드시 실행해야 합니다.

그렇게 하지 않는 사람은 아직도 하나님을 잘 모르는 사람이요, 하나님의 사랑을 도무지 맛보지 못한 사람입니다.

그래서 그것이 두 번째 계명이라 하신 것입니다.

우리가 이 두 계명을 성실히 지키는 것이 바로 성경에 기록된 모든 하나님의 말씀을 지키는 것이 된다고 했습니다.

"모든 율법과 선지자들의 말씀이 이 두 계명에서 나온 것이다" 하셨습니다.

하나님을 무엇보다도 사랑하고 이웃을 내 몸과 같이 사랑하는 것에서 하나님의 모든 율법과 명령이 나왔다는 말입니다.

그러므로 무엇보다도 하나님을 사랑하고 그 사랑으로 이웃을 나 자신처럼 사랑하는 일을 점점 잘하는 사람은 하나님께서 사람들에게 주신 율법과 모든 명령을 잘 지키게 되는 것입니다. 그래서 행함이 없는 믿음은 거짓이고 헛것이며 그런 믿음은 자기를 구원할 수 없다고 했습니다. 즉 그런 것은 믿음이 아니라는 말입니다.

모든 행함은 먼저 하나님을 사랑하는 것과 그 사랑 안에서 이웃을 내 몸과 같이 사랑하는 것이 전제되어야 합니다. 이것을 제대로 하지 않으면서 형식적으로 예배드리는 것은 모두 하나님께서 인정하실 수 없는 거짓된 예배요, 거짓된 신앙생활입니다.

그러므로 소합향, 나감향, 풍자향이 골고루 섞여지고 유향이 첨가되어 드리는 분향이 되어야 합니다. 즉 예수를 믿는 기본적인 신앙과 하나님의 모든 말씀을 지키는 생활과 주의 뜻대로 구하는 기도를 해야 합니다.

그리고 먼저 하나님을 사랑할 줄 알면서 이웃을 진정으로 사랑하며 기도하는 사람이 되어야 합니다.

그 네 가지가 제대로 되어야 한다는 것은 바로 우리가 앞에서 살펴본 여러 말씀들이 구체적으로 설명하고 있습니다.

그러므로 성도들은 이 거룩한 진리들을 상세하고 충분히 깨닫고 잘 이행하도록 죽는 날까지 점점 치료되고 훈련되고 무장되고 성숙되어야 합니다.

하나님을 사랑하기를 가르치심은 예수님의 유명한 말씀에서도 잘 나타납니다.

"하나님이 세상을 이처럼 사랑하사 독생자를 주셨으니 이는 저를 믿는 자마다 멸망치 않고 영생을 얻게 하심이라(요3:16)" 하셨습니다.

여기에서 예수님은 하나님께서 베풀어주신 사랑에 대해 설명해주셨습니다.

그 사랑 중 가장 핵심적인 것은 죄인이 모든 죄를 용서받고 하나님의 자녀와 천국시민이 되게 하기 위해 아들이신 예수님을 인간의 몸을 입혀 이 땅에 보내시고 죄인들의 죄를 대신 담당하게 하셔서 십자가에 죽게 하시고 부활하게 하신 것입니다.

하나님의 사랑을 이보다 더 분명하게 설명할 수 없으며 그 어느 것도 이 사랑과 견줄 수 없습니다. 그러기에 하나님께서 사랑의 극치로 주신 이 거룩하고 완전한 사랑인 예수 그리스도를 끝까지 부인하고 거절하는 자는 하나님께 가장 큰 죄악을 범하는 것입니다. 그 사실 하나만으로도 그는 영원한 멸망을 당하기에 충분합니다.

제 24 강

⟨10⟩ 분향단(3)
[3] 향(3)

⟨출30:34~35⟩

34여호와께서 모세에게 이르시되 너는 소합향과 나감향과 풍자향의 향품을 가져다가 그 향품을 유향에 섞되 각기 같은 분량으로 하고 35그것으로 향을 만들되 향 만드는 법대로 만들고 그것에 소금을 쳐서 성결하게 하고

⟨10⟩ 분향단(3)

[3] 향(3)

① 향의 의미

② 향의 재료와 제조

(1) 분향에 쓸 향은 반드시 소합향, 나감향, 풍자향으로만 만들어야 했습니다.

1) 그 세 가지는 모두 고급 향료품들입니다.
2) 그 향들은 각기 성질이 다르지만 같은 분량으로 섞어 만들게 하셨습니다.
3) 하나님은 형제(성도들)를 미워하고 다투고 원수시하며 해를 끼치고 배신하는 자의 기도는 들어주지 않으십니다.

(2) "이 세가지 향을 유향에 섞으라" 하셨습니다.

이 말씀들에서 우리가 깨달아야 할 것이 있습니다.

1) 어떤 은혜 베풂이나 사랑도 하나님의 사랑을 잃어버리면 무가치합니다.
2) 따라서 예수님은 서로 사랑할 것을 강조하셨습니다.

> 요13:34 새 계명을 너희에게 주노니 서로 사랑하라 내가 너희를 사랑한 것 같이 너희도 서로 사랑하라

> 요14:15 너희가 나를 사랑하면 나의 계명을 지키리라

여기서 주님은 우리가 주님을 사랑하는 것을 새 계명 준수와 연결을 지어

주십니다. 주님은 **주님을 진정으로 사랑하는 사람이 복을 누리기 원하시기 때문입니다.** 그런데 그 계명 준수를 **이웃사랑으로 종결**시키셨습니다. 하나님의 계명을 준수하지 않고 어떻게 이웃을 사랑할 수 있겠습니까?

> 요15:12 내 계명은 곧 **내가 너희를 사랑한 것 같이 너희도 서로 사랑하라 하는 이것이니라**

예수님의 계명은 새 계명, 즉 **주께서 나를 사랑하신 것 같이 나도 이웃을 사랑해야 한다**(요13:34)는 것인데 그것은 **구약에서 명하신 하나님의 계명을 준수하는 이상의 것이지 결코 그 이하가 아니라**는 말입니다.

구약에는 이는 이로, 눈은 눈으로 갚으라 했으나 예수님은 **일흔 번씩 일곱 번이라도 용서해주라** 하셨습니다. 또한 구약에서는 이혼증서를 주라 했으나 예수님은 간음한 연고 외에 이혼하는 자는 피차가 간음하는 것이고, 그렇게 이혼한 자가 재혼을 하면 그 당사자들 쌍방이 또 간음하는 것이라고 말씀하셨습니다.

예수님의 새 계명, 신약의 계명은 구약을 포함할 뿐 아니라 하나님의 사랑이 더욱 충만히 임하는 시대로서 구약율법을 능가하는 것입니다.

그러므로 신약의 신앙생활이 구약율법과 무관하다거나 그보다 저급한 수준의 생활로 오해해서는 안 됩니다.

신약시대의 성도들은 하나님의 계명을 구약시대의 성도들보다 더 충실히 지켜야 합니다. 그것은 **하나님이신 예수 그리스도께서 우리를 사랑하신** 것처럼 우리도 다른 사람들을 사랑하는 **가장 수준 높은 계명 실천**입니다.

그러므로 예수 그리스도를 진정으로 영접하지 못한 사람들은 반드시 지켜야 할 계명도 지킬 수 없을 뿐만 아니라 **그 모든 법을 능가하는 사랑**을 결코 소유하거나 실행할 수 없습니다.

> 롬13:10 사랑은 **이웃에게 악을 행치 아니하나니** 그러므로 사랑은 **율법의 완성**이니라

주님께서 가르친 사랑은 어디까지나 **악을 행하지 않는 사랑**입니다.

내가 잘못하여 악을 끼치거나 이웃의 악을 묵인하고 고쳐주지 않음으로써 결국 그가 해를 당하게 하는 것이 아닙니다. 우리가 해야 할 사랑은 **율법을 지키고도 남음이 있어야** 합니다. 율법을 무시하거나 축소하거나 변경하거나 개조할 것이 아니라 **완성해야** 합니다.

주님은 주께서 우리를 사랑하신 것 같이 이웃사랑하기를 모든 생활에 적용하고 반영시켜야 한다고 가르쳐주신 것입니다.

우리는 사랑에 대한 이 가르침을 더 확실히 깨닫고 실행하기 위해 예수 그리스도(성령)의 도우심을 받아 먼저 우리 자신이 치료되고 변화되고 성숙해야 합니다. 이것 없이는 사랑에 대해 아무리 배우고 외치고 실천하려 해도 결코 성공할 수 없습니다.

> 〈고전13:1~3〉
> 1 내가 사람의 방언과 천사의 말을 할지라도 사랑이 없으면 소리 나는 구리와 울리는 꽹과리가 되고
> 2 내가 예언하는 능력이 있어 모든 비밀과 모든 지식을 알고 또 산을 옮길 만한 모든 믿음이 있을지라도 사랑이 없으면 내가 아무것도 아니요
> 3 내가 내게 있는 모든 것으로 구제하고 또 내 몸을 불사르게 내어 줄지라도 사랑이 없으면 내게 아무 유익이 없느니라
> 〈더 제대로 된 번역〉
> 1下 사랑이 없으면 울리는 종과 시끄러운 꽹과리와 다를 것이 없다.
> 3下 사랑이 없으면 내가 얻는 것은 아무것도 없다.

3절에서 '내게 있는 모든 것으로 구제하는 일'과 '내 몸을 불사르게 내어 주는 일'은 사랑이 없이는 결코 할 수 없다고 말씀했습니다.

바로 여기서 성경에서의 사랑, 주님께서 말씀하신 사랑이란 자선이나 자비를 베푸는 것이나 인간적인 희생만을 의미하는 것이 아님을 확실히 보여줍니다.

그 사랑은

첫째, 나의 전부를 드려 하나님을 사랑하는 가운데서, 즉 나에게 베푸신 하나님의 사랑을 알고 하나님을 진정으로 사랑하면서

둘째, 그 사랑의 힘과 명령에 따라 다른 사람을 사랑하는 것을 말합니다. 거기에는 반드시 하나님의 명령을 지키는 것이 수반됩니다.

이 사랑은 피차간에 언제나 유익이 있으며 영원합니다.

하나님의 존재를 부인하고 하나님의 명령을 무시하면서 주고받는 사랑은 피차에 진정한 유익이 없습니다. 거기에는 하나님의 심판이 주어질 뿐입니다. 왜냐하면 그 사랑은 일시적인 것이요, 치우친 것이요, 거짓이요, 심지어 하나님 앞에서 죄악이 되기도 하기 때문입니다. 따라서 그 사랑은 잠깐은 유익이 되는 것 같지만 결국은 피차에게 해악을 가져다줄 수밖에 없습니다.

그러므로 하나님과 그 명령을 저버린 모든 사랑은 진정한 유익이 없습니다.

> 골3:14 이 모든 것 위에 사랑을 더하라 이는 온전하게 매는 띠니라
> 〈더 제대로 된 번역〉
> 이 모든 일을 하되 무엇보다도 서로 사랑하는 것이 중요하다. 사랑은 모두를 완전하게 묶어주는 띠이다.

이 '모든 일'이란 말은 권면, 위로, 교제, 긍휼, 자비, 겸손, 온유, 오래참음, 용서를 말합니다. 이 모든 일 위에 하나님께서 가르쳐주시는 사랑을 더하라는 것입니다. 그 사랑은 예수 그리스도를 머리로 하여 확실하게 한 몸을 이루게 해줍니다. 그래서 온전하게 매는 띠라 한 것입니다.

> 계3:19 무릇 내가 사랑하는 자를 책망하여 징계하노니 그러므로 네가 열심을 내라 회개하라

하나님의 사랑은 잘못이나 죄악을 묵인하거나 그것들 위에 복을 베푸시는 것이 아닙니다. 그것을 책망하고 징계하여 하나님 앞에서 할 것을 제대로 하게 하고 죄악은 반드시 회개하게 하시는 것입니다. 그래야 하나님과 그 사람 사이에 막힌 담이 무너지고 다시 하나님과 더불어 살게 됩니다. 이것이 하나님의 사랑입니다.

이웃을 사랑할 수 있는 사람은
하나님을 아는 사람입니다.
하나님을 무엇보다도 사랑하는 사람입니다.
하나님의 명령에 순종하는 사람입니다.
이런 사람이라야 사랑을 말하고 가르치고 요구할 수 있으며 받아 누리며 베풀 수 있습니다.
하나님과 성경을 알지 못하는 사람들도 곧잘 사랑을 외치지만 그들은 진정한 사랑이 무엇인지 알지 못하고 경험하지 못한 사람들입니다.

> 〈요일4:7~8〉
> 7 사랑하는 자들아 우리가 서로 사랑하자 사랑은 하나님께 속한 것이니 사랑하는 자마다 하나님으로부터 나서 하나님을 알고
> 8 사랑하지 아니하는 자는 하나님을 알지 못하나니 이는 하나님은 사랑이심이라
> 〈더 제대로 된 번역〉
> 7 사랑하는 친구들이여, 우리는 서로 사랑해야 한다. 왜냐하면 사랑은 하나님께로부터 오기 때문이다. 사랑하는 사람은 하나님의 자녀가 된 것이며 또한 하나님을 안다고 할 수 있다.

> 8 사랑할 줄 모르는 사람은 하나님을 알지 못하니 이는 하나님은 사랑이시기 때문이다.

하나님을 모르는 사람은 사랑을 알 수도 없고 할 수도 없으며, 따라서 그런 사람은 **진정한 사랑을 받을 수도 없다**는 것입니다.

그러므로 **하나님을 아는 것이** 참으로 **모든 지혜와 지식의 근본**입니다. 우리가 **하나님을 진정으로 알고 섬김**으로써 **하나님으로부터 그 사랑을 받을 수 있고** 또 **그 사랑을 다른 사람들에게 베풀 수 있게** 되었으니 이 또한 얼마나 감사할 일입니까?

> 요일4:20 누구든지 하나님을 사랑하노라 하고 그 형제를 미워하면 이는 거짓말하는 자니 보는 바 그 형제를 사랑하지 아니하는 자는 보지 못한 바 하나님을 사랑할 수 없느니라
> 〈더 제대로 된 번역〉
> 거짓말하는 자니→거짓말쟁이이다.

이 말씀에서 우리 성도들이 확실히 깨달아야 할 것이 있습니다.

"**나는 무엇보다도 하나님을 사랑합니다**" 라고 할 수 있는 사람이 **하나님께 속한 자요, 신자**인데 그렇게 생각하고 말을 하면서 형제를 미워한다면 그 사람은 **거짓말쟁이**라는 것입니다. 그러니 내가 예수 믿고 구원받았음을 확신하고 내가 하나님께 끊임없이 사랑을 받고 있고 하나님을 사랑한다고 생각하고 고백하면서 **누군가를 미워한다면 그런 성도는** 그렇게 할 때마다 "나는 거짓말쟁이입니다" 라고 끊임없이 하나님 앞에서 말하는 것입니다.

그리고 "눈에 보이는 사람을 사랑하지 않는 사람이 어찌 눈으로 볼 수 없는 하나님을 사랑할 수 있느냐?" 하셨습니다. 그러니 이런 사람이야말로 **하나님 앞에서 확실히 거짓말쟁이**가 되는 것입니다.

우리가 다른 사람들을 사랑하지 못하고 미워할 때마다 자신을 그렇게 하나님 앞에 보이는 것입니다. 어찌 이렇게 **끊임없이 하나님 앞에서 거짓말하는 사람**을 하나님께서 기뻐하시고 사랑해주실 수 있겠습니까?

나는 이 문제에 있어서 어떻게 하고 있는지 정신차리고 생각해 봅시다.

> 요일5:3 하나님을 사랑하는 것은 이것이니 우리가 그의 계명을 지키는 것이라 그의 계명들은 무거운 것이 아니로다
> 〈더 제대로 된 번역〉
> 하나님을 사랑하는 것은 이것이니 우리가 **그분의 명령을 지키는 것**을 의미한다. 하나님의 명령은 **우리가 지킬 수 없을 만큼 그렇게 힘든 것이 아니다.**

하나님의 계명을 지키는 것과 하나님을 사랑하는 것이 직결됨을 밝히고 있습니다.

예수를 확실히 믿은 사람들이 하나님의 계명들을 지키는 것은 **아주 힘든 일이 아니라고** 했습니다. 그 성도가 하나님을 조금이나마 사랑할 줄 안다면 그는 하나님께서 자신에게 베푸신 사랑을 어느 정도나마 알기에 그 사랑에 겨워서 하나님의 명령을 지키는 것이 부담스럽거나 귀찮거나 힘들게 느껴질 수가 없습니다.

만약에 하나님의 말씀들을 지키는 것이 너무 힘들다고 여겨진다면 그 사람은 하나님을 사랑하지 않는 사람입니다. 또한 하나님의 사랑을 너무나도 알지도 못하고 경험하지 못한 사람입니다.

이런 사람이 어찌 예수 그리스도를 믿어 하나님의 사람이 되었다고 말할 수 있겠습니까? 이런 신자 아닌 교인들이 교회 안에 너무나도 많습니다.

그러므로 우리는 하나님을 사랑하는 것을 점점 키워야 합니다.

그것은 스스로 결심해서 되는 것이 아닙니다. 나의 부패하고 악한 영혼이 치료되고 변화되어 지금까지 하나님께서 내게 베푸신 사랑을 점점 더 확실히 발견하고 깨달아야 그것을 깨닫는 만큼 하나님을 사랑할 수 있게 됩니다. 하나님의 명령을 지키는 것도 마찬가지입니다. 부패하고 악한 영혼인 채로 자주 예배를 드리고 성경을 읽고 배운다 할지라도 그 사람은 결코 신자가 될 수 없습니다.

세 가지 향을 유향에 섞으라는 것은 우리가 기본신앙도 가져야 하고 경건생활도 해야 하며 열매다운 열매도 맺고 주 뜻대로 기도도 해야 하는데 그 모든 것에는 위와 같은 진정한 사랑이 바탕이 되어야 한다는 것을 깨우쳐 줍니다.

하나님과 이웃에 대한 사랑이 결여된 믿음과 순종과 헌신과 기도와 감사와 예배 등이 얼마나 하나님 앞에서 합당치 않은 것인가를 또한 깨우쳐주고 있습니다.

이에 대해서 예수께서 친히 좀 더 분명하게 가르쳐주신 교훈이 있습니다.

> 〈마5:23~24〉
> 23 그러므로 예물을 제단에 드리려다가 거기서 네 형제에게 원망들을 만한 일이 있는 것이 생각나거든
> 24 예물을 제단 앞에 두고 먼저 가서 형제와 화목하고 그 후에 와서 예물을 드리라

> **〈더 제대로 된 번역〉**
> 23 그러므로 예물을 제단에 드리려다가 네 형제가 너에게 나쁜 감정을 갖고 있는 것이 생각나거든
> 24 예물을 제단 앞에 두고 먼저 가서 형제와 화해하고 그 후에 와서 예물을 드리라

이 말씀이야말로 나 나름대로 형제들을 사랑하고 있다고 생각하고 말할 것이 아니라 내게 나쁜 감정을 가지고 있을 만큼 형제에게 잘못한 것이 있다면 그것을 찾아내고 그것부터 해결한 후에 하나님께 예배도 드리고 감사와 기도와 찬송을 드려야 한다는 것입니다. 그렇게 하지 않으면 하나님께서 결코 용납하지 않으신다는 것입니다.

그런데 우리는 이렇게 하나님께서 받으실 수 없는 감사와 찬송과 기도와 예배를 얼마나 자주, 많이 드리고 있습니까? 신앙생활은 보통 우리가 생각하는 것처럼 적당히 해도 되는 것이 아닙니다. 하나님께서 인정하실 수 있는 신자와 신앙생활은 이토록 철두철미해야 합니다.

천국으로 들어가는 문은 아주 좁다고 했습니다.

많은 교인들이 '나도 신앙생활하고 있으니 언제 죽어도 천국에 갈 수 있다'고 생각하지만 천국 문턱에서 거절당하는 어처구니없는 상황들이 얼마든지 있다는 것을 기억해야 합니다.

어리석은 다섯 처녀가 나중에라도 기름을 준비하고 불을 밝히고 와서 신랑에게 문을 열어달라고 외쳤으나 냉정하게 거절당했다는 사실을 우리는 결코 잊지 말아야 합니다. 그들이 무슨 큰 잘못을 저질렀나 싶지만 신랑의 기준은 아주 냉혹하고 엄격했습니다.

그러므로 우리가 편할 대로, 우리의 기준대로 신앙생활해서는 안 됩니다.

지금까지 설명한 것들이 바로 세 가지 향에 유향을 섞으라는 의미입니다.

(3) 향은 하나님께서 정해주신 법대로 만들어야 했습니다.

모세가 이스라엘 백성에게 명하여 하나님께서 정해주신 향품을 가져오게 하고, 그 향품들을 동일한 중수로 섞고, 그것을 유향에 섞고, 또 그 위에 소금을 쳐서 성결케 하고, 1년 1회 제조하되, 매일 1파운드씩 사용하고, 속죄일에는 3파운드를 사용할 분량으로 만들라 하셨습니다.

이것은 그 하나하나에 중요한 의미가 담겨있기도 하거니와 모든 것이 가장 조화를 잘 이루고, 최고의 향품이 되며, 사용하기에 적당하도록 하신 것입니다.

하나님은 만사만물의 주관자이시므로 **그분이 우리에게 제시하는 법**은 **가장 완전**합니다. 그 법을 소중히 여기고 따를 때 **최고의 유익과 복**이 옵니다. 그러므로 우리는 하나님께서 우리에게 친히 법을 정해주시는 그 자체에 대해 **만족하고 기뻐하고 감사해야** 합니다.

하나님께서 친히 정해주시는 법을 무시하고 지키지 못하는 자가 누구의 법을 중시하고 잘 지키겠습니까? 하나님의 법을 중시하고, 열심히 지키려는 마음은 **하나님을 하나님으로 알고 하나님으로 대할 줄 아는 마음**에서 나옵니다. 그런 사람이 하나님께서 주시는 **복**의 **대상**이 될 수 있습니다.

웃사가 넘어지려는 법궤를 붙잡았을 때 그 자리에서 죽었습니다. **아무리 사람의 생각으로 옳아 보여도 하나님께서 명령하신 법에 어긋나면 그것은 옳지 않은 것**입니다.

하나님의 생각을 가장 중요시함이 우리 모든 사람에게 절실히 필요합니다.

> 신4:2 내가 너희에게 명하는 말을 너희는 **가감하지 말고** 내가 너희에게 명하는 너희 하나님 여호와의 명령을 지키라

"**가감하지 말라**"는 말씀은 **하나님의 명령이 완전함**을 분명하게 깨우쳐 줍니다.

완전하시고 거룩하시며 의로우시고 선하신 하나님께서 인간들에게 명령하시는 말씀은 전적으로 부패하고 타락한 인간들이 **조금이라도 더하거나 감해서는 안 될 만큼 완전하고 의로우며 선하기 때문**에 모든 사람은 조금도 가감없이 받아들이고 순종하고 복종해야 합니다. 하나님의 말씀을 불완전하다고 여기고 못마땅하게 여기는 자야말로 **가장 교만하고 악한 사람**입니다.

> 신5:32 하나님의 명령하신 대로 삼가 행하여 좌우로 치우치지 말고 준행하라
> 〈더 제대로 된 번역〉
> 그런즉 너희 하나님 여호와께서 너희에게 명령하신 것을 **잘 지키라.** 여호와의 명령에서 **오른쪽으로나 왼쪽으로나 벗어나지 말고** 그대로 지키라.

이 말씀 또한 **하나님의 명령의 완전성**을 깨우쳐주고 있습니다.

따라서 모든 사람은 **하나님의 완전하신 명령에서 한 치도 벗어나지 말고 그대로 지키기**를 힘써야 합니다. 마귀는 시시때때로 사람들로 하여금 **오른쪽으로나 왼쪽으로 벗어나고 치우치도록** 유혹합니다. 그렇게 하면 할수록 **악한 죄인**이 되고 그에 대한 **형벌**을 받게 됨을 명심하시기 바랍니다.

> 요14:21 나의 계명을 **지키는 자라야** 나를 사랑하는 자니 나를 사랑하는 자는 **내 아버지께 사랑을 받을 것이요 나도 그를 사랑하여 그에게 나를 나타내리라**

주께서 주시는 계명은 완전하고 선하므로 주님을 사랑하는 사람은 **그 계명을 성실하게 지킴**(하나님의 말씀대로 행함)**으로써 과연 진정으로 주님을 향한 사랑을 증명하는** 것입니다. 하나님 아버지께서도 이런 사람을 **사랑해주시고 그에게 자신을 분명하게 알게** 해주십니다. 즉 이런 사람은 **성삼위 하나님을 진정으로 만나고 함께하시는 놀라운 은총을** 누리게 됩니다.

> 〈요일2:3,4〉
> 3 우리가 그의 계명을 지키면 이로써 우리가 그를 아는 줄로 알 것이요
> 4 그를 아노라 하고 그의 계명을 지키지 아니하는 자는 **거짓말하는 자요 진리가 그 속에 있지 아니하되**
> 〈더 제대로 된 번역〉
> 3 우리가 **그의 계명을 지키면** 진실로 **하나님을 안다고 자신있게 말할 수 있다.**

"나는 하나님을 안다"고 말하면서 하나님의 계명을 정직하게 지키지 않는 사람은 **가장 큰 거짓말쟁이**라는 말씀입니다. **하나님을 제대로 아는 사람**은 하나님의 계명을 그대로 지키지 않을 수가 없습니다. 왜냐하면 그 사람 안에는 **하나님의 계명과 진리가 분명히 심겨 있기 때문**입니다. 이 사람은 **하나님의 말씀**, 즉 그의 진리와 계명이 완전하다는 것을 충분히 깨달아 알고 있기 때문에 어떤 것에도 치우치지 않고 그것을 변함없이 지킬 수 있으며 모든 것을 오직 하나님의 명령대로만 행합니다. 하나님은 이런 사람을 **기뻐하시고 그에게 온갖 복을 내려주십니다.**

사울은 이스라엘의 초대 왕이었지만 **하나님께서 주시는 법과 말씀대로 지키는 것에 불합격**하자 하나님께 버림을 받고 왕의 자리에서 쫓겨났습니다.
하나님의 명령 열 가지 중에 아홉 가지를 잘 지키다가도 마지막 한 가지를 지키지 않으면 얼마든지 이렇게 된다는 사실을 우리는 기억해야 합니다. 그 이유는 **하나님은 언제나 완전하시고 의로우시고 선하시고 거룩하신 분**이시기 때문입니다.
그러므로 하나님은 이스라엘 백성들이 성막에서 사용할 향도 **하나님이 정해주시는 법대로 만들게** 하신 것입니다.

제 25 강

⟨10⟩ 분향단(4)
[3] 향(4)

⟨출30:34~35⟩
34여호와께서 모세에게 이르시되 너는 소합향과 나감향과 풍자향의 향품을 가져다가 그 향품을 유향에 섞되 각기 같은 분량으로 하고 35그것으로 향을 만들되 향 만드는 법대로 만들고 그것에 소금을 쳐서 성결하게 하고

⟨10⟩ 분향단(4)

[3] 향(4)

　① **향의 의미**

　② **향의 재료와 제조**

(1) 분향에 쓸 향은 반드시 소합향, 나감향, 풍자향으로만 만들어야 했습니다.
(2) "그 세 가지 향을 유향에 섞으라" 하셨습니다.
(3) 향은 하나님께서 정해주신 법대로 만들어야 했습니다.
(4) 그 향에 "소금을 쳐서 성결케 하라" 하셨습니다.

소금을 치는 것은 성결케 하기 위함입니다.
　이 명령은 분향단에 쓸 향을 만드는 것에 대한 **마지막 말씀**입니다. 아무리 적당한 재료를 쓰고, 잘 빻고, 유향에 섞고 하나님이 정해주신 법대로 만들었다 해도 그 모든 것이 성결해지지 못하면 하나님 앞에서 합당하지 못합니다. 하나님은 거룩하시니 그분에게 드려지는 모든 것도 거룩해야 합니다.

> 사5:16 오직 만군의 여호와는 정의로우시므로 높임을 받으시며 거룩하신 하나님은 공의로우시므로 거룩하다 일컬음을 받으시리니
> ⟨더 제대로 된 번역⟩
> 오직 만군의 여호와는 공정한 재판으로 영광을 받으시고 거룩하신 하나님께서 의로운 일로 거룩함을 나타내실 것이다.

> 출13:2 이스라엘 자손 중에서 사람이나 짐승을 막론하고 태에서 처음 난 모든 것은 **다 거룩히 구별하여** 내게 돌리라 이는 내 것이니라 하시니라
> 〈더 제대로 된 번역〉
> 내게 돌리라→내게 바치라

"사람이나 짐승을 막론하고 처음 난 모든 것은 **다 거룩하게 구별해서 하나님께 바치라**" 하셨습니다.

그 이유는 그것은 **하나님의 것**이기 때문입니다. 그런데 **하나님의 것과 하나님께 바쳐져야 할 모든 것**은 거룩하게 구별하라 하셨습니다. 왜냐하면 그것을 받으실 하나님께서 거룩하시기 때문입니다. 거룩하신 하나님은 결코 불결한 것을 받지 않으시고 무엇을 받으시든지 **거룩하게 하여** 받으십니다.

그래서 하나님은 선택된 자들을 자녀로 받으시기 위해 **그들을 대신하여 독생자 예수 그리스도를 희생제물이 되게** 하시고 그들이 예수를 믿어 **모든 죄를 용서받고 거룩하게** 하신 것입니다.

그런데 이렇게 **하나님의 거룩한 자녀**가 되었으나 육신을 입고 이 땅에 거하는 동안은 **아직도 거룩해지지 못한 부분들이 남아있습니다.** 따라서 하나님은 그들에게 **성령을 주셔서** 하나님의 말씀을 통해 자신의 어리석음과 합당치 못한 것들을 **깨닫게 하셔서 회개하게** 하십니다. 그래서 날마다 **사람이 변화**되고 **삶이 변화되어 점점 거룩해지게** 하십니다. 그렇게 해서 그 영혼이 **완전히 거룩해진 사람들만을** 하나님의 품으로 불러가십니다.

그렇지 못한 사람들은 아무리 열심히 예배에 참석해도, 아무리 오랫동안 교회에 몸담고 여러 직분을 수행하더라도 하나님께서 받지 않으십니다. 하나님께 속한 자들은 반드시 **성결해져야** 합니다. 이것이 하나님의 백성들이 이 땅에 사는 동안에 가장 중요하게 여기고 해야 할 일입니다.

그러나 오늘날 많은 성도들은 **오히려 자신을 더럽혀가면서 육신의 정욕을 채우려고 애쓰고 있습니다.** 이런 사람들은 자신의 모습을 발견하고 **철저하게 회개하고 돌이키지 않는다면** 결코 거룩한 하나님의 백성의 자리로 들어갈 수 없습니다.

> 롬12:1 그러므로 형제들아 내가 하나님의 모든 자비하심으로 너희를 권하노니 너희 몸을 하나님이 기뻐하시는 거룩한 산 제물로 드리라 이는 너희가 드릴 영적 예배니라
> 〈더 제대로 된 번역〉
> 하나님이 기뻐하시는 거룩한 산 제물로 드리라→하나님을 기쁘시게 하는 거룩한 살아있는 제물로 드리라.

이 말씀 또한 이 땅에 사는 하나님의 백성들은 자신과 삶을 하나님께 거룩한 제물로 드려야 한다고 확실히 깨우쳐줍니다. 성령의 감화 감동하심을 받아 날마다 자신이 변화되고 삶이 변화되어 점점 거룩해져감으로써 하나님께서 받으실 거룩한 제물이 되어야 합니다. 이런 삶을 사는 사람들은 날마다 순간마다 하나님께 영적인 예배를 드리는 사람들이요, 이런 사람들이라야 진정한 하나님의 자녀가 됩니다.

나는 과연 이것을 제대로 하고 있는지 정신 차리고 살펴보시기 바랍니다. 이것을 제대로 하지 않으면서 물질을 더 가지고 지위가 향상되고 더 좋은 학벌을 가졌다고 안심해서는 안 됩니다. 그런 사람은 영혼이 어둡고 잠자고 병들어 있는 사람입니다. 하루빨리 그 불쌍한 자리에서 벗어나야 합니다.

1) 제사장은 자신을 성결케 한 후에 성결한 향품으로 분향해야 합니다.

하나님은 아무것이나 받지 않으십니다. 불결하고 흠이 있는 부당한 제물은 결코 받지 않으십니다. 뿐만 아니라 그것을 드리는 사람 역시 성결해야 합니다. 가인도 정성껏 제물을 드렸으나 그가 하나님 앞에서 성결하지 못했으므로 그 제물은 열납되지 못했습니다.

따라서 분향하는 제사장은 제비 뽑아 결정했습니다. 제사장들 중에서도 하나님이 보시기에 가장 합당한 사람으로 하여금 분향하게 하기 위함이었습니다. 제사장이라도 합당하지 못한 사람은 그 일을 할 수 없었던 것입니다.

여기서 우리는 중요한 사실을 명심해야 합니다.
잘못된 방법으로, 범죄하면서, 즉 하나님의 법을 어기고 하나님의 이름과 영광을 가리면서 가지게 된 것을 하나님께 드리는 것은 불합당하다는 것입니다. 아무리 작은 것이라도 하나님 받으시기에 합당한 것이어야 합니다.

예를 들어 몸을 팔아 생계를 유지하는 여인이 그 수입으로 헌금을 드리고 하나님의 일을 위해 바칠 때 그것은 결코 하나님께서 받지 않으십니다. 사람들에게 멸시와 천대를 받는 불쌍한 처지에 있는 사람이라도 그가 정당하게 가지고 있는 것을, 그것이 아무리 손때가 묻고 냄새가 나는 것이라도 그가 하나님을 진정으로 사랑하고 섬기는 마음으로 드릴 때 하나님은 그것을 기꺼이 받으십니다.

그러므로 우리 성도들은 무엇을 드리든지 먼저 그것이 하나님께서 받으시기에 합당한지 생각해봐야 합니다. 중요한 것은 결과요, 수단과 방법은 중요하지 않다고 말하는 것은 사탄의 소리입니다.

또한 하나님께 드리고자 하는 사람은 **자신이 먼저 성결해져야** 합니다.

내가 하나님께 예물이나 예배, 감사와 찬송을 드리려고 할 때 그 누구에게라도 잘못한 것이 조금이라도 있다면 모든 것을 중지하고 먼저 **가서 그 사람과 화해하고 해결할 것을 해결한 다음에 드리라** 하셨습니다(마5:23~24).

그런데 오늘날 많은 성도들이 이렇게 하지 않습니다.

분명히 다른 형제들에게 원망 들을 만한 일, 다른 형제들이 분명히 내가 잘못했다고 생각하고 있는 일이 있음에도 불구하고 **전혀 신경쓰지 않고 습관대로** 하나님께 예배드리고 설교하고 직분을 수행하고 헌금을 드리고 기도하고 찬송하고 있습니다. 그 모든 것은 **다 헛된 것이요, 죄**입니다.

이런 죄를 끊임없이 범하면서 **전혀 알아차리지 못하는 사람들**이 있습니다. 이 얼마나 **어리석은 자들**이며 **잠자고 어둡고 병들어있는 자**입니까? 이 사람은 **하나님을 모르고 진리에 무지한 사람**임을 **끊임없이 드러내고 있는** 것입니다.

2) 하나님께서 열납하시는 기도는 **성결한 사람의 기도**입니다.

성도들은 **이것저것 구하기 전에 회개기도부터** 해야 합니다.

하나님은 무엇이 부족하셔서 드리라고 하시는 분이 아닙니다. 비록 하나님께 드릴 것은 없을지라도 **자신이 성결해지기 위해 기도하는 것을 기뻐하십니다**. 하나님은 아무리 죄가 많은 자라도 **진실하게 회개하면** 기꺼이 받아주십니다. 먼저 성도들이 성결하게 되기를 원하시고, 그런 사람이 돼서 무엇을 드린다면 더욱 기뻐하시는 것입니다.

> 시편32:5 내가 이르기를 내 허물을 여호와께 자복하리라 하고 주께 내 죄를 아뢰고 내 죄악을 숨기지 아니하였더니 곧 주께서 내 죄악을 사하셨나이다
> 〈더 제대로 된 번역〉
> 그래서 나는 **내 죄를 덮어두지 않고 주님께 숨김없이** 털어놓았습니다. 지은 죄를 숨기지 않았습니다. '내 죄를 주께 고백할 것이다. 내 잘못을 여호와께 아뢰리라' 고 다짐했습니다. 그러자 주님은 **내 죄와 잘못을 용서해주셨습니다.**

여기서 우리는 하나님께서 어떤 사람의 죄와 잘못을 용서해주시는지에 대한 중요한 사실을 알 수 있습니다.

바로 **자기 죄를 덮어두지 않고 하나님께 숨김없이 고백하는 사람, 지은 죄를 숨기지 않은 사람**입니다.

그런데 끊임없이 범죄하면서 자기가 무슨 죄를 지었는지도 **전혀 알아차리지 못하고 있다면** 어찌 하나님께 용서를 받을 수 있겠습니까? **어떤 것들은 덮어두고 숨겨놓고 일부만을 회개할 때 하나님께서 용서해주시겠습니까?**

그러므로 우리는 내 죄를 덮어두거나 숨겨놓는 것이 없이 **낱낱이 하나님께 고백하고 회개하기를 힘써야** 합니다. 그런데 어두운 영혼, 잠자는 영혼, 병든 영혼으로는 그 일이 불가능합니다. 그 어떤 일보다 먼저 **날마다 내 영혼을 깨우고 밝게 하고 치료해야** 합니다. 우리는 생활해나가면서 그때그때 무엇이 하나님 앞에서 합당한지 않은지를 **구별해야** 하며 합당하지 않은 것은 어떤 손해나 고통을 무릅쓰고라도 **거절하고 물리쳐야** 합니다. 이렇게 하는 사람이라야 범죄한 것을 발견하고 구별해낼 수 있으며 덮어두거나 숨겨두지 않고 낱낱이 하나님께 고백하며 회개하여 **성결해지는 것**입니다.

오늘날 많은 성도들이 이것과 거리가 먼 신앙생활을 하고 있습니다.

주의 종들과 교회지도자들은 이런 사실을 깊이 깨닫고 **먼저 자신부터** 성결해지고 성도들로 하여금 그런 자가 되게 하는 일에 전심전력해야 합니다. 이 일을 잘못하는 목사들과 교회지도자들은 **자기가 게으르고 불충하며 무지무능한 사람임을 깨닫고 이것부터 진정으로 회개하고 용서받아야** 합니다.

이런 일은 하지 못하고 사람 수나 늘리려 하고 건물을 크게 지으려 애써서는 안 됩니다. 그것이 어찌 하나님을 기쁘시게 하겠습니까? 그렇게 지은 건물과 그렇게 해서 모은 사람들이 하나님께서 받으시기에 합당하겠습니까?

> 겔33:11 너는 그들에게 말하라 주 여호와의 말씀이니라 나의 삶을 두고 맹세하노니 나는 악인이 죽는 것을 기뻐하지 아니하고 악인이 *그의 길에서 돌이켜 떠나 사는 것을 기뻐하노라* 이스라엘 족속아 돌이키고 돌이키라 너희 악한 길에서 떠나라 어찌 죽고자 하느냐 하셨다 하라
> 〈더 제대로 된 번역〉
> 下 이스라엘 족속아 돌아오라. *너희 악한 길에서 돌아오라. 어찌 죽고자 하느냐 하셨다* 하라.

아무리 선택된 하나님의 백성이라도 **범죄를 중단하고 회개하지 않으면**, 즉 하나님께 진정으로 돌아오지 않으면, 악한 길에서 돌이키지 않으면 **죽이겠다** 하셨습니다.

하나님은 **모든 것을 때와 기한을 정해놓고** 다스리십니다.

하나님은 우리의 범죄에 대해 당장 벌하시지 않고 오래 참고 기다리시다가 정하신 때가 되면 크고 작은 형벌을 내리십니다. 정해놓으신 마지막 순간까

지 진정으로 악을 중단하지 않고 회개하지 않으면 하나님은 그런 사람을 죽이기까지 하시겠다고 하셨습니다.

하나님은 여기에서 우리에게 **하나님의 백성들이 범죄하지 않기를 원하신다**는 것과 그래도 범죄한 것은 **때가 되기 전에 반드시 회개해서 용서받기를 원하신다**는 것을 강력하게 깨우쳐주십니다.

우리는 원하는 것들이 빨리 이루어지는 것에 더 관심이 많지만 하나님은 **우리가 죄짓지 않는 것과 회개해서 용서받는 것에 관심**을 기울이고 계십니다. 그 이유는 하나님은 **우리에게 필요한 것들을 다 예비하고 계시며 우리가 하나님을 경외하며 하나님의 법대로 순종하기만 하면** 때를 따라 그것들을 베풀어주시고자 하는데 우리가 범죄하면 **하나님은 그것을 시행하실 수 없기 때문**입니다. 우리가 끊임없이 범죄한다 할지라도 진노의 채찍으로 때리시기 전에 진심으로 회개하기만 한다면 하나님은 우리 죄를 반드시 용서하시고 우리에게 주시기로 한 모든 것들을 아낌없이 주십니다.

그런데 우리는 이것을 **도무지 알아차리지 못하고 너무나 쉽게 하나님의 말씀에 불순종하며 주신 사명에 불충**합니다. 그러면서 자기에게 필요한 것을 더 달라고 떼를 씁니다. 어찌 이런 사람들을 합당하게 여기시겠습니까? 어찌 이런 자들이 하나님께서 복 주실 대상이 되겠습니까?

그런데 오늘날 이러한 사람들이 너무나도 많습니다. **모든 것을 지으시고 소유하시며 만복의 근원이신 하나님**을 알고 섬기는 자가 되었음에도 불구하고 **그 하나님을 잊어버리고 놓치고 있는 사람들**이 얼마나 많은지 모릅니다. 참으로 **불쌍한 사람들**입니다.

> **눅15:7** 내가 너희에게 이르노니 이와 같이 죄인 한 사람이 회개하면 하늘에서는 **회개할 것 없는 의인 아흔아홉으로 말미암아 기뻐하는 것보다 더하리라**

이 말씀은 주님께서 친히 하신 말씀입니다.

이 땅에 거하는 하나님의 백성이 진심으로 회개해서 용서받는 것을 이미 천국에 와있는 아흔아홉 명의 사람들로 인해 기뻐하시는 것보다 더 기뻐하신다는 것입니다.

여기서도 **주님께서 성도들이 회개하는 것을 얼마나 간절히 원하시는가**를 알 수 있습니다.

이미 천국에 가 있는 성도들은 다시는 불순종하지 않고 하나님의 영광을 가리지 않으며 언제나 하나님을 기쁘시게 하는 삶을 살고 있습니다. 그런데 땅에 있는 성도가 끊임없이 범죄할 때 하나님은 그 사람에 대해 안타까워하시며 그가 징벌의 대상이 되지 않기를 간절히 바라시는데 그가 회개해서 용서받게 되면 **천국에서 아흔아홉 명의 성도들이 끊임없이 기쁘시게 하는 것보다 더 기뻐하신다**는 것입니다. 그토록 하나님은 **이 땅에 남아있는 성도 한 사람을 사랑하시고 귀중하게 여기고 계십니다.**

이런 성도가 도무지 회개할 줄 몰라서 하나님께서 징계의 채찍을 내리실 수밖에 없고, 그래서 괴로움과 슬픔을 당하게 된다면 그것은 **하나님을 괴롭게 하는 것이며** 그 사람 또한 **한심하고 불쌍한** 사람입니다.

그러므로 우리 성도들은 **이 땅에 살아있는 동안에 하나님께서 그토록 싫어하시고 근심하시는 죄를 짓지 않도록** 정신 똑바로 차리고 살아야 하며 **그것을 위해 기도해야** 합니다. 또 내가 이미 저지른 죄를 감추어 두지 말고 다 회개할 수 있게 해달라고 부르짖어야 합니다. 바로 이런 사람을 주님께서 참으로 기뻐하시며 **아낌없이 복을 베푸시고 뜨겁게 사랑해주십니다.**

세리는 성전 모퉁이에 서서 감히 눈을 들어 하늘을 우러러보지도 못하고 다만 가슴을 치며 '**나는 죄인입니다**' 하고 조용히 기도할 뿐이었는데 예수님은 **그의 기도를 하나님께서 받으셨다**고 하셨습니다.

삭개오는 "내 소유의 절반을 가난한 자들에게 나눠주겠사오며 만일 뉘 것을 토색한 일이 있으면 사 배나 갚겠나이다" 할 때 예수님은 "오늘 이 집에 구원이 이르렀나니 이 사람도 아브라함의 자손임이로다" 하셨습니다.

단순한 기도라도 진정한 회개일 때 하나님은 그 기도를 받으시며 그 사람과 그 집안 전체에 필요한 것까지 베풀어주십니다.

하물며 **자신을 성결케 할 뿐 아니라 기도의 모든 내용이 성결하고 감사와 찬송과 예배가 성결할 때** 하나님께서 얼마나 기뻐 받으시겠으며 더 큰 은혜를 베푸시겠습니까?

성결한 자의 성결한 기도(육체의 욕심을 만족시키려는 것이 아니라 하나님의 나라와 의를 구하는 기도)가 바로 이 **분향단의 분향**입니다.

성결하기 위해 언제나 죄를 멀리하며 기도도 하나님의 나라와 의를 구하는 것으로 일관할 때 결코 가난하고 불행한 인생이 되는 사람이 없습니다.

여기서 우리가 명심해야 할 말씀이 있습니다.

〈눅12:28~30〉
28 오늘 있다가 내일 아궁이에 던져지는 들풀도 하나님이 이렇게 입히시거든

> 하물며 너희일까 보냐 믿음이 작은 자들아
> 29 너희는 무엇을 먹을까 무엇을 마실까 하여 구하지 말며 근심하지도 말라
> 30 이 모든 것은 세상 백성들이 구하는 것이라 너희 아버지께서는 이런 것이 너희에게 있어야 할 것을 아시느니라

많은 성도들이 지금 내가 무엇이 부족한지, 내가 원하는 것이 무엇인지, 나의 형편과 사정이 어떠한지를 **하나님께서 나보다 더 자세하게 아신다는** 것을 생각하지 못하고 있습니다. 그런 사람은 **하나님을 향한 믿음이 허약하며 하나님을 너무도 모르고 있는 사람**입니다.

하나님은 만세 전에 택하시고 성령으로 거듭나게 하셔서 예수 그리스도를 확실하게 믿고 하나님의 자녀가 된 사람들이 태어날 때부터 이 세상을 떠날 때까지 **영육 간의 모든 문제**를 다 알고 계십니다. 그 백성의 모든 인생을 하나님이 **설계**하시고 그를 통해 하나님의 뜻을 이루고 영광을 받으시기 위해 그 인생의 모든 것을 **주관**하십니다. 따라서 영육 간에 필요한 모든 것을 충분하게 **예비하시고 제공**해주십니다.

그래서 "너희는 무엇을 먹을까 무엇을 마실까 하여 구하지 말고 근심하지도 말라" 하신 것입니다

그럼에도 불구하고 늘 이런 것만을 구하고 하나님을 신뢰하지 못하고 불순종하고 불충하는 사람은 **하나님을 전혀 알지 못하고 믿지도 않는 세상 사람들과** 같다고 여길 수밖에 없습니다. 그래서 "이 모든 것은 세상 사람들이 구하는 것이라" 하셨습니다.

그런데 사실 모든 불신자, 우상숭배자들도 다 **하나님의 거룩한 뜻에 따라** 이 땅에 태어나고 살다가 죽게 됩니다. 그래서 그들이 이 땅에서 사는 동안 그들도 먹을 것, 마실 것, 쓸 것들을 하나님이 **일반은총**으로 다 준비하시고 제공해주십니다.

그런데 그것은 **하나님의 백성들을 위해 주시는 것과는 다릅니다**. 아버지가 자녀들의 필요를 위해 준비하고 제공하는 것과 다른 가정의 아이들에게 무엇을 나눠주는 것은 결코 같지 않습니다. 더욱이 아직 예수를 알지도 못하고 믿지도 않는 사람들은 모두 **마귀에게 속한 자요, 그들의 주인은 사탄**입니다. 그럼에도 불구하고 그들이 이 땅에 사는 동안은 **하나님의 어떤 거룩한 뜻을 이루시기 위해** 그들도 이 땅에 생존하도록 필요한 것들을 일반은총으로 제공해주십니다.

그러나 예수 믿고 구원받은 하나님의 백성들은 결코 저들과 같지 않습니다.

그들은 **인류의 주인공**이요, **역사의 주인공**입니다. 그들이 이 땅에 존재하기 때문에 이 세상이 존재하고 불신자, 우상숭배자들도 여전히 일반은총으로 먹고 살 수 있는 것입니다.

그런데 어찌 **하나님의 자녀들**이 이 땅에서 사는 동안 필요한 것을 하나님께서 염두에 두지 않으시며 준비하시고 제공해주시지 않겠습니까? 예수 믿고 구원받았다는 사람이 이것을 도무지 알지 못하고 믿지 못하고 근심하며 무엇을 먹을까 마실까 하며 구한다면 그것은 **예수를 믿지 않는 사람들과 똑같은 것**입니다. 그들은 스스로 "나는 **하나님을 믿지 못한 채 살고 있습니다**" 라고 말하는 사람입니다. 어찌 이런 자들이 하나님의 백성으로서의 그 놀라운 은총을 누릴 수 있겠습니까?

주님은 이런 자들에게 "오늘 있다가 내일 아궁이에 던져지는 들풀도 하나님이 이렇게 입히시거든 **하나님의 자녀인 너희**일까 보냐?" 하시면서 "**너희는 믿음이 작은 자들이다**" 하고 책망하십니다.

사랑하는 성도 여러분, 지금 당신은 **믿음이 있는 사람**입니까? 그 믿음의 크기는 어떻습니까? 우리 각자는 정확하게 판단할 수 없으나 **하나님은 정확하게 판단하십니다**.

믿음이 작은 사람들은 다 이렇게 **하나님을 의심하고 불신하며** 근심하고 두려워하며 세상 사람들처럼 끊임없이 육욕에 빠져서 구하고 징징거리며 힘들게 살아가게 됩니다. 그러나 **믿음이 확실한 사람, 큰 믿음을 가지고 사는 사람들은** 하나님께서 **책임져주시는 삶**을 살게 됩니다.

그러므로 **믿음이 있는지 없는지, 믿음이 큰지 작은지 이것이 중요**합니다. 지금 나에게 물질이 적은 것, 학벌이 시원찮은 것, 사람이 변변치 않은 것, 유산을 한 푼도 못 물려받은 것이 문제가 아니라 내가 **예수를 믿고 구원받**았다고 하면서도 **하나님 아버지를 아버지로 삼지 못하고, 믿지 못하는 믿음 같지 않은 믿음**을 가지고 사는 것이 **가장 큰 문제**입니다.

이런 사람은 아직도 **하나님을 신뢰하지 못하고 의심하는 사람**입니다. 그것부터 회개하고 해결하시기 바랍니다.

제 26 강

〈10〉 분향단(5)
[3] 향(5), [4] 분향(1)

〈출30:36~38〉

36그 향 얼마를 곱게 찧어 내가 너와 만날 회막 안 증거궤 앞에 두라 이 향은 너희에게 지극히 거룩하니라 37네가 여호와를 위하여 만들 향은 거룩한 것이니 너희를 위하여는 그 방법대로 만들지 말라 38냄새를 맡으려고 이 같은 것을 만드는 모든 자는 그 백성 중에서 끊어지리라

〈10〉 분향단(5)

[3] 향(5)

① 향의 의미

② 향의 재료와 제조

(1) 분향에 쓸 향은 **반드시 소합향, 나감향, 풍자향으로만 만들어야** 했습니다.
(2) "**그 세 가지 향을 유향에 섞으라**" 하셨습니다.
(3) 향은 **하나님께서 정해주신 법대로 만들어야** 했습니다.
(4) 그 향에 "**소금을 쳐서 성결케 하라**" 하셨습니다.
(5) 분향단의 향은 "**지극히 거룩한 것이다**" 하셨습니다.

"**이 향은 너희에게 지극히 거룩하니라**" 하셨습니다(출30:36).

사람들 속에 있는 것 중에 **성도의 기도, 감사, 찬송, 예배처럼 거룩한 것**은 없습니다. 그런 거룩함은 '소금을 쳐서' 되는 것처럼 오직 '**예수 그리스도의 보혈의 은총으로**' 됩니다. 그리스도의 피 흘림이 없이는 어떤 죄도 사함 받을 수 없습니다. 이렇게 하여 이루어진 거룩함은 **완전한 것**입니다. 그리스도의 피의 대가가 완전하기 때문입니다.

그러므로 성도들은 이런 거룩함을 소유하게 된 것에 대해 **무한한 행복감과 감사**를 지녀야 합니다. 그리고 그런 거룩한 기도와 감사와 찬송과 예배는 '**오직 거룩하신 하나님께만**' 드려야 합니다.

영원 전부터 영원까지 홀로 거룩하신 하나님만이 타락한 인간과 인간의 것들을 거룩하게 하실 수 있으며 그렇게 거룩해진 것만을 하나님께서 받으십니다. 그러나 아무리 거룩해진 사람이라도 자기와 다른 사람들의 거룩한 것을 받을 수 없습니다. 사람은 하나님께로부터 오는 거룩한 선물들은 받을 수 있어도 **하나님만 받으시는 것들을** 받을 수는 없습니다. 만약 거룩함을 받은 자가 하나님만 받으실 영광을 받으려고 한다면 그것은 **하나님의 위치에 자기가 서는 것**이요, **하나님의 것을 가로채는 큰 죄를 범하는 것**입니다. 그런 자는 멸망을 면치 못합니다.

> 〈출30:37~38〉
> 37 네가 여호와를 위하여 만들 향은 **거룩한 것이니** 너희를 위하여는 그 방법대로 만들지 말라
> 38 냄새를 맡으려고 이 같은 것을 만드는 모든 자는 그 백성 중에서 끊어지리라
> 〈더 제대로 된 번역〉
> 37 만들지 말라→이 향을 만들어서 너희 마음대로 쓰면 안 된다.
> 38 누구든지 **그것을 향료로 쓰려고 만드는 자는** 그 백성 중에서 끊어지리라.

여기에서 우리는 중요한 사실들을 깨달아야 합니다.
1) 성도들은 하나님께 기도할 때 **이기적으로 해서는 안 됩니다.**
하나님께 드리는 기도는 **하나님의 영광을 위한 것**이어야 합니다. 결코 나의 영광을 위해서 하거나 욕심을 채우려 해서는 안 됩니다.
모든 기도의 **표본**인 주기도문은 **하나님의 영광을 위한 기도**입니다.
그 첫 말씀은 '**이름이 거룩히 여김을 받으시오며**(마6:9)' 입니다. 그것은 **하나님의 이름이 높여지기를 기원하는 것**입니다.

야고보는 "구하여도 받지 못함은 **정욕으로 쓰려고 잘못 구함이니라**(약4:3)" 했습니다.
우리는 그동안의 나의 기도가 **하나님 앞에서 얼마나 합당했는지** 면밀하게 살펴보아야 합니다. **근본적으로 변화되고 치료되고 성숙하지 못한 채로 기도할 때** 다분히 정욕으로 쓰려고 잘못 구하게 되는 것입니다.
그런 기도는 많은 경우에 헛되이 됩니다. 그런 사람은 그만큼 **기도의 중요성을 깨닫지 못하게 되며** 구하는 대로 이루어주시는 재미를 수시로 맛보지 못함으로써 기도의 의욕을 점점 잃어가고 심지어 낙심하게 됩니다. 우리는 주님이 불러가시는 날까지 기도생활을 끊임없이 해야 하는데 그 기도가 하나님 보시기에 합당하지 못하다면 얼마나 안타까운 일입니까?

그러므로 성도들은 하나님께 무엇을 구하기 전에 먼저 **언제나 하나님의 영광을 위해 사는 사람으로 변화되고 치료되고 성숙해져야** 합니다.

그런데 예수 그리스도를 확실히 믿어 하나님의 자녀가 된 사람들이 **예수의 이름으로 기도할 때 그 기도는 결코 헛되지 않습니다.** 그 이유는 우리가 아직도 근본적으로 변화되고 치료되고 성숙하지 못한 채로 기도하지만 **우리의 중보자이신 예수께서 우리의 기도마다 하나님의 뜻에 가장 합당하게 이루어지도록** 기도해주시기 때문입니다. 얼마나 감사한 일인지 모릅니다.

우리는 **자신을 좀 더 가다듬고 치료하고 성숙시켜서 하나님의 영광을 위한 기도, 하나님께서 기쁘게 받으실 기도**를 해야 합니다. 그렇게 할 때 우리는 기도한 대로 기쁘게 들으시고 이루어주시는 은총을 **계속 맛보며 살게** 됩니다. 또한 **다른 사람들에게 참으로 유익을 줄 수 있는 기도**를 할 수 있습니다.

2) 성도들은 **기도의 특권을 속되게 사용하지 말아야** 합니다.

우리는 누가 자기를 위해 하나님 뜻에 합당하지 못한 기도를 해달라고 요청하면 단호히 거절해야 합니다. 우리는 **기도의 특권**을 함부로 사용해서는 안 됩니다. 이를 위해 우리는 **하나님의 영광을 위한 기도, 하나님 뜻에 합당한 기도**가 무엇인지 깨달을 만큼 **치료되고 변화되고 성숙**되어야 합니다.

베드로는 자기 욕심을 위해 기도해달라는 마술사 시몬의 청원을 들어주지 않았습니다.

> 〈행8:18~20〉
> 시몬이 사도들의 안수함으로 성령 받는 것을 보고 돈을 드려 가로되 이 권능을 내게도 주어 누구든지 내가 안수하는 사람은 성령을 받게 하여 주소서 하니 베드로가 가로되 네가 하나님의 선물을 돈 주고 살 줄로 생각하였으니 네 은과 네가 함께 망할지어다

모든 기도와 감사와 찬송과 예배는 오직 하나님께만 드려야 합니다.

오늘날 천주교에서 마리아와 예수님의 제자들과 교황이 세운 성자들과 천사들을 대상으로, 그들의 이름으로 기도하고 미사하는 행위들은 **참으로 큰 죄악**입니다. 마리아나 예수님의 제자들이나 앞서간 훌륭한 성도들과 천사들은 이미 하나님과 함께 천국에 있습니다. 그런데 그들을 숭배의 대상으로 삼고 있는 자들은 **사탄의 속임수에 빠져서 '자기를 위해 향을 만들고 그 향을 맡는 자들'**입니다. 그리고 '**그 백성 중에서 끊어질 자들**'입니다.

> 신27:15 장색의 손으로 조각하였거나 부어 만든 우상은 여호와께 가증하니 그것을 만들어 은밀히 세우는 자는 저주를 받을 것이라 할 것이요 모든 백성은 응답하여 말하되 아멘 할지니라
> 〈더 제대로 된 번역〉
> 대장장이를 시켜서 우상을 조각하거나 쇠를 녹여 만들어서 남몰래 세우는 자는 저주를 받는다. 여호와께서는 사람이 만든 우상을 역겨워하신다 라고 할 것이요, 모든 백성은 아멘이라고 말해라.

돌이나 쇠붙이로 우상을 조각하거나 세우는 자는 저주를 받는다 했습니다. 우상을 섬기는 자뿐 아니라 우상을 만드는 자들도 저주를 받는다는 것입니다. 그리고 여호와께서는 사람이 만든 모든 우상을 역겨워하신다고 했습니다. 우상을 섬기는 것은 하나님께서 가장 역겨워하시는 악한 죄악입니다. 그런데 하나님만을 위해 만들 향을 우상숭배를 위해 만들고 하나님만이 맡으셔야 할 향을 맡는 자들은 얼마나 저주를 받겠습니까?

> 시97:7 조각한 신상을 섬기며 허무한 것으로 자랑하는 자는 다 수치를 당할 것이라 너희 신들아 여호와께 경배할지어다
> 〈더 제대로 된 번역〉
> 허무한 것으로→ 허수아비들을

사람이 만든 것을 신이라고 세워놓고 섬기는 자들이나 그런 허수아비들을 자랑하는 자들은 **다 수치를 당한**다고 했습니다. 과연 인류 역사상 이런 일을 하는 자들은 **한결같이 모든 것을 잃고 큰 수치를 당하며 멸망했습니다.** 오늘날 교회 안에도 신상은 아니더라도 하나님보다 세상의 것들을 더 사랑하고 자랑하는 사람들이 많습니다. 그들 역시 **수치를 당할 사람**들입니다. 성도들은 내가 혹시 **아직도 하나님보다 더 사랑하는 것이 있는지** 솔직하게 살펴보고 만약 그렇다면 당장 그것을 회개하고 그런 어리석고 악한 생활에서 돌이켜야 합니다. 그렇게 하지 않으면서, 즉 우상숭배자로 살아가면서 그것들을 더 많이 가지고 누리게 해달라고 기도한다면 얼마나 어리석고 악한 사람입니까? 계속 그렇게 살다가는 언젠가는 그 모든 것을 다 잃어버릴 뿐 아니라 그것을 가지고 누리려 했던 것만큼 수치와 욕을 당하게 될 것입니다.

> 사45:20 나무 우상을 가지고 다니며 구원하지 못하는 신에게 기도하는 자들은 무지한 자들이니라
> 〈더 제대로 된 번역〉
> 나무 우상을 들고 다니는 자들은 자기가 무슨 일을 하고 있는지 모른다. 그들

■ 은 구원하지도 못하는 신에게 기도한다.

구원하지도 못하는 우상을 들고 다니며 그 우상에게 기도하는 자들이 있다 했습니다. 그런 사람들은 **그렇게 하는 것만큼 모든 것을 잃고 수치와 욕을 당하게** 됩니다.

> 렘1:16 무리가 나를 버리고 다른 신들에게 분향하며 자기 손으로 만든 것들에 절하였은즉 내가 나의 심판을 그들에게 선고하여 그들의 모든 죄악을 징계하리라
> 〈더 제대로 된 번역〉
> 유다 사람들이 나를 버리고 다른 신들에게 분향하며 자기 손으로 우상을 섬기는 악한 짓을 했으므로 내가 그들을 심판하겠다.

하나님의 백성이라도 우상을 섬기는 자는 하나님께서 그 행위를 그 무엇보다도 악한 짓으로 간주하시고 반드시 **심판하신다**는 것입니다.

교회를 다니고, 예수를 믿는다고 하면서 다른 것 앞에 분향하거나 마음속으로나마 그 무엇을 하나님보다 더 사랑하고 의지하는 자는 **교회 바깥에 있는 사람들보다도 악한 짓을 하는 사람이요, 자기가 섬기는 하나님께 무서운 심판을 받게** 됩니다. 교회 안에 이런 사람들이 많습니다.

> 〈골2:18~19〉
> 18 아무도 꾸며낸 겸손과 천사 숭배를 이유로 너를 정죄하지 못하게 하라 그가 그 본 것에 의지하여 그 육신의 생각을 따라 헛되이 과장하고
> 19 머리를 붙들지 아니하는지라 온몸이 머리로 말미암아 마디와 힘줄로 공급함을 받고 연합하여 하나님이 자라게 하심으로 자라느니라
> 〈더 제대로 된 번역〉
> 18 겸손한 체하며 천사를 숭배하는 무리가 있다. 환상을 보았다고도 하는 그들의 말에 귀를 기울이지 말라. 그들은 자신들의 인간적인 생각과 어리석은 교만으로 들떠있으며
> 19 머리 되신 그리스도를 따르지 않고 마음대로 행하고 있다. 몸은 머리에 붙어 있어야 한다. 그래야 몸의 각 마디가 서로 도와 영양분을 받아 유지하고 하나님이 바라시는 모습으로 자라갈 수 있는 것이다.

"머리 되신 그리스도께 붙어있지 않은 자들이 있다" 했습니다.

이런 사람들은 **"자신들의 인간적인 생각과 어리석은 교만으로 들떠있다"** 했으며, **"그리스도를 따르지 않고 마음대로 행한다"** 했습니다.

성도라고 하면서 예수를 진정으로 믿지도 않고 예수를 머리로 하여 한 몸이 되어있지도 않은 사람들, **마귀에게 사로잡혀** 인간적인 생각과 교만으로

가득 차서 그 마음대로 행하는 사람들은 하나님 앞에서 마음대로 향을 만들어 피우는 자들입니다. 이들은 하나님을 진노하게 하고 우상을 섬기는 악한 짓을 하는 자들이므로 결국 심판을 당하게 됩니다.

우리는 이런 사람들을 구별할 줄 알아야 하며 책망하고 물리쳐야 합니다. 우리가 그렇게 하지 않으면 이런 사람들이 우리 가운데 섞여서 우상을 섬기는 악한 짓을 분별하지 못하고 계속 그들을 용납하는 것이 되고 더불어 헛된 예배를 드리는 것이 됩니다. 이것은 하나님 앞에서 큰 잘못입니다.

우리는 누구든지 전도해서 교회 안으로 들어오게 해야 하지만 예수 그리스도를 머리로 하여 진정으로 예수께 붙어있지 않는 자들을 분별해야 하며 최선을 다해 그들을 신자다운 신자로 키워야 합니다. 그러나 그들이 가증한 예배드리는 것을 언제까지나 허용해서는 안 됩니다. 그런 사람들 때문에 우리의 예배와 기도와 감사와 찬송마저 하나님 받으시기에 역겨운 것이 되게 해서는 결코 안 됩니다.

> 고전10:7 그들 가운데 어떤 사람들과 같이 너희는 우상숭배하는 자가 되지 말라 기록된 바 백성이 앉아서 먹고 마시며 일어나서 뛰논다 함과 같으니라
> 〈더 제대로 된 번역〉
> 上너희 중에 우상숭배하는 자들이 있는데 너희는 저들처럼 우상숭배하는 자가 되지 말라.

바울은 '너희', 즉 '고린도교회 성도들' 중에 우상숭배자들이 있다고 하며 "너희는 저들처럼 우상숭배하는 자가 되지 말라" 했습니다.

이 지상교회에 들어와 있는 사람들 중에 변화되지 못하고 거듭나지 못하여 진정으로 예수를 믿지 않고 여전히 우상숭배하는 사람들이 있습니다. 이들에 의해서 예수를 믿는 사람들마저 우상을 숭배하게 될 수 있다는 것입니다. 많은 성도들이 자기도 모르게 교회 안에 있는 우상숭배자들에게 영향을 받고 또다시 우상숭배자로 전락합니다. 이런 교회는 결코 성령께서 함께하실 수 없으며 구원의 방주의 사명을 제대로 수행할 수 없습니다.

> 고전10:21 너희가 주의 잔과 귀신의 잔을 겸하여 마시지 못하고 주의 식탁과 귀신의 식탁에 겸하여 참여하지 못하리라

여기에서도 예수 그리스도를 진실하게 영접한 성도들이 여전히 마귀에게 속한 자들과 함께 하나님께서 받으시기에 합당한 예배를 드릴 수 없음을 분명히 밝히고 있습니다. 비록 아직 진정한 믿음을 가지지 못한 자들과 함께

교회 안에서 어울리고 그들과 함께 식사를 할 수 있으나 **사탄에게 속한 자들이 드리는 예배는 결코 하나님께서 받지 않으십니다.** 성도와 사탄에 속한 자들이 함께 하나님의 식탁(예배)에 참여할 수 없는 것입니다.

그러므로 교회들은 **무턱대고 사람의 숫자를 불리려는 데에만 힘써서는 안 됩니다.** 한 영혼이라도 더 구원하기 위해 힘쓰는 것 못지않게 **교회 안에 들어온 사람들이 예수 그리스도를 확실하게 믿고 그들도 우리와 함께 하나님의 식탁에 참여하는 사람이 되게** 해야 합니다. 이 일을 게을리하거나 잘못 하면 그런 성도는 결코 하나님께서 받으시기에 합당한 예배를 드릴 수 없으며 그런 교회는 진정한 교회가 될 수 없습니다. **그들은 결코 이 성소 안의 분향단이 될 수 없으며 하나님께서 받으시는 거룩한 향이 되지 못합니다.**

(6) **"분향단의 향 일부는 곱게 찧어서 회막 안, 증거궤 앞에 두라"** 하셨습니다.

이 향은 대제사장인 아론이 지성소에 들어갈 때 그가 **법궤(증거궤) 위에 임재하여 계시는 하나님을 만나도 죽임을 당하지 않게 하기 위한 것**이었습니다.

또한 성소 안에 들어가는 제사장이 **이 단에 향을 피움으로써 하나님의 백성이 하나님을 기쁘시게 하는 기도와 감사와 찬송을 드리게** 하신 것입니다.

[4] 분향(1)

> 〈레16:11~13〉
> *11 아론은 자기를 위한 속죄제의 수송아지를 드리되 자기와 집안을 위하여 속죄하고 자기를 위한 그 속죄제 수송아지를 잡고*
> *12 향로를 가져다가 여호와 앞 제단 위에서 피운 불을 그것에 채우고 또 곱게 간 향기로운 향을 두 손에 채워 가지고 휘장 안에 들어가서*
> *13 여호와 앞에서 분향하여 향연으로 증거궤 위 속죄소를 가리게 할지니 그리하면 그가 죽지 아니할 것이며*
>
> 〈더 제대로 된 번역〉
> *12 아론은 여호와 앞의 제단에서 피어있는 숯으로 가득한 향로를 들고 곱게 간 향기로운 향을 두 손에 채워 가지고 휘장 안으로 들어가서*
> *13 여호와 앞에서 그 향을 불 위에 놓아라. 그래서 그 향 연기가 증거궤 위 속죄소를 가리게 하리니 그리하면 그가 죽지 아니할 것이며*

이 향은 하나님께서 아론과 만나주실 때 사용한 것입니다.

아론이 수송아지로 속죄했다 해도 사람의 몸을 입은 채로 하나님을 마주 대할 수 없었습니다. 아론은 지성소에 들어갈 때 **'제물의 피와 이 향'** 을 가지고 들어감으로 죽음을 면할 수 있었습니다.

  제물의 피는 대속의 보혈을 의미하고 향은 '그 보혈의 은총 속에서 하나님께 기도하는 것' 이므로 이 두 가지에 의해서 아론은 하나님과의 대면이 허용된 것입니다. 더욱이 그 향은 아론이 피어있는 숯으로 가득한 향로를 가지고 여호와 앞 제단에 들어가서 제단에서 담은 불을 향로에 태우는 것입니다. 이 향을 들고 들어가는 아론은 하나님 앞에서 자비와 긍휼을 바라고 복종할 것을 나타내는 모습을 보여줍니다. 더구나 그의 손에는 하나님께서 기쁘게 받으실 향이 가득히 담겨있고 그것은 '제단의 불' 에 의해 향기롭게 피워집니다.

  자기를 불쌍히 여겨주시기를 간절히 기도하며 나아가되 그 기도는 하나님의 사랑과 나의 하나님 사랑이 바탕이 되고(유향에 섞은 향), 예수 그리스도를 믿는 기본신앙과 말씀을 순종함과 하나님의 뜻대로 구하는 것이 조화를 잘 이루고(세 가지 향이 동일 중수로 빻아져서 섞인 것), 예수 그리스도의 대속의 은총이 충만히 함께하는 기도(제단의 불로 향을 태우는 것)여야 하는 것입니다.

  이런 향연이 '증거궤 위 속죄소를 가리우는 것' 입니다. 즉 하나님의 얼굴의 영광과 거룩함이 인간의 육체를 소멸시키지 않도록 해주는 것입니다.

아론이 하나님을 대면하고도 죽음을 면할 수 있는 것은

가. 속죄제물
나. 속죄제의 피
다. 유향에 섞이고 소금으로 성결케 된 세 가지 향이 섞여진 향
라. 제단의 불 덕분입니다.

즉,

가. 예수 그리스도의 성육신과 십자가의 육체적 죽음
나. 대속의 보혈을 흘려주심
다. 가와 나를 믿으며 하나님 명령에 순종하고, 하나님의 뜻대로 구하고, 그 모든 것을 사랑 안에서 하고, 항상 회개하여 거룩해지는 것
라. 언제나 대속의 은총을 믿고 깊이 인식하며 하나님께 나아가는 것입니다.

위의 것들에 의해 우리가 하나님을 만나 뵐 수 있고, 그분과 함께 살게 되며, 그분으로부터 온갖 복을 받아 영원히 살게 되는 것입니다.

  여기서 주목할 것은 하나님과의 관계회복, 하나님과의 연합, 영생, 구원은 예수 그리스도의 성육신과 십자가에 죽으심, 그리고 대속의 보혈을 알고 믿

는 것만으로 되는 것이 아니라 하나님의 명령에 순종하고, 하나님의 뜻대로 구하고, 그 모든 것을 사랑 안에서 하고, 항상 회개하여 거룩해지는 것과 언제나 대속의 은총을 믿고 깊이 인식하며 하나님 앞에 나아감이 반드시 함께 있어야 한다는 것입니다. 즉 순종생활, 하나님을 무엇보다 사랑하는 것과 이웃사랑의 실천, 계속적인 회개생활, 항상 대속의 은총을 뼈저리게 인식하며 사는 것이 병행되고 조화를 잘 이루어야만 합니다.

오늘날 모든 교회와 성도 개개인은 이런 교회가 되기 위해 예수를 만난 후부터 이 세상을 떠나가는 날까지 잠시도 쉬지 말고 전력을 다해야 합니다. 또 먹고 사는 것, 외형적으로 크게 만들려는 것, 자기를 나타내고 자랑하고 인정받고 칭찬받으려는 것 때문에 이런 것이 약화되거나 잊혀지거나 멀어지지 않도록 조심해야 합니다.

> 요1:12 영접하는 자 곧 그 이름을 믿는 자들에게는 하나님의 자녀가 되는 권세를 주셨으니

> 롬10:9 네가 만일 네 입으로 예수를 주로 시인하며 또 하나님께서 그를 죽은 자 가운데서 살리신 것을 네 마음에 믿으면 구원을 얻으리라

> 마7:21 나더러 주여 주여 하는 자마다 다 천국에 들어갈 것이 아니요 다만 하늘에 계신 내 아버지의 뜻대로 행하는 자라야 들어가리라

> 약1:22 너희는 도를 행하는 자가 되고 듣기만 하여 자신을 속이는 자가 되지 말라
> 〈더 제대로 된 번역〉
> 너희는 도를 행하는 자가 되라. 앉아서 듣기만 한다면 그것은 자신을 속이는 것이다.

> 약4:17 이러므로 사람이 선을 행할 줄 알고도 행치 아니하면 죄니라

> 약2:26 영혼 없는 몸이 죽은 것같이 행함이 없는 믿음은 죽은 것이니라

> 약2:14 내 형제들아 만일 사람이 믿음이 있노라 하고 행함이 없으면 무슨 이익이 있으리요 그 믿음이 능히 자기를 구원하겠느냐
> 〈더 제대로 된 번역〉
> 내 형제들아. 만일 사람이 믿음이 있노라 하고 아무 일도 하지 않는다면 그 믿음이 무슨 소용이 있겠느냐? 그 믿음이 자기를 구원하겠느냐?

〈약2:19~24〉
19 네가 하나님은 한 분이신 줄을 믿느냐 잘하는도다 귀신들도 믿고 떠느니라
20 아아 허탄한 사람아 행함이 없는 믿음이 헛것인 줄 알고자 하느냐
21 우리 조상 아브라함이 그 아들 이삭을 제단에 드릴 때에 **행함으로 의롭다 하심을 받은 것이 아니냐**
22 네가 보거니와 믿음이 그의 행함과 함께 일하고 행함으로 믿음이 온전하게 되었느니라
23 이에 성경에 이른 바 아브라함이 하나님을 믿으니 이것을 의로 여기셨다는 말씀이 이루어졌고 그는 하나님의 벗이라 칭함을 받았나니
24 이로 보건대 사람이 행함으로 의롭다 하심을 받고 믿음으로만은 아니니라

〈더 제대로 된 번역〉
20 어리석은 자들아, **행함이 따르지 않는 믿음은 아무 쓸모도 없는 것**을 모르느냐?
22 이렇게 그의 믿음에는 **행함이 함께 따랐으며 그의 행동으로 믿음이 완전하게 되었다.**
23 '아브라함이 하나님을 믿었고, 하나님께서 그의 믿음을 받으셨으며, 그 믿음으로 하나님께 의롭다 하심을 받았다'는 말씀의 의미가 무엇인지 이제는 알 수 있을 것이다. 아브라함은 그 후 '친구'라고 불렸다.
24 이로 보건대 사람이 **행동으로 의롭다 함을 받을 수 있으며** 믿음만으로는 의롭다 함을 받을 수 없다.

이 모든 말씀은 우리가 단지 예수 그리스도의 성육신과 십자가의 육체적 죽으심과 그 대속의 보혈을 믿을 뿐 아니라 **하나님의 모든 명령에 순종하고, 하나님의 뜻대로 구하고, 모든 것을 사랑 안에서 하고, 항상 회개하여 거룩해지는 것과, 언제나 대속의 은총을 믿고 깊이 인식하며 살아가야 함**을 확실하게 깨우쳐주고 있습니다. 이것이 바로 **분향단의 향이 곱게 찧어져서 회막 안, 증거궤 앞에 놓여야 한다**는 것의 의미입니다.

이런 향이 되지 못하는 성도들의 기도와 감사와 찬송과 예배는 **결코 하나님께서 받으실 수 없습니다.** 그리고 그런 일을 계속하는 자들은 **결코 하나님과의 관계회복이 될 수 없으며 영생 구원을 얻을 수 없습니다. 즉 영원히 하나님과 원수지간이 되고 영원한 멸망을 당하게** 되는 것입니다.

그러므로 **나와 우리 교회는 이렇게 곱게 찧어져서 회막 안 증거궤 앞에 있는지** 잘 살펴보아야 합니다. 그렇지 않은 향과 그 향을 드리는 자의 모든 신앙행위는 **구원과 아무 관련이 없습니다.** 결코 이런 신자 아닌 교인, 하나님이 도무지 받으실 수 없는 기도와 감사와 찬송과 예배를 드리는 사람들과 교회가 되어서는 안 됩니다.

제 27 강

〈10〉 분향단(6)
[4] 분향(2)

〈레16:12~13〉

〈더 제대로 된 번역〉
12아론은 여호와 앞의 제단에서 피어있는 숯으로 가득한 향로를 들고 곱게 간 향기로운 향을 두 손에 채워 가지고 휘장 안으로 들어가서 13여호와 앞에서 그 향을 불 위에 놓아라. 그래서 그 향 연기가 증거궤 위 속죄소를 가리게 하리니 그리하면 그가 죽지 아니할 것이며

〈10〉 분향단(6)

[4] 분향(2)

향은 대제사장 아론과 그가 위임한 제사장들이 '하나님께서 정하신 법대로 분향할 때' 하나님께서 받으셨습니다.

하나님 앞에서 분향했으나 하나님께서 받지 않으시고, 잘못 분향하여 오히려 저주를 받았던 예들이 있습니다.

(1) 나답과 아비후(레10:1~10)

아론의 아들 나답과 아비후(제사장들)가 각기 향로를 가져다가 '여호와가 명하시지 않은 불(번제단의 불이 아닌 다른 불)'을 담아 분향했습니다. 그러자 "불이 여호와 앞에서 나와서 그들을 삼키매 그들이 여호와 앞에서 죽은지라" 했습니다. 그들은 성소에서 분향하다가 불에 타 죽었습니다.

모세가 아론에게 "이는 여호와의 말씀이라 이르시기를 나는 나를 가까이 하는 자 중에서 내 거룩함을 나타내겠고 온 백성 앞에서 내 영광을 나타내리라 하셨느니라" 했습니다.

하나님은 자신이나 자기 생각이나 세상 것들을 하나님보다 더 앞세우고 가까이하는 사람을 통해서는 영광이나 거룩하다 함을 받지 않으신다는 것입니다. 하나님은 '하나님과 말씀을 가장 소중히 여기고 지키는 사람들'만을 통해 영광을 받으십니다.

나답과 아비후는 **어찌나 하나님의 진노를 샀는지** 장례도 자기 부모와 가족들 손에 치러지지 못했습니다.

모세가 아론과 그 아들들에게 말하기를 "너희는 머리를 풀거나 옷을 찢지 말라 그리하여 너희가 죽음을 면하고 여호와의 진노가 온 회중에게 미침을 면하게 하라", "여호와의 관유가 너희에게 있은즉 너희는 회막 문에 나가지 말라 그리하면 죽음을 면하리라"하고 그 시체들을 웃시엘의 아들들에게 명하여 옷 입은 채로 진 밖으로 메어내게 했습니다.

그 직후 하나님은 아론에게 "너와 네 자손들이 회막에 들어갈 때 포도주나 독주를 마시지 말아서 너희 사망을 면하라. 이는 너희 대대로 영원한 규례이다. 그리하여야 너희가 거룩하고 속된 것을 분별하며 부정하고 정한 것을 분별하고 또 여호와가 모세로 명한 모든 규례를 이스라엘 자손에게 가르치리라"고 명령하셨습니다.

여기서 하나님은 모든 제사장, 즉 신약의 모든 성도들도 **술을 먹어서는 안 된다고 명령**하셨습니다.

"포도주나 독주를 마시지 말라" 하셨습니다. 약한 술(맥주, 곡주 등)이든지 독한 술이든지 마시지 말라고 하셨습니다.

그러므로 **술을 입에 대는 성도는 이 명령을 어기는 죄를 짓는 것**입니다.

"회막에 들어갈 때에는 술을 마시지 말라" 하셨습니다.

예수 그리스도를 믿는 사람은 거룩하신 하나님께 경배드리고, 감사드리고, 회개하고, 기도하고, 찬송드리기 위해서 항상 하나님께 나아가야 하는데 그들은 **마땅히 언제나 어디서나 술을 입에 대지 말아야** 합니다.

술을 마시면 **분별력을 잃게** 됩니다.

거룩하고 속된 것, 부정하고 정한 것을 분별할 수 없게 됩니다. 또 술 마시는 자는 **이미 속된 것과 부정한 것을 행하는 것**이고, **끌어들이는 것**이고, 동시에 **거룩함과 정함을 잃은 것**이고, **더럽히는 것**입니다.

우리가 평소에도 끊임없이 실수하고 범죄하고 분별없이 행하는데 그것을 알면서 어찌 술로써 분별력을 더 잃어버릴 여지를 만들겠습니까?

그러므로 **술 마시는 자체는 이미 하나님 앞에서 이성과 양심과 지각과 분별을 잃은 것**입니다. 실수나 범죄하지 않으려고 항상 깨어있어 기도하고 자신과 싸우려고 몸부림을 치는 사람이라면 술은 생각조차 할 수 없습니다.

성경은 **하나님의 백성들이 술 마시는 것을 분명하게 금하고 있습니다.**

> 민6:2 남자나 여자가 특별한 서원 곧 나실인의 서원을 하고 자기 몸을 구별하여 여호와께 드리거든 포도주와 독주를 멀리하며 포도주의 초나 독주의 초를 마시지 말며 포도즙도 마시지 말며 생포도나 건포도도 먹지 말지니

하나님 앞에 자신을 드리는 사람들은 포도주와 독주는 물론이고 포도주나 독주의 초도 마시지 말아야 하며 포도즙도 마시지 말고 심지어 생포도나 건포도도 먹지 말아야 한다 했습니다. 이렇게까지 조금이라도 사람의 육체와 영혼을 혼미하게 하는 술을 단호히 멀리해야 함을 강하게 명령하셨습니다.

> 눅1:15 이는 저(세례요한)가 큰 자가 되며 포도주나 독주를 마시지 아니하며 모태로부터 성령의 충만함을 입어

세례 요한도 "어려서부터 포도주나 독주를 마시지 않았다" 했습니다.

> 엡5:18 술 취하지 말라 이는 방탕한 것이니 오직 성령의 충만을 받으라
> 〈더 제대로 된 번역〉
> 술 취하지 말라. 그것은 너희의 영적인 삶을 갉아먹을 것이다. 성령으로 충만해지도록 힘쓰라.

술을 마시다 보면 결국 취하게도 되는데 그것은 **우리의 영적인 삶을 갉아 먹는다**고 했습니다. 그러므로 예수 그리스도를 믿어 성령세례를 받고 점점 예수 그리스도를 닮아가고 거룩해져 가는 성도들은 **마땅히 영적인 삶을 갉아먹는 술을 멀리해야** 합니다. 주께 헌신하고 점점 성결해지기를 원하며 그것을 위해 애쓰는 사람이라면 단 한 순간도 술을 가까이할 수 없을 것입니다.

그동안 가끔씩이나마 어떤 술이든 마셨던 사람들은 **마음가짐을 새롭게 하**고 그것조차 멀리하지 못하는 자신을 **부끄러워하며 반성하고 고쳐야** 합니다. **하나님의 법대로 분향하지 않는 것, 즉 하나님께서 기쁘게 받으실 수 없게 분향하는 것은** 결코 하나님께서 받지 않으시며 오히려 진노하실 일이 됨을 우리 모든 성도들은 명심해야 합니다.

(2) 고라와 그 당 사람들(민16장)

레위 자손인 고라가 여러 사람과 당을 짓고 유명한 족장 250인과 함께 **모세와 아론에게 반역**했습니다.

그들은 모세와 아론에게 말하기를 "너희가 분수에 지나도다 회중이 다 각각 거룩하고 여호와께서도 그들 중에 계시거늘 너희가 어찌하여 여호와의

총회 위에 스스로 높이느냐"했습니다.

그때 모세는 **"여호와께서 자기에게 속한 자가 누구인지, 거룩한 자가 누구인지 보이시고** 그 택하신 사람을 자기에게 가까이 나아오게 하시리니 고라와 그 무리들은 향로를 취하고 내일 여호와 앞에서 향로와 불을 담고 그 위에 향을 두라 그때에 여호와의 택하신 자는 거룩하게 되리라 레위 자손들아 너희가 너무 분수에 지나치느니라"고 말했습니다.

1) 분향하는 것을 통해 분향하는 자가 '하나님께 속한 자인지, 거룩해지는지의 여부'를 알 수 있었습니다.

하나님께 드리는 분향은 아무 향으로 하거나 합당하지 못한 사람이 드려서는 안 됩니다. 모든 감사와 예배도 마찬가지입니다. 하나님께서는 **드리는 것과 드리는 자를 분간**하십니다.

고라와 250족장들이 모세와 아론과 함께 각각 향로를 가지고 나왔습니다.

"고라가 온 회중을 회막 문에 모아 놓고 모세와 아론을 대적하려 하매 여호와의 영광이 온 회중에게 나타나시니라" 했습니다. 그때 하나님께서 모세와 아론에게 말씀하셨습니다(다른 사람들에게는 직접 말씀하지 않으셨을 뿐 아니라 상대도 해주지 않으셨습니다).

"너희는 이 회중에게서 떠나라. 내가 순식간에 그들을 멸하려 하노라" 하셨고 "백성에게 명하여 너희는 고라와 다단과 아비람의 장막 사면에서 떠나라 하라" 하셨습니다.

그러자 모세가 백성들에게 **"이 악인들의 장막에서 떠나고 그들의 물건은 아무것도 만지지 말라** 그들의 모든 죄 중에서 너희도 멸망할까 두려워하노라"고 명하니 이스라엘 백성이 다 떠났습니다. 모세는 또한 "만일 이들의 죽음이 모든 사람의 죽음과 같다면(평범하게 죽는다면) 여호와께서 나를 보내심이 아니거니와 만일 여호와께서 땅으로 입을 열어 이 사람들과 그 모든 족속을 삼켜 산 채로 음부에 빠지게 하시면 **이 사람들이 과연 여호와를 멸시한 것인 줄을 너희가 알리라**" 했습니다.

> ⟨민16:31~35⟩
> 31 이 모든 말을 마치는 동시에 그들의 밑의 땅의 갈라지니라
> 32 땅이 그 입을 열어 그들과 그 가족과 고라에게 속한 모든 사람과 그 물건을 삼키매
> 33 **그들과 그 모든 족속이 산 채로 음부에 빠지며** 땅이 그 위에 합하니 그들이 총회 중에서 망하니라

34 그 주위에 있는 온 이스라엘이 그들의 부르짖음을 듣고 도망하며 가로되 땅이 우리도 삼킬까 두렵다 하였고
35 여호와께로서 불이 나와서 분향하는 250인을 소멸하였더라
〈더 제대로 된 번역〉
32 마치 땅이 입을 벌려 그들을 삼키는 것 같았다. 그들의 가족과 고라를 따르던 자들과 그들이 가진 모든 것을 땅이 삼켜버렸다.
33下 땅이 그 위에 덮이니 그들은 죽어서 백성의 무리 중에서 사라졌다.
34下 도망하여 이르되 "땅이 우리도 삼켜버리려고 한다" 했다.
35 그때 여호와의 불이 내려왔다. 그 불이 향을 피운 사람 250명을 죽였다.

① 하나님께서 고라와 그 당의 사람들이 하나님 앞에서 분향하게 하여 그들을 멸망시키신 것은 그들이 하나님 앞에 분향하는 것을 욕되게 함으로써 하나님의 진노를 당하게 하신 것입니다.

분향은 그토록 거룩하고 중요한 것입니다. 분향은 개인들에게 임할 하나님의 진노를 예수 그리스도의 대속의 보혈로 진정시키는 것인데 그것마저 욕되게 한다면 그것은 가장 무서운 진노를 당하기에 충분한 죄가 됩니다.
모세는 하나님을 두려워하지 않고 경거망동하는 자를 '여호와를 멸시하는 자' 라고 지칭했는데 그런 사람이 하나님 앞에서 분향을 드리는 것은 가장 무서운 진노를 당할 악행이 되는 것입니다.

그래서 초대교회에서도 교회 안에서 경거망동하는 자를 교회가 치리하여 수찬을 정지시키거나 정직, 면직, 출교시켰던 것입니다. 그것은 그들에게 오히려 다행한 일이 됩니다. 경거망동을 중단하지 않고 회개하지 않는 자가 가증하게 성직을 수행하거나 예배에 참가할 때 하나님의 진노가 그와 주변 모든 사람에게도 임하게 됩니다. 그래서 하나님은 이스라엘 백성들에게 가증한 분향을 드린 고라와 그 사람들을 떠나라 하신 것입니다. 만약 그들이 떠나지 않았다면 그들도 함께 멸망을 당할 수밖에 없었습니다.

교회가 가증한 예배와 기도와 감사와 찬송을 드리는 자들을 계속 내버려두고 책망하지도 않고 벌주지 않고 척결하지 않으면 하나님은 그 교회를 떠나시고 그 교회에 속한 모든 자에게 진노를 내리시기도 합니다.
오늘날 많은 교회들이 이런 사실에 대해 전혀 모르고, 위험한 예배와 기도와 감사와 찬송을 끊임없이 드리고 있습니다. 그래서 하나님의 신이 떠난 교회가 많습니다. 그런 교회에 속한 자들은 복은커녕 하나님의 진노를

당하게 됩니다. 그러면서 그들은 여전히 십자가를 걸고 교회 간판을 내걸며 예수, 하나님의 이름을 표방하지만 **결코 하나님과 진리를 알게 할 수 없을 뿐 아니라 그 어떤 집단보다도 진노의 대상**이 되는 것입니다. 이 얼마나 무서운 말입니까?

② **하나님께서 세우시고 사용하시는 사람들을 멸시하는 것은 '하나님을 멸시하는 것'** 이라 했습니다.

놀라운 것은 하나님의 종들을 멸시하는 자들에게 하나님은 **죽음의 형**을 내리시되(그것만으로도 최고의 형벌인데) **'가장 비참한 죽음의 형벌'** 을 내리셨다는 것입니다.

그들은 자신뿐 아니라 **'모든 가족과 친척들까지'** 산 채로 땅이 갈라져 그 속에 빠지고, 다시 땅이 그들 위에 합쳐지는 죽임을 당했고 **'그들이 사용하고 가지고 있던 모든 것들까지도'** 땅속에 묻혀 버렸습니다.

그리고 나머지 250 족장들은 **불에 타서 죽었습니다**. 땅이 갈라져서 거기에 빠져 죽고, 불에 타죽는 것은 **하나님께서 내리시는 최악의 형벌**임을 성경은 보여줍니다. 소돔과 고모라, 아간과 그 식구들, 고라와 그 당 사람들이 그 실예입니다. 사람들이 일반적으로 병이나 사고로 죽고 또 살해를 당하는 것도 이런 죽음들보다는 나은 것입니다.

③ **고라와 그 당 사람들을 멸망시킴에도 차이가 있었습니다.**

고라와 다단과 아비람은 그 **반역사건의 주동자**로서 그들과 그 가족, 친척, 모든 물건까지 땅속에 파묻히는 형벌을 당했고(이것은 혈족과 흔적이 모두 사라지는 것임) 그들에게 **현혹되어 가담해서 반역하던** 250족장들은 **"여호와의 불이 내려와서 분향할 때 태워 죽였다"** 했습니다(35절).

그 족장들은 **여호와의 불**에 타죽었으나 가족과 친척, 물건까지 죽거나 사라지게 되지는 않았습니다. 그리고 뼈만이라도 남았습니다.

범죄의 주동자는 아니라도 미혹 당하여 참여하는 것도 큰 죄악입니다.

그러므로 성도들은 고라와 그 당 사람들처럼 하나님을 진노케 하는 범죄의 주동자가 되어서는 안 될 뿐 아니라 그런 자들에게 미혹을 받아 공범자가 되지 않도록 **항상 영혼이 깨어있어야** 하며 그런 시험에 빠지지 않도록 늘 기도해야 합니다. 그렇게 하지 않는 사람들은 여지없이 이런 시험에 빠졌습니다.

④ **분향은 합당하게 드리면 하나님이 기뻐하시고 큰 복을 주시지만 잘못**

드리면, 즉 드리는 자가 가증하거나 잘못된 방식으로 드리면 도리어 큰 화를 입게 됩니다.

그러므로 성도(제사장)는 언제나 하나님 앞에서 경건생활을 해야 하며, 하나님의 법대로 예배드리고, 기도하고, 찬송드리고, 감사를 드려야 합니다. 이렇게 되기 위해 부단히 자신을 가다듬고 치료하고 성숙시켜야 합니다.

많은 성도들이 이것에 실패하여 끊임없이 예배드리고, 감사드리고, 찬송드리고, 기도한다고 하면서 복을 받기는커녕 오히려 끊임없이 화를 입습니다. 나는 지금 어떤 사람인지 점검해보시기 바랍니다.

2) 하나님은 분향하는 일이 얼마나 소중하고 거룩한 것인지 보여주셨습니다.

하나님께서 다시 모세에게 말씀하셨습니다.

> 〈민16:37~38〉
> 37 너는 제사장 아론의 아들 엘르아살에게 명령하여 붙는 불 가운데에서 향로를 가져다가 그 불을 다른 곳에 쏟으라 그 향로는 거룩함이니라
> 38 사람들은 범죄하여 그들의 생명을 스스로 해하였거니와 그들이 향로를 여호와 앞에 드렸으므로 그 향로가 거룩하게 되었나니 그 향로를 쳐서 제단을 싸는 철판을 만들라 이스라엘 자손에게 표가 되리라 하신지라
> 〈더 제대로 된 번역〉
> 37 너는 제사장 아론의 아들 엘르아살에게 명령하여 불탄 자리에서 향로들을 모으게 하여라. 그리고 타다 남은 불은 멀리 내버리게 하여라. 그러나 그 향로들은 거룩하다.
> 38下 그 향로가 거룩하게 되었나니 그 향로를 망치로 두드려서 편 다음에 그것으로 제단을 덮어라. 이스라엘 자손에게 표가 되리라 하신지라.

악인들은 범죄 때문에 죽었으나 그들이 분향할 때 사용한 향로는 남았고(그것만 남았음) 그것은 하나님께서 거룩하게 하셨습니다. 이것은 하나님은 악인들의 분향을 받지 않으시며 오히려 진노를 발하셨지만 그로 인해서 '하나님 앞에 분향하는 일이 중단되거나 아주 무효화 되지 않음'을 보여주신 것입니다.

그들의 향로를 사용해서 제단을 덮는 편철을 만들게 하셔서 하나님의 백성들이 하나님 앞에 제사 드리고 분향하기 위해 나올 때마다 그것을 바라보게 하셨습니다.

하나님은 악인들의 분향을 정리하셔서 의인들의 분향을 더욱 은혜롭게 하셨습니다. 이것은 분향을 분향답게 하시려는 하나님의 의도입니다.

참으로 **자비로운 하나님**이십니다.

하나님께서 받으시기에 합당하지 못한 분향은 엄벌로 다스리시지만 그렇다고 하여 합당하게 드리는 기도와 감사과 찬송과 예배를 더 이상 드리지 못하게 하신 것은 아닙니다. 오히려 하나님의 백성들이 그 악인들이 벌 받는 것을 보면서 **더 경성하여** 하나님이 받으시기에 합당하게 하고 또 그렇게 할 수 있는 사람들이 되도록 **계속하여 깨우치시는 것입니다.**

하나님은 **올바로 하나님을 섬기는 백성들**을 변함없이 사랑해주십니다.

3) **'분향의 효율성, 유익성'** 이 어떤 것인가를 보여줍니다.

이런 일이 있은 다음날 온 백성이 참으로 어처구니없는 일을 합니다(민 4:41~50).

그들은 모세와 아론에게 와서 "**너희가 여호와의 백성을 죽였도다**" 하며 원망했습니다. 심지어 모세와 아론을 '**쳤다**' 했습니다. 그때 "**회막을 바라본즉 구름이 회막을 덮었고 여호와의 영광이 나타났더라**" 했습니다.

이때 하나님께서는 모세와 아론에게 "**너희는 이 회중에게서 떠나라. 내가 순식간에 그들을 멸하려 하노라**"고 말씀하셨습니다.

그런데 바로 이 순간에 **모세가 어떻게 이스라엘 백성을 구해냈는지** 보겠습니다.

모세가 아론에게 말하기를 "**너는 향로를 가져다가 단의 불을 그것에 담고 그 위에 향을 피워가지고 급히 회중에게로 가서 그들을 위하여 속죄하라. 여호와께서 진노하셨으므로 염병이 시작되었음이니라**(46절)" 했습니다.

모세는 **하나님의 진노를 진정시키는 방법은 하나님께서 합당히 여기시는 제사장이 하나님의 법대로 분향하며 용서해주시기를 간청**하는 것뿐임을 알았던 것입니다.

아론이 달려가 보니 과연 백성 중에 염병이 번지고 있었습니다. 그래서 그들을 위해 '**속죄하는 분향**'을 드리고, 이미 죽은 자들과 아직 살아있는 자들을 구별하고 '**그 사이에 서 있자**' 염병이 그쳤습니다. 이때 죽은 자는 **14700명**이었습니다.

아론이 **분향을 드린 후에 산 자와 죽은 자 사이에 서 있기만 해도** 염병이 더 이상 번지지 못하고 병든 자들이 나았습니다.

하나님께서 합당하게 여기시는 자가 하나님의 법대로, 하나님이 받으시기에 합당하게 분향을 드리고 간청할 때 하나님은 당장 죽게 할 죄인들까지도

살려주셨습니다. 참으로 놀라운 일입니다.

제사장다운 제사장이 하는 기도의 효율과 유익은 이토록 엄청난 것입니다. 하나님께서 합당히 여기시는 자가 **어디에 있는지**도 얼마나 중요하며 그 기도가 참으로 **위력 있고 유익하다는 것**도 알 수 있습니다.

의인 한 사람의 참된 예배와 기도와 찬송과 감사가 **한 민족 전체의 장래를 좌우하기도** 합니다. 그러므로 이런 의인이 되는 것과 그 의인의 예배와 기도와 찬송과 감사드리는 일을 어찌 가볍게 여길 수 있습니까?

우리 성도들은 자신이 의인이 되는 일과 하나님이 받으시기에 합당한 기도와 감사와 찬송과 예배를 드리는 일이 자기 가족들뿐만 아니라 주변에 있는 모든 사람에게 아주 중요하며, 유익하고 효율적임을 확실히 깨달아야 합니다. 그리고 우리는 그런 사명을 세상의 어떤 일보다 **전심전력을 다해** 수행해야 합니다. 만약에 그렇게 하지 않는 신앙인이 있다면 그는 **무지몽매한 자요, 게으르고 악한 종이요, 큰 죄악**을 범하고 있는 것입니다. 만약 모세와 아론이 서둘러서 분향하고 기도하지 않았다면 이스라엘 백성들은 모두 다 죽었을 것입니다.

하나님 앞에서 합당한 자가 되는 일과 하나님이 받으시기에 합당한 예배를 드리는 일을 소홀히 하거나 미루는 자는 주변에 있는 수많은 사람들에게 끼쳐야 할 은혜와 복을 **못 누리게 하는 자요, 잃어버리게 하는 자로서 큰 징벌**을 받아야 마땅합니다.

오늘날 많은 목사들이 이런 **불충하고 큰 죄**를 너무 쉽게 저지르고 있습니다. 우리는 **이 땅에서 예수 믿고 신앙생활하는 것이 이렇게 소중하고 영광스러운 것임**을 확실히 깨달아야 합니다. 그것을 잠시도 잊어버리지 말아야 하며 결코 그 일에 게으름 피우거나 불충하지 않도록 간절히 기도해야 합니다.

그러나 오늘날 이런 목사와 성도들이 매우 적다는 것은 오늘날의 교회와 성도들과 목사들이 **얼마나 영적으로 어둡고 잠자고 병들어 있는지**를 증명해주고 있습니다.

제 28 강

⟨10⟩ 분향단(7)
[5] 분향에 사용되는 불(1)

⟨출30:6~9⟩

6그 제단을 증거궤 위 속죄소 맞은편 곧 증거궤 앞에 있는 휘장 밖에 두라 그 속죄소는 내가 너와 만날 곳이며 7아론이 아침마다 그 위에 향기로운 향을 사르되 등불을 손질할 때에 사를지며 8또 저녁 때 등불을 켤 때에 사를지니 이 향은 너희가 대대로 여호와 앞에 끊지 못할지며 9너희는 그 위에 다른 향을 사르지 말며 번제나 소제를 드리지 말며 전제의 술을 붓지 말며

⟨10⟩ 분향단(7)

[5] 분향에 사용되는 불(1)

분향에 사용되는 불은 반드시 **하나님의 불이어야** 했습니다.

(1) 번제단의 불은 사람이 붙인 불이 아니고 하늘에서 내려온 불입니다.

이 불은 '사람의 죄에 대한 **하나님의 맹렬한 진노**'를 의미합니다.

하나님은 죄에 대해 반드시 벌하십니다. 따라서 **당신의 백성의 죄에 대해서도 반드시 그러하셔야 하는데** 하나님은 이 일을 **대속의 제물**(짐승들)에게 백성의 죄를 전가시키고 그것을 형벌하는 것을 통해 하셨습니다.

번제단에 하나님께서 명하시는 대로 합당하게 제물이 드려지면 '**하나님의 진노의 표시**'로 불을 내리셔서 무섭게 태웠습니다.

(2) 이 불은 '사죄'와 '열납, 응답의 표시'입니다.

만약 제물 자체나 드리는 절차, 드리는 사람에게 **합당하지 못한 점이 있다면 불은 내려오지 않았습니다.** 그것은 사죄나 열납이나 응답의 표시가 없음을 의미했습니다.

사죄 받음, 열납, 응답도 우리의 뜻대로 되는 것이 아닙니다. 제물, 드리는 방법, 드리는 장소, 드리는 사람 등 모든 것이 '**하나님의 뜻에 일치해야**' 합니다. 죄짓는 것은 자기 마음대로 할 수 있어도 **용서받는 것은 마음대로 되지 않습니다.**

(3) 분향할 때 사용되는 불은 먼저 죄악에 대한 하나님의 징벌로 사용되던 불인 동시에 사죄와 열납과 응답의 표시로 주어지는 불이어야 했습니다.

이렇게 죄악에 대해서는 '이미 하나님의 진노가 임했고, 그로 인해 사죄와 열납과 응답의 표시로 임한 불에 의해서' 향을 살라야 하는 것입니다. 이로써 그 분향은 '하나님과 사죄받은 죄인의 연합을 축하하고 찬미'하여 '그 양자 사이를 지극히 아름답고, 기쁘고, 즐거운 것'으로 만들어줍니다. 따라서 이렇게 피어진 향은 하나님을 마주 대하는 사람으로 하여금 죽음을 면하게 해주었습니다.

> 〈레16:12~13〉
> 〈더 제대로 된 번역〉
> 12 아론은 여호와 앞의 제단에서 피어있는 숯으로 가득한 향로를 들고 곱게 간 향기로운 향을 두 손에 채워 가지고 휘장 안에 들어가서
> 13 여호와 앞에서 그 향을 불 위에 놓아라. 그래서 그 향 연기가 증거궤 위 속죄소를 가리게 하리니 그리하면 그가 죽지 아니할 것이며

하나님께 드리는 분향을 고라와 그 당 사람들, 나답과 아비후처럼 가증하게 하면 여호와의 불은 다시 '진노의 불'이 되어 그들을 징벌했습니다. 하나님께 다른 불을 드리거나, 가증되게 드리는 자들은 '진노의 불의 심판'을 면치 못합니다.

그러므로 모든 이단자들은 이런 무서운 심판의 대상이 됩니다. 왜냐하면 그들은 다른 불로 분향하고, 가증되게 드리기 때문입니다.

(4) 진노의 불이 화해의 불, 사죄의 불, 열납의 불, 응답의 불로 변하는 것은 순전히 그 '대속제물 덕택'입니다.

'하나님께서 정해주시는 대속제물'이 없다면 오직 진노의 불만 있을 뿐이었습니다.

그러므로 우리는 하나님으로부터 오는 모든 은총을 누리기에 앞서서 대속제물이셨던 예수 그리스도께 항상 최고의 경의와 감사를 드려야 합니다. 그리고 그 대속제물 때문에 화해의 불이 된 그 불로만 하나님께 분향을 드릴 수 있고 그 은택을 입을 수 있음과 같이 우리가 모든 종류의 은총을 입기 위해서는 매사에 예수 그리스도의 대속의 은총을 기본으로 삼고 해야 합니다.

번제단의 불이 아닌 불로 열심히 분향해도 은총이 아닌 진노가 임했음을 보며 우리가 하나님 앞에서 무엇을 하든지 예수 그리스도의 대속의 은총을 바탕으로 하지 않을 때 허사와 낭패를 당하게 됨을 기억해야 합니다.

봉사, 감사, 찬송, 기도, 말씀전파, 친교 등 모든 것은 반드시 예수 그리스도의 대속의 은총을 기본으로 하고 예수 그리스도의 대속의 은총을 '담은 것, 나타내는 것, 자랑하는 것, 나누어주는 것'이 되게 해야 합니다.

그러므로 모든 기도와 간구, 하나님의 일은 예수의 이름으로 해야 합니다. 예수로 말미암지 않고는 누구도, 무엇도 하나님 앞으로 나올 수 없습니다.

(5) 놀라운 것은 비록 이 땅에서 나오는 보잘것없는 향이지만 그것이 '번제단의 불로 피어질 때' 위와 같은 놀라운 일들이 성사된다는 것입니다.

아무리 천한 신분이요, 많은 죄를 저지른 사람이요, 불구자라도 예수 그리스도의 대속의 은총을 입으면 넉넉히 하나님과 연합되고, 하나님과 더불어 영생 복락을 누리게 됩니다. 이것이 예수 그리스도의 대속의 은총의 위대함입니다. 우리는 이것을 항상 뼈저리게 깨닫고 살아야 합니다.

아무리 잘난 사람이라도 예수 그리스도와 상관이 없다면 무서운 하나님의 진노를 면치 못합니다.

여호와의 불은 예수 그리스도를 사이에 두고 진노의 불, 은총의 불로 나뉘어집니다.

여호와의 불이 사람들에게 그대로 임할 때 그 불은 진노의 불이 됩니다. 그러나 여호와의 불이 예수 그리스도를 통해 사람에게 임할 때 은총의 불이 됩니다.

그러므로 예수 그리스도를 통하지 않고는 하나님께로부터 어떤 은총도 누릴 수 없으며 모든 죄인들은 하나님께로부터 오는 진노의 불을 면할 수 없는 것입니다.

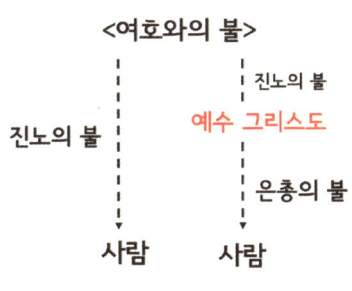

(6) 그리스도인들은 '은총의 불에 의한 분향의 은택'을 끊임없이 입고 있습니다.

이 분향은 매일 아침과 저녁에 등불을 정리하면서 끊임없이 드려지게 하셨습니다.

> 〈출30:7~8〉
> 7 아론이 아침마다 그 위에 향기로운 향을 사르되 등불을 손질할 때에 사를지며
> 8 또 저녁 때 등불을 켤 때에 사를지니 이 향은 너희가 대대로 여호와 앞에 끊지 못할지며

1) 아침은 밤의 끝이요 낮의 시작이고, 저녁은 낮의 끝이요 밤의 시작입니다. 이 세상의 역사는 밤과 낮의 변동으로 엮어지는 것입니다.

"저녁이 되며 아침이 되니 이는 몇째 날이니라" 했습니다.

"아침과 저녁에 분향하라" 하심은 분향으로 인해 하나님과 백성의 관계, 그리고 그 은택이 중단없이, 끊임없이 제공됨을 의미합니다.

이렇게 되는 것은 '전적으로 하나님께서 명하여 되는 일'입니다. 이것이야말로 하나님의 측량할 수 없는 자비와 사랑입니다. 우리가 깊이 잠들어 있는 시간에도 예수 그리스도로 인한 은혜가 우리에게 적용되어 임하고 있습니다.

2) 아침과 저녁에 분향하라고 말씀하실 때 등불을 정리하고 켜는 것과 결부시키고 더불어서 하라고 말씀하심에 유의해야 합니다.

이것을 매우 세심하게 강조하여 말씀하셨습니다.

"아침마다 등불을 정리할 때 사를지며 또 저녁 때 등불을 켤 때 사르라" 하셨습니다.

이것은 등잔대와 그 불, 그리고 분향과 그 불이 긴밀한 관련이 있음을 암시합니다.

등잔대와 진설병 상과 분향단은 한 장소, 즉 성소 안에 있는 것으로 그 의미하는 바가 기본적으로 동일합니다(예수 그리스도와 그 은총).

등잔대의 불과 분향단의 향연은 모두 예수 그리스도와 그 은총을 의미하는데 무교병과 포도즙이 있는 곳에 거룩한 빛이 비추고 거기에 거룩한 향연이 있으니 이 얼마나 아름답고 찬란하고 신비로운 만찬석상입니까? 여기에서 하나님의 백성과 성부, 성자, 성령 하나님과 더불어 항상 천국잔치가 벌어지는 것입니다. 거기에는 또 스랍들, 즉 천사들도 있습니다.

등잔대의 빛과 진설병 상의 무교병, 포도즙, 그리고 분향단의 향연은 모두 금으로 된 등대, 금과 나무로 된 상과 단으로부터 나오거나 기초합니다. 이것들은 모두 대속제물이 되셨던 예수 그리스도를 의미합니다. 이 성막 안에서의 모든 은총은 오직 예수 그리스도와 그 대속의 은총으로 인한 것임을 강조하고 또 강조하는 것입니다.

1. **교회를 통해 비취는 복음의 빛**을 통해 죄인이 예수 그리스도를 믿어 **의롭다 함을 얻는 것입니다**(사망에서 건져짐).
2. 그 사람은 **예수 그리스도와 그 은총을 기리며 하나님께 감사와 찬송과 영광을 드립니다.**
3. **하나님은 진노 대신 복을 주시며 그들을 받아주시고 함께해주십니다.**
4. 이런 사실들에 의해 **복음 진리는 더욱 강화**되며 **그리스도인에 의해 또 확장되고 전파됩니다.**
5. **복음 진리는 죄인이 하나님을 만나고, 연합되고, 열납하심을 누리게 하는 가장 근본적인 원인으로써** 그 효력을 발생시키므로 **향연을 생동감이 넘치고 영화롭도록 합니다.**
6. 복음 진리는 **죄인이 예수 믿으면 틀림없이 의인이 되어 사망을 면하게 되는 실정을 통해서 더욱 강화되고 밝히 드러나게 됩니다.**
7. **진정한 그리스도인**(의인 된 사람)**은 하나님과의 만남과 연합과 열납을 통해 믿음이 더욱 강해지고, 새 힘을 얻으며 천국의 삶을 누리게 됩니다.**

이렇게 그리스도인들은 **신비롭고 거룩하고 향기로운 등잔대의 빛과 분향단의 향을 끊임없이 받으며 사는 것입니다.**

그러나 이것은 **성소 안에 들어온 거룩한 제사장, 진정한 의인만이 누릴 수 있습니다.** 성소 바깥에 있는 사람들은 아무리 이것에 대해 설명을 들어도 **알 수 없고 결코 누릴 수 없습니다.**

그런데 무교병과 포도즙, 향연이 있을 수 있는 것은 **어디까지나 복음의 빛이 있음으로써** 가능합니다. 또한 **구속의 확신 없이는**, 즉 무교병과 포도즙이 없이는 복음의 빛이나 향연이 무의미함을 깨우쳐줍니다.

즉 복음진리와 의인 됨을 인정하면서도 **하나님과의 연합과 감사와 찬송을 드림과 기도의 교통이 없다면 그것 또한 거짓된 것입니다. 빛, 무교병과 포도즙, 향연 이 세 가지가 항상 함께 구비된 성도**가 그리스도인이요, 그의 삶은 천국의 삶이 됩니다.

3) 분향을 아침과 저녁에 하여 밤낮 향연이 있게 하라는 것에서 우리는 **하나님과의 교제생활이 어떠해야 함**을 알 수 있습니다.

낮의 시작과 밤의 끝인 아침에, 그리고 **낮의 끝과 밤의 시작인 저녁에 기도와 감사와**

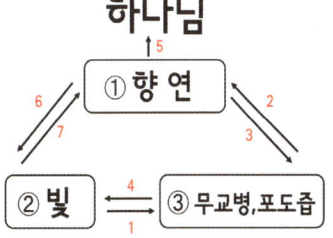

찬송으로 하나님과 교통함이 우리에게 꼭 필요하다는 것과 그것이 가져다주는 큰 복을 깨달아야 합니다.

아침과 저녁(일어나자마자, 잠자기 전)에 회개하고 기도하는 것, 그리고 찬송과 감사로 하나님을 영화롭게 해드리는 것, 말씀으로 깨달음과 결심과 계획을 가지는 것, 믿음과 성령의 능력을 보충하는 것을 통해 우리는 사탄의 온갖 방해를 물리칠 수 있고, 성장하고 더욱 많은 열매를 맺을 수 있습니다.

이스라엘 백성이 이런 생활에 소홀해지거나 형식적이 되거나 잘못되거나 중단될 때 그만큼 타락하고 쇠퇴하고, 고통의 쓴잔을 마셔야 했음에 유의해야 합니다.

사탄은 옛날 그들에게 했듯이 오늘날 성도들에게도 이 경건생활을 방해하여 실패하도록 끊임없이 역사하고 있음을 잊지 말아야 합니다.

예수님도 하루를 시작하기에 앞서 '새벽 미명에 한적한 곳 (오늘날은 성전이 가장 한적한 곳이며, 성전은 특히 하나님의 사람들이 와서 기도하는 집임)'을 찾아 기도하셨습니다. 전날 많은 일로 육신이 지쳐있을 때에도 새벽에 한적한 곳에서 기도하셨습니다. 또한 일을 다 마치고 밤에 주무시기 전에도 그렇게 하셨습니다. 저녁에 기도하고 계실 때 제자들끼리 먼저 배 타고 바다를 건너다가 물 위를 걸어오시는 예수님을 만나는 놀라운 역사가 있었습니다. 이런 예수님은 언제 어디서나 승리하셨습니다.

그러나 기도할 때 안 하는 사람, 예배에 빠지는 사람, 기도나 예배 시에 다른 행동을 하거나 조는 사람은 사탄의 시험의 대상이 됩니다.

예수께서 말씀하실 때 악한 생각을 하던 서기관과 바리새인들, 바울의 설교를 듣다 졸던 유두고, 형식적이고 정욕적이고 이기적으로 제사를 드리던 가인, 다른 불로 분향하던 나답과 아비후, 자기 자랑하고 대접받으려 하면서 예배하며 기도하던 바리새인들은 낭패를 당하거나 멸망을 당했습니다.

그러므로 성도들은 밤낮으로 기도와 말씀과 감사와 찬송과 예배를 생활화해야 합니다. 시간이 없다, 피곤하다, 핑계하는 것이 바로 사탄에게 지고 있는 증거입니다.

만약 옛날 이스라엘의 제사장들이 이 분향을 아침이나 저녁 중 하나를 빼버리거나 하다 말다 했다면 어찌 됐겠는지 생각해봅시다. 그들이 아무리 하나님의 백성일지라도 하나님의 진노를 면치 못했을 것입니다.

4) 아침과 저녁으로 분향하고 등대를 밝히게 하신 것은 우리가 예수 그리

스도와 그 은총을 언제나 기억하고, 그것을 중심으로 하며 살게 하시기 위함이었습니다.

이런 것이 결여되거나 약화된 기도, 감사, 찬송 등은 결코 하나님께서 기뻐하지 않으십니다. 많은 사람들이 거대한 건물에 모여서 그런 예배를 드린다 해도 **그들이 예수 그리스도와 그 은총을 늘 기억하며 조심하여 살지 않는다면** 결코 하나님께서 받으실 수 없습니다.

옛날 이스라엘 백성들의 제사가 그랬습니다.

그들이 그렇게 할 때 그 **결과는 상실과 말할 수 없는 고통**이었습니다.

오늘날 교회들은 지금 우리가 모여서 하나님 앞에 기도하고 감사드리고 찬송부르며 예배하는 것이 **얼마나 하나님 보시기에 합당한지**를 냉철하게 따져보고 조금이라도 문제가 있다면 **신속하고도 철저하게 고쳐야** 합니다.

> 〈사1:11~17〉
> 〈더 제대로 된 번역〉
> 11 여호와께서 말씀하시되 나는 너희가 바친 이 모든 제물을 바라지 않는다. 이제는 너희의 숫양과 번제물과 살찐 짐승의 기름이 지겹다. 수송아지와 양과 염소의 피도 반갑지 않다.
> 12 너희가 나를 만나러 오지만 누가 너희에게 이렇게 들락날락하며 내 마당만 밟으라고 했느냐?
> 13 헛된 제물을 다시 가져오지 말라. 너희가 태우는 향이 역겹다. 너희가 초하루 축제일과 안식일과 특별한 절기에 모이는 것도 참을 수 없고, 거룩한 모임에 모여서 악한 짓을 하는 것도 견딜 수 없다.
> 14 정말로 나는 너희의 초하루 축제일과 특별 절기들이 역겹다. 그것들은 오히려 내게 무거운 짐이다. 나는 그것들을 지기에는 너무 지쳤다.
> 15 너희가 팔을 벌려 내게 기도해도 나는 눈을 감고 너를 쳐다보지 않겠다. 이는 너희의 손에 피가 가득하기 때문이다.
> 16 너희는 몸을 씻어 깨끗이 하여라. 내가 보는 앞에서 하던 악한 짓을 멈추어라. 못된 짓을 그만두어라.
> 17 선행을 배우며 정의를 구하며 억눌림 받는 사람을 구해주고 재판에서 고아를 지켜주며 과부들의 억울한 사정을 들어주어라.

하나님께서 이사야 선지자를 통해 이렇게 말씀하실 때 이스라엘 백성들은 그 명령대로 날마다 하나님께 제사를 드리며 영광을 돌린다고 했습니다. 숫양과 번제물과 살찐 짐승의 기름, 그리고 수송아지와 양과 염소의 피를 날마다 열심히 드렸습니다. 그러면서 그들은 끊임없이 하나님 앞에 분향을 했습니다. 초하루와 축제일과 안식일과 특별한 절기에는 더 열심히 모여서 그 모든 일을 했습니다.

그러나 하나님께서는 "그들의 모든 제물을 바라지 않는다" 하셨고 "그것들이 지겹다" 하셨습니다. 뿐만 아니라 "그것들이 반갑지 않다" 하셨으며 "그들이 분향하는 것이 역겹다"고 하셨습니다. 또한 그들이 특별한 날에 더 많이 모여서 거창한 제사를 드리는 것을 "참을 수 없다" 하셨고 그 모든 것들이 "역겹다"고 하셨습니다. 그리고 그들의 그 모든 행위가 하나님께는 "무거운 짐이라"고 하시며 "그것들을 지기에 너무 지쳤다"고 하셨습니다.

그래서 하나님은 "그들이 팔을 벌려 기도해도 눈을 감고 쳐다보지도 않겠다" 하셨습니다.

그러면서 말씀하시기를 "내가 언제 너희들에게 내 마당만 밟고 들락날락 하라고 하였느냐?" 하시고 "너희는 몸을 씻어 깨끗이 하고 내가 보는 앞에서 하던 그 모든 악한 짓을 멈추어라", 또한 "못된 짓을 그만 두어라" 하셨습니다. 그리고 "선행을 배우고 정의를 구하라" 하셨고 "억눌림 받는 사람들을 구해주고 재판에서 고아들을 지켜주며 과부들의 억울한 사정을 들어주라"고 말씀하셨습니다.

하나님은 이 말씀들을 통해 그들이 오실 메시야의 대속의 은총으로 모든 죄를 사함 받고 하나님의 백성으로 존재하며 그 모든 은총을 주신 하나님을 언제나 기억하면서 하나님께서 정해주신 법을 지키며 진심으로 하나님을 중심하여 살 것을 깨우쳐주셨습니다.

그런데 당시 백성들은 이 하나님의 의도와는 거리가 먼 생활들을 했고 그 온갖 은총을 헛되고 욕되게 하며 하나님을 진노하시게 하고 끊임없이 죄를 범했습니다. 한마디로 그들은 하나님을 진정으로 섬기는 자들이 아니었던 것입니다.

그들로 하여금 모든 제사를 드리게 하고 조석으로 분향하고 등대를 밝히게 하신 것은 예수 그리스도를 통한 놀라운 은총을 항상 기억하고 그 은혜에 진심으로 감사하고 찬송하며 기도하고 예배함으로써 하나님 중심으로 살게 하기 위함이었습니다. 그러나 이스라엘 백성들은 처음에는 이 생활을 잘 하는 것 같았으나 점점 타성에 빠지고 세속화되었고 하나님에 대해 무지하게 되며 그들의 기도와 감사와 찬송과 예배는 하나님을 지겹게 만들고 역겹게 만들고 견딜 수 없게 만들고 하나님께 무거운 짐을 지우고 지치도록 만드는 것이 되었습니다.

그런 그들의 기도는 **아무 소용이 없었습니다.** 그들은 시시때때로 팔을 벌려 하나님께 기도했지만 하나님께서는 **그들에 대해 아예 눈을 감으셨고 쳐다보지도 않으셨습니다.**

그들은 이런 삶을 언제까지나 지속할 수 없었습니다. **때가 되자 하나님은 이방인들을 통해 그들을 엄히 징벌**하셨는데 수많은 사람들이 처절하게 죽임을 당하고 모든 것을 빼앗기고 포로로 끌려가서 치욕스럽게 살았습니다.

오늘날의 성도들은 **이런 사실을 깊이 명심하고 바로 내가, 우리 교회가 이런 어처구니없는 신앙생활을 하고 있는 것은 아닌지 냉철하게 진단해보아야** 합니다. 만약 조금이라도 그렇다면 **모든 것을 중지하고라도 그것부터 철저하게 회개하여 용서받아야** 합니다. 그리고 **다시 이런 악행을 저지르지 않도록 처음부터 다시 말씀을 새로 배우며 부르짖어 기도해서 하나님을 바로 알아야** 하고 **하나님께서 원하시고 요구하시고 명령하시는 것을 확실히 알고 마음에 새기고 죽기를 불사하며 해야** 합니다.

만약 이것을 게을리하거나 소홀히 한다면 옛날 이스라엘 백성들과 같이 **엄벌의 대상이** 됩니다. 아브라함, 이삭, 야곱의 직계 후손들이었는데도 때가 되자 이렇게 엄하게 징벌하신 하나님께서 조상대대로 우상을 섬겨오던 자들의 후손인 우리를 엄벌하시는 것은 결코 어려운 일이 아닙니다.

제 29 강

⟨10⟩ 분향단(8)
[5] 분향에 사용되는 불(2)
[6] 단(1)

⟨출30:3~5⟩

3제단 상면과 전후 좌우 면과 뿔을 순금으로 싸고 주위에 금 테를 두를지며 4금 테 아래 양쪽에 금 고리 둘을 만들되 곧 그 양쪽에 만들지니 이는 제단을 메는 채를 꿸 곳이며 5그 채를 조각목으로 만들고 금으로 싸고

⟨10⟩ **분향단**(8)

[5] **분향에 사용되는 불**(2)

(6) 그리스도인들은 이 '은총의 불에 의한 분향의 은택'을 밤낮으로, 끊임없이 입고 있습니다.

1) 아침은 밤의 끝이요 낮의 시작이고, 저녁은 낮의 끝이요 밤의 시작입니다.
2) 아침과 저녁에 분향하라고 말씀하실 때 등불을 정리하고 켜는 것과 결부시키고 더불어서 하라고 말씀하심에 유의해야 합니다.
3) 분향을 아침과 저녁에 하여 밤낮 향연이 있게 하라는 것에서 우리는 하나님과의 교제생활이 어떠해야 함을 배워야 합니다.
4) 아침과 저녁으로 분향하고 등대를 밝히게 하신 것은 우리가 예수 그리스도와 그 은총을 언제나 기억하며 그것을 중심으로 살게 하시기 위함이었습니다.

> ⟨사1:11~17⟩
> ⟨더 제대로 된 번역⟩
> 11 여호와께서 말씀하시되 나는 너희가 바친 이 모든 제물을 바라지 않는다. 이제는 너희의 숫양과 번제물과 살찐 짐승의 기름이 지겹다. 수송아지와 양과 염소의 피도 반갑지 않다.
> 12 너희가 나를 만나러 오지만 누가 너희에게 이렇게 들락날락하며 내 마당만 밟으라고 했느냐?

> 13 헛된 제물을 다시 가져오지 말라. 너희가 태우는 향이 역겹다. 너희가 초하루 축제일과 안식일과 특별한 절기에 모이는 것도 참을 수 없고, 거룩한 모임에 모여서 악한 짓을 하는 것도 견딜 수 없다.
> 14 정말로 나는 너희의 초하루 축제일과 특별 절기들이 역겹다. 그것들은 오히려 내게 무거운 짐이다. 나는 그것들을 지기에는 너무 지쳤다.
> 15 너희가 팔을 벌려 내게 기도해도 나는 눈을 감고 너를 쳐다보지 않겠다. 이는 너희의 손에 피가 가득하기 때문이다.
> 16 너희는 몸을 씻어 깨끗이 하여라. 내가 보는 앞에서 하던 악한 짓을 멈추어라. 못된 짓을 그만두어라.
> 17 선행을 배우며 정의를 구하며 억눌림 받는 사람을 구해주고 재판에서 고아를 지켜주며 과부들의 억울한 사정을 들어주어라.

우리는 위의 말씀들을 상기하며 좀 더 세심하게 깨달아야 합니다.

(1) 하나님은 드려진 어떤 제물들이 "반갑지 않다" 하시며 "헛된 제물을 다시 가져오지 말라" 하셨습니다.

과연 어떤 것이 하나님께서 기뻐하시지 않는 제물, 헛된 제물일까요?
제물 자체보다 제물을 드리는 사람이 악을 행하고 하나님의 명령에 순종하지 않는 것이 문제가 됩니다. 우리는 이런 문제를 심각하게 고려해야 합니다.
우리가 시시때때로 하나님께 예배드리고 감사드리고 찬송하고 기도하는데 평소에 합당한 믿음이 없이 합당한 생활을 하지 못하고 끊임없이 죄를 짓는다면 그 모든 것은 헛된 제물이 되며 하나님은 그것들을 결코 반갑게 여기지 않으십니다. 우리가 드리는 모든 것들은 아무 소용이 없게 되는 것입니다. 우리가 이런 헛된 기도와 감사와 찬송과 예배를 계속 드려야 하겠습니까? 이렇게 하는 것이야말로 불신자, 우상숭배자들보다도 어리석은 일입니다.

이런 거짓된 신앙행위들은 우리에게 유익이 없는 것으로 그치지 않습니다.

(2) 잘못된 신앙생활은 하나님을 괴롭게 하고 화나시게 합니다.

"너희가 태우는 향이 역겹다" 하시고 "초하루 축제일과 안식일과 특별 절기에 모이는 것도 참을 수 없다" 하셨습니다.
이것은 우리가 절기나 주일을 지키는 것, 중요한 행사 때 모여서 드리는 예배와 감사와 찬송 등이 하나님의 마음을 역겹게 하고 참을 수 없게 만들 수 있다는 말입니다. 그 이유는 성도들이 그런 신앙적 의식을 하는 순간에도 하나님 앞에서 악을 저지르기 때문입니다.

또 "**거룩한 모임에 모여서 악한 짓을 하는 것도 견딜 수 없다**" 하셨습니다.

우리가 하나님 앞에 모여 예배를 드린다고 하면서도 속으로 **악한 생각을 품고 있거나 시기 질투하거나, 지각 또는 불성실한 태도로 참석하는 것이 하나님을 괴롭게 하고 화나시게 하는 것입니다. 안식일마저 온전히 거룩히 지키지 않고 예배만 한두 번 드리고 평상시에는 육신의 만족을 위해 즐기고 범죄하는 교인들이 많습니다.** 이런 자들에 대해 하나님은 괴로워하시고 견딜 수 없어 하십니다.

하물며 예수 믿고 구원받았다는 사람이 안식일에조차 여러 가지 이유로 예배도 안 드리고 기도도 안 하고 봉사도 안 하고 전도도 하지 않는다면 하나님은 얼마나 견딜 수 없어 하시겠습니까? 그런 사람이 가끔 예배에 참석하고 예물 드리고 기도하고 봉사도 할 때 **하나님께서는 그들과 그 모든 행위를 역겹게 여기시는 것**입니다.

어떤 사람들은 자기의 생일이나 취임식이나 어떤 기념 예배를 드린다고 하면서 성전에 성도들을 모아놓고 그저 **자기를 위하고 자랑하는 예배 아닌 예배를 만들어 내기도 합니다.** 이런 사람들에 대해 하나님께서 어떻게 여기시겠습니까? 그런 예배를 받으시며 기뻐하시고 복을 베풀어주시겠습니까? 그런 사람과 그들의 예배는 **오히려 하나님의 진노를 불러일으키게** 됩니다.

오늘날 이런 사람들이 얼마나 많은지 모릅니다.

(3) **하나님께서는 이런 사람들에게 "너희가 팔을 벌려 내게 기도해도 나는 눈을 감고 너를 쳐다보지 않겠다"** 하셨습니다.

시시때때로 하나님의 전에 모여서 예배드리고 기도하고 감사하고 찬송하고 많은 시간과 정성과 물질을 드리는데 **하나님께서는 그것을 전혀 합당히 여기지 않으실 뿐 아니라 그 모든 것에 대해 눈을 감고 쳐다보지도 않겠다** 하신 것입니다.

이 얼마나 어처구니없는 일입니까? 나와 우리 교회는 그동안 이런 악행을 얼마나 많이 저질러왔는가 **정신 똑바로 차리고 살펴보아야** 합니다.

많은 교회와 성도들이 이렇게 **잘못된 예배와 기도와 감사와 찬송을 드린 만큼 징벌을 당하고** 있습니다. 참으로 끔찍한 일이 아닐 수 없습니다. 이런 사람과 그 교회가 어찌 하나님께 사랑과 복을 받아 영육 간에 정상적으로 성장하고 구실을 할 수 있겠습니까?

아무리 교인 수가 많고 시설이 거대할지라도 이들은 하나님과 상관없는 자기들만의 헛된 신앙생활을 하고 있는 것입니다.

(4) 하나님께서 받으시는 예배와 기도, 감사, 찬송이 되게 하려면 어떻게 해야 할까요?

1) 성도들 각자가 스스로 이런 모든 죄악을 깨닫고 회개해야 합니다.
16절에 "스스로 몸을 씻어 깨끗이 하라" 하셨습니다.
여기 '스스로'라는 말씀에 유의해야 합니다.
누가 시켜서, 벌을 받을까봐, 억지로, 마지못해, 또는 눈가림으로 회개하면 그 또한 아무 소용이 없고 오히려 죄에 죄를 쌓는 것이 됩니다.
'스스로의 회개'가 아닌 '거짓된 회개, 위장된 회개, 가식적인 회개'가 우리에게 얼마나 습관화되어 있는지 살펴봐야 합니다.
회개조차 합당하게 할 줄 모르는 영적인 부패함과 심각한 질병을 깨닫고 그것부터 치료받아야 합니다.

2) 하나님이 보시는 앞에서 악한 짓을 멈추고 그만두어야 합니다.
"내가 보는 앞에서 하던 악한 짓을 멈추어라. 못된 짓을 그만 두어라(16절)" 하셨습니다.
하나님 보시기에 인정받게 하지 않는 회개는 거짓이요, 하나님을 또다시 속이는 죄악입니다.

그런데 하나님 보시기에 인정받게 회개하는 사람은 곧바로 선을 행하고 정의를 실천해야 합니다(17절).
악을 멀리하지도 않고 선을 행하지도 않는 성도들이 많습니다.
이런 성도들 또한 하나님을 기쁘시게 하지 못하는 사람들입니다. 행할 것을 하지 않는 것도 악입니다. 알고도 행하지 않는 것은 모르고 행하지 않는 것보다 더 큰 죄악임을 명심하시기 바랍니다.

진심으로 회개하고 모든 악한 짓을 멈추라고 말씀하신 하나님께서는 보다 더 구체적으로 그들에게 명령하십니다.
"억눌림 받는 사람들을 구해주고 재판에서 고아들을 지켜주라", "과부들의 억울한 사정을 들어주라" 하셨습니다.
진심으로 회개하는 사람은 그동안의 잘못된 행위를 확실하게 멈추고 그만둡니다. 동시에 하나님께서 명령하신 것을 구체적으로 실천합니다. 이렇게 하지 않는 회개는 다 거짓이고 결코 용서받을 수 없으며 하나님의 징벌을 면할 수 없습니다.

그러므로 성도들은 죄악을 깨닫고 회개하는 일과 악행을 중지하고 버리고 선을 열심히 행하는 것을 죽는 날까지 해야 합니다. 이 일은 **하루도 빠짐없이 말씀과 기도로 자신을 깨우고 치료하고 성장시키지 않으면** 지속적으로 할 수 없습니다.

진정한 회개를 하기 위해서는 먼저 **자기성찰**이 있어야 하는데 그것은 하루 이틀만이 아니라 **항상 생활화해야** 합니다. 그리고 선을 행하기 위해서 **용기와 적극성**을 발휘해야 합니다. 이렇게 자기성찰의 생활화와 용기와 적극성이 부족한 사람은 **아무리 가르쳐주고 배워도 성도답게 살 수 없습니다**.

성경에 나오는 몇 명의 인물들을 살펴보겠습니다.

① 소경 거지 바디매오
'주여! 나를 불쌍히 여기소서(자기성찰)', '크게 소리질러 가로되(용기)', '더 크게 소리질러 가로되(적극성)'

② 회당장 야이로
'예수께 나아와(자기성찰)', '땅에 엎드려...구하니(용기)', '예수를 죽은 딸에게 모시고 가니라(적극성).'

③ 가버나움의 문둥병자
'원하시면 나를 깨끗케 하실 수 있나이다(자기성찰)', '무릎 아래 엎드려 아뢰되(용기)', '사람들의 눈총과 비난을 무릅쓰고 나와서 간청함(적극성)'

④ 사마리아의 여인
'예, 저는 개나 다름이 없습니다(자기성찰).', '사마리인은 유대인이 상종하지 않는 것을 알면서도 예수께 나옴(용기)', '개도 주인의 상에서 떨어지는 부스러기를 먹나이다(적극성).'

⑤ 베드로
'주여! 허락하시면 나도 물 위로 걸을 수 있겠나이다(용기).', '물 위에 내려서서 걸었음(적극성)'

그런데 베드로는 누구보다 용기도 있고 적극성이 있는 사람이었으나 **충분한 자기성찰이 부족해서, 주님만 전적으로 믿고 의지하지 못함으로써** 계속해서 물 위로 걸어가지 못했습니다. 후에 "나는 절대로 주님을 버리지 않겠습니다" 라고 말할 때도 마찬가지였습니다. 그는 하나님 앞에서 자신이 어떤 사람이며 자기의 믿음이 어떤지 좀 더 충분하게 성찰하고 주님께 더 열심히 배우고 부르짖어 기도하지 못함으로써 큰 수치를 당했습니다.

이렇게 자기성찰과 용기와 적극성의 부족으로 **다듬어지고 치료되고 변화되고 성숙되지 못하는 교인들**, 그리고 **마땅히 하나님 앞에서 해야 할 것을 하지 못하는 교인들**이 얼마나 많은지 모릅니다.

이들에게 먼저 필요한 것은 돈이나 집이나 의복이 아니라 이렇게 **자신이 치료되고 변화되고 성숙되어지고 자기가 할 일을 제대로 감당할 수 있도록** 자기를 성찰하는 일과 용기와 적극성을 발휘하여 신앙생활하는 것입니다. 이 일들을 잘하는 사람들은 **"먼저 그 나라와 의를 이루는 일"** 을 잘하게 됩니다. 따라서 그 자신뿐 아니라 자자손손이 먹을 것, 입을 것, 쓸 것을 걱정하지 않게 될 것이며 끊임없이 거룩하고 선한 열매들을 맺게 되며 교회와 다른 많은 사람에게 진정한 유익과 복을 가져다주는 삶을 살게 됩니다.

[6] 단(1)

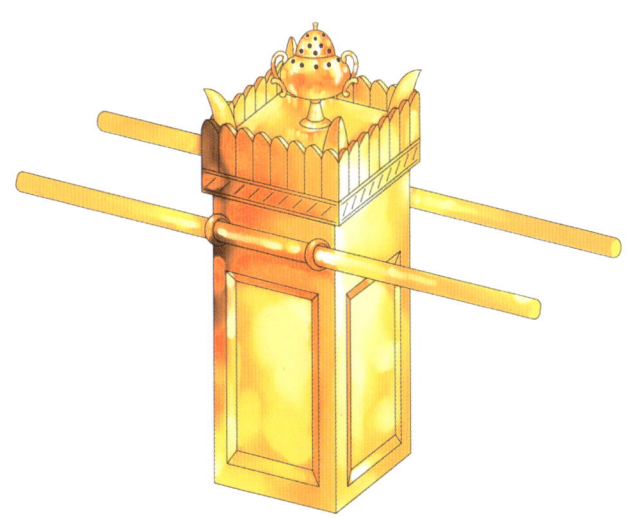

〈출30:3~6〉
3 제단 상면과 전후 좌우 면과 뿔을 순금으로 싸고 주위에 금 테를 두를지며
4 금 테 아래 양쪽에 금 고리 둘을 만들되 곧 그 양쪽에 만들지니 이는 제단을 메는 채를 꿸 곳이며

> 5 그 채를 조각목으로 만들고 금으로 싸고
> 6 그 제단을 증거궤 위 속죄소 맞은편 곧 증거궤 앞에 있는 휘장 밖에 두라 그 속죄소는 내가 너와 만날 곳이며

(1) 재료에 있어서 속은 조각목(인성), 겉은 정금(신성)으로 싸게 함은 진설병 상이나 번제단의 의미와 같습니다.

향단의 각 부분을 정금으로 싼 것은 하나님께서 기도와 감사와 찬송을 금과 같이, 혹은 금보다 더 귀히 여기심을 의미합니다. 기도할 수 있는 사람은 금보다 더 귀한 것을 얻었음을 감사해야 합니다.

진정한 성도들은 어려울 때일수록 금의 힘보다 기도의 힘을 의지합니다. 욥기서에서 엘리바스는 욥에게 "나 같으면 하나님께 구하고 내 일을 하나님께 의탁하리라(욥5:8)" 했습니다. 또 다윗이 핍박을 당할 때 말하기를 "나는 사랑하나 저희는 도리어 나를 대적하니 나는 기도할 뿐이라(시109:4)" 했습니다.

(2) 구조에 있어서 양편에 고리가 있고 거기에 채를 꿰게 한 것도 진설병 상이나 번제단의 의미와 같습니다.

분향의 은혜도 어느 한 곳에만 머무는 것이 아니라 예수 그리스도를 믿는 모든 사람에게 미치는 것입니다.

분향단은 네모반듯했습니다. 이것은 의를 상징합니다. 하나님께서는 예수 그리스도를 믿어 의인이 된 자들의 기도를 들어주십니다.

"여호와는 악인을 멀리하시고 의인의 기도를 들으시느니라(잠15:29)" 했습니다. 또 "악인의 제사는 여호와께서 미워하셔도 정직한 자의 기도는 그가 기뻐하시느니라(잠15:8)" 했습니다.

하나님께서는 예수 그리스도를 확실하게 믿어 모든 죄를 사함 받은 사람, 하나님 앞에서 의인이 된 자의 기도와 감사와 찬송과 예배만을 받으십니다.

그러므로 진정한 성도들은 이 사실에 대해 주님이 불러가시는 날까지 감사해야 합니다. 그리고 이런 영광과 특권을 결코 땅에 파묻어두거나 게을리해서는 안 됩니다. 그것은 그 모든 특별한 은혜를 헛되게 하고 욕되게 하는 죄를 범하는 것입니다. 그런데 이런 성도들이 얼마나 많은지 모릅니다.

(3) 단 주위에 금 테를 두르게 하심도 진설병 상과 같습니다.

단과 단의 기능의 소중함, 거룩함, 영광을 분명하게 나타내고 있습니다.

1) 죄인이 하나님을 다시 대할 수 있고, 하나님께 감사와 찬송과 기도와 예배를 드릴 수 있는 것은 어디까지나 **신인 양성을 지니신 예수 그리스도**(조각목, 정금)**에 기초함**을 깨우쳐줍니다.

향 자체와 향로도 예수 그리스도의 대속의 은총을 강하게 드러내지만 우리의 시각에는 **단이 먼저 크게 보입니다.** 이는 진설병과 포도즙보다 그것을 떠받치고 있는 커다란 진설병 상이 찬란하게 보이는 것과 같습니다.

이는 죄인이 구속받고 다시 하나님을 대할 수 있게 된 모든 혜택이 전적으로 **신인 양성을 가지고 이 땅에 오셔서 십자가에 죽어주신 예수 그리스도에 기인함**을 확실하게 천명하는 것입니다. 또한 예수 그리스도를 부인하거나 예수 그리스도에 대해 가감하거나 다른 예수를 주장하는 모든 것들이 **부질없음**을 확증해주는 것이기도 합니다. 예수 그리스도 외에는 우리가 구속된 은혜에 대해 공로를 돌려야 할 대상은 없습니다.

2) 분향하는 단 주위에 금 테를 두르게 하심은 예수 그리스도의 살과 피의 희생을 믿어 속죄받고 하나님의 자녀가 됨이 결코 변경되거나 침해받을 수 없는 불변의 진리이듯이 그렇게 **구속받은 사람이 예수의 이름으로 얼마든지 하나님을 대하고 감사와 찬송과 기도와 예배를 드릴 수 있음**을 강조하는 것입니다.

신적인 권능에 의한 약속, 즉 이 금 테를 누가 없앨 수 있겠습니까?
하나님과의 교제(기도, 감사, 찬송, 예배)**는 예수를 확실히 믿는 자들의 특권이요, 복**입니다. 따라서 그것은 누구도 무엇도 빼앗을 수 없습니다. 이런 특권과 복을 어찌 스스로 잃어버리며 소홀히 여길 수 있겠습니까?

누구 때문에, 세상의 어떤 일 때문에 하나님과 이 거룩한 교제를 잃거나 침해를 허용하는 것은 가장 가치 있는 권리와 복을 **무가치하게 여기는 것**이요, **포기하는 것**이므로 하나님 앞에서 합당치 않으며 **불경스러운 죄악**입니다.

하나님과의 교제, 그 순간보다 우리에게 기다려지고, 소중하고, 거룩하고, 영광스럽게 여겨지는 것이 무엇이 있겠습니까?

그러므로 직업이나 공부나 사람들과의 교제나 잔치나 살림이나 휴식 등 무엇으로도 예배와 기도와 감사와 찬송이 침해되거나 미루어지거나 소홀하게 되지 않도록 해야 합니다. 그런 것을 쉽게 허용하는 것은 하나님과 하나님께서 주신 그 놀라운 은총보다 세상 것들을 더 좋아하고 가지려고 힘쓰는 것입니다. 우리 성도들은 **이 거룩한 하나님과의 교제를 흐리게 하려는 교묘한 사탄의 작전**에 속거나 지지 않도록 **분별력과 적극성**을 키워야 합니다.

3) 이런 놀라운 특권과 복이 이스라엘 백성에게만 제한되지 않고 이방세계에도 주게 하심을 감사해야 합니다.

우리 같은 이방인 성도들은 이 금 향단의 채를 유심히 바라봐야 하며 그 은택을 영원히 잊지 말아야 합니다.

그것은 또한 우리가 예수 십자가의 진리를 '얼마든지 어디에나 누구에게나 전달할 수 있음과 그 효과가 신적 섭리에 의해 확실함'을 확신하게 해 줍니다. 만일 그 단이 가서 머무를 곳에 예수를 영접할 사람이 도무지 없을 것이라면 그 단은 그곳에 가게 되지도 않았을 것입니다. 단과 관련이 있는 사람이 있기에 그 단은 언제나 채에 꿰어져서 옮겨지는 것입니다.

더욱이 이 성막 위에는 항상 구름기둥과 불기둥이 드리워져 있는데 이것은 성막을 보호할 뿐 아니라 이동할 방향을 알리고 이끌기 위함이었습니다.

그 단은 사람의 손에 의해 옮겨지지만 그 이전에 반드시 구름기둥의 인도가 있었던 것입니다. 지금도 보이지 않는 구름기둥이 전도자의 발길을 인도한다는 사실을 우리는 기억해야 합니다.

그런데 구름기둥은 이미 떠올랐는데 단을 움직이고 나아갈 사람들이 그 사실을 도무지 알아차리지 못한다면 어찌 되겠습니까? 그들의 인간적이고 세상적인 사유들, 즉 의식주 문제, 교제, 잔치, 공부, 오락, 여행, 휴식을 이유로 미루거나 게으름을 피우거나 딴청을 부린다면 어찌 되겠습니까?

그러므로 성도들이여!

하나님께서 언제 명령하시든지, 어디로 누구에게 가라고 하시는지 여기에 눈과 귀를 항상 열어놓고 민감하게 순응해야 합니다. 이것이 둔하여 이미 구름기둥(성령)이 움직이고 있는데 그 기둥을 멀리하고 엉뚱한 일로 헤매고 있진 않은지 우리는 날마다 자신을 똑바로 살펴봐야 합니다. 이런 사람이 어찌 하나님을 섬기는 사람이며 하나님과 동행하는 사람이겠습니까? 그는 분명히 하나님보다 다른 것을 더 섬기는 자이며 하나님의 길이 아닌 다른 길로 가고 있는 사람입니다. 이런 사람의 예배, 기도, 감사, 찬송을 어찌 하나님께서 합당하게 여기시며 받아주시겠습니까? 이런 사람은 오히려 하나님을 기만하고 하나님께서 주신 영광과 특권을 헛되고 욕되게 하는 자이므로 하나님의 진노를 사게 됩니다.

제 30 강

⟨10⟩ 분향단(9)
[6] 단(2)

⟨출30:1~10⟩

1너는 분향할 제단을 만들지니 곧 조각목으로 만들되 2길이가 한 규빗 너비가 한 규빗으로 네모가 반듯하게 하고 높이는 두 규빗으로 하며 그 뿔을 그것과 이어지게 하고 3제단 상면과 전후 좌우 면과 뿔을 순금으로 싸고 주위에 금 테를 두를지며 4금 테 아래 양쪽에 금 고리 둘을 만들되 곧 그 양쪽에 만들지니 이는 제단을 메는 채를 꿸 곳이며 5그 채를 조각목으로 만들고 금으로 싸고 6그 제단을 증거궤 위 속죄소 맞은편 곧 증거궤 앞에 있는 휘장 밖에 두라 그 속죄소는 내가 너와 만날 곳이며 7아론이 아침마다 그 위에 향기로운 향을 사르되 등불을 손질할 때에 사를지며 8또 저녁 때 등불을 켤 때에 사를지니 이 향은 너희가 대대로 여호와 앞에 끊지 못할지며 9너희는 그 위에 다른 향을 사르지 말며 번제나 소제를 드리지 말며 전제의 술을 붓지 말며 10아론이 일 년에 한 번씩 이 향단 뿔을 위하여 속죄하되 속죄제의 피로 일 년에 한 번씩 대대로 속죄할지니라 이 제단은 여호와께 지극히 거룩하니라

⟨10⟩ 분향단(9)

[6] 단(2)

(1) **재료/ 속은 나무**(조각목), **겉은 정금으로 쌌습니다**(진설병 상, 번제단의 의미와 같음).

(2) **구조/ 양편에 고리가 있고 거기에 채를 꿰었습니다**(진설병 상, 번제단의 의미와 같음).

(3) **단 주위에 금 테를 둘렀습니다**(진설병 상과 의미가 같음).

(4) 분향단이 진설병 상과 **특이하게 다른 것은 번제단처럼 뿔이 있다**는 것입니다.

뿔은 권세를 의미합니다.
하나님의 권세가 함께하는 이 **구원의 뿔**은 어떤 세력도 당해낼 수 없습니다.
예수님은 "**너희가 내 이름으로 무엇을 구하든지 내가 행하리라**(요14:13)" 하셨습니다.

예수 그리스도를 확실하게 믿고 그 이름으로 하는 기도의 권세는 **어떤 세력보다도 강력**합니다. 이런 놀라운 권세를 묻어 두고 기도를 게을리하고 소홀히 하는 사람은 **어린아이 신자이거나 도무지 믿음이 없는 사람**입니다.

분향단은 **제단**입니다.
제단은 제물이 드려지는 곳이지만 번제단과는 다릅니다.
번제단의 제물은 죄인 대신 **하나님의 진노를 받아 소멸되지만** 분향단의 제물은 **그 번제단의 희생을 바탕으로 한 향기로운 제물**입니다.
중요한 것은 **희생의 제단**(번제단)과 그것을 바탕으로 한 **화해의 제단**(분향단)에 의해 **사탄의 권세는 꺾이고 죄인이 완전한 구원을 얻게 된다**는 것입니다.

> 출14:14 여호와께서 **너희를 위하여 싸우시리니** 너희는 가만히 있을지어다

하나님이 선택하신 사람들을 구원하는 일은 **하나님의 권능으로 적과 싸워 물리침으로써** 되는 것입니다. 예수를 확실하게 믿은 사람의 기도는 **이런 하나님의 권세와 능력을 힘입습니다.** 그 누가 이것을 당해낼 수 있습니까?

> 신20:4 너희 하나님 여호와는 **너희와 함께 행하시며 너희를 위하여 너희 적군과 싸우시고 구원하실 것이라**

하나님은 예수를 확실히 믿는 사람과 **함께 행하신다**고 했고, 그런 사람들의 적군과 **싸우신다**고 했습니다.
성도가 예수 이름으로 부르짖으며 나갈 때 그와 함께하시는 하나님께서 **친히 권세와 능력으로** 적군을 치고 물리쳐주십니다. 그러므로 성도가 예수 이름으로 기도하는 것은 **하나님께서 그 적군을 치시게 하는 일**이 됩니다.

> 〈눅1:68, 69, 71〉
> 68 찬송하리로다 주 이스라엘의 하나님이여 그 백성을 돌보사 속량하시며
> 69 우리를 위하여 **구원의 뿔**을 그 종 다윗의 집에 일으키셨으니
> 71 **우리 원수에게와 우리를 미워하는 모든 자의 손에서 구원하시는 일이라**
> 〈더 제대로 된 번역〉
> 68 주 이스라엘의 하나님은 찬양을 받으실 분이시다. **주께서 백성들을 돌보시며 구원을 베푸셨다.**

이스라엘의 하나님은 그 백성들을 돌보시고 그들을 위해 **구원의 뿔**을 다윗의 집에 일으키셨다고 했습니다. 그 **뿔**이 바로 **예수 그리스도**이십니다.

그리고 그 예수께서 우리 그리스도인들을 원수와 우리를 미워하는 모든 자들의 손에서 구원하신다 했습니다.

예수의 사람들이 가만히 있어도 하나님께서 이렇게 돌보시고 구원하시는데 이들이 예수의 이름으로 하나님께 기도할 때 얼마나 놀랍게 돌보시며 원수와 미워하는 자들의 손에서 구원하시겠습니까? 그리스도인들의 기도는 이토록 강력한 것입니다.

> 삼하22:3 내가 피할 나의 반석의 하나님이시요 나의 방패시요 나의 구원의 뿔이시요 나의 높은 망대시요 그에게 피할 나의 피난처이시요 나의 구원자시라 나를 폭력에서 구원하셨도다
> 〈더 제대로 된 번역〉
> 下 나의 높은 망대시요, 나의 피난처이시다. 주님께서 나를 해치려는 자에게서 구해주셨다. 나를 폭력에서 구원하셨다.

하나님은 예수의 사람들의 반석이시요, 방패이시며 구원의 뿔, 높은 망대, 피난처이시라고 했습니다. 그리고 주께서 "나를 해치려는 자에게서 구해주신다"고 했습니다.

예수의 사람들이 부르짖어 기도할 때 하나님께서는 완벽하게 모든 원수로부터 지켜주시고 구원해주시고 안전한 피난처가 되어주십니다.

> 벧전1:5 너희는 말세에 나타내기로 예비하신 구원을 얻기 위하여 믿음으로 말미암아 하나님의 능력으로 보호하심을 받았느니라
> 〈더 제대로 된 번역〉
> 하나님께서는 크신 능력으로 너희의 믿음을 든든히 지켜주셔서 구원의 날에 이를 때까지 너희를 안전하게 보호해주신다. 마지막 때가 되면 하나님께서 너희에게 구원을 베풀어주실 것이다.

하나님께서는 크신 능력으로 우리 그리스도인들의 믿음을 든든히 지켜주신다고 했습니다. 또한 안전하게 보호해주신다고 했습니다.

이런 하나님께서 그렇게 지켜주시고 보호해주시는 사람들의 기도를 어찌 헛되게 하시겠습니까? 그 기도가 어찌 실패로 끝나겠습니까?

그러므로 자주 실패하고 끊임없이 원수들로부터 시련을 당하는 이유 중 하나는 기도하지 않기 때문입니다. 비록 하나님의 거룩한 뜻에 따라 환난과 시련이 올 수 있으나 그럴수록 예수의 이름으로 부르짖으면 평탄할 때 경험할 수 없었던 하나님의 놀라운 권능을 나타내고 체험하게 됩니다.

이 단의 뿔은 예수를 믿는 사람과 그가 누리는 은택을 영원히 보호하시는 하나님의 능력의 손을 의미합니다.

죄인의 구원은 번제단에서의 희생 제물(그리스도의 고난과 십자가에 죽으심), 분향단에서의 분향 제물(그리스도의 중보기도)로 완성됩니다. 그래서 그 다음에는 지성소로 들어가는 것입니다.

1) 우리는 여기에서 예수 그리스도의 고난과 죽으심, 그의 중보기도가 우리에게 참으로 중요하며 효력이 있음을 발견해야 합니다.

그것 없이는 하나님을 다시 대할 수도 없고 구원을 얻을 수도 없습니다. 그러므로 우리는 언제나 "주 예수보다 더 귀한 것은 없네, 예수 밖에는 없네" 라는 고백이 뜨겁게 흘러나와야 합니다. 그렇지 않은 심령은 예수의 죽으심과 중보기도가 얼마나 우리에게 복되며 능력이 있는지를 도무지 깨닫지 못하고 경험하지 못한 사람입니다. 그런 영적인 상태로 돈을 더 주시라고, 지위를 높여주시라고, 자식들이 잘 되게 해주시라고 기도하는 것은 그 스스로가 그가 요구하는 그 어떤 것보다도 비교할 수 없는 것들을 주신 하나님의 은총을 조금도 깨닫지 못하고 있음을 드러내는 것입니다. 그런 사람과 그 기도를 하나님께서 결코 기뻐하실 수 없습니다.

이 성막 어디에도 우리가 애지중지하는 돈, 학벌, 명예, 인물이 자리하고 있지 않습니다. 그 모든 것들은 결코 우리를 하나님께로 인도하지 못합니다. 예수와 점점 가까워지고, 점점 깊이 알고, 하나가 되어야 성막 바깥에서 뜰로, 뜰에서 성소로, 성소에서 지성소로 들어가게 됨을 명심하시기 바랍니다.

그러므로 얼마나 오래 신앙생활을 했고 무슨 직책을 맡았었는지는 중요하지 않습니다. 내가 얼마나 예수에 대해 알고 있는가? 얼마나 예수께 가까이 나아가고 있는가? 얼마나 예수님과 하나가 되어가고 있는지가 중요합니다. 제비 뽑히지 못한 제사장, 즉 하나님 보시기에 합당하지 못한 성도는 결코 성소에 들어갈 수 없었음을 기억하시기 바랍니다.

2) 이 구원의 뿔은 오직 속은 나무요, 겉은 정금인 분향단에만 연결돼있습니다. 죄인을 완벽하게 구원하시는 구세주는 오직 한 분 예수뿐이십니다. 그 이름으로만 죄인이 구속함을 받아 하나님께 나아갈 수 있고, 하나님께 기도와 감사와 찬송과 예배를 드릴 수 있으며 하나님도 그런 것만을 용납하십니다.

> 행4:12 다른 이로서는 구원을 받을 수 없나니 천하 사람 중에 구원을 받을 만한 다른 이름을 우리에게 주신 일이 없음이라 하였더라
> 〈더 제대로 된 번역〉

> 예수님 외에는 다른 어떤 이에게서도 구원을 받을 수 없다. 천하 사람 중에 구원을 받을 만한 다른 이름을 우리에게 주신 일이 없다 하였다.

> 딤전2:5 하나님은 한 분이시요 또 하나님과 사람 사이에 중보자도 한 분이시니 곧 사람이신 그리스도 예수라
> 〈더 제대로 된 번역〉
> 하나님은 한 분이시요. 하나님께 나아갈 수 있는 방법도 한 가지뿐으로 오직 예수 그리스도를 통해서만 가능하다. 이것을 위해 예수 그리스도께서 사람의 몸으로 이 땅에 오셨다.

> 행10:43 그에 대하여 모든 선지자도 증언하되 그를 믿는 사람들이 다 그의 이름을 힘입어 죄 사함을 받는다 하였느니라

> 갈1:7 다른 복음은 없나니 다만 어떤 사람들이 너희를 교란하여 그리스도의 복음을 변하게 하려 함이라
> 〈더 제대로 된 번역〉
> 다른 복음은 없나니 다만 어떤 사람들이 너희를 혼란스럽게 하여 그리스도의 복음을 바꾸려 하고 있다.

어떤 사람들이 성도들을 **혼란스럽게 하여 그리스도의 복음을 바꾸려 한다** 했습니다. 이런 **거짓 종들이** 참으로 많습니다. 이들이 말하는 것을 받아들이고 따라가는 사람은 **결코 예수 그리스도를 믿는 사람이 아닙니다.** 이런 사람의 예배와 기도와 감사와 찬송은 결코 하나님께서 받지 않으십니다.

> 고전2:2 내가 너희 중에서 예수 그리스도와 그의 십자가에 못 박히신 것 외에는 아무 것도 알지 아니하기로 작정하였음이라
> 〈더 제대로 된 번역〉
> 내가 너희와 함께 있는 동안에는 예수 그리스도와 그가 십자가에 못 박히신 것 외에는 아무 것도 알지 아니하기로 작정하였음이라

성경에서 말씀하는 바와 같이 **조금도 가감 없이 복음을 받아들이고 예수 그리스도를 확실히 믿는 자들만이 하나님의 백성이요, 예수만을 주인 삼고 순종하고 충성하며 사는 사람만이** 성소에 들어갈 수 있고 분향단에서 하나님께 향을 피워 드릴 수 있습니다. 그 외의 사람은 아무리 예수를 믿는다고 하고 성경을 가르치고 설교할지라도 **성소와 분향단과 그 분향과는 전혀 상관없는 사람**입니다.

3) 이 뿔은 일 년에 한 번씩 속죄제의 피로 속죄해야 했습니다.

성도가 기도할 수 있는 공로는 **예수 그리스도의 피뿐임**을 알 수 있습니다. 그러므로 우리는 기도할 때마다 '**예수의 이름으로**' 해야 합니다.

> 출30:10 아론이 일 년에 한 번씩 이 향단 뿔을 위하여 속죄하되 속죄제의 피로 일 년에 한 번씩 대대로 속죄할지니라 이 제단은 여호와께 지극히 거룩하니라
> 〈더 제대로 된 번역〉
> 아론이 **일 년에 한 번씩 제단 뿔에 피를 부어서 죄를 씻는 의식**을 행해라. 그 피는 죄를 씻기 위해 바치는 피다. 아론은 지금부터 일 년에 한 번씩 대대로 이 의식을 행해라. *그 제단은 여호와께 가장 거룩한 것이다.*

1. "**일 년에 한 번씩 그 뿔을 위하여 속죄하라**" 함은 **이스라엘 백성의 대속죄일**(이스라엘 백성이 애굽에서 해방될 때 유월절 어린양의 피에 의해 속죄받아 죽음을 면했던 것을 기념하여 지킴)**에 백성들을 속죄할 때 함께 하라는 것**입니다.

이것은 **이 향단 뿔이 이스라엘 백성의 속죄와 깊은 연관이 있음**을 보여줍니다. 즉 이 뿔이 속죄됨으로 인해 이스라엘 백성이 속죄됨을 의미합니다. 번제단에 드려진 제물의 피를 이 뿔에 바름으로써 뿔을 속죄했습니다.

이것은 죄인들을 대신해서 흘린 피가 그 사람을 깨끗하게 했기에 그가 하나님을 다시 대할 수 있고, 그런 일을 담당하신 예수 그리스도이기에 **확고부동한 구원의 뿔이 되심**을 보여줍니다.

아무리 향기로운 향이 분향단에서 피어날지라도 거기에 대속의 피가 발려진 뿔이 없다면 그것은 아무것도 아닙니다. 대속의 피를 흘리지 않은 구세주나 종교는 **모두 아무런 의미가 없습니다.**
만일 분향단이 없고 번제단만 있다면 그들은 **하나님의 진노를 면하는 것만 있고, 다시 하나님을 대하고 여러 가지 은총을 누리는 일은 없게** 됩니다.

우리는 대속의 피를 흘려주신 예수 그리스도의 중보기도(피가 발려진 뿔이 있는 분향단의 향)가 **우리에게 얼마나 중요하며 큰 복인지를 항상 명심해야** 합니다. 그리고 우리가 분향단 위에서 하나님께 기도드리는 것도 **얼마나 확실한 효과가 있는지도 잊지 말아야** 합니다.

그러므로 **구원받은 성도가 예수의 이름으로 구하는 기도는 결코 헛되지 않습니다.** 성도가 어찌 이런 기도를 소홀히 하거나 게을리하겠습니까?

> 마7:7 **구하라 그리하면 너희에게 주실 것이요 찾으라 그리하면 찾아낼 것이요 문을 두드리라 그리하면 너희에게 열릴 것이니**

> 마7:9~11 너희 중에 누가 아들이 떡을 달라 하는데 돌을 주며 생선을 달라 하는데 뱀을 줄 사람이 있겠느냐 너희가 악한 자라도 좋은 것으로 자식에게 줄 줄 알거든 하물며 하늘에 계신 너희 아버지께서 구하는 자에게 좋은 것으로 주시지 않겠느냐

> 마21:22 너희가 기도할 때에 무엇이든지 믿고 구하는 것은 다 받으리라 하시니라

> 잠8:17 나를 사랑하는 자들이 나의 사랑을 입으며 나를 간절히 찾는 자가 나를 만날 것이니라

> 렘29:12 너희가 내게 부르짖으며 내게 와서 기도하면 내가 너희들의 기도를 들을 것이요

> 요14:13 너희가 내 이름으로 무엇을 구하든지 내가 행하리니 이는 아버지로 하여금 아들로 말미암아 영광을 받으시게 하려 함이라

> 약1:6 오직 믿음으로 구하고 조금도 의심하지 말라 의심하는 자는 마치 바람에 밀려 요동하는 바다 물결 같으니

의심하며 기도하는 것은 분향단, 피가 발려진 뿔을 무가치하게 만드는 것이므로 큰 죄악입니다. 그런 기도는 아무 유익한 결과를 얻을 수 없습니다.

2. 대속죄일마다 분향단의 뿔에 제단의 피를 바르는 것은 그리스도인들이 언제나 그리스도의 고난을 잊지 말아야 함을 깨우쳐줍니다.

대속죄일에 대제사장이 제물을 제단에 드리고 그 **피를 향단 뿔에 바르는 의식을 행하는 동안 백성들은 자기들의 죄악에 대해 참회하며 자신을 의롭게 해야** 합니다. 이것은 **그리스도의 고난이 얼마나 고통스러우며 값진 대가인지를 알게 하기 위함**입니다. 그것을 매년 한 번씩 하여 **그리스도의 고난을 결코 잊지 않고 살게** 했습니다.

> 〈레23:26~32〉
> 26 여호와께서 모세에게 말씀하여 이르시되
> 27 일곱째 달 열흘날은 속죄일이니 너희는 성회를 열고 스스로 괴롭게 하며 여호와께 화제를 드리고
> 28 이날에는 어떤 일도 하지 말 것은 너희를 위하여 너희 하나님 여호와 앞에 속죄할 속죄일이 됨이니라
> 29 이날에 스스로 괴롭게 하지 아니하는 자는 그 백성 중에서 끊어질 것이라
> 30 이날에 누구든지 어떤 일이라도 하는 자는 내가 그의 백성 중에서 멸절시키리니

> 31 너희는 아무 일도 하지 말라 이는 너희가 거주하는 각처에서 대대로 지킬 영원한 규례니라
> 32 이는 너희가 쉴 안식일이라 너희는 스스로 괴롭게 하고 이 달 아흐렛날 저녁 곧 그 저녁부터 이튿날 저녁까지 안식을 지킬지니라
> 〈더 제대로 된 번역〉
> 27 일곱째 달 열흘날은 속죄일이니 너희는 성회를 열고 음식을 먹지 말고 여호와께 화제를 드리라.
> 28 그 날에는 아무 일도 하지 말 것은 그 날은 속죄일이기 때문이다. 그 날에 제사장은 여호와 앞으로 나아가서 너희의 죄를 씻는 예식을 행하라.

"스스로 괴롭게 하라", "아무 일도 하지 말라"는 말씀이 세 번씩 나옵니다.

이것은 스스로 괴롭게 하여 속죄제사에 참여하는 일에 그 무엇도 방해가 되지 않게 하고 그 일에만 전심전력해야 함을 엄히 명령하시는 것입니다. 만일 그렇게 하지 않는 사람은 하나님께서 가려내서 이스라엘 백성 중에서 뽑아 버리신다고 하셨습니다.

이것은 이스라엘 백성이 그리스도의 고난을 소중히 여겨야 하고 항상 기억하고 있어야 함을 하나님께서 친히 요구하시고 강조하심을 강렬하게 깨우쳐주고 있습니다. 즉 예수 그리스도의 고난을 잊어버리는 그리스도인은 하나님께 '큰 잘못'을 저지르는 사람이요, '하나님의 진노의 대상'이 되기에 충분하다는 것입니다.

그러므로 우리는 하나님을 대할 때마다 무엇보다 먼저 나를 위한 그리스도의 고난을 기억해야 하며, 그 고난에 동참하는 자세를 항상 취해야 합니다.

그런데 우리는 하나님 앞에 예배를 드리거나 기도를 드릴 때 이것을 제대로 하지 못하고 오히려 경망스럽고 불경한 자세로 하는 경우가 많습니다.

우리는 어떤 기도를 하든지 사방의 위치에서 내 기도를 기도답게 해주는 '그 피 발린 뿔'을 의식해야 합니다. 동시에 '번제단에서 내 죄 때문에 내 대신 맹렬한 진노의 불을 받은 그 제물과 피'를 기억해야 합니다. 그런데 우리는 이 중요한 것을 잊어버리고 우리의 하찮은 것들만 나열하며 기도할 때가 많습니다. 그렇게 하는 것은 번제단에서 진노의 불을 받은 희생제물, 그 피가 발라진 뿔이 없는 향이 되게 하는 것이므로 아무 힘이 있고, 아무 의미도 없습니다.

그리스도의 대속의 은총, 그리스도의 고난이 잊혀지거나 소홀히 취급하고

있는 개인과 가정과 교회는 **무기력할 수밖에 없고 무의미해질 수밖에 없는 이유**를 발견하시기 바랍니다. 그런 개인이나 가정과 교회는 분명히 '여러 가지 다른 일을 하느라' 그렇게 됐을 것이고, 스스로 괴롭게 하지 않고 '즐거워하느라' 그렇게 됐을 것입니다.

그런 사람들은 "이스라엘 백성 중에서 끊어질 것이라" 했습니다.

이런 자들의 기도, 감사, 찬송, 예배가 무슨 의미가 있고 힘이 있겠습니까?

3. 향단 뿔을 위해 속죄하라 함은 이스라엘 백성의 모든 죄를 인함(뿔 자체를 속죄시키려는 것이 아님)**입니다.**

기름 부음 받은 제사장이 범죄하여 백성으로 그의 죄얼을 입게 했다는 말씀(레4:3)처럼 **백성의 죄로 인해** 그 뿔이 죄얼을 입는 것입니다.

> 레16:16 곧 이스라엘 자손의 부정과 그들이 범한 모든 죄로 말미암아 지성소를 위하여 속죄하고 또 그들의 부정한 중에 있는 회막을 위하여 그같이 할 것이요
> 〈더 제대로 된 번역〉
> 그렇게 하여 성소를 깨끗하게 해라. 이는 이스라엘 백성이 부정하게 되었고 온갖 죄를 지었기 때문이다. 그리고 아론은 부정한 백성 가운데 있는 회막도 깨끗하게 해라.

분향단의 뿔에 피를 바르는 의식을 하는 이유는 이스라엘의 죄악 때문입니다. 예수님은 **우리의 죄 때문에** 제물이 되셔서 우리 죄를 대신 담당하셨습니다. 그리스도의 피 흘리심은 **전적으로 우리 죄악 때문**이요, 그 덕분에 우리가 죄 사함을 받고, **그 뿔의 보호 속에서 영원히** 하나님과 함께 영생복락을 누리는 것입니다. 그러므로 우리와 하나님 사이에서 **그리스도의 보혈**만큼 소중한 것은 없습니다. 우리는 **'보혈의 은총과 그 감격'을 잠시도 잊지 않기를 기도해야** 합니다. 그리고 **그것을 언제나 어디서나 자랑스럽게 증언하고 나눠줘야** 합니다. 이 일은 우리에게 가장 가치 있고 중요한 일입니다.

4. 분향단과 번제단의 뿔에 발라지는 피와 속죄소에 뿌려지는 피는 모두 동일한 피입니다.

이것은 **죄인을 구원함에 있어서** 예수 그리스도의 고난(보혈)의 은총이 **완전무결함**을 의미합니다.

예수의 역할이 불완전하므로 그것을 메우기 위해 또 다른 구세주가 있어야 한다는 이단들의 논리들은 **모두 악한 거짓임을 입증해줍니다. 번제단에서**

희생되는 제물의 피, 그것만이 분향단의 뿔과 지성소의 속죄소에도 뿌려지고, 그것의 효능으로써만 죄인의 구속이 완결됩니다.

> 〈레4:6~7〉
> 그 제사장이 손가락에 **그 피를 찍어** 여호와 앞 곧 성소의 휘장 앞에 **일곱 번 뿌릴 것**이며 제사장은 또 그 피를 여호와 앞 곧 회막 안 **향단 뿔들에 바르고**
>
> 레8:15 모세가 잡고 **그 피를 가져다가** 손가락으로 **그 피를 제단의 네 귀퉁이 뿔에 발라** 제단을 깨끗하게 하고 그 피는 제단 밑에 쏟아 **제단을 속하여 거룩하게 하고**
> 〈더 제대로 된 번역〉
> 잡고 → 속죄제의 수송아지를 잡고
>
> 〈레16:14~19〉
> 14 그는 또 수송아지의 피를 가져다가 손가락으로 속죄소 동쪽에 뿌리고 또 손가락으로 그 피를 속죄소 앞에 일곱 번 뿌릴 것이며
> 15 또 백성을 위한 속죄제 염소를 잡아 그 피를 가지고 휘장 안에 들어가서 그 수송아지 피로 행함 같이 그 피로 행하여 속죄소 위와 속죄소 앞에 뿌릴지니
> 16 곧 이스라엘 자손의 부정과 그들이 범한 모든 죄로 말미암아 지성소를 위하여 속죄하고 또 그들의 부정한 중에 있는 회막을 위하여 그같이 할 것이요
> 17 그가 지성소에 속죄하러 들어가서 자기와 그의 집안과 이스라엘 온 회중을 위하여 속죄하고 나오기까지는 누구든지 회막에 있지 못할 것이며
> 18 그는 여호와 앞 제단으로 나와서 그것을 위하여 속죄할지니 곧 그 수송아지의 피와 염소의 피를 가져다가 제단 귀퉁이 뿔들에 바르고
> 19 또 손가락으로 그 피를 그 위에 일곱 번 뿌려 이스라엘 자손의 부정에서 제단을 성결하게 할 것이요
> 〈더 제대로 된 번역〉
> 18 아론은 성소에서 모든 예식을 마친 후에 여호와 앞의 제단으로 나와라. 거기서 아론은 **제단을 깨끗하게 하는 예식**을 한 뒤에 수소와 숫염소의 피 가운데 얼마를 받아서 **제단 뿔에 발라라.**
> 19 또 손가락으로 **그 피를 그 위에 일곱 번 뿌려** 이스라엘 백성의 죄로 말미암아 **부정해진 제단을 깨끗하게 하고 거룩하게 하여라.**

분향단이나 번제단의 뿔에 제물의 피를 바르고, 속죄소 위와 앞에 모두 **일곱 번 뿌리라** 하셨습니다. 그것은 예수 그리스도의 피의 은총으로 그 예수를 믿는 자들의 죄가 깨끗이 사해지는 일이 **완전한** 것임을 깨우쳐줍니다. 예수 그리스도의 피만이 죄인들의 모든 죄를 **완전하게 씻겨주는 대속의 피**

입니다. 따라서 예수를 믿지 않고는 **단 한 가지의 죄도 용서받을 수 없습니다**. 그래서 우리 모든 성도들은 **누구에게나 예수만을 자신의 구주로 믿어야 한다**고 목숨을 걸고 외치는 것입니다.

이렇게 단의 뿔에 일곱 번 동일한 피가 뿌려지는 것은 **그 단의 기능에 미치는 제물의 피의 효능이 완전함**을 보여줍니다. 번제단, 분향단, 속죄소에서 **동일한 제물의 피**가 사용되고, **일곱 번 뿌려지는 것**… 모두 **예수 그리스도의 대속의 사역의 완전함**을 일관성있게 보여주고 있습니다.

그러므로 예수 그리스도와 동일 선상에 마리아나 천사나 위인들을 넣는 집단들과 가르침은 **교묘하고 악한 사탄의 유혹이요, 가장 악랄한 죄입니다**. 그것에 비하면 아예 성막 바깥에 다른 신을 섬기는 성막을 만들고 유혹하는 것이 차라리 덜한 죄악일 것입니다.

성막 마당에서나, 성소에서나, 지성소에서 어김없이 보이고, 가장 두드러지게 보여지는 것은 제물의 피, 예수 그리스도의 보혈입니다. 그것이 없는 성막은 **하나님과 무관하며 우리가 하나님과 만날 기회가 없습니다.**

뜰에 있는 놋 제단은 이 세상에서 죽으실 예수 그리스도의 상징입니다.

그러나 성소의 금 제단은 **그의 대속에 의해 하늘에서 드려지는 중재**를 의미합니다. 이 단은 속죄소 앞에 있었습니다. 예수께서 우리를 위해 **하나님의 면전에** 계시기 때문입니다. 그는 **하나님 앞에서 우리를 변호해주시는 분**이요(시43:1), 그의 중재하심은 하나님 앞에 드려지는 **아름다운 향기**입니다.

이 단에는 **왕관**(금 테와 뿔들)이 부착되어 있었습니다. 그리스도는 **왕이시며** 그의 중재는 **왕적 권능으로써** 이루어지는 것입니다.

성도들의 기도는 하나님 앞에 드려지는 향과 같다고 말씀합니다(시141:2). 분향의 연기가 위로 올라가듯이 **하나님께 대한 우리의 열망도 거룩한 사랑의 불과 경건한 애정의 불길로 타올라** 기도 속에서 올라가야만 합니다.

제사장이 분향하고 있을 때 **백성들은 기도했습니다**. 기도야말로 **진정한 향**입니다. 그 향은 **매일** 바쳐졌으며, **영원히 타오르는 향**이었습니다.

우리는 최소한 **매일 아침, 저녁으로 정한 시간에 기도해야 하며, 끊임없이 기도해야 함**을 깨달을 수 있습니다.

또 분향 때에는 등불도 켜놓았습니다.

이것은 **성경을 읽는 것**(성경은 우리의 빛이요, 등잔입니다)이 **우리의 매일의 활동 중 한 부분이며 기도와 찬송에 항상 수반되어야 한다**는 사실을 가르쳐줍니다. 우리가 하나님께 무슨 말씀을 드릴 때에는 **하나님께서 우리에게 하시는 말씀을 먼저 들어야** 합니다. 그래야 하나님과 우리의 친교가 온전해집니다. 하나님의 말씀을 들을 마음은 없고 부패한 욕심과 생각으로 우리의 말만 늘어놓는 것은 **하나님과의 교제가 아닙니다.**

거룩한 영혼들의 헌신은 하나님께서 **기뻐하시는 향기로운 향**이 됩니다.

성도들의 기도는 아름다운 향기에 비유됩니다(계5:8). 그러나 그 기도가 받아들여지는 것은 **그리스도께서 우리의 기도에 첨가하시는 그 향품** 때문입니다(계8:3).

또한 우리가 아무리 선한 일을 했더라도 거기에는 **죄가 깃들어** 있습니다. 그것을 속해주는 것은 **예수 그리스도의 피**입니다. 뿐만 아니라 **우리의 심령과 생활이 거룩하지 않다면 향품조차도 가증히 여기시는 바가 되고**(사1:13), 그런 분향을 드리는 자는 "**우상을 찬송함과 다름이 없다**" 했습니다(사66:3).

우리는 분향단과 향에 대한 이 모든 진리를 **자세히 알고 잊지 말아야** 하며, 이 진리를 따라 **정신 똑바로 차리고 매일 매순간 하나님 보시기에 합당한 신앙생활**을 해야 합니다.

그러나 이 진리를 모르는 성도들과 교회가 너무나 많습니다. 이들은 **이 성소 안에 있는 분향단과 아무 상관이 없는 사람들**입니다.

우리 모든 목회자들과 교회지도자들과 성도들은 나와 우리 교회는 어떠한지 **심각하게 살펴보고 회개할 것을 회개하고 고칠 것을 고쳐야** 합니다.

제 31 강

〈11〉지성소(1)
[1] 지성소 휘장, [2] 법궤(1)

〈출26:31~33〉

31너는 청색 자색 홍색 실과 가늘게 꼰 베 실로 짜서 휘장을 만들고 그 위에 그룹들을 정교하게 수놓아서 32금 갈고리를 네 기둥 위에 늘어뜨리되 그 네 기둥을 조각목으로 만들고 금으로 싸서 네 은 받침 위에 둘지며 33그 휘장을 갈고리 아래에 늘어뜨린 후에 증거궤를 그 휘장 안에 들여놓으라 그 휘장이 너희를 위하여 성소와 지성소를 구분하리라

〈더 제대로 된 번역〉

32그 휘장을 조각목으로 만든 네 기둥 위에 늘어뜨려라. 금을 입힌 그 기둥들에는 금으로 만든 갈고리 네 개를 만들고 33그 휘장을 천장에 있는 갈고리에 매달아 늘어뜨려라. 그리고 돌판 두 개가 들어있는 언약궤를 휘장 안에 두어라. 그 휘장이 너희를 위하여 성소와 지성소를 구분하리라.

[1] 지성소 휘장

하나님께서는 **법궤가 들어있는 지성소를 휘장으로 가리게** 하셨습니다.

이것이 **신약시대와 크게 다른 점**입니다. 구약시대에도 하나님의 백성들에게 은혜는 있었으나 **가려져** 있었습니다. 그러나 신약시대에 이르러 **그 은혜는 보다 더 많은 사람들에게 개방**되었습니다(고후3:18, 히9:8~9, 마27:51).

예수께서 십자가에서 죽으셔서 머리를 떨구셨을 때 이 **지성소 휘장의 중간이 갈라졌습니다**. 그것은 그때부터 지성소가 개방되었음을 의미합니다.

예수 그리스도가 이 땅에 오셔서 메시야의 사명을 감당하심으로써 그를 믿는 모든 자에게, 즉 **예수 그리스도를 믿는 유대인들뿐 아니라 이방인들에게도** 하나님께서 내리시는 온갖 은혜가 활짝 개방된 것입니다.

하나님께서 거하신 집은 철문이 아니라 **그룹 모양이** 수놓인 휘장으로 가리게 하셨고 그 휘장은 **금으로 싼 네 기둥에** 드리우게 하셨습니다.

그것은 **하나님께서 친히 불 성곽이 되셔서** 하나님의 집을 보호하신다는 것을 분명하게 나타내줍니다.

스가랴서 2장 4,5절에 "예루살렘에 사람이 거하리니 그 가운데 사람과 육축이 많으므로 그것이 성곽 없는 촌락과 같으리라 여호와의 말씀에 내가 그 사면에서 불 성곽이 되며 그 가운데서 영광이 되리라" 하셨습니다.

신약시대의 모든 그리스도의 교회는 **인간적인 방법으로 방위할 필요가 없습니다**. 교회를 침해하는 자는 하나님께서 **천군 천사들을 통해 친히 완벽하게 막으시고 물리치십니다**.

이 지성소 휘장으로 성소와 지성소를 구분하게 하셨는데 그것은 성도들은 **성소 안에 들어온 거룩한 제사장이** 될 뿐만 아니라 **지성소 안으로 들어올 수 있는 대제사장과 같은 사람으로** 더욱 치료되고 변화되고 성숙되어야 함을 깨우쳐주고 있습니다.

신약교회의 모든 성도들은 성소에 들어올 수 있는 거룩한 제사장이 될 수 있는데 그것도 결코 쉬운 일은 아닙니다. 그런데 **지성소에 임재해 계시는 하나님을 만날 수 있기 위해서는 제사장 정도가 아니라 대제사장, 즉 예수를 닮는 사람, 참으로 예수와 하나가 된 사람이어야** 합니다.

대제사장은 성소에 있는 분향단에서 하나님이 기뻐 받으시는 향을 피움으로써 비로소 지성소로 들어갈 수 있었습니다. 즉 하나님을 직접 대하고 만날 수 있으려면 **제사장들 중에서도 지성소로 들어갈 수 있을 정도로 하나님 보시기에 거룩한 사람이 되어야** 하는 것입니다.

성소 안에 들어갈 수 있는 제사장이라도 결코 지성소에 들어갈 수 없었습니다. 그러나 지성소 휘장이 갈라짐으로써 신약시대에는 **거룩한 제사장이 된 그리스도의 사람들이** 얼마든지 지성소로 들어가 하나님을 만나고 대화하며 하나님께서 친히 주시는 신령한 은혜를 누릴 수 있게 되었습니다.

이것 또한 **예수께서 이 땅에 오시고 십자가에서 죽어주심으로써** 가능하게 된 것입니다. 그러므로 모든 그리스도인들은 나를 대신해 죽으신 예수 그리스도를 잠시도 잊어서는 안 되며 **가장 존귀하게 여기며 사모해야** 합니다. 그리고 **날마다 말씀과 기도로써** 하나님을 만나고 대화할 수 있을 정도로 **철저하게 치료되고 변화되고 성숙되어야** 합니다.

하나님께서 신약시대의 성도들에게 이런 **놀라운 은총**을 허락해주셨는데 오신 메시야 예수 그리스도를 믿고 구원받은 사람이 **이 사실을 알지 못하고 있거나 그것을 대수롭지 않게 여기거나 그 놀라운 은총을 누리기 위해 힘쓰고 애쓰지 않는다면** 그 사람은 **참으로 어리석은 사람**이요, **게으르고 악한** 종입니다.

우리 모든 성도들은 **이 놀라운 진리에 대해 눈을 활짝 열어야** 합니다.

그리고 나는 지금 그 지성소에 들어가서 임재하신 하나님을 만나기 위해 **자신을 가다듬고 치료하고 성숙시키는 일을 어떻게 하고 있는지**를 진지하게 **살펴봐야** 합니다.

누구보다도 목사들이 이 일을 잘해야 합니다.

평신도는 하나님을 만나고 대화하고 있는데 목사라는 사람이 그런 사실을 알지도 못하거나 그런 사람이 되는 데에서 거리가 멀다면 그는 **어리석고 게으르고 불충한 종**입니다.

지성소는 **성막에서 가장 중심이 되는 곳**이며 성막 뜰과 성소의 모든 것이 바로 **이 지성소를 위해 있습니다.** 하나님은 **이곳에 임재하셔서** 이스라엘 백성과 함께해주시고 그들에게 은혜를 베풀어주셨습니다.

지성소는 **성소와 더불어 천국과 교회의 완벽한 모델**입니다.

이곳은 **대제사장이** 드나들며 백성의 사죄를 확인받고 하나님의 명령을 받는 곳입니다.

출애굽기 25장 22절에 "**거기서 내가 너와 만나고 속죄소 위에서** 내가 이스라엘 자손을 위하여 네게 명할 모든 일을 네게 이르리라" 하셨습니다.

이런 놀라운 일은 **법궤를 바탕으로 이루어집니다.** 아무리 구별된 장소라 해도 **법궤가 없는 곳에서는** 위와 같은 엄청난 일이 있을 수 없습니다. **법궤가 없는 지성소는 무의미**합니다.

[2] 법궤(1)

〈출25:10~16〉
10 그들은 조각목으로 궤를 짜되 길이는 두 규빗 반, 너비는 한 규빗 반, 높이는 한 규빗 반이 되게 하고
11 너는 순금으로 그것을 싸되 그 안팎을 싸고 위쪽 가장자리로 돌아가며 금 테를 두르고
12 금 고리 넷을 부어 만들어 그 네 발에 달되 이쪽에 두 고리 저쪽에 두 고리를 달며
13 조각목으로 채를 만들어 금으로 싸고
14 그 채를 궤 양쪽 고리에 꿰어서 궤를 메게 하며
15 채를 궤의 고리에 꿴 대로 두고 빼내지 말지며
16 내가 네게 줄 증거판을 궤 속에 둘지며

〈출37:1~5〉
1 브살렐이 조각목으로 궤를 만들었으니 길이가 두 규빗 반, 너비가 한 규빗 반, 높이가 한 규빗 반이며
2 순금으로 안팎을 싸고 위쪽 가장 자리로 돌아가며 금 테를 만들었으며
3 금 고리 넷을 부어 만들어 네 발에 달았으니 곧 이쪽에 두 고리요 저쪽에 두 고리이며
4 조각목으로 채를 만들어 금으로 싸고
5 그 채를 궤 양쪽고리에 꿰어 궤를 메게 하였으며

〈1〉 **형태**(식양, 재료)

법궤를 조각목으로 만들고 안과 밖을 정금으로 싸라 하셨습니다.

(1) **안은 조각목(나무), 밖은 금으로 만들라 하심은 진설병 상과 분향단과 널판과 같은 의미입니다.**

즉 **그리스도의 인성과 신성을** 의미합니다. 그러므로 이 법궤야말로 **예수 그리스도를** 상징함을 알 수 있습니다.

임재해 계신 하나님을 만나기 위해 성막 입구에서부터 이곳 지성소까지 만나게 되는 것, 즉 뜰 문, 번제단, 물두멍, 성소 휘장, 등잔대, 진설병 상, 분향단, 널판, 천정, 지성소 휘장, 법궤, **이 모든 것이 예수 그리스도를 의미**합니다.

예수로 말미암지 않고는 단 한 발자국도 하나님께 나아올 수 없습니다. 예수와 항상 동행하지 않는 삶은 하나님께 나아가는 삶이 될 수 없습니다.

그러므로 그리스도인들은 "주 예수보다 더 귀한 것은 없네. 예수 밖에는 없네. 예수 없이는 살 수 없네" 라고 찬송하는 것입니다.

(2) **법궤만은 바깥뿐 아니라 그 안도 정금으로 싸라** 하셨습니다.

법궤는 **바깥(위)만 아니라 그 속(안)도 대단히 귀중한 기능을 가지기 때문**입니다.

즉 그 안에 **십계명이 쓰여진 돌판과 만나 항아리와 아론의 싹 난 지팡이가** 담겨 있습니다. **이 세 가지와 신인 양성을 지니신 예수 그리스도는 서로 유기적이며 보완성을 지닙니다. 이 세 가지를 담고 있는 법궤는 예수가 누구이시며, 하나님께서 어떻게 죄인들을 만나주시고 은혜를 베푸시는지를** 분명하게 알게 해줍니다.

〈2〉 **법궤 안에는 십계명이 새겨진 돌판이 있습니다.**

십계명은 하나님께서 **이스라엘 백성에게 주셔서 그들과 더불어 하신 모든 계약의 증거물**입니다. 그 법궤에 하나님의 언약문서가 자리하고 있었던 셈입니다. 십계명이 새겨진 두 돌판이 있는 것은 **하나님께서 이스라엘과 함께해주신다는 증표**가 됩니다.

그러므로 **법궤는 성막의 심장부**가 됩니다.

시편 132편 8절에 이 법궤를 가리켜 '주의 권능의 궤' 라고 했습니다.

하나님의 말씀을 소유한 사람들은 하나님의 권능을 소유한 사람들입니다. 따라서 하나님은 이들에게 함께하시는 것입니다.

하나님은 이 증거판을 법궤 속에 엄중하게 보관되도록 하셨습니다.

그것은 우리가 하나님의 말씀을 아주 소중히 여겨야 하며, 또 법궤가 지성소 안에 거룩하게 놓여 있듯이 우리는 하나님의 말씀을 영혼 깊은 곳에, 가장 내면적인 우리의 생각 속에 간직해야 한다는 것을 깨우쳐주고 있습니다.

또한 그것은 하나님의 섭리가 지금까지 그러했듯이 앞으로도 하나님의 말씀의 기록을 교회 안에 보존하게 하심으로써 하나님의 성전에서 그의 증거의 궤를 볼 수 있도록 하신 것입니다.

하나님의 말씀만을 가장 소중하게 간직한 교회만이 하나님과 하나님의 모든 약속을 사람들에게 알게 해줄 수 있습니다. 그리고 그 거룩한 하나님의 교회의 지체가 된 사람만이 하나님과 하나님의 모든 비밀과 은총을 받아누릴 수 있습니다.

하나님의 말씀이 없는 교회, 하나님의 말씀에 인간의 것들을 이것저것 첨가한 교회는 하나님의 교회가 아니며, 그런 교회에서는 결코 하나님을 만날 수 없으며, 하나님의 거룩한 약속을 알 수 없으며, 그 은총을 누릴 수 없습니다. 이런 교회 아닌 교회가 이 세상에 얼마나 많은지 모릅니다.

> 출24:12 여호와께서 모세에게 이르시되 너는 산에 올라 내게로 와서 거기 있으라 네가 그들을 가르치도록 내가 율법과 계명을 친히 기록한 돌판을 네게 주리라

> 〈출25:21~22〉
> 속죄소를 궤 위에 얹고 내가 네게 줄 증거판을 궤 속에 넣으라 거기서 내가 너와 만나고 속죄소 위 곧 증거궤 위에 있는 두 그룹 사이에서 내가 이스라엘 자손을 위하여 네게 명령할 모든 일을 네게 이르리라

> 출31:18 여호와께서 시내산 위에서 모세에게 이르시기를 마치신 때에 증거판 둘을 모세에게 주시니 이는 돌판이요 하나님이 친히 쓰신 것이더라

> 출34:28 모세가 여호와와 함께 사십 일 사십 야를 거기 있으면서 떡도 먹지 아니하였고 물도 마시지 아니하였으며 여호와께서는 언약의 말씀 곧 십계명을 그 판들에 기록하셨더라

하나님께서는 모세를 시내산으로 부르셨을 때 **십계명이 새겨진 돌판**, 즉 **이 증거판을 주시겠다고 약속**하셨습니다(출24:12). 그리고 그를 내려보내실 때 그 돌판을 주시며 **그것을 법궤 속에 넣어 보관하라고 명령**하셨습니다(출25:21).

(1) **하나님께서 모든 이스라엘 사람들이 듣고 보는 가운데 시내산에서 말씀하셨던 십계명은 '영원한 기념으로' 기록되었습니다. 그 기록은 아직도 이 세상에 남아 있습니다.**

(2) **그 계명은 돌판에 써졌습니다.**

이 돌판은 모세가 아니라 **하나님께서 마련해주신** 것입니다. 율법이 돌판에 써진 것은 **'율법의 영원한 지속성'**을 의미해줍니다.

하나님께서 처음 사람들에게 율법을 주실 때에 사람들의 영혼은 부패하고 죄가 많아 그 거룩하고 선한 것을 기록하기에 너무나도 불합당했습니다. 마찬가지로 그 돌판은 우리 **죄인들의 완악성**을 나타내기도 합니다.

그러나 하나님은 그들 중에 얼마를 하나님의 백성으로 삼으시기 위해 **선택하시고 이 돌판에 기록된 하나님의 말씀을 그들에게 주셨습니다.**

돌판에 새겨진 율법을 받은 사람들, 즉 **선택되어 예수 그리스도를 믿고 구원받은 하나님의 사람들**은 참으로 큰 복을 받은 사람들입니다.

그런데 이런 사람이 그 말씀들을 대수롭지 않게 여기거나 멀리하거나 날마다 그것을 읽지도 않고 배우지도 않고 마음 판에 새겨서 열심히 지키려고 애쓰지 않는다면 그것은 하나님께서 주신 선물을 **업신여기고 욕되게 하는 것**입니다. 그러므로 이런 사람들은 불신자, 우상숭배자들보다도 더 큰 진노의 대상이 됩니다.

(3) **그 말씀들은 '하나님께서 친히' 쓰셨습니다.**

어떤 도구도 사용하지 않고 **하나님의 능력으로** 직접 쓰신 것입니다.

인간의 부패하고 타락한 영혼을 거듭나게 하여 거기에 율법을 새길 수 있는 분은 오직 하나님 한 분뿐이십니다. 하나님께서는 **우리 육신에 마음(영혼)을 주시고 하나님의 손가락인 성령으로 그 거듭난 영혼 위에 거룩한 뜻을 써주시는 것**입니다(고후3:3).

그러므로 **성령에 의해 거듭나지 못한 영혼은 하나님의 말씀 중 한마디도 그 속에 새겨질 수 없고 그 말씀에 의한 은총을 받아누릴 수 없습니다.**

우리가 예수를 영접한 이후에 성령으로 말미암아 날마다 성경을 읽고 배우며 깊이 깨닫게 되어 그 말씀들이 내 영혼에 새겨짐으로써 믿음이 날로 성장하고, 죄악된 삶에서 점점 떠나고, 말씀을 점점 지키며 살아가게 하시고, 점점 더 거룩해지게 하시는 하나님의 은총이 얼마나 놀라운지를 우리는 잠시도 잊지 말아야 합니다. 그리고 이 귀한 사실을 시간이 지날수록 더 절실하게 깨달아 날마다, 순간마다 감사와 찬송과 영광을 돌려드려야 합니다.

(4) 십계명이 새겨진 돌판이 두 개라는 것은 하나님과 사람, 양 편에 대한 의무를 깨우쳐줍니다.

그러므로 우리는 예수를 통해 온갖 은총을 베풀어주신 하나님께 대한 의무와, 그렇게 하여 하나님께 속한 사람이 되고 하나님의 자녀와 일꾼이 된 것에 대한 의무를 우리 손 양 편에 하나님의 계명이 쓰인 두 돌판을 들고 있는 것처럼 받아들이며 주님이 불러가시는 날까지 성실하게 이행해야 합니다.
하나님께 대한 의무와 하나님의 사람으로서의 의무를 저버리는 것은 나에게 말씀을 새겨서 주신 두 돌판을 스스로 던져버리는 것이 됩니다.
이렇게 하는 사람들이 어떻게 하나님의 사랑과 복을 받을 수 있겠습니까? 오히려 영원한 심판을 받아 마땅한 것입니다.

(5) 이 돌판들을 증거판이라고 부릅니다.

그 이유는 이 율법이 그것을 받은 자들에 대한 하나님의 뜻과 자비를 나타내며, 또한 그들이 이 법을 지키지 않을 때에는 그들을 고발하는 증거가 되기 때문입니다.
우리가 어떤 이유에서든 하나님의 말씀에 불순종하면 하나님께서 주신 증거판(기록된 하나님의 말씀)에 의해 고발을 당하고 심판을 피할 수 없습니다. 하나님의 말씀이 이 땅에 여전히 존재하고, 내가 그 말씀을 점점 더 알게 되는 한 나는 그 말씀과 상관없이 살아갈 수 없습니다.
하나님께서 십계명이 새겨진 이 증거판을 이스라엘 백성에게 주셨을 때부터 그들은 그들의 삶 하나하나에 대해 이 말씀에 입각해서 심판을 받게 된 것입니다. 하나님은 그 백성들에게 온갖 복이 포함된 말씀들과 더불어 그 말씀을 저버릴 때 정반대의 저주와 형벌을 면할 수 없게 하신 것입니다.
그런데 증거판을 받지 않은 이방족속들의 경우는 이 하나님의 말씀을 어느 정도나마 담고 있는 양심의 법에 따라 그들 또한 그들이 저지른 모든 죄악에 따라 하나님의 심판을 면할 수 없었습니다(롬2:14,15).

(6) 율법은 이렇게 두 돌판에 새겨져 모세를 통해 인간들 세계에 왔지만 **구원의 은총과 진리는 예수 그리스도에 의해 왔습니다**(요1:7).

율법으로는 구원받을 수 있는 사람이 없습니다. 즉 율법을 완벽하게 지킬 수 있는 사람은 없습니다. 그러나 구약의 이스라엘 백성들도 그 **율법을 지킴으로써 오실 메시야, 예수 그리스도를 믿는 것이 되어** 구원을 받았습니다.

그리고 신약시대에 이르러서는 **오신 예수 그리스도를 확실하게 믿고** 성령을 받아서 날마다 사람과 삶이 변화되어, 또한 말씀을 성실히 지킴으로써 점점 거룩해져 영생구원을 얻게 되는 것입니다.

이스라엘 백성에게 **율법을 주신 것**은 전적으로 부패타락한 모든 죄인들이 영원히 멸망을 당할 수밖에 없었으나 하나님께서 그 **깜깜한** 그들의 세계에 구원의 여망을 주신 것입니다.

그런데 그 돌판을 오직 이스라엘 백성들에게 주신 것처럼 모든 죄인들이 다 구원을 얻는 것이 아니라 **창세전에 하나님에 의해 선택받은 사람들이** 성령에 의해 거듭나서 예수를 확실하게 믿게 함으로써 그들만이 구원의 은총을 누릴 수 있게 하셨습니다.

예수를 확실히 믿고 성령에 의해 날마다 사람이 변화되고 삶이 변화되는 것을 체험하는 성도들은 **이 땅에 있는 어떤 사람들보다 하나님께서 사람들에게 주시는 것 중 최고의 것이요, 영원한 복을 받은 사람들**인 것입니다.

그러므로 이런 사람들은 **이 땅에서의 처지와 형편이 어떻든지 항상 기뻐하고 범사에 감사하며 살아야** 합니다.

이것이 제대로 되지 않는 성도는 **아직 예수를 확실히 믿지 못하고 있거나** 예수를 믿어 성령세례를 받은 자들이라도 성령의 깨우치심을 **무시하고 묵살해버린 자**입니다. 이런 사람들은 하나님께서 정하신 때가 되도록 변화되지 못하면 율법을 받은 이스라엘 백성들 중에서도 **하나님과 율법을 저버린 자** 하나님의 백성에서 제외된 것처럼 됩니다.

오늘날의 교회에도 이런 사람들이 참으로 많습니다.

제 32 강

〈11〉 지성소(2)
[2] 법궤(2)

〈출16:32~35〉

32모세가 이르되 여호와께서 이같이 명령하시기를 이것을 오멜에 채워서 너희의 대대 후손을 위하여 간수하라 이는 내가 너희를 애굽 땅에서 인도하여 낼 때에 광야에서 너희에게 먹인 양식을 그들에게 보이기 위함이니라 하셨다 하고 33또 모세가 아론에게 이르되 항아리를 가져다가 그 속에 만나 한 오멜을 담아 여호와 앞에 두어 너희 대대로 간수하라 34아론이 여호와께서 모세에게 명령하신 대로 그것을 증거판 앞에 두어 간수하게 하였고 35사람이 사는 땅에 이르기까지 이스라엘 자손이 사십 년 동안 만나를 먹었으니 곧 가나안 땅 접경에 이르기까지 그들이 만나를 먹었더라

〈11〉 지성소(2)

[1] 지성소 휘장

[2] 법궤(2)
〈1〉 궤의 형태
〈2〉 법궤 안에는 십계명이 새겨진 돌비석이 있습니다.

〈3〉 법궤 안에는 만나가 들어있는 항아리가 있습니다.

(1) 만나는 이스라엘 백성들이 굶어죽을 수밖에 없을 때 하나님께서 내려주신 신비의 양식입니다.

하나님께서 그들에게 만나를 내려주신 것은 죄로 인해 멸망 가운데 빠진 자들에게 '복음(말씀)'이 주어진 것을 의미합니다.
백성들이 만나를 먹고 살 수 있었듯이 죄인들은 복음을 받아들임으로써 구원을 받는 것입니다.
만나는 광야의 이스라엘 백성에게 '유일한 기본양식'이었습니다.

그들은 가나안에 정착할 때까지 **오직 이 만나만** 먹었습니다. 메추라기는 기름진 양식을 동경한 그들의 요구에 따라 주신 **특별한 메뉴**로서 **하나님의 넓은 자비**를 나타냅니다. 그러나 하나님께서 **기본적으로 주신 음식은 오직 만나**였습니다.

죄인들을 구원시켜주는 것은 오직 복음뿐인 것입니다.

모든 죄인은 **하나의 생명양식인 복음**만 받아들여야 합니다. 백 년 전, 천 년 전에도 **오직 하나의 복음만 있었을 뿐 다른 복음은 없습니다.**

하나님께서 **이스라엘 백성들을 살게 해주시려고 내려주신 양식은 오직 만나뿐이었다**는 사실은 이 거룩한 진리를 깨우쳐줍니다.

> 마4:4 예수께서 대답하여 이르시되 기록되었으되 사람이 떡으로만 살 것이 아니요 하나님의 입으로부터 나오는 모든 말씀으로 살 것이라

> 막1:1 하나님의 아들 예수 그리스도의 복음의 시작이라

> 눅21:33 천지는 없어지겠으나 내 말은 없어지지 아니하리라

> 롬1:2 이 복음은 하나님이 선지자들을 통하여 그의 아들에 관하여 성경에 미리 약속하신 것이라

> 롬1:16 내가 복음을 부끄러워하지 아니하노니 이 복음은 모든 믿는 자에게 구원을 주시는 하나님의 능력이 됨이라

> 〈갈1:7~8〉
> 7 다른 복음은 없나니 다만 어떤 사람들이 너희를 교란하여 그리스도의 복음을 변하게 하려 함이라
> 8 그러나 우리나 혹은 하늘로부터 온 천사라도 우리가 너희에게 전한 복음 외에 다른 복음을 전하면 저주를 받을지어다
> 〈더 제대로 된 번역〉
> 7 다른 복음은 없나니 다른 어떤 사람들이 너희를 혼란스럽게 하여 그리스도의 복음을 바꾸려 하고 있다.
> 8 저주를 받을지어다 → 저주를 받아 마땅하다

> 엡1:13 그 안에서 너희도 진리의 말씀 곧 너희의 구원의 복음을 듣고 그 안에서 또한 믿어 약속의 성령으로 인치심을 받았으니
> 〈더 제대로 된 번역〉
> 너희가 구원의 기쁜 소식인 진리의 말씀을 듣고 믿었을 때 하나님은 그 표시로 우리에게 약속하신 성령을 보내주셨다.

> 살전1:5 이는 우리 복음이 너희에게 말로만 이른 것이 아니라 또한 능력과 성령과 큰 확신으로 된 것임이라

> 살전2:13 하나님의 말씀을 받을 때에 사람의 말로 받지 아니하고 하나님의 말씀으로 받음이니 진실로 그러하도다 이 말씀이 또한 너희 믿는 자 가운데에서 역사하느니라
> 〈더 제대로 된 번역 下〉
> 하나님의 말씀으로 받음이니 복음은 참으로 하나님의 말씀이며 그 말씀을 믿는 너희 안에서 힘있게 살아 움직이고 있다.

"사람이 떡으로만 살 것이 아니요 하나님의 입으로부터 나오는 모든 말씀으로 살 것이라" 했고 그 "말씀의 중심은 예수 그리스도이시고 그가 복음의 시작이라" 했습니다. "천지는 없어져도 하나님의 말씀은 없어지지 않는다" 했고 "복음은 구약시대에 선지자들로 하여금 그 아들에 관하여 약속하신 것이라" 했습니다.

또한 "복음은 그것을 믿는 자들에게 구원을 주시는 하나님의 능력이라" 했습니다. 사람을 구원얻게 하는 것은 하나님의 말씀인 복음을 믿음으로써 하나님의 능력에 의해 완성되는 것입니다.

또한 "다른 복음은 없다"고 했고, "다른 복음을 전하는 사람은 저주를 받아 마땅하다" 했습니다.

이 구원의 기쁜 소식인 진리의 말씀, 즉 "복음만을 믿을 때 약속하신 성령을 주신다" 했습니다. 그래서 그 복음을 받아들이는 자는 오직 성령의 능력에 의해 큰 확신을 가지게 된다는 것입니다.

결론적으로 "복음이야말로 하나님의 말씀이며 그 말씀을 믿는 자 안에서 그 복음은 힘 있게 살아 움직인다" 했습니다. 따라서 이 복음만을 믿고 받아들이는 사람만이 이 땅에서뿐 아니라 영원히 살 수 있는 것입니다.

예수님도 예수님과 제자들을 위해 열심히 음식을 준비한 마르다보다 하나님의 말씀을 사모한 마리아를 칭찬하셨습니다(눅10장).

하나님의 말씀만이 그것을 먹는 자들로 하여금 영원한 삶을 살게 하는 유일한 양식입니다. 하나님은 이것을 구약시대부터 모든 사람들에게 깨우쳐 주시려고 법궤 안에 만나를 넣어두게 하신 것입니다.

(2) 이스라엘 백성들은 날마다 만나를 거둬들여 먹어야 살 수 있었습니다.

> 〈출16:19~27〉
> 19 모세가 그들에게 이르기를 아무든지 아침까지 그것을 남겨두지 말라 하였으나

20 그들이 모세에게 순종하지 아니하고 더러는 아침까지 두었더니 벌레가 생기고 냄새가 난지라 모세가 그들에게 노하니라
21 무리가 아침마다 각 사람은 먹을 만큼만 거두었고 햇볕이 뜨겁게 쬐면 그것이 스러졌더라
22 여섯째 날에는 각 사람이 갑절의 식물 곧 하나에 두 오멜씩 거둔지라 회중의 모든 지도자가 와서 모세에게 알리매
23 모세가 그들에게 이르되 여호와께서 이같이 말씀하셨느니라 내일은 휴일이니 여호와께 거룩한 안식일이라 너희가 구울 것은 굽고 삶을 것은 삶고 그 나머지는 다 너희를 위하여 아침까지 간수하라
24 그들이 모세의 명령대로 아침까지 간수하였으나 냄새도 나지 아니하고 벌레도 생기지 아니한지라
25 모세가 이르되 오늘은 그것을 먹으라 오늘은 여호와의 안식일인즉 오늘은 너희가 들에서 그것을 얻지 못하리라
26 엿새 동안은 너희가 그것을 거두되 일곱째 날은 안식일인즉 그 날에는 없으리라 하였으나
27 일곱째 날에 백성 중 어떤 사람들이 거두러 나갔다가 얻지 못하니라

꾀를 부려 이틀 분을 거두어 보관하면 썩어버렸습니다.

하나님의 백성(예수 그리스도를 영접한 사람)**은 예수의 대속의 은총을 한순간도 잊어서는 안 됩니다. 그것을 잊어버리거나, 내 안과 생활에서 소홀히 여기면 내 영혼이 그만큼 힘을 잃고, 건강을 잃고, 병들고 죽어가게 됩니다.**

그리스도인들은 끼니마다 육의 양식을 먹듯이 하루에도 몇 번씩 복음의 은총을 기억하고, 음미하고, 감사하고, 나누어주며 살아야 합니다.

애굽에서 나와 가나안으로 가던 이스라엘 백성이 만나를 먹지 않고 엉뚱한 곳을 헤매며 다른 음식으로 배불리려 했다면 그는 아무것도 얻지 못하고, 길을 잃고, 방황하며, 상처입고, 짐승과 도적을 만나고, 죽었을 것입니다. 옛생활을 동경하며 돌아가려 하던 이스라엘 백성들은 순간마다 시험에 빠져서 원망, 불평하고 하나님과 하나님의 종을 대적하고 배반하고 떠나려 하다가 이스라엘 회중(교회)에서 제외되고, 저주받아 도중에 다 죽고 말았습니다. 그들이 얻으려 애썼던 것 중 단 하나도 얻지 못했습니다. 이스라엘의 하나님은 만나만 주셨으므로 그들은 만나만을 사모하고 그것만으로 만족했어야 했습니다.

그이상 무엇을 먹을까, 마실까를 염려하는 것은 애굽에 있는 사람들이나 하는 일입니다. 그것의 결과는 영과 육의 모든 것을 다 잃는 것입니다.

그리스도인은 사나 죽으나 **오직 만나만 먹으며** 구원자이신 예수만 **끝까지 따라가야** 살 수 있고 안전합니다. **먼저 주의 나라와 그 의를 이루는 일**, 즉 하나님의 말씀부터 성실히 지키고 주신 사명부터 충실히 감당할 때 **모든 것이 준비된 가나안을 만나게** 되는 것입니다.

사랑하는 성도 여러분!

여러분은 **하나님께서 주신 만나만을 소중히 여기고 그것으로 만족하며 내 영육의 양식으로 삼고 있습니까?** 혹시 옛날 이스라엘 백성들처럼 만나를 먹으면서도 그것을 **싫어하는 것**은 아닙니까? 또 그것을 **거부하는 것**은 아닙니까? 다른 것을 먹게 해달라고 **쓸데없는 간청**을 하고 있지는 않습니까? 정직하게 돌아보시기 바랍니다.

그렇게 하는 한 결코 원하는 대로 되지 않을 것이며 많은 시간을 헛되게 낭비하고 스스로 불만족과 고통을 당하며 살게 될 것입니다.

(3) **하나님께서 내려주신 만나의 '고귀성과 거룩성'은 그것을 금 항아리에 담으라고 하신 말씀**에 잘 나타납니다.

> 〈출16:32~33〉
> *32 모세가 이르되 여호와께서 이같이 명령하시기를 이것을 오멜에 채워서 **너희의 대대 후손을 위하여 간수하라** 이는 내가 너희를 애굽 땅에서 인도하여 낼 때에 광야에서 너희에게 먹인 양식을 **그들에게 보이기 위함**이니라 하셨다 하고 33 또 모세가 아론에게 이르되 항아리를 가져다가 **그 속에 만나 한 오멜을 담아** 여호와 앞에 두어 **너희 대대로 간수하라***

어떻게 보면 만나보다 그것을 담은 항아리가 더 화려하고 귀해 보입니다. 우리는 복음진리가 무엇보다도 고귀하고 유익함에도 불구하고 **그 자체보다는 그 주변에 있는 다른 것들을 중요하게 여깁니다.** 우리가 예수를 믿어 모든 죄를 사함받고 영생구원얻은 것처럼 가치있고 보배로운 것이 무엇이겠습니까? **복음 진리, 하나님의 말씀처럼 우리에게 소중한 것은 없습니다.**

이스라엘 백성이 대대로 그 만나가 들어있는 항아리를 통해 하나님께서 자기 조상들을 특별한 양식으로 살려주신 것을 감사해야 했듯이 **그리스도인은 오직 하나님의 양식인 말씀(복음)을 날마다, 순간마다 받아먹음으로써 영생구원 얻게 되는 것임을 잠시도 잊지 말고 항상 감사해야** 합니다. 그리고 그 **사실을 후손들에게 부지런히 가르쳐주어야** 합니다.

그런데 오늘날 그리스도인 부모들이 자녀들에게 이 만나를 얼마나 열심히 소개해주며 먹게 해주고 있습니까? 만약 그 일을 잊어버리거나 소홀히 하고 있다면 그들은 하나님의 명령을 듣는 사람들이 아닙니다. 자녀에게 이 거룩하고 귀중한 만나, 죽을 자를 영원히 살게 해줄 만나를 먹게 하지 않고 어디에서 무엇을 구해다 먹게 하고 있습니까? 또 자녀들이 이 만나를 두고 어디를 헤매며 무엇을 먹도록 가르치고 있습니까?

그런 가정은 하나님의 가정이 아니라 **이방인의 가정입니다.** 이 만나를 먹지 않는 내 자식은 영생할 수 없고 가나안에 들어갈 수 없습니다.

그러므로 만나를 부지런히 먹게 하지 않는 부모는 **어리석은 부모요, 자식을 사랑할 줄 모르는 부모요**, 심지어 **자식을 영원히 멸망하게 하는 나쁜 부모**입니다.

(4) 금 항아리에 담긴 만나는 썩지 않았습니다.

이스라엘 백성들에게 내려지던 만나는 **매일같이 똑같았습니다.**

깟씨 같기도 하고 희고 맛은 꿀 섞은 과자 같으며, 작고 둥글고 서리 같았습니다(출16:31). 그 만나는 **안식일 분을 제외하고는 하루 분량을 넘기면 벌레가 생기거나 썩어서**(출16:20,24) 먹을 수 없었습니다. 오늘 먹을 만나는 **어제와 똑같은 것이지만 어제와는 별도로** 주어졌습니다.

여기서 우리는 **하나님의 양식을 '그때그때 받아먹어야 함'**을 알 수 있습니다.

신기하게도 같은 성경구절이라도 **때와 장소에 따라** 각자에게 가장 적절하고 필요한 깨달음이나 도움을 줍니다. 그 깨달음과 도움은 그 시간을 지나버리면 얻을 수가 없습니다. 즉 성령께서는 **날마다 순간마다** 우리에게 꼭 필요한 것을 **말씀을 통해** 깨닫게 해주시는 것입니다.

그러므로 날마다 말씀을 읽고 듣지 않는다면 그런 **성령의 도우심을 잃어버리게** 되어 언제나 영적으로 배고프고 목마르게 됩니다. 이런 사람들은 하나님을 제대로 섬길 수 없으며 성도의 구실을 제대로 할 수 없고 조만간 쓰러져 버립니다.

마찬가지로 그리스도인들은 언제나 똑같이 대하는 성경책이요, 늘 외우고 있는 말씀일지라도 **매일 다시 읽고 들어야** 합니다. 같은 구절을 날마다 읽어도 그때마다 **내게 주시는 생명수와 양식이 반드시 있습니다.** 이것은 그 구절 자체가 다른 것으로 둔갑하는 것이 아니고 **성경계시가 담고 있는 내용과 능력과 영향력이 우리의 모든 생각과 생활과 환경을 포괄하고도 남기 때문**입니다.

성경계시는 인간과 세상만물을 지으신 하나님의 지혜와 지식으로 만들어 졌으므로 그 안에 담겨있는 양식, 그 안에 흐르는 생명수는 '모든 사람의 모든 경우'를 충족시키고도 남습니다.

그러므로 하나님의 말씀은 날마다 읽고 들어야 하며 그렇게 하는 사람이 건강한 신앙생활을 유지할 수 있고, 온갖 복을 차지할 수 있습니다.

하나님의 백성은 만나를 먹으면서 나아갈 때 가나안을 향해 갈 수 있고 가나안에 들어갈 수 있었습니다.

만나는 애굽(이방세계)을 떠나서 가나안(하나님의 세계)으로 가기 위해 '광야로 뛰어든 사람들(하나님의 명령에 복종하는 사람들)만을 위해 예비해주시고 제공되는 양식' 입니다.

그러므로 이 만나가 아닌 다른 것을 먹으려 하는 사람은 가나안이 아니라 애굽을 향하는 마음을 가진 사람입니다. 하나님은 이런 사람을 결코 용납하지 않으시고 가나안의 약속을 차지하지 못하게 하십니다.

민수기 11장에 보면 이스라엘 백성이 하나님이 주시는 양식으로 만족하지 않고 "누가 우리에게 고기를 주어 먹게 하랴 우리가 애굽에 있을 때에는 값없이 생선과 오이와 참외와 부추와 파와 마늘들을 먹은 것이 생각나거늘 이제는 우리의 기력이 다하여 이 만나 외에는 보이는 것이 아무 것도 없도다" 하면서 "백성의 온 종족들이 각기 자기 장막 문에서 우는 것" 을 하나님이 보시고 "진노가 심히 크셨다" 했습니다.

그래서 하나님은 수많은 메추라기를 그 진영에 내리게 하시고 "고기가 아직 이 사이에 있어 씹히기 전에 백성에게 대하여 진노하사 심히 큰 재앙으로 치셨으므로 그 곳 이름을 기브롯 핫다아와라 불렀으니 욕심을 낸 백성을 거기 장사함이었다" 했습니다.

이스라엘 백성이 그렇게 울면서 요구했던 고기는 배불리 먹기 전에, 그들의 배를 다 채우기 전에 영육 간에 멸망을 가져다주었습니다. 하나님을 불신하고 하나님께서 주신 것으로 만족하지 못하고 부패하고 타락한 육체의 정욕을 따라 필요 이상의 것을 원하는 자들은 다 저주를 받아 가나안에 들어가지 못하고 죽었습니다. 그들이 하나님께서 주신 만나로 만족했다면 약속된 젖과 꿀이 흐르는 가나안으로 계속 갈 수 있었을 것입니다.

우리는 이 사실을 반드시 기억하며 나도 하나님이 주신 것과 하나님의 말씀으로 만족하지 못하고, 구속하심과 영생으로 만족하지 않고 세상 것을 좋아하고 귀중하게 여기고 그것들을 차지하려고 힘쓰지 않았는지 살펴봐야 합니다.

성도들은 자기를 부인하지 않고 자기 십자가를 지지 않고 주님의 뒤를 따르지 않는 삶이 얼마나 위험한지 제대로 깨달아야 합니다.
이 일을 제대로 하지 못하면서, 자신이 그 일을 제대로 할 수 없는 사람이라는 사실조차 전혀 모르고 그저 형식적으로 시간마다 예배만 드리며 옛날 이스라엘 백성들처럼 사는 사람이 교회 안에 얼마나 많은지 모릅니다. 그들의 결과가 어찌 되겠습니까?

그 이스라엘 백성들은 '정욕으로 쓰려고 구하던 것'을 얻었으나 그것으로 누리는 즐거움은 잠깐이었고 당한 손실은 너무 크고도 영원했습니다. 그야말로 전부를 잃어버렸습니다.

우리가 주목할 것은 그들이 그렇게 된 이유는 '탐욕을 냈기 때문'이라는 사실입니다. 탐욕을 내다가 하나님을 불신하고 원망하며 울었습니다.

그러므로 탐욕은 우리에게 큰 적임을 깨달아야 합니다.

아담과 하와, 사울과 다윗 왕과 삼손의 불행이 다 탐욕 때문에 왔습니다.

우리 성도들은 무엇을 먹을까 마실까 입을까를 생각하기보다 내 안에 탐욕이 자리잡고 있지 않은가? 이것이 더 커지고 있지 않은가? 날마다 살펴보아야 합니다.

내 안에 탐욕이 많이 자리잡고 있음에도 불구하고 그것을 알아차리지 못하고 그것의 조종을 받아 더 가지고 누리려고 애쓰는 사람은 결코 그가 원하는 대로 될 수 없으며 오히려 하나님의 진노를 받게 된다는 사실을 명심해야 합니다. 그리고 모든 교회와 목사와 교회지도자들은 교회에 들어오는 사람들에게 이 사실을 수시로 강력하게 깨우쳐주어야 합니다.

그러나 많은 목사와 지도자들이 그 반대로 하고 있습니다.

예배드리러 온 사람들이 어제보다 오늘, 오늘보다 내일 더 많은 탐욕을 가지고 참석하며 그 탐욕이 이루어지는 일에 하나님이 협조해주시고 무조건 그들이 원하는 대로 해주시라고 기도하고 있는데 그들을 칭찬하고 격려하며 복을 빌어준다면 그것이 얼마나 하나님 앞에서 불합당하며 경거망동하는 짓입니까?

그런데 이런 목사와 교회들에 많은 사람들이 몰려들 때 분별력이 없는 사람들은 그것이 큰 교회라 하고 그 목사를 성공한 목회자라고 말합니다.

참으로 어처구니없는 일입니다. 얼마나 그 영혼이 어둡고 병들어 있으면 그렇게 되겠습니까? 예배드리러 나온 사람들 안에 탐욕이 가득한데도 그것을 알아보지 못하고 그것을 엄하게 지적하고 책망하며 각 사람의 마음에서 뽑아버리도록 돕지 않는 목사는 하나님의 종이 아닙니다.

나는 혹시 이런 목사가 아닌지 정신 똑바로 차리고 살펴보아야 합니다.

이스라엘 백성들은 애굽에서처럼 다양한 음식(그것도 결코 풍성하지는 않았음)을 그리워하고 그것을 먹지 못하는 것에 대해 불평할 것이 아니라 하나님께서 그들에게만 주시는 신령한 양식과 특별한 대우에 대해 깊이 생각하고 그 신비한 체험을 누리면서 만족하고 기뻐해야 하며 앞으로 하나님께서 어떻게 도와주실지 기대해야 했습니다.

그들은 그런 영적 감각과 영적 생활면에서는 너무 빈약했고 그저 육적 감각과 육적 생활에 치우쳐 있었습니다. 그들은 먹고 싶은 것을 못 먹어서, 자기 욕심이 채워지지 않아서가 아니라 영적인 감각의 부실과 그로 인한 형편없는 영적생활 때문에 죽은 것입니다. 이것이 그들에게 치명적인 결점이었으며 큰 불행을 초래했습니다.

그러므로 우리는 먼저 영적인 감각을 키우고 그것으로써 하나님께서 주신 풍성한 은혜가 얼마나 신비롭고 놀라운지를 늘 체험하며 그런 신령한 생활을 지속시키기 위해 항상 깨어 기도해야 합니다.

많은 성도들이 이렇게 하지 않고 육신적으로 먹고 쓰고 입고 누리는 것부터 신경쓰며 엉뚱한 것을 위해 기도합니다. 그런 사람들은 옛날 이스라엘 백성들처럼 정욕을 위해 잘못 구하기 때문에 하나님이 예비하신 것들을 얻을 수 없습니다. 그러면 그들은 더 인간적인 수단과 방법을 사용해서 애를 씁니다. 그것은 다 죄악이 되며 그럴수록 그들 앞에는 하나님의 무서운 징벌이 기다립니다.

하나님의 사람들은 하나님과의 관계, 하나님과의 생활이 정상적일 때에만 영육 간의 생활이 정상적일 수 있으며 육적으로도 부족함이 없게 됩니다. 그러나 하나님과의 관계와 하나님과의 생활이 비정상적이라면 기본적인 믿음을 가졌을지라도 결코 영혼의 평안을 얻을 수 없으며 육적으로도 풍성해질 수 없습니다.

그러므로 우리는 하나님께서 하나님의 백성, 하나님의 자녀들에게 주시는 신령한 은혜들을 점점 더 발견하고 깨달아야 하며 그것들을 무엇보다 소중하게 여기며 사랑해야 합니다.

금 항아리에 들어있는 만나보다 더 가치있고 좋은 것이 어디 있겠습니까?

만약 우리가 그 만나를 질그릇에 담긴 고기만큼도 귀하게 여기지 않고 감사하지 않는다면 **그것은 하나님께 더 귀한 것을 받을 수 있는 자격을 포기하는 것**이 됩니다. 아무리 궁궐 안에 있는 개라 해도 깨끗하고 좋은 음식보다 썩은 고기나 찌꺼기를 좋아한다면 **어쩔 수 없이 병들고 죽게** 될 것입니다. 그 개는 궁궐이 아니라 바깥에 있는 **불쌍한 개의 처지에서 살고 있는 것**입니다.

금 항아리 속에 있는 만나는 썩지 않습니다.

내가 그 금 항아리 속에 있는 만나를 잊어버리거나 멀리하지 않고 그것을 날마다 먹는다면 나는 이 땅에서와 영원토록 복락을 누리게 되며 하나님께서 약속하신 은혜를 다 받아 누리게 됩니다.

만나가 그토록 중요한 것이기에 하나님은 **금 항아리에 오직 만나만을 담게 하셨고 그 항아리를 법궤 속에 넣게** 하신 것입니다.

제 33 강

〈11〉지성소(3)
[2] 법궤(3)

〈민17:8~10〉

8이튿날 모세가 증거의 장막에 들어가 본즉 레위 집을 위하여 낸 **아론의 지팡이에 움이 돋고 순이 나고 꽃이 피어서 살구 열매가 열렸더라** 9모세가 그 지팡이 전부를 여호와 앞에서 이스라엘 모든 자손에게로 가져오매 그들이 보고 각각 자기 지팡이를 집어들었더라 10여호와께서 또 모세에게 이르시되 **아론의 지팡이는 증거궤 앞으로 도로 가져다가 거기 간직하여 반역한 자에 대한 표징이 되게 하여 그들로 내게 대한 원망을 그치고 죽지 않게 할지니라**

〈11〉 **지성소(3)**

[1] **지성소 휘장**
[2] **법궤(3)**
〈1〉 궤의 형태
〈2〉 법궤 안에는 **십계명이 새겨진 돌비석**이 있습니다.
〈3〉 법궤 안에는 **만나가 들어있는 항아리**가 있습니다.

〈4〉 법궤 안에는 **아론의 싹난 지팡이**가 있습니다.

(1) 이 지팡이는 **하나님께서 어떻게 이스라엘 백성들에게 은혜를 베푸시고 다스리시는가**를 대대에 알게 해주는 특별한 것입니다.

고라와 그 당 사람들이 범죄하여 땅에 삼켜지고 그로 인해 이스라엘 백성들이 모세와 아론을 원망하자 하나님은 모세에게 **이스라엘 열두 지파 족장의 이름이 새겨진 지팡이**를 법궤 앞에 두게 하시고 말씀하셨습니다.

"**내가 택한 자의 지팡이에는 싹이 나리니 이것으로 이스라엘 자손이 너희에게 대하여 원망하는 말을 내 앞에서 그치게 하리라**(민17:5)"

다음 날 보니 **아론**(레위지파) **의 지팡이에는** "움이 돋고 순이 나고 꽃이 피어서 살구 열매가 열렸다" 했습니다.

이것을 온 이스라엘 백성들이 보고 **하나님께서 모세와 아론과 함께하신다**는 것과 그들에 의한 재앙이 하나님께서 내리신 것을 알게 되었고 원망을 그쳤습니다.

(2) 이 지팡이는 **하나님의 명령으로** 법궤에 넣어졌습니다.

> 민17:10 여호와께서 또 모세에게 이르시되 아론의 지팡이는 증거궤 앞으로 도로 가져다가 거기 간직하여 반역한 자에 대한 표징이 되게 하여 그들로 내게 대한 원망을 그치고 죽지 않게 할지니라

이 지팡이는
가. 패역한 자에 대해서는 하나님께서 징벌하시고
나. 순종하는 자에게는 보호와 인도하심을 나타냈고
다. 이 일을 '택한 자'를 통해 이루심을 보여주신 것입니다.

하나님께서 각 종족 별로 지팡이를 택하게 하신 것은 이스라엘 백성들 개개인을 어떻게 다스리고 계신가를 보여주시기 위함이었습니다.

즉 **하나님을 신뢰하고 순종하는 사람들에게는** 하나님이 함께하셔서 마치 모세의 지팡이가 그들을 애굽에서 해방시키고, 홍해가 갈라지게 하고, 반석에서 샘물이 터져나오게 하는 도구가 되었듯이 '하나님의 특별한 보호와 돌보심' 이 함께하지만, 반대로 하나님을 불신하고 불순종하는 자들에게는 하나님의 진노가 임하여 마치 모세의 지팡이가 애굽사람들에게 여러 재앙이 임하게 했듯이 '하나님께서 징벌을 내리신다' 는 사실을 알게 해주신 것입니다.

1) **아론의 지팡이를 선택하라 하심은** 모세의 지팡이를 연상하게 하시려는 것입니다.

같은 나무 지팡이라도 **하나님이 합당하게 여기시고 함께하시는 사람의 지팡이는** '능력의 지팡이, 복의 지팡이' 가 되고 그렇지 않은 자의 것은 '죽은 지팡이, 재앙의 지팡이, 형벌의 지팡이' 가 됩니다.

이것은 신명기 28장의 선언과 일맥상통합니다.
하나님의 말씀을 삼가 듣고 행하고 지키는 자에게는 모든 복이 임하여 모든 민족 위에 뛰어나게 되나 그렇지 않는 자에게는 '작은 것에서부터 큰 것

까지, 속속들이, 철저하게' 화가 임하는 것입니다.

여기에서 우리가 기억할 것은 이스라엘 백성들에게도 이것이 철저하게 시행되었다는 것입니다. 선택받은 백성이고 신앙생활을 한다고 하여 하나님의 말씀에 귀 기울이지 않고, 순종하지 않고, 행치 않는 것에 대해 하나님께서 묵인하시거나 내버려두시지 않고 반드시 선언하신 대로 갚으셨던 것입니다.

불순종한 그들에게 임한 심판이 모세와 아론에 의한 것이 아니라 '불순종자들에 대한 하나님의 징벌의 지팡이' 때문이었음을 알게 하신 것입니다.

그래서 "모세와 아론에 대하여 원망하는 말을 내 앞에서 그치게 하리라(민17:5)" 하신 것입니다.

백성들은 자기 가족과 친척들의 죽음이 모세와 아론 때문이 아니라 그 죽은 자들의 죄악 때문임을 알아야 했습니다.

그러므로 우리 성도들은 우리에게 임한 괴로움에 대해 다른 사람들에게 원인과 책임을 돌리는 것은 어리석음이며 또 하나의 죄악이 됨을 깨달아야 합니다. 어떤 상황이나 환경에 책임을 전가시키는 사람은 그런 것이 개선되기 전에는 결코 그 능력의 지팡이, 복의 지팡이가 자기 것이 될 수 없다는 것을 명심해야 합니다.

만약 아론의 지팡이에만 싹이 난 것을 보고도 계속해서 모세와 아론을 원망한 사람들이 있었다면 그 사람들에게도 무서운 재앙이 임했을 것입니다. 하나님과 하나님께서 함께하시는 종 앞에서, 또 하나님의 말씀과 명령 앞에서 원망만 해도 이렇게 모든 것을 잃어버리는 화를 만납니다.

2) 하나님은 이스라엘 백성들이 모세와 아론을 원망하는 것을 가리켜 말씀하시기를 '내게 대한 원망'이라 하셨습니다.

그러므로 누구도 원망하지 말아야 합니다. 더욱이 하나님의 종들, 즉 하나님께서 세우시고 함께하시는 사람들에 대해 원망하지 말아야 합니다.

이 지혜가 우리에게 참으로 중요하기에 하나님께서는 장래에 오고 올 사람들도 하나님과 하나님의 종 앞에서 원망하는 죄를 저지르지 말 것을 확실히 깨우쳐주시려고 법궤 안에 이 아론의 싹난 지팡이를 두어서 '대대로 패역한 자에 대한 표상'이 되게 하신 것입니다.

하나님께서 얼마나 원망하는 것을 싫어하시면 법궤 안에 단 세 가지만 넣게 하실 때 아론의 싹난 지팡이를 넣게 하셨겠습니까?

그러므로 우리는 그 증거판과 만나의 중요성을 인식함과 더불어 하나님 앞에서 결코 원망하며 불순종해서는 안 된다는 삶의 지혜를 반드시 가져야 합니다. 우리의 행복한 삶을 위해서는 하나님의 계명과 생명의 양식인 만나를 항상 중심하여 살아야 하며 어떤 경우에도 하나님 앞에서 원망하지 말아야 합니다. 그야말로 범사에 감사하고 항상 기뻐할 수 있는 사람으로 가다듬어지고 치료되고 성숙되어야 합니다.

3) 아론의 지팡이는 장차 올 메시야, 예수 그리스도를 예표합니다.

"움이 돋고 순이 나고 꽃이 피어 살구 열매가 열렸다"는 설명은 그 나무토막이 살아있는 정상적인 나무와 같이 살아있음을 실증하는 것이었습니다.

그 지팡이는 '잘려진 나무요, 죽은 나무토막'인데 하나님의 명령에 따라 지성소에 들어간 순간 '다시 살아난 나무'가 되었습니다.

예수 그리스도는 다른 족장들의 지팡이와 같이 즉, 우리와 같이 인간의 형체를 입고 오셨습니다. 그러나 그분은 원망과 시비를 그치고 화를 면케 하며 그를 믿고 순종하는 자들은 구원의 길로 이끄시고, 원망하고 끝까지 그를 믿지 않고 불순종하는 자들은 멸망으로 던져넣는 분이십니다.

그분은 이런 구원자, 또는 심판자가 되시기 위해 하나님의 명령에 따라 보잘것없는 나무가 되셨고(사람의 몸을 입고 오시고) 죄인들을 대속하시기 위해 잘려지셨습니다(고난과 십자가의 죽으심). 그러나 그렇게 하신 결과 하나님의 뜻에 따라 다시 살아난 나무가 되셨고(육체의 부활), 언제나 살아계셔서 구원자, 심판자의 역할을 수행하고 계십니다(싹난 지팡이가 계속 법궤 안에 있음).

또한 겉모습은 비슷하나 다시 사는 지팡이는 '오직 하나님께서 선택하신 아론의 지팡이뿐이었듯이 메시야는 오직 한 분 예수 그리스도뿐'이십니다.

그분은 신성과 인성을 입으신 분, 죄를 대속하시기 위해 죽으신 분, 다시 살아나신 분, 영원히 살아계셔서 선악 간에 심판하시는 분이십니다.

이런 요건들을 다 갖추신 분은 오직 예수뿐이십니다.

그러므로 이 싹난 지팡이 외에 다른 지팡이를 섬기는 자들은 죽은 지팡이를 섬기는 것일 뿐입니다.

이 아론의 싹난 지팡이에서 우리는 또 깨달을 것이 있습니다.

(1) 이 싹난 지팡이는 성막의 지성소 안에만 있습니다.

> 민17:10 여호와께서 또 모세에게 이르시되 아론의 지팡이는 증거궤 앞으로 도로 가져다가 거기 간직하여 반역한 자에 대한 표징이 되게 하라

그 '살아난 지팡이'가 법궤와 함께 법궤 안(후에 법궤 안에 넣음)에 있게 된 것은 중요한 사실을 모든 사람에게 보여줍니다. 하나님께서 범죄한 사람들을 만나주시고 그들의 죄를 사해주시는 일을 오직 지성소 안에 있는 법궤 위에서 하신다는 것입니다.

법궤는 예수 그리스도를 의미하는데 그는 어떤 분이십니까?

그는 '말씀'이요, '하나님의 법(증거판)'이시고 날마다 영생하도록 선택된 백성들을 살리시는 분이십니다(만나). 동시에 순종에는 보호와 복을 내리시고 불순종에는 징계와 멸망을 내리십니다(지팡이). 이러한 구세주는 우리와 같은 형체를 입었다가 죽고 다시 살아나신 예수 그리스도이십니다(싹난 지팡이).

이 세 가지 중에 어느 하나라도 부족하거나 다른 것이 첨가된 구세주는 모두 가짜입니다. 이 구세주만이 성자 하나님이시요, 그는 불기둥(성령)과 함께 임재하시는 성부 하나님과 언제나 함께 계시는 분이십니다. 이 구세주는 죄인들도 '자기를 통해' '지성소에만 계시는 성부, 성령 하나님을 만나게 해주며' 죄와 모든 짐을 '벗게 해주시고, 영원히 함께하게 해주시는 것'입니다.

성막의 모든 것, 즉 뜰 문, 번제단, 물두멍, 진설병 상, 일곱 등잔대, 분향단, 법궤를 통해 이 모든 것이 성사되는 것입니다.

중요한 것은 예수 그리스도만이 성부, 성령과 하나이신 성자 하나님이라는 사실입니다.

(2) 이 지팡이는 증거판과 만나와 항상 함께 있습니다.

즉 하나님의 보호와 복, 징계와 저주의 집행은 예수 그리스도 자신이 지니고 계신 '하나님의 계명과 모든 말씀에 기준하여 된다'는 것입니다.

이 지팡이의 기능이 기준이 되는 증거판과 만나는 성막 바깥 세상이 어떻게 변하든지, 성막 바깥의 사람 개개인이 어떻게 변화되든지 불문하고 언제나 변함없이 시종여일하게 존재하며 그 효력을 발휘하는 것입니다.

그러므로 성막 바깥의 사정에 따라 하나님의 법과 우리를 살리는 양식이 달라질 수 있을 것처럼 살지 말아야 합니다. 만약 인간(세상)사정에 따라서 성경을 편리한 대로 이해하고 사용한다면 그 개인이나 집단은 이미 성막을 떠나있고 상실한 것입니다. 그런 사람이나 집단은 '구름기둥, 불기둥의 보호와 임재', 그리고 '죄 사함 받는 복의 은총'도 잃어버리는 것입니다.

그러므로 **말씀이 변질되게 하거나 가려지거나 멀어지는 것**은 사람에게 참으로 치명적이고 절망적인 일입니다.

우리는 증거판과 만나와 항상 함께하는 '싹난 지팡이'를 항상 기억해야 합니다. 다른 지팡이들은 결코 증거판과 만나와 함께 있지 않다는 것도 기억해야 합니다. 즉 말씀중심이 아니라 자기중심의 신앙생활, 세상중심의 신앙생활을 하는 사람들은 **이 싹난 지팡이와 상관이 없는 사람들**입니다.

(3) 그 지팡이는 **끝까지 순종하는 사람들과만 항상 함께 있습니다.**

그 지팡이는 **증거판 아래, 만나 옆에**(함께) **존재**하면서 특히 **'반역한 자에 대한 표징'**이 되었습니다. 즉 하나님을 배반하고 반역하는 자는 **이스라엘 회중**(하나님의 백성, 교회의 지체)**에서 제거되게 하는 지팡이가 됨**을 명심해야 합니다.

도끼는 이미 나무뿌리에 놓여있습니다.

그 지팡이는 필요하다면 언제든지 물이 피가 되게 하기도 하고 모든 첫 새끼를 죽게도 하고 온갖 재앙을 내리게도 합니다. 요단강 앞에 도달할 때까지 **삼백만 명 중에 240만 명**(4/5)**이 끝까지 순종하지 못하여 도중에 차례로 이 지팡이에 의해 죽었습니다.**

그 죽은 자들에게 도무지 **능력의 지팡이, 사랑의 지팡이, 복의 지팡이**가 없었던 것이 아닙니다. 그들이 **'끝까지 순종하지 않았던 것'**입니다.

내가 어렵고 괴로운 것은 나에게 하나님의 사랑과 복이 부족해서가 아닙니다. **나의 순종이 시종여일하지 못한 것**이 문제임을 깨달아야 합니다. 알고도 순종하지 않고, 순종한다고 하지만 온전한 순종을 하지 못하고, 몰라서 순종하지 못하는 것들이 **모든 불행의 씨**가 됩니다.

교인의 숫자가 얼마이든지 **끝까지 순종하는 자들만이** 약속된 복을 상속받을 자들입니다. 매 순간마다 하나님의 사랑과 능력과 복을 보고 체험하던 자들 중 **대부분이 약속된 복을 차지하지 못했음**을 잊지 말아야 합니다.

순간적인 체험에 안주하지 말고 **'끝까지 순종'**하고 **'꾸준히 감사하고 꾸준히 열매맺고 꾸준히 헌신하고 희생하는 사람'**이 되기를 날마다 힘쓰시기 바랍니다.

또한 학자나 부자나 훌륭한 예술가가 되기만 힘쓰지 말고 **'끝까지 순종하는 자'**가 되어야 합니다. 모든 부모들은 이것을 **자녀교육의 지혜**로 삼아야 합니다.

하나님은 사람의 수의 많음이나 물질, 지식, 무기, 권력을 중시하지 않으시고 '끝까지 순종하는 자들'을 통해 모든 뜻을 충분히 이루십니다.

전 세계 인구 중에서 옛날 구약시대에 가나안에 들어간 이스라엘 백성이 3백만 명 중에 1/5인 **60만 명**, 세계 구석구석에 교회를 세우려고 예수님이 뽑으신 **열두 명의 사도**, 한국 복음화를 위해서 한반도에 들어와서 순교당한 **수십 명의 선교사**를 통해 하나님은 한 나라와 민족, 또는 전 세계에 하나님의 뜻이 다 이루어지게 하셨습니다.

이것을 보면 **'끝까지 순종하는 자들'의 가치와 위력**이 얼마나 놀라운지 알 수 있습니다. 그들의 숫자가 얼마이든 하나님은 그들만으로도 모든 하나님의 뜻을 완벽하게 이루십니다.

그러므로 언제나 하나님을 주인삼고 섬기며 살고자 하는 사람들은 기왕이면 나도 하나님께서 거룩하신 뜻을 이루심에 있어서 이렇게 **주역**이 되는 사람, 즉 **'끝까지 순종하는 사람'**이 되기 위해 날마다 **말씀과 기도로써 나를 가다듬고 치료하고 무장하고 성숙시켜야** 하며 나아가서 **말씀과 믿음과 성령이 충만**한 사람이 되기 위해 날마다 부르짖어 기도해야 합니다. 이것을 진정으로 깨닫지 못하거나 이것을 위해 전심전력하지 않는 사람은 아직 **어린아이 신자이거나 성숙하지 못하고 변화되지 못한 일꾼**입니다.

그러므로 우리는 또한 **어떤 상황에서든지 내가 맡은 일, 내 교회, 하나님의 법에 대해 결코 변덕쟁이가 되지 말고 '끝까지' 순종하고 충성하는 '싹 난 지팡이'**가 되어야 합니다.

이 세 가지의 사명을 지니신 예수 그리스도가 얼마나 하나님과 사람 앞에서 중요한 존재인지 그 **법궤의 겉 뿐아니라 안까지도 정금으로 싸게** 하셨습니다. 이 **세 가지 진리를 포함한 예수 그리스도**를 모르는 것은 알맹이 없는 빈 껍데기인 것입니다.

〈5〉 법궤는 **"윗가를 돌아가며 금테로 두르라"** 하셨습니다(출25:11 이하).

이것은 진설병 상이나 분향단의 경우와 같습니다.

법궤 윗가로 돌아가며 금 테를 두름은 그 궤 위에서 행해질 일이 **'지극히 거룩하고 가치있는 일'**이요, 그것은 누구에 의해서도 **'침해되거나 변경되는 일이 아님'**을 강조해주는 것입니다.

즉 **신인양성을 지닌 예수**(조각목과 안팎의 정금), **그 자신이 곧 하나님의 말씀**(증거판) **이시며, 생명**(만나) **이며, 다시 사신 주이시며, 영생의 길을 여신 분이시요, 심판자가 되시는 예수**(싹난 지팡이)**만 죄인들의 구세주이십니다.

그분의 **속죄사역**(십자가에 피흘려 죽으심)**에 의해 그를 믿는 자의 모든 죄가 사해지는 일**(속죄소에 제물의 피가 뿌려지고 살라짐)**처럼 거룩하고 가치있는 일은 없습니다. 그리고 그것은 결코 침해되거나 변경될 수 없는 일입니다.**

구세주는 오직 예수 한 분뿐이라는 것, 그를 통해서만 모든 죄를 사함 받고 구원얻는다는 것은 절대로 변경되지 않습니다. 그러므로 구원받은 성도들은 **구원에 대해서는 조금도 의심이나 두려움을 가질 필요가 없습니다.**

그런데 이렇게 가치있고 확실한 복된 소식을 듣고 구원받은 사람들이 어찌 자기만 알고 널리 반포하고 선전하지 않겠습니까? **복음을 힘써 전파하지 않는 것은 '가장 크고 값진 보화를 파묻어두고 그것을 다른 사람들에게는 단 하나도 나누어주지 않는 가장 악한 일'** 이 아닐 수 없습니다.

그러나 **복음을 힘써 전파한다면 그 사람이나 그 일은 전능하신 하나님의 특별하고 완전한 보호를 받아**(사방으로 둘려진 금 테) **반드시 승리하고 영광을 얻게 됩니다.**

제 34 강

〈11〉 지성소(4)
[2] 법궤(4)

〈출25:12~15〉

12금 고리 넷을 부어 만들어 그 네 발에 달되 이쪽에 두 고리 저쪽에 두 고리를 달며 13조각목으로 채를 만들어 금으로 싸고 14그 채를 궤 양쪽 고리에 꿰어서 궤를 메게 하며 15채를 궤의 고리에 꿴 대로 두고 빼내지 말지며

〈출37:3~5〉

3금 고리 넷을 부어 만들어 네 발에 달았으니 곧 이쪽에 두 고리요 저쪽에 두 고리이며 4조각목으로 채를 만들어 금으로 싸고 5그 채를 궤 양쪽 고리에 꿰어 궤를 메게 하였으며

〈11〉 지성소(4)

[1] 지성소 휘장
[2] 법궤(4)
〈1〉 궤의 형태
〈2〉 법궤 안에는 **십계명이 새겨진 돌비석이** 있습니다.
〈3〉 법궤 안에는 **만나가 들어있는 항아리가** 있습니다.
〈4〉 법궤 안에는 **아론의 싹난 지팡이가** 있습니다.
〈5〉 법궤는 **"윗가를 돌아가며 금테로 두르라"** 하셨습니다.
〈6〉 **"네 발에 금 고리 넷을 달고 채를 꿰고 빼내지 말라"** 하셨습니다.

"네 발"을 더 정확하게 번역하면 **"밑의 네 모서리"** 입니다.

(1) 고리를 달고 채를 꿰어 메어서 옮기게 하셨습니다.

이것은 번제단, 진설병 상, 분향단과 마찬가지의 의미입니다.
예수 그리스도의 복음은 어느 한 지역이나 특정 지역에 머무는 것이 아니고 **마지막 순간까지 여기저기에 퍼지고 옮겨지는 것**입니다.

복음은 **하나님의 뜻에 따라** 언제든지, 어디로든지 전파됩니다. 그것은 사람의 취향이나 뜻에 따르지 않고 전적으로 **하나님의 뜻에 따라** 이루어지기 때문에 그 일은 하지 않을 수 없으며 막을 수도 없습니다. 복음을 널리 전파하지 않는 교회나 성도는 **구름기둥의 이동**(성령의 인도하심)**에 둔감하거나 그것을 알고도 행하지 않는** 죄를 범하는 것입니다. 우리는 **성령이 어디로 인도하시든지 '놓치지 않고 따를 수 있는, 깨어있는 영혼'** 이 되어야 합니다. 이것을 염두에 두지 못하고 세상적이고 개인적인 일에 얽매이지 않도록 조심해야 합니다.

법궤를 운반하는 채를 만들어 양편 고리에 꿰고 빼내지 말라고 하신 또 하나의 이유는 **법궤를 운반하려 할 때 하나님 앞에서 잘못하여 그 사람이 다치지 않도록 하시기 위함**이었습니다(민4:15). 법궤를 잘못 만졌다가 벌을 받아서 그 자리에서 죽은 사람도 있습니다(삼하6:6~7).

구약시대에는 사람들로 하여금 **하나님의 거룩함을 존엄하게 여기게 하시기 위해** 이런 방법으로 하나님의 엄위를 보여주셨습니다.

신약시대에는 이런 방법을 원칙으로 삼지는 않으시지만 **하나님의 거룩하심, 하나님 앞에서 성결해야 함**은 오늘날도 마찬가지입니다.

그 채를 어깨에 메고 운반할 수 있는 사람은 **반드시 성소에 들어갈 수 있는 거룩한 제사장**이어야만 했습니다. 그렇지 못한 사람이 '나도 예수를 믿으니 제사장이다' 하며 거룩한 제사장만이 해야 할 일을 하려고 할 때 **하나님은 결코 기뻐하지 않으시며 용납하지도 않으십니다**. 종종 자격이 없는 사람이 그러한 일을 하겠다고 덤비다가 오히려 **하나님께 책망과 징벌을 받는 사람**이 있습니다. 우리는 언제든지 **하나님께서 맡기시는 어떤 일이라도 수행할 수 있는 사람이 되어야 하지만 다듬어지고 치료되고 변화되고 성숙되지 못한 상태에서 거룩한 일을 맡아서는 안 됩니다.**

그러므로 우리 모든 성도들은 이 **금 법궤의 채를 메고 운반할 수 있을 정도의 거룩한 사람**이 되어야 합니다. 모든 목사와 교회지도자들은 먼저 자신이 이런 사람이 되기를 항상 힘쓰고, 모든 성도가 이런 사람이 되도록 철저하게 양육해야 합니다.

평생 목사와 교회지도자 일을 했으나 법궤의 메고 운반할 수 없는 사람들, 즉 성소 바깥에 있는 사람들이나 심지어 성막 울타리 바깥에 있는 사람들만 모아서 성경을 가르치고 예배를 드린다고 하는 사람들이 많이 있습니다.

우리 목사와 교회지도자들은 '나는 지금까지 어떻게 성도들을 양육했는가' 정신차리고 돌아보아야 합니다.

(2) 채는 빼내지 않고 항상 꿰어있게 하셨습니다.

이것은 언제든지 옮겨질 채비가 되어있게 하신 것입니다.

우리는 주님의 명령이 떨어질 때 언제든지 주님의 복음을 전할 준비를 갖추고 있어야 합니다. 이것은 이스라엘 백성이 어떤 형편에 있는지와 상관없었습니다. 혹시 그들 중에 다급한 일이 벌어진 자들이 있다 해도 채는 항상 꿰어져 있다가 구름기둥이 떠오르면 즉시 짊어지고 이동해야 했습니다.

우리는 인간적이고 개인적인 사정을 너무 자주 앞세워서 복음전파를 쉽게 미룹니다. 만약 옛날 이스라엘 백성들이 그렇게 했다면, 특히 제사장들이 그렇게 했다면 어떻게 되었겠습니까?

그러므로 우리는 법궤의 채를 메고 언제든지 이동시킬 수 있는 제사장이 되어야 할 뿐 아니라 우리의 형편과 처지가 어떠하든지 성령의 명령에 따라 밤이든 낮이든 즉시 복음을 전하기 위해 철저하게 준비되어야 합니다.

많은 목사들과 교회지도자들마저도 성령의 인도하심을 따라 언제 어디서든지 전도하지 못하는 이유는 성령의 인도하심(구름기둥의 인도)에 따라 즉시 복음을 전파할 수 있도록 자신을 철저하게 준비하지 못했기 때문입니다.

그러면서 이들은 "아직 때가 아니다", "준비가 안됐다", "이것저것이 문제다"라고 말하며 다른 사람이나 상황에 모든 것을 떠넘기며 정당화시킵니다. 이런 사람은 성령의 충만함을 받고 일할 수 없습니다.

(3) 법궤의 이동이 얼마나 거룩하며 가치 있는지 '고리를 금으로 만들고 채도 금으로 싸게' 하셨습니다.

이스라엘 백성들이 살고 있는 집과 그들이 사용하는 물건들을 하나님께서 친히 금으로 만들라, 금으로 싸라 하신 적이 있습니까?

그런데 오늘날의 많은 성도들은 복음전파보다도 내가 사는 집이나 내가 사용하는 물건에 많은 정성을 쏟고 있습니다. 많은 주의 종들과 교회지도자들과 성도들이 자기가 사는 집이나 사용하는 물건이나 의복이나 자기 이름을 위해서 점점 더 값진 금으로 감싸려고 애를 쓰면서도 그것이 얼마나 하나님 앞에서 합당하지 못한지 알아채지 못하고 있습니다.

그러면서 법궤는 보잘것없는 나무로 만들어서 예배당 한쪽 구석에 언제나 붙들어 매놓고 있습니다. 만약 이렇다면 그들은 **구름기둥과 전혀 상관없이 자기들의 뜻과 의사대로** 하고 있는 것이며 성막과는 상관이 없는 것입니다.
이 얼마나 무서운 말입니까?

그 이스라엘 백성들은 **구름기둥의 인도에 따라 즉시 법궤를 이동시키며 나아갔을 때** '**가장 안전하고 충분하게**' 모든 필요를 제공받았습니다.
성도(교회)들은 '**예수 그리스도의 은총을 언제나 감사하면서 살고**(성막중심의 생활) **성령의 인도하심에 따라 복음을 부지런히 전하며 살 때**' **가장 안전하며 영육 간의 모든 필요를 제공받게 된다**는 것을 명심해야 합니다.
성막을 떠나서 살고 법궤를 움직이지 않는 사람, 법궤를 따라가지 않는 사람은 이스라엘 백성(하나님의 백성)**이 아닙니다.** 따라서 이런 사람은 **하나님의 거룩하고 특별한 사랑을 누릴 수 없습니다.**
오늘날 신앙생활을 한다고 하면서 이런 사람이 많이 있습니다.

(4) 법궤는 이스라엘 자손에 의해 이동하지만 어디까지나 '**신인양성을 지니신 예수 그리스도로 말미암아**' **됩니다**(금으로 입힌 조각목의 채).

제사장이라도 그 채를 잡아야만 법궤를 옮길 수 있습니다.
이는 예수 그리스도가 존재하지 않는다면, 즉 예수 그리스도께서 하나님과 죄인 사이를 연결시켜 주심이 없다면 누구도 하나님 앞에 나올 수도 없고 죄 사함 받을 수도 없고 복음을 전파할 수도 없음을 의미합니다.
참으로 **모든 것이** '**하나님의 은혜**' **입니다.**
그러므로 "주 예수보다 귀한 것이 없다"는 신앙고백이 확실하게 나오지 않는 사람은 이 성소 안에 있는 사람(진정한 예수의 사람)이라고 할 수 없습니다.

예수께서 우리와 하나님, 또한 하나님의 은총과 연결시켜주시는 것은 **누구도 침해하거나 변경시킬 수 없이** '**하나님의 신적 확정에 의해 확고부동하게 이루어지는 것**' **입니다**(금 고리). **믿는 자의 손과 발을 통해서 복음이 땅 끝까지 전파되는 일** 역시 그렇습니다.
그러므로 복음을 전파하는 자가 무엇을 두려워하며 무엇에 구애를 받겠습니까?
만일 복음전파를 막는 자가 있다면 그는 하나님의 가장 거룩하고 중요한 일이 하나님의 신적권위에 의해 성취되어가는 것을 정면 대적하는 사람이므로 철저하고 무참하게 멸망당할 것입니다.

법궤를 멘 자의 발밑에서는 흐르는 강물도 끊어졌다는 것과, 튼튼했던 여리고성도 그 법궤 앞에서 무너졌고 어떤 군대도 무용지물이었음도 잊지 말아야 합니다.

"땅끝까지 전파하라", "언제 어디서나 전하라", "듣든지 아니듣든지 전파하라", "때를 얻든지, 못 얻든지(전도하기에 적당하든지 그렇지 않든지) 전파하라", "모든 족속으로 제자를 삼으라, 가르치라" 는 말씀들에는 그 무엇도, 누구도 복음전파 앞에서는 문제될 것이 없다는 것과 사람이 보기에는 전혀 효과가 없어보이는 전도라도 반드시 효과가 있음을 암시하고 있는 것입니다.

그러므로 성도들이여!
아직 무기를 구비하지 못했다고, 법궤를 메고 나가는 일을 주저하지 맙시다.
사람 수가 적다고, 돈이나 먹을 것이나 입을 것이 준비되지 못했다고 미루거나 중단하지 맙시다. '지금 당장 전도해야한다' 는 것을 마음에 확실히 새기기 바랍니다. 마음부터 다음에 해도 된다고 생각하고 있으니 어찌 성령께서 인도하시는 대로 즉시 복음을 전파할 수 있겠습니까?

전도는 무기나 돈이나 사람의 수나 지식으로 하는 것이 아니라 '예수께서 스스로 하시고 복음 자체가 하는 것' 입니다.
우리가 메고 나가는 것이, 우리가 외치는 것이 분명히 예수 그리스도의 복음이라면 우리는 언제 어디서나 성공하고 승리합니다.

성경지식이 좀 부족해도, 중요한 교리를 불충분하게 이해하고 있어도, 전도자 자신이 어떤 문제가 있다 해도, 여전히 범죄하는 것이 있더라도 예수의 복음을 정직하게 전하고 성령의 인도를 따라 열심히 전파하는 사람의 발밑에서는 강물이 멈추고, 성도 무너지고, 어떤 군대도 맥을 못추게 됩니다. 왜냐하면 그 사람은 보잘것없지만 거룩한 법궤를 메고 나가기 때문입니다.

궤와 궤를 메고 나가는 자, 궤를 돌보는 자에 대한 놀라운 말씀들이 있습니다.

1. 그 궤는 하나님이 임재하고 계시며 하나님의 권능이 함께하십니다.

> 대상13:6 다윗이 온 이스라엘을 거느리고 바알라 곧 유다에 속한 기럇여아림에 올라가서 여호와 하나님의 궤를 메어오려 하니 이는 여호와께서 두 그룹 사이에 계시므로 그러한 이름으로 일컬음을 받았더라

> 대하6:41 여호와 하나님이여 일어나 들어가사 주의 능력의 궤와 함께 주의 평안한 처소에 계시옵소서

> 시132:8 여호와여 일어나사 주의 권능의 궤와 함께 평안한 곳으로 들어가소서

"그 궤는 여호와께서 두 그룹 사이에 계시는 것이라" 했고 "그 궤는 주의 능력이 함께한다" 고 했습니다. 그래서 '주의 능력의 궤'라고 했습니다.

따라서 그 궤를 메고 나가는 자, 또는 그 궤를 잘 돌보는 자에게도 두 그룹 사이에 계신 여호와께서 능력으로 함께하시는 것입니다. 이처럼 하나님을 가까이에서 섬기는 자, 이처럼 영광스러운 사람이 어디 있겠습니까?

그러므로 하나님의 권능이 함께하여 성령의 인도를 따라 복음을 정확하게 끊임없이 전하는 사람이야말로 가장 하나님과 가까이하고 있는 사람이요, 하나님의 능력이 함께하는 사람이며 가장 영광스러운 사람입니다.

2. 그 궤는 하나님의 백성을 평안으로 인도합니다.

> 민10:33 그들이 여호와의 산에서 떠나 삼 일 길을 갈 때에 여호와의 언약궤가 그 삼 일 길에 앞서 가며 그들의 쉴 곳을 찾았고

이스라엘 백성들이 그 언약궤를 앞세우고 나갈 때 그들이 쉴 곳을 찾았다 했습니다.

하나님의 백성들이 하나님의 말씀과 복음을 중심하여 살고, 그것을 성령의 인도를 따라 부지런히 전할 때 그들은 영적으로나 육적으로나 가장 편안하게 쉴 곳을 하나님이 찾아서 주시는 것입니다. 그 쉴 곳은 누구도 침범할 수도, 빼앗을 수도 없는 가장 안전하고 진정한 평안과 기쁨과 즐거움을 누릴 수 있는 곳입니다.

그러므로 이러한 사람은 비록 다른 사람들처럼 거친 광야길 같은 인생을 살지라도 하나님이 주시는 진정한 평안을 누리며 살아갑니다.

3. 그 궤는 하나님의 백성을 이방인과 이방신으로부터 구별하며 유일신 하나님을 보여주는 것이었습니다.

사무엘상 5장에 보면 블레셋 사람들이 법궤를 빼앗아 다곤의 신전에 둔 일이 있었습니다. 그들이 아침 일찍 일어나서 보니 다곤 신상의 얼굴이 법궤 앞에 엎드러져 있고 머리와 두 손목은 끊어져 문지방에 있고 몸뚱이만 남았습니다. 게다가 여호와께서 독종의 재앙으로 엄중하게 치셔서 그 지역을 망

하게 하셨습니다. 그러자 그 지방 사람들이 말하기를 **"이스라엘 신의 궤를 우리와 함께 있게 못할지라**, 그 손이 우리와 우리의 신 다곤을 친다 하고… 이스라엘 신의 궤를 옮겨가라" 했습니다.

그래서 궤를 가드로 옮겼는데 하나님께서 그 성에 **심히 큰 재앙**을 내려 많은 사람에게 **독종이 나게** 하셨습니다. 그 다음에 에그론으로 옮겼더니 그 성 사람들이 그 궤를 원래 있던 곳으로 돌려보내지 않으면 우리가 다 죽는다고 아우성을 쳐서 궤는 결국 7개월 만에 벧세메스로 옮겨졌습니다.

이렇게 하나님께서는 **법궤는 오직 하나님의 백성과만 함께할 수 있다는 것**과 그 백성은 이방인들과 이방신으로부터 **완전히 구별됨**을 보여주셨습니다. 또한 이방인들이 법궤를 빼앗아갔을 때 **이방신들이 그 앞에 엎드러지고 머리와 손목이 잘려 문지방에 있고 몸뚱이만 겨우 남아있는 것을 보게** 하심으로써 그들이 섬기는 신이라는 것들은 **다 헛것**이요, **하나님만이 유일하신 신이심**을 보여주셨습니다.

그런데 하나님의 백성이라고 하면서, 즉 "나도 예수 믿습니다" 하면서 불신자, 우상숭배자들과 같이 금,은,목,석으로 지은 우상을 몰래 섬기거나 점쟁이들을 쫓아가거나 그 마음속에 하나님보다 다른 것들을 더 소중하게 여기는 자들은 어찌 되겠습니까? 그래서 **이런 신자 아닌 교인들이 교회를 드나들면서도 많은 환난과 재앙**을 당하게 되는 것입니다.

그런데 그러한 자들이 자기가 목회하는 교회에 와서 예배에 참석했을 때, 그래서 수천 명, 수만 명이 모여왔을 때 오히려 그들을 위로하고 격려하며 그들과 그들의 삶에 복을 빌어주는 목사들은 어떤 사람들이겠습니까? 또 어떻게 되겠습니까?

참으로 이들은 **불쌍하고 어처구니없는 사람들**입니다.

이들은 유일신 **하나님을 누구보다도 욕보이고 있는 사람들**이요, 이들에게는 **무서운 하나님의 심판**이 기다리고 있을 뿐입니다.

4. 그 궤를 멘 자들은 **여호와의 이름으로 축복하는 권세를 얻었습니다**.

> 신10:8 그 때에 여호와께서 레위 지파를 구별하여 여호와의 언약궤를 메게 하며 여호와 앞에 서서 그를 섬기며 또 **여호와의 이름으로 축복하게 하셨으니** 그 일은 오늘까지 이르느니라

> 〈마10:11~15〉
> 11 어떤 성이나 마을에 들어가든지 그 중에 합당한 자를 찾아내어 너희가 떠

> 나기까지 거기서 머물라
> 12 또 그 집에 들어가면서 평안하기를 빌라
> 13 그 집이 이에 합당하면 너희 빈 평안이 거기 임할 것이요 만일 합당하지 아니하면 그 평안이 너희에게 돌아올 것이니라
> 14 누구든지 너희를 영접하지도 아니하고 너희 말을 듣지도 아니하거든 그 집이나 성에서 나가 너희 발의 먼지를 떨어 버리라
> 15 내가 진실로 너희에게 이르노니 심판 날에 소돔과 고모라 땅이 그 성보다 견디기 쉬우리라

여기서 하나님께서 구별하여 세우신 사람, 여호와의 언약궤를 메며 여호와를 잘 섬기는 사람에게 여호와의 이름으로 축복하게 하는 권세를 주셨음을 밝히고 있습니다.

하나님만이 합당하게 여기시는 자들에게 복을 내리실 수가 있는데 그 하나님만을 잘 섬기며 복음과 하나님의 말씀을 성령의 지시와 인도를 따라 정직하고 충성되게 전하는 사람들에게도 그 축복권을 주시는 것은 당연합니다.

그러므로 오직 하나님만을 정직하게 잘 섬기고 우상숭배하지 않고 복음과 하나님의 말씀을 정직하게 전파하는 사람들만이 하나님의 이름으로 축복하는 권세가 주어지는 것입니다.

이 말씀을 달리 생각하면 하나님만을 진정으로 섬기지 않고 복음과 말씀을 정확하고 정직하게 전하지 않는 사람들은 이런 축복권이 없다는 것입니다.

그들이 아무리 예수의 이름으로 축복하는 말을 해도 그들은 하나님께서 인정하시는 종이 아니며 하나님에 의해 여호와의 언약궤를 메고 그 복음과 하나님의 말씀을 정직하게 선포하지 않는 자들이요, 시시때때로 불의와 타협하는 자들이요, 그 복음과 말씀을 가감하는 자들이므로 결코 축복권이 있을 수 없으며 오히려 하나님께 무서운 징벌을 받게 되는 것입니다.

모든 목사들은 이 말씀을 두려워 떨며 받아들여야 합니다.

또한 복음과 진리를 정확하고 정직하게 선포하는 사람이 복음을 전할 때 '내가 저 집에 들어가서 좀 쉬어야겠다'고 생각이 되면 그 집으로 들어가라는 것입니다. 들어가면서 평안하기를 빌어주라고 했습니다. 만약 그 집 사람이 하나님 앞에 합당한 사람이라면 그 빌어준 것이 그 사람과 그 집에 그대로 임할 것이지만 그렇지 못하다면 그 평안이 다시 돌아온다고 했습니다.

그런데 전도자를 영접하지 않고 그가 전하는 말을 듣지도 않는다면 그 성이나 집에서 나와서 발에 붙은 먼지를 떨어버리라 하시며 그들은 소돔과 고

모라보다도 더 견디기 어려운 심판을 당하게 되리라고 말씀하셨습니다. **하나님이 얼마나 진노하시는가를** 알 수 있습니다.

이처럼 하나님은 복음과 하나님의 말씀을 정확하고 정직하게 선포하는 사람들에게는 **축복권**을 주셨을 뿐 아니라 이러한 사람과 그가 전하는 말을 받아들이지 않는다면 **가장 무서운 징벌로 다스리신다**는 것입니다. 하나님은 이렇게 복음을 전파하는 자들에게 **엄청난 권세**를 주셨습니다.

그러므로 우리 모든 목사들과 교회지도자들과 성도들은 **이런 큰 권세를 가장 소중하게 여기며 열망**하며 받기를 힘써야 합니다.

많은 목사와 교회지도자들과 성도들은 **이런 것을 모르고 너무 하찮은 것에 관심을 쏟으며 하나님이 주신 은혜와 시간을 허비**합니다.

그런데 이렇게 여호와의 궤를 잘 메고 하나님을 잘 섬기며 복음과 하나님의 말씀을 선포하는 일은 아무나 할 수 없습니다. 그 일은 **철저하게 자기를 부인하고 자기 십자가를 지고 주님의 뒤를 따라가는 사람**이어야 할 수 있습니다. **어떤 형편과 처지에서든지 먼저 하나님의 말씀부터 지키고 주어진 사명을 충성되이 감당해야** 합니다. 그렇게 하느라 **핍박을 당하고 손해를 볼지라도 그 십자가를 달게 져야** 합니다. 나아가서 **하나님의 손이 붙잡아주시는 사람, 말씀과 믿음과 성령의 충만함을 받는 사람**, 그리고 **언제나 성령의 지시와 인도를 따라 모든 것을 하는 사람**이 되어야 합니다.

이 일은 결코 며칠 만에 되지 않습니다.

어떤 사람은 다른 사람보다 훨씬 오랜 기간 동안 **철저하게 깨어지고 치료되고 변화되는 진통을 겪어야만** 합니다. 우리 성도들은 **가능한 한 빠른 시간 내에** 이런 가장 거룩하고 영광스러운 사람이 되기 위해 전심전력을 기울여야 합니다.

이런 일을 하려고 생각지도 못했거나 이런 일을 안 하거나 부실하게 하는 사람들 모두 주님 앞에서 **게으르고 악한 자**로 책망받게 되는 것입니다.

제 35 강

〈11〉 지성소(5)
[3] 속죄소

〈출25:17~22〉

17순금으로 속죄소를 만들되 길이는 두 규빗 반, 너비는 한 규빗 반이 되게 하고 18금으로 그룹 둘을 속죄소 두 끝에 쳐서 만들되 19한 그룹은 이 끝에, 또 한 그룹은 저 끝에 곧 속죄소 두 끝에 속죄소와 한 덩이로 연결할지며 20그룹들은 그 날개를 높이 펴서 그 날개로 속죄소를 덮으며 그 얼굴을 서로 대하여 속죄소를 향하게 하고 21속죄소를 궤 위에 얹고 내가 네게 줄 증거판을 궤 속에 넣으라 22거기서 내가 너와 만나고 속죄소 위 곧 증거궤 위에 있는 두 그룹 사이에서 내가 이스라엘 자손을 위하여 네게 명령할 모든 일을 네게 이르리라

〈더 제대로 된 번역〉

17속죄소 → 속죄판 18금을 두드려서 날개 달린 생물 모양을 한 그룹 둘을 만들어라. 그것을 속죄판 양쪽 끝에 하나씩 두어라. 19두 끝에 속죄소 판에 잘 연결시켜서 전체가 하나가 되게 하여라. 22下 두 그룹 사이에서 내가 이스라엘 백성에게 나의 모든 계명을 줄 것이다.

〈출37:6~9〉

6순금으로 속죄소를 만들었으니 길이가 두 규빗 반, 너비가 한 규빗 반이며 7금으로 그룹 둘을 속죄소 양쪽에 쳐서 만들었으되 8한 그룹은 이쪽 끝에 한 그룹은 저쪽 끝에 곧 속죄소와 한 덩이로 그 양쪽에 만들었으니 9그룹들이 그 날개를 높이 펴서 그 날개로 속죄소를 덮었으며 그 얼굴은 서로 대하여 속죄소를 향하였더라

〈더 제대로 된 번역〉

7쳐서 만들었으되 → 하나씩 두었는데 그것은 금을 두드려서 만들었다. 8한 그룹은 이쪽 끝에 한 그룹은 저쪽 끝에 곧 속죄소 판에 잘 연결시켜서 전체가 하나되게 했다.

〈11〉 지성소(5)

[1] **지성소 휘장**
[2] **법궤**

[3] 속죄소(시은좌)

속죄소

(1) "정금으로 속죄소(속죄판)를 만들라" 했습니다.

1) 정금은 속죄소의 거룩성과 존귀성을 강조합니다.

속죄소의 다른 이름인 '시은좌'는 '은혜를 베푸시는 하나님의 보좌'라는 뜻입니다. 또한 '속죄의 덮개'라고 부르는데 이 속죄소는 위대한 속죄의 제물이신 그리스도의 상징이며 그의 대속은 율법의 요구를 충분히 충족시키고 그를 믿는 자들의 죄악들을 모두 덮으며 믿는 자들이 마땅히 받아야 할 저주를 가로막은 것입니다. 따라서 예수 그리스도는 '의를 위해 율법의 끝(롬10:4)'이 되신 것입니다.

속죄소는 이스라엘 백성의 속죄가 완성되는 곳이요, 그로 인한 하나님의 은총이 주어지는 곳입니다.

"거기서 내가 너와 만나고 속죄소 위…에서 내가 이스라엘 자손에게 나의 모든 계명을 줄 것이다" 하셨습니다.

여호와 하나님은 당신의 백성을 반드시 이 속죄소에서 만나주십니다.

지금까지 하나님께서 명하신 대로 만들어진 성막 안, 지성소 안에 있는 이 속죄소 위에서, 그리고 여기까지 이르는 모든 거룩한 절차를 거치고 여호와 앞에 나온 사람만을 만나주셨습니다. 이런 거룩하고 고귀한 일은 오직 한 곳, 이 속죄소에서만 있습니다. 그래서 그것을 "정금으로 만들라" 하신 것입니다.

2) 이런 장소, 이런 일이 있을 수 있는 것은 오직 '신적 권한과 섭리에 의해서만 가능' 합니다(정금).

속죄소는 히브리어로 '카포레드'인데 '뚜껑'을 의미합니다.

이곳은 **죄를 용서해주시는 처소**인 만큼 그리스도의 화해의 역사를 비유합니다. 로마서 3장 25절의 '**화목제물**' 이란 말씀이 바로 그 뜻입니다.
두 그룹이 이곳을 향해 앉은 것은 특별한 의미를 가집니다.
그것은 곧 **하나님께서 그 속죄소에 계신다**는 뜻입니다(시80:1, 99:1, 사37:16). 물론 그룹들이 그곳에 있는 목적은 **하나님의 명령을 신속히 순종하려는 것입니다.** 그룹들에 대하여는 뒤에 더 자세히 살펴보겠습니다.

우리는 여기에서 중요한 사실들을 깨달을 수 있습니다.

1. **속죄소로 비유된** 그리스도의 화해 역사는 하나님이 친히 하시는 일입니다.

> 〈고후5:18~19〉
> 18 모든 것이 하나님께로서 났으며 그가 그리스도로 말미암아 우리를 자기와 화목하게 하시고 또 우리에게 화목하게 하는 직분을 주셨으니
> 19 곧 하나님께서 그리스도 안에 계시사 세상을 자기와 화목하게 하시며 그들의 죄를 그들에게 돌리지 아니하시고 화목하게 하는 말씀을 우리에게 부탁하셨느니라

우리는 **하나님과 우리의 화목을** 하나님께서 친히 이루어주시는 것을 참으로 감사해야 합니다.

> 〈롬8:31~34〉
> 31 그런즉 이 일에 대하여 우리가 무슨 말 하리요 만일 하나님이 우리를 위하시면 누가 우리를 대적하리요
> 32 자기 아들을 아끼지 아니하시고 우리 모든 사람을 위하여 내주신 이가 어찌 그 아들과 함께 모든 것을 우리에게 주시지 아니하겠느냐
> 33 누가 능히 하나님께서 택하신 자들을 고발하리요 의롭다 하신 이는 하나님이시니
> 34 누가 정죄하리요 죽으실 뿐 아니라 다시 살아나신 이는 그리스도 예수시니 그는 하나님 우편에 계신 자요 우리를 위하여 간구하시는 자시니라

2. **하나님이** 천사들을 보내셔서 **하나님과 화목한 백성을** 신속히 도와주십니다.

그룹들은 **날개를 높이 펴고** 하나님의 명령을 신속히 순종하려고 대기하고 있습니다(마18:10). 하나님께서는 **성도들이 기도할 때에** 신속히 도와주시겠다고 약속하셨습니다(눅18:8). 다니엘이 **기도를 시작할 즈음에** 하나님께서 **그의 천사를 보내어** 도와주셨다 했습니다(단9:23).

우리의 기도 중 어떤 것은 오랫동안 응답되지 않는 것도 있습니다. 그러나

그 이유는 하나님께서 우리를 도와주시는 **시기가 정해져 있기** 때문입니다. 그때가 되면 우리의 기도를 **지체치 않으시고 신속히** 들어주십니다.

이 하나님 외에 그 누가 죄인들의 죄를 구속하는 방법을 마련할 수 있겠습니까? 그러므로 모든 성도는 하나님께 **자기 전부를 드려 감사해야** 하고 그 놀라우신 섭리에 **항상 최고의 찬미를 드려야** 합니다.

그리고 단 하나밖에 없는 이 속죄소, 성막의 가장 깊은 곳에 숨겨져 있는 속죄소, 모든 인류 전체가 알 수도 없는 **그 속죄소를 알고 찾은 것에 대해 무한한 행복감과 승리감을 지녀야** 합니다.

속죄소를 진정으로 아는 사람에게는 그보다 소중하고 즐겁고 자랑스러운 것이 없습니다. 그 앞에서는 성막 바깥의 일이나 물건들이 **오물에** 지나지 **않는 것입니다**(빌3:8).

이런 사람은 **형편과 사정이 어떻든지, 물질이 있든지 없든지 하나님의 신적 권한과 섭리에 의해 내가 모든 죄를 완벽하게 용서받은 것에 대한 즐거움과 기쁨과 감사가 항상 넘치는 삶**을 살 수 있습니다.

나는 과연 이런 삶을 살고 있는지 진지하게 돌아보시기 바랍니다.

많은 성도들은 '내가 현실적으로 많은 문제들이 있는데, 하나님께서 내 기도를 다 이뤄주시지 않았는데 어떻게 항상 기뻐하고 범사에 감사할 수 있는가?'라고 생각합니다. 이런 사람은 속죄소 앞에 있는 사람이 아닙니다.

언제나 속죄소를 마주하고 있는 사람은 그런 생각에 잠길 여지가 없습니다. 그는 **하나님께서 자신의 모든 죄를 깨끗이 용서해주심에 대해 진정으로 항상 기뻐하고 범사에 감사**합니다. 이렇게 **치료되고 변화되고 성숙**하지 못한 상태에서는 하나님께서 그가 원하는 대로 이루어주셔도 그는 결코 이 속죄소 앞에서의 기쁨과 감사와 찬송을 맛볼 수 없습니다.

(2) **속죄소의 규격은 그 밑에 있는 법궤 위의 규격과 동일**합니다.

"**길이는 두 규빗 반, 너비는 한 규빗 반이 되게 하라**"고 구체적으로 명령하셨습니다. 뿐만 아니라 "**속죄소를 궤 위에 얹으라**"고 또다시 **법궤와** 연관을 시키셨습니다. 또 "**속죄소 위 곧 증거궤 위에 있는 두 그룹 사이에서...가르쳐 주겠다**" 하셨습니다.

이는 속죄소가 **그 아래 있는 법궤와 밀접한 관계가 있음**을 강조하는 것입니다.

1) **죄인의 속죄는 어디까지나 예수 그리스도로 말미암아 이루어집니다.**

속죄소는 법궤 위에서만 있을 수 있습니다. 법궤 없는 속죄소는 무의미합니다. 그래서 속죄소는 '반드시 법궤의 위에 얹어야' 합니다.

법궤는
① 안은 조각목, 밖은 정금으로 된 예수 그리스도입니다(그리스도의 신인양성).
② 그 안에는 하나님의 언약이 새겨진 두 돌판이 있고(말씀이신 그리스도)
③ 썩지 않는 만나가 있고(영생의 떡이신 그리스도)
④ 대제사장의 싹난 지팡이가 있습니다(심판장으로 부활하신 그리스도).

이런 예수 그리스도(메시야)에 의해서만 속죄소가 성립됩니다.
이런 자격요건을 '가감 없이 지닌 예수 그리스도만이 속죄의 바탕이 됨'을 명심해야 합니다. 그래서 속죄소 판의 규격조차 그 아래에 있는 법궤의 규격과 꼭 같아야 했던 것입니다.
죄인의 속죄는 오직 예수 그리스도로만 충분히 이루어집니다. 거기에 어떤 사람이나 천사나 또 다른 신적 존재가 필요하지 않습니다. 그러므로 우리는 오늘날의 천주교나 교주를 신격화하고 구세주화 하는 집단들이 모두 허구임을 분명히 알아야 합니다.

2) 속죄소를 만들라 하실 때 '궤와 증거판'을 함께 언급하셨음에 주목해야 합니다.
"속죄소를 궤 위에 두고 내가 네게 줄 증거판을 궤 속에 넣어라 거기서 내가 너와 만나고…" 하셨습니다.
이것은 속죄소가 예수로 인해 이루어지는데 유무죄의 척도는 다름 아닌 하나님의 말씀(증거판)이 된다는 것을 강조합니다.
이 말씀 앞에서 인간들이 만들어낸 그럴듯한 이유와 변명들은 무가치하게 되며 그 말씀을 지켰느냐 안 지켰느냐 하는 것만 가려질 뿐입니다.
그러므로 성도들은 하나님의 말씀을 소중하게 여기며 그대로 지키기 위해 최선을 다해야 합니다. 그리스도의 은총을 귀중히 여길 뿐 말씀에 관심이 없고 쉽게 불순종하는 사람은 그만큼의 대가를 치를 것도 각오해야 합니다.

3) 속죄는 예수를 믿고 하나님의 말씀을 따라 살면서 하나님 앞에 나아와 회개하는 자에게 주어집니다.
속죄소의 히브리 원어 '카포레드'는 '뚜껑, 덮개'라는 의미와 함께 '덮는다'는 뜻이 있습니다. 즉 '죄를 덮어주는 것(사죄해주는 것)'을 말합니다.
예수 그리스도께서는 우리의 모든 죄악을 대속하셔서 처분해주셨습니다.

속죄소에서의 사죄는 **죄인에 대한 계명**(법궤 안에 있는 것)**의 고소를 해결 짓고 용서받게 하는 것**입니다. 그러므로 **예수교의 구원은 공의 문제를 해결한 든든한 기초위에 서 있는 것**입니다(시89:16, 97:2). 그야말로 **'긍휼과 진리가 같이 만나고 의와 화평이 서로 입맞춘' 놀라운 현상**입니다(시85:10).

속죄는 앞에서 설명한 구조에 의해서만이 아니라 거룩한 피의 희생이 드려짐으로 완성됩니다(엡1:7, 히9:22, 벧전1:18,19).

구속언약, 은혜언약의 존재만으로 속죄되는 것이 아니라 죄인이 예수 그리스도를 믿고, 하나님의 말씀을 따라 살면서(행함이 없는 믿음은 죽은 것) **범죄한 것을 시인하고 구체적으로 회개함으로써 되는 것입니다.**

그런데 그 모든 회개가 **'예수 그리스도의 보혈의 공로'**를 입어 하나님께 받아들여지고 속죄되는 것입니다. 그러므로 구원을 받고자 하는 사람은 **예수를 믿기 시작할 때부터 회개하고, 그 이후의 범죄에 대해서도 계속 회개해야** 합니다. 이것은 **예수를 확실히 믿은 사람에게 오신 성령에 의해 이 사람이 이 세상을 떠나는 날까지 계속해서** 이뤄집니다. 이렇게 함으로써 그 사람은 **점점 거룩해지고 영혼이 육체에서 떠나는 순간 완전히 거룩해져서 거룩한 자만 들어가는 천국에 들어가게** 됩니다.

이 그리스도의 대속의 효력은 죄인이 예수 그리스도를 한번 믿고 받아들임으로써 충족됩니다. 이 말은 **예수 믿은 이후에는 더 이상 회개할 필요가 없**다는 것이 아니라 **이후의 범죄에 대해 계속 회개해야 하며 그 회개로써 모든 죄를 용서받을 수 있음**을 의미합니다.

확실하게 예수를 믿은 사람은 그 순간 의인으로 인정이 되고 성령에 의해 점점 거룩해지고 죽는 순간 완전히 거룩해집니다. 그러나 예수를 확실하게 믿지 못한 사람들은 이런 것을 단 1%도 맛볼 수 없습니다. **이런 사람들은 아직도 단 하나의 죄도 용서받지 못한 사람들이고 앞으로 지을 죄에 대해서도 진정으로 회개할 수 없으며 용서받을 수도 없습니다.** 따라서 예수를 확실히 믿는 자와 믿지 못한 자의 차이는 하늘과 땅 차이보다 더 큽니다.

그러므로 **예수 그리스도를 확실히 믿고 구원의 확신을 가진 사람들은 내가 이 세상에서 얼마나 복되고 영광스러운 사람이 되었는가를 깨달으며 참으로 기뻐하고 감사하고 즐거워해야** 합니다.

그런데 이런 놀라운 은총을 날마다 누리지 못하고 있는 성도들이 너무나도 많습니다. 그런 사람들은 이 속죄소 앞에 항상 있는 사람이 아니고 속죄소 앞에 있었다가 **다시 성소 바깥으로 나가거나** 심지어 **성막 울타리 바깥으로 나간 사람**입니다. 이렇게 성막 울타리 바깥에 있다가 하나님의 놀라운 은총을 입어 성막 울타리 안으로 들어와 **성막 뜰**에 있다가(예수 그리스도로 말미암아 죄용서 받고 구원 얻었음을 확신하는 것) **한 걸음 더 나아가 날마다 경건생활을 통해**(물두멍을 통과하는 것) 그 신비롭고 놀라운 **성소 안**에 들어와서 모든 신령한 은혜를 맛보고 체험하다가 더 나아가서 **지성소에 들어와 법궤와 이 속죄소 앞에 들어온 사람**이 다시 성소로, 성막 뜰로, 또는 성막 울타리 바깥으로 나가는 사람, 또는 들락날락하는 사람이 얼마나 많은지 모릅니다. 나는 어떤 사람인지 정신 똑바로 차리고 살펴보시기 바랍니다.

(3) 속죄는 '**거룩한 피**'로써 이루어집니다.

대제사장이 일 년에 한 번씩 자신과 백성을 위해 속죄소에서 행하는 의식이 있습니다.

> 〈레16:11~15〉
> 11 아론은 **자기를 위한 속죄제**의 수송아지를 드리되 자기와 집안을 위하여 속죄하고 자기를 위한 그 속죄제 수송아지를 잡고
> 12 향로를 가져다가 여호와 앞 제단 위에서 피운 불을 그것에 채우고 또 곱게 간 향기로운 향을 두 손에 채워 가지고 휘장 안에 들어가서
> 13 여호와 앞에서 분향하여 향연으로 증거궤 위 속죄소를 가리게 할지니 그리하면 그가 죽지 아니할 것이며
> 14 그는 또 수송아지의 피를 가져다가 손가락으로 속죄소 동쪽에 뿌리고 또 손가락으로 그 피를 속죄소 앞에 일곱 번 뿌릴 것이며
> 15 또 **백성을 위한 속죄제** 염소를 잡아 그 피를 가지고 휘장 안에 들어가서 그 수송아지 피로 행함 같이 그 피로 행하여 속죄소 위와 속죄소 앞에 뿌릴지니

1) **번제단에 드려진 제물의 피**(거룩한 피-그리스도의 보혈)**가 속죄소에 뿌려짐으로써** 속죄가 이루어집니다.

피 뿌림이 없는 속죄소는 무의미합니다. 죄인의 죄를 대신하여 몫값을 치르지 않으면 속죄가 불가능합니다.

그리고 그 피는 '**죄 없는 거룩한 것**'이어야만 합니다. 그러므로 죄인의 구주(메시야)는 **인간적 죽음을 당할 수 있어야 함**과 동시에 **자신이 거룩해야** 합니다. 곧 **인간이면서 거룩한 존재여야** 하므로 그런 구주는 **하나님이시면서 죄 없는**(거룩한) **인간으로 오셨던 예수 그리스도뿐**입니다. **원죄와 자범죄**

와 무관한 육신을 입으셨던 예수 같은 육신은 없으며 그 자신이 하나님이신 신분을 가지고 인간으로 올 수 있는 분도 예수 외에 있을 수 없습니다.
그러므로 예수 외에 구세주를 자처하는 모든 자들과 그들의 종교는 다 거짓입니다.

모든 그리스도인은 하나님을 만나는 기쁨과 영광을 누릴 때마다 동시에 내 죗값으로 속죄소에 뿌려진 예수님의 보혈을 영의 눈으로 보며 말할 수 없는 감사와 감격이 넘쳐나야 합니다. 그 피가 없이 나 같은 죄인이 어찌 하나님께 나아가며, 만나며, 함께하며, 더불어 살 수가 있겠습니까?

2) 그 피가 '속죄소 동편(속죄소 앞)'과 '속죄소 위'에 뿌려짐으로 죄인이 속죄 받습니다.

1. 속죄소 동편은 대제사장(신약시대에는 제사장)이 지성소로 들어오는 출입문이 있는 쪽입니다.
그것은 또한 속죄소와 사람 사이의 곳입니다.

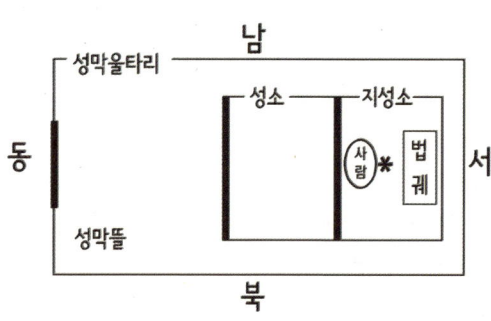

별(*) 표시가 '속죄소 동편', '속죄소 앞'입니다.
이렇게 속죄소 동편, 즉 속죄소 앞에 피가 뿌려진다는 것은 죄인이 거룩하신 하나님께 속죄받을 여지를 가질 수 있는 것은 바로 '예수 그리스도의 대속에 의한 것임'을 강력하게 깨우쳐줍니다.

예수 그리스도의 피 흘리심(십자가의 죽으심)이 없었다면 죄인들은 속죄받을 가망조차 없었습니다. 우리가 하나님께 나아와 용서를 구할 기회를 가진 것도 예수께서 십자가에서 죽으셨기에 가능하게 된 것입니다. 그만큼 '예수 그리스도의 보혈의 가치'는 무진장하며 이루 말할 수 없습니다.

그러므로 그리스도의 보혈은 우리가 부를 찬송의 가장 중요한 재료이며 내용이어야 합니다. 그 보혈이 지니는 위력과 방대한 영향력을 봐야 합니다.
유리하고 방황하던 죄인이 성막 바깥에서 성막 울타리 안으로 들어오고 번제단, 물두멍, 휘장, 진설병 상, 등잔대, 분향단, 법궤, 속죄소까지 나아오는 **모든 과정에 예수 그리스도의 보혈이 밑바탕이 되어있는 것**입니다. 그것도 수를 헤아릴 수 없이 많은 죄인에게 말입니다. 이런 위력과 놀라운 영향력이 그리스도의 보혈 외에 어디 있겠습니까?

2. **그 피는 속죄소 위에 뿌려집니다.**

이것이야말로 **죄인의 죗값이 최종적으로 하나님 앞에서 받아들여짐**을 의미합니다. 속죄는 예수 그리스도의 존재를 인정하는 정도만으로 되지 않습니다. 죄인이 예수와 연합되고 보혈의 공로를 의지하여 하나님께 내 죄를 고백하고 용서를 구하여 **속죄 받았다는 증거**(확신)**를 얻어야** 합니다. 뿐만 아니라 그 후에도 '**하나님의 말씀에 순종하는 행위**'가 뒤따라야 합니다.

울타리 휘장을 만나고, 번제단을 만난 것으로는 속죄가 완성되지 않습니다. 물두멍, 성소 휘장, 황금 벽, 네 겹의 천장, 진설병 상, 등잔대, 분향단, 지성소, 법궤까지 **모든 과정을 거치며 그 모든 진리를 확실히 깨닫고, 할 것을 행해야만** 합니다.

'**하나님께서 속죄해주시는 것**' 외에 **인간이나 천사나 우상이 해주는 것은 다 허사**입니다. 하나님께서 주시는 속죄는 '**반드시 예수의 보혈의 공로로써만**' 가능합니다. 속죄소 위에 뿌려지는 피는 **거룩한 피**(예수 그리스도의 피)**여야** 합니다. 그 외의 피는 모두 거짓이요, **하나님께 드려질 가치도 없습니다.**

사람이 하나님 앞에 나아갈 때 드릴 수 있는 것은 사실상 **예수 그리스도의 보혈뿐**입니다. 우리가 드리는 예배, 감사, 기도, 헌신 등 모든 것이 '**예수의 피로 말미암아 거룩한 것**'이 되어서 드려지는 것입니다. 하나님은 **우리가 드리는 것이 아니라 그것을 거룩하게 하는 그리스도의 피를** 보시고 받아주십니다. 그리스도의 보혈이 그 물건들까지 **거룩하게 하기 때문**입니다.

그러므로 **예수 그리스도를 믿지 않는 사람이 드리는 모든 것은 하나님 앞에 제물이 될 수 없습니다.** 예수를 확실하게 믿지 못한 사람, 그 보혈의 은총을 입지 못하여 거룩하다 인정되지 못한 사람은 **하나님 앞으로 나올 수도 없으며 그런 사람이 드리는 예배나 기도, 감사와 찬송, 그리고 모든 행위는 하나님께서 결코 받지 않으십니다.**

번제단을 통과한 제물과 그렇지 않은 제물은 이렇게 큰 차이가 있습니다.

나와 내가 하나님께 드리는 모든 것은 과연 어떤지 우리는 정신을 차리고 하나님 앞에서 살펴봐야 합니다.

3. 그 피는 속죄소 앞과 위에 "일곱 번 손가락으로 뿌립니다."

가. 일곱 번 뿌려진다 함은 '그 피의 효능이 완전함'을 의미합니다.

예수 그리스도의 보혈은 죄인의 대속에 완전한 가치를 지니고 있으며 그 외에 어떤 보충이나 협력이 필요하지 않습니다. 그러므로 구속 사역에 결코 그 누구도, 무엇도 첨가되어서는 안 됩니다.

따라서 하나님의 말씀에 뭔가를 첨가하고 빼서 가르치는 오늘날의 천주교와 이단자들은 참으로 가증한 것입니다.

나. '손가락으로 뿌린다'는 것은 그리스도의 피의 효능이 완전하도록 하나님의 능력이 작용함을 의미합니다.

예수님의 보혈의 공로로 죄인이 완전히 속죄되게 하는 일이야말로 하나님의 권능 없이는 불가능합니다. 따라서 이 대속의 은총을 빼앗거나 무효화시킬 존재도 없습니다.

그러므로 예수 그리스도를 믿는 사람들이여!

구원받았음을 조금도 의심하지 말며, 또다시 '죄 때문에 지옥가지 않을까' 염려하지 맙시다. 내가 그 예수 그리스도를 완전히 저버리지 않는 한 그 놀라우신 그리스도의 보혈이 '손가락으로 일곱 번 속죄소 앞과 속죄소 위에 뿌려진 것'을 기억합시다. 그리고 누구든지 진정 예수 그리스도를 믿으면 반드시 속죄받고 구원얻음을 활발히, 담대하게 전파합시다.

그 '하나님의 권능의 손가락'은 나의 구원을 확실하게 해줄 뿐 아니라 반대로 내가 그 손에서 이탈하려 할 때 그런 시도는 여지없이 실패하게 합니다. 그 손가락은 그리스도 보혈의 효능이 완전하게 하듯이 또한 그리스도인을 완전히 가다듬는 것입니다. 반면에 그리스도의 복음을 가로막는 모든 세력도 무너뜨리고 분쇄시킬 것이며 그들을 꺼지지 않는 불 못에 확실하게 던지는 손가락입니다.

예수 그리스도를 확실하게 믿는 사람에 대한 속죄와 구원은 이 하나님의 완전한 권능의 손가락에 의해 완전해집니다. 할렐루야!

제 36 강

⟨11⟩ 지성소(6)
[4] 두 그룹(1)

⟨출25:18~22⟩

18금으로 그룹 둘을 속죄소 두 끝에 쳐서 만들되 19한 그룹은 이 끝에, 또 한 그룹은 저 끝에 곧 속죄소 두 끝에 속죄소와 한 덩이로 연결할지며 20그룹들은 그 날개를 높이 펴서 그 날개로 속죄소를 덮으며 그 얼굴을 서로 대하여 속죄소를 향하게 하고 21속죄소를 궤 위에 얹고 내가 네게 줄 증거판을 궤 속에 넣으라 22거기서 내가 너와 만나고 속죄소 위 곧 증거궤 위에 있는 두 그룹 사이에서 내가 이스라엘 자손을 위하여 네게 명령할 모든 일을 네게 이르리라

⟨11⟩ 지성소(6)

[1] **지성소 휘장**
[2] **법궤**
[3] **속죄소**
[4] **두 그룹(1)**

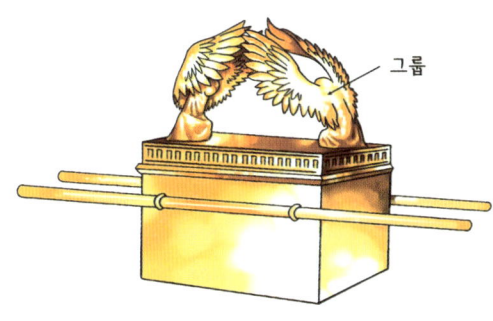

황금으로 만든 그룹들이 속죄소에 부착되어 속죄소의 일부분을 이루었으며 날개를 그 위에 펼치고 있었습니다. 이 그룹들은 쉐키나, 즉 하나님의 존전을 항상 수행하며, 특히 율법이 수여되었을 때의 그 거룩한 천사들을 상징합니다. 이들은 서로 얼굴을 마주 보고 있으며, 양편이 다 아래로 법궤를 향한 반면에 그들의 날개는 서로 맞닿을 정도로 펼쳐져 있습니다.

바울 사도는 그들을 가리켜 '속죄소를 덮는 영광의 그룹들'이라고 했습니다(히9:5). 그들은 구속주(예수 그리스도)의 모든 일에 시중을 드는 영이기 때

문입니다. 그것은 예수 그리스도의 뜻을 행하려는 그룹들의 준비 태세, 또 성도들이 거기에 특별히 참석한다는 사실(시68:17, 고전11:10), 그리고 저들이 부지런히 복음을 상고하여 그 거룩한 비밀을 살펴보고자 하는 갈망(벧전1:12)을 의미합니다.

성경은 하나님께서 '속죄소 위에 있는 그룹들 사이에' 좌정하시거나 거하신다고 표현합니다(시80:1). 그래서 하나님은 앞으로는 거기서 모세와 만나시고 '그와 교제하실 것'을 약속하시고(22절) 거기에서 보좌 위에 앉으신 왕으로서 율법을 주실 것이며 그의 말을 들으시겠다고 하셨습니다.

이와 같이 하나님은 예수 그리스도의 중재 안에서, 그 중재에 의해 예수 그리스도를 믿는 자들과 즐겨 화해하시고 교제하고자 하심을 분명히 나타내셨습니다.

히브리서 4장 16절의 '은혜의 보좌 앞에 담대히 나아가라'는 말은 이 속죄소를 염두에 둔 말입니다. 왜냐하면 우리는 '율법 아래 있지 않고(그것은 가려졌음)' '은혜 아래 있기 때문'입니다. 곧 '은혜의 날개'가 활짝 펼쳐져 있어서 우리를 그 날개 그늘 아래로 초대하시기 때문입니다(룻2:12).

(1) 두 그룹을 정금으로 만들고 속죄소 두 끝에 속죄소와 한 덩이로 쳐서 만들라 하셨습니다.

1) 정금으로 만들라 하심은 천사의 존재가 거룩하고, 그의 직능이 신적 권위를 부여받았음을 의미합니다.

천사들은 하나님과 함께하는 거룩한 수종자들입니다. 그들은 천상세계에서 하나님과 천상성도들과 함께 있으며, 하나님의 명령으로 하나님의 뜻과 선물을 지상교회와 성도들에게 전달하고 그들을 수호하고 인도하며 악한 자들에게 벌주는 일을 시행합니다.

또 성도가 드리는 것을 하나님께 전달하며, 예수께서 재림하실 때 함께 세상에 오며, 알곡과 가라지를 구분하여 알곡은 천국으로 인도하여 들이고 가라지는 지옥으로 던져넣는 일을 합니다.

그들은 이 모든 일을 '거룩함과 신적권위'로 시행합니다.

2) 속죄소 두 끝에, 속죄소와 연하게 한 덩이로 쳐서 만들도록 했습니다.

1. 속죄소와 한 덩이로 연하여 쳐서 만들게 하심은 '그룹들이 속죄 사역에 깊이 관여되고 있음'을 보여줍니다.

죄인이 거듭나고 예수를 영접하는 일은 근본적으로 **성령의 역사하심으로** 이루어지는데 이 일에 **천사들이 손과 발이 되어 활동**하는 것입니다.

구약성경에서 **선지자들을 도왔던 천사들의 활약**, 즉 이스라엘 백성을 전쟁에서 보호하고 승리하게 한 천사들의 활약들이 많이 기록되어 있습니다.

신약성경에서는 그들이 **모든 복음사업에 종횡무진하며 활약한 사실들이** 두드러지게 나타납니다. 세례요한의 수태고지, 예수의 동정녀 수태고지, 동방박사와 목자들에게 메시야 탄생고지, 겟세마네 동산에서 예수께서 피땀의 기도를 드리실 때 도움, 무덤에서 예수 부활을 알림, 주님의 승천 시 호위함, 바울과 사도들의 전도여정을 알려주고 도와줌, 주의 일꾼들에게 하나님의 뜻을 전달함 등 수많은 천사의 활약이 신약성경에 많이 기록되어 있습니다.

이렇게 천사가 종횡무진하며 돕는 일은 **오늘날도 마찬가지입니다.**

이 천사는 오직 **하나님께서 함께하시고 사용하시는 하나님의 사람들을 위해** 일했습니다. 그러므로 오늘날 복음을 정확하고 충성되게 전하는 사람들은 **이 천군천사들의 보호와 모든 도움을 알고 있어야** 하며 그들의 도움을 따라 즉, 주님의 거룩한 뜻을 따라 모든 일을 수행해야 합니다.

2. **그룹들이 속죄소 이 끝과 저 끝에 자리하고 있는 것은** 천사들은 오늘날에도 성도 개인, 가정, 교회, 국가 등 인류역사의 구석구석에서 활약하여 **예수 그리스도의 나라를 건설하고 확장**하고 있음을 의미합니다.

그 거룩하고 능력있는 종들은 **악령을 능가하여** 주님의 뜻을 완수합니다. 그렇게 하여 선택된 하나님의 사람은 **이 천사들의 도움을 받아** '한 마리의 양도 누락됨이 없이' 구원얻게 되는 것입니다. 또한 주님의 거룩한 뜻을 따라 **땅끝까지 복음이 전파**되는 것입니다. 복음전파야말로 우리 주님께서 이렇게 **천군천사들을 동원하여 겹겹이 둘러 진치고 보호하며 모든 악한 영들을 싸워 물리쳐주며 모든 일을 가능하게** 합니다.

그러므로 주님께 부르심을 받고 주님의 손에 붙잡혀 복음을 전파하는 사람들에게는 누구도 무엇도 적수가 될 수 없습니다.

3. **그리스도인들은 나와 하나님 사이에서 수많은 천사들이 주님의 뜻을 위해 나를 도와주며 항상 함께하고 있다는 사실을 잊지 말아야** 합니다.

더욱이 우리의 복음전파사업에 **이 천사들의 '필연적인 도움**(한 덩이로 쳐서 만들어짐)' **이 항상 끊이지 않고 같이하고 있음을** 잊지 말아야 합니다.

혹시 우리는 인간적인 한계에 부딪혀 어찌할 수 없는 경우를 만날 수 있지만 그 부분을 **천사들이 담당**하며 더 나아가 **성령님께서 담당**해주십니다. 그러므로 우리의 복음전파사업은 **누구도 적수가 될 수 없는 강력한 일**입니다. 이 일을 수행하는 사람들이 **연약하고 두려워 떨며 게으름을 피운다면 이것은 참으로 하나님 앞에서 불합당한 일**입니다. 그런 어리석음을 자주 저지르는 사람은 **천군천사들과 성령 하나님께서 함께해주시는 이 거룩하고 강력한 일에 합당하지 않음을 스스로 드러내는 것이므로 거룩한 사역에서 계속해서 사용될 수 없습니다.**

4. 우리는 모든 주의 일을 할 때 이 천사들과 성령 하나님의 역사가 시의적절하게 임하도록 수행해야 합니다.

나의 어리석음과 교만과 범죄 때문에 천군천사들과 성령 하나님의 역사를 **방해하거나 가로막지 말아야** 합니다. 천사들과 성령님의 역사가 **나를 통해 활발하게 나타나도록 일해야** 하고 **지혜있고 충성된 일꾼**이 되어야 합니다.

주님은 우리의 한계와 연약함을 아시기 때문에 우리의 힘만으로 그 중요한 복음사업을 이루게 하지 않으십니다. 너무나 감사하게도 **하나님의 신령하고도 능력있는 이 일꾼들**(천사들)**을 항상 우리에게 붙여주시는 것입니다.**

그러므로 그리스도의 일꾼들이여!
자신만 바라보거나 자기 능력만 고려하지 말고, 언제 어디서나 **주님과 천사들을 바라보고 성령님의 역사하심을 염두에 두고 천사들과 함께하고 성령님과 의논하여 천군천사들과 성령님의 용의주도함에 민감하게 따라갑시다.**

이런 사실을 모르거나 잊어버리고 일한다면 그만큼 **잡념, 두려움, 근심, 염려, 괴로움, 좌절감** 등이 내 영혼 속에 자리잡게 됩니다. 이것은 **내가 천군천사들과 성령 하나님을 멀리하고 있음으로써** 사탄과 악령들에게 오히려 점령당하고 있음을 드러내는 것입니다.

많은 일꾼들이 위와 같이 되어 그 영광스럽고 거룩한 일을 **지속하지 못하고** 오히려 **하나님의 영광을 가리며 게으르고 악한 종으로 전락하고 있습니다.**

5. 내가 주님의 복음사업에 진실하게 참여한다면 주의 천사들의 도움도 필연적으로 뒤따르게 된다는 것을 깨달아야 합니다(속죄소와 연하여 쳐서 만들라).

성막은 예수 그리스도로 말미암아 선택된 죄인들이 죄사함을 받고 하나님을 만나고 하나님의 복을 영원히 누리게 됨을 보여주는 것인데 죄인이 이것을 얻기 위해서 이 성막에 처음으로 접근하여 지성소의 법궤(속죄소)를 대하기까지 '처음부터 계속 그룹들을 만나며 안내(인도)되게' 되어 있습니다. 성소 휘장, 지성소 휘장, 천정에 수놓인 그룹들을 차례대로 보면서 지성소까지 들어오게 되는 것입니다.

죄인이 구속 얻는 데에는 이렇게 지속적인 천사의 인도가 있는 것처럼 복음사업도 마찬가지입니다.

바울과 베드로 등 전도자들을 옥에서 이끌어내주고, 전도여정을 세심히 알려주고, 위기에서 극복하게 해주는 천사의 도움이 있었음을 우리는 기억해야 합니다.

전도자의 길이 때로는 배고프고 춥고 뜻하지 않게 돌아가게 되고 풍랑을 만나고 핍박을 당하는데 그럴 때 우리는 인간적인 고통만 생각하고 '주님과 천사들이 나를 세심히 돌봐주시지 않는 것이 아닌가? 잠시나마 나를 내버려두신 것이 아닌가?' 하는 의심이 생기기도 합니다. 동시에 주변사람들의 편안함과 열락을 보며 인간적인 갈등이나 고독감에 사로잡힐 때가 있습니다.

그러나 그 모든 순간이 결코 우연이 아니고 잘못되는 것도 아니고 헛된 것도 아닙니다. 우리 주님은 치밀하고도 신비하고도 한없이 지혜로우셔서 완벽한 계획과 섭리 속에서 모든 일을 진행하고 계심을 확신해야 합니다.

우리는 **사도들의 행적**을 자세히 알고 기억해야 합니다.

그들이 겪는 사건들이 얼마나 괴롭고 힘들었습니까? 그러나 바로 **그런 것들 하나하나 때문에** 놀라운 결과가 나타났습니다.

우리는 겨우 내가 살고 있고 활동하는 범위에서 모든 것을 생각하지만 **하나님은 전 세계를 내려다보시고 모든 사람의 모든 처지를 꿰뚫어보시면서 나를 사용하시는 것입니다. 그러므로 인간적으로 이해가 되지 않을 경우가 얼마든지 있을 수 있음**을 우리는 기억해야 합니다.

중요한 것은 내가 진정 복음사업에 동참하고 있다면 **주님과 천사들의 끊임없는 보호와 인도가 함께하고 있음을 확신**하는 것입니다. 또한 주님은 천사들을 통해 **나처럼 주께서 뜻하시는 대로 움직일 사람들을 세계 도처에 준비**해두시고 **세심하게 주장**하고 계시므로 결코 나 혼자 일하는 것이 아니라 필요하다면 어디서나, 얼마든지 **동역자들이 준비되어있다**는 것을 기억해야 합니다.

(2) 그룹들의 자세

1) "날개를 높이 펴서 속죄소를 덮게 하라" 했습니다.

1. 이것은 예수 그리스도의 공로로 죄인이 구속되는 일을 '천사들이 수호하고 있음'을 의미합니다.

그들의 날개가 '높이 펼쳐져서' 속죄소를 덮고 있다는 것은 그 수호함이 철두철미함을 강조합니다.

따라서 선택된 죄인이 예수를 믿고 구원얻는 일은 누구도 무엇도 방해할 수 없으며, 만약 그런 시도가 있다면 이 천사들에 의해 신적 권능(정금의 날개)으로 박멸되는 것입니다.

죄인의 구속(속죄)이 하나님의 권능으로 이루어짐과 같이 그것을 방해하는 자에 대한 박멸도 하나님의 권능으로 이루어지는 것입니다(속죄소와 한 덩이로 연결된 천사의 금으로 된 날개).

속죄(죄인이 예수 믿고 구원얻는 일)의 집인 교회가 철저한 하나님의 보호의 권능 속에 있음을 잘 깨달아야 합니다. 그래서 교회를 대적하고 파괴하는 일을 하는 자들은 반드시 이 신적 권능을 가진 천사들에 의해 멸망하는 것입니다.

마태복음 18장 10절에 "삼가 이 작은 자 중의 하나도 업신여기지 말라 너희에게 말하노니 그들의 천사들이 하늘에서 하늘에 계신 내 아버지의 얼굴을 항상 뵈옵느니라" 했습니다.

천사들이 날개를 높이 펴서 속죄소를 덮는다는 것은 언제든지 하나님의 명령만 떨어지면 신속히 날면서 그 명령에 순종할 태세를 갖추고 있음을 보여줍니다.

이토록 천사들은 하나님의 사람들을 하나님의 뜻에 따라 신속하고 철저하게 수호한다는 사실을 성경은 우리에게 확실히 깨우쳐주고 있는 것입니다.

2. 교회의 '속죄받게 하는 기능'이 얼마나 하나님께서 기뻐하시며 함께 하시는 일인가를 깨우쳐줍니다.

하나밖에 없는 거룩한 성막이 이 속죄소를 핵심으로 형성되어있다는 것과 바로 그곳에 하나님께서 임재해계신다는 사실을 주목해야 합니다.

하나님 앞에 나오는 자, 무엇을 얻기를 원하는 자가 가장 먼저 해야 할 일은 자기 죄를 회개하여 용서받는 일입니다. 그런 후에야 하나님께서 만나주시고, 가르쳐주시고, 들어주십니다.

"거기서 내가 만나고 속죄소 위, 곧 증거궤 위에 있는 두 그룹 사이에서 내가 이스라엘 자손을 위하여 네게 명할 모든 일을 네게 이르리라" 하셨습니다.

죄인들이 **하나님께로부터 작든, 크든 은혜를 얻고자 한다면 먼저** **자신이 얼마나 추한 죄인인지를 깨달아야** **하며** **그것을 용서받아야만** 합니다. 이것이 되지 않은 사람은 결코 하나님을 만나거나 하나님께서 주시는 어떤 은총도 누릴 수 없습니다.

구원의 확신을 가진 성도들은 **하나님의 도우심을 받아 죄인인 것을 확실히 알고 회개할 뿐 아니라 주 예수 그리스도를 믿어 모든 죄를 깨끗이 사함받고 하나님을 만나며 온갖 은총을 받게 된 것이 얼마나 놀라운 복인지** **시간이 흐를수록 더욱 분명히 깨달아야** 합니다.

나는 지금 과연 그러한지 돌아보시기 바랍니다.

3. **속죄소와 속죄하는 일이 없는 예배와 교회는 결코 있을 수 없다**는 것을 깨우쳐줍니다.

교회와 예배의 핵심이 **속죄 받는 것**이 되지 못하게 만드는 것이 무엇입니까? **육신적인 목적을 이루기 위해 나오는 사람들의 정신자세, 세상의 것들을 받으려고만 하는 예배태도, 그것에 편승하는 교역자의 세속과 무지, 회개와 속죄가 뒷전으로 밀려나는 설교와 예배순서, 순수하게 말씀에 귀기울이는 태도의 결여, 외형적이고 물량적인 성장추구의 목회…**, 이런 이유들 때문에 많은 교회와 예배와 교회의 노력들이 **무기력해지고 열매가 없고 생명의 길**을 잃어버리게 되는 것입니다.

그러므로 **예배다운 예배, 교회다운 교회**는 어떠해야 하는지 모든 목사들과 교회지도자들과 성도들은 말씀을 통해 분명하게 깨달아야 합니다. 얼마나 많은 교회와 예배들이 하나님과 상관없는 것인가를 볼 수 있어야 합니다.

4. **교회와 예배와 성도의 생활이 활력 있고 능력 있게 되려면** **예수 그리스도의 보혈의 공로와 죄인의 회개가 핵심이 되어야 함**을 깨우쳐줍니다.

이러한 것이 없는 성막 아닌 천막이 이스라엘 백성들뿐 아니라 이방인들 가운데 얼마나 많이 존재하는지 모릅니다. 그중에는 예배하기 위해 나오는 사람들의 숫자와 그들이 사용하는 건물의 규모가 월등히 큰 것들도 있습니다. 그러나 그것들은 모두 **이 여호와의 성막, 예수 그리스도의 성막, 진정한 구원의 성막**은 아닙니다.

'**예수 그리스도의 보혈의 공로로 속죄받는 속죄소가 중심이 되어있는 교회**' 만이 천군천사들이 정금의 날개를 높이 펴서 덮고 있는 교회입니다.

2) **"얼굴을 서로 대하여 속죄소를 향하게 하라"** 했습니다.

이 황금의 그룹들은 천사와 같은 형상으로 고안된 것이 아니라 아마 에스겔 1장 10절에서 말한 것처럼 네 얼굴의 하나처럼, 천사의 성질을 나타내는 어떤 상징적 모습으로 고안되었을 것입니다. 그 얼굴의 모양이 어떠했든 그들은 **서로 얼굴을 마주보고 서있으며 양편이 다 아래의 법궤로 향한 반면** 그들의 날개는 서로 맞닿을 정도로 펼쳐져 있었습니다.

사도 바울은 히브리서 9장 5절에서 그들을 '속죄소를 덮는 영광의 그룹들'이라고 불렀습니다. 그것은 그 그룹들이 **구속주에게 시중을 들며 그의 일을 돕고 있는 영들**임을 보여줍니다. 구속주의 뜻을 행하려는 저들의 **준비태세**, 또 성도들이 이 거룩한 회중에 **특별히 참여한다**는 사실(시68:17, 고전 11:10)과 그 성도들이 부지런히 복음을 상고하여 그 거룩한 비밀의 뜻을 살펴보고자 하는 **갈망**을 의미하는 것입니다(벧전1:12).

그룹들이 얼굴을 서로 대하여 속죄소를 향하고 있는 것은 **천사들이 하는 일이 오직 예수 그리스도로 말미암은 죄인의 대속**에 목적을 두고 있음을 확실하게 보여줍니다.

그들은 죄인이 어린양의 피로 구속되는 일이 너무나 황홀하고 신비해서 넋을 잃고 바라보듯 하면서 **자신들이 부여받은 모든 능력으로 그 거룩한 일을 수호하고 돕는** 것입니다. 이것은 죄인 한 사람이 회개하고 속죄받을 때 천사들뿐 아니라 하나님과 천국의 모든 성도들이 크게 기뻐하는 것과 같습니다.

누가복음 15장 7절에 **"내가 너희에게 이르노니 이와 같이 죄인 한 사람이 회개하면 하늘에서는 회개할 것 없는 의인 아흔아홉으로 말미암아 기뻐하는 것보다 더하리라"** 했습니다.

1. 천사들의 얼굴이 속죄소를 향하고 있음은 죄인의 구속(속죄)**이 얼마나 복된 것인가를 깨우쳐줍니다.**

죄인이었던 우리들을 지옥이 아니라 천국에서 영원히 살게 해준 것이 무엇인가? **오직 예수 그리스도의 대속의 피임을 확실히 깨우쳐주는** 것입니다.

① **그러므로 모든 구원**(속죄)**받은 사람들은 그리스도의 보혈의 은총처럼 소중하고 복된 것이 없음을 뼈저리게 체득하며 살아야 합니다.**

그러나 많은 그리스도인들이 그렇지 못합니다.

그들의 주된 관심사는 세상의 것들이요, 육에 관한 것들입니다. 그렇다면 속죄받은 장본인들은 그 대속에 대해 대수롭지 않게 여기고 있는데 천사들만이 그들을 흠모하는 얼굴로 바라보고 있는 것이 아닙니까? 누가 이처럼 예수의 보혈의 은총을 날마다 무가치하게 만드는 일을 한다는 말입니까? 그 은총을 입은 사람들이 하고 있는 것입니다. **이런 사람들이 어찌 하나님의 영광을 위해 살 수 있으며, 어찌 복 받을 대상이 되겠습니까?**

② 성도들이 해야 할 가장 중요한 일은 천사들이 항상 두 날개를 높이 펴서 흠모하는 얼굴로 속죄소를 바라보고 있듯이 항상, 어떤 처지에서나 그리스도의 보혈의 은총을 기억하며 감사하며 찬송을 드리는 것입니다.

어찌 몇 푼의 돈, 육신 일부의 고통, 헛된 인간사 등을 이유로 그리스도의 보혈의 은총을 잊을 수 있으며 감사와 찬송을 소홀히 하겠습니까? 어찌 육신을 위해서 이 세상에서 쓸 것만 관심있어 하고 예수께 감사와 경배드리는 일을 게을리한단 말입니까?

직업, 공부, 가정 일, 사고 등의 이유 때문에 예배에 빠지는 사람들, 찬송과 영광을 돌려드릴 시간과 열심조차 세상의 일을 위해 다 써버리고 기진맥진하여 하나님께는 찬송과 영광을 돌리지 못하는 사람들, 예배에 나와서 하나님께 드리지는 못하고 받으려고만 하는 사람들은 가장 소중하고 복된 그리스도의 보혈의 은총을 언제부터 잊어버렸는가를 지금 찾아내야 합니다. 그리고 그것부터 해결해야 합니다.

③ 예수 그리스도의 보혈이 당신을 깨끗케 해주신 후에 그 깨끗함을 얼마나 유지해왔는가를 살펴봐야 합니다.

그 보혈이 당신을 깨끗케 하자마자 그 자리에서부터 또 다시 당신을 더럽혀오지 않았습니까? 그런 당신은 지금 속죄소 앞에 있는가? 득죄소 앞에 있는가? 살펴보아야 합니다. 천사들이 당신을 흠모하는 얼굴로 보고 있겠는가? 아니면 화난 얼굴로 보고 있겠는가? 천사들이 그 금 날개로 당신을 드리우고 있겠는가? 아니면 채찍을 들고 있겠는가를 생각해봐야 합니다.

신앙생활을 한다는 사람들 중 많은 사람들이 속죄소가 아니라 득죄소에 있고 천사들이 화난 얼굴로 쳐다보고 있고 채찍을 내리치려 하는 상태에 있습니다. 이런 성도들은 참으로 위험한 지경 속에 살고 있는 것입니다. 그러한 가운데서 돈을 벌고 성적을 올리고 육신적으로 원하는 것이 이루어진들 거기에 어찌 평안이 있을 수 있으며 두려움이 없을 수 있겠습니까? 그런데 이러한 성도 아닌 교인들이 교회 안에 얼마나 많은지 모릅니다.

④ 날마다 보혈의 은총을 되새기며 자신의 죄를 회개하면서 온전히 주님의 뒤를 따라가는 성도들은 지금 내가 어떤 처지에서 지내고 있든지 **나는 이 속죄소**(천사들이 금 날개를 높이 드리우며 흠모하는 얼굴로 바라보는 곳)**에 위치하고 있음**을 기억하며 **참으로 기뻐하고 감사해야** 합니다.

따라서 내가 **얼마나 복된 사람인가**를 깨달아야 합니다.

그런데 이런 놀라운 복을 누리고 사는 사람이 육신적인 요구에 무엇이 못 미친다 하여 속상해하며 원망불평하며 살 수 없는 것입니다. 나는 과연 어떤 사람인가 정직하게 살펴보시기 바랍니다.

제 37 강

⟨11⟩ 지성소(7)
[4] 두 그룹(2)
⟨12⟩ 성막 바닥

⟨출25:18~22⟩

18금으로 그룹 둘을 **속죄소 두 끝에 쳐서** 만들되 19**한 그룹은 이 끝에, 또 한 그룹은 저 끝에** 곧 속죄소 두 끝에 **속죄소와 한 덩이로 연결**할지며 20그룹들은 **그 날개를 높이 펴서** 그 날개로 **속죄소를 덮으며 그 얼굴을 서로 대하여 속죄소를 향하게** 하고 21속죄소를 궤 위에 얹고 내가 네게 줄 증거판을 궤 속에 넣으라 22거기서 내가 너와 만나고 속죄소 위 곧 **증거궤 위에 있는 두 그룹 사이에서** 내가 이스라엘 자손을 위하여 네게 명령할 모든 일을 네게 이르리라

⟨11⟩ **지성소**(7)

[1] **지성소 휘장**
[2] **법궤**
[3] **속죄소**

[4] **두 그룹**(2)

(1) 두 그룹을 **정금으로 만들고 속죄소 두 끝에 속죄소와 한 덩이로 쳐서 만들라** 하셨습니다.

(2) 그룹들의 자세
 1) "**날개를 높이 펴서 속죄소를 덮게 하라**" 했습니다.
 2) "**얼굴을 서로 대하여 속죄소를 향하게 하라**" 했습니다.
 1. 두 천사들의 얼굴이 속죄소를 향하고 있음은 **죄인의 구속**(속죄)**이 얼마나 복된 것인가**를 깨우쳐줍니다.

 2. 속죄소를 천사들이 흠모하며 바라보는 이유는 그곳이 '**만군의 여호와께서 좌정하시는 곳**' 이기 때문입니다.

▎삼상4:4上 이에 백성이 실로에 사람을 보내어 그룹 사이에 계신 만군의 여호
와의 언약궤를 거기서 가져왔고

▎삼하6:2 다윗이 일어나 자기와 함께 있는 모든 사람과 더불어 바알레유다로 가
서 거기서 하나님의 궤를 메어 오려 하니 그 궤는 그룹들 사이에 좌정하신 만
군의 여호와의 이름으로 불리는 것이라

▎왕하19:15 그룹들 위에 계신 이스라엘 하나님 여호와여
〈더 제대로 된 번역〉
그 보좌가 그룹들 사이에 있는 이스라엘 하나님 여호와여

▎민7:89 모세가 회막에 들어가서 여호와께 말하려 할 때에 증거궤 위 속죄소 위
의 두 그룹 사이에서 자기에게 말씀하시는 목소리를 들었으니 여호와께서 그
에게 말씀하심이었더라
〈더 제대로 된 번역〉
여호와께 말씀드릴 것이 있을 때에는 만남의 장소인 회막으로 들어갔다. 모세
는 여호와께서 자기에게 하시는 말씀을 들었다. 여호와의 목소리는 언약궤를
덮고 있는 속죄판 위에 있는 날개 달린 생물들인 두 그룹 사이에서 들려왔다.
이처럼 여호와께서는 모세에게 말씀하셨다.

하나님께서는 속죄소 위에 있는 '그룹들 사이에' 좌정하시거나 거하
신다고 하셨고(시80:1) 앞으로는 거기서 '모세와 만나시고 그와 교제하실
것'을 약속하셨습니다. 하나님은 그곳에서 보좌 위에 앉으신 왕으로서 율
법을 주실 것이며 백성들의 말을 들으시리라고 하셨습니다.
　이와 같이 하나님은 그리스도의 중재 안에서, 그리고 그 중재에 의해 우리
와 화해하시고 교제하고자 하시는 뜻을 분명히 나타내셨습니다.
　예수 그리스도의 대속의 보혈이 올려지고 부어지는 곳(속죄소)에 여호와 하
나님은 임재하셨습니다. 그런데 그리스도의 대속의 보혈이 실제로 어디에
부어졌는가? 죄인에게 부어졌습니다. 그 보혈이 부어진 자에게 여호와 하
나님께서 오시고 만나주시고 항상 함께해주시는 것입니다. 그리고 거기에서
말씀해주시는 것입니다.
　그러므로 이 속죄소는 죄인이 거룩해질 뿐 아니라 '성삼위 하나님을 만
나는 곳'으로서 우리 모든 사람에게 가장 거룩하고 중요한 장소입니다.
그곳은 천사들이 가장 흠모할 만한 곳이며 예수 그리스도를 확실하게 영접
한 사람은 이 거룩한 천사들까지 흠모하는 사람이 되는 것입니다. 할렐루야!

여기에서 우리 그리스도인들이 깨달을 것이 있습니다.

(1) 그리스도인(구속받은 자)은 과거에는 자신이 주인이었으나 예수를 믿은 다음부터는 성삼위 하나님께서 주인이심을 명심해야 합니다.

속죄소에 구름기둥이 항상 임재해있듯이 그리스도인에게는 항상 성령께서 내주해계십니다. 그리스도인은 결코 성령을 거역할 수 없습니다. 그럼에도 사탄은 성령을 거역할 수 있는 것처럼, 그리해도 잘 살 수 있는 것처럼 끊임없이 성도들을 유혹합니다(에덴동산에서 했던 것처럼). 우리 성도들은 여기에 걸려들지 말아야 합니다. 걸려드는 만큼 대가를 치르게 됩니다.

그러므로 성도들이 날마다 정신을 차리고 잘해야 할 일은 '항상 깨어 있어서 시험에 빠지지 않는 일' 입니다(고전15:34, 살전5:6, 벧전5:8).

순종이 제사보다 낫다고 하는 것은 순종하는 것이 하나님을 섬기는 일이요, 그로 인해 약속된 복이 그 사람에게 임하게 되는 것인데 하나님은 그것을 가장 기뻐하시기 때문입니다(삼상15:22).

(2) 그리스도인은 그 누구의 말보다 하나님의 말씀에 귀기울여야 합니다.

"거기서 내가 만나고 속죄소 위 곧 증거궤 위에 있는 두 그룹 사이에서 내가 이스라엘 자손을 위하여 네게 명할 모든 일을 네게 이르리라(22절)" 하신 말씀은 속죄소가 설치된 목적을 분명히 밝혀주고 있습니다.

그것은 하나님께서 거기서 이스라엘 백성을 만나서 모든 것을 말씀(계시)하시기 위함이었던 것입니다.

진정으로 예수 그리스도께 온 사람은 예수 그리스도(대제사장)를 통해 하나님의 모든 말씀을 듣게 됩니다.

속죄소에서 하나님께서 말씀해주시는 대상은 대제사장입니다. 우리의 영원한 대제사장이신 예수를 믿고 그 지체가 되었다는 사람이 하나님께서 예수 그리스도를 통해 주시는 말씀에 관심이 없거나 듣지 않는다는 것은 그가 아직 예수를 자신의 구주로 확실히 믿지 않은 사람이며 그 보혈의 은총을 확실히 입지 못하여 속죄소와 상관없는 사람이고 속죄소에서 멀리 떨어져 있는 사람임을 드러내는 것입니다.

그러므로 내가 세상의 그 무엇보다 하나님의 모든 말씀을 언제나 사모하고 날마다 읽고 배우며 그 말씀 중심으로 살기 위해 힘쓰고 있다면 나야말로 천사들이 흠모할 만큼 가장 복되고 영광스러운 사람이 된 것입니다.

이런 사람은 **어떤 상황에서든지 항상 기뻐하고 범사에 감사하며** 성도로서 합당한 생활을 하면서 **항상 하나님께서 받으시기에 합당한 영적인 예배를 드리게** 됩니다. 바로 이런 사람이 성소, 지성소, 속죄소와 **확실한 관련을 가진 하나님의 백성**입니다.

나는 과연 이런 사람이 되고 있는지 살펴보시기 바랍니다.

이를 위해 애쓰지 않고 돈을 더 벌려 하고 학식을 더 쌓으려 하고 지위를 얻으려 하며 자기를 높이고 나타내고 자랑하는 일만 열심히 한다면 그는 참으로 **어리석고 불쌍한** 사람입니다.

> 〈요10:25~29〉
> 25 예수께서 대답하시되 *내가 너희에게 말하였으되 믿지 아니하는도다* 내가 내 아버지의 이름으로 행하는 일들이 나를 증거하는 것이거늘
> 26 *너희가 내 양이 아니므로 믿지 아니하는도다*
> 27 *내 양은 내 음성을 들으며 나는 그들을 알며 그들은 나를 따르느니라*
> 28 내가 그들에게 영생을 주노니 영원히 멸망하지 아니할 것이요 또 그들을 내 손에서 빼앗을 자가 없느니라
> 29 그들을 주신 내 아버지는 만물보다 크시매 아무도 아버지 손에서 빼앗을 수 없느니라

> 요6:37 아버지께서 내게 주시는 자는 **다 내게로 올 것이요**

당신은 때마다 그리스도의 음성을 영의 귀로 **듣고 있습니까?** 그리스도를 통한 하나님의 말씀이 항상 심령에서 **사모되고 있습니까?** 그렇지 않다면 당신은 **아직 그리스도께 진정으로 나오지 않은 사람**입니다.

그렇다면 당신이 무엇에게 가고 있는 것입니까?

"내 양이 아니므로 들어도 믿지 아니하는도다", "내 양은 내 음성을 들으며 나도 저희를 안다" 하셨습니다.

당신이 진정 예수님으로부터 "그래, 너는 내 양이다" 는 말씀을 듣기 원한다면 당신은 그 음성을 듣고 따라야 합니다.

당신이 주님의 음성을 사모하고 귀담아 듣고 그것을 행하고 지키기 위해 언제나 최선을 다했다면 당신은 그리스도의 양이며 누구도 주님의 손에서 당신을 빼앗을 수 없도록 하나님의 권능이 붙들고 계심을 믿으시기 바랍니다.

이 지성소에서 또 두드러지게 강조하는 것이 있습니다.

(1) **여호와 하나님은 예수 그리스도의 보혈의 은총으로 죄인이 죄 사함을 받는 속죄소를 중심으로** 성막을 만들게 하셨다는 것입니다.

(2) **여호와 하나님은 그 속죄소에만 임재하시고 그 백성을 만나주시고 복을 내려주신다**는 것입니다.

(3) **속죄소는 하나님의 말씀**(언약, 명령)**을 바탕으로 하고 있다**는 것입니다.

속죄소를 만들라 하실 때 **법궤와 증거판과 관련시키셨습니다.**
"정금으로 속죄소를 만들되…속죄소를 그 위에 얹고 내가 네게 줄 증거판을 궤 속에 넣어라 거기서 내가 너와 만나고 속죄소 위, 곧 증거궤 위에 있는 두 그룹 사이에서 내가 이스라엘 자손을 위하여 네게 명할 모든 일을 네게 이르리라" 하셨습니다.

하나님은 이 가장 거룩하고 복된 곳(지성소)에 대해 **하나님의 언약과 명령이 모든 것의 바탕이 되어있음**을 강조하셨습니다. 하나님은 그 속죄소에서 이스라엘 백성을 위해 계속해서 **말씀하시겠다** 하시고 언급을 맺으셨습니다.
이는 **언약에 의해 구속받은 성도들이 그 후에도 하나님의 언약과 명령**(말씀)**을 중심하여 살 것**을 깨우쳐주시는 것이었습니다.

이스라엘 백성(선택된 자들)**은 예수 그리스도를 의미하는 단 하나의 성막을 중심하여 살아야** 하는데 그것은 곧 **하나님의 명령과 언약을 듣고 순종하며 사는 것**입니다. 그렇게 할 때 여호와 하나님은 **함께하시며 온갖 복을 내려주십니다.**

〈12〉 성막 바닥

하나님께서 세우게 하신 성막의 바닥은 **사막의 황폐한 땅이요, 모래밭**이었습니다.
성막의 터는 단단한 바위도 아니고 푸른 풀밭이나 잘 다져진 땅도 아니었습니다. **구름기둥이 머무는 곳이면 그곳이 곧 거룩하고 영광스러운 성막의 바닥**이었습니다. 그런데 아무리 불편하고 척박한 땅이요, 모래사장이라 할지라도 **성막이 세워지는 터는 하나님께서 친히 선택**하셨습니다.
여기에서도 하나님께서는 우리에게 매우 중요한 진리를 가르쳐주십니다.

(1) **성막을 통한 모든 하나님의 은총은 척박하고 아무 장식도 없는 땅과 모래 위에 임했습니다.**

거룩한 하나님의 은총은 인위적인 것을 바탕으로 주어지지 않았습니다.
하나님은 하나님의 궁전을 세우심에 있어서 그 바닥, 터에 대해 인간들에게 **어떤 요구도 하지 않으셨습니다.** 그 터가 어떤 곳이든 따지지도 않으셨습니다. 하나님이 임재해계실 궁전은 **사람의 손이 전혀 미치지 않은 곳 위에** 세워지게 하셨습니다.

　죄인의 속죄와 구원, 하나님을 만나고 거룩한 말씀과 복을 받는 것, 하나님께 드려지는 기도와 예배는 **그 어떤 인간의 도움이나 기여도 필요하지 않았던 것**입니다. 오히려 인간의 모든 것은 거룩한 성막을 통한 하나님의 은총이 **선택된 백성들**에게 내려짐에 있어서 방해가 될 뿐이었습니다. 그들을 위한 은총들은 **전적으로 하나님에 의해 계획되고 성사된 것**입니다.

　(2) **예수 그리스도를 영접하는 자에게** 거룩한 대속의 피가 흘려집니다.

　번제단에 제물이 올려지고 그 제물의 피가 뿌려질 때 그 피는 아래로 흘러 척박한 땅과 모래사장에 떨어집니다. 그리고 맹렬한 하나님의 진노의 불이 그 땅과 모래가 머금고 있는 제물의 피를 순식간에 불태워버렸습니다. 또한 대제사장이 번제단 위에 뿌려진 피의 일부를 지성소의 속죄소 위에 뿌릴 때 그 피 역시 속죄소 사방으로 흘러 그 아래의 땅과 모래사장에 떨어집니다. 거기서 또한 **하나님의 맹렬한 불이 그 피를 깨끗이 살라버립니다**.

　예수 그리스도의 대속의 피는 **빈부귀천을 따지지 않고 가장 낮고 천한 사람에게도** 뿌려지고 그 피의 은총으로 말미암아 하나님의 맹렬한 진노의 불이 예수 그리스도를 믿는 자에게는 미치지 않게 되는 것입니다. 그리하여 모든 죄를 깨끗이 용서받고 구원얻게 되는 것입니다.

　진정으로 예수만을 자신의 구주로 믿고 죄를 용서받는 사람이 있는 곳은 어느 곳이라도 하나님의 모든 은혜가 주어지게 됩니다. 따라서 유대인뿐 아니라 **조상대대로 우상을 숭배해온 이방인들도** 예수를 믿기만 하면 모든 죄를 사함받고 구원얻게 된다는 사실을 여기서도 확실하게 알 수 있습니다.

　(3) 거룩하고 화려한 하나님의 궁전이 척박하고 황폐한 땅과 모래사장 위에 세우도록 하신 것은 **오늘날 하나님의 백성들이 모여서 예배드리는 장소가 크고 화려해야 하는 것이 아님**을 분명하게 깨우쳐줍니다.

　성도들이 모여서 예배드리고 기도하는 장소인 건물의 크기나 화려함은 하나님 앞에서 **결코 중요하지 않으며 아무 의미가 없다**는 것입니다.

　그러므로 예배당을 크게 짓고 화려하게 꾸미는 일에 하나님께 드려지는 제물이 사용되고 낭비되는 것은 **분명 잘못된 일이며 반드시 개선해야 할 일**입니다.

다윗과 솔로몬이 지은 예루살렘 성전은 분명 인류역사상 가장 크고 화려한 최고의 건축물입니다. 그러나 그것은 **처음부터 하나님께서 원하시고 계획하신 것이 아니었습니다.** 하나님께서 사랑하시는 종 다윗이 성전을 잘 지어서 하나님께 드리고자 하는 간절함이 있어 기도했기에 하나님께서 허락하신 것뿐이었습니다. 그러나 그 크고 화려한 성전도 **오래가지 않아 무너지고 불타고 사라지게** 하셨습니다. 하나님께서는 그 이후에 결코 그런 크고 화려한 성전을 지으라고 명령하신 적이 없습니다.

이 성막을 통해 하나님께서 모든 하나님의 백성에게 깨우쳐주시고자 하는 것은 **건물의 크기와 화려함이 아니었습니다.** 비록 성소와 지성소의 모든 벽이 황금으로 장식되어 있고 성막의 기물들 또한 그렇게 되어있으나 **성막 바깥에서는 성막 울타리만이 새하얀 세마포일 뿐 성소와 지성소는 사람들이 보기에 거무튀튀한 막으로 뒤집어씌우고 있는 짐승의 가죽이었습니다.**

즉 바깥에서 성막을 바라보기에는 **울타리만이 성결함을 나타내주는 것**이었고 정작 성소와 지성소를 감싸고 있던 지붕은 **볼품없는 색깔**이었습니다.

이것은 **하나님께서 원하시는 성전은 외형적으로 크고 화려한 것이 아니라 그 내면, 즉 예수 그리스도를 통한 죄인의 대속과 구원, 그리고 하나님을 섬기는 방법과 하나님께서 하나님의 백성들을 만나주시고 그들을 보호하시고 은혜와 복을 베푸시는 것**이 중요한 것임을 강조해주고 있습니다.

그러나 중세시대 이후부터 오늘날까지 하나님을 섬긴다고 하는 자들도 **어둡고 무지해서** 그 성막이 깨우쳐주고자 하는 거룩한 의미들을 **잊어버리고** 하나님께서 전혀 요구하시지도 않은 외형과 사람의 숫자로써 자신들이 하나님을 잘 섬긴다는 것을 **과장하고 자랑하려** 했습니다. 그렇게 하면 하나님께서 기뻐하시고 자기들에게 더 큰 복을 베풀어주신다고 **잘못 알고 믿고** 있었습니다.

이것이야말로 중세 이후에 교회들이 **얼마나 어두워지고 무지하고 세속화되었는가**를 드러내고 있는 것입니다. 우리는 **이런 어리석음과 무지와 하나님께 대한 불경**을 더 이상 저지르지 말아야 합니다. 하나님께서 우리에게 주신 고귀하고 거룩한 물질들을 이렇게 우리를 자랑하고 나타내는 일, 하나님께서 전혀 원하시지 않은 일에 낭비하고 오용해서는 안 됩니다. 그것 또한 **죄악**이 아닐 수 없습니다.

성도들의 모이는 숫자가 많아 부득이 성전을 크게 지을 수밖에 없는 경우가 있을 수 있는데 그렇다고 해서 목회자나 교인들이 자신들을 과시하고 자랑하려는 의도를 가지고 너무 많은 헌금을 써가며 지나치게 크고 화려하게 지어서는 안 됩니다. 그런 일은 **오히려 여러 가지로 하나님의 영광을 가리고 복음전파에 방해거리가** 됩니다.

그 이유는 여러 가지가 있습니다.
(1) 거대하고 화려한 성전과 거기에 많은 사람들이 몰려들면 교회가 **물질주의**에 빠져들게 마련입니다.

사람들이 많이 모이게 하려면 목 좋은 곳에 크고 화려한 건물을 지어야 한다는 생각을 교회들이 갖게 되어 **무리를 해서라도 막대한 비용을 들여** 큰 예배당을 지으려 할 것입니다. 그렇게 해서 그 목적을 달성한 교회는 **세상적인 자부심**을 가지게 되고 암암리에 과시하고 자랑하게 됩니다.

반면에 그렇게 하지 못한 교회와 목회자들은 **열등감과 패배감, 무기력감**에 빠져서 **의욕을 상실하고 낙심하기도** 합니다. 뿐만 아니라 불신자들도 교회의 진면목을 보지 못하고 외형적인 모습을 보고 위화감을 가지게 되고 교회도 가진 자들의 집단이라고 여기고 비난하고 불신감을 더 가지게 됩니다.

(2) 성도들도 교회가 **가진 자가 대접받고 우월한 위치에 서게 되는 것**을 보며 위화감과 위축감에 눌리고 **내면적으로 진정으로 하나되기가 어려워지게** 됩니다.

(3) 따라서 성도들마저 물질을 더 얻으려 하고 지위를 향상시키는 데에 관심이 많아지고 **물질주의, 세상주의로 나가게** 됩니다.

이렇게 되면 그리스도의 가르침, 즉 그리스도를 따르는 자는 자기를 부인하고 자기 십자가를 져야 한다는 신념을 점점 잃게 되고 오히려 **그와 반대의 길로** 나가게 됩니다. 그렇게 되면 결국 예배당은 거대하고 화려하지만 성도들은 **영적으로 피폐하고 세속화되게** 됩니다.

(4) 대형교회가 빠지기 쉬운 **함정**이 또 있습니다.

1) 예배와 기도, 성도의 교제와 양육이 **산만해지고 진정성과 거룩성이 떨어지게** 됩니다.

2) 예수 그리스도를 머리로 하나되는 일이 더 어려워집니다.
누가 누구인지조차 모르고 거대한 예배당에 잠시 머물다 가게 됩니다. 그것은 마치 거대한 식당이나 음악당에 잠시 모였다가 흩어지는 것과 크게 다를 바가 없습니다. 따라서 소속감, 사명감, 서로 진정으로 사랑하는 마음은 점점 희미해지게 됩니다.

3) 교회와 성도들이 모든 것을 **사람의 숫자나 돈을 의지하고 하려 하게** 됩니다.

혼자서는 무엇을 하려 하지 않게 되고 그렇게 할 용기와 힘이 약화됩니다. 따라서 성도들이 잠시 집단의식을 가지게 되기는 하지만 **개개인의 역할을 제대로 감당할 수 없고 충성심을 제대로 발휘하지 못하게** 됩니다. 그렇게 되면 그 거대한 숫자와 개개인의 잠재력이 **일부의 사람과 몇 가지에 몰리고 잠자고 묻혀있게** 됩니다.

4) **개인별 터치와 양육이 한계가 있어** 개인별로 치료, 변화, 성숙이 저하되고 잘 훈련되고 치료되고 성숙하지 못한 사람들이 다수를 차지하게 됩니다.

5) 작은 교회에서 재정적인 부담감에 시달리거나 개인적인 정보들이 노출되고 간섭받는 것을 싫어하는 교인들, 어떤 오해나 문제에서 탈피하고 싶은 교인들이 하나의 피난처처럼 대형교회로 모여드는 일들이 많아짐으로써 이런 교인들이 암암리에 증가하는 데에 **대형교회가 일조를 한다**는 면이 있습니다.

문제는 이렇게 하여 모여든 사람들이 자기의 문제나 잘못을 깨닫고 개선되고 치유되어지느냐 하는 것입니다. 이렇게 되면 **문제교인들만 더 양산되고 소형교회들은 점점 어려워지는 결과도** 나타나게 됩니다.

대형교회가 소형교회들이 하기 어려운 일들을 할 수 있다는 긍정적인 면도 있으나 그에 비해 교회 **전체적으로 볼 때는 반대의 측면이 더 많다는 것**을 부인할 수 없습니다.

무엇보다도 중세 로마카톨릭 교회들처럼 **외형적인 것에** 너무 많은 돈과 시간이 사용되고 **교회의 거룩성과 능력있는 사역수행**, 그리고 **개개인의 영적성숙이 약화되고 퇴보한다**는 것입니다. 더욱이 목회자가 성숙되고 겸손히 자기를 낮추고 거룩해져가고 모든 면에서 본이 되고 정직하게 말씀을 선포하고 가르치는 일들이 **더 어려워지게** 됩니다.

한국교회는 그동안 양적 성장과 불량주의, 업적주의에 치우쳤는데 이제는 다시 교회가 제자리를 찾는 운동이 일어나야 합니다.

제 38 강

〈13〉 제사장과 대제사장(1)
[1] 제사장 직분(1)

〈출28:1~5〉

1너는 이스라엘 자손 중 네 형 아론과 그의 아들들 곧 아론과 아론의 아들들 나답과 아비후와 엘르아살과 이다말을 그와 함께 네게로 나아오게 하여 나를 섬기는 제사장 직분을 행하게 하되 2네 형 아론을 위하여 거룩한 옷을 지어 영화롭고 아름답게 할지니 3너는 무릇 마음에 지혜 있는 모든 자 곧 내가 지혜로운 영으로 채운 자들에게 말하여 아론의 옷을 지어 그를 거룩하게 하여 내게 제사장 직분을 행하게 하라 4그들이 지을 옷은 이러하니 곧 흉패와 에봇과 겉옷과 반포 속옷과 관과 띠라 그들이 네 형 아론과 그 아들들을 위하여 거룩한 옷을 지어 아론이 내게 제사장 직분을 행하게 하라 5그들이 쓸 것은 금 실과 청색 자색 홍색 실과 가늘게 꼰 베 실이니라

〈더 제대로 된 번역〉
2영화롭고 → 영광스럽고 3내가 옷 짓는 일에 특별한 솜씨를 준 사람들을 불러서 아론의 옷을 만들게 하여라. 그 옷은 아론에게 입혀 나를 섬길 거룩한 제사장이 되게 하여라. 4반포 속옷 → 줄무늬의 속옷 5上 기술이 좋은 사람들이 쓸 것은

〈13〉 제사장과 대제사장(1)

제사장 직분과 복장에 관계된 말씀은 1절~3절, 제사장의 복장의 내용과 그 빛깔에 대한 말씀은 4~5절에 나옵니다.

출애굽기 28장 1~5절은 대제사장(제사장)이 될 사람, 직분, 옷, 옷 만드는 사람에 대한 개괄적인 말씀입니다.

[1] 제사장이 될 사람과 직분(1)

(1) 제사장이 될 사람은 하나님께서 친히 택하여 세우셨습니다.

"너는 이스라엘 자손 중 네 형 아론과 그 아들들 곧 나답과 아비후와 엘르아살과 이다말을 그와 함께 네게로 나아오게 하며…제사장 직분을 행하게 하라" 하셨습니다.

이때까지는 각 가장이 가족의 제사장이었으므로 필요할 때마다 가장들이

토단에서 제사를 드렸습니다. 그러나 이제 이스라엘의 모든 가족이 **한 민족으로 통합**되기 시작했고, **'회중의 장막**(회막)**'**이 통일적이고 가시적으로 세워져야 할 때이므로 **필수적으로 공적인 제사장직 제도**가 필요하게 된 것입니다.

지금까지 그 직무를 수행했고 **'여호와의 제사장'** 중 가장 대표적인 자로 여겨졌던 모세(시99:6)는 **이스라엘 백성들에게 하나님의 말씀을 전달하는 선지자**(예언자)**로서의 역할**을 가장 충실히 이행했고 **판결하는 왕**으로서의 할 바도 충분히 잘 이행했습니다.

그러나 모세는 그 거룩한 직분의 영예를 독점하거나 제사장직을 자기 가족들에게 물려주기를 원하지 않았습니다. 그는 위대한 선지자였음에도 그가 죽은 후 그의 자손은 **평범한 레위족**에 지나지 않게 되었습니다. 모세는 자기 직계가족이 제사장 직무를 수행하도록 하나님께 구하지도 않았으며 오히려 형 아론이 그 직분에 서임되고 그의 자손들이 계승하는 것을 기뻐했습니다. 이것이야말로 모세가 **겸손하며 무엇보다도 하나님의 영광을 높이기를 원했던 사람**임을 확실히 증명해줍니다.

아론 또한 가장 탁월한 선지자인 동생 모세를 **겸손하게 섬겼으며** 거룩한 직분을 거부하지 않았으므로 **제사장이요, 대제사장으로서** 하나님께 나아갈 수 있게 된 것입니다.

참으로 하나님은 **스스로 낮추는 자를 높여주십니다**(마23:12, 눅14:11, 18:14, 약4:10).

'하나님의 부르심을 받은 자'가 아니면 누구든지 **'스스로 이 영예를 취할 수 없다'**는 것을 여기서부터 분명히 보여줍니다(히5:4).

하나님은 **이스라엘 백성들 일반이 하나님께 대한 '제사장 나라'**가 되리라고 말씀하셨습니다(출19:6). 그러나 제단에서 봉사하는 자들은 **자신을 전적으로 그 일에만 바쳐야** 했으며, 앞으로는 그 일을 아무나 행하지 못하게 되기 때문에 하나님께서는 그 백성 중에서 한 가족, 곧 아론과 네 아들을 택하여 제사장 가족으로 삼으신 것입니다. 그래서 유대 교회의 모든 제사장은 **아론의 가계에서 계승**되었습니다.

제사장 의식의 거룩함이 계승되는 것, 즉 참된 성결이 한 가정에서 계승된다는 것은 **그 가정에 참으로 큰 복**입니다.

1) **"이스라엘 자손 중에서 제사장 될 자들을 택하라"** 하셨습니다.

제사장은 선택된 하나님의 백성 중에서 나오게 하셨습니다.

하나님께서 어떻게 죄인들의 죄를 사해주시는지, 어떻게 그 사함 받은 자들의 하나님이 되시는지를 알지 못하는 사람이 어찌 하나님의 제사장이 될 수 있겠습니까? 예수 그리스도를 알지 못하고 믿지도 못한 사람은 결코 하나님의 백성도 아니요, 제사장이 될 수 없습니다.

어떤 종교의 지도자(창시자)도 죄를 용서받게 할 수 없으므로 다른 종교를 믿어도 구원받을 수 있다고 하는 것은 허황된 말입니다.

2) 이스라엘 자손 중에서도 '하나님께서 원하시는 자들'을 택하셨습니다.
"네 형 아론과 그 아들들 곧 나답과 아비후와 엘르아살과 이다말을 나아오게 하라" 하셨습니다.

하나님께서는 이름들을 정확하게 언급하심으로써 부르심을 더욱 분명히 하셨습니다. 이들은 모든 이스라엘 백성 가운데에서 거룩한 제사장의 직분을 위임받기 위해 특별히 선택되고 부름받은 사람들입니다. 그것은 하나님께서 친히 그들에게 주신 '특별한 선물'입니다.

그런데 성도라는 사람들 중에 목사의 자녀들이 목사가 되고 그들이 아버지 목사의 목회를 계승하는 것을 세습이라고 비판하고 그것을 막는 법을 제정하자는 사람들이 있는데 이것은 하나님 앞에서 큰 잘못입니다.

성경 어디에도 목사의 자식은 목사가 되지 말아야 하며 목사가 아버지 목사의 교회를 계승하면 안 된다고 기록된 바가 없습니다. 만약 그렇게 주장하는 것은 하나님께서 세우신 교회의 제사장 직분의 거룩한 승계를 감히 부정하며 그 거룩한 질서를 파괴하는 일입니다.

자신이 예수를 믿고 하나님의 자녀가 되었을 뿐 아니라 거룩한 제사장이 되었음을 깨닫는 성도라면 자기뿐 아니라 자녀들이 자자손손 예수 그리스도의 제사장이 되도록 해야 합니다. 따라서 할 수 있는 대로 자식을 하나님의 종으로 세우기를 원하고 힘써야 합니다. 또한 자식이 목사로 기름부음 받게 되었을 때는 자신과 그 집안이 큰 복을 받았음을 확신하며 영광스럽게 여기고 하나님께 감사해야 합니다. 또한 성도들은 그런 가정들을 부러워하며 본받기 위해 힘써야 합니다.

그런데 어찌 성도라는 사람이 아버지 목사가 아들 목사를 키우는 것을 하찮게 여기며 아들 목사가 아버지 목사의 목회 계승하는 것을 비난하며 방해할 수 있습니까? 오늘날 교회 안에 이런 사람들이 있다는 것은 교회가 심히 어둡고 무지하며 세속화되었음을 드러내는 것입니다.

이것 또한 반드시 바로잡아야 할 일입니다.

개교회에서 담임목사가 은퇴를 하거나 특별한 사유로 사임해야 할 경우에 그 아들이 그 교회의 부목사였거나, 다른 교회에서 목회자로 시무하고 있다면 그 아들 목사를 아버지 목사의 후임으로 세울지의 여부는 분명한 **성경적인 지식과 하나님의 뜻에 따라** 신중하게 결정해야 합니다.

첫째, **가장 확실한 방법**은 담임목사가 아들 목사를 포함해서 누구를 후임으로 세워야 할지 충분히 기도하고 **하나님의 결정을 받아 그대로 하는 것**입니다.

그러므로 모든 담임목사는 은퇴 후 후임자를 결정하는 문제뿐만 아니라 거룩한 주님의 교회를 맡아 목회함에 있어서 **무엇보다 먼저 하나님과 긴밀히 교통할 수 있는 사람이** 되어야 합니다. 그래서 **중차대한 문제일수록 교회의 머리이시고 주인이신 주님께 여쭤보아서 정확한 뜻을 응답받고 그대로 이행해야** 합니다.

많은 목사가 이런 은총을 입지 못하여 중차대한 문제마저 하나님의 판단과 결정을 받지 못하고 자신의 생각이나 판단, 그리고 교인들의 생각과 판단에 따라 결정하고 선택함으로써 **큰 과오**를 범하기도 합니다.

교회의 주인은 결코 교인들이 아니라 하나님이시라는 사실을 목사와 모든 성도는 잠시도 잊어서는 안 됩니다. 그러므로 **교회의 모든 중대한 문제를 결정함에 있어서 하나님께 여쭤보지도 않고 하나님의 응답을 받을 수 없는 상태에서 사람들끼리 모여 의논하고 결정해서는 안 되는 것입니다.** 그렇게 할 수밖에 없는 교회라면 아직 진정 주께서 머리가 되시고 주인이 되시는 교회가 되지 못한 것입니다. 그러한 교회로서 인간들끼리 의논하고 결정하여 선택해서 모든 일을 한다면 결코 주께서 함께하실 수 없으며 주님의 거룩한 뜻과 명령대로 모든 일을 정확하게 수행할 수 없습니다.

둘째, 중차대한 사안을 주께로부터 결정받지 못하는 교회라면 우선 **담임목사가 충분히 기도하고** 그 교회의 지나온 역사를 면밀히 검토하고 그 교회의 현실과 앞날을 통찰하며 심사숙고하여 **영적 분별력을 가지고 결단을 내려야** 합니다.

그 교회의 모든 사정을 가장 잘 아는 사람은 **수십 년 동안 그 교회에 몸담아 목회한 담임목사**입니다. 그야말로 그 교회의 중차대한 문제를 하나님 앞에서 가장 잘 판단하고 결정할 수 있는 사람입니다. 그러므로 모든 성도들은 **하나님의 말씀과 법에 현저히 위배되지 않는 한 하나님께서 세우신 목사**

의 판단과 결정을 존중해야 합니다. 따라서 그 목사가 충분히 기도하고 심사숙고하고 영적 분별력을 가지고 판단하여 결정한 것을 가장 귀하게 받아들이고 잘 따라야 합니다.

셋째, 개교회가 후임 목사를 선택하는 것은 어디까지나 위의 첫 번째와 두 번째가 가장 중요한 기준이 되어야 합니다.

또한 그 교회에 몸담고 있는 성도들이 충분히 기도하고 심사숙고하여 선택하고 결정해야 합니다. 그 교회와 직접적인 관련이 없는 타교회의 목사나 성도나 외인은 결코 후임목사를 결정하는 일이나 그 교회의 중차대한 일에 섣불리 개입해서는 안 됩니다.

이와 같이 교회가 주님의 교회답게 하나님 앞에서 올바르게 결정하고 선택하여 후임목사를 세우거나 중차대한 일을 결정할 때 하나님께서 그 교회와 함께하시며 복을 내리실 것입니다. 그리고 그 교회는 언제나 승리하며 평안하게 될 것입니다.

이런 것들을 깊이 인식하지 못하고 인간적인 생각과 사고방식을 가지고, 세상의 풍습과 여론에 따라 "아들 목사는 후임목사로 세워서는 안 된다. 그것은 잘못된 세습이다"라고 비난하거나 교단이 그런 법을 세워서 그것이 마치 하나님의 명령이고 뜻인 것처럼 교회들을 유린해서는 안 됩니다.

오늘날 많은 노회와 교단들이 하나님의 말씀과 뜻과 상관없이 사람들의 생각과 뜻에 따라, 세상사람들의 눈치를 보고 쓸데없는 규칙과 법을 만드는 일이 너무 많습니다. 교회들은 이런 오만방자한 자들의 행위를 결코 방관하거나 묵인하거나 받아들이면 안 됩니다. 그런 일을 하는 자들은 교회와 하나님 나라 건설을 현저하게 방해하고 해를 끼치는 자들입니다. 우리는 이런 자들을 엄히 책망하고 경계해야 합니다.

3) 제사장 직분을 받는다는 것이 그들에게 얼마나 고유하고 신비하게 주어진 특권인지 그들에게 허락없이 가까이 접근하기만 해도 죽임을 당했습니다.

> 민18:7 내가 제사장의 직분을 너희에게 선물로 주었은즉 거기 가까이하는 외인은 죽임을 당할지니라
> 〈더 제대로 된 번역〉
> 내가 제사장으로서 일할 수 있는 자격을 너희에게 선물로 주겠다. 그러나 누구든지 다른 사람이 성소에 가까이 오면 그는 죽을 것이다.

이 말씀은 성도들이 하나님께서 친히 선택하여 세우신 종들을 '거룩한 하

나님의 종으로 구별해야 할 것'과 '그들에게 부여된 직무를 높이 받들고 순종해야 함'을 알게 해줍니다.

그러므로 우리는 **거룩한 제사장 직분을 전적으로 수행하는 사람들을** 그저 인간 중의 하나가 아니라 **거룩한 하나님의 종**이라는 사실을 명심해야 합니다. 더욱이 그들에게 부여된 거룩한 직무를 **존귀하게 여기며** 그들의 직무 앞에 **겸손히 순종해야** 합니다.

이것을 잘 못하는 자들이야말로 **사탄의 시험에 빠지는 사람들**입니다. 그런데 오늘날 이런 사람들이 교회 안에 많습니다. 그런 교회는 **하나님께서 함께 하시는 교회**가 될 수 없으며 제구실을 다할 수 없습니다.

그러므로 하나님의 종들은 성도들이 하나님의 종들에 대해 올바른 자세를 가지고 잘 순종하도록 **지속적으로 세심하게 가르치고 훈련해야** 합니다. 만약 이런 가르침과 훈련을 싫어하고 거부하는 사람들이 있다면 그들은 **거룩한 교회의 일원이 아니든지 아직 미성숙한 자**이므로 결코 직분자로 세워서는 안 됩니다. 많은 목사가 이런 어리석음과 잘못을 저지름으로써 목사 스스로 교회가 교회다워지지 못하게 하며 구실을 다하지 못하게 하고 하나님이 함께하시는 교회가 되지 못하게 하고 있습니다. 이런 목사들이야말로 하나님께 큰 **책망**을 받게 됩니다.

여기에서 우리가 또한 알아야 할 것이 있습니다.

이 거룩하고 놀라운 선물을 받은 사람들이 하나님 앞에서 완전하지는 않다는 사실입니다.

하나님께서 친히 지명하여 부르신 그 5명의 사람은 결코 완전한 사람들이 아니었습니다. 나답과 아비후는 제사장으로 세움을 받은 지 오래되지 않아서 **여호와께서 명하시지 않은 다른 불을 담아 여호와 앞에 분향하다가 불이 여호와 앞에서 나와서 그들을 불태워버렸습니다**(레10:1 이하).

그들이 이런 어처구니없는 잘못을 저지르게 된 것은 그들의 **신앙과 생활이 평소에 하나님 앞에서 합당하지 못했기 때문**이었습니다. 그들이 죽은 직후에 모세가 아론과 남은 아들들에게 말하기를 "너나 네 자손들이 회막에 들어갈 때 포도주나 독주를 마시지 말아서 너희 사망을 면하라 이는 너희 대대로 영원한 규례니라" 했습니다.

아론의 아들들이 술을 마시는 생활로 **경건함을 잃고** 있었고 직분을 수행하는 순간에도 **영적 분별력을 상실할 정도로 취해 있었음**을 알 수 있습니다.

따라서 모세는 더 구체적으로 훈계합니다(10절).

"**그리하여야**(술을 먹지 말아야) **너희가 거룩하고 속된 것을 분별하며 부정하고 정한 것을 분별하고** 또 여호와가 모세로 명한 모든 규례를 이스라엘 자손에게 **가르치리라**" 했습니다.

거룩한 직분을 받은 하나님의 종이 술을 입에 대면서 어찌 거룩한 자가 되며 영적 분별력을 발휘하고 하나님의 계명들을 성실히 지킬 수 있겠습니까? 모든 성도가 다 제사장이거니와 전적으로 하나님께 헌신한 주의 종들이 어찌 술을 입에 댈 수가 있겠습니까?

아론의 아들들이 이렇게 **불완전할 뿐 아니라** 거룩한 직분을 받은 후에 더욱 **불합당한 자들이었으나 하나님은 그들을 지명하여 부르시고** 제사장으로 세우셨습니다. 그리고 그들에게 가까이하기만 해도 **죽임을 당한다** 하셨습니다.

그러므로 성도들은 **하나님의 종들이 인간적으로 부족한 것이나 잘못이 있다 하더라도 결코 그들을 정죄하거나 업신여기거나 함부로 대해서는 안 됩니다.** 또한 하나님의 종들은 자신이 그런 영광된 자리에 서게 됨이 **결코 자신의 잘남 때문이 아니라**는 사실과 그 위치에서 잘못한다면 **하나님의 무서운 징벌**을 면치 못함을 명심해야 합니다.

이스라엘 백성과 제사장들 모두는 제사장은 '**기름을 발리우고 거룩히 구별되어 제사장 직분을 하나님으로부터 위임받은 자들**'임을 명심해야 합니다.

〈민3:2~3〉
2 아론의 아들들의 이름은 이러하니 장자는 나답이요 다음은 아비후와 엘르아살과 이다말이니
3 이는 아론의 아들들의 이름이며 그들은 기름 부음을 받고 거룩하게 구별되어 제사장 직분을 위임 받은 제사장들이라
〈더 제대로 된 번역〉
3下 거룩히 구별되어 제사장으로 임명되었다.

하나님께서 원하시는 사람을 택하여 세우셨다는 것은 그 택함 받은 자나 다른 자들이 임의로 무효화시키거나 훼방할 수 없다는 것을 분명하게 깨우쳐줍니다. 만약에 그렇게 하는 사람이 있다면 그는 **하나님을 거스르는 무서운 죄악**을 범하는 사람입니다.

나는 그런 죄를 범하지 않았었나 살펴보고 그런 잘못을 저질렀었다면 **지체하지 말고** 진심으로 **회개하여** 용서받으시기 바랍니다.

(2) 제사장 직분은 '**오직 하나님을 섬기기 위한 직분**' 입니다.

"**나를 섬기는 제사장 직분을 행하게 하라**" 하셨습니다.
3절과 4절 끝에도 "**내게 제사장 직분을 행하게 할지며**" 하셨습니다.
제사장은 오직 하나님을 섬기는 직분이기에 '**거룩하고 중요한 것**' 입니다.
누가 만약 그들을 괴롭히고 힘들게 하여 그들로 하여금 하나님 섬기는 일을 잘 수행하지 못하게 하는 결과를 만든다면 그것이 얼마나 **큰 죄**가 되겠습니까?

하나님 섬기는 직분은 과연 무슨 일일까요?
'**죄인이 속죄받고, 하나님을 만나고, 복을 받게 하는 일**' 입니다.
하나님의 선택된 사람이 자기 죄를 깨닫고 회개하게 하여 하나님과의 관계를 회복시켜주는 일이 제사장의 일인데 그것이 곧 '**하나님을 섬기는 일**' 이라는 것입니다.

하나님께서 **인간들을 향해 가장 바라시는 것**이 무엇이겠습니까?
그것은 **하나님을 떠난**(잃어버린) **그들이 다시 하나님을 알고 섬겨서 인간으로서의 진정한 행복을 영원히 누리는 것**입니다.

하나님께서 가장 바라시는 것을 도외시하는 사람이 어찌 하나님을 섬기는 사람이겠습니까?
그러므로 **죄인이 회개하여 속죄받고, 하나님을 만나게 해주고, 복을 받아 누리게 해주는 제사장**이야말로 '**하나님을 가장 잘 섬기는 제사장**' 이요, '**하나님께 대해 가장 귀한 일을 하는 진정한 제사장**' 입니다.

그런데 오늘날의 교회 안에는 죄인들의 귀를 즐겁게 해주고 그들의 욕심과 허영을 채우는 일에 하나님의 이름을 빙자하여 동조자, 격려자가 되고 심지어 그들을 축복해주며 무사안일을 꿈꾸게 하고, 이런 죄인들을 하나님보다 더 두려워하여 회개하라고 가르치지 않는 **발람과 같은 제사장**들이 너무 많습니다.

이들은 **하나님을 섬기는 제사장이 아니고 사람과 세상을 섬기는 사람들**입니다. 또한 그들은 '**하나님께**' 제사장 직분을 행하는 것이 아니라 '**죄(사탄)에게**' 충실한 종노릇을 하고 있는 것입니다.

이런 거짓된 종(제사장)들과 그들을 따르는 자들에 대한 **하나님의 말씀**들은 **참으로 엄중**합니다.

제 39 강

〈13〉 제사장과 대제사장(2)
[1] 제사장 직분(2)

〈출28:1〉

1 너는 이스라엘 자손 중 네 형 아론과 그의 아들들 곧 아론과 아론의 아들들 나답과 아비후와 엘르아살과 이다말을 그와 함께 네게로 나아오게 하여 나를 섬기는 제사장 직분을 행하게 하되

〈13〉 제사장과 대제사장(2)

[1] 제사장이 될 사람과 직분(2)

(1) 제사장이 될 사람을 하나님께서 친히 택하여 세우셨습니다.

(2) 제사장 직분은 '오직 하나님을 섬기기 위한 직분' 입니다.

하나님께서 거짓 제사장들이 어떠한 자들이며 그들을 어떻게 처벌하실 것인가를 말씀하신 성경구절들을 자세히 살펴보겠습니다.

1) 하나님은 거짓 제사장들이 어떠한 자들이며 그들을 어떻게 처벌하실 것인가를 분명하게 말씀하셨습니다.

> 〈사5:18~25〉
> 18 거짓으로 끈을 삼아 죄악을 끌며 수레 줄로 함 같이 죄악을 끄는 자는 화 있을진저
> 19 그들이 이르기를 그는 자기의 일을 속속히 이루어 우리에게 보게 할 것이며 이스라엘의 거룩한 이는 자기의 계획을 속히 이루어 우리가 알게 할 것이라 하는도다
> 20 악을 선하다 하며 선을 악하다 하며 흑암으로 광명을 삼으며 광명으로 흑암을 삼으며 쓴 것으로 단 것을 삼으며 단 것으로 쓴 것을 삼는 자들은 화 있을진저
> 21 스스로 지혜롭다 하며 스스로 명철하다 하는 자들은 화 있을진저
> 22 포도주를 마시기에 용감하며 독주를 잘 빚는 자들은 화 있을진저
> 23 그들은 뇌물로 말미암아 악인을 의롭다 하고 의인에게서 그 공의를 빼앗는도다

24 이로 말미암아 불꽃이 그루터기를 삼킴 같이, 마른 풀이 불 속에 떨어짐 같이 그들의 뿌리가 썩겠고 꽃이 티끌처럼 날리리니 그들이 만군의 여호와의 율법을 버리며 이스라엘의 거룩하신 이의 말씀을 멸시하였음이라
25 그러므로 여호와께서 자기 백성에게 노를 발하시고 그들 위에 손을 들어 그들을 치신지라 산들은 진동하며 그들의 시체는 거리 가운데에 분토 같이 되었도다 그럴지라도 그의 노가 돌아서지 아니하였고 그의 손이 여전히 펼쳐져 있느니라
〈더 제대로 된 번역〉
18 거짓으로 끈을 삼아 죄악을 끌며 수레 줄을 끌듯이 죄를 잡아당기는 사람에게 재앙이 닥칠 것이다.
19 그들은 이스라엘의 거룩하신 분을 비웃기까지 한다. "빨리 아무 일이라도 행하시오, 당신이 하실 수 있는 일을 얼른 우리에게 나타내보이시오. 우리는 당신의 계획을 보기를 원합니다" 한다.
20 악을 선하다 하며 선을 악하다 하며 어두움을 빛이라 하고 빛을 어두움이라 하는 사람, 쓴 것을 달다고 하고 단 것을 쓰다고 하는 사람에게 재앙이 닥친다.
21 스스로 지혜롭다 하며 스스로 똑똑하다고 하는 사람에게 재앙이 닥친다.
22 포도주를 마시기에 익숙하며 온갖 술을 섞어 마시는 데에 능한 사람에게 재앙이 닥친다.
23 그들은 뇌물로 인하여 악인을 의롭다 하고 의로운 사람을 공평하게 재판하지 않는다.
24 이로 인하여 불꽃이 그루터기를 삼킴같이 마른 풀이 불에 타 오그라들듯이 그들의 뿌리가 썩겠고 꽃은 말라 죽어 티끌같이 흩날려 올라갈 것이다. 그들이 만군의 여호와의 가르침을 따르지 않았고 이스라엘의 거룩하신 자의 말씀을 멸시했기 때문이다.
25上 그러므로 여호와께서 자기의 백성에게 크게 노하셔서 손을 들어 그들을 치시는 것이다.

"거짓으로 끈을 삼아 죄악을 끌며 수레 줄을 끌듯이 죄악을 잡아당기는 사람에게 재앙이 닥칠 것이다. 그들은 이스라엘의 거룩하신 분을 비웃기까지 한다" 했습니다. 이 거짓 제사장들은 하나님을 조롱하며 말하기를 "당신이 하고 싶으면 무엇이든지 마음껏 하시오"하며 "우리는 하나님을 조금도 두려워하지 않으니 마음대로 해보시오" 했습니다.

하나님께서는 이런 자들에 대해 "악을 선하다 하며 선을 악하다 하며, 어두움을 빛이라 하고 빛을 어두움이라 하며, 쓴 것을 단 것이라 하며 단 것을

쓴 것이라고 말하는 사람에게는 재앙이 있을 것이다" 하셨고, "스스로 지혜롭다 하며 스스로 똑똑하다고 하는 사람에게 재앙이 닥친다" 하셨습니다. 아주 비뚤어진 사람임에도 불구하고 스스로는 누구보다 지혜롭고 똑똑하다고 생각했던 거짓 제사장들에게 하나님께서 재앙을 내리신다는 것입니다.

이들은 또한 "포도주를 마시기에 익숙하고 온갖 술을 섞어 마시는 데 능하다" 하셨고 이런 자들에게 "재앙이 닥친다"고 하셨으며, "그들은 뇌물로 인해 악인을 의롭다 하고 의로운 사람을 공평하게 재판하지 않는다" 하셨습니다. 따라서 "이로 인해 불꽃이 그루터기를 삼킴 같이 마른 풀이 불에 타 오그라듦같이 그들의 뿌리가 썩겠고 꽃은 말라 죽어 티끌처럼 흩날려 올라갈 것이라" 하셨습니다.

또 그렇게 하시는 이유는 만군의 여호와의 가르침을 따르지 않았고 이스라엘의 거룩하신 자의 말씀을 멸시했기 때문이라고 하셨습니다. 따라서 하나님은 "자기 백성에게 크게 노하셔서 그들을 치신다" 하셨습니다.

〈사28:7~8〉
7 그리하여도 이들은 포도주로 말미암아 옆걸음 치며 독주로 말미암아 비틀거리며 제사장과 선지자도 독주로 말미암아 옆걸음 치며 포도주에 빠지며 독주로 말미암아 비틀거리며 환상을 잘못 풀며 재판할 때에 실수하나니
8 모든 상에는 토한 것, 더러운 것이 가득하고 깨끗한 곳이 없도다
〈더 제대로 된 번역〉
7 그 지도자들이 포도주와 독한 술에 취해 비틀거린다. 제사장과 예언자들이 술에 취해 비틀거리니 제사장과 예언자들은 환상을 제대로 보지 못하며 제사장들은 재판을 제대로 하지 못한다.

〈사56:9~12〉
9 들의 모든 짐승들아 숲 가운데의 모든 짐승들아 와서 먹으라
10 이스라엘의 파수꾼들은 맹인이요 다 무지하며 벙어리 개들이라 짖지 못하며 다 꿈꾸는 자들이요 누워 있는 자들이요 잠자기를 좋아하는 자들이니
11 이 개들은 탐욕이 심하여 족한 줄을 알지 못하는 자들이요 그들은 몰지각한 목자들이라 다 제 길로 돌아가며 사람마다 자기 이익만 추구하며
12 오라 내가 포도주를 가져오리라 우리가 독주를 잔뜩 마시자 내일도 오늘 같이 크게 넘치리라 하느니라
〈더 제대로 된 번역〉
9 들의 모든 짐승들아, 삼림 중의 짐승들아. 다 와서 내 백성을 먹어치우라.
10 그 파수꾼들은 다 소경이요. 그들 모두가 자기들이 하는 일이 무엇인지도

모르고 모두 짖을 줄 모르는 개 같아서 그저 누워서 늘어지게 잠자는 것이나 좋아한다.
11 그들은 굶주린 개 같아서 만족할 줄 모르고 목자이면서도 자기가 하는 일이 무엇인지도 모른다. 모두 제 갈 길로만 가고 자기 이익만 찾으려고 한다.
12 그들이 말하기를 "오너라 포도주를 마시자. 마음껏 독한 술을 마시자. 내일도 오늘처럼 마시자. 아니 내일은 오늘보다 더 신날지도 모르겠다"고 한다.

하나님께서는 에스겔을 통해 악한 제사장들에게 말씀하셨습니다.

〈겔34:1~16〉
1 여호와의 말씀이 내게 임하여 이르시되
2 인자야 너는 이스라엘 목자들에게 예언하라 그들 곧 목자들에게 예언하여 이르기를 주 여호와께서 이같이 말씀하시되 자기만 먹는 이스라엘 목자들은 화 있을진저 목자들이 양 떼를 먹이는 것이 마땅하지 아니하냐
3 너희가 살진 양을 잡아 그 기름을 먹으며 그 털을 입되 양 떼는 먹이지 아니하는도다
4 너희가 그 연약한 자를 강하게 아니하며 병든 자를 고치지 아니하며 상한 자를 싸매 주지 아니하며 쫓기는 자를 돌아오게 하지 아니하며 잃어버린 자를 찾지 아니하고 다만 포악으로 그것들을 다스렸도다
5 목자가 없으므로 그것들이 흩어지고 흩어져서 모든 들짐승의 밥이 되었도다
6 내 양 떼가 모든 산과 높은 멧부리에마다 유리되었고 내 양 떼가 온 지면에 흩어졌으되 찾고 찾는 자가 없었도다
7 그러므로 목자들아 여호와의 말씀을 들을지어다
8 주 여호와의 말씀에 내가 나의 삶을 두고 맹세하노라 내 양 떼가 노략거리가 되고 모든 들짐승의 밥이 된 것은 목자가 없기 때문이라 내 목자들이 내 양을 찾지 아니하고 자기만 먹이고 내 양 떼를 먹이지 아니하였도다
9 그러므로 너희 목자들아 여호와의 말씀을 들을지어다
10 주 여호와께서 이같이 말씀하시되 내가 목자들을 대적하여 내 양 떼를 그들의 손에서 찾으리니 목자들이 양을 먹이지 못할 뿐 아니라 그들이 다시는 자기도 먹이지 못할지라 내가 내 양을 그들의 입에서 건져내어서 다시는 그 먹이가 되지 아니하게 하리라
11 주 여호와께서 이같이 말씀하셨느니라 나 곧 내가 내 양을 찾고 찾되
12 목자가 양 가운데에 있는 날에 양이 흩어졌으면 그 떼를 찾는 것 같이 내가 내 양을 찾아서 흐리고 캄캄한 날에 그 흩어진 모든 곳에서 그들을 건져낼지라
13 내가 그것들을 만민 가운데에서 끌어내며 여러 백성 가운데에서 모아 그 본토로 데리고 가서 이스라엘 산 위에와 시냇가에와 그 땅 모든 거주지에서 먹이되

14 좋은 꼴을 먹이고 그 우리를 이스라엘 높은 산에 두리니 그것들이 그 곳에 있는 좋은 우리에 누워 있으며 이스라엘 산에서 살진 꼴을 먹으리라
15 내가 친히 내 양의 목자가 되어 그것들을 누워 있게 할지라 주 여호와의 말씀이니라
16 그 잃어버린 자를 내가 찾으며 쫓기는 자를 내가 돌아오게 하며 상한 자를 내가 싸매 주며 병든 자를 내가 강하게 하려니와 살진 자와 강한 자는 내가 없애고 정의대로 그것들을 먹이리라

〈더 제대로 된 번역〉
1 여호와의 말씀이 내게 임하여 가라사대
2 인자야. 너는 이스라엘 목자들에게 예언하라. 그들 곧 목자들에게 예언하여 이르기를 주 여호와께서 이같이 너희에게 말씀하시되 오직 자신들만을 돌보는 이스라엘의 목자들에게 재앙이 있을 것이다. 목자들은 마땅히 양떼를 돌봐야 하지 않느냐?
3 너희가 살찐 양을 잡아 그 기름진 것을 먹고 그 털을 입되 양떼는 먹이지 아니하는도다.
4 너희가 그 연약한 자를 강하게 아니하며 병든 자를 고치지 아니하며 상한 자를 싸매주지 아니하며 길을 잃고 헤매는 사람들을 찾아 데리고 돌아오지 않았으며 잃어버린 사람들을 찾아 나서지 않았다. 오히려 그들을 거칠고 잔인하게 다스렸다.
5 목자가 없으므로 그들이 흩어지고 흩어져서 모든 들짐승의 밥이 되었다.
6 내 양들이 온 산과 언덕들을 헤매며 온 땅에 흩어졌으나 아무도 그들을 찾아 나서지 않았다.
7 그러므로 목자들아. 여호와의 말씀을 들을찌어다.
8 내가 확실히 말하노니 나의 양떼들이 목자가 없어 약탈당하고 모든 들짐승의 먹이가 되었다. 또한 목자들이 나의 양떼들을 찾아 나서지 않고 자신들만 돌볼 뿐 내 양들을 돌보지 않았다.
9 그러므로 너희 목자들아. 여호와의 말씀을 들을찌어다.
10 내 목자들을 대적하여 내 양떼에 대한 책임을 그들에게 물을 것이다. 나는 그들이 양떼를 치지 못하게 할 것이요, 목자들이 더 이상 자기들만 배부르게 하지 못할 것이다. 내가 내 양을 그들의 입에서 건져내어 다시는 그 먹이가 되지 않게 하리라.
11 내가 친히 내 양떼들을 찾아내어 그들을 돌볼 것이다. 나 곧 내가 내 양을 찾고 찾되
12 목자가 흩어진 양떼를 찾아 그들을 돌보듯이 내가 나의 양떼들을 돌볼 것이다. 내가 내 양을 찾아서 흐리고 캄캄한 날에 그 흩어진 모든 곳에서 그것들을 건져낼 것이다.
13 내가 그것들을 만민 중에서 끌어내며 여러 백성가운데서 모아 그들의 땅으

로 돌아가게 할 것이다. 그리하여 이스라엘의 산과 골짜기, 그리고 그 땅에 거하는 모든 곳에서 그들을 돌볼 것이다.

14 내가 그들을 좋은 풀밭에서 기를 것이며 이스라엘의 높은 산에서 풀을 뜯게 할 것이다. 그들은 좋은 풀이 있는 땅에 누울 것이고 그들의 산에 있는 좋은 풀밭에서 풀을 뜯게 될 것이다.

15 내가 친히 나의 양떼를 기르며 그들을 눕게 할 것이다. 주 여호와의 말씀이니라.

16 잃어버린 자를 찾아 길을 나설 것이요, 길잃은 자들을 찾아 올 것이다. 상처입은 사람들을 싸매며 약한 사람들에게 힘을 북돋아 줄 것이다. 그러나 사람을 속이는 자들과 강한 자들은 멸망시킬 것이다. 내가 양떼들을 정의롭게 돌볼 것이다.

〈렘6:12~15〉
12 내가 그 땅 주민에게 내 손을 펼 것인즉 그들의 집과 밭과 아내가 타인의 소유로 이전되리라 여호와의 말씀이니라
13 이는 그들이 가장 작은 자로부터 큰 자까지 다 탐욕을 부리며 선지자로부터 제사장까지 다 거짓을 행함이라
14 그들이 내 백성의 상처를 가볍게 여기면서 말하기를 평강하다 평강하다 하나 평강이 없도다
15 그들이 가증한 일을 행할 때에 부끄러워하였느냐 아니라 조금도 부끄러워하지 않을 뿐 아니라 얼굴도 붉어지지 않았느니라 그러므로 그들이 엎드러지는 자와 함께 엎드러질 것이라 내가 그들을 벌하리니 그 때에 그들이 거꾸러지리라 여호와의 말씀이니라

〈더 제대로 된 번역〉
12 그들의 집은 남들에게 넘어갈 것이며 그들의 밭과 아내도 함께 넘어갈 것이다. 내가 손을 들어 이 땅에 사는 자들에게 벌을 내릴 것이다. 나 여호와의 말이다.
13 이는 그들이 가장 작은 자로부터 큰 자까지 누구나 돈에 욕심을 내고 있다. 예언자와 제사장들까지 모두 거짓말을 하고 있다.
14 내 백성이 큰 상처를 입었는데도 그들은 아무렇지도 않게 여긴다. 평화가 없는 데도 "평화, 평화" 라고 말한다.
15 그들이 가증한 일을 행할 때에 부끄러워하였느냐? 아니라. 조금도 부끄러워하지 않을 뿐 아니라 얼굴도 붉히지 않았느니라. 그러므로 그들은 쓰러질 것이다. 내가 그들에게 벌을 내릴 때 그들은 멸망할 것이다. 나 여호와의 말이다.

하나님은 악한 제사장(거짓 종)들을 엄하게 징벌하시겠다고 말씀하십니다. "그들에게 재앙이 닥칠 것이라"고 누누이 말씀하셨고 그런 자들에게 크게

노하셔서 "손을 들어 그들을 치신다" 하셨습니다(사5:18,20,21,22,24,25).

또 에스겔 34장에 "그 악한 자들에게 재앙이 있을 것이다" 하셨고 **"내 목자들을 대적하여 내 양떼에 대한 책임을 그들에게 물을 것이다. 나는 그들이 양떼를 치지 못하게 할 것이요, 목자들이 더 이상 자기들만 배부르게 하지 못할 것이다"** 하셨습니다.

하나님은 그들이 계속하여 하나님의 양들을 잘못 돌보는 일을 내버려두지 않으실 것이고 그들이 양떼 치는 일을 못하게 하실 것이라 하셨습니다. 뿐만 아니라 그들 자신도 더 이상 자기만 배부르게 하는 일을 못하게 하실 것이라 하셨습니다. 즉 그들을 **목자의 자리에서 내쫓으실 것**이라는 말씀입니다.

하나님께서 때가 되면 그 악한 목자들을 징벌하시고 내쫓으시며 하나님께서 합당하게 여기시고 함께하시는 진실한 하나님의 종들을 통해 잃어버린 양들을 찾게 하며 굶주린 양들을 푸른 초장에서 먹으며 쉬게 하며 상처들을 싸매게 할 것이라는 말씀입니다.

그러므로 자신이 거짓 종, 거짓 제사장인 줄도 모르고 하나님을 두려워할 줄 모르며 양들을 정직하게 돌보지 않는 제사장은 하나님께서 치시고 재앙을 내리셔서 아내와 자녀들까지 다 잃어버리게 되며 가장 무서운 저주를 받게 된다는 사실을 **속히 깨달아야** 합니다. 만약 저들이 이것을 깨닫지 못하고 그 악한 짓을 계속한다면 하나님은 **때가 되면 반드시 위와 같은 벌과 저주로 그들과 그 자녀손들까지도 멸망시키시는** 것입니다.

많은 목사와 교회지도자들이 **자기도 모르게 거짓 제사장이 되고 점점 하나님을 진노하시게 하고 무서운 하나님의 징벌의 구렁텅이로 빠져들어가고 있습니다.**

나는 과연 어떤 사람인지 정신 똑바로 차리고 살펴보고 **이제부터는 사람이나 세상을 섬기는 거짓 제사장, 죄와 사탄의 종노릇하는 사람이 아니라 참으로 하나님을 섬기는 제사장이 되기를 힘쓰기 바랍니다.**

하나님을 두려워하며 거룩한 사명을 수행하는 진실한 종들은 **길을 잃고 방황하는 양떼들을 내버려두지 않도록, 상처받은 그들을 말씀으로 싸매어주는 일**을 게을리하지 않도록 정신 똑바로 차리고 수행해야 합니다.

그러나 그것은 인간의 결심과 노력으로만 되지 않습니다.

따라서 제사장들은 이 험악한 세상에서 세속화되지 않으며 마귀에게 속지 않고 정욕에 빠지지 않고 정직하게 사명을 수행하기 위해 **쉬지 않고 자신을**

말씀과 기도로써 철저하게 훈련하고 연단하고 치료하고 성숙시켜야 합니다. 더 나아가 말씀과 믿음과 성령의 충만함을 받아야 하며 시시때때로 성령의 인도와 지시에 따라 거룩한 일을 감당하는 사람이 되어야 합니다.

 2) 하나님을 존경한다고 말하면서 그 마음은 멀리 떨어져 있고 하나님을 경배한다고 하지만 사람들이 해오던 대로 형식적으로 하는 백성들에게 말씀하시기를 "지혜로운 자들은 지혜를 잃고 똑똑한 자들은 총명을 잃을 것이다" 하셨습니다.

> 〈사29:13~14〉
> 13 주께서 이르시되 이 백성이 입으로는 나를 가까이하며 입술로는 나를 공경하나 그들의 마음은 내게서 멀리 떠났나니 그들이 나를 경외함은 사람의 계명으로 가르침을 받았을 뿐이라
> 14 그러므로 내가 이 백성 중에 기이한 일 곧 기이하고 가장 기이한 일을 다시 행하리니 그들 중에서 지혜자의 지혜가 없어지고 명철자의 총명이 가려지리라
> 〈더 제대로 된 번역〉
> 13 주께서 가라사대 이 백성이 입으로는 나를 존경한다고 말하지만 그 마음은 내게서 멀리 떨어져 있다. 그들이 나를 경배한다고 하지만 그것은 사람들이 해오던 대로 형식적으로 하는 것뿐이다.
> 14 그러므로 보아라. 내가 놀랍고 신기한 일로 이 백성을 다시 놀라게 하겠다. 지혜로운 자들은 지혜를 잃고 똑똑한 자들은 총명을 잃을 것이다.

 배운 자나 못 배운 자나 어른, 아이 할 것없이 영적으로 미련하고 둔해지는 저주를 내리신다는 것입니다. 이런 사람들은 아무리 자기들끼리 연구하고 가르치고 배우며 힘을 모아 무엇을 결정하고 할지라도 점점 더 죄악의 구렁텅이로 함께 빠져가고 하나님의 징벌을 더 끌어당기는 것이 됩니다.

> 〈사30:1~3〉
> 1 여호와께서 이르시되 패역한 자식들은 화 있을진저 그들이 계교를 베푸나 나로 말미암지 아니하며 맹약을 맺으나 나의 영으로 말미암지 아니하고 죄에 죄를 더하도다
> 2 그들이 바로의 세력 안에서 스스로 강하려 하며 애굽의 그늘에 피하려 하여 애굽으로 내려갔으되 나의 입에 묻지 아니하였도다
> 3 그러므로 바로의 세력이 너희의 수치가 되며 애굽의 그늘에 피함이 너희의 수욕이 될 것이라
> 〈더 제대로 된 번역〉

> 1 여호와께서 가라사대 "이 반역한 자녀에게 재앙이 닥친다. 그들은 계획을 세울 때 내 뜻대로 세우지 않으며, 다른 민족과 조약을 했을 때에도 내 영에게 묻지 않는다. 그들은 죄에 죄를 더할 뿐이다.
> 2 그들이 먼저 내 뜻을 묻지 않고 애굽으로 내려가 도움을 청한다. 바로의 도움을 받으려 하며 애굽이 그들을 지켜주기를 바란다. 그들은 죄에 죄를 더하고 있다.
> 3 그러나 너희가 바로에게 피하는 것은 부끄럽게 될 뿐이며 애굽의 보호 아래 있는 것은 실망만 안겨줄 뿐이다."

하나님을 주인 삼지 않고 하나님과 의논하지 않으며 악하고 삐뚤어진 성품대로 다른 것을 의지하고 도움을 받으려 할수록 그들은 더 부끄럽게 되고 실망하게 될 뿐이라는 말입니다. 결코 그들이 바라는 대로 되지 않고 오히려 그 반대가 되는 것입니다.

> 〈사30:9~13〉
> 9 대저 이는 패역한 백성이요 거짓말하는 자식들이요 여호와의 법을 듣기 싫어하는 자식들이라
> 10 그들이 선견자들에게 이르기를 선견하지 말라 선지자들에게 이르기를 우리에게 바른 것을 보이지 말라 우리에게 부드러운(아첨하는) 말을 하라 거짓된 것을 보이라
> 11 너희는 바른 길을 버리며 첩경에서 돌이키라 이스라엘의 거룩하신 이를 우리 앞에서 떠나시게 하라 하는도다
> 12 이러므로 이스라엘의 거룩하신 이가 이같이 말씀하시되 너희가 이 말을 업신여기고 압박과 허망을 믿어 그것을 의지하니
> 13 이 죄악이 너희에게 마치 무너지려고 터진 담이 불쑥 나와 순식간에 무너짐 같게 되리라 하셨은즉
> 〈더 제대로 된 번역〉
> 9 이들은 반역한 백성이요, 거짓말하는 자녀이므로 여호와의 가르침을 들으려고 하지 않는다.
> 10 그들이 선견자에게 이르기를 "다시는 환상을 보지 마라" 하고, 예언자에게 이르기를 "우리를 위하여 진실을 말하지 마라. 듣기에 좋은 말만 하고, 달콤한 말만 하여라. 거짓된 것을 보여라.
> 11 우리의 길을 막지 말고, 길을 비켜주어라. 우리 앞에 더 이상 이스라엘의 거룩한 분에 관한 이야기를 하지 마라" 고 한다.
> 12 이러므로 이스라엘의 거룩하신 자가 말씀하시되 "너희가 이 말을 업신여기고 폭력과 거짓말만 일삼았다. 그것을 의뢰하니

13 그러므로 너희는 이 죗값을 면치 못할 것이다. 너희가 높은 망대에 금이 가는 것처럼 될 것이고 갑자기 무너져 산산조각이 날 것이다" 하셨다.

타락한 백성들은 하나님의 진실한 종들이 말씀을 정직하게 가르쳐줄 때 그것을 들으려고도 하지 않았습니다. 심지어 그들에게 말하기를 "다시는 환상을 보지도 말고 우리를 위해 진실을 말하지 말라. 우리가 듣기에 좋은 말만 하고 달콤한 말만 해달라"고 요구했습니다.

참으로 오늘날의 대부분의 교인들이 이렇게 하지 않습니까?

그들은 하나님의 종들이 하나님에 대해 정직하게 가르쳐주고 진리를 정확하게 가르쳐주는 것을 좋아하지 않고 싫어합니다. 따라서 그런 종들을 멀리하고 배척합니다. 심지어 이들은 정직한 하나님의 종들에게 말하기를 "우리가 하고 싶은 대로 하는 것을 방해하지 말라. 우리가 가는 길을 방해하지 말라. 괜히 우리 앞에서 얼쩡거리지 말고 비켜라. 우리 앞에서 더 이상 하나님에 관한 이야기를 하지 말라" 했습니다. 이것은 하나님의 종들에 대한 위협이요, 협박입니다. 그들은 진실한 하나님의 종들이 하나님과 하나님의 말씀을 정확하게 가르쳐줄 때 그것을 싫어하고 떠날 뿐 아니라 그런 종들을 대적하고 핍박하고 죽이기까지 합니다.

그동안 인류역사상 이런 일들은 끊임없이 있어왔습니다.

그러나 그들 듣기에 좋은 말, 달콤한 말, 매끄러운 말을 하는 거짓 종들에게는 우르르 몰려듭니다. 이렇게 해서 오늘날 이 거짓 종들에 의해 수천, 수만 명이 모이는 교회 아닌 교회들이 점점 많아지고 있는 것입니다.

3) 하나님은 거짓 종들과 그들을 따르는 이 악한 백성들을 언제까지나 내버려두시지 않으며 때가 되면 모든 죄악에 대해 죗값을 치르게 하십니다.

따라서 "너희가 이 말을 업신여기고 폭력과 거짓말만 일삼았다. 그것을 의뢰하니 너희는 이 죗값을 면치 못할 것이다. 너희가 높은 망대에 금이 가는 것처럼 될 것이고 갑자기 무너져 산산조각이 날 것이다" 하셨습니다.

그것은 마치 높은 성벽에 금이 가서 갑자기 무너져 성 안에 있는 사람들을 덮쳐버리듯이 임하게 된다는 말입니다. 즉 그들이 안심하고 하나님의 종들을 대적하고 하나님의 진리를 싫어하고 반역할 때 하나님께서는 갑자기 그들을 처참하게 멸망시키시겠다는 것입니다. 그것도 그들이 자신을 안전하게 지키겠다고 쌓은 것을 사용하여 그 악한 자들을 덮쳐버리고 모든 것을 끝장나게 하시겠다는 것입니다. 저들이 무슨 일을 열심히 하고 무엇을 열심히 만드는 만큼 그 모든 것들이 갑자기 그들을 처참하게 짓밟고 멸망되게 하신다는 것입니다.

또한 이사야 56장 9절에 "들의 모든 짐승들아, 삼림 중의 짐승들아, 다 와서 내 백성을 먹어치우라" 하셨습니다.

하나님께서 얼마나 진노하셨는지 모든 짐승이 그 악한 백성들을 한 사람도 내버려 두지 않고 먹어치우게 하신다는 것입니다. 즉 사람들을 가장 잔인하게 해칠 수 있는 모든 방법을 다 동원하여 거짓 제사장들과 그들을 따르는 자들을 굶주린 맹수가 자기 앞에 있는 먹이를 산산이 찢고 다 삼켜버리는 것처럼 이 땅에 흔적도 없이 사라져버리게 하시겠다는 것입니다.

얼마나 하나님께서 진노하셨으면 이렇게까지 말씀하셨겠습니까?
과연 옛날 그 악한 이스라엘 백성들과 제사장들은 어느 민족들보다도 하나님에 의해 무섭고도 철저하게 찢기고 상하고 짓밟히고 멸망을 당했습니다. 그들은 자그마치 1800여 년 동안이나 하나님께서 조상들에게 주신 고향 땅에서 쫓겨나서 철저하게 찢기고 상하고 짓밟히고 멸망을 받았던 것입니다.

하나님을 섬기는 제사장이 되라고 세웠는데 사탄의 유혹과 시험에 빠져서 사람을 섬기고 세상을 섬기고 죄를 섬기고 사탄을 섬기는 악한 제사장들의 말로가 어떻게 되는지를 우리 모든 성도들과 교회지도자들과 특히 목사들은 명심해야 합니다.

제 40 강

〈13〉 제사장과 대제사장(3)
[2] 제사장과 대제사장의 옷(1)

〈출28:2~5〉

2네 형 아론을 위하여 거룩한 옷을 지어 영화롭고 아름답게 할지니 3너는 무릇 마음에 지혜 있는 모든 자 곧 내가 지혜로운 영으로 채운 자들에게 말하여 아론의 옷을 지어 그를 거룩하게 하여 내게 제사장 직분을 행하게 하라 4그들이 지을 옷은 이러하니 곧 흉패와 에봇과 겉옷과 반포 속옷과 관과 띠라 그들이 네 형 아론과 그 아들들을 위하여 거룩한 옷을 지어 아론이 내게 제사장 직분을 행하게 하라 5그들이 쓸 것은 금 실과 청색 자색 홍색 실과 가늘게 꼰 베 실이니라

〈더 제대로 된 번역〉

2네 형 아론을 위하여 거룩한 옷을 지어 영광스럽고 아름답게 할지니 3내가 옷 짓는 일에 특별한 솜씨를 준 사람들을 불러서 아론의 옷을 만들게 하여라. 그 옷을 아론에게 입혀 나를 섬길 거룩한 제사장이 되게 하여라. 4그들이 지을 옷은 이러하니 곧 흉패와 에봇과 겉옷과 줄무늬의 속옷과 관과 띠라. 그들이 네 형 아론과 그 아들들을 위하여 거룩한 옷을 지어 아론이 내게 제사장 직분을 행하게 하라 5기술이 좋은 사람들이 쓸 것은 금 실과 청색, 자색, 홍색 실과 가늘게 꼰 베 실이니라.

〈13〉 제사장과 대제사장(3)

[1] 제사장이 될 사람과 직분
[2] 제사장과 대제사장의 옷(1)

(1) 제사장의 옷

제사장의 옷을 만드는 것과 관련된 하나님의 명령이 나옵니다.
1) 제사장들의 옷이 '섬기기 위한 옷'이라 하셨습니다(3절).

하나님 앞에서 일하는 사람들이 입는 옷은 하나님을 섬기기 위한 옷입니다.
 "흰 옷을 입은 자들은 하나님의 보좌 앞에 있고 또 그 성전에서 밤낮 하나님을 섬긴다(계7:15)"했습니다.
 하나님이 입게 하신 거룩한 옷들은 하나님을 섬기기 위해 들어갈 때 입기 위해 만들어진 것입니다.

제사장이 된 우리 성도들은 **하나님을 섬길 때에야 우리가 입은 모든 것이 참으로 영광스럽고 아름답게 되는 것**입니다. 그러나 하나님을 섬기지 않고 자신이나 다른 사람들을 섬길 때 우리가 입은 모든 것은 결코 영광스럽거나 아름다울 수 없습니다.

우리는 모든 것을 **하나님께로부터 받았습니다**. 그것은 **하나님을 잘 섬기기 위해** 받은 것이므로 그 일에 사용한다면 우리는 **더 영광스럽고 아름다운 것으로 옷입게** 됩니다. 그러나 하나님을 섬기는 일에서 벗어나면 아무리 하나님이 주신 것이라 해도 **수치스럽고 볼품 없는 것**이 되고 맙니다.

예수님도 "인자는 섬김을 받기 위해 온 것이 아니라 섬기기 위해 왔다"고 하셨습니다. 우리들은 나이를 먹어 갈수록 **어떻게 하면 하나님을 더 잘 섬길 수 있을까를 연구하고 준비해야** 합니다. 아무리 부귀영화를 누리게 되어도 **하나님을 제대로 섬길 줄 모르는 사람은 하나님과 모든 사람들 앞에서 수치스럽게** 될 것입니다.

2) 출애굽기 **28장**은 모두 **"거룩한 옷을 만드는 것"**에 관한 말씀입니다.

39장에서는 **"여호와께서 모세에게 명하신 대로 하였더라"**라는 말씀이 누누이 나옵니다(5, 7, 21, 26, 29, 31절).

그런데 다른 성막 기구나 물품들에 대해서는 이와 같은 설명이 없습니다. 마치 장막의 어떤 다른 부속물보다 더 중요한 것처럼 **하나님의 명령으로** 했고 또 그 명령이 그 옷의 가치를 말해준다는 듯이 기록되어 있습니다.

그것은 주님께 부름을 받고 사역하는 사람은

첫째, **하나님의 말씀을 모든 사역의 법칙으로 삼아야** 하고,

둘째, **하나님의 계명을 이행하고 거기에 순종해야 함**을 강조해줍니다.

그러므로 **하나님께서 명하신 법칙과 명령을 잘 알아야** 하며 그것에 순종하는 것을 **끊임없이 배우고 훈련해야** 합니다.

많은 목사와 성도들이 여기에 소홀하고 실패하여 제사장다운 제사장 노릇을 제대로 하지 못하고 있습니다.

3) 이 의복들은 장막의 다른 구조물들과 잘 조화될 수 있도록 **대단히 값비싸고 화려했습니다.**

구약시대에는 이렇게 값지고 화려한 것들을 통해 하나님으로부터 거룩한 비밀을 받고 기뻐했습니다. 그러나 **복음 아래 있고 성령의 인도하심을 받**

는 신약교회는 교회의 품위와 교훈을 빙자해서 위세를 부려서는 안 됩니다.

로마 카톨릭 교회는 지금도 거대하고 웅장하며 화려하고 값비싼 것들로 치장한 건물을 만들고 하나님의 명령과 뜻을 수없이 거역하면서 자신들이 하나님을 가장 잘 섬기고 있다고 여기고 위세를 부리고 있습니다. 그러나 그렇게 하는 것은 **그리스도에서 구속된 하나님의 백성들을 해방하신 자유를 반역하는 것**이고 **교회를 세상적인 굴레에 얽매이게 하고 다시 거기에 처넣는 악한 행위**입니다.

오늘날 하나님의 교회들은 **거대하고 화려하고 값비싼 장식물로 치장해서는 안 됩니다.** 뿐만 아니라 **하나님께 부르심을 받고 하나님을 섬기도록 세워진 사역자들 또한 그 의복을 그렇게 만들어서는 안 됩니다.** 그런 모든 행위들은 **예수 그리스도를 통해 우리에게 주신 놀라운 은혜들을 헛되게 하고 욕되게 하며 대적하는 큰 죄악**입니다.

4) 제사장의 의복은 **장차 올 아름다운 것들의 그림자이며 그 실체는 그리스도의 복음의 은혜입니다.**

실체가 올 때 그림자를 좋아했던 것은 웃음거리가 됩니다.

1. **예수 그리스도는 우리의 위대한 대제사장**이십니다.

예수님은 우리를 구원하시는 일을 하실 때 '섬김의 옷'을 입으셨고 '성령의 선물과 은혜'로 단장하셨습니다.

그 옷은 인간의 손으로 측량하여 만든 것이 아니었습니다. 예수님은 그리스도의 과업을 관철하기 위해 **신기한 띠를 둘렀으며 모든 하나님의 영적 이스라엘 백성들을 그 어깨에 메셨고 가슴에 그들을 안으시며 손바닥에 그들의 이름을 새기시고 판결 흉패로 그들을 보호하여 하나님 아버지께 나아가셨습니다.** 또한 아버지의 거룩하심의 영광에 자신의 전 과업을 그의 아버지의 성결을 위하여 수행하실 때에는 **'여호와께 성결'**이라는 관을 쓰셨습니다.

이런 대제사장은 **오직 예수 그리스도뿐**입니다. 우리는 예수 그리스도가 **참으로 위대한 대제사장이셨음**을 깨달아야 합니다.

2. **오늘날의 진정한 성도들은 영적 제사장**입니다.

따라서 오늘날의 성도들의 모든 섬김의 옷을 만든 세마포는 **'성도들의 의로움'**입니다(계19:8). **이러한 사람들의 이마에는 '여호와께 성결'이란 말이 분명히 기록되어 있습니다.**

저들과 교제하는 사람들은 누구나 그들이 **하나님의 성결한 형상을 지니고**

있으며 그 하나님의 형상을 찬양하고 있다는 것을 발견하고 알게 됩니다.
 오늘날의 성도는 바로 이런 역할을 해야 합니다. 과연 불신자, 우상숭배자들의 눈에 내가 하나님의 성결한 형상을 지니고 있으며 그 하나님을 찬양하고 있음이 보여지고 있는지 깊이 생각해봐야 합니다. 도무지 그렇게 하지 못하고 있는 사람은 아직도 진정한 크리스천이 아니며 성막에서 가르쳐주는 제사장이 아닙니다.

 3. 아론의 아들들은 대제사장 아론을 돕기 위한 일반 제사장으로 세움 받기 위해 모세에 의해 호출되었습니다.
 "거룩한 옷을 지어서 그들에게 입혀 영화롭고 아름답게 하라(출28:40)" 하셨습니다.
 '영화롭다' 함은 하나님께 속하는 신령한 영광을 뜻합니다.
 우상 종교들은 제사의식을 요란하고 화려하게 함으로써 사람들의 마음을 끌려고 합니다. 그러나 여호와 하나님을 섬기는 사람들이 입는 옷과 모든 절차는 신령한 뜻을 담고 있으며 하나님의 백성들을 거룩하게 합니다. 이것이야말로 다른 어떤 종교도 결코 사람들을 거룩하게 하는 일을 할 수 없음을 하나님께서 분명하게 깨우쳐주시는 것입니다.
 하나님께서 거룩한 옷을 지어서 입는 자들로 하여금 영화롭고 아름답게 하시며 그들을 통한 사역이 또한 하나님께 속한 자들을 거룩하고 영화롭고 아름답게 하시는 것입니다. 하나님만이 하시는 이 일을 흉내 내는 모든 자와 집단들은 때가 되면 엄벌을 받게 됩니다.

> 〈출28:40~43〉
> 40 너는 아론의 아들들을 위하여 속옷을 만들며 그들을 위하여 띠를 만들며 그들을 위하여 관을 만들어 영화롭고 아름답게 하되
> 41 너는 그것들로 네 형 아론과 그와 함께 한 그의 아들들에게 입히고 그들에게 기름을 부어 위임하고 거룩하게 하여 그들이 제사장 직분을 내게 행하게 할지며
> 42 또 그들을 위하여 베로 속바지를 만들어 허리에서부터 두 넓적다리까지 이르게 하여 하체를 가리게 하라
> 43 아론과 그의 아들들이 회막에 들어갈 때에나 제단에 가까이 하여 거룩한 곳에서 섬길 때에 그것들을 입어야 죄를 짊어진 채 죽지 아니하리니 그와 그의 후손이 영원히 지킬 규례니라
> 〈더 제대로 된 번역〉
> 43下이 바지를 입어야 한다. 만약 이 옷을 입지 않으면 그것은 죄가 되고 그들은 죽을 것이다.

여기서 또한 우리가 알아야 할 것이 있습니다.

(1) **본문에는 하위 제사장들의 의복에 관한 자세한 지시가 있습니다.**

하위 제사장들은 대제사장의 의복과 **같은 재료로 된** 속옷과 띠와 관을 사용하도록 되어있습니다. 그들의 관과 대제사장의 관은 형태에 있어서 차이가 있었지만 그들의 관도 대제사장의 관처럼 '**아름다움과 영화로움을 위해**' 만들어(40절) 직무를 수행할 때 위엄있게 보이도록 했습니다.

그러나 이 모든 영화도 **은혜의 영광에 비하면 아무것도 아니었으며** 아름다움도 그 의복이 상징하는 **성결의 아름다움에 비하면 아무것도 아니었습니다.**

그들은 특히 직무를 수행할 때 '**세마포(아마포)속바지**'를 입도록 명령받았습니다(42절).

이것은 모든 성도의 의복과 태도가 **항상 정숙하고 단정해야** 하며 특히 공중예배에는 더욱 그러해야 한다는 것을 가르쳐줍니다.

여인들이 하나님께 예배드릴 때 머리에 너울을 쓰는 것은 여기에서 시작되었습니다(고전11:5,6,10). 그것은 또한 우리가 **하나님 앞에 나올 때** '**벌거벗음의 수치가 드러나지 않도록**' 우리의 영혼이 가려져야 할 필요가 있다는 것을 암시해주는 것이었습니다.

제사장 자신은 **여전히 불완전한 인간이고** 하나님 앞에 서기에 도무지 합당하지 못한 부분들이 얼마든지 있을 수 있으나 **하나님께서 만들어 입히시는 거룩한 옷들이** 그의 벌거벗음의 수치가 드러나지 않도록 가려지게 해주는 것입니다.

이것이야말로 보잘것없는 인간들이 하나님 앞에 설 수 있으며 거룩한 예배를 드릴 수 있도록 **베풀어주신 거룩한 은혜**입니다. 이 은혜를 입지 못하는 사람들은 하나님 앞에 나올 수도 없으며 하나님을 상대할 수가 없습니다.

(2) 대제사장과 하위 제사장들의 **모든 의복에 대한 일반적 규칙이 있습니다.**

즉 그들은 **직분의 서임을 받았다는 표시로 성결될 때** 처음으로 그 옷을 입고(41절) 그 다음에는 **직무 수행 시 입어야** 했습니다. "이 옷을 입지 않으면 죽을 것이다" 하셨습니다(43절).

제사장들이 제정된 예식을 수행할 때 지정된 예복을 입지 않으면 마치 나그네가 그 예식을 행한 것과 같게 됨으로써 죽임을 당하는 것입니다. 그들은 그야말로 **목숨을 걸고 이 명령대로 실행해야** 했습니다. **직무 위반**과 마찬가지로 **직무 태만**의 죄책을 진 사람은 불의(책임)를 져야만 합니다.

하나님은 친히 가장 가까이 오도록 부르신 사람들의 불경이나 외람됨까지도 결코 간과하지 않으십니다. 아론이라도 하나님이 정하신 제도를 등한시 한다면 그것이 죄가 되어 죽게 되는 것입니다.

이 제사장의 복장은 우리에게 다음과 같은 사실을 또한 깨우쳐줍니다.

(1) '그리스도의 의'입니다.

우리가 만약 그리스도의 의로 옷 입지 않고 하나님 앞에 선다면 우리는 '죄를 지어 죽을 것'입니다. 제사장의 차림을 하지 않고 하나님의 제단에 가도 마찬가지입니다(마22:12~13).
그런데 오늘날 이렇게 하나님께서 입혀주시는 거룩한 의복을 입지 않고 하나님 앞으로 나아가며, 예배를 인도하며 하나님의 말씀을 선포하는 자들이 있습니다. 이들은 크게 불경한 죄악을 저지르는 것입니다. 그들이 당장 하나님 앞에서 고꾸라지지 않는다 할지라도 그 죄를 용서받지 못한다면 분명 그들은 때가 되면 반드시 죽는 것과 같은 무서운 형벌을 면치 못합니다.

그러므로 모든 성도, 특히 목사들이 하나님 앞에서 거룩한 옷을 입는 것은 참으로 중요합니다. 우리는 하루도 빠짐없이 더욱더 자신을 성결케 하기 위해 힘쓰고 애써야 합니다. 만약 나 자신을 더럽게 하는 것이 있다면 그것이 무엇이든지 과감하게 청산해야 합니다. 이렇게 하지 않는 자들은 아무리 하나님 앞에서 충성하고 아무리 많은 사람들을 모아놓고 큰 예배당을 짓고 목회한다 할지라도 하나님의 엄벌을 면할 수 없습니다.

(2) '하나님의 갑옷(엡6:11)'입니다.

만약 우리가 이 거룩한 갑옷을 입지 않고 하나님을 섬긴다고 하거나 영적 전쟁을 감행한다면 우리 영혼은 영적 원수들에게 거꾸러짐을 당할 것이요, 우리는 하나님 앞에서 불의를 범하게 됨으로써 피를 흘리게 될 것입니다.
그러므로 "자기 의복을 감찰하고 지키는 사람이 복이 있다 할 것이다(계16:15)" 한 것입니다.
지금 내가 입은 의복이 과연 하나님께서 입혀주신 갑옷인가를 잘 살펴보시기 바랍니다. 내가 만들어 입거나 사람들이 만들어 입혀 준 갑옷을 입고 있다면 위와 같이 하나님과 영적 원수들 앞에서 처절하게 패배하고 거꾸러짐을 당하게 될 것입니다.

(3) **'제사장의 직분'** 을 상징합니다.

구약 시대에는 **이런 외부적 장치로써** 영적 질서와 지위를 표상하게 하셨습니다. 신약시대에는 이런 외부적 장치가 필요하지 않으나 **그럼에도 영적인 질서**는 강조됩니다.

흉패는 가슴에 다는 것이고 **에봇**은 어깨를 덮는 것입니다. 그리고 **겉옷**은 흉패와 에봇 밑에 입는 두루마기와 같은 것이며 **반포 속옷**은 수놓은 속옷이라는 뜻인데 위에 말한 겉옷 밑에 입는 것입니다.

그들의 쓸 것은 **금색과 청색, 자색, 홍색 실과 가늘게 꼰 베실**이라고 하셨는데 **금은 하나님의 존귀**를 상징하고, **청색은 사람으로 더불어 맺은 하나님의 거룩하고 신비로운 언약**을, **자색은 하나님의 왕적 통치**를, **홍색은 예수 그리스도의 대속의 보혈을 통한 속죄**를, 베는 흰 빛을 지니고 있어서 **순결**을 상징합니다. 이렇게 구약의 계시는 외부적인 물질을 통해서도 **신령한 뜻**을 가르쳐주었습니다.

그 밖의 다른 의복은 **특별한 것이 없었기 때문에 이름만** 나타나 있습니다. **수 놓은 세마포 옷**은 제사장의 의복 중 가장 안에 입는 옷이었는데 발까지 닿았고, 소매는 손목까지 내려오며, 바느질한 띠를 허리에 묶었습니다. **대제사장의 관**(마이터관) 혹은 **제관**은 고대 동방의 임금들이 썼던 것과 같은 것이며 아마포로 만들어졌습니다. 그것은 **그리스도의 왕적인 직능**을 상징합니다.

그리스도는 **'보좌에 앉으신 제사장'** 이요(슥6:13), **'왕관을 쓰신 제사장'** 입니다. **하나님께서 이 둘을 결합시키셨으므로 우리는 이 둘을 분리시키려고 해서는 안 됩니다. 예수 그리스도야말로 하나님의 모든 백성의 죄를 사함받게 하는 대제사장**이요, **그 모든 백성과 세상 만물을 지배하고 다스리시는 왕**이신 것입니다.

제사장과 특히 대제사장의 의복은 이런 **거룩하고 놀라운 사실들**을 사람들에게 가르쳐주고 있습니다.

> 〈출39:2~7〉
> 2 그는 또 금 실과 청색 자색 홍색 실과 가늘게 꼰 베 실로 에봇을 만들었으되
> 3 금을 얇게 쳐서 오려서 실을 만들어 청색 자색 홍색 실과 가는 베 실에 섞어 정교하게 짜고
> 4 에봇에는 어깨받이를 만들어 그 두 끝에 달아 서로 연결되게 하고
> 5 에봇 위에 에봇을 매는 띠를 에봇과 같은 모양으로 금 실과 청색 자색 홍색 실

과 가늘게 꼰 베 실로 에봇에 붙여 짰으니 여호와께서 모세에게 명령하신 대로 하였더라

6 그들은 또 호마노를 깎아 금 테에 물려 도장을 새김 같이 이스라엘의 아들들의 이름을 그것에 새겨

7 에봇 어깨받이에 달아 이스라엘의 아들들을 기념하는 보석을 삼았으니 여호와께서 모세에게 명령하신 대로 하였더라

〈더 제대로 된 번역〉
4 에봇에는 멜빵을 만들어서 조끼 위쪽 모서리에 달았다.
5 에봇 위에 에봇을 메는 띠를 → 허리띠는 에봇의 하나로 이어지게 만들었다.
6 호마노 → 줄마노

(2) 대제사장의 옷

1. **아론은 제사장 중에서도 대제사장입니다.**

그는 모든 제사장과 제사직을 대표하는 사람으로써 예수 그리스도를 예표합니다.

모든 선택된 죄인이 속죄 제물과 제사장에 의해 속죄받고 하나님과의 관계를 회복하는 일, 즉 죄인의 구원은 처음부터 끝까지 속죄 제물이 되시고 친히 대제사장이 되신 예수 그리스도로 말미암아 되어집니다.

속죄 제물, 제사장, 성막, 이 세 가지가 없이 어떻게 죄인이 구속될 수 있겠습니까?

그런데 그것이 모두 예수 그리스도를 말해주고 있습니다. 우리는 성막 자체가 예수 그리스도를 의미함을 기억해야 합니다. 오직 예수 그리스도를 믿는 것 외에는 구원받을 자, 구원받을 길이 없는 것입니다.

이 성막에 나아오는 사람들 외에도 마음이 착하고 좋은 인품과 조건을 갖춘 사람들이 얼마든지 있었지만 그들은 결코 이스라엘 백성들

처럼 속죄받고 하나님을 만날 수가 없었습니다. **오직 이 성막에 나아오는 자**(예수 그리스도를 믿는 자)**들만이 구원받을 수 있었습니다.**

2. **아론은 예수 그리스도를 예표하는 대제사장이므로 하나님께서 그에게 '거룩한 옷'을 입혀 영화롭고 아름답게 하셨습니다.**

대제사장의 옷이 화려했던 것은 자랑하기 위해서가 아니라 봉사하기 위한 것이었습니다. 그것은 곧 하늘 성도들이 흰옷을 입는 이유가 오직 하나님을 섬기기 위함인 것과 마찬가지입니다(계7:13,15).

또한 대제사장의 화려한 옷은 **지극히 놀라운 하나님의 신령한 뜻을 보여주었는데** 그 모든 뜻은 **신약시대에 예수 그리스도의 속죄 사역으로 말미암아 성취**되었습니다. 이제 그러한 외부적인 화려하고 신비로운 시설과 장식은 바울의 말과 같이 **'초등학문'**에 불과하게 된 것입니다(갈4:3).

예수는 **거룩하고 완전하신 분**이십니다. 그분은 **흠과 티가 없으시고 죄를 전혀 모르시는 분**이시므로 모든 죄인의 대속물이 되시기에 **완전**하셨습니다.

대제사장의 옷이 **'영화롭고 거룩한 옷'**이라는 사실은 이러한 거룩한 진리들을 깨닫게 해주는 것이었습니다.

> 〈마1:20~21〉
> 20 주의 사자가 현몽하여 이르되 다윗의 자손 요셉아 네 아내 마리아 데려오기를 무서워하지 말라 그에게 잉태된 자는 성령으로 된 것이라
> 21 아들을 낳으리니 이름을 예수라 하라 이는 **그가 자기 백성을 그들의 죄에서 구원할 자이심**이라 하니라
> 〈더 제대로 된 번역〉
> 20 꿈에 주의 천사가 나타났다. 천사는 요셉에게 말했다. "다윗의 자손 요셉아. 마리아를 아내로 삼는 것을 두려워하지 마라. 마리아가 아기를 가진 것은 **성령께서 하신 일**이다.

> 요8:46 너희 중에 누가 나를 죄로 책잡겠느냐
> 〈더 제대로 된 번역〉
> **너희 중에 내가 죄인이라고 증명해 보일 수 있는 사람이 있느냐?**

> 고후5:21 하나님이 죄를 알지도 못하신 이를 우리를 대신하여 죄로 삼으신 것은 우리로 하여금 그 안에서 하나님의 의가 되게 하려 하심이라
> 〈더 제대로 된 번역〉
> 하나님이 **죄를 알지도 못하신 그리스도**를 우리를 위해 죄가 있게 하신 것은 **그**

■ 리스도 안에서 우리로 하여금 하나님의 의가 되게 하려 하심이라.

■ 벧전2:22,24 그는 죄를 범하지 아니하시고 그 입에 거짓도 없으시며... 친히 나무에 달려 그 몸으로 우리 죄를 담당하셨으니 이는 우리로 죄에 대하여 죽고 의에 대하여 살게 하려 하심이라
〈더 제대로 된 번역〉
그는 죄를 범하지 아니하시고 거짓을 말씀하신 적도 없다. 몸소 우리 죄를 걸머지고 십자가에 달려 돌아가심으로써 우리가 더 이상 죄를 위해 살지 않고 의를 위해 살 수 있게 하셨다. 그리스도께서 상처를 입으심으로써 우리가 낫게 된 것이다.

■ 히4:15 우리에게 있는 대제사장은 우리의 연약함을 동정하지 못하실 이가 아니요, 모든 일에 우리와 똑같이 시험을 받으신 이로되 죄는 없으시니라
〈더 제대로 된 번역〉
우리에게 있는 대제사장은 우리의 연약한 부분을 알고 계신다. 이 땅에 계실 때 그분은 우리와 마찬가지로 시험을 받으셨다. 그러나 죄는 없으셨다.

■ 요일3:5 그가 우리 죄를 없애려고 나타나신 것을 너희가 아나니 그에게는 죄가 없느니라

이 말씀들을 보면 예수 그리스도야말로 하나님 앞에서 '영화롭고 아름답게 보일 분'이십니다. 뿐만 아니라 모든 속죄받은 자로부터 '가장 영화롭고 아름다운 왕'으로 보여야 하며 섬김을 받아야 할 분이십니다.

우리는 이 예수 그리스도를 점점 더 뚜렷이 보고 날마다 영의 눈으로 바라보며 신령한 기쁨과 감격 속에서 살아야 합니다. 그 예수께서 나에게 너무도 소중하고 보배로운 자리에 있게 해야 합니다.

이 예수를 무엇보다 영화롭고 아름답게 볼 줄 모르는 영혼은 아직도 '감겨진 눈과 어두워진 마음의 소유자'입니다. 이런 사람은 그것을 알고 누리기까지는 아무리 그가 인간적으로 원하는 것이 다 이루어진다 할지라도 결코 만족한 신앙생활을 경험할 수가 없습니다.

그러므로 우리는 시간이 지날수록 영의 눈이 활짝 열리고 잠자고 병든 영혼이 깨어나고 치료되어서 세상의 어떤 것보다도 영화롭고 아름다우신 예수 그리스도를 점점 더 뚜렷하게 볼 수 있게 해야 합니다. 아무리 세상에서 부귀영화를 누린다 하더라도 이것을 차지하지 못한 성도는 참으로 불쌍한 사람입니다. 그 사람은 자기를 구속하고 구원해주신 영화롭고 아름다운 예수 그리스도를 아직 제대로 만나지 못한 사람이기 때문입니다.

제 41 강

⟨13⟩ 제사장과 대제사장(4)
[2] 제사장과 대제사장의 옷(2)
[3] 제작(제작자)(1)

⟨출39:2~6⟩

⟨더 제대로 된 번역⟩
2 그는 또 금 실과 청색 자색 홍색 실과 가늘게 꼰 베 실로 에봇을 만들었으되 3 금을 얇게 쳐서 오려서 실을 만들어 청색 자색 홍색 실과 가는 베 실에 섞어 정교하게 짜고 4 에봇에는 멜빵을 만들어서 조끼 위쪽 모서리에 달았다. 5 허리띠는 에봇의 하나로 이어지게 만들었다. 에봇과 같은 모양으로 금 실과 청색 자색 홍색 실과 가늘게 꼰 베 실로 에봇에 붙여 짰으니 여호와께서 모세에게 명령하신 대로 하였다. 6 그들은 또 줄마노를 깎아 금 테에 물려 도장을 새김 같이 이스라엘의 아들들의 이름을 그것에 새겨

⟨13⟩ 제사장과 대제사장(4)

[1] 제사장이 될 사람과 직분
[2] 제사장과 대제사장의 옷(2)
(1) 제사장의 옷

(2) 대제사장의 옷

1. 아론은 제사장 중에서도 대제사장입니다.
2. 아론은 예수 그리스도를 예표하는 대제사장이므로 하나님께서 그에게 '거룩한 옷'을 입혀 영화롭고 아름답게 하셨습니다.

3. 대제사장은 하나님께서 친히 선택하시고 거룩하고 영화롭고 아름답게 하신 자로서 그 직분을 수행하는 사람입니다.

"아론의 옷을 지어서 그를 거룩하게 하여 내게 제사장 직분을 행하게 하라(28:3)" 하셨습니다.

이렇게 처음부터 거룩한 자요, 완벽하게 죄인들을 구속할 수 있는 메시야(구세주)는 오직 하나님이 선택하여 세우신 대제사장 예수 그리스도뿐입니다.
'거룩한 옷'을 하나님께서 입게 하신 대제사장은 아론이듯이 '하나님께서 거룩하다 인정하시는 구세주는 오직 예수 그리스도뿐'이십니다.
그러므로 인간이면서 스스로 거룩하다 하는 자들은 결코 구세주가 될 수 없습니다. 하나님께서 거룩하다 인정하신 예수만이 제사장 직분을 수행하실 수 있습니다. 그분만이 우리의 모든 죄를 대속해주시는 것입니다. 그래서 "그를 거룩하게 하여 내게 제사장 직분을 행하게 하라" 하신 것입니다.

4. 하나님은 대제사장이 낳은 아들들에게 대제사장의 일을 보조하게 하셨습니다.

"아론과 그 아들들을 위하여 거룩한 옷을 지어 아론으로 내게 제사장 직분을 행하게 할지며(4절)" 하셨습니다.
제사장 직분의 수행은 어디까지나 아론에게 부여된 것입니다. 그런데 그것을 그 아들들이 도와서 하게끔 하셨으므로 그들도 '거룩한 옷'을 입어야 했습니다.
죄인들의 구원 사업은 예수 그리스도의 성품을 닮아 그리스도의 종으로 부르심을 받은 자들을 통해 끊임없이 이어지고 있는 것입니다. 이 아들들(종들)은 그리스도의 피로 결코 뗄 수 없는 확고한 인연을 맺은 자들입니다.
예수의 피로 예수와 인연을 맺은 자들이야말로 이 세상의 어떠한 혈연보다 '특별하고 영원한 혈연'을 가지고 있는 사람들입니다.

그리고 그 인연이 가져다주는 놀라운 성질은 '거룩함'입니다. 이 '거룩함을 입은' 그리스도인들은 우리의 대제사장이신 예수의 분부에 따라 제사장직을 수행할 수 있게 된 것입니다. 이처럼 '거룩하고 영화로운 일'이 또 어디에 있겠습니까?

당신은 이런 놀라운 제사장직을 **알고 있습니까?** 그리고 그것을 **정상적으로 제대로 수행하고 있습니까?** 만약 그렇지 못하다면 당신은 그 **'거룩한 옷'**을 어떻게 한 것입니까? 누가 빼앗아 갔습니까? 당신 스스로 벗어 던져버렸습니까? 아니면 그것을 그대로 입고 더러운 곳에서 더러운 일에 빠져 지내고 있는 것은 아닙니까?

그렇다면 그 죄악이 하나님 앞에서 **얼마나 큰지** 생각해야 합니다.

그러므로 **그리스도인이라** 하면서 거룩한 생활을 하지 않고, 죄인들이 회개하고 예수 믿게 하는 일(복음전파)을 하지 않는 성도들은 모두 **'큰 죄인들'** 입니다.

그들이 바로 **'거룩한 옷을 입은 채로 성전을 더럽히는 자들'** 이요, **'자기도 들어가지 않고 다른 사람도 들어가지 못하도록 막는 자들'** 입니다.

예수 믿고 회개하라고 전파하고 가르치지 않는 성도나 교회는 **무의미**하며 **무가치**하고, **큰 죄인**이요, **큰 범죄 집단**입니다. 이 얼마나 무서운 말입니까? 그런데 오늘날 이러한 성도들과 교회들이 많습니다.

[3] 제작(제작자)(1)

"너는 **내가 옷 짓는 일에 특별한 솜씨를 준 사람들**을 불러서 아론의 옷을 만들게 하여라. 그 옷을 아론에게 입혀 나를 섬길 거룩한 대제사장이 되게 하여라(28:3)" 하셨습니다.

(1) 하나님은 **'아론과 그 아들들을 거룩하게 하는 옷'** 만드는 일을 아무나 하게 하시지 않고 **'하나님의 도우심을 입는 사람'** 이 하도록 하셨습니다.

'영화롭고 아름다운 예수 그리스도', **'거룩한 예수 그리스도'**를 설명해 주는 의복을 어찌 하나님의 도우심을 받지 못하는 자가 만들 수 있겠습니까?

예수 그리스도와 그 복음(성막의 모든 것)을 **하나님 외에 누가 계획하고 주장할 수 있겠습니까?** 하나님의 도우심을 입어 만들어진 그 의복의 비밀을 하나님의 도우심 없이 어떻게 알 수 있겠습니까?

그러므로 우리가 이 모든 비밀을 자세하게 알게 되었다면 그처럼 **'복된 도우심'** 이 어디 있겠습니까? 참으로 이런 모든 하나님의 비밀을 깨닫게 된 사람들이야말로 **가장 큰 복을 받은 사람들**이고 **가장 큰 영광을 소유한 사람들**입니다.

(2) 하나님은 부르시고 쓰실 자에게 하나님의 뜻대로 임무를 수행할 수 있도록 특별한 은총을 주십니다.

그 의복을 만들 사람에게는 "내가 옷 짓는 일에 특별한 솜씨를 주었다" 하셨습니다.

> 출36:1 브살렐과 오홀리압과 및 마음이 지혜로운 사람 곧 여호와께서 지혜와 총명을 부으사 성소에 쓸 모든 일을 할 줄 알게 하신 자들은 모두 여호와께서 명령하신 대로 할 것이니라
> 〈더 제대로 된 번역〉
> 브살렐과 오홀리압과 다른 모든 손재주 있는 사람 곧 여호와께서 재주와 지혜를 부으사 성소에 쓸 모든 일을 할 줄 알게 하신 자들은 모두 여호와께서 명령하신 대로 할 것이니라.

"성소의 모든 것을 만드는 사람에게 다른 모든 손재주를 주신다" 하셨고 그것은 "여호와께서 재주와 지혜를 부으셔서 가지게 되는 것이라" 했습니다.

> 출36:2 모세가 브살렐과 오홀리압과 및 마음이 지혜로운 사람 곧 그 마음에 여호와께로부터 지혜를 얻고 와서 그 일을 하려고 마음에 원하는 모든 자를 부르매
> 〈더 제대로 된 번역〉
> 모세가 브살렐과 오홀리압과 및 여호와께서 재능을 주신 다른 모든 손재주 있는 사람을 불렀다. 그들은 일을 돕고 싶은 마음이 있어서 모였다.

그 거룩한 일을 하려고 부름을 받은 사람들은 이미 여호와께서 그들에게 재능을 주시고 그 거룩한 물건을 만드는 모든 손재주를 주셨다 했습니다. 뿐만 아니라 그들은 하나님의 일을 돕고 싶은 마음이 있어서 모였다 했습니다. 결코 아무나 불러서 쓰신 것이 아닙니다. 하나님과 직접적인 관계가 있는 사람이면서 하나님께서 특별한 재주와 지혜를 주시고 하나님께서 사용하시기에 합당한 사람을 부르시고 그 거룩한 일들을 하게 하신 것입니다.

이것은 오늘날도 마찬가지입니다.

여기서 우리가 깨달아야 할 것이 있습니다.
(1) 하나님의 일처럼 소중하고 가치 있는 일은 없습니다.

그러므로 그 일을 하는 사람들도 어떤 세상의 일을 하는 사람들보다 지혜로워야 합니다.

(2) 하나님의 일꾼이 지니는 지혜는 인간적인 지혜가 아니라 하나님의 뜻에 따라 정확하게 할 수 있는 지혜입니다.

이런 지혜는 '**하나님께 받아야 하는 것**' 입니다.
누가 하나님의 지혜를 스스로 터득할 수가 있겠습니까?
따라서 그 지혜는 '**하나님께서 지혜로운 영을 채워주심으로**(출28:3)', '**여호와께서 지혜와 총명을 부으심으로**(출36:1)' 얻는 것입니다. 그리고 '**여호와께 지혜를 얻음으로써**(출36:2)' 가질 수 있습니다.
이런 지혜를 하나님으로부터 받은 자가 되어서 일하는 사람이라야 **하나님께서 인정하실 일꾼**이 되는 것입니다.

그러므로 하나님의 거룩한 일을 맡은 자들은 하나님께서 주시는 이 지혜의 은총을 **간절히 구해야** 하며 반드시 받아야 합니다.
아무리 열심히 일해도 **하나님께서 원하는 것이 되지 못한다면** 그 일은 허사가 됩니다. 아무리 옷을 열심히 만들었다 해도 **아론이 입을 수 없는 옷**이라면 그 수고가 무슨 소용이 있겠습니까?
하나님의 지혜로 일하지 못하는 일꾼이나 그런 일들은 무용지물이 된다는 것을 깨달아야 합니다. 뿐만 아니라 그렇게 하는 자는 **하나님의 진노를 당하기도** 합니다.
ex)다른 불을 담아 분향하다 죽은 아론의 두 아들, 떨어지려는 법궤를 손으로 붙잡다가 죽은 웃사, 하나님의 뜻을 저버리고 아멜렉을 진멸하지 않은 사울 왕

> 욥12:13 지혜와 권능이 하나님께 있고 계략과 명철도 그에게 속하였나니
> 〈더 제대로 된 번역〉
> 그러나 **참된 지혜와 권능은 하나님께 있고 모략과 총명도 그분께 있다.**

불완전하고 부패 타락한 인간에게서 나온 지혜가 아닌 "**참된 지혜와 권능은 하나님께 있다**" 했고 "**진정한 모략과 총명도 하나님께 있다**" 했습니다.
그러므로 **하나님의 명령을 수행하는 사람들은 하나님이 가지고 계신 참된 지혜와 권능, 모략과 총명을 받아야** 합니다.

오늘날 많은 목사들과 성도들이 **이것을 깊이 깨닫지 못하여 이것을 받기 위해 간절히 구하지 않고**, 또 그것을 받을 수 있는 사람되기 위한 준비에 힘쓰지 않고 보잘것없는 인간의 지혜와 재능으로, 또 인간의 수단과 방법으로 하나님의 일을 한다고 하다가 **하나님의 뜻을 크게 그르치며 하나님께 칭찬이 아니라 책망을 받게** 됩니다.

■ 잠2:2 네 귀를 지혜에 기울이며 네 마음을 명철에 두며

이 말씀에서도 하나님의 일을 하는 사람들은 하나님의 지혜에 귀를 기울이고 그 하나님의 명철에 마음을 두어야 한다고 했습니다. 그런데 **하나님의 지혜와 명철이 가득히 담긴** 하나님의 말씀을 멀리하고, 깊이 깨닫지 못하며 그 영혼이 치료되고 변화하지 못한 사람들이 어찌 하나님의 일을 하나님의 뜻에 맞게 지혜롭게 할 수가 있겠습니까?

■ 잠2:6 대저 여호와는 지혜를 주시며 지식과 명철을 그 입에서 내심이며

하나님께 부르심을 받고 하나님의 일을 하는 사람들은 **하나님께서 주시는 지혜**를 받아야 하고 그 **지식**과 **명철**을 받아야 합니다. 그러나 오늘 이러한 은총을 누리지 못하는 일꾼들이 교회 안에 너무나도 많습니다.

■ 잠2:7 그는 정직한 자를 위하여 완전한 지혜를 예비하시며 행실이 온전한 자에게 방패가 되시나니
〈더 제대로 된 번역〉
그는 정직한 자를 위하여 성공을 예비하시고 흠 없는 사람을 보호해주시니

여기에 하나님으로부터 거룩한 사명을 받을 뿐 아니라 그 사명을 제대로 수행할 수 있는 사람들이 누군가 하는 것이 설명되어 있습니다.

우선 그는 **정직한 자**가 되어야 한다고 했습니다. 하나님도 속일 수 있는 것처럼 생각하고 자기도 속이고 사람을 속이는 자들은 결코 하나님의 일꾼이 될 수 없습니다. 하나님 앞과 사람들 앞과 자기 자신에 대해 정직한 자에게 **성공을 예비**하시고, 또한 그런 일을 충성스럽게 하는 사람을 **흠 없는 사람이라고 인정해주시고 보호해주신다**는 것입니다.

그러나 오늘날 이렇게 하나님과 사람들과 스스로에게 정직하지 못하여 아무리 힘쓰고 애써도 성공하지 못하고 하나님의 세심한 보호를 받지 못하는 사람들이 너무나도 많습니다.

우리 모든 하나님의 일꾼은 **하나님으로부터** "너는 정직한 자다" 라고 인정을 받는 사람이 되기 위해 힘써야 하고 하나님은 그러한 사람을 여전히 불완전함이 있음에도 불구하고 '흠 없는 사람'으로 인정해주시고 그가 맡은 모든 일에 대해 성공을 예비하시고 그와 그 모든 일을 하나님께서 보호해주시는 은총을 누리기 위해 전력을 다해야 합니다. 내가 지금까지 과연 이렇게 해왔는가 살펴보시기 바랍니다.

> 잠2:20 지혜가 너를 선한 자의 길로 행하게 하며 또 의인의 길을 지키게 하리니
> 〈더 제대로 된 번역〉
> 그러므로 너는 선한 사람의 길을 걸으며 의로운 사람의 길에 굳게 서라.

하나님께 부르심을 받고 충성되고 능력 있는 일꾼이 되려 하는 자는 선한 사람의 길을 걸어야 하고 의로운 사람의 길에 굳게 서야 한다 했습니다. 즉 오직 하나님을 주인 삼으며 철저하게 자기를 부인하고 자기 십자가를 지고 주님의 뒤를 정직하게 따르는 사람이 되어야 하고 이런 사람이 바로 선한 사람의 길을 걷는 사람이요, 의로운 사람의 길에 굳게 서 있는 사람임을 깨우쳐주는 말씀입니다.

그러나 오늘날 하나님이 아닌 자신과 사람과 세상 것들이 주인이고, 자기를 부인하지 않고 자기 십자가를 지지 않으며 오히려 자기의 온갖 부패한 정욕과 탐심을 이루려고 애를 쓰고, 하나님의 말씀을 지키고 사명을 충실히 감당함에서 오는 손해나 핍박을 당하지 않으려고 하면서 '나는 신앙생활 제대로 하고 있다'고 여기거나 '나는 목사의 일을 제대로 수행하고 있다'고 생각하는 사람들이 많습니다.

그들이 가는 길은 선한 사람의 길이 아니며 그들이 굳게 서 있는 곳은 의로운 사람의 길 위가 아닙니다. 그렇다면 그들은 악한 사람의 길을 걷고 있으며 악한 사람의 길 위에 굳게 서 있는 것입니다.

> 〈잠3:13~16〉
> 13 지혜를 얻은 자와 명철을 얻은 자는 복이 있나니
> 14 이는 지혜를 얻는 것이 은을 얻는 것보다 낫고 그 이익이 정금보다 나음이니라
> 15 지혜는 진주보다 귀하니 네가 사모하는 모든 것으로도 이에 비교할 수 없도다
> 16 그의 오른손에는 장수가 있고 그의 왼손에는 부귀가 있나니
> 〈더 제대로 된 번역〉
> 13 지혜를 발견하고 총명을 얻는 자는 복이 있다.
> 15 지혜는 진주보다 귀하니 → 지혜는 보석보다 값지니

"하나님이 가지고 계신 지혜를 발견하고 총명을 얻는 자가 복이 있다" 했습니다. 그가 얻은 지혜는 **"은보다 낫고 그 이익이 정금보다 낫다"**고 했고 그 지혜는 **"보석보다 값지다"** 했습니다. 따라서 그 하나님으로부터 받은 지혜와 명철은 **"사람들이 사모하는 그 모든 것으로도 비교할 수 없다"** 했습니다. 뿐만 아니라 **"그 사람의 오른손에는 장수가 있고 그의 왼손에는 부귀가 있다"** 했습니다.

사람들은 누구나 은금을 더 중요하게 여기고 장수와 부귀영화를 얻기를 바라지만 그것을 진정으로 차지하는 사람은 **하나님으로부터 지혜와 명철을 받은 사람**입니다. 그런 사람은 **하나님의 뜻을 정확하게 이루며 많은 사람을 구원 얻게 하고 영육 간에 복을 받게** 합니다.

따라서 그 사람은 **하나님께서 약속하신 온갖 복**을 누리게 되는데 사람들이 그토록 원하는 **장수와 부귀의 복**도 이 땅에서도 얼마든지 누리게 됩니다. 그러나 그가 천국에 이르게 되면 그는 참으로 이 땅에서 누리던 **그 어떤 부귀영화보다도 더 놀라운 것들을 영원토록 누리게** 되는 것입니다.

> 잠3:35 지혜로운 자는 영광을 기업으로 받거니와 미련한 자의 영달함은 수치가 되느니라
> 〈더 제대로 된 번역〉
> 下어리석은 자는 수치를 당할 것이다.

하나님께서 주시는 지혜를 가진 사람은 수치가 아니라 영광을 자자손손이 누리게 되며 하나님께로부터 지혜를 얻지 못한 사람, 즉 어리석은 사람들은 아무리 힘쓰고 애써도 **수치를 당할 뿐**이라는 것입니다.

> 잠14:1 지혜로운 여인은 자기 집을 세우되 미련한 여인은 자기 손으로 그것을 허느니라
> 〈더 제대로 된 번역〉
> 자기 집을 세우되 → 자기 집을 번영하게 하지만

하나님께 지혜를 받은 사람은 **자기와 집안을 영육 간에 번영하게** 하지만 하나님께 지혜를 받지 못한 사람은 인간의 노력으로 온갖 죄악을 지으면서 자기와 자기 집안을 잠시 번영하게 할 수는 있으나 **결국은 스스로 그 모든 것을 헐게** 된다고 했습니다. 왜냐하면 그는 **하나님을 제대로 알 수도 없고 섬길 수도 없으며 하나님의 말씀대로 뜻대로 순종하며 살지 못하여** 온갖 죄악에 빠져 살게 되기 때문입니다.

> 잠14:16 지혜로운 자는 두려워하여 악을 떠나나 어리석은 자는 방자하여 스스로 믿느니라
> 〈더 제대로 된 번역〉
> 지혜로운 자는 여호와를 경외하고 악한 일을 멀리하나 어리석은 자는 제멋대로 행동한다.

하나님의 지혜를 받지 못한 자, 즉 어리석은 자는 왜 망하게 되는지를 설명

하고 있습니다. 그것은 **하나님의 뜻과 상관없이 제멋대로 살기 때문**입니다. 그러나 하나님의 지혜를 받은 사람은 **여호와를 경외하고 악한 일을 멀리합**니다. 즉 **하나님 앞에서 범죄하지 않기 위해 조심하며 범죄와 싸운다**는 것입니다.

> 잠15:7 지혜로운 자의 입술은 지식을 전파하여도 미련한 자의 마음은 정함이 없느니라
> 〈더 제대로 된 번역〉
> 정함이 없느니라→ 그렇지 않다.

하나님께로부터 지혜를 받지 못한 사람(미련한 사람)**의 마음은 참된 지식을 전파하지 않는다**는 것입니다. 그는 입술을 열어 말할지라도 **진정한 지식을 전파하지 않고 헛된 것과 거짓된 것을 전파**함으로 **자신뿐 아니라 가족들, 자기가 상대했던 모든 사람을 멸망하게** 합니다.

> 잠23:19 내 아들아 너는 듣고 지혜를 얻어 네 마음을 바른 길로 인도할지니라
> 〈더 제대로 된 번역〉
> 바른 길로 인도할지니라→ 바른 길에 두어라.

하나님의 말씀을 경청하는 자만이 하나님의 지혜를 얻을 수 있습니다. 그리고 그 **마음을 바른 길에 둘 수가 있습니다**. 그러나 아무리 똑똑해도 하나님의 말씀을 열심히 읽고 듣고 배우지 않는 사람은 하나님의 지혜를 얻을 수 없으며 결코 그 마음을 바른 길에 둘 수 없습니다. 따라서 그러한 자들은 자기 뜻을 이룬다 할지라도 **바르지 않은 길로 치달아감으로 온갖 수욕을 당하고 멸망할 뿐**입니다.

제 42 강

〈13〉 제사장과 대제사장(5)
[3] 제작(제작자)(2)

〈출36:1~2〉

1브살렐과 오홀리압과 및 마음이 지혜로운 사람 곧 여호와께서 지혜와 총명을 부으사 성소에 쓸 모든 일을 할 줄 알게 하신 자들은 모두 여호와께서 명령하신 대로 할 것이니라 2모세가 브살렐과 오홀리압과 및 마음이 지혜로운 사람 곧 그 마음에 여호와께로부터 지혜를 얻고 와서 그 일을 하려고 마음에 원하는 모든 자를 부르매

〈13〉 제사장과 대제사장(5)

[1] **제사장이 될 사람과 직분**
[2] **제사장과 대제사장의 옷**
(1) **제사장의 옷**
(2) **대제사장의 옷**

[3] **제작(제작자)(2)**
(1) 하나님의 일처럼 소중하고 가치있는 일은 없습니다.

(2) 하나님의 일꾼이 지니는 지혜는 인간적인 지혜가 아니라 하나님의 뜻에 따라 정확하게 할 수 있는 지혜입니다.

> 잠24:3 집은 지혜로 말미암아 건축되고 명철로 말미암아 견고하게 되며
> 〈더 제대로 된 번역〉
> 건축되고→ 세워지고

우리의 힘쓰고 애쓰는 모든 것들이 제대로 세워지려면 하나님께서 주시는 지혜와 명철을 받아야 합니다. 그렇지 않으면 모든 것들이 세워지는 듯하다가도 무너지게 됩니다. 그것들은 결코 견고하게 될 수가 없습니다.
그래서 하나님을 알기를 싫어하고 하나님을 떠난 사람들 중에는 세계가 알아보는 영웅호걸이 되었다 할지라도 그들의 모든 것은 경각 간에 허물어지고 말았습니다.

> 전2:26 하나님은 그가 기뻐하시는 자에게는 지혜와 지식과 희락을 주시나 죄인에게는 노고를 주시고
> 〈더 제대로 된 번역〉
> 하나님은 그가 기뻐하시는 자에게는→하나님께서 보시기에 좋은 사람에게는

하나님 보시기에 좋은 사람이 누구일까요?

예수 그리스도를 믿고 모든 죄를 용서받아 하나님의 자녀가 된 사람입니다. 뿐만 아니라 하나님을 무엇보다도 두려워하며 사랑하여 하나님의 말씀에 항상 귀를 기울이고 그것을 지키기 위해 항상 힘쓰고 애쓰는 사람입니다. 이런 사람에게 참된 지혜와 지식과 기쁨과 즐거움을 주십니다. 그러나 그렇지 못한 사람들, 즉 죄인들은 힘들고 고통스러운 삶을 살게 하십니다.

그러므로 진정한 지혜와 지식과 기쁨과 즐거움을 받아 누리기를 원한다면 **하나님 보시기에 좋은 사람**이 되어야 합니다. 그러나 많은 성도들마저 이런 사람이 되지 못하고 여전히 죄인의 자리에 있으므로 그 신령한 복을 받지도, 누리지도 못하고 있습니다.

전도서 9장 18절에 **"지혜가 무기보다 나으니라"** 했습니다.

참으로 그렇습니다. **하나님이 주시는 지혜**는 악인들이 가진 강력하고 많은 무기도 꺾고 무기력하게 하여 이기게 합니다. 왜냐하면 그 지혜는 결코 마귀를 따라가거나 범죄하지 않게 해주기 때문입니다. 그래서 결코 강하게 보이지 않으며 무엇도 자랑할만한 것이 없어 보이는 사람일지라도 참으로 예수 그리스도를 믿고 하나님을 경외하는 사람은 하나님께서 주시는 지혜를 갖게 되고 가장 강력한 불신자, 우상숭배자들보다 뛰어나게 되며 승리하게 됩니다. 하나님을 알지도 못하고 하나님께 지혜를 받지 못하는 자들은 아무리 강력한 것을 가진다 해도 결코 하나님의 사람들을 이길 수 없습니다.

> 전12:11 지혜자들의 말씀들은 찌르는 채찍들 같고 회중의 스승들의 말씀들은 잘 박힌 못 같으니 다 한 목자가 주신 바이니라
> 〈더 제대로 된 번역〉
> 지혜자들의 말씀들은 찌르는 채찍들 같고 그들이 수집한 말씀들은 잘 박힌 못과 같으니 이는 모두 한 목자의 말씀이라.

우리의 진정한 목자 예수 그리스도로부터 나온 말씀이야말로 **참 지혜의 말씀**입니다. 그리고 그 말씀들을 받은 **하나님의 사람들의 입에서 나오는 말씀들은 사람들의 어리석음과 죄를 확실하게 깨닫도록** 해주며 **잘 박힌 못과 같**

이 **마음 판에 깊이 새겨야 할 말씀**입니다. 그 한 목자이신 예수께서 보내신 지혜자들의 말씀을 받아들이고 따르는 사람들은 **어리석음을 저지르지 않게** 되며, 어리석음과 죄악들을 **회개하여 사함 받게** 됩니다. 그들은 그 말씀을 **마음에 명심하고 순종함으로써** 참으로 지혜로운 삶을 살게 됩니다.

모든 제사장은 이렇게 **한 목자이신 주님께서 인정하시는 지혜자들**이 되어야 합니다.

> 마7:24 누구든지 나의 이 말을 듣고 행하는 자는 **그 집을 반석 위에 지은 지혜로운 사람** 같으리니
> 〈더 제대로 된 번역〉
> 나의 이 말을 듣고 행하는 자는 → 내 말을 듣고 그대로 행하는 사람은

주님의 말씀을 들을 뿐 아니라 **행하는 사람**은 그 모든 수고가 헛되이 되지 않는 삶을 살게 됩니다. 따라서 그가 짓는 집은 **반석 위에 짓는 집**과 같이 됩니다. 이런 사람이 **참으로 지혜로운 사람**입니다.

> 마10:16 보라 내가 너희를 보냄이 양을 이리 가운데로 보냄과 같도다 그러므로 너희는 **뱀 같이 지혜롭고 비둘기 같이 순결하라**
> 〈더 제대로 된 번역〉
> 양을 이리 가운데로 보냄과 같도다 → 마치 늑대 우리 속으로 양을 보내는 것과 같다.

예수께서는 우리를 **이 세상에서 빛과 소금이 되게 하시는데 우리는 마치 늑대 우리 속으로 보내진 것과 같다** 하셨습니다. 양 앞의 늑대는 먹잇감을 보고 달려드는 맹수입니다. 그 입에서 벗어나는 방법은 **하나님께서 주시는 지혜를 가지고 살고 순결해지는 것**입니다. 즉 언제 어디서나, 어떠한 형편과 처지에서든지, 아무리 위험한 상황 가운데서도 **오직 하나님의 말씀만을 지키고 그 말씀을 범하지 않음으로써 성결해져야** 합니다.

제사장은 먼저 자신이 이런 사람이 되어야 하며 **하나님의 모든 어린 양들**로 하여금 이런 사람이 되게 해야 합니다. 나는 과연 그런 제사장인지 돌아보시기 바랍니다.

> 행6:10 스데반이 **지혜와 성령으로 말함을** 그들이 능히 당하지 못하여

스데반은 세상의 지혜와 사람의 능력이 아니라 **하나님이 주신 지혜와 성령의 감화와 감동을** 받아 말했습니다. 마귀에게 속한 자들은 결코 이런 사람을 이겨낼 수 없습니다.

그러므로 우리는 스데반과 같이 **하나님께서 주시는 지혜와 지식으로 충만해져야** 하며 성령께서 하게 하시는 말씀을 증거할 수 있어야 합니다. 즉 말씀과 믿음과 성령이 충만한 사람이 되어야 합니다.

> 고전3:19 이 세상 지혜는 하나님께 어리석은 것이니 기록된 바 하나님은 지혜 있는 자들로 하여금 자기 꾀에 빠지게 하시는 이라 하였고
> 〈더 제대로 된 번역〉
> 하나님께 어리석은 것이니 → 하나님께서 보시기에 어리석은 것이다.

세상 지혜, 즉 사람에게서 나온 지혜, 더 분명히 말하면 **사탄에게서 나오는 지혜와 지식은 하나님께서 보시기에 다 어리석은 것일 뿐**이라는 말입니다. 하나님은 그런 지혜와 지식을 가지고 자랑하고 뽐내는 자들로 하여금 **그 어리석은 꾀에 빠지게 하신다**고 하셨습니다.

그들은 **자기 꾀에 자기가 빠지는** 것입니다. 그래서 **끊임없이 범죄하고 온갖 형벌을 받으며 영원한 멸망을 당하게** 됩니다.

이렇게 되지 않는 방법은 **오직 예수 그리스도를 믿어 하나님께서 주시는 지혜와 지식을 가지고 살아가는** 것입니다.

제사장은 바로 이런 사람이 되어야 하며 하나님의 백성들을 이런 사람들이 되도록 가르치고 훈련해야 합니다.

> 고전3:20 주께서 지혜 있는 자들의 생각을 헛것으로 아신다 하셨느니라

예수께서는 **예수도 알지 못하는 사람으로서 지혜가 있다고 하는 사람들의 생각을 헛것으로 아신다**고 하셨습니다. 그러므로 헛것을 가르치는 자들이나 그것을 좋게 여기며 받는 사람들의 결말이 어찌 되겠습니까?

우리 모든 성도(제사장)는 또다시 이렇게 되어서는 안 됩니다. 그런데 많은 목사와 교회지도자들마저 이렇게 **주께서 헛것으로 아시는 세상의 지혜들을** 가지고 설교도 하고 목회도 하고 있습니다. 얼마나 **불쌍한 사람들**입니까?

> 딤후3:15 또 어려서부터 성경을 알았나니 성경은 능히 너로 하여금 그리스도 예수 안에 있는 믿음으로 말미암아 구원에 이르는 지혜가 있게 하느니라

바울은 제자 디모데가 **어려서부터** 성경을 잘 배우고 깨달으며 말씀대로 살았음에 대해 칭찬하고 있습니다. 디모데가 그런 사람이었기에 **예수안에 있는 믿음으로 말미암아 구원에 이르는 지혜가 충만하게** 되었던 것입니다. 그는 바울 이후에 가장 위대한 속사도가 되었고 많은 사람을 구원 얻게 했습니다.

디모데가 이렇게 할 수 있었던 것은 세상 지식이 많고 인간적으로 지혜롭고 똑똑해서가 아니라 어려서부터 성경을 열심히 읽고 배우며 예수 그리스도를 통한 구원의 지혜가 충만했기 때문입니다. 즉 말씀과 믿음과 성령이 충만했습니다.

> 약1:5 너희 중에 누구든지 지혜가 부족하거든 모든 사람에게 후히 주시고 꾸짖지 아니하시는 하나님께 구하라 그리하면 주시리라
> 〈더 제대로 된 번역〉
> 너희 중에 지혜가 부족하거든 하나님께 구하라. 하나님은 자비로우셔서 모든 사람에게 나눠주시는 것을 즐거워하신다. 따라서 필요로 하는 지혜를 주실 것이다.

우리(신약시대의 제사장)들은 하나님이 주시는 지혜를 충분하게 지녀야 하는데 예수를 믿었다고 하여 처음부터 그렇게 되는 것은 아닙니다. 그 지혜를 하나님께 구해야 합니다.

하나님은 신분과 상관없이, 인물의 잘남과 못남과 상관없이 예수를 믿고 하나님께 구하는 모든 제사장에게 그 지혜들을 주시기를 즐거워하신다고 하셨습니다. 따라서 누구든지 구하면 얼마든지 받을 수 있습니다.

우리는 하나님께 구하여 더욱더 하나님의 지혜로 충만한 사람이 되기를 힘써야 합니다. 즉 말씀 충만한 사람이 되어야 합니다.

> 약3:13 너희 중에 지혜와 총명이 있는 자가 누구냐 그는 선행으로 말미암아 지혜의 온유함으로 그 행함을 보일지니라
> 〈더 제대로 된 번역〉
> 그는 올바른 삶을 통해 겸손함으로 자신의 지혜를 보여야 한다.

신약 시대의 제사장이 되었다는 사람이 하나님이 주시는 지혜와 총명이 있다고 말할 수 있으려면 그는 하나님 보시기에 올바른 삶을 통해 겸손함으로 자신의 지혜를 보여야 한다 했습니다.

이 말은 사람의 지혜와 지식이 아무리 충만하다 할지라도 그 모든 것이 하나님 앞에서 어리석은 것임을 확실히 깨닫아 다 하나님 앞에 내려놓고, 그 대신 하나님께서 주시는 지혜와 지식과 총명으로 충만하기를 힘써야 한다는 것입니다. 이것이 바로 하나님 앞에서 겸손한 사람입니다.

그리고 이런 사람은 그 지혜와 지식과 총명으로 자신과 삶이 점점 새로워지고 거룩해지며 하나님께서 원하시는 선한 열매를 맺는 것을 사람들에게 보여주어야 합니다. 하나님의 진실한 제사장은 바로 이런 사람입니다.

이런 것은 제대로 하지 못하면서 세상적인 지혜와 지식을 가지고 뽐내며 대접받으려고 하는 사람들은 **참으로 불쌍한 사람들**입니다.

> 약3:17 오직 위로부터 난 지혜는 첫째 성결하고 다음에 화평하고 관용하고 양순하며 긍휼과 선한 열매가 가득하고 편견과 거짓이 없나니
> 〈더 제대로 된 번역〉
> 오직 위로부터 난 지혜는 첫째 성결하고 다음에 화평하고 양순하며 즐겁다. 또한 어려움에 빠진 자들을 돕고, 다른 사람들을 위해 선한 일을 하려고 애쓴다. 늘 공평하며 정직하다.

이 말씀은 하나님으로부터 온 지혜를 더 구체적으로 설명하고 있습니다.

그 지혜를 받은 사람은 무엇보다 먼저 **성결한 사람**이 된다고 했습니다. 그런 사람은 말씀에 비추어 자신의 어리석음과 죄를 끊임없이 발견하고 깨달으며 철저하게 회개하고 그 말씀대로 지키기 위해 전력을 다합니다. 또한 화평하기를 힘쓰고 양순해지며 하나님이 주시는 즐거움을 누립니다. 뿐만 아니라 어려움에 빠진 사람들을 돕고 다른 사람을 위해 선한 일을 애써서 합니다. 왜냐하면 이 사람은 자신도 전에 많은 어려움에 빠졌었는데 하나님께로부터 온 지혜를 받고 보니 전의 자신과 같이 변화되지 못한 삶을 사는 사람들이 너무 많다는 것을 알게 되기 때문입니다. 그래서 **자동반사적으로 어려움에 빠진 사람들을 돕고 다른 사람들을 위해 선한 일을 하려고 애를 쓰게 됩니다.** 뿐만 아니라 점점 더 **공평하며 정직한 사람**이 됩니다.

이 모든 것은 **위로부터 난 지혜**(하나님께서 주시는 지혜)를 **점점 더 받고 사는 사람들**이 할 수 있습니다.

모든 신약 시대의 제사장(성도)들은 바로 이런 사람이 되어야 합니다.

과연 오늘날 성도들은 이런 사람이 되고 있는 것입니까? **목사들과 교회지도자들**이 먼저 이런 사람이 되고 있습니까? 그리고 성도들을 과연 이런 사람이 되도록 제대로 성장시키고 있습니까?

우리 성도들, 특히 목사들과 지도자들은 나 자신과 그동안의 삶과 모든 사역을 이 말씀들에 비춰보고 **회개할 것은 즉시 회개하고 성도답게, 목사와 교회지도자들답게 처신해야** 합니다.

> 잠21:30 지혜로도 못하고 명철로도 못하고 모략으로도 여호와를 당하지 못하느니라
> 〈더 제대로 된 번역〉
> 여호와를 거스르는 것은 그 어떤 지혜, 통찰력, 계획으로도 성공하지 못한다.

많은 사람이 자기 노력으로 가지게 된 지식과 경험과 지혜를 그대로 가지고 신앙생활도 하고 목사와 교회지도자들의 일을 하려고 합니다. **하나님의 지혜를 구하지 않고 인간의 지혜와 지식과 경험과 재주를 가지고 하나님의 말씀과 뜻에 상관없이 하나님을 섬기겠다고** 합니다. 그러나 그 모든 것은 하나님 앞에서 **어리석고 헛된 것**에 불과하므로 그가 하는 모든 일은 결국 **하나님을 거스르는 것**이 되고 다 **실패로 끝나게** 됩니다. 그렇게 되지 않으려면 **오직 하나님께서 주시는 지혜를 받아야** 합니다.

그러므로 성도들은 반드시 **주야로 하나님의 말씀을 읽고 연구하고 묵상해야** 하며 나보다 더 성경을 잘 아는 사람들에게 달려가서 열심히 듣고 배워야 합니다. 그리고 그 말씀대로 지키기 위해 전력을 다해야 하고 그것을 잘 할 수 있도록 훈련이 되어야 합니다. 여기에서 실패하는 사람들은 결코 신약시대의 제사장이 될 수 없으며 더구나 하나님의 진실한 종이 될 수 없습니다. 그런데 오늘날 이런 사람들이 교회 안에 너무나도 많습니다.

> 롬11:33 깊도다 하나님의 지혜와 지식의 풍성함이여, 그의 판단은 헤아리지 못할 것이며 그의 길은 찾지 못할 것이로다
> 〈더 제대로 된 번역〉
> 헤아리지 못할 것이며 → **헤아릴 수 없으며**
> 찾지 못할 것이로다 → **아무도 찾을 수가 없다.**

사람의 힘으로는 하나님의 판단을 헤아릴 수 없으며 하나님의 길을 아무도 찾을 수 없다고 했습니다. 그것은 예수를 믿기 이전의 모든 사람은 **전적으로 부패하고 타락한 사람들**이기 때문입니다. 이런 사람들은 **우선 예수를 확실하게 믿어서** 모든 죄를 사함 받고 하나님의 자녀가 되어야 하며 **하나님께서 주시는 지혜와 지식을 받아야** 합니다.

그런데 **하나님께서 주시는 지혜와 지식은 풍성하다**고 했습니다. 즉 사람들이 알아야 할 것에 **모자람이 없으며** 그 사람들을 거룩하고 복된 삶으로 이끄는 데 **조금도 부족함이 없다**는 것입니다.

그러므로 **하나님의 지혜와 지식을 점점 더 받는** 사람들은 예수를 알지도 못하면서 세상적으로 가장 학식이 많고 지혜와 명철이 뛰어난 어떤 사람들보다도 **가장 지혜로운 삶을 살게** 되며, **많은 사람을 구원**하며, 그 자신과 그의 사람들이 하나님께서 주시는 **풍성한 복을 받아 누리게** 됩니다.

우리 신약의 성도(제사장)들은 다 이런 사람이 되어야 합니다. 세상에서 인

간들이 만든 지혜와 지식과 기술들을 아무리 열심히 배우고 습득한다 할지라도 거기에는 결코 만족함이 있을 수 없으며 그 모든 것은 결국 다 낡아지고 사라져 버릴 것에 지나지 않습니다.

그러므로 우리는 **이 하나님의 지혜와 지식의 풍성함을 제쳐놓고 세상 것들을 얻겠다고 힘쓰는 어리석음을 범하지 말아야** 합니다. 또한 우리 모든 신약의 제사장들, 특히 **목사들과 교회지도자들이야말로** 이 하나님의 지혜와 지식의 풍성함을 먼저 충분히 받아 누리는 사람이 되어야 하며 세상의 그 무엇이 아니라 **이 하나님의 지혜와 지식을 다른 모든 사람에게 열심히 나눠주어야** 합니다. 이런 사람이야말로 **지혜롭고 충성된 종**입니다.

> 고전1:25 하나님의 어리석음이 사람보다 지혜롭고 하나님의 약하심이 사람보다 강하니라
> 〈더 제대로 된 번역〉
> 하나님의 어리석음이 사람의 지혜보다 지혜롭고 하나님의 약하심이 사람의 강함보다 더 강하다.

하나님께 어리석음이란 있을 수 없습니다. **하나님의 지혜 중에 가장 작은 것이라도 어떤 사람의 지혜보다 우월하다**는 것입니다. 또한 하나님께는 약하심이 있을 수가 없습니다. 그러나 **하나님의 가장 약해 보이는 부분도 그 어떤 사람의 강함보다 더 강하다**는 말입니다.

그러므로 **하나님을 가까이하고 하나님께서 주시는 지혜와 하나님께서 주시는 강함을 소유하는 자들은 누구보다도 지혜로운 자가 되며 누구도 적수가 될 수 없습니다.**

모든 신약 시대의 성도들은 바로 이런 사람이 돼서 사람들을 **지혜의 초장으로 인도하고** 세상에서 가장 약하고 보잘것없는 사람들을 **진정 강한 사람으로 변화시켜주어야** 합니다.

> 골2:3 그 안에는 지혜와 지식의 모든 보화가 감추어져 있느니라

하나님과 성경 안에는 우리 인간들이 참으로 알아야 하고 소유해야 할 모든 지혜와 지식이 가득한데 그것이 인간 모두에게 주어지는 것은 아니라는 것입니다. 그래서 **감추어져 있다** 한 것입니다.

예수를 믿고 성령의 인도를 받는 사람들만이 이 감추어져 있는 하나님의 지혜와 지식을 차지할 수 있습니다. 그것은 사람들이 생각한 것보다 훨씬 **값진 보물**입니다. 성경과 예수 안에는 그 값진 보배들이 **가득 차 있습니다.**

그러므로 **예수 그리스도를 정확하게 믿고 성령의 지시와 인도를 받고 사는 사람들, 하나님의 말씀에 순종하며 사는 사람들**은 시간이 지날수록 **이 감추어져 있던 그 보배로운 지혜와 지식을 더 많이 받아 누리며 살 수가** 있습니다. 이런 사람들은 **아무리 세상에서 환난과 시련이 많다 할지라도 언제나 영적으로 만족해하며, 신령한 기쁨과 즐거움을 누리고 감사하며 찬송하며** 살게 됩니다. 우리 모든 신약의 성도(제사장)들은 바로 **이런 사람이 되어야 하고 이런 삶을 보여줘야** 합니다.

과연 내가 지금 그렇게 하고 있는가 점검해보시기 바랍니다.

제 43 강

⟨13⟩ 제사장과 대제사장(6)
[3] 제작(제작자)(3)

⟨출36:1~2⟩
1브살렐과 오홀리압과 및 마음이 지혜로운 사람 곧 여호와께서 지혜와 총명을 부으사 성소에 쓸 모든 일을 할 줄 알게 하신 자들은 모두 여호와께서 명령하신 대로 할 것이니라 2모세가 브살렐과 오홀리압과 및 마음이 지혜로운 사람 곧 그 마음에 여호와께로부터 지혜를 얻고 와서 그 일을 하려고 마음에 원하는 모든 자를 부르매
⟨더 제대로 된 번역⟩
1브살렐과 오홀리압과 다른 모든 손재주 있는 사람 곧 여호와께서 재주와 지혜를 부으사 성소에 쓸 모든 일을 할 줄 알게 하신 자들은 모두 여호와께서 명령하신 대로 할 것이니라. 2모세가 브살렐과 오홀리압과 및 여호와께서 재능을 주신 다른 모든 손재주 있는 사람을 불렀다. 그들은 일을 돕고 싶은 마음이 있어서 모였다.

⟨13⟩ 제사장과 대제사장(6)

[1] 제사장이 될 사람과 직분
[2] 제사장과 대제사장의 옷

[3] 제작(제작자)(3)

(1) 하나님의 일처럼 소중하고 가치있는 일은 없습니다.
(2) 하나님의 일꾼이 지니는 지혜는 인간적인 지혜가 아니라 하나님의 뜻에 따라 정확하게 할 수 있는 지혜입니다.

(3) 하나님으로부터 지혜를 얻은 사람은 '무슨 일을 해야 하며 그것이 어떻게 될지' 알게 하십니다.

'여호와께서 재주와 지혜를 부으사 성소의 쓸 모든 일을 할 줄 알게 하심을 입은 자들' 이라 했습니다(1절).

당신은 아직 **무슨 일을 해야 할지** 모르지는 않습니까? 할 일은 알았으나 **어떻게 해야 할지** 몰라서 구체적이고 효과적으로 일하지 못하고 있지는 않습니까? 그렇다면 '**하나님으로부터 오는 지혜**'를 주시라고 부르짖어 기도하시기 바랍니다.

우리 모든 성도들, 특히 목사들과 교회지도자들은 이런 **하나님의 지혜가 충만하게 되도록 말씀을 열심히 읽고 배워야** 합니다. 뿐만 아니라 **그것을 깊이 깨달아 내 것이 되도록 쉬지 않고 부르짖어 기도해야** 합니다. 이런 노력을 기울이지 않는 성도는 결국 무슨 일을 어떻게 해야 할지 몰라서 하나님께서 맡겨주신 거룩한 사명을 제대로 감당해 낼 수가 없습니다.

(4) 하나님으로부터 지혜를 얻은 사람은 자기가 할 일을 자원해서 합니다.

"**여호와께서 재능을 주신 다른 모든 손재주 있는 사람을 불렀다. 그들은 일을 돕고 싶은 마음이 있어서 모였다**" 했습니다.

인간의 지혜와 계산에 따라, 인간적인 의도와 목적에 따라, 인간적인 지식과 감정에 의해 일하려 하는 사람들은 결코 **하나님 앞에서 순수하게 일할 수 없습니다**. 이런 사람들은 **하나님의 일꾼으로 적합하지 않습니다.** 무슨 일을 아무리 열심히 해도 **그릇하게** 되며 오히려 **하나님의 뜻을 거스르게** 됩니다.

하나님께서는 **하나님으로부터 오는 재능을 얻고 자원하여 일하는 사람들을 부르시고 사용하십니다.** 또한 **자원해서 하는 모든 것을 합당하게 여기시고 받으십니다.**

나는 하나님 앞에서 어떤 일꾼인지 정직하게 돌아보시기 바랍니다.

(5) 하나님은 이런 특별한 은혜를 베푸심에 있어서도 공의롭게 하십니다.

성경은 이런 특별한 은혜를 누린 두 사람의 이름을 명확하게, 여러 차례 밝혔고 '**그들이 훌륭한 믿음의 조상의 자손임**'도 아울러 밝히고 있습니다.

그 중 **브살렐**은 아론에 버금가는 **이스라엘의 대 지도자요, 모세의 한 팔 격인 훌의 손자**입니다.

> 〈출31:2~5〉
> 2 내가 유다 지파 훌의 손자요 우리의 아들인 브살렐을 지명하여 부르고
> 3 **하나님의 영을 그에게 충만하게 하여** 지혜와 총명과 지식과 여러 가지 재주로
> 4 **정교한 일을 연구하여 금과 은과 놋으로 만들게 하며**
> 5 보석을 깎아 물리며 **여러 가지 기술로** 나무를 새겨 만들게 하리라
> 〈더 제대로 된 번역〉
> 2 브살렐을 지명하여 부르고 → **브살렐을 뽑을 것**이다.
> 3 지혜와 총명과 지식과 여러 가지 재주로 → **그에게 모든 일을 할 수 있는 기**

▌ *술과 능력과 지식을 줄 것*이다.

훌은 이스라엘과 아말렉이 르비딤에서 전쟁할 때 **아론과 함께 모세의 두 팔을 붙들어서 이스라엘이 승리하게 했던** 사람입니다. 모세는 하나님의 계명을 받으러 시내산에 올라갈 때 **모든 업무를 아론과 이 훌에게** 맡겼습니다. 그만큼 훌은 하나님과 모세와 이스라엘의 백성에게 **신임을 얻고 귀하게 쓰임 받은 사람**이었습니다.

하나님은 그 충성된 종 훌의 손자 브살렐을 **뽑으셨습니다.** 브살렐이 모든 이스라엘 백성 중에서 특별히 하나님께 뽑힌 것은 그가 **훌의 손자**라는 점이 주효했던 것입니다. 하나님은 그에게 성막의 모든 것을 만드는 **특별한 은총**을 베푸셨습니다.

다른 한 사람인 **오홀리압**에 대해서는 "**단 지파 아히사막의 아들**(출31:6)" 이란 설명이 나옵니다.

성경의 관례로 볼 때 이런 식으로 거명되는 사람은 **하나님께 큰 사랑을 입은 사람**이므로 아히사막 역시 그런 사람임에 틀림이 없습니다.

위와 같은 사실은 하나님께 대한 부모나 조상의 선한 업적과 충성이 자손에게 큰 복을 물려주게 된다는 것을 보여줍니다.

좋은 믿음의 조상을 모신 사람들은 자기가 누리는 은총들이 **그 조상들 덕분임**을 잊지 말아야 합니다. 그리고 **그 조상의 본을 잘 따라야** 합니다.

만일 그렇게 하지 않는다면 그것은 **조상을 욕되게** 하는 것이고 **배은망덕**한 일입니다.

또한 불신앙의 부모나 조상의 자손들은 **나부터라도 좋은 신앙의 조상이 되기를 힘써야** 합니다. 하나님은 **우리가 죽은 후에도 우리의 공적에 따라 자손 대대로 충분히 보상**을 해주십니다. 그러나 **우리의 범죄에 대해서는 자손 삼사대까지 앙화로 갚으신다**는 사실도 잊지 말아야 합니다.

참으로 우리 하나님은 **철저하게 공의로운 분**이십니다.

▌ 고후5:10 이는 우리가 다 반드시 그리스도의 심판대 앞에 나타나게 되어 각각 선악 간에 그 몸으로 행한 것을 따라 받으려 함이라
〈더 제대로 된 번역〉
우리는 **모두 그리스도의 심판대 앞에 서야** 한다. 각 사람은 몸을 입고 사는 동안 **선한 일이나 악한 일이나 자기가 행한 행위대로 거기에 알맞은 보상을 입게 될 것**이다.

우리는 반드시 우리 주인이신 그리스도의 심판대 앞에 선다는 사실과 **우리가 행한 모든 행위대로 보응을 받게 된다는 사실을 잊지 말아야** 합니다. 이것을 잊지 않고 사는 사람은 항상 우리의 주인이시고 심판자이신 예수 그리스도를 **의식하지 않을 수 없습니다.** 하루도 한순간도 자기 좋을 대로, 또한 세상이 시키는 대로 할 수가 없습니다. 예수 그리스도를 항상 의식하지 않고 사는 사람은 **예수 그리스도가 자신의 주인이고 심판자라는 사실을 모르거나 잊어버리고 있는 사람**입니다.

우리는 참으로 정신 똑바로 차리고 언제나 하나님을 의식하고 하루 한순간도 하나님 앞에서 범죄하지 않기 위해 조심하며 살아야 합니다.

> 신7:9 그런즉 너는 알라 오직 네 하나님 여호와는 하나님이시요 **신실하신 하나님**이시라 **그를 사랑하고** 그의 계명을 지키는 자에게는 천 대까지 그의 언약을 이행하시며 인애를 베푸시되
> 〈더 제대로 된 번역〉
> 下그를 사랑하고 계명을 지키는 자에게는 수천 대에 이르기까지 사랑의 언약을 지키실 것이다.

참 하나님이신 우리 주님은 우리가 범죄한 것에 대해서는 **자손 삼사 대까지 징벌을 내리시고** 주님을 사랑하고 그 계명을 지키는 사람에게는 **자손 천 대에 이르기까지** 사랑의 언약을 지키신다고 하셨습니다. 하나님께서 **우리가 범죄하지 않고 하나님께 잘 순종하는 것을 얼마나 바라시고 계시는가**를 확실하게 말씀해주신 것입니다.

하나님 앞에 순종하고 충성하면 자손 천 대까지 사랑을 베푸신다고 하셨으니 **우리가 어느 정도만이라도 순종하고 충성한다면** 우리와 우리의 자손 대대가 결코 실패하는 인생이 되거나 부끄러움을 당하게 되지는 않습니다.

내가 하나님 앞에서 잘하면 내가 **한 것에 비해 큰 사랑**을 베풀어주실 뿐 아니라 나의 자손 천 대까지 사랑을 베풀어주시겠다고 하시는데 왜 하나님께 순종하고 충성하기를 더디 하며 게을리하겠습니까? 그런 사람은 참으로 **어리석고 악한 자**입니다.

나는 그동안 이런 사람이 아니었는가 정직하게 돌아보시기 바랍니다.

> 〈출20:5~6〉
> 5 그것들에게 절하지 말며 그것들을 섬기지 말라 나 네 하나님 여호와는 질투하는 하나님인즉 나를 미워하는 자의 죄를 갚되 아버지로부터 아들에게로 삼사 대까지 이르게 하거니와

> 6 나를 사랑하고 내 계명을 지키는 자에게는 천 대까지 은혜를 베푸느니라
> 〈더 제대로 된 번역〉
> 5 어떤 우상에게도 예배하거나 섬기지 말라 나 네 하나님 여호와는 질투하는 하나님인즉 나에게 죄를 짓고, 나를 미워하는 사람에게는 그의 삼 대, 사 대 자손에게까지 벌을 내릴 것이다.
> 6 나의 명령을 따르는 자에게는 수천 대 자손에 걸쳐 한결같은 사랑을 베풀 것이다.

여기서도 하나님의 명령을 따르는 자에게는 수천 대 자손에 걸쳐 '한결같은 사랑'을 베푸신다고 하셨습니다.

이 말씀에서 우리가 알아차려야 할 중요한 사실이 있습니다.

아비나 조상이 하나님을 기쁘시게 할 정도로 하나님의 명령을 잘 따른다면 그 자손 천 대 중에 그들만큼 하나님 앞에 잘 하지 못하는 자손이 혹시 있다 할지라도 하나님은 약속하신 대로 변함없이 자손 수천 대에 걸쳐서 한결같이 사랑을 베풀어주신다는 것입니다.

그러므로 우리는 부모, 또는 조부모로서 이 땅에 사는 동안 하나님이 기뻐하시고 인정하실 만큼 순종하고 충성하는 것이 자손 대대로 큰 복을 물려주는 일이 된다는 사실을 꼭 기억해야 합니다. 재산을 많이 모아 자손들에게 물려주는 것은 이런 복과 비교조차 할 수 없습니다. 이런 진리를 모르고 그저 자식과 자손들을 좋은 학교에 보내고 물질적으로 풍요하게 만들어주는 일에 온갖 정성을 쏟는 성도들이 많습니다. 이들은 영적으로 너무나도 분별력이 없는 사람들이요, 하나님을 너무도 모르는 사람들이요, 하나님의 약속을 모르고 있거나 안 믿는 사람들입니다.

> 민14:18 여호와는 노하기를 더디하시고 인자가 많아 죄악과 허물을 사하시나 형벌 받을 자는 결단코 사하지 아니하시고 아버지의 죄악을 자식에게 갚아 삼 사 대까지 이르게 하리라 하셨나이다
> 〈더 제대로 된 번역〉
> "나는 그리 쉽게 노하지 않는다. 나는 한결같은 사랑의 하나님이다. 나는 허물과 죄를 용서해준다. 하지만 나는 죄를 그냥 보아 넘기지는 않는다. 나는 죄지은 사람뿐 아니라 그의 삼 대나 사 대 자손에게까지 벌을 내린다"고 말씀하셨습니다.

하나님께서는 쉽게 노하지 않으시는 분, 한결같은 사랑의 하나님이라고 스스로 말씀하십니다.

하나님께서 인간들의 죄악에 대해 쉽게 노하시거나 즉시 벌을 내리시지 않는다는 사실이야말로 한결같은 사랑의 증거입니다. 이 하나님의 사랑 덕분에 인간들이 그토록 많은 죄를 범함에도 불구하고 온갖 일반은총을 누리며 하나님이 정하신 기한 동안 생존할 수가 있습니다.

그리고 하나님 앞에서 진정으로 뉘우치고 회개하면 그 허물과 죄를 용서해주신다고 약속하셨습니다. 하나님은 죄인들이 회개하여 용서받기를 원하십니다.

그런데 하나님은 사람들이 범하는 죄를 결코 그냥 보아 넘기지 않으신다는 사실을 천명하고 계십니다.

또한 "나는 죄지은 사람 당사자뿐 아니라 그의 삼 대나 사 대 자손에게까지 벌을 내린다"고 말씀하셨습니다.

한 사람의 죄가 그 사람뿐 아니라 자손 삼사 대까지도 하나님의 징벌을 받게 한다는 말씀입니다. 즉 사람의 범죄는 결코 하나님 앞에서 사소한 것이 아니며 그 결과가 자손 대대로 미칠 정도로 심각함을 깨우쳐주고 계십니다.

그런데 사람들은 이런 것을 전혀 알지 못할 뿐 아니라 알려줘도 유념하지 않으며 그 무서운 죄를 거침없이, 끊임없이 저지르고 있습니다.

이런 면에서 많은 성도들도 다를 바가 없습니다. 이런 성도야말로 잠자고 어둡고 병들어 있는 심령입니다. 따라서 목사들을 비롯하여 교회지도자들은 이 사실을 잠시도 잊지 말아야 하며 이것을 성도들에게 끊임없이 가르치고 깨우쳐야 합니다.

많은 성도들이 범죄하지 않기 위해 정신 차리고 힘쓰고 애쓰기보다 무엇을 더 가지고 누리기를 원하고 기도하고 있습니다. 이런 사람은 아직도 성숙하지 못한 성도요, 영적으로 어린아이에 불과합니다.

참으로 성숙해가는 성도는 하루하루 생활하면서 그 어떤 것보다도 하나님 앞에서 범죄하지 않기 위해 열심히 기도하는 사람입니다.

> 신32:35 그들이 실족할 그 때에 내가 보복하리라 그들의 환난 날이 가까우니 그들에게 닥칠 그 일이 속히 오리로다
> 〈더 제대로 된 번역〉
> 내가 악한 사람에게 벌을 내리고 죄인에게 죄를 물을 것이다. 언젠가 그들은 미끄러질 것이다. 그들의 재앙의 날이 가까웠다. 심판의 날이 얼마 남지 않았다.

하나님께서는 죄를 범하는 사람(악한 사람)에게 벌을 내리고 그 죄에 대해 책임을 묻겠다고 말씀합니다. 따라서 그들이 하나님께 용서받지 못하면 그

들은 얼음판에서 미끄러지는 것처럼 영육 간의 **모든 것이 넘어지게** 되고 때가 되면 그들에게 **재앙의 날**이 **닥친다**는 것입니다. 죄를 해결하지 않고 살아가는 자들에게는 **재앙의 날이 가까워지고** 있으며 하나님께서 **심판하실 날이 점점 다가오는 것**입니다.

그러므로 모든 목사를 비롯한 제사장들(성도들)은 **하나님이 이런 분이심을 서둘러서 교회 안팎의 사람들에게 외쳐야** 합니다. 모든 사람에게 무엇보다 먼저 필요한 것은 위로와 격려와 칭찬, 복 빌어주는 말이 아니라 그들이 저지르고 있는 모든 죄악을 신속히 깨닫고 그들이 미끄러지기 전에, 재앙의 날과 심판의 날이 닥치기 전에 철저하게 회개하고 용서받는 것입니다.

성막에 접근하자마자 가장 먼저 알게 되는 것은 **하얀 세마포 울타리**입니다. 그것은 접근하는 사람이 **우선 하나님 앞에서 더러운 죄인임을 스스로 발견하게 하시는 것**입니다. 그리고 성막 울타리 문을 열고 들어와서 **가장 먼저 발견하는 것도 번제단**과 거기에서 **무섭게 태워지는 제물**입니다. 이 번제단을 통과하지 못하는 자는 결코 성소로 들어갈 수 없습니다. 또한 **물두멍**도 성소로 들어갈 사람은 그때마다 **죄를 씻어내야 함**을 알게 해주는 것입니다.

이런 사실을 진정으로 깨닫고 잠시도 잊지 않고 사는 성도가 성숙한 성도요, 깨어있고 치료된 성도입니다. 이런 사람만이 **제사장**이고 **제사장의 일을** 제대로 할 수 있습니다.

그러나 오늘날 많은 목사와 교회지도자들이 이런 사람이 되지 못하고 있습니다.

> 딤후4:14 구리 세공업자 알렉산더가 내게 해를 많이 입혔으매 **주께서 그 행한 대로 그에게 갚으시리니**

사도 바울은 구리 세공업자 알렉산더가 자신에게 못된 짓을 많이 한 것에 대해 "주께서 **때가 되면** 그가 행한 대로 갚으신다"고 선언했습니다.

성경에서 "**행한 대로 갚으신다**" 함은 두 가지를 말합니다.

하나는 하나님 앞에서 바르게 행한 일에 대해 자손 천 대에 이르기까지 상과 복을 주신다는 것이고, 또 하나는 잘못한 일에 대해 **자손 삼사 대에 이르기까지 엄중한 벌을 내리신다**는 것입니다.

우리 모든 제사장(성도)은 주께서 **때가 되면** 우리가 행한 모든 행위대로 반드시 갚으신다는 사실을 **항상 마음에 새기고 정신 똑바로 차리고 하루하루**

를 살아가야 합니다. 그리고 이것을 **자손 대대에 열심히 가르쳐야** 합니다. 우리 자손들이나 우리 주변에 있는 사람들이 **알게 모르게 범죄하고 있는 모든** 것에 대해 **될 수 있는 대로 신속하게 지적하고 깨우치고 책망해서 속히 모든 죄를 사함받도록 열심히 도와주어야** 합니다.

성막은 이 모든 것으로써 **신약의 모든 제사장**, 즉 모든 목사와 교회지도자들과 성도들에게 **제사장직이 무엇이며 무슨 일을 어떻게 해야 하는가를** 확실하게 깨우쳐주고 있습니다.

제 44 강

〈13〉 제사장과 대제사장(7)
[4] 대제사장을 위해 지을 옷과 사용할 실
[5] 여섯가지 복식(1)
1 에봇과 띠 2 두 개의 견대

〈출28:4~5〉

〈더 제대로 된 번역〉
4그들이 지을 옷은 이러하니 곧 흉패와 에봇과 겉옷과 줄무늬의 속옷과 관과 띠라 그들이 네 형 아론과 그 아들들을 위하여 거룩한 옷을 지어 아론이 내게 제사장 직분을 행하게 하라 5기술이 좋은 사람들이 쓸 것은 금 실과 청색 자색 홍색 실과 가늘게 꼰 베 실이니라

〈13〉 제사장과 대제사장(7)

[1] 제사장이 될 사람과 직분
[2] 제사장과 대제사장의 옷
[3] 제작(제작자)

[4] 대제사장을 위해 지을 옷과 사용할 실

(1) 하나님은 대제사장의 복식을 일일이 제시해주셨습니다.

그 옷은 "흉패, 에봇, 겉옷, 줄무늬 속옷, 관, 띠로 만들라" 하셨습니다. 이 여섯 가지 복식은 모두 예수 그리스도를 상세하게 상징합니다. 예수 그리스도는 하나님만이 영원 전부터 아시며 예수 그리스도께서도 영원 전부터 하나님을 아십니다.

> 요5:32 나를 위하여 증언하시는 이가 따로 있으니 나를 위하여 증언하시는 그 증언이 참인 줄 아노라

예수께서는 자신을 위해 증언하시는 이가 바로 하나님이시라는 사실을 밝히시며 그 증거는 참되다는 사실을 당신 자신이 안다 하셨습니다.

> 요17:5 아버지여 창세 전에 내가 아버지와 함께 가졌던 영화로써 지금도 아버지와 함께 나를 영화롭게 하옵소서

예수님은 창세 전부터 하나님 아버지와 함께 영화를 지니셨음을 말씀하십니다.

> 〈요17:24~25〉
> 아버지께서 창세 전부터 나를 사랑하시므로 내게 주신 나의 영광을 그들로 보게 하시기를 원하옵나이다 의로우신 아버지여 세상이 아버지를 알지 못하여도 나는 아버지를 알았사옵고 그들도 아버지께서 나를 보내신 줄 알았사옵나이다

예수님은 "아버지께서 창세 전부터 나를 사랑하셨다"고 하셨습니다.

> 눅10:22 내 아버지께서 모든 것을 내게 주셨으니 아버지 외에는 아들이 누구인지 아는 자가 없고 아들과 또 아들의 소원대로 계시를 받는 자 외에는 아버지가 누구인지 아는 자가 없나이다

하나님 아버지 외에는 아들이신 예수 그리스도가 누구인지 아는 자가 없다 하셨습니다. 또 아들과 아들의 소원대로 계시를 받는 자 외에는 아버지가 누구인지 아는 자가 없다고 하셨습니다.

여호와 하나님께서는 영원 전부터 함께하셨던 아들 예수 그리스도를 이 제사장의 복식을 통해 상세하게 예표하고 계신 것입니다. 하나님만이 예수 그리스도에 대해 정확하고 자세하게 알게 하실 수 있는 유일하신 분입니다.

우리는 하나님만이 알게 하시는 이 놀라운 비밀을 대하고 알게 된다는 사실이 얼마나 큰 은혜인가를 깊이 깨달아야 합니다.

또한 이 여섯 가지의 복식이 담고 있는 중요한 진리들을 단 한 점도 가감 없이 분명히 알아야 하며, 그 예수만을 믿으며 전파해야 합니다. 그리고 이런 예수 그리스도에 대해 일 점이라도 가감하여 말하는 자를 가려낼 수 있어야 하며 그런 자에게 미혹 당하지 말아야 하고, 미혹 당한 자들을 올바로 깨우쳐서 구해내야 합니다.

여호와 하나님께서 우리에게 이 거룩한 비밀을 자세하게 알게 하시는 이유가 바로 이 일을 위함임을 명심하시기 바랍니다.

(2) 하나님은 특별히 제작에 사용되는 실에 대해서도 언급하셨습니다.

"금색, 청색, 자색, 홍색 실과 가늘게 꼰 베실을 사용하라" 하셨습니다. 금색은 신성과 존귀함을 의미하고, 청색은 하늘의 색이요, 하나님으로부터 오신 분을 의미합니다. 자색은 왕, 권위를 의미하고, 홍색은 피의 색으로써 대속의 보혈을 의미합니다. 흰색은 성결과 거룩함과 무죄함을 의미합니다.

이 오색 실의 사용으로 대제사장의 옷을 만들게 하심도 **예수가 누구이신가**를 분명하게 설명하고 있습니다.

앞의 여섯 가지 복식은 **이 다섯 가지 색상이 의미하는 바들로 짜여지고 연결되어 완전함을 이룹니다.**

여섯 가지 복식을 차례로 이해하고, 이 다섯 색상의 실로 그것들이 짜여지고 연결되는 것을 이해할 때 **하나님께서 대제사장의 옷을 통해 예수 그리스도에 대해 알게 하심이 참으로 놀랍고 완전함**을 알 수 있습니다.

(3) 이렇게 제작된 옷이 아론과 그 아들들을 '거룩하게' 하고, '거룩한 옷' 이 됩니다.

그중에 **단 하나라도 미비하거나 다른 것이 첨가된다면** 그것은 결코 **거룩하게 하는 옷이 아니며 거룩한 옷이 되지 못합니다. 오직 하나님께서 지시하신 그대로 만들어진 옷을 입은 사람만이 '하나님께 제사장 직분'을 행할 수 있습니다.**

1절과 2절에서 **누가 대제사장(제사장)이 되어야 하는가**를 말씀하실 때 하나님은 곧이어 **'거룩한 옷'** 을 말씀했고, 3절에서 **그 옷을 만들 자**를 언급하실 때에도 **'거룩한 옷'** 으로 **"거룩하게 하라"** 고 말씀하셨으며, 4절에서 **여섯 가지 복식을 언급하실 때도 '거룩한 옷'** 을 입혀 **"내게 제사장 직분을 행하게 하라"** 고 하셨습니다.

즉 옷을 입을 자, 옷을 만들 자, 옷의 복식과 색상을 친히 상세하게 지시하시고 그때마다 **'거룩한 옷'**, **"거룩하게 하라"** 는 말씀이 강조되었습니다. 이는 **하나님께서 당신의 백성들이 거룩하고 완전하신 예수 그리스도에 대해 한 치의 착오도 없이 정확하게 알고 그 은총을 분명히 받아 누리게 하시려는 의지**를 나타내신 것입니다.

하나님께서 친히 지정하신 대제사장, 하나님께서 **친히 지혜의 영을 부어주셔서** 만들게 한 제작자, 하나님께서 **친히 디자인**하시고 **재료와 색상까지 지정해주셔서** 만들어지는 대제사장의 옷, 그 옷을 입은 **대제사장과 그의 제사 사역, 이것만이** 죄인들을 구속하는 예수 그리스도의 구속 사역입니다.

하나님께서 유일하게 지정하여 대제사장이 되게 하신 예수 그리스도, 하나님께서 친히 그에게 주신 권세와 능력으로써만 죄의 구속이 가능하기 때문에 예수가 아닌 다른 사람이나 다른 권세와 능력은 **죄의 구속과 아무런 상관이 없음**을 확실히 밝혀주고 있습니다.

그러므로 우리가 **여섯 가지 복식**을 통해 이 유일하신 구속주 예수 그리스도를 자세히 아는 일은 참으로 중요합니다.

이것을 자세히 알아 **능력과 성령과 큰 확신이 충만하시기를 축원합니다.**

[5] 여섯 가지 복식(1)

이해를 돕기 위해 아래와 같이 분류해서 살펴보겠습니다.

여섯 가지 복식은 1. 판결 흉패, 2. 에봇, 3. 겉옷, 4. 줄무늬 속옷, 5. 관, 6. 띠입니다.

1 에봇과 띠

〈출28:6~14〉
6 그들이 금 실과 청색 자색 홍색 실과 가늘게 꼰 베 실로 정교하게 짜서 에봇을 짓되
7 그것에 어깨받이 둘을 달아 그 두 끝을 이어지게 하고
8 에봇 위에 매는 띠는 에봇 짜는 법으로 금 실과 청색 자색 홍색 실과 가늘게 꼰 베 실로 에봇에 정교하게 붙여 짤지며
9 호마노 두 개를 가져다가 그 위에 이스라엘 아들들의 이름을 새기되
10 그들의 나이대로 여섯 이름을 한 보석에, 나머지 여섯 이름은 다른 보석에 새기라
11 보석을 새기는 자가 도장에 새김 같이 너는 이스라엘 아들들의 이름을 그 두 보석에 새겨 금 테에 물리고
12 그 두 보석을 에봇의 두 어깨받이에 붙여 이스라엘 아들들의 기념 보석을 삼되 아론이 여호와 앞에서 그들의 이름을 그 두 어깨에 메워서 기념이 되게 할지며
13 너는 금으로 테를 만들고
14 순금으로 노끈처럼 두 사슬을 땋고 그 땋은 사슬을 그 테에 달지니라

〈더 제대로 된 번역〉
6 그들이 → 기술이 좋은 사람들은
7 에봇의 위쪽 모서리에는 멜빵을 달아서 어깨에 멜 수 있게 하여라.
12 그 두 보석을 에봇의 멜빵에 매달아라. 그것은 이스라엘의 열두 아들들을 기억하게 하는 보석이다. 아론은 그 이름들을 자기 어깨에 달고 다녀라. 그것은 여호와 앞에서 이스라엘의 아들들을 기억나게 하는 보석이다.
13 두 보석을 담을 그 틀 두 개를 만들어라.
14 그 테에 달지니라→그 틀에 달아라.

〈출39:2~7〉
2 그는 또 금 실과 청색 자색 홍색 실과 가늘게 꼰 베 실로 에봇을 만들었으되
3 금을 얇게 쳐서 오려서 실을 만들어 청색 자색 홍색 실과 가는 베 실에 섞어 정교하게 짜고
4 에봇에는 어깨받이를 만들어 그 두 끝에 달아 서로 연결되게 하고
5 에봇 위에 에봇을 매는 띠를 에봇과 같은 모양으로 금 실과 청색 자색 홍색 실과 가늘게 꼰 베 실로 에봇에 붙여 짰으니 여호와께서 모세에게 명령하신 대로 하였더라
6 그들은 또 호마노를 깎아 금 테에 물려 도장을 새김 같이 이스라엘의 아들들의 이름을 그것에 새겨
7 에봇 어깨받이에 달아 이스라엘의 아들들을 기념하는 보석을 삼았으니 여호와께서 모세에게 명령하신 대로 하였더라

〈더 제대로 된 번역〉
4 에봇에는 멜빵을 만들어서 조끼 위쪽 모서리에 달았다.
5 에봇 위에 에봇을 매는 띠를 → 허리띠는 에봇과 하나로 이어지게 만들었다.
6 호마노 → 줄마노

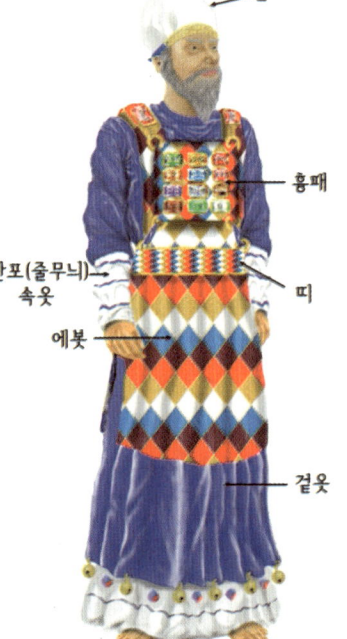

대제사장이 제일 겉에 입는 에봇이라는 옷에 대한 지시가 나옵니다. 세마포 에봇은 하위 제사장들이 입었던 것으로(삼상22:18) 사무엘도 어릴 때 입었고(삼상2:18) 다윗도 하나님의 법궤 앞에서 춤출 때 에봇을 입었다고 했습니다(삼하6:14).

그러나 대제사장이 입는 옷만은 '황금에봇' 이라고 불렀으니, 이것은 옷감을 짤 때 다량의 금을 넣어서 짰기 때문입니다.

그것은 소매가 없는 짧은 겉옷이었고, 단추로 채웠으며, 같은 재료로 된 진기한 띠가 부착되어 있었습니다(6~8절).

"금색 청색 자색 홍색 가늘게 꼰 베실로 공교히 짜라" 하셨습니다.

(1) 공교히 짜라고 하신 것은 '위와 같은 예수님의 속성(성품)이 완전함'을 의미합니다.

(2) 대제사장이 입는 제일 바깥의 옷인 에봇의 옷감이 위와 같이 짜여진 것은 대제사장, 즉 예수 그리스도를 대하자마자 그는 곧 하나님(금색)이심과, 하나님께서 보내신 자(청색)로서 모든 권세를 부여받고(자색) 죄인을 구속할 희생 제물(홍색)이 되셨다는 것, 그러나 그는 죄가 없는 거룩한 분(흰색)임을 알게 하는 것입니다.

구원받을 사람이 누구인가?

예수 그리스도가 하나님이시며, 하나님 아버지로부터 보내심을 받은 분이라는 것과, 그만이 죄인을 구원할 권세를 가지셨음을 믿는 사람입니다.

하나님은 에봇을 통해 예수의 죽으심이 대속의 죽으심이며, 그로 인해 죄인의 죄가 진정으로 속해지는 것임을 믿게 하시는 것입니다.

이런 사실을 알지 못하는 사람이 어찌 예수 그리스도를 자신의 구주로 영접할 수 있겠습니까?

〈요3:16~17〉
16 하나님이 세상을 이처럼 사랑하사 독생자를 주셨으니 이는 그를 믿는 자마다 멸망하지 않고 영생을 얻게 하려 하심이라
17 하나님이 그 아들을 세상에 보내신 것은 세상을 심판하려 하심이 아니요 그로 말미암아 세상이 구원을 받게 하려 하심이라
〈더 제대로 된 번역〉
16 이와 같이 하나님께서는 세상을 사랑하셔서 독생자를 주셨다. 이는 누구든지 그 아들을 믿는 사람은 멸망하지 않고 영생을 얻게 하려 하심이다.

〈요5:36~37〉
36 내게는 요한의 증거보다 더 큰 증거가 있으니 아버지께서 내게 주사 이루게 하시는 역사 곧 내가 하는 그 역사가 아버지께서 나를 보내신 것을 나를 위하여 증언하는 것이요
37 또 나를 보내신 아버지께서 친히 나를 위하여 증언하셨느니라 너희는 아무 때에도 그 음성을 듣지 못하였고 그 형상을 보지 못하였으며
〈더 제대로 된 번역〉
36 내게는 요한의 증언보다 더 큰 증언이 있다. 아버지께서 나에게 하라고 주셨고, 지금 내가 하고 있는 일들이 아버지께서 나를 보내신 것을 증언한다.
37 또 나를 보내신 아버지께서 친히 나를 증언해주셨다. 너희는 지금까지 그분의 음성을 듣지도 않았고 그분의 모습을 보지도 않았다.

요5:43 나는 내 아버지의 이름으로 왔으매 너희가 영접하지 아니하나 만일 다

른 사람이 자기 이름으로 오면 영접하리라
〈더 제대로 된 번역〉
나는 나의 아버지로부터 받은 권세를 가지고 왔으나 너희는 나를 받아들이지 않았다. 그러나 다른 사람이 자기의 권세를 가지고 온다면 너희는 그를 받아들일 것이다.

요6:57 살아 계신 아버지께서 나를 보내시매 내가 아버지로 말미암아 사는 것 같이 나를 먹는 그 사람도 나로 말미암아 살리라

〈요7:28~29〉
28 예수께서 성전에서 가르치시며 외쳐 이르시되 너희가 나를 알고 내가 어디서 온 것도 알거니와 내가 스스로 온 것이 아니니라 나를 보내신 이는 참되시니 너희는 그를 알지 못하나
29 나는 아노니 이는 내가 그에게서 났고 그가 나를 보내셨음이라 하시니
〈더 제대로 된 번역〉
29 나는 아노니 이는 내가 그분에게서 왔고 그분은 나를 보내셨기 때문이다.

〈요8:42~43〉
42 예수께서 이르시되 하나님이 너희 아버지였으면 너희가 나를 사랑하였으리니 이는 내가 하나님께로부터 나와서 왔음이라 나는 스스로 온 것이 아니요 아버지께서 나를 보내신 것이니라
43 어찌하여 내 말을 깨닫지 못하느냐 이는 내 말을 들을 줄 알지 못함이로다
〈더 제대로 된 번역〉
42 예수께서 이르시되 하나님이 너희 아버지였으면 너희가 나를 사랑하였을 것이다. 그러나 너희는 그렇게 하지 않았다. 그것은 내가 하나님께로부터 왔고 지금 여기 있기 때문이다.
43 너희가 내 말을 이해하지 못하는 이유가 무엇인지 아느냐? 그것은 너희가 내 말을 알아들을 수 없기 때문이다.

〈요17:2~3〉
아버지께서 아들에게 주신 모든 사람에게 영생을 주게 하시려고 만민을 다스리는 권위를 아들에게 주셨음이로소이다 영생은 곧 유일하신 참 하나님과 그가 보내신 자 예수 그리스도를 아는 것이니이다

〈요일4:9~10〉
9 하나님의 사랑이 우리에게 이렇게 나타난 바 되었으니 하나님이 자기의 독생자를 세상에 보내심은 그로 말미암아 우리를 살리려 하심이라
10 사랑은 여기 있으니 우리가 하나님을 사랑한 것이 아니요 하나님이 우리

를 사랑하사 우리 죄를 속하기 위하여 화목 제물로 그 아들을 보내셨음이라
〈더 제대로 된 번역〉
9下자기의 독생자를 세상에 보내신 것이다. 그를 통해 우리에게 생명을 주셨다.
10 진실한 사랑이란 하나님을 향한 우리의 사랑이 아니라 우리를 향한 하나님의 사랑인 것이다. 하나님은 당신의 아들을 보내셔서 우리의 죄를 위해 화목 제물이 되게 하셨다.

〈요20:21~23〉
21 예수께서 또 이르시되 너희에게 평강이 있을지어다 아버지께서 나를 보내신 것같이 나도 너희를 보내노라
22 이 말씀을 하시고 그들을 향하사 숨을 내쉬며 이르시되 성령을 받으라
23 너희가 누구의 죄든지 사하면 사하여질 것이요 누구의 죄든지 그대로 두면 그대로 있으리라 하시니라
〈더 제대로 된 번역〉
23下누구의 죄든지 용서하지 않으면 그 죄는 사함을 받지 못할 것이다.

(3) **성막 울타리와 뜰 문, 성소 휘장, 지성소 휘장, 천장도 이 에봇과 같이 흰색, 청색, 자색, 홍색으로 되어 있었습니다.**

이것은 모두 성막 또는 성소, 지성소를 대하자마자 위와 같은 예수 그리스도의 속성을 알게 하고 있는 것입니다.

단 에봇에는 금색 실을 사용한 것이 다른데 이는 대제사장의 의복이므로 그리스도에 대해 더 분명히 깨우쳐주고 그의 신성(하나님 되심)을 더욱 강조하는 것입니다.

하나님과 진리를 더욱 열심히 연구하고 사모하는 사람은 이같이 더 분명한 깨달음을 얻게 됩니다.

② **두 개의 견대**

견대는 이스라엘 열두 지파의 이름을 새겨넣은 두 개의 줄마노를 붙이기 위해 에봇 어깨에 메는 것입니다. 이것은 하나님께서 거기에 붙여지는 보석이 지니고 있는 이스라엘 열두 지파를 마치 장군의 어깨에 빛나는 별 계급장처럼 '소중하고 자랑스럽게 여겨주심'을 암시합니다.

견대

또 견대는 계급장을 더욱 튼튼히 매달아 주는 것

과 같이 '예수 그리스도께서 당신이 구원한 백성들을 결코 잃어버리거나 빼앗기지 않고 튼튼히 지켜주시는 것'을 의미합니다. 나 같은 죄인을 구속해주시고, 영생을 얻게 해주시고, 천국시민이 되게 해주신 은혜도 이루 말할 수 없이 감사한데 장군의 별 계급장처럼 주님의 어깨에 자랑스럽게 띠시고 언제나 튼튼히 보존시켜 주신다니 이 놀라운 은총과 영광을 무엇으로 표현하겠습니까?

> 요17:10 내 것은 다 아버지의 것이요 아버지의 것은 내 것이온데 내가 그들로 말미암아 영광을 받았나이다

> 〈살후1:11~12〉
> 11 이러므로 우리도 항상 너희를 위하여 기도함은 우리 하나님이 너희를 그 부르심에 합당한 자로 여기시고 모든 선을 기뻐함과 믿음의 역사를 능력으로 이루게 하시고
> 12 우리 하나님과 주 예수 그리스도의 은혜대로 우리 주 예수의 이름이 너희 가운데서 영광을 받으시고 너희도 그 안에서 영광을 받게 하려 함이라
> 〈더 제대로 된 번역〉
> 11 이러므로 우리도 항상 너희를 위하여 우리 하나님이 너희를 부르신 하나님의 뜻대로 믿음 안에서 그분의 능력을 힘입어 더욱더 선한 일을 많이 할 수 있도록 기도한다.
> 12 하나님과 주 예수 그리스도의 은혜로 이루어지는 것이니 곧 우리 주 예수의 이름이 너희 가운데서 영광을 받으시고 너희도 그 안에서 영광을 받게 하려 함이라.

우리 성도들이 우리를 부르신 하나님의 뜻대로 믿음 안에서 그분의 능력을 힘입어 더욱더 선한 일을 많이 할 수 있도록 기도한다고 했고 "우리 주 예수의 이름이 너희 가운데서 영광을 받으시고 너희도 그 안에서 영광을 받게 하려 함이라" 했습니다.

이토록 모든 그리스도인은 예수 그리스도로 말미암아 가장 영광스러운 존재가 되며 가장 영광스러운 삶을 살게 됩니다.

또 모든 그리스도인은 대제사장이신 예수 그리스도께 영광을 돌림으로써 그들 또한 그 대제사장의 어깨 위에 있는 계급장처럼 영광을 얻게 됩니다.

죄인이 선을 기뻐할 줄 알고 그것을 행하고 이룰 때 하나님께 영광이 올려집니다. 그런데 그것도 하나님께서 제공해주시는 능력이 없이는 할 수가 없습니다. 그러므로 우리가 주님께 영광을 돌려드리는 것이나 그로 인해 우리

도 영광을 얻는 일이 '모두 주님의 은혜 덕분'입니다.
 두 견대는 바로 이것을 깨우쳐줍니다.

 이 그리스도로 말미암은 은혜로 구속받은 우리가 대제사장인 예수의 어깨 위에 빛나면서 하나님을 마주 대할 수 있게 됩니다. 그것은 예수의 어깨 위에 있지 않고는 상상도 하지 못할 일입니다. 예수가 없는 사람은 결코 이렇게 영광스럽고 거룩한 위치에 있을 수 없고 다만 바깥에 버려져서 짓밟히는 돌과 같고 급기야는 불에 던져져 버리고 맙니다.
 내가 예수 그리스도의 어깨 위에 있게 되다니 그처럼 신비하고 놀라운 일이 어디 있습니까?

제 45 강

〈13〉 제사장과 대제사장(8)
[5] 여섯 가지 복식(2)
③ 견대의 보석(1)

〈출28:9~14〉
9**호마노 두 개**를 가져다가 **그 위에 이스라엘 아들들의 이름을 새기되** 10그들의 나이대로 여섯 이름을 한 보석에, 나머지 여섯 이름은 다른 보석에 새기라 11보석을 새기는 자가 도장에 새김 같이 너는 이스라엘 아들들의 이름을 그 두 보석에 새겨 **금 테에 물리고** 12그 두 보석을 **에봇의 두 어깨받이에 붙여 이스라엘 아들들의 기념 보석을 삼되** 아론이 여호와 앞에서 그들의 이름을 그 두 어깨에 메워서 기념이 되게 할지며 13너는 **금으로 테를 만들고** 14**순금으로 노끈처럼 두 사슬을 땋고 그 땋은 사슬을 그 테에 달지니라**

〈13〉 **제사장과 대제사장(8)**

[4] 대제사장을 위해 지을 옷과 사용할 실
[5] 여섯 가지 복식(2)
  ① **에봇과 띠**
  ② **두 개의 견대**

  ③ **견대의 보석(1)**

줄마노 두 개에 이스라엘 열두 아들들의 이름을 새기라고 명하셨습니다.
 이스라엘 열두 지파의 이름이 대제사장의 견대에 실려 있다는 사실은 참으로 의미심장합니다. 그것은 **대제사장이 이스라엘 열두 지파를 위해 영적인 책임을 진다**는 것입니다. 즉 **우리를 구원하시기 위한 무거운 책임**을 하늘의 대제사장 되시는 예수께서 부담해주신다는 사실을 예언하신 것입니다.

 (1) 그 이름들을 두 개의 줄마노에 새기게 하신 것은 하나님께서 **예수 그리스도로 말미암아 구속받은 사람들을 귀중히 여기심**을 보여줍니다.

 그 이름들을 천이나 나무가 아닌 **보석에 새겨지게 하셨습니다.**
 우리의 대제사장이신 예수 그리스도는 아론이 그 어깨 위의 보석에 모든 이스라엘 족속의 이름을 새겨 가지고 있었듯이 "**그의 어깨 위에는 권세가**

있다" 고 했습니다(사9:6). 예수님은 자신과 하나님 앞에 "영광스러운 교회를 세우셨다" 했습니다(엡5:27). 또한 능력으로 그들을 부양하시고 관심으로 권면하시니 교회가 존귀와 은총을 입어 하나님께 기억되는 것은 바로 '그리스도 안에서'입니다. 그는 "온 이스라엘의 대표자로서, 또한 옹호자로서 친히 여호와 앞에 나선다"는 것을 보여준 표로써 하나님 앞에서 그들을 증거하여 '기념이 되게' 하셨습니다(12절).

(2) 이름을 새기되 "인을 새김 같이 하라" 하심은 결코 지워지지 않게 영원히 남도록 새기라는 것입니다.

죄인이 예수 그리스도를 믿어 구속받으면 그 이름이 생명책에 기록되어 영원히 남게 됩니다. 대속의 은총은 이토록 큰 위력이 있습니다.
예수 그리스도는 영원히 효력을 나타내는 구속의 사역으로써 자기 백성을 구속하시고 그 어깨에 그들을 메시고 당당히 하나님 아버지 앞에 서시는 것입니다. 사탄은 결코 그 어깨 위에 있는 백성들을 다시 뺏을 수 없습니다.

(3) 보석에 새겨지는 이름은 오직 '이스라엘 아들들(할례받은 이스라엘 백성들)의 이름' 입니다.

할례는 이스라엘 자손의 모든 남자아이가 난 지 팔 일만에 받는 의식입니다. 이는 예수 그리스도의 대속의 고난이 그 선택된 백성에게 적용되어서 그들이 거룩한 하나님의 선민이 되었음을 입증하는 표입니다.
대제사장의 어깨에 있는 보석에 영원히 새겨질 이름은 '오직 예수 그리스도를 믿는 선택된 자들의 이름' 인 것입니다. 할례받지 못한 자(이스라엘의 아들이 되지 못한 자)는 결코 여기에 새겨지지 못합니다. 이것이 얼마나 중요했던지 "이스라엘 아들들의 이름을 새겨라"는 말씀을 세 번이나 하셨습니다.

예수께서 비유로 말씀하신 한 혼인잔치(마22:1~14)에서는 임금이 왕자의 혼인잔치에 부름을 받고 왔으나 예복을 입지 않은 자를 책망하고 "손발을 묶어 바깥 어둠에 내던지라 거기서 슬피 울며 이를 갈게 되리라" 했습니다. 예수님은 "청함을 입은 자는 많되 택함을 받은 자는 적으니라" 하셨습니다.

여기서 우리가 깨달아야 할 것이 있습니다.
교회에 출입하더라도 예수 그리스도로 옷 입지 않은 사람은 결코 교회의 지체가 아닙니다.

1. 예수 그리스도로 옷 입지 않은 사람은 교회 안에 몸을 담아도 예수 그리스도를 옷 입은 사람과 같은 은혜와 권리를 누릴 수 없다는 것입니다.

2. 이런 사람은 잠시 후에 그 신분이 드러나게 되고(하나님께서 가려내심) 진노를 받아 내쫓겨집니다.

3. 그리스도인들은 지상의 교회에는 이런 외인이 섞여 있음을 알고 임금이 그들에 대해 조처했듯이 해야 합니다.

이것을 제대로 하지 못하는 교회는 부패 타락하게 되고 무기력해지고 혼란과 파탄에 빠지게 됩니다. 교회들은 하나님께서 외인들을 적절히 골라내어 방출하도록 도와주시기를 기도해야 합니다.

명심할 것은 진정 그리스도인이 될 사람(택함을 입은 사람)보다 그렇지 못할 사람(청함만 받은 사람)이 많다는 것입니다. 그러므로 이 '택함을 입지 못하고 그저 참여한 사람들'에 대한 적절한 준비와 대책이 꼭 있어야 합니다.

4. 아무리 그럴듯하게 가장하고, 또는 악인들이 득세할지라도 결국 진정한 하나님의 사람은 백일하에 드러나게 됩니다.

이 일은 전지전능하신 하나님께서 확실하게 해주십니다.

성경에는 거짓된 자들을 경계하고 그들에게 미혹되지 말 것에 대해 많은 말씀이 있습니다.

열왕기상 22장에는 미가야 선지자 시대에 거짓 선지자가 사백 명이나 있었다는 기록이 나옵니다. 예나 지금이나 하나님과 하나님의 말씀을 거짓말로 속이고 미혹하는 자들이 많이 있습니다.

> 렘14:14 여호와께서 내게 이르시되 선지자들이 내 이름으로 거짓 예언을 하도다 나는 그들을 보내지 아니하였고 그들에게 명령하거나 이르지 아니하였거늘 그들이 거짓 계시와 점술과 헛된 것과 자기 마음의 거짓으로 너희에게 예언하는도다
> 〈더 제대로 된 번역〉
> 여호와께서 내게 이르시되 선지자들이 내 이름으로 거짓 예언을 한다. 나는 그들을 보내지 않았고 그들을 예언자로 세우지도 않았다. 그들에게 말하지도 않았다. 그들이 예언하는 것은 거짓 환상과 가짜 점과 헛된 마술이다. 그들은 자기 마음대로 거짓 예언을 하고 있다.

하나님의 이름으로 거짓 예언을 하는 선지자들이 있다고 하셨습니다.

하나님은 그들을 **보내지 않으셨고 예언자로 세우지도 않았다**고 하셨고 그들에게 **말한 적도 없다**고 하셨습니다. 그들은 **거짓 환상과 가짜 점과 헛된 마술로 예언하고 자기 마음대로** 거짓 예언을 하고 있다고 하셨습니다.

오늘날 자기도 예수를 믿는다 하고 목사, 전도자라고 하는 사람 중에 이런 사람들이 많습니다. 우리는 이들을 **구별할 줄 알아야** 하며 **단호히 멀리하고 물리쳐야** 합니다.

> 겔22:25 그 가운데에서 선지자들의 반역함이 우는 사자가 음식물을 움킴 같았도다 그들이 사람의 영혼을 삼켰으며 재산과 보물을 탈취하며 과부를 그 가운데에 많게 하였으며

거짓 선지자들의 반역함이 **얼마나 극심한지** 사자가 음식물을 움킴 같다고 했습니다. 그들은 **사람의 영혼까지 삼킨다**고 했습니다.

오늘날도 이런 사람들이 참으로 많습니다.

그들이 **아름다운 말, 매끄러운 말, 부드러운 말, 지혜로운 말**을 할 때 많은 교회와 성도들이 **그것을 분간하지 못하고** 그들에게 영혼뿐 아니라 재물마저 빼앗기고 있습니다.

> 마7:15 거짓 선지자들을 삼가라 양의 옷을 입고 너희에게 나아오나 속에는 노략질하는 이리라
> 〈더 제대로 된 번역〉
> 거짓 선지자들을 조심해라. 양의 옷을 입고 너희에게 나아오나 그 속은 굶주린 늑대이다.

또한 "**거짓 선지자들을 조심하라**", "그들의 속은 **굶주린 늑대라**" 하셨고 그들은 **양의 옷을 입고** 성도들에게 온다 하셨습니다. 많은 성도들이 그들을 **잘 구분하지 못하여** 그들의 밥이 되고 맙니다.

> 마24:11 거짓 선지자가 많이 일어나 많은 사람을 미혹하겠으며
> 〈더 제대로 된 번역〉
> 거짓 선지자가 많이 일어나 많은 사람을 속일 것이다.

이 말씀도 예수께서 하신 말씀인데 "거짓 선지자가 **많이 일어난다**", "많은 사람을 **속일 것이라**" 하셨습니다.

이것은 **예수님 시대 이후**를 가리켜 하시는 말씀입니다.

참으로 이 세상은 과거보다 더 거짓 선지자들이 많이 일어나고 있으며 많은 사람이 속고 있습니다.

그러므로 **교회는 거짓 선지자들을 분별하는 능력**을 가져야 하며 목사와 교회지도자들은 성도들에게 그런 **능력을 갖추게 하는 일**을 유능하게 해야 합니다. 오늘날 **많은** 목사와 교회지도자들이 이 일을 제대로 하지 못하여 많은 성도들이 거짓 선지자들에게 속아서 구원에서 제외되기도 합니다. 그런 목사들과 교회지도자들은 **불충하고 악한 죄인**입니다.

> 마24:24 거짓 그리스도들과 거짓 선지자들이 일어나 큰 표적과 기사를 보여 할 수만 있으면 택하신 자들도 미혹하리라
> 〈더 제대로 된 번역〉
> *거짓 그리스도들과 거짓 선지자들이 일어나 큰 증거를 내보일 것이고, 기적을 일으킬 것이다. 그래서 사람들을 속일 것이다. 그리고 할 수만 있으면 선택하신 사람까지 속일 것이다.*

예수께서 말씀하시기를 거짓 그리스도들과 거짓 선지자들이 **말로만 속이는 것이 아니라** "**큰 증거를 내보일 것이고 기적을 일으킬 것이라**" 하셨습니다. 그들이 **아주 효과적으로** 사람들을 속일 것이라는 말씀입니다. 그리고 이 사람들은 **가능하면 교회 안에 있는 성도들**(선택하신 사람들)**까지 속여서 지옥 길로 끌고 가려고 한다** 하셨습니다.

참으로 이런 사람들에게 많은 성도가 속아서 한순간에 그들의 밥이 되고 있습니다. 따라서 목사와 교회지도자들은 성도들이 이런 사람들까지 **확실히 구분하여 멀리하고 물리칠 수 있도록** 가르치고 양육해야 합니다.

> 〈벧후2:1~2〉
> 1 그러나 백성 가운데 또한 거짓 선지자들이 일어났었나니 이와 같이 너희 중에도 거짓 선생들이 있으리라 그들은 멸망하게 할 이단을 가만히 끌어들여 자기들을 사신 주를 부인하고 임박한 멸망을 스스로 취하는 자들이라
> 2 여럿이 그들의 호색하는 것을 따르리니 이로 말미암아 진리의 도가 비방을 받을 것이요
> 〈더 제대로 된 번역〉
> *1 전에 이스라엘 백성 가운데 거짓 예언자들이 있었던 것처럼 너희 가운데에도 거짓 선생이 나타날 것이다. 이들은 살며시 너희 가운데 들어와 너희를 잘못된 길로 인도하고 혼란스럽게 만들 것이다. 또 그들은 우리를 죄에서 풀어주시려고 피 흘리신 주 예수 그리스도를 부인하여 스스로 멸망의 길로 달려가고 있다.*
> *2 많은 사람이 그들의 악한 길을 따르고, 참 진리의 길을 방해할 것이다.*

구약시대 때처럼 신약시대에도 **교회 안에 거짓 선생들이 나타날 것**이라고

하셨습니다. 이들은 성도들이 알아차리기 어렵도록 슬그머니 교회로 들어와서 성도들을 잘못된 길로 인도하고 혼란스럽게 만들 것이라 하셨습니다. 이들은 예수 그리스도의 진리, 즉 복음을 부인하고 스스로 멸망 길로 달려가는 자들이라고 하셨습니다. 그런데 많은 성도가 이들의 악한 길을 따르게 된다고 하셨으며 참 진리의 길을 방해한다고 하셨습니다.

그러므로 이들이야말로 이미 우리 집안과 우리 성 안에 들어온 아주 위험한 원수들입니다. 그런데 많은 교회들이 이런 사람들을 도무지 구별하지 못하고 계속 교회 안에 머물게 함으로써 악의 세력에게 점령을 당하고 마는 것입니다. 그런 교회는 이미 교회가 아닙니다. 그 교회 안에 있는 사람들은 예수께서 하신 말씀처럼 잘못된 길로 가고 있고 혼란에 빠져들게 됩니다. 그들은 악한 길을 가고 있고 참 진리를 잃어버리게 됩니다.

교회라는 이름과 십자가가 붙어있다고 그것이 다 예수 그리스도의 교회가 아니라는 사실을 우리는 명심해야 합니다.

> 요일4:1 사랑하는 자들아 영을 다 믿지 말고 오직 영들이 하나님께 속하였나 분별하라 많은 거짓 선지자가 세상에 나왔음이라
> 〈더 제대로 된 번역〉
> 하나님께 속하였나 분별하라 → 하나님으로부터 온 것인지 아닌지 시험해보라

사도 요한은 말하기를 "영을 다 믿지 말라", "그 영이 하나님으로부터 온 것인지 아닌지 시험해보라"고 했습니다. 많은 거짓 선지자가 사탄으로부터 온 영을 가지고 세상에 나타나 교회와 성도들을 유린한다는 것입니다.

그러므로 교회들은 하나님으로부터 온 영인지 아닌지 시험해볼 수 있는 능력을 반드시 소유해야 합니다. 이 능력이 없는 교회들은 결코 교회다운 교회가 될 수 없습니다.

> 요일4:3 예수를 시인하지 아니하는 영마다 하나님께 속한 것이 아니니 이것이 곧 적그리스도의 영이니라 오리라 한 말을 너희가 들었거니와 지금 벌써 세상에 있느니라
> 〈더 제대로 된 번역〉
> 예수를 시인하지 아니하는 영마다 하나님으로부터 온 것이 아니며 그리스도의 적으로부터 온 것이다. 너희는 그리스도의 적이 오리라 한 말을 들었을 것이다. 이미 그는 이 세상에 와 있다.

예수를 시인하지 않는 영, 즉 우리가 말씀을 통해 정확하게 알고 있고 믿

고 있는 복음을 그대로 인정하고 믿지 아니하는 영마다 하나님으로부터 온 것이 아니라고 했습니다. 즉 그것은 그리스도의 적으로부터 온 것이라 했습니다. 그런데 이런 자들이 이미 사도 요한 시대에 와 있다고 했습니다. 이런 악한 영의 지배를 받은 사람들이 시간이 지날수록 더 많아지고 있습니다.

그러므로 교회는 그리스도의 적(사탄)으로부터 온 영을 확실하게 구분할 수 있는 능력을 반드시 소유해야 합니다.

> 요이1:7 미혹하는 자가 세상에 많이 나왔나니 이는 예수 그리스도께서 육체로 오심을 부인하는 자라 이런 자가 미혹하는 자요 적그리스도니
> 〈더 제대로 된 번역〉
> 많은 거짓 선생들이 세상에 나타났다. 그들은 예수 그리스도께서 이 땅에 사람으로 오셨다는 것을 믿으려 들지 않는다. 이 사실을 믿지 않는 자는 다 거짓 선생이며 그리스도의 적이다.

많은 거짓 선생들이 이미 세상에 나타났다고 했습니다. 이들은 예수께서 사람의 몸을 입고 이 땅에 오셨다는 것을 믿으려 하지 않았습니다. 그런데 그것을 믿지 않는 자들은 다 거짓 선생이며 그리스도의 적이라고 했습니다.

우리가 알고 있고 믿고 있는 복음을 조금이라도 가감하는 자들은 거짓 선생들이며 그리스도의 적입니다. 따라서 우리는 이런 자들을 확실하게 구별할 수 있는 실력을 갖추어야 합니다.

만약 목사라고 하면서 성도들이 이런 실력을 갖추도록 제대로 가르치지 못하고 성장시키지 못한다면 그는 게으르고 불충한 종입니다.

> 유1:4 이는 가만히 들어온 사람 몇이 있음이라 그들은 옛적부터 이 판결을 받기로 미리 기록된 자니 경건하지 아니하여 우리 하나님의 은혜를 도리어 방탕한 것으로 바꾸고 홀로 하나이신 주재 곧 우리 주 예수 그리스도를 부인하는 자니라
> 〈더 제대로 된 번역〉
> 이는 가만히 들어온 사람 몇이 있음이라. 그들은 자기들이 한 짓 때문에 벌을 받게 될 것이다. 이런 자에 관해서는 옛 예언자들이 오래전에 기록해 놓았다. 그들은 하나님을 반대하고, 하나님이 주시는 은혜를 죄짓는 데에 사용했다. 또한 한 분이신 통치자 우리 주 예수 그리스도를 거부했다.

여기서도 교회 안에 가만히 들어온 사람들이 있다고 했고, 그런 자들에 대해서는 구약시대의 예언자들이 벌써 성경에 기록해 놓았다고 했습니다.

그들은 하나님을 반대하고 하나님이 주시는 은혜, 즉 건강이나 지식이나 교

회에서의 직분들을 **죄짓는 데 사용하는 자들**입니다. 그들은 이런 일에 교묘하고 선수들이어서 웬만한 사람들은 그들이 악한 자라는 사실을 구분하기 어렵습니다. 또 그들은 **한 분이신 통치자, 우리 주 예수 그리스도를 거부했다**고 했습니다. 즉 그들은 예수를 믿는 것처럼 말하고, 예수를 믿으라고 말하기도 하지만 그들은 **예수가 유일하신 구세주요, 하나님 아버지로부터 모든 권세를 부여받은 모든 것의 통치자이심을 결코 믿지 않는 자들**입니다. 이런 자들이 얼마나 많은지 모릅니다.

> 유1:8 그러한데 꿈꾸는 이 사람들도 그와 같이 육체를 더럽히며 권위를 업신여기며 영광을 비방하는도다
> 〈더 제대로 된 번역〉
> 너희 가운데 들어온 자들도 마찬가지이다. 그들은 **꿈에 의해 인도함을 받고 있**으며, **죄로 자신의 몸을 더럽히고 있다. 하나님의 권위를 무시하고 영광스러운 천사들에 대해 악한 말을 해댄다.**

교회에 들어온 자 중에 **꿈에 의해서 인도함을 받는 자들**이 있다고 했습니다. 이들은 **서슴없이 범죄함으로 자신의 몸을 더럽히고 있다** 했습니다. 또 **하나님의 권위를 무시하고 영광스러운 천사들에 대해 악한 말을 해댄다**고 했습니다. 꿈을 꾸면서 예언하기도 하고 가르치는 사람 중에 이런 자들이 있다는 것입니다. 우리는 이런 사람들을 정확하게 보고 분별할 수 있는 능력을 키워야 합니다.

> 롬16:17 형제들아 내가 너희를 권하노니 너희가 배운 교훈을 거슬러 분쟁을 일으키거나 거치게 하는 자들을 살피고 그들에게서 떠나라
> 〈더 제대로 된 번역〉
> 형제들아. 내가 너희를 권하노니 **분열을 일으키고** 너희가 배운 교훈에 어긋나게 믿음의 길에 장애물을 놓는 자들을 경계하고 그런 자들을 멀리하라.

하나님께서 신실한 하나님의 종들을 통해 주신 교훈에 **어긋나게 말하고 행하며 성도들 앞에 장애물을 놓아 넘어지게 하는 자들**이 있다는 것입니다. 바울은 이런 자들은 **분열을 일삼는 자들이므로 경계하고 멀리하라**고 했습니다. 교회들은 바울과 같이 **이런 자들을 즉각 구분하고 경계하고 멀리할 수 있는 능력을 지녀야** 하며 그런 일들을 **신속하고 확실하게 할 수 있어야** 합니다.

그러나 오늘날 이렇게 할 수 있는 교회가 많지 않습니다.

> 〈딤전6:2~3〉
> 2 믿는 상전이 있는 자들은 그 상전을 형제라고 가볍게 여기지 말고 더 잘 섬기게 하라 이는 유익을 받는 자들이 믿는 자요 사랑을 받는 자임이라 너는 이것들을 가르치고 권하라
> 3 누구든지 다른 교훈을 하며 바른 말 곧 우리 주 예수 그리스도의 말씀과 경건에 관한 교훈을 따르지 아니하면
> 〈더 제대로 된 번역〉
> 2 믿는 상전이 있는 자들은 그들이 그리스도 안에서는 모두가 한 형제가 되지만 그렇다고 주인을 공경하지 않아도 된다는 말은 결코 아니다. 오히려 그들을 더 잘 섬기고 존경해야 한다. 왜냐하면 그런 주인들은 믿음 안에서 사랑하는 형제들을 돕고 있기 때문이다.
> 3 만일 이것과 다른 가르침을 주는 자가 있다면 그는 우리 주 예수 그리스도의 참된 가르침을 말하고 있는 것이 아니다. 우리 주님의 가르침은 하나님을 섬기는 바른 길을 보여주는 것이다.

이 말씀은 때때로 거짓 종들이 교회 안에 들어와서 성도 중에 상전이 있는 경우 그런 자들에게 잘 순종하지 않아도 된다고 가르치는 자들이 있었음을 보여줍니다. 그러나 바울은 그런 믿음의 상전들을 더 잘 섬기고 존경해야 한다고 말했습니다. 왜냐하면 그런 주인들은 믿음 안에서 사랑하는 형제들을 돕고 있기 때문입니다.

그런데 분열을 일으키는 거짓 종들은 신앙을 가진 주인들을 불신하고 미워하고 대적하게 했습니다. 교회 안에는 이렇게 이간질하고 분열을 일으키고 윗사람들을 섬기고 존경하지 못하도록 충동하는 자들이 얼마든지 들어올 수 있습니다. 오늘날은 주로 사회주의, 공산주의 사상에 물든 자들이 이런 일을 주도하고 있습니다. 교회는 이런 사람들을 엄격히 구별하고 경계하고 멀리해야 합니다.

하나님의 말씀이 가르쳐주는 대로 가르치지 않고 엉뚱하게 가르치는 자들은 하나님을 섬기는 바른 길을 보여주는 자들이 아니요, 그와 반대로 하게 하는 악한 자들입니다. 바울은 이런 사람들에 대해 우리 주 예수 그리스도의 참된 가르침을 말하고 있는 자들이 아니라고 분명히 선언하고 있습니다.

오늘날 사회주의와 공산주의 사상에 사로잡히는 목사와 교회지도자들이 교회 안에 얼마든지 존재하는데 우리는 이런 사람들을 하나님의 말씀에 입각하여 확실하게 구분하고 경계할 줄 알아야 합니다.

> 요이1:10 누구든지 이 교훈을 가지지 않고 너희에게 나아가거든 그를 집에 들이지도 말고 인사도 하지 말라
> 〈더 제대로 된 번역〉
> 누구든지 이 가르침 이외의 것을 가지고 너희를 찾아오거든 그 사람은 집에 들이지도 말고 인사도 하지 말라.

이것은 **이단**들에 대해서만 말씀하는 것이 아니라 지금까지 설명한 **모든 거짓된 가르침**으로 교회를 분열하고 이간시키며 예수의 참된 가르침이 아닌 **다른 가르침**을 주는 자들에 대한 말씀이기도 합니다. 이런 자들이 성도들과 교회를 찾아온다면 **결코 가까이하거나 사귀지 말아야 한다**는 것입니다. 그런 사람들은 집에 들이지도 말고 인사도 하지 말라고 했습니다. 아주 냉정하게 그들을 경계하고 멀리해야 함을 말씀하고 있습니다.

그런데 오늘날 사랑이라는 미명 아래 이 일을 도무지 제대로 할 줄 모르는 목사들과 성도들이 많습니다. 그런 교회는 결코 **예수가 주인인 교회가 될 수 없으며 예수의 참된 가르침을 가르치는 교회가 아닙니다**. 즉 그런 교회는 이미 교회가 아닙니다.

> 살후3:6 형제들아 우리 주 예수 그리스도의 이름으로 너희를 명하노니 게으르게 행하고 우리에게서 받은 전통대로 행하지 아니하는 모든 형제에게서 떠나라
> 〈더 제대로 된 번역〉
> 형제들아, 우리 주 예수 그리스도의 이름으로 너희를 명하노니 일하기를 싫어하는 형제들을 멀리하라. 게으름을 피우며 일하지 않는 사람들은 우리가 전한 명령을 지키지 않는 자들이다.

우리는 또한 **일하기 싫어하고 게으름을 피우는 사람들을 멀리해야** 합니다. 성경은 이런 사람들도 **악한 자들**로 취급하고 있습니다.

이들은 하나님의 종들이 가르쳐준 **하나님의 명령을 지키지 않는 자들**입니다. 우리는 이런 자들을 만나면 **엄히 책망하고 깨우쳐야** 하고 그래도 고치지 않는다면 **징벌하고 멀리해야** 합니다.

이렇듯 주님의 가르침은 **매우 냉철하고 엄격합니다.**

그러므로 우리는 이 가르침을 명심할 뿐만 아니라 주님 앞에서 합당하지 못한 자들을 **구별하여 단호하게 처리할 줄 아는 믿음과 능력**을 반드시 지녀야 합니다.

제 46 강

〈13〉 제사장과 대제사장(9)
[5] 여섯 가지 복식(3)
③ 견대의 보석(2)

〈출28:9~14〉

9호마노 두 개를 가져다가 그 위에 이스라엘 아들들의 이름을 새기되 10그들의 나이대로 여섯 이름을 한 보석에, 나머지 여섯 이름은 다른 보석에 새기라 11보석을 새기는 자가 도장에 새김 같이 너는 이스라엘 아들들의 이름을 그 두 보석에 새겨 금 테에 물리고 12그 두 보석을 에봇의 두 어깨받이에 붙여 이스라엘 아들들의 기념 보석을 삼되 아론이 여호와 앞에서 그들의 이름을 그 두 어깨에 메워서 기념이 되게 할지며 13너는 금으로 테를 만들고 14 순금으로 노끈처럼 두 사슬을 땋고 그 땋은 사슬을 그 테에 달지니라

〈13〉 제사장과 대제사장(9)

[5] 여섯 가지 복식(3)

③ 견대의 보석(2)

> 〈살후3:14~15〉
> 14 누가 이 편지에 한 우리 말을 순종하지 아니하거든 그 사람을 지목하여 사귀지 말고 그로 하여금 부끄럽게 하라
> 15 그러나 원수와 같이 생각하지 말고 형제 같이 권면하라
> 〈더 제대로 된 번역〉
> 14 만약 우리가 보내는 이 편지의 내용을 따르지 않는 자가 있거든 그가 누구인지 기억해서 가까이하지 말라. 그러면 그 사람 스스로 부끄러움을 느끼게 될 것이다.
> 15 그러나 원수같이 대하지 말고 사랑하는 형제로서 충고하라.

교회 안에서 하나님의 말씀을 순순히 받아들이지 않고 따르지 않는 사람들이 누구인지를 정확하게 기억하라 했습니다. 교회는 이런 사람을 밝혀내야 하며 그가 어떻게 죄악을 저지르는지 분명하게 알아야 합니다. 그리고 조용히 덮어둘 것이 아니라 모든 성도에게 알게 해야 합니다. 모든 성도는 그런 사람을 가까이하지 말아서 그 사람 스스로 왜 성도들이 자기를 그렇게 대하는지 알아차리며 잘못을 깨닫고 부끄러워하며 회개하게 해야 합니다.

그런데 여기서 또 중요하게 주시는 말씀은 **그런 사람을 결코 원수와 같이 대하지 말고** 그가 잘못을 깨닫고 다시 형제의 자리로 돌아오도록 그를 여전히 사랑하는 형제로 여기며 **충고하라** 했습니다.

잘못하는 사람들을 발견하는 즉시 원수와 같이 생각한다면 더 이상 그에게 아무 도움을 주지 못하게 될 것입니다.

그러므로 죄를 짓는 사람을 발견했을 때 그가 회개하고 돌이킬 수 있는 형제라 생각하며 충고해야 합니다. 결코 멀리하기만 하고 아무 도움도 주지 않으면 안 됩니다.

그런 자들을 가까이하지 말라 한 것은 특별히 **그들이 교회에서 성직을 맡거나 지도자의 위치에서 일하지 못하도록 하는** 것을 의미합니다. 그렇게 하여 그가 **부끄러움을 느끼게** 해야 합니다. 그렇지만 그 사람은 회개할 여지가 남아 있습니다. 그래서 **원수와 같이 대하지는 말고 충고하라**는 것입니다.

이렇게 교회가 하나님의 말씀을 순순히 받아들이지 않고 거역하는 사람들을 확실하게 구분하고 성도들로 하여금 그가 누구인지를 알고 냉철하게 충고하게 해야 하는데 그래도 회개하지 않는 사람은 **적절하게 징벌하여 모든 성도가 경각심을 가지게** 해야 합니다.

그런데 불순종자들을 가려내지도 않고 아무런 조치도 취하지 않으며 그저 그들을 덮어주고 사랑하자고 가르치는 교회가 많습니다. 그런 교회들은 **이 거룩한 하나님의 가르침을 거역하고 있는 교회**입니다. 그런 교회를 **결코 주께서 합당하게 여기시지 않습니다.** 그런 교회를 귀하게 들어 쓰시겠습니까?

오늘날 교인 수는 꽤 되지만 이렇게 **하나님 앞에서 합당하게 여기심을 받지 못하고 교회다운 교회로 쓰임 받지 못하는 교회**들이 많습니다.

내가 몸담고 섬기는 교회는 어떤 모습인지 우리 모든 목사와 교회지도자들과 성도들은 정직하게 살펴봐야 합니다.

> 〈딛3:10~11〉
> 10 이단에 속한 사람을 한두 번 훈계한 후에 멀리하라
> 11 이러한 사람은 네가 아는 바와 같이 부패하여서 스스로 정죄한 자로서 죄를 짓느니라
> 〈더 제대로 된 번역〉
> 10 만일 누군가가 **논쟁을** 일으키거든 그에게 **경고하라.** 계속 듣지 않으면 그에게 경고하고 그래도 안 되면 **그와의 관계를 끊어버리라.**
> 11 그런 자는 **자기가 잘못하는 줄 알면서도 계속 죄를 짓는 악한 자**이다.

하나님의 말씀에 대해 다른 가르침을 줌으로써 교회 안에서 **논쟁을 일으키는 사람들이** 있다면 교회는 즉각 그 사람에게 **경고하라**고 했습니다. 그래도 듣지 않으면 재차 경고하고 그래도 듣지 않으면 **그와 관계를 끊어버리라** 했습니다. 이 말은 그를 **교회에서 내쫓으라**는 것입니다.

그 이유는 자기가 잘못하는 줄을 알면서도 계속 죄를 짓는 **악한 자**이기 때문입니다. 즉 그런 사람은 자기가 하나님의 말씀과 다른 말을 하고 있다는 것을 알고 있으면서 그것이 죄인지도 모르며 오히려 자기가 더 잘하고 있다고 생각함으로써 **그 악한 짓을 계속하는 자**입니다.

이런 사람의 영혼이야말로 **화인 맞은 영혼**입니다(딤전4:2). 따라서 **이런 자들과는 교회가 관계를 끊어버려야 하며 교회에서 내쫓아야** 합니다.

그런데 하나님의 말씀을 현저하게 다르게 가르치는 자들을 공공연하게 받아들이는 교회들이 있습니다. 그들이 버젓이 기성 교단의 이름을 가지고 있으며, 하나님과 예수 그리스도를 말하고 사랑을 말하고 자기들도 예수 믿고 구원받았다고 말하더라도 **그들은 결코 예수 그리스도의 교회가 아닙니다.** 그런 교회와 교단은 11절에서 말씀한 대로 **자기가 잘못한 줄을 알면서도 계속 죄를 짓는 악한 자들의 집단**입니다.

그런데 오늘날 이런 **성도가 아닌 교인, 거짓 종들**, 그리고 **교회가 아닌 집단**이 점점 많아지고 있으므로 우리 개신교회 안에 점점 더 많은 교단과 분파가 생겨날 수밖에 없습니다. 저 사람들이 참으로 자기 죄를 깨닫고 회개하고 용서받지 못하는 한 이런 현상은 계속될 것이며 늘어날 것입니다.

따라서 성도들은 **점점 더 큰 영적인 혼란**에 시달리지 않을 수가 없습니다. 우리 모든 목사와 성도들은 이런 현상에 대해 **영의 눈을 활짝 뜨고 이런 자들을 분명하게 구분해야** 하고, 그런 자들을 용납하고 그들의 가르침을 계속 받아들이고 이어가는 교회가 어떤 교회인지도 **알아야** 하며 **그런 개인과 교회를 단호하게 멀리해야** 합니다. 또한 **우리 신앙의 거룩성과 성결함**을 손상시키지 않도록 **더 열심히 말씀으로 무장하고 깨어 기도해야** 합니다.

〈마18:15~18〉
15 네 형제가 죄를 범하거든 가서 너와 그 사람과만 상대하여 권고하라 만일 들으면 네가 네 형제를 얻은 것이요
16 만일 듣지 않거든 한두 사람을 데리고 가서 두세 증인의 입으로 말마다 확증하게 하라
17 만일 그들의 말도 듣지 않거든 교회에 말하고 교회의 말도 듣지 않거든 이

> *이방인과 세리와 같이 여기라*
> *18 진실로 너희에게 이르노니 무엇이든지 너희가 땅에서 매면 하늘에서도 매일 것이요 무엇이든지 땅에서 풀면 하늘에서도 풀리리라*
> 〈더 제대로 된 번역〉
> *15 上네 형제가 네게 죄를 짓거든 가서 단둘이 있을 때에 잘못을 지적하여라.*
> *16 두세 증인의 입으로 말마다 확증하게 하라 → 네가 하는 모든 말에 두세 사람의 증인을 대라.*

여기서도 성도들이 다른 형제들이 범죄하는 것에 대해 결코 묵과해서는 안 된다는 것을 분명히 말씀하셨습니다. 형제가 죄를 지으면 우선 단둘이 있을 때 잘못을 지적해주라고 하셨습니다. 그래도 그가 듣지 않거든 한두 사람을 데리고 가서 두세 사람이 보는 앞에서 그의 잘못을 지적하고, 그래도 듣지 않으면 교회에 말하고, 교회의 말도 듣지 않으면 이방인과 세리와 같이 여기라고 하셨습니다. 즉 불신자나 우상숭배자와 같이 여기라는 말씀입니다.

또한 주님은 "무엇이든지 너희가 땅에서 매면 하늘에서도 매일 것이요, 무엇이든지 땅에서 풀면 하늘에서도 풀리리라" 하셨습니다.

성도 개개인과 교회가 교회 안에 있는 범죄자들을 구별해내어 정당하게 깨우쳐주어야 하는데 그것을 받아들이지 않는 자들에 대해서는 다스릴 권세를 주셨다고 말씀하고 계십니다.

이 말씀은 우리 모든 교회가 중요하게 여기고 명심해야 할 말씀입니다. 교회는 머리이신 예수 그리스도로부터 교회 안에 있는 범죄자들을 다스릴 권한과 권세를 부여받았음을 반드시 기억해야 합니다. 그리고 그것을 영광스럽게 여기며 주님 앞에서 정확하고 정당하게 시행해야 합니다.

만약 교회 안에서 범죄하고도 도무지 회개하지 않는 사람들을 그냥 방관하거나 사랑이라는 미명으로 그들을 끌어안기만 한다면 그런 교회는 교회의 머리이시고 주인이신 예수 그리스도의 명령을 거역하는 것이요, 예수 그리스도의 통치를 거부하는 것입니다. 이것은 하나님 앞에서 매우 큰 죄악입니다.

그런데 오늘날 이런 죄악을 끊임없이 저지르고 있는 교회가 많습니다.

이런 교회야말로 그리스도의 향기와 빛과 소금이 되고 편지가 되는 거룩한 교회의 사명을 망각하고 있는 것이며 멀리 던져버리고 있는 것입니다. 그러면서 더 많은 사람을 오게 하고 더 큰 시설을 짓는 것이 하나님 앞에서 무슨 의미가 있겠습니까?

> 〈고전5:1~2〉
> 1 너희 중에 심지어 음행이 있다 함을 들으니 그런 음행은 이방인 중에서도 없는 것이라 누가 그 아버지의 아내를 취하였다 하는도다
> 2 그리하고도 너희가 오히려 교만하여져서 어찌하여 통한히 여기지 아니하고 그 일 행한 자를 너희 중에서 쫓아내지 아니하였느냐
> 〈더 제대로 된 번역〉
> 2 그런 사실을 알고도 너희는 자만하고 있느냐? 오히려 슬퍼하고 그 음행한 자를 너희 가운데서 쫓아내야 하지 않느냐?

여기 나오는 **음행하는** 자는 고린도전서 5장과 6장에서 나오는 **열 가지 악인들, 즉 결코 천국에 들어갈 수 없는 자** 중 **한 가지 악인**에 대한 말씀입니다.

바울은 그 열 가지 악을 행하는 자들이 **도무지 회개하지 않고** 있는데도 교회가 그들에 대해 아무 조치를 취하지 않는 것에 대해 **엄히 책망**했습니다. "너희는 자만하고 있느냐?" 했는데 이 말은 "너희가 어찌 하나님보다 더 사랑이 많은 척하고 더 의롭고 자비로운 척하느냐? 너희가 그렇게 잘나고 훌륭한 자들이라는 것이냐?" 하는 뜻입니다.

그러면서 바울은 고린도교회와 **특히 그 지도자들에 대해** 교회의 머리이시고 주인이신 예수께서 **진노하고 계심**을 깨우쳐주었습니다. 그는 사랑의 은사로 충만했으나 단호하게 결론 지어 말하기를 "그 악한 자를 너희 가운데서 **쫓아내야 한다**" 했습니다. 즉 출교해야 한다는 것입니다.

바울은 고린도전서 5장과 6장에서 결코 천국에 들어갈 수 없는 악인들에 대해 언급합니다.

> 〈고전5:11~13〉
> 11 이제 내가 너희에게 쓴 것은 만일 어떤 형제라 일컫는 자가 음행하거나 탐욕을 부리거나 우상숭배를 하거나 모욕하거나 술 취하거나 속여 빼앗거든 사귀지도 말고 그런 자와는 함께 먹지도 말라 함이라
> 12 밖에 있는 사람들을 판단하는 것이야 내게 무슨 상관이 있으리요마는 교회 안에 있는 사람들이야 너희가 판단하지 아니하랴
> 13 밖에 있는 사람들은 하나님이 심판하시려니와 이 악한 사람은 너희 중에서 내쫓으라
> 〈더 제대로 된 번역〉
> 11 이제 내가 너희에게 쓴 것은 어떤 사람이 그리스도인이라고 말은 하면서 탐욕이 있거나 우상 숭배를 하거나 남을 모함하거나 술 취하거나 약탈하거든 사귀지도 말고 그런 자와는 함께 먹지도 말라 함이라.

▌ *12下교회 안에서 죄를 짓는 사람들은 너희가 심판해야 할 것이 아니냐?*

〈고전6:9~10〉
9 불의한 자가 하나님의 나라를 유업으로 받지 못할 줄을 알지 못하느냐 미혹을 받지 말라 음행하는 자나 우상 숭배하는 자나 간음하는 자나 탐색하는 자나 남색하는 자나
10 도적이나 탐욕을 부리는 자나 술 취하는 자나 모욕하는 자나 속여 빼앗는 자들은 하나님의 나라를 유업으로 받지 못하리라
〈더 제대로 된 번역〉
9 미혹을 받지 말라 → 속지 말라
탐색하는 자 → 남자로서 몸을 파는 자
남색하는 자 → 동성 연애하는 자
10 탐욕을 부리는 자 → 탐욕이 가득한 자
술 취하는 자 → 술에 젖어 사는 자
모욕하는 자 → 모함하는 자
속여 빼앗는 자 → 약탈하는 자

하나님의 나라를 유업으로 받지 못할 자들, 교회에서 내쫓아야 할 악한 사람들을 **열 가지 종류**로 밝히고 있습니다.
① **음행하는 자**입니다. **음란한 행동을 하는 사람**을 말합니다.
② **탐욕이 가득한 자**입니다. **마음속에 온갖 욕심이 가득한 사람**을 말합니다.
③ **우상을 숭배하는 자**입니다.
④ **다른 사람을 모함하는 자**입니다.
⑤ 술 취하는 자, 즉 **술에 젖어서 사는 사람**입니다. **술을 좋아하고 끊임없이 마시는 사람**을 말합니다.
⑥ **약탈하는 자**입니다.
⑦ **간음하는 자**입니다.
⑧ **남자로서 몸을 파는 자**입니다.
⑨ **동성 연애하는 자**입니다.
⑩ **도둑질하는 자**입니다.

여기에서 우리가 눈여겨봐야 할 부분은 **마음에 탐욕이 가득한 사람**입니다. 그리고 다른 사람을 거짓으로 모함하는 사람입니다. 또 술을 좋아하고 늘 술을 마시는 사람, 알코올 중독자입니다. 그리고 교묘한 방법으로 다른 사람들의 것을 빼앗는 사람입니다. 또 남자로서 몸을 파는 자와 도둑질을 일삼는 자, 그리고 **동성연애하는** 자입니다.

이 말씀에서 우리가 그다지 큰 죄악으로 여기지 않는 행위들도 **하나님 나라를 유업으로 받지 못하고 교회에서 내쫓아야 할 악한 일임**을 발견할 수 있습니다.

오늘날 많은 교회들이 우상 숭배하는 사람에 대해서는 어느 정도 단호하게 대하면서 **이런 사람들에 대해서는 별로 중죄인이라는 사실조차 알지 못하며 대수롭지 않게 여기고 지나치는 일들이 일반화**되어 있음을 봅니다. 심지어 음행하고 간음하는 자들까지도 너무나도 내버려두고 있습니다.

다시 말하면 **결코 하나님의 나라를 유업으로 받지 못할 자, 그리고 교회에서 내쫓김을 받아야 할 악한 자에 대한 말씀 중 대부분을 간과하고 그들을 구별하지도 못하며 책망하지 않고 다스리지 않고** 있습니다. 이런 교회들은 사도 바울이 말한 교회와 너무나 다릅니다. 이런 교회가 어찌 예수 그리스도를 주인 삼고 있는 교회라 할 수 있겠습니까? 이런 교회들은 **적은 누룩이 온 덩어리를 부풀게 하는 것처럼 이미 교회의 진정한 모습을 잃어버렸고 결코 그리스도께서 인정하시고 함께하실 수 없는 집단**에 불과합니다.

또 오늘날 많은 교회들이 **이 열 가지 종류의 악인들을 조금도 다스리지 않음으로써 많은 교인들이 하나님의 나라를 유업으로 받지 못하고 교회에서 쫓겨나야 할 악한 자들이 되고 있음**을 우리는 알아차려야 합니다.

그러므로 이런 교회가 아닌 집단이 점점 많아지는 것과 이런 집단들의 교인 숫자가 증가하는 것, 그리고 그들의 예배당 시설들이 점점 커지는 것은 **하나님 나라를 유업으로 받지 못할 자들과 전혀 교회의 지체가 아닌 악한 자들의 규모가 점점 커지고 있는 것**에 불과합니다.

이런 시대와 사회는 옛날 소돔과 고모라와 같이, 노아시대 때의 사람들과 같이 조금도 자비를 바랄 수 없는 하나님의 심판을 받지 않을 수가 없습니다. 이 얼마나 무섭고 놀라운 사실입니까?

성막은 **이런 모든 사실을 낱낱이 드러내주고 일깨워주고** 있습니다.

우리 모든 교회와 목사들과 교회지도자들은 이런 사실을 **세심하고도 깊이 발견하고 깨달아야** 하며 **철저하게 회개하고 용서받아야** 하며 **치료되고 변화되어야** 합니다. 우리에게 이것보다 **시급한 일**은 없습니다.

〈신13:1~9〉
1 너희 중에 선지자나 꿈꾸는 자가 일어나서 **이적과 기사를 네게 보이고**
2 **그가 네게 말한 그 이적과 기사가 이루어지고** 너희가 알지 못하던 다른 신들을 우리가 따라 섬기자고 말할지라도

3 너는 그 선지자나 꿈 꾸는 자의 말을 청종하지 말라 이는 너희의 하나님 여호와께서 너희가 마음을 다하고 뜻을 다하여 너희의 하나님 여호와를 사랑하는 여부를 알려 하사 너희를 시험하심이니라
4 너희는 너희의 하나님 여호와를 따르며 그를 경외하며 그의 명령을 지키며 그의 목소리를 청종하며 그를 섬기며 그를 의지하며
5 그런 선지자나 꿈꾸는 자는 죽이라 이는 그가 너희에게 너희를 애굽 땅에서 인도하여 내시며 종 되었던 집에서 속량하신 너희의 하나님 여호와를 배반하게 하려 하며 너희의 하나님 여호와께서 네게 행하라 명령하신 도에서 너를 꾀어 내려고 말하였음이라 너는 이같이 하여 너희 중에서 악을 제할지니라
6 네 어머니의 아들 곧 네 형제나 네 자녀나 네 품의 아내나 너와 생명을 함께 하는 친구가 가만히 너를 꾀어 이르기를 너와 네 조상들이 알지 못하던 다른 신들
7 곧 네 사방을 둘러싸고 있는 민족 혹 네게서 가깝든지 네게서 멀든지 땅 이 끝에서 저 끝까지에 있는 민족의 신들을 우리가 가서 섬기자 할지라도
8 너는 그를 따르지 말며 듣지 말며 긍휼히 여기지 말며 애석히 여기지 말며 덮어 숨기지 말고
9 너는 용서 없이 그를 죽이되 죽일 때에 네가 먼저 그에게 손을 대고 후에 뭇 백성이 손을 대라

〈더 제대로 된 번역〉
1 너희 중에 선지자나 꿈으로 점치는 사람이 나타나서 기적이나 표적을 보여 주셨다고 말할지 모른다.
3 청종하지 말라 → 듣지 마라.
4 너희는 너희의 하나님 여호와를 섬기고 여호와만을 경외하고 그분의 명령을 잘 지키며 복종하라 그분만을 섬기며 충성하라.
5 그런 선지자나 꿈꾸는 자는 죽이라. 이는 그가 너희에게 너희를 애굽 땅에서 인도하여 내시며 종 되었던 집에서 속량하신 너희의 하나님 여호와를 배반하라고 말했다. 그들은 하나님 여호와께서 너희에게 명령하신 대로 살지 말라고 유혹했다. 너희는 그런 나쁜 자를 너희 가운데서 없애야 한다.
6 너와 네 조상들이 알지 못하던 다른 신들 → 너와 네 조상들이 알지 못하던 다른 신들을 섬기자고 말할지도 모른다.
8 너는 그런 말에 귀 기울이지 말고 듣지도 마라. 그런 자를 불쌍하게 여기지도 말고 풀어주지도 말고 보호해주지도 마라.
9 그런 자는 죽이라. 처음에 유혹받은 사람이 그 사람을 먼저 죽이라. 그런 다음에 다른 사람들도 힘을 합쳐 그 사람을 죽이라.

하나님께서는 거짓 종들에 대해 아주 단호하게 명령하고 계십니다.

이스라엘 백성 중에서 선지자라고 하면서 꿈으로 점치는 사람이 나타나서 하나님이 기적이나 표적을 보여주셨다고 말하고 **그가 말한 이적과 기사가 이루어지게 하면서 너희가 알지 못하던 다른 신들을 우리가 따라 섬기자고 말하는 자들**이 있다는 것입니다.

하나님께서는 그런 자들의 말을 **듣지 말라** 하셨고 심지어 **죽이라**고 하셨습니다. 하나님은 그런 자들을 **'나쁜 자'**라고 하시며 **이스라엘 백성 가운데서 없애야 한다**고 명령하셨습니다.

더욱이 형제나 자매나 아내나 심지어 생명을 함께하는 친구가 가만히 꾀어서 조상들이 알지 못하던 다른 신들을 섬기자고 말하기도 하는데 하나님은 그런 자들의 말에 **귀를 기울이지 말고 듣지 말라** 하셨습니다. 그리고 그런 자들을 **불쌍하게 여기지도 말고 풀어주지도 말고 보호해주지도 말라** 하셨습니다. 그런 자들을 **엄벌로 다스리라**는 것입니다.

그런 자들은 처음에 유혹받은 사람이 먼저 **죽이라**고 하셨고 그 후에 다른 사람들도 힘을 합쳐서 그들을 죽이라 하셨습니다.

또 하나님의 백성들을 **유혹하여 하나님을 배신하고 우상을 섬기게 하며 온갖 죄악에 빠지도록 하는 자들**이 이스라엘 백성 가운데 나타날 때 **결코 그들을 내버려두지 말고 조금도 불쌍히 여기거나 보호해주지 말고 반드시 죽이라**고 하셨습니다.

하나님께서 **이런 자들을 얼마나 악하게 보시며 진노하시는가**를 보여줍니다.

"이는 너희의 하나님 여호와께서 너희가 마음을 다하고 뜻을 다하여 너희의 하나님 여호와를 사랑하는 여부를 알려 하사 너희를 시험하심이니라" 했습니다(3절).

이스라엘 백성 가운데 하나님을 배신하게 하고 우상을 숭배하게 하고 온갖 죄악에 빠지게 하는 자들이 있을 때 **이스라엘 백성들과 그 지도자들이 이런 자들을 어떻게 징벌하는가를 보시며 그들을 시험하신다**는 것입니다. 그런데 악한 자들을 수수방관하며 아무런 조치도 취하지 않는다면 하나님은 **그들뿐 아니라 백성 전체에게 진노를 쏟아부으셔서 이방인들의 손에 붙여 다 죽게** 하셨습니다.

오늘날 모든 교회는 이 신명기 13장 말씀을 **정신 차리고 들어야** 합니다.

만약에 **반드시 죽여야 할 악인들, 결코 천국에 들어갈 수 없는 자들, 교회에서 내쫓아야 할 자들을 하나님의 명령대로 다스리지 않고 내버려두는 교회들**은 때가 되면 반드시 그 악한 자들이 받을 징벌을 모두가 받게 됩니다.

한두 개의 개교회가 징벌 받는 것으로 끝나지 않고 그 나라와 민족 전체가 무서운 하나님의 진노를 받게 되는 것입니다.

오늘날 인류 역사상 유래가 없이 코로나라는 전염병이 어느 한 지역뿐 아니라 전 세계를 뒤덮고 있습니다. 지금 전 세계적으로 수백만 명이 죽었습니다. 이런 현상은 점점 더 심화되고 있습니다.

하나님의 이 무서운 진노는 분명 세상의 모든 악인에 대해 내리시는 것인데 하나님께서 주시해 보시는 것은 바로 교회들입니다. 교회라고 하고, 예수 믿는다고 하면서, 나도 목사요, 지도자라고 하면서 사람들에게 하나님을 제대로 알지 못하게 하고 엉뚱한 것을 따르게 하고 심지어 하나님을 저버리게 하고 온갖 죄악에 빠져가는 것을 보면서 수수방관하는 목사들과 성도들, 그런 악한 자들의 수가 점점 많아지도록 힘쓰며 그들을 수용하기 위한 거대한 시설들을 짓기에 여념이 없는 교회와 목사들과 교회지도자들을 하나님은 어느 불신자, 우상숭배자들보다도 악하게 보시며 진노하시는 것입니다. 전 세계 교회가 이 사실을 알아차리지 못하고 계속해서 교회 안에 거짓 종들이 일어나고 헛된 가르침을 주며 교인들로 하여금 세속화되게 만드는 일로 교회가 치달아간다면 그 교회들이 속한 나라와 민족은 하나님의 무서운 징벌을 면할 수 없게 됩니다.

지금 이미 이런 상황이 벌어지고 있습니다.

이제는 그야말로 모든 교회의 목사와 지도자들과 성도들이 참으로 하나님 앞에 가슴을 쥐어뜯으며 회개하며 살려달라고 부르짖어야 할 때입니다.

> 딤후3:8 얀네와 얌브레가 모세를 대적한 것 같이 그들도 진리를 대적하니 이 사람들은 그 마음이 부패한 자요 믿음에 관하여는 버림을 받은 자들이라
> 〈더 제대로 된 번역〉
> 얀네와 얌브레가 모세를 대적한 것 같이 그들도 진리를 미워하고 반대하니 생각이 바르지 못하고 혼란스러워 진리를 바로 따라갈 수 없는 자들이다.

초대교회 안에도 진리를 미워하고 반대한 자들이 있었습니다.

그들은 생각이 바르지 못하고 혼란하여 깨닫지 못하므로 진리를 그대로 받아들일 수 없고 순종할 수도 없었습니다.

지상의 교회 안에는 이런 자들이 얼마든지 발생할 수 있고 들어올 수 있습니다. 이런 자들을 신속히 구별하고 처리하지 못하는 교회는 하나님께서 함께하실 수 없으며 부패하고 타락하게 될 것입니다.

> 요삼1:9 내가 두어 자를 교회에 썼으나 그들 중에 으뜸되기를 좋아하는 디오드레베가 우리를 맞아들이지 아니하니
> 〈더 제대로 된 번역〉
> 나는 이런 내용의 편지를 먼저 교회 앞으로 보냈다. 그러나 디오드레베가 그 말을 들으려고도 하지 않고, 충고도 받아들이지 않았다. 그것은 디오드레베 자신이 그 교회의 우두머리가 되고자 하는 마음 때문이다.

사도 요한은 초대교회 당시 교회 안에 있던 악한 자들에게 경고하는 말씀을 써 보냈습니다. 그런데 교회지도자들 중에 유력했던 디오드레베는 하나님께서 사도 요한을 통해 주시는 말씀을 들으려고도 하지 않고 충고도 받아들이지 않았습니다. 그 이유는 교회의 우두머리가 되고자 하는 마음에 사로잡혔기 때문이었습니다.

그는 이미 예수 그리스도를 저버렸고 예수 그리스도의 충실한 종인 사도들도 우습게 여겼습니다. 그런 자가 감독이 되어 잘못 가르치고 교인들을 유린하도록 내버려둔다면 그 교회 역시 예수 그리스도를 저버린 교회요, 악인들의 집단에 불과합니다.

오늘날에도 예수 그리스도가 아닌 목사나 누군가가 머리와 주인이 되어 사람들을 마음대로 가르치고 유린하는 교회가 많습니다. 이 악한 자들은 곧잘 하나님과 예수 이름을 들먹이며 성경을 가르치는 것 같지만 결코 사람들로 하여금 유일한 구주 예수 그리스도를 확실하게 믿고, 주인 삼고 살며, 그 예수님을 머리로 다른 성도들과 한 몸이 되게 하는 일을 하지 않습니다.

교회는 이런 자들이 혹시 교회 안에 있는지 항상 깨어 살펴봐야 하고 신속하고 단호하게 내쫓아야 합니다. 이것을 온 성도가 하나가 되어 확실하게 해야 합니다. 만약 그렇게 하는 것을 반대하는 자들이 있다면 그들 역시 쫓아내야 합니다. 회개하지 않고 계속 악하게 구는 자들을 그저 용서하는 것이 주님의 뜻이라고 말하는 자들에게 속지 말아야 하며 그들에게 인간적인 정도 베풀지 말아야 합니다. 이렇게 할 때 교회가 분열되거나 교인 숫자가 감소한다면 그것은 감수해야 합니다. 단 몇 명이라도 주님 편에 서 있는 사람들, 예수 그리스도를 머리로 한 사람들이 진정한 교회를 세워나가기 위해 똘똘 뭉쳐서 나아가야 합니다.

제 47 강

〈13〉 제사장과 대제사장(10)
[5] 여섯 가지 복식(4)
③ 견대의 보석(3), ④ 땋은 순금 사슬

〈출28:9~14〉
9호마노 두 개를 가져다가 그 위에 이스라엘 아들들의 이름을 새기되 10그들의 나이대로 여섯 이름을 한 보석에, 나머지 여섯 이름은 다른 보석에 새기라 11보석을 새기는 자가 도장에 새김 같이 너는 이스라엘 아들들의 이름을 그 두 보석에 새겨 금 테에 물리고 12그 두 보석을 에봇의 두 어깨받이에 붙여 이스라엘 아들들의 기념 보석을 삼되 아론이 여호와 앞에서 그들의 이름을 그 두 어깨에 메워서 기념이 되게 할지며 13너는 금으로 테를 만들고 14순금으로 노끈처럼 두 사슬을 땋고 그 땋은 사슬을 그 테에 달지니라

〈13〉 제사장과 대제사장(10)

[5] 여섯 가지 복식(4)

① **에봇과 띠**
② **두 개의 견대**
③ **견대의 보석(3)**

(1) 이스라엘 아들들의 이름을 "한 보석에 여섯씩 나이대로 새기라" 하셨습니다.

"열두 지파의 이름을 빠짐없이, 순서대로 새기라" 하셨습니다.
여기서도 선택하신 백성들을 모두 구원 얻게 하시는 하나님의 계획을 볼 수 있습니다.

> 〈요6:37~39〉
> 아버지께서 내게 주시는 자는 다 내게로 올 것이요 내게 오는 자는 내가 결코 내쫓지 아니하리라 내가 하늘에서 내려온 것은 내 뜻을 행하려 함이 아니요 나를 보내신 이의 뜻을 행하려 함이니라 나를 보내신 이의 뜻은 내게 주신 자 중에 내가 하나도 잃어버리지 아니하고 마지막 날에 다시 살리는 이것이니라

두 개의 보석에 '차별이 없이 동등하게 새기라 하심'을 주목해야 합니다.

예수 그리스도를 믿는 사람들은 이렇게 '**다 같은 하나님의 자녀들**'이요, '**상속권자들**'이요, '**천국의 주인들**'이요, '**왕들**'입니다.

여기서 우리가 알아야 할 것이 있습니다.
1) *이스라엘의 아들들 이름이 구체적으로 성막 안에서 드러난 것이* **대제사장이신 예수 그리스도를 보여주실 때였고 대제사장의 의복에서도 그 이름들이 제일 먼저 설명되었습니다.**

이는 예수께서 이 세상에 오신 이유가 '**그가 구원하실 자들**'을 위함이라는 것과 그 사역의 핵심 역시 '**아버지께서 주신 자들**'을 '**남김없이**(빠짐없이) **구원하는 것**'임을 확실히 증언해주고 있습니다.

따라서 **하나님 앞에 서신 예수님은 무엇보다도** 먼저 **그 어깨에 자기 백성들의 이름들을 기록한 보석을 계급장처럼 영광스럽게 내보이시는 것**입니다. 이것은 뒤에 나오는 **흉패**에서 더욱 강조됩니다.

2) *이것은 성도들을 통한 전도가* '**최후의 선택된 자 한 사람까지 구원하는 데에 성공을 거두리라는 것**'을 *암시합니다.*

그리스도의 권세와 능력을 가장 확실하고 오래도록 체험하고 소유할 사람들은 **복음을 전파하는 사람들**입니다. 그러므로 복음 전쟁처럼 **전 시대를 거쳐 승리하는 전쟁**은 없습니다. 복음을 전파하기 위한 싸움에 **결코 패배는 없습니다.** 이런 승전국의 군대에 속한 자들은 얼마나 행복한 자들입니까?

(2) 두 보석은 '**금 테에 물려서**' 견대에 붙여집니다.

이 역시 **이스라엘 아들들이 차지하게 된** '**영광과 복이 신적 권세와 능력에 기인하고 보호됨**'을 의미합니다. 따라서 그것은 결코 변하거나 빼앗길 수 없습니다.

> 〈요6:39~40〉
> 나를 보내신 이의 뜻은 내게 주신 자 중에 내가 하나도 잃어 버리지 아니하고 마지막 날에 다시 살리는 이것이니라 내 아버지의 뜻은 아들을 보고 믿는 자마다 영생을 얻는 이것이니 마지막 날에 내가 이를 다시 살리리라 하시니라

> 〈요6:47~48〉
> 진실로 진실로 너희에게 이르노니 믿는 자는 영생을 가졌나니 내가 곧 생명의 떡이로다

> 요17:12 내가 그들과 함께 있을 때에 내게 주신 아버지의 이름으로 그들을 보

> 전하고 지키었나이다 그중의 하나도 멸망하지 않고 다만 멸망의 자식뿐이오니 이는 성경을 응하게 함이니이다

> 벧전1:5 너희는 말세에 나타내기로 예비하신 구원을 얻기 위하여 믿음으로 말미암아 하나님의 능력으로 보호하심을 받았느니라
> 〈더 제대로 된 번역〉
> 하나님께서는 크신 능력으로 너희의 믿음을 든든히 지켜주셔서 구원의 날이 이를 때까지 너희를 안전하게 보호해주신다. 마지막 때가 되면 하나님께서는 너희에게 구원을 베풀어주실 것이다.

1) **"금으로 테를 만들라"** 는 말씀이 두 번이나 나옵니다(11절,13절).
이는 신적 권세와 능력에 기인하고 보호되는 그리스도인의 영광과 복이 **확고함**을 강조합니다.

2) 하나님께서 예수 그리스도로 말미암아(예수를 믿어 그 보혈의 은총으로 구속받아) 그와 함께 나아오는 모든 그리스도인을 얼마나 보기 좋아하시고 원하시는지를 알 수 있습니다.
"아론이 여호와 앞에서 그들의 이름을 그 두 어깨에 메워라(12절)" 하셨습니다.
여기서도 하나님께서 참으로 받으시고 인정하시는 메시야는 오직 예수 그리스도뿐이라는 것과 하나님께서는 그 예수 그리스도만 믿는 사람들을 받으시고 인정하신다는 사실을 확증해주고 있습니다.

지성소에 들어오는 대제사장은 오직 하나입니다. 따라서 그의 어깨에 새겨진 이름들만이 진정으로 구원받은 사람들입니다. 엉뚱한 사람을 대제사장이라 착각하고 그 어깨에 자기 이름이 새겨졌다며 구원을 보장받았다고 여기는 사람들이 많습니다. 이들은 참으로 불쌍한 사람들입니다.

3) 예수 그리스도로 말미암아 구원 얻는 것은 '하나님의 예정 가운데 있음'을 보여줍니다.
대제사장의 두 어깨에는 '하나님의 모든 아들'의 이름이 지울 수 없이 새겨져 있습니다.
하나님께서는 이 땅에 그들이 존재하기도 전에 죄인들 중 구원 얻을 자(예수 그리스도로 말미암아)를 이미 선택하신 것입니다. 그 이름들이 스스로 그 보석에 새겨질 수 없었듯이 우리의 의지와 노력만으로 구원 얻을 수 없습니다. 하나님 아버지와 예수 그리스도, 그리고 이름들을 보석에 새길 수 있도

록 역사하시는 **성령**에 의해 구원이 이루어집니다. 성부는 구원을 **계획**하시고 성자는 그것을 **실행**하시며 성령은 **성취**하십니다. 여기에 다른 무엇이 개입할 수 없습니다. 천사나 사람은 이 하나님의 구원 섭리에 결코 직접적인 원인이 될 수 없습니다. 그러므로 우리 구원받은 사람들은 **오직 성삼위 하나님께만** 모든 영광을 돌리며 **그 하나님만을 섬겨야** 합니다.

대제사장의 어깨에 있는 보석에는 '**우리 믿는 자들의 이름이 분명히 기록되어 있는 것**' 입니다. 할렐루야!

여기에서 **예정과 선택**에 대해 살펴보겠습니다.

> 〈렘1:4~5〉
> 4 여호와의 말씀이 내게 임하니라 이르시되
> 5 내가 **너를 모태에 짓기 전에 너를 알았고 네가 배에서 나오기 전에 너를 성별하였고** 너를 여러 나라의 선지자로 세웠노라 하시기로
> 〈더 제대로 된 번역〉
> 5 너를 여러 나라의 선지자로 세웠노라 → **너를 여러 나라에 보낼 예언자로 세웠다.**

여호와께서 예레미야에게 "내가 너를 모태에 짓기 전에 너를 알았다" 고 말씀하셨습니다. 또 "네가 배에서 나오기 전에 너를 성별하였고 너를 여러 나라에 보낼 예언자로 이미 세웠다" 하셨습니다.

하나님께서 이렇게 모태에 잉태되기 전에 알아주시고 성별해주시고 세워주시지 않았으면 하나님의 백성이나 예언자가 될 수 없습니다.

> 〈롬8:29~30〉
> 하나님이 **미리 아신 자들**을 또한 그 아들의 형상을 본받게 하기 위하여 **미리 정하셨으니** 이는 그로 많은 형제 중에서 맏아들이 되게 하려 하심이니라 또 **미리 정하신 그들**을 또한 부르시고 부르신 그들을 또한 의롭다 하시고 의롭다 하신 그들을 또한 영화롭게 하셨느니라

여기서도 하나님께서 미리 아신 자들을 그 아들의 형상을 본받게 하기 위해 미리 정하셨다 했습니다. 또 그 미리 정하신 자들을 하나님께서 부르시고 부르신 그들을 의롭다 하시고 의롭다 하신 그들을 영화롭게 하셨다 했습니다. 즉 **미리 정하시고 부르신 사람들**이 예수 그리스도를 믿어 의로워지고 영화롭게 된다는 것입니다.

> 롬9:11 그 자식들이 아직 나지도 아니하고 무슨 선이나 악을 행하지 아니한 때

에 택하심을 따라 되는 하나님의 뜻이 행위로 말미암지 않고 오직 부르시는 이로 말미암아 서게 하려 하사
〈더 제대로 된 번역〉
그 자식들이 아직 나지도 아니하고 무슨 선이나 악을 행하지 아니한 때에 하나님께서 선택하시는 목적을 굳게 세우기 위해 리브가에게 약속을 해주셨다. 그것은 하나님의 선택이 행위가 아니라 불러주시는 분의 뜻에 달려있다는 것을 보여주기 위해서이다.

여기서 더 분명하게 말씀하기를 아직 태어나지도 않고 어떤 선이나 악을 행하지 않은 때에 하나님께서 그 누군가를 선택하신다는 것입니다. 그 선택은 무슨 행위를 잘해서가 아니라 오직 하나님의 뜻에 달려있다고 분명히 말씀하고 있습니다. 즉 하나님의 자녀가 되고 구원받을 사람은 전적으로 하나님의 뜻에 의해 선택받는 것입니다.

고전2:7 오직 은밀한 가운데 있는 하나님의 지혜를 말하는 것으로서 곧 감추어졌던 것인데 하나님이 우리의 영광을 위하여 만세 전에 미리 정하신 것이라
〈더 제대로 된 번역〉
은밀한 가운데 있는 하나님의 지혜 → 하나님의 비밀 가운데 있는 지혜

하나님이 자신의 백성들을 만세 전에 미리 선택하여 정하신 것이라 했습니다. 그런데 그것은 하나님의 비밀 가운데 있는 지혜라고 했습니다. 따라서 그것은 감추어졌던 것, 즉 누구나 알 수 있는 것이 아니었다는 것입니다. 어떤 사람이 하나님께 선택되고 구원받는 것은 하나님의 비밀 가운데서 하나님께서 만세 전에 미리 정하시는 일입니다. 참으로 신비하고 놀라운 일입니다.

〈엡1:4~5〉
4 곧 창세 전에 그리스도 안에서 우리를 택하사 우리로 사랑 안에서 그 앞에 거룩하고 흠이 없게 하시려고
5 그 기쁘신 뜻대로 우리를 예정하사 예수 그리스도로 말미암아 자기의 아들들이 되게 하셨으니
〈더 제대로 된 번역〉
4 곧 창세 전에 그리스도의 사랑 안에서 우리를 흠 없는 거룩한 백성으로 선택하셨다.
5 또한 그때부터 예수 그리스도를 통해 우리를 자녀 삼으시려고 예정하셨다. 하나님께서는 이 일을 바라시고 또 기뻐하셨다.

하나님께서 창세 전, 즉 우주 만물을 만드시기도 전에 하나님의 백성들을 선택하셨는데 그리스도의 사랑 안에서 흠이 없는 거룩한 백성이 되도록 선택하셨다고 했습니다. 그리고 **그때부터 그들을 예수 그리스도를 통해 자녀로 삼으시기로 예정하셨다**는 것입니다. 또 하나님께서는 **이런 거룩한 일을 바라고 기뻐하셨다** 했습니다.

> 엡1:11 모든 일을 그의 뜻의 결정대로 일하시는 이의 계획을 따라 우리가 예정을 입어 그 안에서 기업이 되었으니
> 〈더 제대로 된 번역〉
> 모든 것을 그의 뜻대로 이루시는 하나님께서 오래전에 이미 우리를 하나님의 백성으로 예정해 놓으셨다.

하나님께서 모든 것을 그의 뜻대로 이루시는데 그와 같이 **오래전, 즉 창세 전에 구원받을 자들을 하나님의 백성으로 예정해 놓으셨다** 했습니다.

> 딤후1:9 하나님이 우리를 구원하사 거룩하신 소명으로 부르심은 우리의 행위대로 하심이 아니요 오직 자기의 뜻과 영원 전부터 그리스도 예수 안에서 우리에게 주신 은혜대로 하심이라
> 〈더 제대로 된 번역〉
> 하나님이 우리를 구원하사 그분의 거룩한 백성으로 삼으셨다. 이것은 우리가 무언가 큰 일을 해서가 아니라 그분이 원하셔서 그분의 은혜로 된 것이다. 그 은혜는 세상이 시작되기 전에 예수 그리스도를 통해 우리에게 이미 주셨다.

여기에서도 하나님께서 **우리를 구원하여 거룩한 백성으로 삼으셨다** 했습니다. 이것은 **우리 각자가 어떤 큰 일을 해서가 아니라 그저 그분이 원하셔서 그 은혜로 된 것이라** 했습니다. 그리고 그 은혜는 **세상이 시작되기도 전에 예수 그리스도를 통해 우리에게 이미 주셨다** 했습니다. 즉 우리가 창세 전에 하나님께 선택되고 구원받게 되는 것은 창세 전에 그 **모든 것을 예수 그리스도를 통해 우리에게 주시기로 계획하신 하나님에 의한 것**입니다. 참으로 놀라운 말씀이 아닐 수 없습니다. 그러므로 누구든지 예수 그리스도를 믿고 구원을 얻게 되었을 때 **결코 자기를 자랑할 수 없습니다**.

> 딛1:2 영생의 소망을 위함이라 이 영생은 거짓이 없으신 하나님이 영원 전부터 약속하신 것인데
> 〈더 제대로 된 번역〉
> 이 믿음과 지식은 영원한 생명을 바라는 마음에서 생겨난 것이다. 이 생명은 세상이 시작되기 전부터 약속하신 것이다.

우리가 창세 전에 예수 그리스도 안에서 선택되고 구원받게 되는 것은 **하나님께서 품으신 마음**에서 생겨난 것입니다. 그리고 우리에게 주신 그 생명은 이미 세상 만물이 만들어지기 전부터 하나님께서 선택하신 자들에게 **약속하신 것**입니다.

그러므로 예수 믿고 구원받은 자들은 말로 다 할 수 없는 은혜를 입고 그 은총으로 **내 이름이 예수 그리스도의 어깨 위에 영원히 지워지지 않도록 새겨져서** 하나님 아버지 앞에 서게 된 것입니다.

우리 모든 성도는 **이 예정선택에 관한 하나님의 놀랍고 신비로운 은혜를 세상 무엇보다도 가장 소중하고 영광스럽게 여기고 잠시도 잊어서는 안 되며 항상 기뻐하고 감사하며 찬송해야** 합니다.

모든 그리스도인은 이렇게 '영원 전부터 영원까지 **하나님 앞에 새겨진 이름의 소유자들**'입니다. 우리가 **이 땅에서 존재하는 시간은 한 경점 같을 뿐**인데 말입니다.

이런 엄청난 복은 깨닫지 못하고, 감격스러워하지 못하고, 소중한 줄 모르고 겨우 육신과 세상의 일에만 몰두하는 그리스도인, 그리고 세상 것들을 더 소중히 여기는 그리스도인, 세상 것들을 만족스럽게 얻지 못했다고 자주 슬퍼하고 괴로워하는 그리스도인이 있다면 그가 어찌 정상적인 사람이라고 할 수 있겠습니까? 그에게 주어진 구원은 그야말로 돼지에게 던져진 진주가 아니겠습니까?

나는 과연 대제사장 예수의 어깨 위에 이름이 새겨질 만한 그리스도인인가 정신 차리고 살펴봐야 합니다. 혹시 누군가가 예수님의 어깨 위에 새겨진 내 이름을 가리키며 예수님을 비웃고 있지는 않겠는가 생각해보시기 바랍니다.

4 땅은 순금 사슬

〈출28:13~14〉
13너는 금으로 테를 만들고
14순금으로 노끈처럼 두 사슬을 땋고 그 땋은 사슬을 그 테에 달지니라

"순금으로 노끈처럼 두 사슬을 땋고 그 땋은 사슬을 그 테에 달지니라" 하셨습니다.

(1) 이 사슬은 '**견대의 두 보석을 판결 흉패와 연결하기 위한 것**'입니다.

이것은 두 견대의 보석과 판결 흉패가 **긴밀한 관계임**을 보여줍니다.
둘은 따로인 것 같으나 **하나**입니다.

판결 흉패에는 열두 개의 보석이 있는데 각 보석 위에 이스라엘의 열두 지파 이름이 하나씩 새겨져 있습니다. 두 견대의 보석에서 집단으로 새겨져 있는 이름이 판결 흉패에서는 하나의 보석에 하나씩 새겨져서 정면, 즉 대제사장 가슴에서 찬란하게 빛나는 것입니다.

구원 얻은 모든 그리스도인은 **하나님 앞에서 예수 그리스도의 영광스러운 계급장**인 동시에 그의 가슴에서 빛나는 **찬란한 훈장들**입니다. 예수님은 선택하신 자들을 위해 **자신을 온전히 희생하심으로써 완전한 영광과 승리의 면류관**을 얻으시게 됩니다.

예수 그리스도는 모든 구원 얻은 자들로 말미암아 영광을 얻으셔야 합니다. 우리도 **우리로 말미암아 주님께 영광이 되도록 할 때** 주님과 함께 영광을 얻게 됩니다.

그 보석들은 **주님의 어깨와 가슴에 자리하고 있을 때만** 영광스러워지며 가장 아름다워집니다. 이렇게 주님의 영광과 우리(성도 개인)의 영광은 **불가분리의 관계**에 있습니다. 그러므로 주님이 우리(나)를 위해 하나님의 뜻에 순종하여 고난을 당하셨듯이 우리도 **주님을 따라 고난의 길을 갈 때 주님과 더불어 영광을 얻게** 됩니다.

주님의 십자가의 길이 곧 **성도 각자가 가는 길**입니다. 우리는 주님이 지신 십자가와 **똑같은 십자가**를 지고 **주님의 뒤를 따라가야** 합니다.

〈롬8:17~18〉
17 자녀이면 또한 상속자 곧 하나님의 상속자요 그리스도와 함께한 상속자니 우리가 그와 함께 영광을 받기 위하여 고난도 함께 받아야 할 것이니라
18 생각하건대 현재의 고난은 장차 우리에게 나타날 영광과 비교할 수 없느니라
〈더 제대로 된 번역〉
17 그리스도와 함께한 상속자니 → 그리스도와 공동의 상속자이다.

예수를 확실히 믿은 사람들은 **하나님의 자녀**와 **상속자**가 되었으며, 또한 그리스도와 **공동의 상속자**가 되었다 했습니다. 따라서 성도들은 **예수와 함께 영광을 받기 위해 고난도 함께 받아야** 한다 했습니다.

예수를 믿어 하나님의 자녀가 되었고, 예수와 함께 산다고 하면서 **예수의**

고난을 함께 감당해야 함을 깨닫지 못하는 사람은 아직 정확하게 예수를 믿지 못한 사람이거나 어린아이 신자입니다.

많은 사람이 예수와 함께 고난받기를 기꺼이 하지 않으면서 영광부터 받으려고 합니다. 그런 사람들은 결코 예수와 함께 진정한 영광을 차지할 수 없습니다.

또한 우리가 이 땅에서 예수와 함께 당하는 고난은 장차 우리에게 주어질 영광과 비교할 수 없다 했습니다. 육신의 정욕을 만족시키기 위해 어느 것과도 비교할 수 없는 영광을 가져다주는 십자가를 지지 않는 그리스도인이야말로 가장 어리석은 사람입니다.

> 고후1:5 그리스도의 고난이 우리에게 넘친 것 같이 우리가 받는 위로도 그리스도로 말미암아 넘치는도다

정상적인 신앙생활을 하며 점점 성장하는 그리스도인은 그리스도의 고난이 점점 많아지게 됩니다. 주님을 더 가까이하며 주님의 뒤를 충실히 따라가는 성도는 세상으로부터 온갖 고난을 당하지 않을 수 없습니다. 아무 고난도 받지 않으면서 신앙생활을 잘하겠다고 하는 사람이 있다면 그는 이미 딴 길로 나아가고 있는 사람입니다.

그런데 고난뿐 아니라 신령한 위로도 예수 그리스도로 말미암아 넘쳐나게 된다 했습니다. 쓰러지고 패배하는 것은 고난이 많아서가 아니라 이런 위로를 받아 누리지 못하기 때문입니다. 예수 그리스도의 뒤를 정직하게 따라가는 사람들은 아무리 고난이 심해도 그것을 통해 더 크고 신령한 위로와 기쁨과 즐거움을 맛보게 됩니다. 이런 사람이라야 땅끝까지 가서 복음을 전파할 수가 있습니다.

> 〈벧전2:20~21〉
> 죄가 있어 매를 맞고 참으면 무슨 칭찬이 있으리요 그러나 선을 행함으로 고난을 받고 참으면 이는 하나님 앞에 아름다우니라 이를 위하여 너희가 부르심을 받았으니 그리스도도 너희를 위하여 고난을 받으사 너희에게 본을 끼쳐 그 자취를 따라오게 하려 하셨느니라

아주 중요한 말씀입니다.

우리가 하나님 앞에 범죄하여 벌 받고 매 맞을 때 그것을 잘 참고 받아들여야 합니다. 그것이 죄에 대한 진심 어린 반성이요, 회개의 표가 되고 똑같

은 죄를 짓지 않도록 힘쓰게 됩니다. 그런데 이런 일은 주님께 칭찬받을 만한 일이 아닙니다.

아무리 유혹과 시련이 와도 **불의와 타협하지 않고 범죄하지 않으려고 쓰라린 고통을 무릅쓴다면** 그것이야말로 주님께 칭찬받을 일입니다.

선을 행함으로, 즉 불의와 타협하지 않고, 손해와 환난을 무릅쓰고 하나님 말씀에 순종하고 주어진 사명을 충실히 감당하기 위해 참는다면 그것은 **하나님 앞에 아름다운 일**이 된다 했습니다. 하나님께서 아름답게 여기시는데 단순히 칭찬만 있겠습니까?

우리가 **하나님께 부르심을 받은 것은 예수 그리스도의 발자취를 따라가게 하기 위함**이라 했습니다. 내 죄를 대신 지고 온갖 고난을 당하사 나를 구속해주신 예수님을 확실하게 믿는 사람이라면 그 고난의 길을 **기꺼이, 충실하게** 따라가야 합니다.

고난이 없는 신앙생활은 있을 수 없습니다. 즉 자기를 부인하고 자기 십자가를 지고 주님을 따라가는 것만이 **진정한 신앙생활**이요, **천국으로 가는 생활**입니다.

오늘날 어떤 고난도 받지 않고 편안하게 신앙생활하려 하고 자기가 원하는 복만을 받겠다고 힘쓰는 사람이 많습니다. 또 그런 자들을 깨우치고 책망하고 치료하지 않고 오히려 그들이 더 용기를 내서 그런 잘못된 신앙생활을 하도록 부추기는 **거짓 종들**이 너무나도 많습니다. 이런 사람들은 신앙생활을 열심히 하는 것처럼 보여도 **예수 그리스도의 자취를 따라가지 않는 사람들**입니다. 즉 하나님께서 부르신 목적에서 **벗어나 있는 사람들**입니다.

> 벧전4:16 만일 그리스도인으로 고난을 받으면 부끄러워 말고 도리어 그 이름으로 하나님께 영광을 돌리라
> 〈더 제대로 된 번역〉
> 만일 그리스도인으로 고난을 받으면 부끄러워하지 말고 오히려 그리스도인이라는 이름을 얻게 된 것에 대해 하나님께 찬양을 올려드려라.

말씀을 지키고 주어진 사명을 충실히 감당하며 온갖 유혹과 시련을 이기기 위해 고난을 받는 사람이라면 그는 **그리스도인이라는 이름을 얻게 됩니다**. 바로 **이런 사람이 하나님께 참된 영광을 올려드리게** 됩니다.

그러나 그리스도인으로서 당해야 할 고난을 피하고 세상과 타협하며 도무지 자기를 부인하지 않고 자기 십자가를 지지 않는 교인들은 그리스도인이라는 이름을 얻을 수 없습니다. 그들은 결코 하나님께 영광을 올려드릴 수

없습니다. 그렇게 살면서 세상적으로 성공하더라도 그것을 자랑할 수 없을 뿐 아니라 도리어 하나님 앞에서 부끄러운 일이 됩니다.

나는 하나님으로부터 그리스도인이라는 이름을 확실히 얻게 되었는가? 하나님께서 받으실 만한 찬양을 올려드리고 있는가? 잘 살펴보시기 바랍니다.

> 고후4:17 우리가 잠시 받는 환난의 경한 것이 지극히 크고 영원한 영광의 중한 것을 우리에게 이루게 함이니

성도들이 이 땅에서 아무리 크고 많은 환난을 당한다 할지라도 그것은 우리가 천국에서 영생복락을 누릴 것에 비하면 잠시 받는 것이요, 아주 작은 것에 지나지 않습니다.

그런데 이 땅에서 환난을 받을 때 그것과 비교할 수 없는 지극히 크고 영원한 영광이 순간마다 우리에게 이루어지고 있습니다.

그런데 이 말씀을 마음에 두지 않고 너무 쉽게 잊어버리고 잠시 받는 환난, 가벼운 환난을 받지 않기 위해 영원하고 놀라운 영광을 잃어버리고 포기하는 성도들이 많습니다.

왜일까요? 그들은 아직도 영혼이 어둡고 잠자고 병들어 있기 때문입니다. 귀는 있으나 알아들을 수 없고 심령은 있으나 깨달을 수 없기 때문입니다.

우리는 크고 작은 환난이 다가올 때마다 '내가 이것을 견디고 이기면 이 하나하나에 대해 지극히 크고 영원한 영광의 중한 것이 나에게 이루어지겠구나' 명심하며 담대하게 싸우며 이기며 나아가야 합니다. 동시에 그 과정이 고달프고 괴롭더라도 기뻐하고 감사하고 찬송하면서 나아가야 합니다.

(2) 견대와 판결 흉패를 연결시켜주는 끈은 '순금으로 땋은 사슬'입니다.

이것은 그 둘의 연결됨(하나됨)이 신적 권능과 섭리에 의한 것으로써 누구도 그 사이를 갈라놓을 수 없음을 깨우쳐줍니다.

견대의 보석과 판결 흉패가 이렇게 연결된 것이 무엇을 의미하는지는 다음에 나오는 판결 흉패에서 더 자세히 보도록 하겠습니다.

제 48 강

〈13〉 제사장과 대제사장(11)
[5] 여섯 가지 복식(5)
⑤ 판결 흉패(1)

〈출28:15~30〉

15너는 판결 흉패를 에봇 짜는 방법으로 금 실과 청색 자색 홍색 실과 가늘게 꼰 베 실로 정교하게 짜서 만들되 16길이와 너비가 한 뼘씩 두 겹으로 네모 반듯하게 하고 17그것에 네 줄로 보석을 물리되 첫 줄은 홍보석 황옥 녹주옥이요 18둘째 줄은 석류석 남보석 홍마노요 19셋째 줄은 호박 백마노 자수정이요 20넷째 줄은 녹보석 호마노 벽옥으로 다 금 테에 물릴지니 21이 보석들은 이스라엘 아들들의 이름대로 열둘이라 보석마다 열두 지파의 한 이름씩 도장을 새기는 법으로 새기고 22 순금으로 노끈처럼 땋은 사슬을 흉패 위에 붙이고 23또 금 고리 둘을 만들어 흉패 위 곧 흉패 두 끝에 그 두 고리를 달고 24땋은 두 금 사슬로 흉패 두 끝 두 고리에 꿰어 매고 25두 땋은 사슬의 다른 두 끝을 에봇 앞 두 어깨받이의 금 테에 매고 26또 금 고리 둘을 만들어 흉패 아래 양쪽 가 안쪽 곧 에봇에 닿은 곳에 달고 27또 금 고리 둘을 만들어 에봇 앞에 두 어깨받이 아래 매는 자리 가까운 쪽 곧 정교하게 짠 띠 위쪽에 달고 28청색 끈으로 흉패 고리와 에봇 고리에 꿰어 흉패로 정교하게 짠 에봇 띠 위에 붙여 떨어지지 않게 하라 29아론이 성소에 들어갈 때에는 이스라엘 아들들의 이름을 기록한 이 판결 흉패를 가슴에 붙여 여호와 앞에 영원한 기념을 삼을 것이니라 30너는 우림과 둠밈을 판결 흉패 안에 넣어 아론이 여호와 앞에 들어갈 때에 그의 가슴에 붙이게 하라 아론은 여호와 앞에서 이스라엘 자손의 흉패를 항상 그의 가슴에 붙일지니라

〈13〉 **제사장과 대제사장**(11)

[5] **여섯 가지 복식**(5)

1 **에봇과 띠**
2 **두 개의 견대**
3 **견대의 보석**
4 **땋은 순금 사슬**

5 **판결 흉패(1)**

〈더 제대로 된 번역〉
15 너는 판결 흉패를 → 재판을 할 때 쓰는 가슴 덮개(흉패)를
17 홍보석 → 홍옥, 녹주옥 →녹주석
18 석류석 → 홍수정, 남보석 → 청옥, 홍마노 → 금강석
20 녹보석 호마노 벽옥으로 다 금 테에 물릴지니 → 녹보석 줄마노 벽옥을 박아라. 그 보석들을 금 틀에 박아 놓아라.
25 금 사슬의 다른 쪽 끝은 멜빵에 달려있는 금 틀에 매달아라. 그러면 금 사슬은 에봇 양쪽의 멜빵에 매달릴 것이다.
28 에봇 띠 위에 붙여 떨어지지 않게 하라 → 에봇 띠 위에 놓이게 하고 또 가슴 덮개가 에봇에 너무 느슨하게 연결되지 않도록 하여라.
29 아론이 성소에 들어갈 때에는 이스라엘 아들들의 이름을 재판을 할 때 쓰는 가슴 덮개(흉패) 위에 붙여라. 그것은 여호와 앞에서 언제나 이스라엘을 기억나게 할 것이다.
30 너는 우림과 둠밈을 재판을 할 때 쓰는 가슴 덮개(흉패) 안에 넣어 아론이 여호와 앞에 들어갈 때에 그의 가슴 위에 있어야 한다. 그 물건들은 이스라엘 백성을 위해 재판할 때 도움을 줄 것이다. 아론은 여호와 앞에 나아갈 때마다 그것들을 몸에 지니고 있어야 한다.

〈출39:8~21〉
8 그가 또 흉패를 정교하게 짜되 에봇과 같은 모양으로 금 실과 청색 자색 홍색 실과 가늘게 꼰 베 실로 하였으니
9 그것의 길이가 한 뼘, 너비가 한 뼘으로 네모가 반듯하고 두 겹이며
10 그것에 네 줄 보석을 물렸으니 곧 홍보석 황옥 녹주옥이 첫 줄이요
11 둘째 줄은 석류석 남보석 홍마노요
12 셋째 줄은 호박 백마노 자수정이요
13 넷째 줄은 녹보석 호마노 벽옥이라 다 금 테에 물렸으니
14 이 보석들은 이스라엘의 아들들의 이름 곧 그들의 이름대로 열둘이라 도장을 새김 같이 그 열 두 지파의 각 이름을 새겼으며
15 그들이 또 순금으로 노끈처럼 사슬을 땋아 흉패에 붙이고
16 또 금 테 둘과 금 고리 둘을 만들어 그 두 고리를 흉패 두 끝에 달고
17 그 땋은 두 금 사슬을 흉패 끝 두 고리에 꿰매었으며
18 그 땋은 두 사슬의 다른 두 끝을 에봇 앞 두 어깨받이의 금 테에 매고
19 또 금 고리 둘을 만들어 흉패 두 끝에 달았으니 곧 그 에봇을 마주한 안쪽 가장자리에 달았으며
20 또 금 고리 둘을 만들어 에봇 앞 두 어깨받이 아래 매는 자리 가까운 쪽 곧 정교하게 짠 에봇 띠 위쪽에 달고

21 청색 끈으로 흉패 고리와 에봇 고리에 꿰어 흉패로 정교하게 짠 에봇 띠 위에 붙여서 에봇에서 벗어지지 않게 하였으니 여호와께서 모세에게 명령하신 대로 하였더라

〈더 제대로 된 번역〉

8 그가 또 흉패를 정교하게 짜되 에봇과 같은 모양으로 → 기술 좋은 사람들은 에봇을 만든 것과 같은 방법으로 가슴 덮개를 정교하게 만들었고

10 녹주옥 → 녹주석, 홍보석 → 홍옥

11 석류석 남보석 홍마노요 → 홍수정과 청옥과 금강석을 박았고

13 녹보석 호마노 벽옥이라 → 녹보석과 줄마노와 벽옥이라.

1. 판결 흉패(1)

(1) '**판결 흉패**'는 대제사장이 이스라엘 민족의 각종 사건들을 그 흉패 안에 넣어둔 '**우림과 둠밈**(30절)'에 의해 판결했기 때문에 붙여진 명칭입니다.

이 흉패야말로 대제사장 복장의 **중심 부분**입니다.

이것이 그렇게 **중요한 이유**는

1) **이스라엘 열두 지파의 이름**이 자리잡고 있기 때문입니다.

하나님은 그 백성을 **귀중히 여기시고 보호하시며 구원**해주십니다(사49:15,16).

2) **하나님의 뜻을 알려주는 우림과 둠밈**이 보관되어 있기 때문입니다.

하나님 백성의 구원은 **하나님의 뜻의 계시**가 절대적으로 필요합니다(잠29:18,말2:6,7).

(2) "**에봇 짜는 법**으로 금 실, 청색, 자색, 홍색 실과 가늘게 꼰 베실로 공교히 짜서 만들라" 하셨습니다.

이것은 판결하는 데 도움을 주는 흉패가 에봇과 같이 '**예수 그리스도의 하나님 되심**'을 설명하고 있고 '**그 기능이 또한 예수 그리스도로 말미암는 것**'임을 보여줍니다.

예수 그리스도 없이 어찌 열두 보석이 하나님 앞에서 빛날 수 있겠습니까? 에봇 없이는 두 견대나 보석이 있을 수 없듯이 **에봇 짜는 법**으로 만든 이 흉패 없이는 열두 보석도 없는 것입니다.

그리스도인들은 **자신이 빛나는 보석이 된 것은 오직 예수 그리스도 덕분임을 기억해야** 합니다.

(3) 규격에 있어서 "**길이와 너비가 한 뼘씩 네모가 반듯하게 하라**(요6:39, 17:21)" 하셨습니다.

이스라엘의 아들들은 대제사장이신 **예수 그리스도의 한 손 안에** 있습니다. 그 손은 그들 중 **하나라도 결코 벗어날 수 없도록 완전히 그들을 장악하며 돌봐**줍니다.

"네모가 반듯하게 하라" 하심은 **하나님의 공의와 완전성**을 의미합니다. 대제사장이신 예수 그리스도를 통해 하나님의 선택하신 백성들이 죄를 용서받고 구원받는 일은 전적으로 **하나님의 공의와 완전하심에 의해 이루어집**니다. 그러므로 **그것은 한 치의 실수나 잘못이 없으며 실패 또한 없습니다.**

(4) 이 흉패를 "**두 겹으로 만들라**" 하셨습니다.

이것은 그 사이에 **우림과 둠밈을 넣기 위함**입니다. 이 우림과 둠밈에 대해서는 뒤에서 자세히 살펴보겠습니다.

2. 열두 개의 보석(1)

여기에서 중요하게 가르쳐주는 것이 있습니다.

대제사장의 흉패에 열두 보석을 달고, 매 보석에는 이스라엘 열두 지파의 한 이름씩 새기라는 것입니다.

홍보석은 **빨간 고기빛** 보석이고, 황옥은 **금빛**, 녹주옥은 **녹색**, 석류석은 **연한 홍색**, 남보석은 **하늘색**, 홍마노는 **연한 황색**, 호박은 **얼룩얼룩한** 보석입니다. 백마노는 **여러 가지 빛으로 번쩍이는** 옥이고, 자수정은 **제비꽃 빛으로 된** 보석이며, 녹보석은 **연두색** 보석이고, 호마노로 번역된 것은 실상 녹옥입니다. 벽옥은 갈색 옥을 말합니다.

이스라엘 열두 지파의 이름이 이런 보석에 새겨진 것은 **그들이 하나님께 귀중히 여기심을 받아 구원의 평안을 누리게 된다는 사실**을 말해줍니다(사 54:11~15).

하나님의 백성을 위한 그리스도(대제사장)**의 중보 역사**가 여기서 상세히 드러나고 있습니다. 곧 그리스도께서 장차 오셔서 하나님의 백성을 사랑하시고 그들에게 구원의 평강을 주신다는 사실입니다.

이 모든 사실을 강조하기 위해 **흉패를 에봇에 단단히 달아매게** 했습니다. 출애굽기 39장 18~21절에 흉패를 에봇에 달았다는 말씀이 다섯 번이나 나오고 그것이 "**에봇을 떠나지 않게 했다**" 는 말씀도 있습니다.

흉패를 만들 때 "**여호와께서 모세에게 명령하신 대로 했다**"는 사실도 강조되고 있습니다.

(1) **이 보석들은 "이스라엘 아들들의 이름대로 열둘이라"** 했습니다.

"**매 보석에 열두 지파의 한 이름씩 도장을 새기는 방법으로 새기라**" 하셨습니다.

견대에는 한 보석에 여섯 이름씩 한꺼번에 새겨지도록 했으나 이 흉패에는 "**한 보석에 한 이름씩**" 새겨지게 하신 것입니다.

교회가 바로 이와 같습니다.

예수를 구주로 영접한 사람은 그 안에서 옛사람처럼 자기 좋을 대로 살 수 없습니다. 그는 **언제나 주님 안에서 살아야** 하며 **그 몸**(교회)**과 더불어 존재**합니다. 그리스도의 지체인 **한 사람, 한 사람**은 예수와 하나님 앞에서 **지극히 귀한 보석처럼 빛나고 영광스러운 존재로 영원히 기억**됩니다. 그들은 하나(한 몸)**이면서 각자가 엄청난 영광**을 지닌 것입니다.

그러나 견대의 보석이 먼저 나오고 흉패의 보석이 나타나는 것처럼 성도는 **먼저 다른 성도들과 진정으로 한 몸을 이룬 다음에야 비로소 그 자신이 영광스러운 자리에 서게** 됩니다.

한 보석(같은 보석-교회)**에 다른 성도들의 이름과 함께 새겨진 다음에야** 그 이름만이 새겨진 찬란한 보석이 다른 성도들의 보석과 함께 흉패에 나열될 수 있는 것입니다. 즉 견대의 보석에 **다른 이름들과 함께 새겨지지 않았다면 흉패에도 그의 이름만 새겨진 보석은 없음**을 알아야 합니다.

많은 사람들이 자기 이름만 새겨진 보석은 확보하고 있는 것 같으나 성도들의 이름과 함께 새겨진 보석은 없습니다.

견대와 흉패가 금 사슬로 연결된 것은 '**그 둘이 결코 다르지 않다는 사실**'을 강조해줍니다. 이쪽에는 이름이 있으나 저쪽에는 없을 수 없습니다. 한 쪽에만 이름이 있는 사람은 결코 대제사장의 보석에 새겨진 자가 아닙니다.

그러므로 진정으로 예수를 믿은 다른 성도들과 한 몸이 되지 못한 성도는 **결코 대제사장의 어깨나 흉패에 붙여진 보석이 아닙니다.**

나는 과연 어떤 사람인가 살펴보시기 바랍니다.

이 흉패에는 열두 보석이 있어서 **그 보석을 통해** 이스라엘 족속들이 하나님의 은총을 입게 된 것입니다.

여기서 우리가 한 가지 짚고 넘어가야 할 것이 있습니다.

어떤 사람들은 **레위 지파**의 이름도 그 보석에 새겨있는지 궁금해합니다. 만약 레위 지파의 보석이 없었다면 야곱이 말한 대로 에브라임과 므낫세가 각각 하나의 지파로 여겨졌을 것이고, 대제사장 자신이 레위 지파의 우두머리였으므로 그가 그 지파를 대표했을 것입니다.

"그들의 출생에 따라" 이름을 새겼다는 말씀이 암시해주듯이(10절) 만약 레위 지파를 위한 보석도 있었다면 에브라임과 므낫세는 함께 요셉 지파로 취급되었을 것입니다.

아론은 **끊임없이 여호와 앞에서 기념이 되도록 그들의 이름을 어깨에 매고 있어야 하며 하나님과 관계되는 일에 있어서는 그들을 대표하기 위해 임명 받았습니다.** 그는 바로 **우리를 위해 하나님의 존전에 참예하여 계시는 대제사장 예수 그리스도**를 상징합니다.

1) 비록 백성들은 지성소에 가까이하지 못하도록 엄명을 받았지만 **대제사장의 흉패에 이름이 기록되어 있으므로 그들은 대제사장을 통해 지성소에 들어갔던 것입니다.**

이와 마찬가지로 믿는 자들이 아직은 이 땅에 살고 있지만 "지성소에 들어갈 자"일 뿐만 아니라 믿음을 통해 "하늘 처소에 있는 그리스도와 함께 앉게 된 자"가 되었습니다(엡2:6).

2) 보석마다 각 지파의 이름이 새겨져 있는데 이것은 **하나님 보시기에 성도들이 귀중하고 존귀함을 나타내줍니다**(사43:4).

그들은 하나님께서 "**그의 특별한 소유**(보석)를 정하시는 날에 그의 소유가 될 것"입니다(말3:17).

이스라엘 지파가 아무리 보잘것없고 비천했다 해도 그들의 이름은 대제사장의 흉패의 보석에 새겨졌습니다.

모든 그리스도인은 **그리스도에게 사랑스러운 존재**이며 세상 사람들이 그들을 '질항아리'처럼 여길지라도(애4:2) **그리스도의 영광과 기쁨이 이 땅에서 성도들에게 함께하고 있는 것입니다.**

(2) 네 줄로 보석을 물리되 **매 줄마다 세 개씩 다른 이름**을 거명하셨습니다.

1) **흉패에 물린 보석들은 질서 있고 짜임새 있게 정렬되어 있습니다.**
네모진 판에 네 줄로 세 개씩 질서 있게 물려있는 모습을 생각해봅시다.
하나님께서는 구원받은 성도들을 마치 형형색색의 아름다운 집들을 지어놓고 차례로(계획대로) 한 집씩 차지하고 들어가게 하듯이 하십니다. 성도들은 **자기 이름이 새겨지기 위해 예비된 아름다운 보석을 하나님께로부터 제공받는 것**입니다.

거기에는 **새겨져야 할 이름의 숫자만큼** 보석들이 준비되어 있고, 그것들의 **위치가 질서정연하게, 빈틈없이**(하나도 더 낄 수 있는 틈이 없이) **선정**되어있습니다.

하나님은 **선택하신 자들 중 "한 사람도 누락됨 없이"** 구원해주십니다. 그들은 **영원히 자리를 확보하고 있는 것**입니다.

이것은 모두 **"그의 가슴에 있는 측량할 수 없는 사랑으로"**, **"오직 예수 그리스도 덕분으로"** 되었습니다.

2) **열두 개의 보석이 몇 개씩 몇 줄로 할지, 어떤 보석을 어느 위치에 물릴지 하나님께서 친히 말씀해주셨습니다.**
하나님은 하나님께서 영광을 받으실 교회를 꾸려나갈 방법과 **'누가 어느 위치에 설지'**에 대해 **'직접'** 정하십니다.

하나님께서 일일이 지시하셨음에도 불구하고 **맡은 자가 보석들의 위치를 달리하거나 다른 보석을 사용한다면 그것이 아무리 아름답고 커 보일지라도 그 흉패는 대제사장의 가슴에 달리지 못할 것**입니다.

그러므로 그리스도인들은 **"하나님께서 정해주신 자기 위치를 벗어나지 말아야"** 하며 **"다른 사람의 위치도 흐트러뜨리지 말아야"** 합니다. 그렇게 하는 보석은 결코 **이 흉패에 물려있는 보석이 될 수 없습니다.**

그런데 교회 안에 그런 사람들이 많습니다.

3) **열두 개의 보석은 각기 다르지만 최고의 아름다움을 드러냅니다.**
하나님은 그 백성들을 **다양하게 세우시고 그들을 통해 최상의 영광을 거두십니다.**

보석마다 값이 차이 날 수 있고 더 좋아보이고 덜 좋아보이는 차이가 있을 수 있지만 그것들이 **"예수 그리스도의 흉패 위에 올려졌을 때 하나하나가 최상의 가치와 아름다움을 지니게"** 됩니다. 더욱이 **"하나님의 설계에 따라 흉패 위에 질서정연하게 배열될 때 하나씩 있을 때와는 비교할 수 없는 아름다움을 드러내게"** 됩니다.

이렇게 하여 하나님은 **선택하신 자들로 구성(조화)된 교회를 통해 가장 아름답고 가치있는 영광을 거두십니다.** 이 보석들 외에도 많은 보석들이 있고 더 값지고 아름다운 것들도 있지만 그것들은 **하나님께서 선택하시고, 거룩하게 하시고, 조화롭게 배열하신 이 흉패 위의 보석들과는 상관도 없고 가치도 없는 존재들**입니다.

(3) "**보석들마다 다 금 테에 물리라**" 하셨습니다.

이는 그 **보석들마다** "**신적 섭리와 능력으로 거룩한 위치에 영원히 있게 됨**" 을 의미합니다.

그 보석들은 **하나하나가 누구도 취소되거나 변경되거나 빼앗길 수 없는 특별한 존재로서 영원토록 예수 그리스도의 가슴에서 찬란하게 빛나게** 됩니다. 이는 또한 **선택된 개개인이 하나님 앞에서**(예수 안에서) **아주 존귀한 존재임**을 보여줍니다.

이토록 하나님의 특별한 은총을 받고 있는 사람(성도)들끼리 서로 존귀히 여기지 않으면 되겠습니까? 진정한 그리스도인이라면 **다른 성도가** "**하나님 앞에 선 예수 그리스도의 가슴 위에서 금 테에 물린, 선택된 보석임**" 을 볼 수 있어야 합니다.

자신의 금 테를 볼 줄 아는 사람은 다른 성도의 금 테를 못 볼 수 없습니다.

그러므로 **구원의 확신을 가진 성도는 반드시 다른 성도들을 소중하게 여기고 관심과 애정을 쏟게 마련입니다.**

성도들의 이 존귀성(선택된 보석, 금 테)은 볼 줄 모르고 세상적이고 피상적인 것만 보고 판단하는 사람이 있다면 그는 **눈이 어둡거나 감겨있는 영혼**이요, **아직 구원이 무엇인지 모르는 사람**입니다. 또한 **자신이 예수 그리스도의 가슴에서 다른 성도들과 함께 찬란하게 빛나는 보석임을 제대로 모르는 사람**입니다.

제 49 강

〈13〉 제사장과 대제사장(12)
[5] 여섯 가지 복식(6)
⑤ 판결 흉패(2)

〈출28:22~28〉

22 순금으로 노끈처럼 땋은 사슬을 흉패 위에 붙이고 23또 금 고리 둘을 만들어 흉패 위 곧 흉패 두 끝에 그 두 고리를 달고 24땋은 두 금 사슬로 흉패 두 끝 두 고리에 꿰어 매고 25두 땋은 사슬의 다른 두 끝을 에봇 앞 두 어깨받이의 금 테에 매고 26또 금 고리 둘을 만들어 흉패 아래 양쪽 가 안쪽 곧 에봇에 닿은 곳에 달고 27또 금 고리 둘을 만들어 에봇 앞에 두 어깨받이 아래 매는 자리 가까운 쪽 곧 정교하게 짠 띠 위쪽에 달고 28청색 끈으로 흉패 고리와 에봇 고리에 꿰어 흉패로 정교하게 짠 에봇 띠 위에 붙여 떨어지지 않게 하라

〈13〉 *제사장과 대제사장*(12)

[5] *여섯 가지 복식*(6)

① *에봇과 띠*
② *두 개의 견대*
③ *견대의 보석*
④ *땋은 순금 사슬*
⑤ *판결 흉패*(2)
1. 판결 흉패
2. 열두 개의 보석
3. "흉패를 견대 밑 띠와 매어 달라" 하셨습니다.

(1) 흉패와 견대를 "순금으로 노끈처럼 땋은 사슬"로 매어 달라 하셨습니다. 이는 흉패와 견대가 하나요, 긴밀함을 가르쳐줍니다.
이것은 견대에 관한 설명을 참조하시기 바랍니다.

(2) 흉패와 에봇의 띠를 "청색 끈으로" 매어 달라 하셨습니다.

청색은 에봇을 짤 때 사용된 사색 실 중 하나로 **하나님**(예수 그리스도)**은 창조주요, 높으신 권세자**라는 사실을 의미합니다.

즉 흉패가 견대와 순금 사슬로 연결된 것이 "그 둘 사이에 신적 섭리와 능력이 개입되었음" 을 보여주듯이, 흉패와 띠를 청색 끈으로 연결하라 하심은 **"그 둘 사이에 창조주시요, 가장 높은 권세자이신 하나님이 개입되었다는 것"** 을 보여줍니다.

에봇의 띠는 "에봇 짜는 법으로" 만들어졌습니다. 띠 자체도 예수를 의미하므로 흉패가 이 띠와 연결된다 함은 **"예수와 하나됨"** 을 의미합니다.

종합하면 견대, 흉패는 모두 **에봇과 하나로 연결되어** 있습니다. 아무리 아름답고 정교하더라도 에봇과 상관이 없다면 아무 의미나 가치가 없습니다.

견대와 흉패가 이렇게 에봇과 연결되는 것은 "인간의 뜻이나 노력이나 힘이 아닌 **오직 하나님의 섭리와 능력에 의한 것**이며, **가장 높으신 창조주 하나님의 권세에 의한 것**"이라는 말입니다.

이렇게 죄인이 구속받고 하나님의 자녀가 되는 일은 **'전적으로 성삼위 하나님의 은총으로 말미암은 것'** 입니다.

그러므로 예수 그리스도의 복음은 **'하나님의 은혜의 복음'** 입니다.

그래서 사도 바울은 "내가 달려갈 길과 주 예수께 받은 사명 곧 **하나님의 은혜의 복음**을 증언하는 일을 마치려 함에는 나의 생명조차 조금도 귀한 것으로 여기지 아니하노라" 한 것입니다(행20:24).

우리는 모두 이 **'하나님의 은혜의 복음**(말씀)**'** 을 받고, 믿어서 **'거룩한 보석들'** 이 되었음을 기억해야 합니다.

그래서 바울은 또한 "지금 내가 여러분을 '주와 및 **그 은혜의 말씀**에' 부탁하노니 그 말씀이 여러분을 능히 든든히 세우사 거룩하게 하심을 입은 모든 자 가운데 기업이 있게 하시리라"고 말했습니다(행20:32).

> 롬3:24 그리스도 예수 안에 있는 속량으로 말미암아 **하나님의 은혜로** 값 없이 의롭다 하심을 얻은 자 되었느니라

> 롬5:15 그러나 이 은사는 그 범죄와 같지 아니하니 곧 한 사람의 범죄를 인하여 많은 사람이 죽었은즉 더욱 **하나님의 은혜와** 또한 **한 사람 예수 그리스도의 은혜로** 말미암은 선물은 많은 사람에게 넘쳤느니라

하나님께서 주시는 은혜, 즉 **한 사람 예수 그리스도로 말미암은 선물**은 아담의 죄와 비교가 되지 않는다고 했습니다. 예수 그리스도를 통해 모든 죄

를 용서받게 하시고 구원얻게 하시는 **하나님의 은혜는 예수 그리스도를 믿는 자라면 어떤 죄도 깨끗이 용서받게 하시는 넘치는 은혜**라는 말입니다.

> 고전15:10 내가 나 된 것은 하나님의 은혜로 된 것이니 내게 주신 그의 은혜가 헛되지 아니하여 내가 모든 사도보다 더 많이 수고하였으나 내가 한 것이 아니요 오직 나와 함께 하신 하나님의 은혜로라
> 〈더 제대로 된 번역〉
> 내가 나 된 것은 하나님의 은혜로 된 것이니 →지금의 나는 하나님의 은혜로 된 것이므로

바울이 최고의 사도가 된 것은 **전적인 하나님의 은혜로 되었다** 했습니다. 우리도 지금의 나는 **오직 하나님의 은혜로 되었다**는 사실을 늘 **기억하며 그 은혜에 항상 기뻐하고 감사하고 찬송해야** 합니다.

내가 그렇게 하고 있는지 돌아보시기 바랍니다. 만약 그렇지 못하다면 나는 예수 믿고 구원받은 은혜와 지금까지 하나님의 자녀로서 받아누린 **온갖 은혜를 잊고 사는 사람**입니다.

> 엡1:7 우리는 그리스도 안에서 그의 은혜의 풍성함을 따라 그의 피로 말미암아 속량 곧 죄 사함을 받았느니라
> 〈더 제대로 된 번역〉
> 우리는 그리스도 안에서 그의 보혈로 자유함을 얻었다. 또 하나님의 풍성한 은혜로 죄 사함을 받았다.

우리는 예수 그리스도를 믿음으로 모든 죄를 깨끗이 용서받는 **하나님의 풍성한 은혜**를 입었을 뿐 아니라 죄와 사탄의 모든 세력에서 **완전한 자유를 얻었습니다.** 이 놀라운 은혜를 받은 성도가 어찌 세상 것들 때문에 근심, 걱정하고 괴로워하고 슬퍼하고 원망, 불평하며 산단 말입니까?

이런 사람은 **아주 변질되고 타락한 사람**이요, **배은망덕한 사람**입니다.

> 엡2:8 너희는 그 은혜에 의하여 믿음으로 말미암아 구원을 받았으니 이것은 너희에게서 난 것이 아니요 하나님의 선물이라
> 〈더 제대로 된 번역〉
> 너희는 그 은혜에 의하여 믿음으로 말미암아 구원을 받았으니 너희 스스로는 자신을 구원할 수 없다. 구원은 하나님의 선물이다.

우리 성도 각자는 **하나님의 풍성하신 은혜로써 예수를 믿어 구원을 받았다**고 말씀합니다. 또한 이 구원은 **전적으로 하나님의 선물**이라 했습니다.

우리 스스로는 어떤 죄도 용서받을 수 없고 그 무엇에서도 자유함을 얻을 수 없습니다. 그런데 하나님께서 소수의 선택된 사람들 중 하나인 나에게 놀라운 은혜를 주신 것입니다. 영생구원보다 더 큰 선물이 세상에 어디 있습니까? 이런 선물을 받은 사람이 어떻게 불만족하며 슬퍼하며 살아갈 수 있겠습니까?

> 골1:6 이 복음이 이미 너희에게 이르매 너희가 듣고 참으로 하나님의 은혜를 깨달은 날부터 너희 중에서와 같이 또한 온 천하에서도 열매를 맺어 자라는도다
> 〈더 제대로 된 번역〉
> 복음이 전해지는 곳마다 하나님의 복이 더해지고 있다. 너희 역시 복음을 받아들여 하나님의 은혜 가운데 이 진리를 깨닫고, 지금도 그 은혜를 누리고 있다. 이 복음은 온 세상에서 열매를 맺고 있다.

여기서 놀라운 말씀이 나옵니다.

복음이 전해지는 곳마다 하나님의 복이 그곳에 있는 사람들과 그 장소에 점점 더해지고 있다고 했습니다. 그 복이란 복음을 받아들이는 자들마다 그 진리를 깨닫고 예수를 믿어 모든 죄를 사함받고 영생구원받아 하나님의 자녀가 되는 것입니다. 이렇게 하나님의 자녀가 된 성도라면 하나님께서 주시는 은혜를 영육 간에 풍성하게 누리고 있는 것입니다. 하나님의 은혜로 오는 복들은 현재뿐 아니라 영원히 누리게 되며 점점 더해집니다.

사람들이 이 세상에서 누리고 있는 것은 잠시 유익을 줄 뿐입니다. 그것들 중 대부분은 오히려 해가 되기도 합니다.

대부분의 성도들은 이런 사실을 모르고 있습니다. 이는 그들의 영혼이 잠자고 병들어 있다는 증거입니다.

이렇게 사람으로 하여금 놀라운 은혜를 누리게 하는 복음은 온 세상에 퍼지고 있으며 그것이 퍼진 곳마다 이런 놀라운 열매를 맺고 있다고 했습니다. 그러므로 이 복음을 전하는 사람이야말로 사람들을 가장 크게 사랑하며 최고의 은혜와 복을 나눠주고 있는 사람입니다. 그 복음이 사람들에게 뿌려질 때 열매가 이렇다 하게 눈에 보이지 않아도 복음(진리) 자체가 하나님의 능력이기 때문에 그것을 받는 자들과 그들이 처한 곳에 하나님의 놀라운 은혜(복)가 반드시 열매로 나타나게 됩니다.

> 고후13:13 주 예수 그리스도의 은혜와 하나님의 사랑과 성령의 교통하심이 너희 무리와 함께 있을지어다

예수를 확실히 믿은 자들에게는 "주 예수 그리스도의 은혜와 하나님의 사

랑과 성령의 교통하심이 함께 있을 것이라" 했습니다.

그런데 이런 놀라운 은혜를 받아누리던 사람 중에 많은 사람들이 **사탄의 유혹에 빠져서 다 잃어버리고** 있습니다. 이런 사람들이야말로 세상에서 **가장 불쌍한 사람들**입니다.

(3) 견대와 흉패, 흉패와 띠를 달 때 **"금 고리와 금 사슬로 연결하라"** 하셨습니다.

하나님은 **흉패와 에봇을 단단히 연결하는 것**에 대해 상세하게 말씀합니다.

> 〈출28:23~28〉
> 23 또 금 고리 둘을 만들어 흉패 위 곧 흉패 두 끝에 그 두 고리를 달고
> 24 땋은 두 금 사슬로 흉패 두 끝 두 고리에 꿰어 매고
> 25 두 땋은 사슬의 다른 두 끝을 에봇 앞 두 어깨받이의 금 테에 매고
> 26 또 금 고리 둘을 만들어 흉패 아래 양쪽 가 안쪽 곧 에봇에 닿은 곳에 달고
> 27 또 금 고리 둘을 만들어 에봇 앞 두 어깨받이 아래 매는 자리 가까운 쪽 곧 정교하게 짠 띠 위쪽에 달고
> 28 청색 끈으로 흉패 고리와 에봇 고리에 꿰어 흉패로 정교하게 짠 에봇 띠 위에 붙여 떨어지지 않게 하라

'**금 고리**'라는 말이 세 차례 나오는데 주로 **흉패와 에봇을 결부시키는 것**입니다. '**땋은 금 사슬**'이라는 말이 두 번 나오는데 역시 **흉패를 에봇에 매기 위함**입니다.

하나님은 이 고리와 사슬을 **모두 금으로** 제조하게 하셨습니다. 금은 **하나님의 존귀**를 상징하는데 여기서는 **존귀하신 하나님을 배경으로 한 대제사장의 중보사역의 장엄함**을 보여줍니다.

계시록 15장에 있는 하나님의 파견을 받은 일곱 천사들도 **"가슴에 금 띠를 띠었다"** 했습니다(계15:6).

순금 고리는 ①②③의 세 위치에 달라 하셨는데 **정확한 위치를 상세히 설명하며 강조**하셨습니다.

이것은 **"견대와 흉패와 띠가 매우 정밀하고 확고하게 연결됨"**을 보여줍니다.

또한 연결된 부분마다 '**반드시 금고

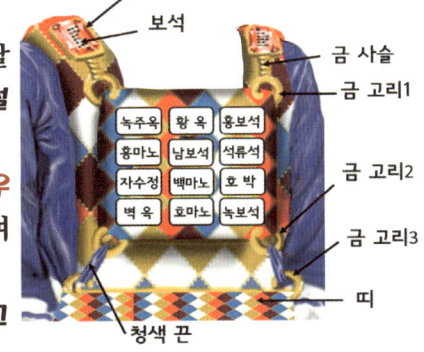

리를 달게' 하셨습니다.

이는 **연결되고 하나되는 것** 역시 "**신적 섭리와 권위에 의한다**"는 사실을 조목조목 확인시켜 주시는 것입니다. **누구도 그 끈을 끊을 수 없고, 그 끈을 묶는 고리를 풀 수 없다**는 것입니다.

이로써 우리는 **하나님께서 구속된 자를** (예수로 말미암아) **확고하게 구원하시며 보호하심**을 똑똑히 볼 수 있습니다.

믿는 자와 예수 그리스도는 이렇게 하여 **영원히 한 몸을 이루게 됩니다. 또한 누구도 무엇도 이 귀한 사실을 무효화시키지 못합니다.** 할렐루야!

견대와 흉패를 설명할 때 그것을 연결시켜주는 것들, 즉 순금 사슬, 청색 끈, 금 고리를 연결하는 방법에 많은 절 수가 사용되었습니다.

우리는 **이 연결 부분들**, 즉 **순금 사슬, 청색 끈, 금 고리로 묶여지는 것**(하나님의 은혜)**이 우리에게 얼마나 중요한지**를 깨달아야 합니다.

이 하나님의 은혜처럼 우리를 복되게 해주는 것이 무엇이겠습니까? 성도들이여!

이 하나님의 은혜에 항상 감사와 찬송과 영광을 돌려 드립시다.

이 은혜를 얻지 못한 사람들이 얼마나 불쌍합니까? 저들에게 이 은혜를 전해주고 나누어주어야 합니다. 이것보다 **선하고 중요한 일**은 없습니다. 이 은혜를 소유한 사람들은 결코 가만히 앉아 있을 수 없는 것입니다.

4. "**흉패를 공교히 짠 에봇 띠 위에 붙여 떠나지 않게 하라**" 하셨습니다(1).

흉패는 항상 에봇에 붙어 있어야 한다는 것입니다. 그것은 흉패 위의 보석들, 흉패 안의 우림과 둠밈이 **언제나 예수와 함께 있을 때에만** 그 존재와 기능이 정상적으로 발휘될 수 있음을 보여줍니다.

예수 안에(함께) 있을 때 그 보석들은 **거룩하고 아름다운 존재가 되며, 예수** 안에(함께) 있을 때 **하나님은 그 예수 안에서 응답해주십니다.**

예수를 멀리하고 있는 교인, 예수를 잊어버린 교인, 예수와 진정으로 하나되지 못한 교인은 아직 이 대제사장의 가슴에 있는 보석이 아닙니다. 대제사장의 가슴에 있는 보석들은 **오락가락하지 않으며 펄럭거리지도 않습니다.** 그들은 **대제사장의 가슴에 제대로 붙어서 잠시도 떠나지 않습니다.**

이런 성도라야 **하나님의 백성과 자녀**로서 하나님께서 주시는 온갖 은혜를 누리게 됩니다.

우리는 이 말씀과 더불어 **"언제나 하나님을 앙망하는 사람이 받는 복들"** 에 대해 정확하게 알아야 합니다.

> 요14:21 **나의 계명을 지키는 자라야** 나를 사랑하는 자니 나를 사랑하는 자는 **내 아버지께 사랑을 받을 것**이요 **나도 그를 사랑하여 그에게 나를 나타내리라**

이 말씀은 주님을 사랑하는 사람에 대해 간단하고 분명하게 설명합니다. 주님의 계명을 아는 데서 그치지 않고 **그것을 지키는 사람**이라 하셨습니다. 또 주님을 진정으로 사랑하는 사람이 **성부 하나님께도 사랑을 받는다** 하셨습니다. 그리고 이렇게 참으로 하나님을 사랑하고, 하나님께 사랑을 받는 사람이 될 때 **주님은 그 사람에게 자신을 나타내신다** 하셨습니다.

"그에게 자신을 나타낸다" 하심은 그 사람에게 **하나님에 대해 상세히 알게 하시며 만나주시고 그와 더불어 거룩한 뜻을 이루신다**는 의미입니다. 이런 놀라운 은혜를 누가 누리는가?

바로 **하나님의 말씀을 지키되 하나님이 인정하실 만큼 지키는 사람**입니다. 오늘날 많은 교인들이 **자신이 과연 하나님께 사랑을 받고 있는지 확신이 없습니다.** 그리고 오래 신앙생활을 했음에도 불구하고 **하나님에 대해 너무 모르고 하나님을 만난 체험이 없으며 하나님께서 내리시는 복을 받아 누리고 있다는 증거가 너무 없는 사람들**이 많습니다. 이 사람들이 바로 **말씀을 하나님께서 인정하실 만큼 지키지 않는 사람**입니다.

그러므로 **하나님께 얼마나 제대로 순종하느냐에 따라** 그 사람이 참으로 하나님의 사람인지 아닌지 가려지는 것입니다. 아무리 스스로 예수 믿는다고 말하고 심지어 설교를 잘하고 기적을 행해도 **하나님께 인정받을 만큼 말씀을 지키지 못하는 사람들은 결코 진정한 예수의 사람이 아닙니다.** 그는 하나님을 사랑하는 자가 아니요, 하나님께 사랑을 받는 자도 아닙니다.

> 요15:5 **나는 포도나무요 너희는 가지라** 그가 내 안에, 내가 그 안에 거하면 그 사람이 열매를 많이 맺나니 나를 떠나서는 너희가 아무것도 할 수 없음이라

예수를 확실하게 믿어서 그와 하나가 된 것을 **돌 포도나무였던 가지가 참 포도나무인 예수 그리스도에게 접붙여진 것**으로 설명합니다. 예수 그리스도에게 확실하게 접붙여진 사람이 **예수 안에, 예수가 그 안에 거하는 사람**입니다. 그 정도로 **예수와 떼려야 뗄 수 없는 관계**를 가진 사람인 것입니다. **이런 사람은 예수께서 원하시는 참 포도나무 열매를 얼마든지 맺을 수 있습니다.**

그런데 교회 안에 **참 포도열매를 맺지 못하는 사람들**이 너무나도 많습니다.

그들은 아직 예수와 확실하게 하나 되지 못한 사람들입니다. 그들은 예수께로부터 생명양식과 생명수를 공급받지 못하여 참 포도열매를 맺을 수가 없습니다. 다시 말하면 그들은 여전히 들 포도나무에 붙어있는 가지로서 예수에게서 멀리 떠나있기 때문에 예수께서 원하시는 열매를 맺을 수가 없습니다. 그래서 예수님은 "나를 떠나서는 너희가 아무것도 할 수 없다" 하신 것입니다.

여기에서 우리가 유념할 것은 인간의 눈으로 보이는 어떤 결과가 아니라 참 포도나무이신 예수께서 원하시는 참 포도열매입니다. 이 열매가 없는 사람은 결코 참 포도나무의 가지가 아니요, 예수를 떠나있는 사람이고 그가 아무리 예배당을 크게 짓고 많은 사람을 모아 설교할지라도 그것은 예수께서 인정하시는 열매가 아닙니다.

> 요15:7 너희가 내 안에 거하고 내 말이 너희 안에 거하면 무엇이든지 원하는 대로 구하라 그리하면 이루리라

"내 안에 거하고 내 말이 너희 안에 거하는 사람"은 예수와 하나가 된 사람을 의미합니다.

이런 사람은 예수께서 원하시는 것이 무엇이며 무엇을 말씀하시는지 끊임없이 듣고 알게 됩니다. 따라서 그것을 이루기 위해 기쁘게 순종하고 헌신하고 충성합니다. 이렇게 할수록 그는 주님이 원하시는 선한 열매를 끊임없이 맺게 되며 무엇이든지 원하는 대로 구할 때 주님은 다 이루어주십니다.

그러나 예수와 확실한 관계를 맺지 못한 사람은 아무리 이것저것 구해도 이루어주지 않으십니다. 열심히 기도하는데 아무것도 이루어주시지 않는 것 같아 괴롭다면 이 말씀들의 의미를 깨달아야 합니다.

> 〈신11:22~25〉
> 22 너희가 만일 내가 너희에게 명하는 이 모든 명령을 잘 지켜 행하여 너희의 하나님 여호와를 사랑하고 그의 모든 도를 행하여 그에게 의지하면
> 23 여호와께서 그 모든 나라 백성을 너희 앞에서 다 쫓아내실 것이라 너희가 너희보다 강대한 나라들을 차지할 것인즉
> 24 너희의 발바닥으로 밟는 곳은 다 너희의 소유가 되리니 너희의 경계는 곧 광야에서부터 레바논까지와 유브라데 강에서부터 서해까지라
> 25 너희의 하나님 여호와께서 너희에게 말씀하신 대로 너희가 밟는 모든 땅 사람들에게 너희를 두려워하고 무서워하게 하시리니 너희를 능히 당할 사람이 없으리라

〈더 제대로 된 번역〉
22 그의 모든 도를 행하여 그에게 의지하면→ 그의 모든 길에 행하여 그에게 충성하면
24 서해→ 지중해
25 너희에게 말씀하신 대로→ 너희에게 약속하신 대로

"여호와께서 이스라엘 백성들이 차지할 땅에 이미 거기에 거하고 있는 모든 백성들을 다 쫓아내실 것이라" 하셨고 "너희보다 강대한 나라들을 차지하게 해주겠다" 하셨습니다. 또한 "너희의 발바닥으로 밟는 곳은 다 너희의 소유가 되게 하리라" 하셨고 "너희가 밟는 모든 땅 사람들에게 너희를 두려워하고 무서워하게 하리라. 너희를 능히 당할 사람이 없게 해주겠다" 하셨습니다. 그리고 이스라엘 백성들의 지경을 "광야에서부터 레바논까지와 유브라데 강에서부터 지중해까지 주겠다" 하셨습니다. 하나님께서는 이스라엘 백성들에게 "넓은 땅을 주시겠다" 약속하셨고 "그 땅을 차지하고 있는 족속들이 아무리 강대해도 다 내쫓아주시겠다" 고 하셨습니다. 이런 일은 하나님만이 하실 수 있습니다.

하나님께서 이런 약속을 하시면서 이스라엘 백성들에게 당부하십니다. "내가 너희에게 명하는 이 모든 명령을 잘 지켜 행하면", "너희의 하나님 여호와를 사랑하고 그의 모든 도를 행하여 그에게 충성하면" 그렇게 하시겠다 하셨습니다.

이스라엘 백성들이 무엇보다도 여호와 하나님을 사랑하고 앙망하며 하나님께서 명령하신 말씀들을 지키고 충성하면 그 모든 약속을 다 이루어주시겠다는 것입니다.

이것 외에 다른 특별한 요구를 하지 않으셨습니다. 그런데 그들은 한때 그 약속을 차지하기도 했지만 하나님의 명령을 너무 잘 수행하지 못하여 결국 다 잃어버리고 말았습니다.

오늘날도 많은 성도들이 세상에 눈이 멀고 마귀의 유혹과 시험을 이기지 못하여 하나님 앙망하는 것을 소홀히 하고 게을리하고 잊어버림으로써 그 복된 약속을 받아 누리지 못하고 오히려 받은 것까지도 다 잃어버립니다.

우리는 하나님을 앙망하며 사는 것, 즉 무엇보다 하나님을 더 사랑하고 충성하는 것이 참으로 중요함을 명심하고 잠시도 잊어서는 안 됩니다.

제 50 강

⟨13⟩ 제사장과 대제사장(13)
[5] 여섯 가지 복식(7)
⑤ 판결 흉패(3)

⟨출28:28⟩
청색 끈으로 흉패 고리와 에봇 고리에 꿰어 흉패로 정교하게 짠 에봇 띠 위에 붙여 떨어지지 않게 하라

⟨13⟩ 제사장과 대제사장(13)

[5] 여섯 가지 복식(7)

⑤ 판결 흉패 (3)
1. 판결 흉패
2. 열두 개의 보석
3. "흉패를 견대 밑 띠와 매어 달라" 하셨습니다.
4. "흉패를 공교히 짠 에봇 띠 위에 붙여 떠나지 않게 하라" 하셨습니다(2).

"언제나 하나님을 앙망하는 사람이 받는 복들"에 관한 말씀을 계속 보겠습니다.

> ⟨시16:8~9⟩
> 8 내가 여호와를 항상 내 앞에 모심이여 그가 나의 오른쪽에 계시므로 내가 흔들리지 아니하리로다
> 9 이러므로 나의 마음이 기쁘고 나의 영도 즐거워하며 내 육체도 안전히 살리니
> ⟨더 제대로 된 번역⟩
> 9 이러므로 나의 마음이 기쁘고 내 목소리를 높여 주님을 노래한다. 내 몸이 평안히 쉴 수 있다.

"하나님께서 오른쪽에 계시므로 내가 결코 흔들리지 않는다"고 했습니다. 따라서 이런 사람의 "마음은 기쁘고 목소리를 높여 주님을 노래하며 영육이 평안히 쉬게 된다"고 했습니다.

이런 놀라운 은총도 **항상 여호와를 내 앞에 모실 때에** 받을 수 있습니다. 많은 성도들이 이런 복된 인생을 살지 못하는 이유는 바로 **하나님을 항상 내 앞에 모시는 일**, 즉 **나의 주인으로 삼는 일에 실패하기 때문**입니다.

> 사40:31 오직 **여호와를 앙망하는 자**는 새 힘을 얻으리니 독수리가 날개치며 올라감 같을 것이요 달음박질하여도 곤비하지 아니하겠고 걸어가도 피곤하지 아니하리로다

오직 여호와를 앙망하는 사람은 언제나 **의욕과 생기가 넘쳐나는** 은총을 누립니다.

여호와 하나님을 나 자신이나 어떤 사람보다, 세상의 그 무엇보다 사랑하고 그분을 기쁘시게 하는 일에 합격하는 사람이 이런 은총을 누릴 수 있습니다.

어떤 사람은 하나님을 기쁘시게 하다 말다 합니다. 그런 사람은 새 힘을 얻다가 말다가, 곤비하지 않다가 다시 곤비해지고 지치게 됩니다.

그래서 오직 여호와를 앙망하는 사람이 되어야 합니다.

우리는 이런 사람이 되기 위해 **밤낮으로 말씀과 기도로써 자신을 가다듬고 치료하고 성숙시켜야** 합니다. 이것이 우리가 스스로를 위해 이 땅에서 해야 할 가장 중요한 일입니다.

> 시25:15 내 눈이 항상 여호와를 바라봄은 내 발을 그물에서 벗어나게 하실 것임이로다
> 〈더 제대로 된 번역〉
> 내가 언제나 여호와를 바라본다. 왜냐하면 **내가 덫에 걸리지 않도록 막아주시는 분은 주님밖에 없기 때문**이다.

"내가 덫에 걸리지 않도록 막아주실 분은 주님밖에 없다"고 했습니다.

모든 사람 앞에는 **수많은 덫**이 놓여있습니다. **이 모든 덫에 걸리지 않으려면 언제나 여호와를 바라보아야** 합니다. 밤이나 낮이나 언제 어디서나 세상 무엇보다도 주 하나님을 사랑하고 의지하며 그분께 순종하고 충성해야 합니다. 그것이 어떤 덫에도 걸리지 않도록 주님이 막아주시고 지켜주시는 **유일한 방법**입니다.

많은 성도들마저 수많은 덫에 걸려 넘어지고 많은 고통을 당하는데 그 이유는 **언제나 여호와를 앙망하지 못했기 때문**입니다.

또한 **하나님을 제대로 모르기 때문**입니다. 성도들은 **하나님이 어떤 분이신지 알기 위해 하루도 빠짐없이 밤낮으로 말씀을 읽고 듣고 묵상하며 하나님을 더 잘 알게 해주시라고 기도해야** 합니다.

> 〈시33:18~19〉
> 18 여호와는 그를 경외하는 자 곧 그의 인자하심을 바라는 자를 살피사
> 19 그들의 영혼을 사망에서 건지시며 그들이 굶주릴 때에 그들을 살리시는도다
> 〈더 제대로 된 번역〉
> 18 그러나 여호와는 주를 높이는 자를 돌아보시고 주님의 사랑에 소망을 두는 사람을 지키신다.

하나님께서 **어떤 사람을 돌아보시는가? 어떤 사람들의 영혼을 사망에서 건지시는가? 어떤 사람이 굶주릴 때 살려주시는가?**

그것은 곧 **여호와 하나님을 높이는 사람, 그분의 사랑에 소망을 두는 사람**입니다. 이것이 곧 **무엇보다도 하나님을 두려워하며 사랑하는 것**(경외)입니다.

많은 성도들이 그렇게 하지 못하여 하나님의 세심한 돌보심을 받지 못하고 영육 간의 굶주림과 사망의 처지에서 건져주시는 은총을 풍족하게 누리지 못하고 있습니다.

여호와를 무엇보다 사랑하지 않는다는 것은 다른 것을 하나님보다 더 사랑한다는 것이고, **하나님을 두려워하지 않는다는 것은 하나님의 명령과 계명을 가볍게 여기고 쉽게 불순종하는 것**입니다.

이런 사람은 진정 하나님을 섬기는 사람이 아니므로 하나님께서 날마다 돌봐주시거나 사망과 굶주림에서 건져주지 않으십니다.

그러므로 우리가 어떤 형편과 처지에서도 즉각 하나님의 돌보심을 받고, 절망적인 상황에서 건져주시고 살려주시는 은총을 누리려면 그 **무엇보다도 하나님을 높이고 하나님의 사랑에 소망을 두어야**(하나님을 경외해야) 합니다.

> 〈시40:1~2〉
> 1 내가 여호와를 기다리고 기다렸더니 귀를 기울이사 나의 부르짖음을 들으셨도다
> 2 나를 기가 막힐 웅덩이와 수렁에서 끌어올리시고 내 발을 반석 위에 두사 내 걸음을 견고하게 하셨도다
> 〈더 제대로 된 번역〉
> 1 내가 여호와를 기다리고 기다렸더니 주께서 나를 돌보아주시고 나의 부르짖음을 들으셨도다.
> 2 질척거리는 구렁텅이에서 끄집어내시고 진흙 수렁에서 꺼내주셨다. 주님께서 나를 바위 위에 세우시고 굳건한 곳에 설 수 있도록 인도하셨다.

주님께서 돌봐주시고 기도할 때마다 들어주시는 사람, 구덩이에 빠졌을 때

건져주시고 수렁에서 꺼내주시는 사람이 있습니다. 뿐만 아니라 바위 위에 세우시고 굳건한 곳에 설 수 있도록 인도하시는 사람이 있습니다.

그는 바로 "오직 여호와를 기다리고 기다리는 사람", 즉 여호와를 앙망하는 사람입니다. 어떤 형편과 처지에서도 하나님을 가장 사랑하고 두려워하며 하나님의 말씀과 주신 사명에 변함없이 순종하고 충성하면 이런 놀라운 은총을 누리게 해주신다는 것입니다. 이런 사람은 아무리 절망적인 상황에 처해도 안전할 수 있으며 최악의 상황에서도 구원을 받고 반석 위에서 사는 인생이 됩니다.

얼마나 고마운 말씀입니까?

이렇게 살 수 있는 사람은 공부를 많이 하거나 재주가 많거나 인물이 좋은 사람이 아닙니다. **오직 여호와 하나님을 경외하면 된다**는 것입니다.

그런데 자랑할 것이 전혀 없으면서 이 단순한 하나님의 약속을 믿지도 않고 하나님을 앙망하는 일에 전심전력하지 못하는 사람들이 많습니다.

이런 교인들이야말로 **가장 불쌍한 사람**입니다. 그런 사람일수록 처지와 신세를 한탄하고 누구를 원망하고 불평할 것이 아니라 **하나님을 앙망하는 사람이 되기 위해 전력을 다해야** 합니다.

그러나 **여호와가 어떤 분이신지 도무지 알지 못하는 사람은 이런 생각을 할 수도 없으며 성공할 수도 없습니다.**

> 시73:23 내가 항상 주와 함께하니 주께서 내 오른손을 붙드셨나이다
> 〈더 제대로 된 번역〉
> 내가 항상 주와 함께하니 주께서 주의 오른손으로 나를 꼭 붙들어주십니다.

주의 오른손은 그 누구도 이겨낼 수 없는 전지전능한 손을 의미합니다. **주께서 그 오른손으로 꼭 붙들어주시는 사람**이 있습니다.

그 손이 꼭 붙들어주시는데 누가, 무엇이 그 사람을 해하고 이길 수 있겠습니까? 이런 은총은 **항상 주와 함께하는 사람**이 누립니다. 이 또한 **변함없이 주님을 앙망하는 사람**을 의미합니다. 이런 사람은 주님 외에 다른 것을 더 가까이할 수 없고 주님을 멀리할 수 없습니다. 그가 혹시 무식하거나 무능하거나 신체상에 문제가 있더라도 **주의 오른손이 꼭 붙들어주시기 때문에 강력한 주님의 일꾼으로 쓰임 받을 수 있습니다.**

우리는 이런 사람이 되기 위해 전력을 다해야 합니다.

> 약4:8 하나님을 가까이하라 그리하면 너희를 가까이하시리라 죄인들아 손을 깨끗이 하라 두 마음을 품은 자들아 마음을 성결하게 하라

〈더 제대로 된 번역〉
하나님을 가까이하라. 그리하면 너희를 가까이하시리라. 너희는 죄인이다. 그러므로 너희의 삶 가운데에서 죄를 깨끗이 씻으라. 너희는 하나님과 세상을 동시에 좇으려고 하고 있다. 정결한 마음을 품으라.

하나님께서는 하나님을 가까이하는 사람에게 가까이해주신다고 했습니다. 하나님을 가까이하려면 정결한 마음을 품고 하나님과 세상을 동시에 좇아서는 안 된다고 말씀합니다. 항상 죄 짓지 않기 위해 조심하고, 지은 죄는 즉시 회개하여 용서받아야 합니다. 또한 하나님과 세상을 동시에 좇으려는 마음을 정결한 마음으로 변화받아야 합니다.

하나님은 이것을 잘 하는 사람에게 가까이해주십니다.

대하15:2 그가 나가서 아사를 맞아 이르되 아사와 및 유다와 베냐민의 무리들아 내 말을 들으라 너희가 여호와와 함께하면 여호와께서 너희와 함께하실지라 너희가 만일 그를 찾으면 그가 너희와 만나게 되시려니와 너희가 만일 그를 버리면 그도 너희를 버리시리라
〈더 제대로 된 번역〉
下너희가 만일 주를 찾으면 찾을 수 있겠지만 주를 버리면 주께서도 너희를 버리실 것이다.

하나님과 함께하면 하나님께서도 그런 사람과 함께하신다 했습니다. 또한 하나님을 찾으면 찾을 수 있지만 하나님을 버리면 하나님도 그 사람을 버리신다 하셨습니다.

여기 "하나님과 함께한다" 는 말과 "하나님을 찾는다" 는 말은 그 무엇보다, 누구보다 하나님을 사랑하고 순종하는 것을 의미합니다. 즉 하나님을 앙망하는 사람이 되는 것입니다. 이런 사람에게 하나님께서도 함께하신다고 하셨습니다.

그러나 하나님을 앙망하지 않는 사람은 하나님과 함께하려 하지 않고 하나님을 애써 찾지도 않으므로 그런 사람은 하나님을 버리게 되고 그렇게 되면 하나님도 그런 사람을 버리신다고 했습니다.

그러므로 하나님과 함께하기를 힘쓰든지 함께하지 않든지 둘 중 하나를 분명하게 선택해야 합니다. 하나님을 간절히 사랑하든지(찾든지), 다른 것을 찾음으로써 하나님을 버리든지 분명하게 선택해야 합니다.

많은 교인이 하나님과 세상을 동시에 좇으려 함으로써 알게 모르게 끊임없이 범죄합니다(약4:8). 이런 사람은 하나님과 함께하기를 힘쓰는 사람이

아니며 하나님을 간절히 찾는 사람도 아닙니다. 오히려 **자기도 모르는 사이 하나님을 버리는 길로 나아갑니다.** 이렇게 이것도 저것도 아닌 교인들은 결코 하나님이 함께하시는 은총, 하나님을 찾는 은총을 누릴 수 없습니다. 이런 교인들이 교회 안에 너무나도 많습니다.

> 시107:9 그가 사모하는 영혼에게 만족을 주시며 주린 영혼에게 좋은 것으로 채워주심이로다
> 〈더 제대로 된 번역〉
> 그는 목마른 자를 만족하게 하시며 배고픈 자를 좋은 것으로 채우시는 분이시다.

하나님에 대해 목마른 사람, 즉 **하나님을 앙망하는 사람**을 하나님께서 만족하게 하시며 이런 자에게 **좋은 것으로 채워주신**다고 하셨습니다.

그러나 교회 안에는 **하나님이 아닌 세상 것들에 목마른 자들**이 많습니다. 하나님께서는 그런 사람들을 결코 만족하게 하지 않으시며 좋은 것으로 채워주지 않으십니다.

나는 과연 무엇에 목말라하고 배고파하고 있습니까?

> 시145:20 여호와께서 자기를 사랑하는 자들은 다 보호하시고 악인들은 다 멸하시리로다

하나님께서 **특별히 보호하시는** 사람에 대한 명확한 대답이 나옵니다.

하나님은 **하나님을 사랑하는 자들**을 보호해주십니다. 비록 인간의 눈에 보잘것없어 보이는 사람일지라도 하나님께서 보호해주십니다. 그래서 **다 보호하신다** 한 것입니다.

그러나 악인들은 다 멸하신다고 하셨습니다.

하나님을 사랑하지 않고 자신이나 사람이나 세상의 것들을 더 사랑하는 사람은 하나님 보시기에 악인입니다. 그들은 **우상숭배자들**이기 때문입니다.

그러므로 **우리가 하나님을 무엇보다도 사랑하는 것, 앙망하는 것은 하나님** 앞에서 의인으로, 하나님의 자녀로 남는 **필수요소**입니다.

모든 목회자와 교회지도자들은 **자신부터** 이런 사람이 되어야 하고 **모든 성도가** 이렇게 되도록 **철저하게 가르치고 훈련해야** 합니다.

> 〈시146:3~5〉
> 3 귀인들을 의지하지 말며 도울 힘이 없는 인생도 의지하지 말지니
> 4 그의 호흡이 끊어지면 흙으로 돌아가서 그 날에 그의 생각이 소멸하리로다
> 5 야곱의 하나님을 자기의 도움으로 삼으며 여호와 자기 하나님에게 자기의 소

> **망을 두는 자는 복이 있도다**
> 〈더 제대로 된 번역〉
> 3 높은 자들을 의지하지 말며 죽을 운명의 사람들을 의지하지 말라.
> 4 영혼이 떠날 때 그들은 흙으로 돌아간다. 바로 그날에 그들이 세웠던 계획들은 쓸모가 없게 된다.

여기서는 높은 자들, 즉 물권이나 권력을 가진 사람들을 의지하지 말 것과 야곱의 하나님을 의지할 것을 대비하여 말씀합니다.

세상에서 높은 자들을 의지하는 사람은 야곱의 하나님을 의지하지 않는 사람이고 야곱의 하나님을 자기의 도움으로 삼지 않는 사람입니다. 이런 사람은 얼마 있으면 흙으로 돌아가 버릴 사람들을 의지하는 것이고, 따라서 의지하는 자와 그 의지했던 자들이 세웠던 모든 계획은 다 쓸모가 없게 됩니다.

그러므로 하나님을 의지하지 않고, 사랑하지 않고, 앙망하지 않는 사람들은 비록 이 세상에서 높아졌다 할지라도 결코 복 있는 사람이 아닙니다.

그러나 여호와를 자기의 하나님으로 삼고 여호와께 소망을 두는 사람은 결코 그렇게 되지 않는다 했습니다. 즉 여호와 하나님은 결코 죽을 존재가 아니요, 흙으로 돌아갈 존재도 아니므로 그분과 함께 세웠던 계획들은 영원히 성취됩니다. 따라서 여호와 하나님께 소망을 두는 사람, 즉 세상의 무엇보다도 누구보다도 하나님을 사랑하고 앙망하는 사람은 복 있는 사람입니다.

> 〈잠8:17~21〉
> 17 나를 사랑하는 자들이 나의 사랑을 입으며 나를 간절히 찾는 자가 나를 만날 것이니라
> 18 부귀가 내게 있고 장구한 재물과 공의도 그러하니라
> 19 내 열매는 금이나 정금보다 나으며 내 소득은 순은보다 나으니라
> 20 나는 정의로운 길로 행하며 공의로운 길 가운데로 다니나니
> 21 이는 나를 사랑하는 자가 재물을 얻어서 그 곳간에 채우게 하려 함이니라

하나님을 사랑하는 자들이 하나님의 사랑을 입고 하나님을 간절히 찾는 사람이 하나님을 만날 것이라 했습니다.

세상의 무엇보다 누구보다 하나님을 사랑하고 하나님을 간절히 찾는 사람, 즉 **하나님을 앙망하는 사람**은 하나님의 사랑을 입고 하나님을 만난다는 것입니다.

그런 사람은 재물도 얻어서 그 곳간에 채우게 하신다고 했습니다.

하나님에게 부귀가 있고 장구한 재물과 공의가 있으므로 하나님을 사랑하

고 간절히 찾는 사람, 하나님을 앙망하는 사람은 이 땅에 살면서도 부귀와 영화를 얼마든지 누릴 수 있게 해주신다는 것입니다.

여기서 "나는 정의로운 길로 행하며 공의로운 길 가운데로 다닌다"는 말씀에 주목해야 합니다.

하나님을 사랑하고 간절히 찾는다면 그도 하나님처럼 정의의 길로 행하고 공의로운 길로 다녀야 한다는 것입니다. 즉 하나님의 말씀과 명령에 잘 순종하고 충성해야 합니다.

하나님을 간절히 찾는 사람이 어찌 하나님의 말씀과 뜻과 사명을 소홀히 여기거나 잊어버리거나 불충할 수 있겠습니까?

하나님의 말씀과 뜻대로 순종하고 충성하지 않으면서 부귀영화를 누리는 사람이 있다면 그는 그것들을 하나님으로부터 복으로 받은 것이 아니라 도둑질하여 누리는 사람입니다. 그러므로 그런 사람은 부귀영화를 누릴수록 하나님 앞에서 큰 죄인이 되며 그만큼 큰 형벌을 받게 됩니다.

여기서 또 우리가 주목해야 할 말씀은 **하나님께서 주시는 부귀영화를 누리려면** 무엇보다도 하나님을 사랑하고 하나님을 간절히 찾는 사람이 되어야 한다는 것입니다. 하나님과 세상을 동시에 좇으려 하는 사람은 결코 그런 사람이 아닙니다. 그런 사람은 아무리 예배에 잘 참석하고, 목사 일을 하고 교회 직분을 맡아 열심히 일할지라도 결코 **하나님께서 약속하신 부귀영화를 받아 누릴 수 없습니다.**

> 잠28:5 악인은 정의를 깨닫지 못하나 여호와를 찾는 자는 모든 것을 깨닫느니라
> 〈더 제대로 된 번역〉
> 악한 자들은 법을 무시하나 여호와를 찾는 자들은 온전히 법을 지킨다.

여호와를 찾는 자, 즉 **하나님을 사랑하고 앙망하는 사람은** 하나님의 법을 온전히 지킨다 했습니다. 하나님의 법을 온전히 지키는 사람이 그 법과는 견줄 수 없는 하위의 법, 즉 인간들이 만든 법을 어찌 안 지키겠습니까? 이런 사람이 세상의 법뿐 아니라 하나님의 법을 온전히 지킬 때 하나님께서 약속하신 대로 영육 간에 온갖 복을 받아 누리게 됩니다.

그러나 **악한 자들은** 하나님의 법을 무시한다고 했습니다.

본문은 **여호와를 찾지 않는 사람을** 악한 자라고 표현합니다.

여호와를 누구보다도 무엇보다도 사랑하거나, 세상의 것들을 사랑하거나

둘 중 하나입니다. 하나님과 세상을 동시에 사랑하고 좇을 수는 없습니다. 그렇게 하는 사람은 여호와를 찾는 자가 아니므로 그 사람은 하나님 앞에서 악한 자입니다.

이런 사람은 하나님의 법을 제대로 지킬 수 없으므로 하나님은 그가 법한 죄악만큼 벌을 내리십니다. 무엇보다도 영원한 멸망을 당하게 하십니다.

그러므로 우리는 하나님을 앙망하는 일이 참으로 중요함을 꼭 기억해야 합니다.

> 시119:165 주의 법을 사랑하는 자에게는 큰 평안이 있으니 그들에게 장애물이 없으리이다
> 〈더 제대로 된 번역〉
> 주의 법을 사랑하는 자들은 마음이 평안하여 아무도 그들을 넘어뜨릴 수 없습니다.

주의 법을 사랑하는 자(주님을 찾는 사람, 주님을 사랑하고 앙망하는 사람)들은 그 영혼이 평안해지는 은총을 누리게 됩니다.

예수를 믿는다고 하고 부지런히 신앙생활을 하는 것 같으나 언제나 마음이 클클하고 답답하고 괴롭고 불안하고 두려워 떠는 사람들은 주의 법을 사랑하는 사람, 누구보다 무엇보다 하나님을 사랑하고 찾고 앙망하는 사람이 아닙니다. 늘 걱정과 근심이 가득하고 클클하고 답답하며 속상하고 괴로우며 두려워함이 가득하다는 것은 하나님께 많은 징벌을 당하고 있다는 증거입니다. 하나님은 하나님의 법을 사랑하는 자에게 결코 그런 벌을 내리시지 않습니다.

또한 하나님의 법을 사랑하지 못하고 너무 쉽게 범죄하는 것도 그가 하나님을 사랑할 줄 모르고 하나님을 찾을 줄 모르기 때문입니다.

사람에게 해 끼치는 것만이 죄가 아니라 이렇게 하나님을 앙망하지 못하는 것도 큰 죄악입니다. 그런 사람들은 결코 진정한 평안을 누릴 수 없습니다.

주의 법을 사랑하는 자들은 아무도 그들을 넘어뜨릴 수 없다 했습니다.

왜냐하면 이런 사람은 하나님께서 그들의 의지와 피난처가 되시며 진정한 보호자가 되어주시기 때문입니다. 이런 은총은 하나님을 진정으로 앙망하는 사람만이 누릴 수 있습니다.

> 시119:155 구원이 악인들에게 멀어짐은 그들이 주의 율례들을 구하지 아니함이니이다

> 〈더 제대로 된 번역〉
> 구원이 악인들에게서 멀어지는 것은 그들이 주의 법령들을 따르지 않았기 때문입니다.

구원이 악인들에게서 멀어지는데 그 이유는 그들이 **하나님의 법령들을 따르지 않았기 때문**이라 했습니다. 즉 하나님의 말씀을 **너무도 지키지 않았기 때문**입니다.

여기서 **하나님의 법령들을 따르지 않는 사람들을 '악인'** 이라고 했습니다.

이들이 수많은 어려움을 당하게 될 때 **하나님은 결코 도와주시지 않습니다.** '나도 예수를 믿는다' 하며 시시때때로 예배에 참여해도 마찬가지입니다.

그러므로 우리는 **하나님의 말씀들을 잘 지켜야** 합니다. 그것은 결심만으로는 안 됩니다. **하나님을 참으로 사랑하는 사람, 하나님을 간절히 찾는 사람, 하나님을 앙망하는 사람이 되어야** 할 수 있습니다.

우리는 반드시 이런 사람이 되기 위해 **전심전력을** 다해야 합니다.

또한 목사들과 교회지도자들은 성도들이 이것을 잘 할 수 있도록 **최선을 다해 치료하고 양육해야** 합니다.

제 51 강

〈13〉 제사장과 대제사장(14)
[5] 여섯 가지 복식(8)
5 판결 흉패(4), 6 우림과 둠밈

〈출28:28〉
청색 끈으로 흉패 고리와 에봇 고리에 꿰어 흉패로 정교하게 짠 에봇 띠 위에 붙여 떨어지지 않게 하라

〈13〉 제사장과 대제사장(14)

[5] 여섯 가지 복식(8)

5 판결 흉패(4)

1. **판결 흉패**
2. **열두 개의 보석**
3. **"흉패를 견대 밑 띠와 매어 달라"** 하셨습니다.
4. **"흉패를 공교히 짠 에봇 띠 위에 붙여 떠나지 않게 하라"** 하셨습니다.
5. **"아론은 성소에 들어갈 때 판결 흉패를 가슴에 붙여야 한다"** 하셨습니다.

'이스라엘 아들들의 이름을 기록한 판결 흉패(위의 (1),(2),(3)으로 구성된)'를 대제사장인 아론이 성소에 들어갈 때마다 가슴에 붙임으로써 그 모든 것은 '여호와 앞에 영원한 기념'이 됩니다.
보잘것없는 야곱의 아들들(대부분 자랑할 만한 인물이 아님)을 하나님께서 '그리스도 안에서' 택하셨습니다.

〈엡1:3~5〉
3 찬송하리로다 하나님 곧 우리 주 예수 그리스도의 아버지께서 그리스도 안에서 하늘에 속한 모든 신령한 복을 우리에게 주시되
4 곧 창세 전에 그리스도 안에서 우리를 택하사 우리로 사랑 안에서 그 앞에 거룩하고 흠이 없게 하시려고
5 그 기쁘신 뜻대로 우리를 예정하사 예수 그리스도로 말미암아 자기의 아들

> 들이 되게 하셨으니
> 〈더 제대로 된 번역〉
> 3 찬송하리로다 하나님 곧 우리 주 예수 그리스도의 아버지께서 그리스도 안에서 하늘에 속한 모든 영적인 복을 우리에게 내려주셨다.
> 4 곧 창세 전에 그리스도의 사랑 안에서 우리를 흠 없는 거룩한 백성으로 선택하셨다.
> 5 또한 그때부터 예수 그리스도를 통해 우리를 자녀 삼으시기로 예정하셨다. 하나님께서는 이 일을 바라시고 또 기뻐하셨다.

하나님께서 이스라엘 백성들을 그리스도로 말미암아 거룩하게 하셔서 당신의 아들들이 되게 하셨으니 이것이야말로 하나님 앞에서 영원히 기념할 일입니다. 죄인들이 거룩한 하나님의 아들들이 되었는데 그것도 독생자 예수의 희생으로써 되었으니 영원히 기념 삼을 만한 커다란 일인 것입니다.

하나님은 이처럼 죄인이 예수를 믿어 죄 사함 받고 하나님의 자녀가 되는 것을 가장 귀하게 여기시고 기뻐하셨습니다.

그러므로 구원받은 사람들 역시 자기가 예수 믿고 하나님의 자녀가 된 것을 가장 귀하고 복된 일임을 확실히 인식하고 언제나 하나님께 감사와 찬송과 영광을 돌려 드려야 합니다.

> 엡1:6 이는 그의 사랑하시는 자 안에서 우리에게 거저 주시는 바 그의 은혜의 영광을 찬송하게 하려는 것이라
> 〈더 제대로 된 번역〉
> 놀라운 은혜를 내려주신 하나님께 찬양을 드린다. 하나님께서는 아무 대가를 바라지 않으시고 은혜를 베풀어주셔서 사랑하는 아들 독생자 예수 그리스도를 우리에게 보내주셨던 것이다.

구속의 은총의 감격과 고귀성을 잊어버리고 세상의 것들에 정신이 머물러 있다면 그는 진주를 보는 눈과 심성을 잃은 사람이요, 자기에게 주어진 진주를 모르고 찌꺼기나 찾아 헤매는 돼지와 다름없는 사람입니다.

판결 흉패 위에서 찬란하게 반짝이는 열두 보석이 가장 중점적으로, 늘 할 일은 대제사장(예수 그리스도)의 가슴 위에서 하나님 앞에 영원한 기념이 되는 일입니다. 만약 그들이 그 위치를 떠난다면 그것은 성막과 상관 없는 저 세상의 보석들에 지나지 않게 됩니다.

'예수 그리스도 중심의 사람'이 되지 못하면 이렇게 특별한 은총 안에 있는 사람이 아닙니다. 그는 그 은총의 바깥에 있는 사람일 뿐입니다.

하나님께 기념이 되지 못하는 성도는 성막 바깥에 있는 사람입니다. 당신은 지금 어디에 있습니까?

6 우림과 둠밈

> 출28:30 너는 우림과 둠밈을 판결 흉패 안에 넣어 아론이 여호와 앞에 들어갈 때에 그의 가슴에 붙이게 하라 아론은 여호와 앞에서 이스라엘 자손의 흉패를 항상 그의 가슴에 붙일지니라
>
> 〈더 제대로 된 번역〉
> 너는 우림과 둠밈을 가슴 덮개 안에 넣어 아론이 여호와 앞에 들어갈 때에 그의 가슴 위에 있게 해야 한다. 그 물건들은 이스라엘 백성을 위해 재판할 때 도움을 줄 것이다. 아론은 여호와 앞에 나아갈 때마다 그것들을 몸에 지니고 있어야 한다.

우림은 '빛', 둠밈은 '완전'을 의미합니다.

그것들은 하나님의 뜻을 분별하는 데에 사용되었습니다. 그 모양은 자세히 알 수 없지만 그것은 분명히 예수 그리스도의 빛 되심과 완전하심을 상징합니다(요8:12, 요9:5, 고전2:2, 골2:3).

(1) 우림과 둠밈이 어떤 재료로 만들어졌는지 정확한 기록은 없습니다.

그러나 그것은 '하나님께서 정하신 사람(제사장)'을 통해 '예언적인 판결과 왕적 판결'을 주시는 특별한 것이었습니다. 하나님은 미래에 대한 하나님의 뜻과 가부, 옳고 그름을 최종적으로 하나님의 백성들에게 알게 하시는 수단으로 이 우림과 둠밈, 그리고 그것을 가질 수 있도록 허용된 사람을 사용하셨습니다.

> 민27:21 그는 제사장 엘르아살 앞에 설 것이요 엘르아살은 그를 위하여 우림의 판결로써 여호와 앞에 물을 것이며 그와 온 이스라엘 자손 곧 온 회중은 엘르아살의 말을 따라 나가며 들어올 것이니라
>
> 〈더 제대로 된 번역〉
> 그를 제사장 엘르아살 앞에 세워라. 그러면 엘르아살이 우림을 써서 여호와의 뜻을 여쭤볼 것이다. 그의 명령에 따라 이스라엘 백성은 들어가기도 하고 나가기도 할 것이다.

하나님은 당시 제사장 중 엘르아살에게 우림과 둠밈을 주셨습니다. 오직 그만이 우림과 둠밈을 통해 하나님의 뜻을 여쭐 수 있었으며, 그것은 누구도 어길 수 없는 최종적인 하나님의 뜻임을 밝히고 있습니다.

(2) 하나님은 어떤 때(이스라엘 백성이 타락할 때)**는 우림과 둠밈을 가지고 예언하는 제사장을 내지 않으셨습니다.**

그때 이스라엘 백성은 **많은 어려움을 겪어야** 했습니다.

> 삼상28:6 사울이 여호와께 묻자오되 여호와께서 꿈으로도, 우림으로도, 선지자로도 그에게 대답하지 아니하시므로

> 스2:63 방백이 그들에게 명령하여 우림과 둠밈을 가진 제사장이 일어나기 전에 지성물을 먹지 말라 하였느니라
> 〈더 제대로 된 번역〉
> 총독은 제사장이 우림과 둠밈을 가지고 그들이 제사장의 자손인지 아닌지 결정을 내릴 때까지 하나님께 바친 음식은 아무것도 먹지 못하게 했다.

(3) 하나님은 우림과 둠밈, 그리고 **그것을 통한 판결권을 본래 레위 자손**에게 주셨는데 그중에서도 **경건한 사람만이** 그것을 받을 수 있었습니다.

> 신33:8 레위에 대하여는 일렀으되 주의 둠밈과 우림이 주의 경건한 자에게 있도다 주께서 그를 맛사에서 시험하시고 므리바 물가에서 그와 다투셨도다
> 〈더 제대로 된 번역〉
> 레위에 대하여 일렀으되 여호와여, 여호와의 우림과 둠밈은 여호와께서 사랑하시는 레위에게 있게 하소서. 여호와께서 그를 맛사에서 시험하시고 므리바 물가에서 그와 다투셨습니다.

우림과 둠밈의 특권은 본래 제사장이 받는 것인데 그중에서도 **하나님께서 인정하시는 제사장**(사랑하시는 자)**만** 받았습니다.

다윗도 이 특권을 처음부터 받지 않았습니다. 하나님께서 **다윗을 합하게 여기셨을 때에야** 당시 제사장이었던 아비아달의 특권을 동시에 사용하도록 허용받았습니다. 다윗은 **예수 그리스도를 예표하는 자요, 왕, 선지자, 제사장의 역할**을 다했습니다.

> 〈삼상23:9~12〉
> 9 다윗은 사울이 자기를 해하려 하는 음모를 알고 제사장 아비아달에게 이르되 에봇을 이리로 가져오라 하고
> 10 다윗이 이르되 이스라엘 하나님 여호와여 사울이 나 때문에 이 성읍을 멸하려고 그일라로 내려오기를 꾀한다 함을 주의 종이 분명히 들었나이다
> 11 그일라 사람들이 나를 그의 손에 넘기겠나이까 주의 종이 들은 대로 사울이 내려오겠나이까 이스라엘의 하나님 여호와여 원하건대 주의 종에게 일러 주옵

> 소서 하니 여호와께서 이르시되 그가 내려오리라 하신지라
> 12 다윗이 이르되 그일라 사람들이 나와 내 사람들을 사울의 손에 넘기겠나이까 하니 여호와께서 이르시되 그들이 너를 넘기리라 하신지라

이 응답을 받은 후 다윗이 미리 그일라에서 피신했고 그 소식을 들은 사울은 그일라로 내려오기를 포기했습니다.

> 〈삼상30:7~8〉
> 7 다윗이 아히멜렉의 아들 제사장 아비아달에게 이르되 원하건대 에봇을 내게로 가져오라 아비아달이 에봇을 다윗에게로 가져가매
> 8 다윗이 여호와께 묻자와 이르되 내가 이 군대를 추격하면 따라 잡겠나이까 하니 여호와께서 그에게 대답하시되 그를 좇아가라 네가 반드시 따라잡고 도로 찾으리라
> 〈더 제대로 된 번역〉
> 도로 찾으리라→ 네 가족을 구할 수 있을 것이다.

다윗은 사백 명을 데리고 가서 그들을 멸하고 빼앗긴 사람들을 다 찾아왔습니다.

(4) **대제사장인 아론이 여호와 앞에 들어갈 때마다 그 가슴 위에 있는 판결 흉패 안에 우림과 둠밈을 둠으로써** 그 은총이 이스라엘 백성에게 주어졌습니다.

즉 **우림과 둠밈은 대제사장이신 예수 그리스도, 예수 그리스도의 에봇, 예수 그리스도로 말미암아 선택되고 거룩해짐을 받은 백성들이 하나로 되어있는 가운데에서** 그 신비한 기능을 발휘하게 된 것입니다.

다윗이 아비아달 제사장에게서 우림과 둠밈을 가져오라 하지 않고 에봇을 가져오라 했음을 유의해야 합니다. 이것은 **우림과 둠밈이 에봇과 예수 그리스도와 결코 무관하지 않음**을 보여줍니다.

하나님께서는 그 백성들에게 모든 비밀을 알게 하시되 **오직 예수 그리스도를 통해, 예수와 진정으로 하나 된 사람들에게만** 주시는 것입니다.

> 〈엡1:7~10〉
> 7 우리는 그리스도 안에서 그의 은혜의 풍성함을 따라 그의 피로 말미암아 속량 곧 죄 사함을 받았느니라
> 8 이는 그가 모든 지혜와 총명을 우리에게 넘치게 하사
> 9 그 뜻의 비밀을 우리에게 알리신 것이요 그의 기뻐하심을 따라 그리스도 안

에서 때가 찬 경륜을 위하여 예정하신 것이니
10 하늘에 있는 것이나 땅에 있는 것이 다 그리스도 안에서 통일되게 하려 하심이라
〈더 제대로 된 번역〉
7 그리스도 안에서 우리는 보혈로 자유함을 얻었다. 또 하나님의 풍성한 은혜로 죄 사함도 받았다.
8 하나님께서는 풍성한 지혜와 지식으로 우리에게 넘치게 하사
9 우리에게 한 가지 비밀을 가르쳐주셨다. 그것은 하나님께서 그리스도를 통해 우리를 구원하시려는 뜻을 가지고 계시다는 것이었다.
10 때가 되면 하나님은 그 계획을 분명히 이루실 것이다. 땅과 하늘에 있는 모든 것의 으뜸이 되신 그리스도 예수 안에서 하나가 될 것이다.

위에서 살펴본 구약의 말씀과 이 신약의 말씀은 일치합니다.
진정 예수 그리스도와 한 몸을 이룬 사람들(교회)은 그 예수로부터 모든 하나님의 뜻을 알게 됩니다. 그러나 하나님의 말씀을 멀리하던 이스라엘 백성들에게는 우림과 둠밈의 은총이 없었듯이 오늘날도 이름만 신자일 뿐 진정으로 그리스도와 하나가 되지 못하고 사는 사람들은 눈은 있으나 볼 수 없고 귀는 있으나 듣지 못하며 그들이 좋아하는 선지자나 제사장들도 아무런 꿈과 예언을 얻지 못합니다.
응답받지 못하는 성도들이여!
어서 예수께로 돌아가고 경건한 성도가 되기를 바랍니다.

"아론이 여호와 앞에서 이스라엘 자손의 흉패를 항상 그 가슴 위에 둘지니라" 하셨습니다(30절).

아론과 그 가슴 위에 항상 있는 보석들, 그들 중에만 우림과 둠밈이 있는 것입니다. 우리에게 예수보다 귀한 것이 무엇이겠습니까?

(5) 우림과 둠밈은 에봇, 또는 대제사장과 보석들 사이에 감춰져 있습니다.

즉 하나님의 모든 비밀은 예수 그리스도와 언제나 한 몸을 이룬 사람들 가운데만 알려집니다. 예수와 한 몸이 되기 전에는 어떤 진리도 알 수 없으며 하나님 아버지께로 나아올 수 없습니다.

〈엡1:17~19〉
17 우리 주 예수 그리스도의 하나님, 영광의 아버지께서 지혜와 계시의 영을 너희에게 주사 하나님을 알게 하시고

18 너희 마음의 눈을 밝히사 그의 부르심의 소망이 무엇이며 성도 안에서 그 기업의 영광의 풍성함이 무엇이며
19 그의 힘의 위력으로 역사하심을 따라 믿는 우리에게 베푸신 능력의 지극히 크심이 어떠한 것을 너희로 알게 하시기를 구하노라

〈더 제대로 된 번역〉
17 우리 주 예수 그리스도의 하나님, 영광의 아버지께서 지혜와 계시의 영을 너희에게 주셔서 하나님을 더 잘 알게 하시며
18 너희의 마음을 밝혀 우리에게 주시려고 예비해주신 것을 깨닫도록 기도한다. 또한 하나님의 백성에게 약속하신 복이 얼마나 풍성하고 놀라운지 깨닫도록 기도하고 있다.
19 믿는 자 안에서 역사하시는 하나님께서는 그 큰 능력이 어떠한 것을 너희로 알게 하시기를 구하노라.

하나님께서 믿음의 사람들에게 지혜와 계시의 영을 주셔서 하나님을 더 잘 알게 하신다 했습니다. 그리고 성도들의 마음을 밝혀서 하나님께서 주시려고 예비하신 것을 깨닫게 해주신다 했고, 하나님의 백성에게 약속하신 복이 얼마나 풍성하고 놀라운지 깨닫게 하신다 했습니다. 뿐만 아니라 예수 그리스도를 믿는 자 안에서 역사하시는 하나님께서 그 큰 능력으로 성도에게 베푸신 것이 어떠한지를 알게 하신다 했습니다.

〈골1:9~11〉
9 이로써 우리도 듣던 날부터 너희를 위하여 기도하기를 그치지 아니하고 구하노니 너희로 하여금 모든 신령한 지혜와 총명에 하나님의 뜻을 아는 것으로 채우게 하시고
10 주께 합당하게 행하여 범사에 기쁘시게 하고 모든 선한 일에 열매를 맺게 하시며 하나님을 아는 것에 자라게 하시고
11 그의 영광의 힘을 따라 모든 능력으로 능하게 하시며 기쁨으로 모든 견딤과 오래 참음에 이르게 하시고
〈더 제대로 된 번역〉
11 하나님께서 그 크신 능력으로 너희를 강하게 붙들어 주실 때에 너희가 어떤 어려움이 와도 넘어지지 않고 참고 견딜 수 있을 것이다.

성도들로 하여금 모든 신령한 지혜와 총명에 하나님의 뜻을 아는 것으로 채우게 하시고 하나님을 아는 것이 자라게 하시기를 기도한다 했습니다.

〈골1:26~27〉
26 이 비밀은 만세와 만대로부터 감추어졌던 것인데 이제는 그의 성도들에게

나타났고
27 하나님이 그들로 하여금 이 비밀의 영광이 이방인 가운데 얼마나 풍성한지를 알게 하려 하심이라 이 비밀은 너희 안에 계신 그리스도시니 곧 영광의 소망이니라

〈더 제대로 된 번역〉
26 이 말씀은 이 세상 처음부터 모든 사람에게 숨겨져 있던 비밀이었는데 이제 하나님을 사랑하는 백성들에게 알려주셨다.
27 사람을 위한 풍성하고도 영광스러운 진리의 말씀을 하나님께서는 이 세상 만민에게 알리신 것이 아니다. 이 진리는 바로 그리스도 자신이며 너희 안에 계신다. 그분만이 우리의 영광스러운 소망이 되신다.

하나님의 말씀은 우주만물이 만들어질 때부터 모든 사람에게 숨겨져 있던 비밀이었다 했고, 하나님께서 그것을 사랑하시는 백성들에게 알려주셨다 했습니다. 그리고 하나님께서는 사람을 위한 풍성하고도 영광스러운 진리의 말씀을 이 세상 모든 사람에게 알리지 않으셨다고 했습니다. 그 진리는 바로 예수이신데 그 예수는 그를 믿는 자들 안에 계신다 했습니다.

따라서 예수 그리스도를 영접한 사람들은 하나님께서 사람들을 위해 풍성하고도 영광스러운 진리의 말씀을 잘 알게 하신다는 것입니다.

〈골2:2~3〉
2 이는 그들로 마음에 위안을 받고 사랑 안에서 연합하여 확실한 이해의 모든 풍성함과 하나님의 비밀인 그리스도를 깨닫게 하려 함이니
3 그 안에는 지혜와 지식의 모든 보화가 감추어져 있느니라
〈더 제대로 된 번역〉
2 나는 그들이 그리스도를 깨달아 믿음이 강하여지고 더 풍성해지며 사랑으로 하나 되기를 진정으로 바라고 있다. 너희가 하나님의 놀랍고 비밀스러운 진리, 즉 그리스도 그분 자신을 완전히 알게 되기를 내가 얼마나 바라는지 알아달라.

성도들이 그리스도를 깨달아 믿음이 강해지고 더 풍성해지며 사랑으로 하나된다고 했습니다. 또한 성도들이 하나님의 놀랍고 비밀스러운 진리, 즉 그리스도를 완전히 알게 된다 했습니다. 예수 그리스도 안에만 사람들이 알아야 할 진정한 지혜와 지식의 모든 보화가 감추어져 있다 했습니다.

하나님의 거룩한 비밀은 예수 그리스도를 확실히 믿은 사람들만이 알게 됩니다. 그러므로 예수 그리스도를 믿어서 모든 죄를 용서받고 의인이 되고 하나님의 자녀가 되는 것이야말로 이루 말할 수 없는 기쁨이요, 복인데 모

든 사람이 다 알 수 없는 하나님의 비밀을 아직도 불완전한 모습으로 이 땅에 살고 있는 성도들은 얼마든지 알 수 있게 해주셨다니 그 **은혜**가 또 얼마나 놀랍고 감사합니까?

우리 모든 성도는 이런 사실들을 깊이 깨달아야 합니다.

제 52 강

〈13〉 제사장과 대제사장(15)
[5] 여섯 가지 복식(9)
⑦ 에봇 받침 겉옷(1)

〈출28:31~34〉

31너는 에봇 받침 겉옷을 전부 청색으로 하되 32두 어깨 사이에 머리 들어갈 구멍을 내고 그 주위에 갑옷 깃 같이 깃을 짜서 찢어지지 않게 하고 33그 옷 가장자리로 돌아가며 청색 자색 홍색 실로 석류를 수 놓고 금 방울을 간격을 두어 달되 34그 옷 가장자리로 돌아가며 한 금 방울, 한 석류, 한 금 방울, 한 석류가 있게 하라

〈13〉 제사장과 대제사장(15)

[5] 여섯 가지 복식(9)

⑦ 에봇 받침 겉옷(1)

(1) 이것은 이름 그대로 에봇을 받쳐주는 구실을 하는 옷입니다.

이것을 "전부 청색으로 하라" 하셨습니다.
이는 에봇(판결 흉패 포함)이 설명하는 위의 모든 것이 흠과 티가 없으신 거룩하신 예수 그리스도의 거룩(존귀)하심에 기인함을 나타내고 있습니다.
예수 그리스도는 죄를 알지 못하는 거룩한 하나님이십니다. 그는 동정녀 탄생을 하셨고 이 땅에 있는 동안 아무 죄도 범하지 않으셨습니다. 그러기에 그는 모든 죄인의 죗값을 대신 치러줄 수 있었습니다. 이 대제사장이신 예수 그리스도 없이는 열두 개의 보석이 하나님 앞에 설 수 없고 그들 가운데 우림과 둠밈의 신비로운 은총도 있을 수 없습니다.

이 거룩하신 어린양 예수가 없이는 에봇도 있을 수 없습니다.
우리가 예수로 말미암아 구속받을 수 있는 것은 예수께서 거룩한 분이셨기에 가능한 일입니다. 예수 외에는 거룩한 어린양(희생제물)이 없으니 그 외에 사람들이 말하는 모든 구세주는 자신도 구속할 수 없는 죄인일 뿐입니다.

> 행4:12 다른 이로써는 구원을 받을 수 없나니 천하 사람 중에 구원을 받을 만한 다른 이름을 우리에게 주신 일이 없음이라 하였더라
> 〈더 제대로 된 번역〉
> 上 예수님 외에는 다른 어떤 이에게서도 구원을 받을 수 없다.

예수 외에는 어떤 이에게서도 구원을 받을 수 없다고 분명하게 말씀합니다. 또한 **천하 사람 중에 구원을 받을 만한 다른 이름을 우리에게 주신 일이 없다** 했습니다.

그러므로 예수 외에 "내가 구세주라"고 말하는 자는 **가장 큰 사기꾼입니다.** 그런 자를 신봉하는 종교는 아무리 그럴듯한 가르침이 있어도 결코 사람들을 구원받게 할 수 없으므로 **사람을 속이는 것 중 가장 교묘한 것입니다.**

> 살전5:9 하나님이 우리를 세우심은 우리를 노하심에 이르게 하심이 아니요 오직 우리 주 예수 그리스도로 말미암아 구원을 받게 하심이라
> 〈더 제대로 된 번역〉
> 上 하나님께서는 우리를 벌하기 위해 택하신 것이 아니고

하나님께서는 **창세 전부터 구원받을 자들을 택하십니다.**
이는 그들을 멸망시키려는 것이 아니라 구원하시기 위함인데 구원은 오직 주 예수 그리스도를 믿음으로 말미암아 이루어집니다. 예수 그리스도만을 믿지 않는 사람들은 하나님의 진노를 받아 영원히 멸망 당하게 됩니다.

> 마17:5 말할 때에 홀연히 빛난 구름이 그들을 덮으며 구름 속에서 소리가 나서 이르시되 이는 내 사랑하는 아들이요 내 기뻐하는 자니 너희는 그의 말을 들으라 하시는지라

하나님께서 참으로 신비로운 상황을 보여주시면서 하늘에서 말씀하시기를 **예수 그리스도가** 사랑하시는 아들이고 기뻐하시는 자라 하셨습니다. 그리고 "너희는 그의 말을 들으라" 하셨는데 그가 바로 너희를 구원할 메시야임을 알고 믿으라는 말씀입니다.

이렇게 그 말을 들음으로써 구원을 얻게 할 수 있는 메시야는 **오직 하나님께서 사랑하시는 아들이요, 구세주로서의 사명을 완벽하게 수행할 수 있는 자, 즉 그 일에 있어서 하나님을 기쁘시게 하는 자여야 한다**는 것입니다. 이렇게 자신이 하나님이시며 인간들의 모든 죄를 해결하고 완전하게 구원 얻게 하려고 죄 없는 육체로 이 땅에 오신 분은 **예수 그리스도뿐입니다.** 이것은 그 누구도 흉내 낼 수 없습니다. 이런 구세주를 흉내내려고 하는 자

들이야말로 가장 무서운 하나님의 진노를 받을 자입니다.

〈골1:13~22〉
13 그가 우리를 흑암의 권세에서 건져내사 그의 사랑의 아들의 나라로 옮기셨으니
14 그 아들 안에서 우리가 속량 곧 죄 사함을 얻었도다
15 그는 보이지 아니하는 하나님의 형상이시요 모든 피조물보다 먼저 나신 이시니
16 만물이 그에게서 창조되되 하늘과 땅에서 보이는 것들과 보이지 않는 것들과 혹은 왕권들이나 주권들이나 통치자들이나 권세들이나 만물이 다 그로 말미암고 그를 위하여 창조되었고
17 또한 그가 만물보다 먼저 계시고 만물이 그 안에 함께 섰느니라
18 그는 몸인 교회의 머리시라 그가 근본이시요 죽은 자들 가운데서 먼저 나신 이시니 이는 친히 만물의 으뜸이 되려 하심이요
19 아버지께서는 모든 충만으로 예수 안에 거하게 하시고
20 그의 십자가의 피로 화평을 이루사 만물 곧 땅에 있는 것들이나 하늘에 있는 것들이 그로 말미암아 자기와 화목하게 되기를 기뻐하심이라
21 전에 악한 행실로 멀리 떠나 마음으로 원수가 되었던 너희를
22 이제는 그의 육체의 죽음으로 말미암아 화목하게 하사 너희를 거룩하고 흠 없고 책망할 것이 없는 자로 그 앞에 세우고자 하셨으니

〈더 제대로 된 번역〉
14 우리의 모든 죄에 대해 아들의 피로 대신 값을 치르시고 우리를 용서해주신 것이다.
15 아무도 하나님을 보지 못했으나 예수님께서 하나님의 모습을 보여주셨다.
16 만물이 그에게서 창조되되 하늘과 땅에서 보이는 것들과 보이지 않는 것들과 모든 권세와 지위, 주권, 능력이 그의 능력으로 생겨났다.
17 또한 그가 만물보다 먼저 계시고 만물이 그분에 의해 유지되고 있다.
18 그는 자신의 몸인 교회의 머리가 되신다. 또한 모든 것이 그분으로부터 시작되었으며 죽은 자들 중에서 가장 먼저 살아나셨으므로 모든 것의 으뜸이 되신다.
19 하나님께서는 자신에게 속한 모든 것이 그리스도 안에서 살아가는 것을 기뻐하신다.
20 그리스도께서 십자가에서 흘리신 보혈로 평화의 길을 열어놓으셨다. 만물 곧 땅에 있는 것들이나 하늘에 있는 것들이 그리스도를 통해 하나님께 나아올 수 있도록 정해놓으셨다.
21 이전에는 너희가 하나님과 단절되어있었다. 너희의 악한 행실 때문에 하나님과 멀어져서 마음으로는 하나님과 원수가 되고 만 것이다.
22 그러나 이제 그리스도께서 너희를 하나님과 친구 사이로 회복시켜주셨다. 너희를 하나님께로 인도하기 위해 그분은 친히 사람의 몸을 입고 이 땅에 오셔

서 십자가에 달려 돌아가셨다. 그분은 너희를 아무 흠 없고 죄 없는 자로 만들어서 하나님 앞에 세워주셨다.

이 말씀은 더 놀랍고 신비로운 사실을 깨우쳐주고 있습니다.

하나님께서 선택하신 자들을 흑암의 권세에서 건져내셔서 그의 사랑의 아들의 나라로 옮기셨다고 했습니다. 즉 하나님께서는 죄로 인해 영원한 멸망에 빠질 수밖에 없던 사람들 중에 선택하신 사람들을 하나님의 나라로 옮기시는데 그 사람들은 하나님께서 사랑하시는 아들 예수 그리스도를 믿는 자들이어야 한다는 것입니다.

하나님은 이 일을 완성하시기 위해 선택하신 자들의 죄에 대한 값을 예수 그리스도의 피로 치르심으로써 그들의 죄를 용서받게 해주셨습니다.

또한 모든 사람은 죄인이므로 결코 하나님을 알 수 없고 볼 수 없었는데 하나님께서 그 아들 예수를 인간의 몸으로 이 땅에 보내심으로 그 죄인들이 아직 죄인으로 있으면서도 하나님의 모습을 볼 수 있게 해주셨습니다.

예수는 비록 여인의 몸에 잉태되어 초라한 마구간에서 태어났지만 하늘과 땅에서 보이는 것들과 보이지 않는 것들, 즉 만물이 다 그로 말미암아 창조되었고 그를 위해 창조되었습니다. 모든 권세와 지위, 주권, 능력이 그의 능력으로 생겨났으며 그는 만물보다 먼저 계시고 만물이 그분에 의해 유지되고 있습니다.

이런 놀라우신 하나님께서 선택된 사람들을 구원하시려고 초라하게 이 땅에 태어나셔서 그들의 모든 죄를 대신 지고 피 흘려 죽으신 것입니다.

이 예수께서 예수 그리스도를 확실히 믿은 사람들이 예수 그리스도를 머리로 하여 한 몸을 이루게 하시는데 그것이 바로 교회입니다. 뿐만 아니라 모든 것이 예수로 말미암아 시작되었는데 그 예수야말로 죽은 자들 가운데서 가장 먼저 살아나신 분이므로 그 모든 것의 으뜸이 되신다 했습니다.

이렇게 하시면서 하나님께서는 자신에게 속한 모든 사람들이 그 예수 안에서 살아가는 것을 기뻐하신다 하셨습니다. 즉 그들이 예수를 믿어서 모든 죄를 사함받고 이 험악한 세상 속에서도 하나님의 자녀로 살고 영생구원을 얻게 되기를 원하신다는 것입니다.

그 예수가 이 땅에 오시기 전에는, 또 예수를 확실히 믿기 전에는 성도들조차도 하나님과 단절돼있었고 그들의 악한 행실(죄악)때문에 하나님과 멀어져서 원수지간이었습니다. 그런데 하나님께서 그 모든 것을 회복하시기 위해 아들 예수 그리스도를 사람의 몸을 입혀 이 땅에 보내시고 그들을 대신하여 피흘려 죽게 하심으로써 평화의 길, 즉 하나님과의 관계가 회복되고 하나님과 부자지간이 되는 길을 열어놓으셨다는 것입니다.

그래서 예수 그리스도를 확실히 믿으면 그때부터 그 예수께서 믿는 자와 하나님이 친구사이가 되게 하신다 했습니다. 예수 그리스도는 그를 믿는 자들을 아무 흠이 없고 죄 없는 자들로 만들어서 하나님 앞에 세워주신다 했습니다. 이렇게 하여 하나님은 선택된 죄인들을 완전하게 구원해주십니다.

> 〈요일5:11~12〉
> 11 또 증거는 이것이니 하나님이 우리에게 영생을 주신 것과 이 생명이 그의 아들 안에 있는 그것이니라
> 12 아들이 있는 자에게는 생명이 있고 하나님의 아들이 없는 자에게는 생명이 없느니라
> 〈더 제대로 된 번역〉
> 11 하나님께서 우리에게 말씀하신 것은 하나님께서 우리에게 영원한 생명을 주셨다는 것이다. 그리고 그 생명이 그의 아들 안에 있다는 것이다.
> 12 누구든지 아들을 믿는 사람은 이 생명을 가지게 되었다. 그러나 하나님의 아들을 믿지 않는 사람들에게는 생명이 없다.

하나님께서 성자 하나님 예수를 믿는 우리에게 영원한 생명을 주셨다고 했습니다. 비록 이 땅에서 죽임을 당해도 반드시 천국에 들어가서 영생복락을 누리게 하셨다는 것입니다.

여기서는 하나님의 아들이 강조되고 있습니다. 즉 예수 그리스도는 성자 하나님이시요. 그분이 선택된 자들을 구원하기 위해서 인간의 몸을 입고 이 땅에 오시고 죄인들의 모든 죄를 걸머지시고 십자가에 죽으시고 부활하셨다는 것을 확실히 믿어야 한다는 것입니다. 예수가 하나님의 아들임을 믿지 않는 사람들은 복음을 믿지 않는 사람입니다. 그런 사람들은 결코 죄용서 받을 수 없으며 영원한 생명을 소유할 수 없습니다.

> 시110:1 여호와께서 내 주에게 말씀하시기를 내가 네 원수들로 네 발판이 되게 하기까지 너는 내 오른쪽에 앉아 있으라 하셨도다

다윗은 아직 이 땅에 오시지도 않은 메시야, 즉 오실 메시야를 "자기 주"라고 지칭했습니다. 그런데 여호와 하나님께서 그 메시야에게 "내가 네 원수들로 네 발판이 되게 하기까지 너는 내 오른편에 앉아 있으라" 말씀하셨습니다. 이것은 장차 하나님의 아들 예수 그리스도가 선택하신 자들까지도

영원히 멸망을 당하게 하려는 **마귀의 모든 궤계를 완전히 꺾어버리고 완전히 승리**하여 그 원수를 발로 짓밟게 하신다는 것을 깨우쳐주는 말씀입니다. 그 예수 그리스도는 이 모든 일을 완성하기까지 하나님의 오른편, 즉 **하나님께로부터 모든 권세와 능력을 받고** 메시야로서 이 땅에 있는 모든 선택된 자들을 구원하는 일을 이루어 나가십니다. 그 예수의 권세와 능력은 마귀의 권세가 결코 이겨낼 수 없으며 그들을 완전히 멸합니다.

> 마11:27 내 아버지께서 모든 것을 내게 주셨으니 아버지 외에는 아들을 아는 자가 없고 아들과 또 아들의 소원대로 계시를 받는 자 외에는 아버지를 아는 자가 없느니라
> 〈더 제대로 된 번역〉
> 下 아들과 또 아들이 자기를 나타내주고자 하는 사람 외에는 아버지를 아는 이가 없다.

아버지 외에는 아들을 아는 자가 없다 했습니다. 아들과 그 아들이 하나님이 누구이신지를 나타내주고자 하는 사람 외에는 아들을 아는 사람이 없다 했습니다. 그러므로 **예수 그리스도를 알지 않고는 하나님을 알 수 없습니다.**

> 요8:46 너희 중에 누가 나를 죄로 책잡겠느냐 내가 진리를 말하는데도 어찌하여 나를 믿지 아니하느냐
> 〈더 제대로 된 번역〉
> 너희 중에 내가 죄인이라고 증명해보일 수 있는 사람이 있느냐? 그런데 어찌하여 나를 믿지 아니하느냐?

죄가 없는 존재라야 죄 없는 존재를 확실히 알 수 있습니다. 모든 사람은 다 **죄인**입니다. 어찌 죄인들이 예수께 죄가 있다고 증명할 수 있겠습니까?

> 고후5:21 하나님이 죄를 알지도 못하신 이를 우리를 대신하여 죄로 삼으신 것은 우리로 하여금 그 안에서 하나님의 의가 되게 하려 하심이라
> 〈더 제대로 된 번역〉
> 上하나님께서 죄를 알지도 못하신 그리스도를 우리를 위해 죄가 있게 하신 것은

예수는 **죄를 알지도 못하는** 분이신데 하나님께서 **선택하신 사람들의 모든 죄를 그분께 담당시키심으로써** 중죄인처럼 되셔서 십자가에 죽으셨습니다. 따라서 그 예수를 믿는 사람들은 그 대속의 은총으로 말미암아 모든 죄를 사함 받음으로 "**그리스도 안에서 하나님의 의**"가 되는 것입니다.

이렇게 되지 않은 사람은 결코 구원을 얻을 수 없습니다.

(2) 청색, 자색, 홍색실로 수놓은 석류들

"그 옷 가장자리로 돌아가며 **3색 실로 석류를 수놓으라**" 하셨습니다.

이 석류들은 **마치 그 옷에서 나온 열매들처럼** 보입니다.

— 금방울
— 석류

거룩하신 예수 그리스도(청색)**는 하나님께로부터 하늘과 땅의 모든 권세를 부여받으시고**(자색) **선택하신 자들을 보혈로 구속하여 하나님의 자녀가 되게 하셨습니다**(홍색).

하나님은 **그 거룩한 아들을 통해** 자기 백성들을 낳으신 것입니다.

석류는 열매가 익어가면서 잎사귀는 다 떨어지고 **열매만** 가지에 남습니다. 처음에는 볼품없어 보이고 시기만 하지만 **나중에는 탐스럽고 달콤하며 향기**를 냅니다.

대제사장의 옷에 달콤하고 향기로운 과일인 석류를 수놓게 하신 것은 **예수 그리스도와 복음이 모든 사람에게 달콤하고 아름다운 향기가 됨**을 의미합니다. 복음은 "생명에서 생명으로 이르게 하는 향기" 이기 때문입니다. 그러므로 **예수 그리스도**(복음)**가 중심인 교회는 이 향기로운 석류의 과수원**이라고도 하는 것입니다.

하나님 아버지는 **아들 예수 그리스도를 통해 추하고 부패한**(악취 나는) **죄인들을 성화시키며 아름답고 향기로운 존재들이 되게** 하시고 **하나님의 자녀가 되게** 하십니다. 이 일은 **모든 권세를 부여받으신 예수로 말미암은 것**이요, 그렇게 된 자들은 **거룩하신 예수와 항상 연합하여**(붙어) **영원히 하나님 아버지 앞에 존재합니다. 이 청색 옷에서 떨어져 나간 석류**(그리스도와 연합하지 않는 자)**는 결코 성소에 들어가지 못하며 하나님 앞에 설 수 없습니다.**

나는 과연 **아름답고 향기로운 석류**(예수와 확실하게 한 몸을 이룬 사람)**인가** 살펴보기 바랍니다.

> 골1:13 그가 우리를 흑암의 권세에서 건져내사 그의 사랑의 아들의 나라로 옮기셨으니
> 〈더 제대로 된 번역〉
> 下 그의 사랑하는 아들의 왕국으로 옮기셨으니

예수를 확실히 믿어 그분께 접붙임 받은 사람은 흑암의 권세, 즉 마귀와 지옥에서 사랑하시는 아들 예수 그리스도의 왕국으로 옮겨진 것입니다. 반

면에 예수를 확실하게 믿지 않은 사람은 **영원히 흑암의 권세에 붙잡혀 있게 됩니다.**

> 〈엡1:4~5〉
> 4 곧 창세 전에 그리스도 안에서 우리를 택하사 우리로 사랑 안에서 그 앞에 거룩하고 흠이 없게 하시려고
> 5 그 기쁘신 뜻대로 우리를 예정하사 예수 그리스도로 말미암아 자기의 아들들이 되게 하셨으니
> 〈더 제대로 된 번역〉
> 4 창세 전에 그리스도의 사랑 안에서 우리를 흠없는 그리스도의 백성으로 선택하셨다.
> 5 또한 그때부터 예수 그리스도를 통해 우리를 자녀 삼으시기로 예정(작정)하셨다. 하나님께서는 이 일을 바라시고 또 기뻐하셨다.

하나님의 백성이 되는 사람들은 **창세 전에 하나님께서 선택하셨다**고 분명하게 말씀합니다. 하나님은 그 선택하신 사람들이 하나님의 자녀가 되는 것을 **바라시고 기뻐하셨다**고 했습니다. 하나님은 그 일을 **"그리스도의 사랑 안에서", "예수 그리스도를 통해"** 하셨습니다.

그러므로 예수를 믿지 않는 사람들, 예수와 상관이 없는 사람들은 **결코 하나님의 백성이 될 수 없으며 하나님은 그런 자들이 구원받는 것을 결코 기뻐하시지 않는다**는 것입니다.

내가 창세 전에 이렇게 **예수 안에서** 하나님께 선택되고, **그 예수를 통해서** 하나님의 자녀가 되는 것을 하나님께서 바라시고 기뻐하셨다는 것을 알 때 **내가 하나님께 얼마나 큰 사랑을 받고 있고 얼마나 행복한 존재인가**를 절실히 깨달아야 합니다. **예수님 때문에** 내가 이렇게 **하나님께서 바라시고 기뻐하시는 하나님의 백성**, 즉 **아름답고 향기로운 사람**이 된 것입니다.

> 〈엡2:3~6〉
> 3 전에는 우리도 다 그 가운데서 우리 육체의 욕심을 따라 지내며 육체와 마음의 원하는 것을 하여 다른 이들과 같이 본질상 진노의 자녀이었더니
> 4 긍휼이 풍성하신 하나님이 우리를 사랑하신 그 큰 사랑을 인하여
> 5 허물로 죽은 우리를 그리스도와 함께 살리셨고 (너희는 은혜로 구원을 받은 것이라)
> 6 또 함께 일으키사 그리스도 예수 안에서 함께 하늘에 앉히시니
> 〈더 제대로 된 번역〉
> 3 우리 모두 저들과 똑같이 죄된 본성을 좇아 행하고 육체와 마음이 원하는 대

> 로 온갖 일을 저질렀다. 우리가 하나님의 분노를 사는 것은 당연한 결과이다. 왜냐하면 그렇게 살아왔기 때문이다.
> 4 그러나 하나님은 자비로우시고 우리를 너무나 사랑하셔서 그냥 내버려두지 않으셨다.
> 5 하나님의 뜻을 따르지 않아 영적으로 죽은 우리에게 그리스도를 통해 새 생명을 주신 것이다. 너희는 하나님의 은혜로 구원을 받았다.
> 6 하나님은 우리를 그리스도와 함께 살리시고 하늘 위에 있는 그분의 보좌 곁에 우리를 그리스도와 함께 앉혀주셨다.

하나님께서 우리를 구원해주신 것에 대해 더 분명히 설명합니다.

예수 믿고 구원받은 우리도 전에는 불신자들과 똑같이 죄된 본성을 좇아 행하고 육체와 마음이 원하는 대로 온갖 죄악을 저질렀습니다. 그래서 **하나님의 진노를 받아 괴로운 생활을 했던 것은 당연한 결과입니다.**

그런데 그런 우리를 하나님께서 너무 사랑하셨고, 하나님은 자비로우셔서 우리를 내버려두지 않으셨습니다. 영적으로 죽었던 우리에게 예수 그리스도를 통해, 즉 예수를 믿게 하심으로써 새생명을 주셨습니다. 하나님은 우리를 예수와 함께 살리시고, 예수와 함께 하나님의 보좌 곁에 앉혀주셨습니다. 이 모든 것은 하나님의 은혜입니다.

이런 놀라운 하나님의 은혜를 입은 사람이 아니면 결코 죄를 용서받을 수 없으며 영생구원을 받을 수 없습니다.

> 롬3:24 그리스도 예수 안에 있는 속량으로 말미암아 하나님의 은혜로 값 없이 의롭다 하심을 얻은 자 되었느니라
> 〈더 제대로 된 번역〉
> 上 하나님의 은혜를 거저 주시는 것이다.

오직 예수 안에 있는 속량으로써 거저 주시는 하나님의 은혜로 구원받는다고 했습니다. 그 누구도 예수를 믿지 않고는 결코 죄를 용서받을 수 없으며 거저 주시는 하나님의 은혜, 즉 구원받는 은혜를 차지할 수 없습니다.

제 53 강

〈13〉 제사장과 대제사장(16)
[5] 여섯 가지 복식(10)
⑦ 에봇 받침 겉옷(2)

〈출28:33~35〉

33그 옷 가장자리로 돌아가며 청색 자색 홍색 실로 석류를 수 놓고 금 방울을 간격을 두어 달되 34그 옷 가장자리로 돌아가며 한 금 방울, 한 석류, 한 금 방울, 한 석류가 있게 하라 35아론이 입고 여호와를 섬기러 성소에 들어갈 때와 성소에서 나올 때에 그 소리가 들릴 것이라 그리하면 그가 죽지 아니하리라

〈13〉 제사장과 대제사장(16)

[5] 여섯 가지 복식(10)

⑦ 에봇 받침 겉옷(2)

(1) 이름 그대로 에봇을 받쳐주는 구실을 하는 옷입니다.
(2) 청색, 자색, 홍색실로 수놓은 석류들
(3) 석류 사이사이에 달린 금 방울들

하나님은 이것을 매우 중요하게 언급하셨습니다.
"금 방울을 간격하여 달되 그 옷 가장자리로 돌아가며 한 금 방울, 한 석류, 한 금 방울, 한 석류가 있게 하라" 하셨습니다.

1. 금은 예수 그리스도의 신성(하나님되심)을 의미합니다.

예수 그리스도는 만물보다 먼저 계셨고 만물이 그로 말미암아 창조되었고 그에 의해 창조되었습니다. 그는 죄가 없으셨기에 모든 죄인의 구속주가 되실 수 있었습니다.

〈골1:15~17〉
15 그는 보이지 아니하는 하나님의 형상이시요 모든 피조물보다 먼저 나신 이시니
16 만물이 그에게서 창조되되 하늘과 땅에서 보이는 것들과 보이지 않는 것들과 혹은 왕권들이나 주권들이나 통치자들이나 권세들이나 만물이 다 그로 말미암고 그를 위하여 창조되었고
17 또한 그가 만물보다 먼저 계시고 만물이 그 안에 함께 섰느니라
〈더 제대로 된 번역〉
15 아무도 하나님을 보지 못했으나 예수님께서 하나님의 모습을 보여주셨다.
16 왕권들이나 주권들이나 통치자들이나 권세들이나 만물이 그로 말미암고→
모든 권세와 지위, 주권, 능력이 그의 능력으로 생겨났다.
17 또한 그가 만물보다 먼저 계시고 만물이 그분에 의해 유지되고 있다.

죄인들을 구속하여 영생구원얻게 해주는 메시야, 예수 그리스도는 **하나님의 모습을 이 땅에서 보여주시는 분**이라 했습니다. 그리고 만물이 그에게서 창조되었고 하늘과 땅에서 보이는 것들과 보이지 않는 것들과 모든 권세와 지위와 주권과 능력이 그의 능력으로 생겨났다 했습니다. 그는 **만물보다 먼저 계시고 만물이 그분에 의해 유지되고 있다** 했습니다.

이 말씀은 **예수 그리스도야말로 하나님이라**는 사실을 분명하게 설명함으로써 예수가 아니고는 사람들의 모든 죄악을 깨끗이 용서받게 해줄 수 없다는 사실을 확증합니다. **이 예수만이** 선택된 자들을 구원하실 수 있습니다. 어떤 사람이나 사람들이 만들어낸 신은 **결코 죄를 없앨 수 없습니다.** 그러므로 세상에 존재하는 모든 종교와 신들은 **다 헛된 것**입니다.

그런데 단 하나의 죄도 용서받을 수 없고, 힘쓰고 애쓸수록 오히려 더 많은 죄를 쌓는 것도 모르고 죽을 때까지 우상종교를 신봉하는 자들이 많습니다. 얼마나 **불쌍한 사람들**입니까?

2. 석류 사이마다 금 방울이 있게 하신 것은 **석류**(성도)**마다 예수 그리스도를 믿음으로써 구속됨**을 보여줍니다.

어느 석류이건 **금 방울을 바로 양옆에 두고 있습니다.**
석류들이 청색 옷자락에 붙어있기 위해서는 **바로 양옆에 예수가 함께하셔야** 합니다. 이 석류들은 **마치 금 방울들 속**(틈바구니)**에 숨겨있는 듯**합니다. 석류들은 **금 방울들 덕택에 여호와 하나님 앞에 설 수 있는 것**입니다. 중요한 것은 **석류마다 확실히 예수 그리스도를 영접해야 한다**는 것입니다. 두 석류에 금 방울 하나가 아니라 **"한 석류에 한 금 방울"**이어야 합니다.

구속은 **개별적인** 것입니다. 예수께서 그를 **자신의 구주로 영접할 한 사람, 한 사람을 위해** 오신 것처럼 **각자가** 그 피의 은총을 확실히 입어야만 합니다.

> 창22:18 또 네 씨로 말미암아 천하 만민이 복을 받으리니 이는 네가 나의 말을 준행하였음이니라 하셨다 하니라
> 〈더 제대로 된 번역〉
> 上 또 **네 자손을 통해** 땅 위의 모든 나라가 복을 받을 것이다.

위의 "**네 자손**"은 복수가 아니라 단수입니다.

모든 죄를 용서받고 구원받기 위해서는 **육신적으로는** 아브라함의 자손으로 오시는 **오직 한 분 예수 그리스도**를 믿음으로써만 가능하다는 것입니다.

> 〈마26:27~28〉
> 또 잔을 가지사 감사 기도하시고 그들에게 주시며 이르시되 너희가 다 이것을 마시라 이것은 **죄 사함을 얻게 하려고 많은 사람을 위하여 흘리는 바 나의 피 곧 언약의 피니라**

여기서도 죄 사함을 받으려면 **그 사람을 위해 흘리신 예수 그리스도의 언약의 피와 확실한 관계를 맺어야 함**을 말씀합니다. 선택된 사람들을 위해 피를 흘리는 메시야는 **오직 한 분 예수 그리스도뿐**입니다.

성만찬 시 제자들은 모두 각각 떡과 잔을 먹었던 것처럼 구원얻을 자는 **개별적으로 예수 그리스도를 영접해야** 합니다.

3. **금으로 된 방울과 방울 소리**

방울은 **소리를 내기 위한** 것입니다. 그 방울과 방울 소리는 제사장이 성소를 드나들 때마다 **그의 생명을 보존시켜주는 구실**을 했습니다.

"아론이 입고 여호와를 섬기러 성소를 들어갈 때와 성소에서 나갈 때 **그 소리가 들릴 것이라 그리하면 그가 죽지 아니하리라**" 하셨습니다.

그러므로 **방울 소리가 울리게 하는 일**은 그 어떤 일보다 중요하며 "**반드시, 끊임없이**" 해야 할 일입니다.

이것은 **하나님 앞에서 그의 백성들이 1과 2의 사실들을 부지런히 선포해야 함**을 의미합니다.

1) **하나님 앞에 설 수 있게 된 사람들은 예수 그리스도가 누구이며 그를 믿는 자는 구원얻는다는 사실을 끊임없이 전파해야** 합니다.

그것은 **그들 생존과도 관련이 있는 매우 중요한 일**입니다. 아론이 죽으면

어찌 대제사장의 의복만이 성소를 드나들 수 있겠습니까?

석류들마다 그들이 움직일 때 양쪽에서 **금 방울 소리를 내야** 합니다. 만약 움직일 때 소리가 나지 않는다면 그 석류는 **양옆의 금 방울을 잃어버렸거나 스스로 떼어버린 석류**입니다. 그런 석류는 결코 그리스도인이 아니요, 하나님 앞에 설 수 있는 백성도 아닙니다.

금 방울이 없는 석류는 대제사장의 옷에 붙어있을 수 없습니다.

2) 금 방울 소리를 내야 할 성도가 **다른 소리를 겸하여 내거나 다른 소리만 낸다면** 그 또한 대제사장의 옷에 달리는 석류가 될 수 없습니다. **"한 석류에 한 금 방울만 있게 하라"** 하셨습니다.

다른 방울을 매달라 하지 않으셨습니다. 또한 금 방울을 떼고 다른 방울을 달아도 된다고 하지 않으셨습니다. 그런 석류들은 결코 **하나님께 용납될 수 없습니다.**

> 막16:15 또 이르시되 너희는 온 천하에 다니며 만민에게 복음을 전파하라
> 〈더 제대로 된 번역〉
> 또 이르시되 너희는 온 세상으로 가라, 온 세상에 복음을 전해라.

복음이 사람들에게 얼마나 소중한지 어느 한 동네나 나라만이 아니라 **온 세상으로 가서** 전해야 한다는 것입니다. 사람이 들어야 할 소식 중에 **복음처럼 소중하고 절실한 것은 없습니다.**

이 사실을 아는 성도들은 **무엇보다 우선해서 온 힘을 다해** 한 사람에게라도 더 다가가 이 **복음**을 전해야 합니다. 그렇게 하지 않는 성도는 복음의 귀중성과 시급성을 너무 모르는 사람이요, 도무지 그것을 전해주지 않음으로써 **사람들을 사랑하지 않는 사람**입니다. 무엇보다도 **예수님의 간절하고 가장 엄한 명령**(지상명령)**을 무시하고 불복하는 사람**입니다. 그런 행위는 큰 죄가 되므로 그 사람은 반드시 주님께 화(벌)를 당하게 됩니다.

> 눅9:60 이르시되 죽은 자들로 자기의 죽은 자들을 장사하게 하고 너는 가서 하나님의 나라를 전파하라 하시고

여기서 말하는 '죽은 자들'은 **영적으로 죽은 자들**을 말합니다.

죽은 사람에게는 더 이상 복음이 필요하지 않습니다. 만약 그가 예수 그리스도를 믿고 죽었다면 그는 모든 죄를 용서받고 영생구원을 얻었고, 예수 그리스도를 믿지 않았다면 그는 더 이상 복음을 들을 수도 없으며 영원한 형벌에 떨어진 것입니다.

우리 성도들이 복음을 전할 대상은 아직 살아있는 사람들입니다. 그 일처럼 시급하고 중요한 일은 없습니다.

그러므로 누가 죽었든지 장례를 치르느라고 아직 죽지 않은 사람들에게 복음을 전하는 일을 미뤄서는 안 됩니다. 죽은 사람을 장사하는 일보다 아직 살아있는 사람들에게 복음을 전하는 일이 더 중요하고 가치있는 일입니다.

■ 눅19:47 예수께서 날마다 성전에서 가르치시니

자신이 메시야요, 자신을 믿어야 모든 죄를 사함 받고 영생구원 얻는다는 것을 가르치신 것입니다. 메시야이신 예수께서도 이렇게 하루도 빠짐없이 복음을 전파하셨는데 그 예수 그리스도를 믿어서 영생구원을 얻었다는 사람이 복음 전하는 일에 어찌 게으름을 피울 수 있겠습니까?

■ 행1:8 오직 성령이 너희에게 임하시면 너희가 권능을 받고 예루살렘과 온 유대와 사마리아와 땅 끝까지 이르러 내 증인이 되리라 하시니라

복음을 땅끝까지 증언하는 일이 얼마나 중요했던지 복음을 전하는 사람에게는 성령이 임하시고 그 어떤 것도 견줄 수 없는 권능을 받게 해주신다는 것입니다.

여기 '권능을 받는다'는 것은 성령충만 받는 것을 의미합니다. 이런 사람은 복음을 능력있게 전파할 수 있을 뿐 아니라 예수 그리스도의 이름으로 이적과 기적을 행사할 수도 있습니다. 이렇게 집 근처뿐 아니라 점점 멀리, 땅끝까지 가서 그리스도의 증인이 되는 일은 하나님께서 세상의 어떤 일보다 더 큰 권세와 능력을 주셔서 수행하게 하십니다.

따라서 모든 성도는 반드시 전도자가 되어야 하는데 그저 개인적인 열심만으로 하는 것이 아니라 이렇게 성령의 권능을 받고 그 어떤 것도 돌파하며 어디든지, 땅끝까지도 가서 전도하는 사람이 되기를 힘써야 합니다.

성령충만뿐 아니라 모든 은사들은 복음전파를 목적으로 주어지는 것입니다.
그러므로 교회들은 성도들에게 성령충만과 각종 은사들에 대해 끊임없이 가르치고 강조해야 합니다.

그러나 많은 성도들이 이 놀라운 약속의 말씀을 염두에 두지 않고, 불신하며 그것을 자신의 것으로 만들기 위해 힘쓰지 않습니다. 이런 사람은 아직도 가장 고귀한 것이 무엇인지 제대로 알지 못하는 어린아이 신자이거나 눈먼 사람입니다.

> 행5:42 그들이 날마다 성전에 있든지 집에 있든지 예수는 그리스도라고 가르치기와 전도하기를 그치지 아니하니라
> 〈더 제대로 된 번역〉
> 그들은 **날마다 성전 뜰에서**, 그리고 **집집마다** 다니며 예수는 그리스도라고 가르치기와 전도하기를 그치지 아니하니라.

사도들과 초대교회 성도들은 **날마다** 성전 뜰에서나 집집마다 찾아다니며 가르치기와 전도하기를 **그치지 않았습니다.**

즉 그들은 **하루도 빠짐없이 언제 어디에서나** 사람들이 있는 곳이라면 다 가가서 예수가 그리스도이며 그를 믿어야 함을 끊임없이 깨우쳤다는 것입니다. 그들은 그만큼 복음전파가 하루도 쉬지 않고 모든 사람에게 열심히 전해야 할 **가장 중요하고 시급한 일**임을 절실히 깨달은 것입니다.

> 행10:42 우리에게 명하사 백성에게 **전도하되** 하나님이 **살아 있는 자와 죽은 자의 재판장으로 정하신 자가 곧 이 사람인 것을 증언하게** 하셨고
> 〈더 제대로 된 번역〉
> 우리에게 명하사→예수께서 우리에게 **명하시기를**

예수께서 모든 성도들에게 "하나님께서 예수 그리스도를 살아있는 자와 죽은 자의 심판장으로 정하셨다는 것을 증언하라"고 **명하셨다고** 했습니다.

이 말씀은 특히 예수 그리스도가 모든 사람의 **심판자이심을 증언**하는 것에 강조점을 두고 있습니다. 즉 **예수 그리스도야말로 그를 믿는 자와 믿지 않는 자를 정확하게 가려내시고 영원히 지옥 불에 던져넣으실지, 천국에 들이실지 최종결정하시는 하나님이시라**는 사실을 깨우쳐주라는 것입니다.

따라서 이 복음을 전파하는 일은 **해도 되고 안 해도 되는 것이 아니라** 예수께서 우리 모두에게 **명령하신 것**임을 모든 그리스도인들은 **잠시도 잊지 말아야** 합니다.

> 롬1:15 그러므로 나는 **할 수 있는 대로** 로마에 있는 너희에게도 복음 전하기를 원하노라

사도 바울은 주님의 뜻에 따라 로마에서 순교하게 될 것을 알면서도 **가능하면** 로마에 있는 사람들에게도 복음 전하기를 **학수고대**했습니다.

우리도 바울처럼 **죽는 순간까지** 복음을 전파하는 일을 **중단없이 해야** 하며 그 복음 때문에 **죽임을 당할지라도** 그렇게 해야 합니다. 또한 그것을 **가장 영광스럽게 여길 줄 아는 성숙한 그리스도인**이 되어야 합니다.

> 〈롬10:14~15〉
> 그런즉 그들이 믿지 아니하는 이를 어찌 부르리요 듣지도 못한 이를 어찌 믿으리요 전파하는 자가 없이 어찌 들으리요 보내심을 받지 아니하였으면 어찌 전파하리요 기록된 바 아름답도다 좋은 소식을 전하는 자들의 발이여 함과 같으니라

복음을 전하는 것이 얼마나 중요한지 복음을 전파하는 자가 없으면 그것을 들을 자도 없고 듣지 못한 자들은 예수를 믿을 수 없다는 것입니다.

그러므로 예수 믿고 구원얻은 사람이 날마다 복음을 전파하지 않아서 그날그날 복음을 듣고 예수 그리스도를 믿어야 할 사람들이 그렇게 되지 못한다면 그 책임이 얼마나 크겠습니까?

또한 예수 그리스도로부터 보내심을 받지 않았으면 그 일을 할 수 없다는 것입니다. 날마다 사람들에게 복음을 전파하여 선택된 자들로 하여금 예수 믿고 구원 받게 하는 일은 아무나 하는 것이 아니라는 말입니다. 모든 그리스도인들은 이 일을 위해 예수 그리스도에서 부르셨고 보내셨음을 명심해야 합니다.

그러므로 예수 그리스도를 믿어 구원받은 사람이 복음을 전하지 않거나 게을리하거나 중단하는 것은 큰 죄가 됩니다. 그런 사람은 하나님 보시기에 게으르고 악한 사람입니다.

그러나 충성되게 복음을 전하는 사람은 그 사람의 발마저도 가장 아름답게 여겨주신다고 했습니다. 좋은 소식(복음)을 전하는 사람을 하나님께서 가장 아름답게 보신다는 것입니다.

> 고전9:16 내가 복음을 전할지라도 자랑할 것이 없음은 내가 부득불 할 일임이라 만일 복음을 전하지 아니하면 내게 화가 있을 것이로다

여기서 "부득불"을 더 잘 번역하면 "당연히" 입니다.

우리가 복음을 전하는 일은 당연히 할 일이라는 것입니다.

왜냐하면 나 같은 죄인이 예수를 믿어 영생구원을 얻었다고 확신하며 그 은혜를 끊임없이 누리는 사람이라면 이전의 나처럼 온갖 죄악에 빠져 살며 지옥으로 달려가는 사람들을 보면서 결코 무관심하거나 그대로 내버려 둘 수 없기 때문입니다.

예수 믿고 구원얻었음을 확신하는 사람들은 마땅히 복음을 전합니다.

이 일을 게을리하거나 하지 않고 있다면 그는 예수 믿고 구원받는다는 것

이 **무엇인지 확실히 모르는 사람**이거나 **잊어버리고 있는 사람**입니다.

예수 믿은 사람이 복음을 전하지 않는다면 **하나님께로부터 화를 당하게 된다**고 했습니다. 복음을 전하는 것을 게을리하거나 하지 않는 것은 **큰 죄**이므로 **큰 벌**을 받지 않을 수 없는 것입니다.

많은 목사들과 성도들이 이 사실을 확실히 깨닫지 못하고 있습니다.

성도에게 있어서 복음을 전파하는 일은 **각자의 생존과 번영과 행복에 밀접한 관계가 있음**을 알아야 합니다. 따라서 목사와 교회지도자들은 **모든 성도들에게 이 사실을 끊임없이 가르쳐주어야** 합니다. **전도를 게을리하거나 하지 않음으로써 온갖 병에 걸리거나 가난해지거나 불행해지는 목사와 성도들이 얼마나 많은지 모릅니다**.

> 딤후4:2 너는 말씀을 전파하라 때를 얻든지 못 얻든지 항상 힘쓰라 범사에 오래 참음과 가르침으로 경책하며 경계하며 권하라
> 〈더 제대로 된 번역〉
> 언제 어디서나 항상 하나님의 말씀을 전하라. 사람들에게 마땅히 해야 할 일을 가르치고(가르침) 잘못을 바로잡아주며(경책) 격려해주어라(경계). 끝까지 참고 그들을 잘 가르쳐야 한다.

하나님의 말씀을 전하는 일을 **"언제 어디서나 항상"** 하라고 했습니다.

사람들에게 언제 어디서나 전해주어야 할 내용은 **하나님 앞에서 마땅히 해야 할 일과 잘못을 깨닫고 회개하여 바르게 해주는 일**, 그리고 **죄를 경계하며 죄와 싸우는 일을 격려**해주는 일입니다. 그것을 **끝까지 참고 잘 가르쳐야 한다** 했습니다.

이 말은 사람들이 이런 하나님의 말씀을 가르쳐줄 때 **결코 기쁘고 즐겁게 받아들이지 않으며 제대로 하기가 쉽지 않다는 것**을 깨우쳐줍니다. 부패하고 타락한 영혼일수록 하나님의 말씀을 듣는 것이 **거북하고 귀찮고 싫고 거부감**을 나타냅니다. 그렇다고 해서 하나님의 말씀을 전해주는 일을 결코 중단하거나 포기해서는 안 되며, **끝까지 참고 그들을 잘 가르쳐야** 합니다.

복음전파와 말씀 가르치는 일을 잘하려면 **끝까지 참고 견디는 사람이 되어야** 합니다. 이것은 단지 결심하면 되는 것이 아니라 **하나님께서 나를 어떻게 사랑해주셨고 어떻게 긍휼과 자비를 베풀어주셨는지를 점점 더 절실하게 깨달아야** 합니다.

그리고 불신자와 우상숭배자들을 바라볼 때마다 **그들이 얼마나 불쌍한 사람들인지** 절실히 깨닫고 그들을 진정으로 사랑해야 합니다.

하나님께서 끊임없이 베푸시는 사랑을 점점 더 발견하고 깨닫는 사람은 불신자와 우상숭배자들이 얼마나 불쌍한 사람들인지도 점점 더 분명하게 발견하고 깨닫게 됩니다. 그래서 이런 사람은 아무리 저항을 받고 어려움을 당할지라도 그들에게 복음을 비롯한 하나님의 말씀 전하는 일을 결코 중단하거나 게을리하지 않습니다.

나는 지금 어떠한 사람인가 판단해 보시기 바랍니다.

제 54 강

〈13〉 제사장과 대제사장(17)
[5] 여섯 가지 복식(11)
⑦ 에봇 받침 겉옷(3)

〈출28:33~35〉

33그 옷 가장자리로 돌아가며 청색 자색 홍색 실로 석류를 수 놓고 금 방울을 간격을 두어 달되 34그 옷 가장자리로 돌아가며 한 금 방울, 한 석류, 한 금 방울, 한 석류가 있게 하라 35아론이 입고 여호와를 섬기러 성소에 들어갈 때와 성소에서 나올 때에 그 소리가 들릴 것이라 그리하면 그가 죽지 아니하리라

〈13〉 제사장과 대제사장(17)

[5] 여섯 가지 복식(11)

⑦ 에봇 받침 겉옷(3)

(1) 이름 그대로 에봇을 받쳐주는 구실을 하는 옷입니다.
(2) 청색, 자색, 홍색실로 수놓은 석류들
(3) 석류 사이사이에 달린 금 방울들
1. 금은 예수 그리스도의 신성(하나님되심)을 의미합니다.
2. 석류 사이마다 금 방울이 있게 함은 석류(성도)마다 예수 그리스도를 믿음으로써 구속되는 것을 보여줍니다.
3. 금으로 된 방울과 방울 소리

1) 하나님 앞에 설 수 있게 된 사람들은 예수 그리스도가 누구이며 그를 믿는 자는 구원얻는다는 사실을 끊임없이 전파해야 합니다.

2) 금 방울 소리를 내야 할 성도가 다른 소리를 겸하여 내거나 다른 것의 소리만 낸다면 그 또한 대제사장의 옷에 달리는 석류가 될 수 없습니다.

여기서 우리는 복음전파에 대해 좀 더 알아야 할 것이 있습니다.
(1) 복음전파는 가장 우선으로 할 일이요, 때와 장소를 막론하고 할 일입니다.

그래서 "때를 얻든지 못 얻든지 항상 힘쓰라" 한 것입니다.

(2) 전도의 대상자들이 쉽사리 받아들이고 순종하지 않을 것입니다.

따라서 전도자가 갖추어야 할 것이 있습니다.
① **오래 참아야** 합니다.
복음 잔치는 결코 쇠함이나 실패가 있을 수 없습니다. 그런데 전도가 실패하는 이유는 전도하는 사람이 끝까지 참고 견디지 못하기 때문입니다.

② **각 사람의 범사를 세심히 헤아려**(관찰, 파악, 판단) **적절하게 견책하고 경계하며 권면해야** 합니다.
이것은 의사가 환자를 치료하는 것과 같습니다.
전도대상자가 어떤 사람인지 정확하게 파악(진단)**해야** 하고 그가 온전한 신자가 되기까지 인내심을 가지고 시의적절하게 말씀을 가르쳐줘야 합니다.
대상자에 대해 도무지 파악하지 못한 채 일방적으로 가르치는 것은 마치 의사가 환자의 상태를 정확하게 진단하지 못한 채 치료하는 것과 같습니다.

③ **복음전파는 먼저 믿는 자들이 하는 것 같으나 실상은 예수께서 하십니다.**
대제사장이 걸을 때 석류는 흔들리기만 할 뿐 소리는 **금 방울에서** 납니다.
얼핏 보면 방울 소리가 석류들에서 나는 듯하지만 실제로는 그들 사이에 항상 함께하고 있는 금 방울에서 나는 것입니다.
복음은 **하나님께서 가장 아름답고 향기롭게 여기시는** 복음전파자가 전합니다. 그 복음에는 **예수 그리스도에 의해 강력한 능력**(신적 권능)**이 수반**됩니다.
사람이 전하지만 실제로는 전지전능하신 하나님께서 함께 역사하시는 것입니다. 그러기에 복음전파는 누구도 적수가 될 수 없으며 선택된 자들은 반드시 그 복음을 듣고 구원받게 됩니다.

> 고전1:18 십자가의 도가 멸망하는 자들에게는 미련한 것이요 구원을 받는 우리에게는 **하나님의 능력**이라
> 〈더 제대로 된 번역〉
> 미련한 것이요 → 어리석은 것에 불과하지만

십자가의 도(복음)는 믿지 못하고 멸망 당할 사람들에게는 도무지 이해할 수 없는 어리석은 말에 불과합니다. 그러나 선택된 사람들은 복음을 받아들이며 깨닫게 되며 확실하게 믿어 구원을 얻습니다. 그 일은 **전적으로 하나님의 능력에 의해** 이루어집니다.

> 롬1:16 내가 복음을 부끄러워하지 아니하노니 이 복음은 모든 믿는 자에게 **구원을 주시는 하나님의 능력**이 됨이라 먼저는 유대인에게요 그리고 헬라인에

> 게로다
> 〈더 제대로 된 번역〉
> 下 유대인으로부터 시작해서 이방인들에게 이르기까지 모든 믿는 사람에게로다.

복음은 그것을 믿는 모든 사람에게 구원을 주시는 하나님의 능력입니다.
그 복음이 예수께서 탄생하셨던 유대 땅의 유대인들이 먼저 믿고 구원얻게 할 뿐 아니라 **비유대인(이방인)들도 믿고 구원얻게 하는 하나님의 능력이라**는 말입니다. 이 말씀은 당시 유대인들에게 청천벽력같은 말씀이었습니다.

자신들뿐 아니라 조상대대로 우상만 섬겨오던 이방인들까지도 예수를 믿기만 하면 영생구원을 얻게 된다고 했기 때문입니다. 이 일은 유대인들의 머리로는 이해되지 않으나 **하나님께서 능력으로 이루셨습니다.**

> 고전1:24 오직 부르심을 받은 자들에게는 유대인이나 헬라인이나 그리스도는 하나님의 능력이요 하나님의 지혜니라

여기서는 **복음이 곧 그리스도라는** 사실을 말합니다.
복음의 핵심이 바로 예수가 하나님의 아들로 이 땅에 오시고 선택된 사람들, 유대인이든지 이방인이든지 예수를 하나님께서 보내신 메시야로 믿는 사람은 구원을 얻는다는 것입니다.

그러므로 복음, 즉 **예수 그리스도는 그 자체가 하나님의 능력이요, 사람들은 도저히 헤아릴 수 없는 하나님의 지혜입니다.**

> 〈요일5:11~12〉
> 11 또 증거는 이것이니 하나님이 우리에게 영생을 주신 것과 이 생명이 그의 아들 안에 있는 그것이라
> 12 아들이 있는 자에게는 생명이 있고 하나님의 아들이 없는 자에게는 생명이 없느니라
> 〈더 제대로 된 번역〉
> 11 하나님께서 우리에게 말씀하신 것은 하나님께서 우리에게 영원한 생명을 주셨다는 것과 이 생명이 그의 아들에게 있는 그것이다.
> 12 누구든지 아들을 믿는 사람은 이 생명을 가지게 된다. 그러나 하나님의 아들을 믿지 않는 사람에게는 생명이 없다.

하나님께서 어떤 사람들에게 **영원한 생명을 주신다** 하셨습니다.
그 영원한 생명은 **아들(예수)을 믿는 사람이** 하나님으로부터 받게 된다 했습니다. 그리고 **이 하나님의 아들을 믿지 않는 사람에게는 생명이 없다** 했습니다.

'하나님의 아들'이 강조되어 있습니다.

성자 하나님이신 예수께서 선택된 자들을 구속하시기 위해 죄 없는 인간의 몸으로 이 땅에 오시고 그들의 죄를 대신 담당하여 십자가에서 피 흘려 죽으시고 부활하심으로써 그 예수를 믿는 사람에게만 하나님께서 영원한 생명을 주신다는 말씀입니다. 이 사실을 가감 없이 그대로 믿는 사람만이 구원을 얻게 됩니다. 이 하나님의 아들을 믿지 않는 모든 종교의 사람들은 결코 영원한 생명, 즉 구원을 받을 수 없습니다.

> 요일5:20 또 아는 것은 하나님의 아들이 이르러 우리에게 지각을 주사 우리로 참된 자를 알게 하신 것과 또한 우리가 참된 자 곧 그의 아들 예수 그리스도 안에 있는 것이니 그는 참 하나님이시요 영생이시라
> 〈더 제대로 된 번역〉
> 하나님의 아들이 오셔서 우리에게 깨달을 수 있는 능력을 주셨기에 우리는 진리이신 하나님을 알 수 있게 되었다. 우리의 생명은 참되신 하나님 곧 그분의 아들 예수 그리스도 안에 있다. 그는 참 하나님이시며 영원한 생명이시다.

예수가 하나님께서 보내신 유일한 구세주이심을 깨닫는 능력을 받은 사람만이 하나님을 알 수 있습니다. 성령의 능력으로 영혼이 거듭나지 못한 사람은 결코 하나님을 알 수 없고 예수를 믿을 수 없으며 삼위일체 하나님을 믿을 수 없고 영원한 생명을 받을 수 없습니다. 또 하나님이 주시는 생명은 참되신 하나님이시며 하나님의 아들이신 예수 안에 있습니다. 그분만이 참 하나님이시며 영원한 생명이십니다.

> 〈요6:48~51〉
> 48 내가 곧 생명의 떡이로다
> 49 너희 조상들은 광야에서 만나를 먹었어도 죽었거니와
> 50 이는 하늘에서 내려오는 떡이니 사람으로 하여금 먹고 죽지 아니하게 하는 것이니라
> 51 나는 하늘에서 내려온 살아 있는 떡이니 사람이 이 떡을 먹으면 영생하리라 내가 줄 떡은 곧 세상의 생명을 위한 내 살이니라 하시니라
> 〈더 제대로 된 번역〉
> 50 하늘에서 내려오는 빵이 여기 있다. 누구든지 이 빵을 먹으면 결코 죽지 않을 것이다.
> 51 나는 하늘에서 내려온 생명을 주는 빵이다. 누구든지 이 빵을 먹으면 영원히 살 것이다. 내가 줄 빵은 나의 살이다. 내 살은 세상에 생명을 준다.

선택된 죄인들이 어떻게 영원히 사는 은총을 누리게 되는지 다시 분명하게 설명합니다. 즉 생명을 주는 빵이 **예수 그리스도**이시며 그 빵은 **전혀 죄가 없는 그의 육체**라는 것입니다.

죄 없는 예수님의 육체가 구원받을 사람이 먹어야 할 빵이라고 하는 것은 출애굽하던 날과 관련이 있습니다.

그날 이스라엘 백성들은 하나님의 명령에 따라 **어린 양**을 잡아 그 피를 인방과 문설주에 바르고 밤새껏 불에 구워 먹었고 **누룩 없는 빵**(무교병)과 **쓴 나물**을 먹었습니다.

어린 양의 피를 인방과 문설주에 바르고 밤새 불에 구워 먹은 것은 **선택된 사람들**(이스라엘 백성들)**이 죄를 다 용서받게 하기 위해, 즉 사탄**(바로)**과 사탄의 세상**(애굽)**에서 그들을 해방시키기 위해 오실 메시야를 믿는 것**을 의미합니다. 그리고 **무교병은 전혀 죄가 없는 완전한 육체를 입으신 그리스도를, 쓴 나물은 그리스도가 선택된 사람들의 구속을 위해 당하실 온갖 고난**을 의미했습니다.

예수께서 친히 "내가 곧 생명의 빵이라" 말씀하시고 "너희 조상들은 출애굽 시절에 광야에서 만나를 먹었어도 죽었다. 그러나 **하늘에서 내려오는 이 누룩 없는 빵이 바로 너희 앞에 있는 나이다. 누구든지 이 빵을 먹으면 결코 죽지 않는다. 왜냐하면 나는 하늘에서 내려온 생명을 주는 빵이기 때문이다. 따라서 누구든지 이 빵을 먹으면 영원히 살게 된다**" 하셨습니다.

그리고 "내가 줄 빵은 나의 살이라" 하신 말씀은 **예수께서 선택된 사람들의 죄를 대신 지고 희생되실 것**을 의미합니다.

그 예수를 확실하게 믿는 사람들은 결코 죽지 않고 천국에서 영생복락을 누리게 됩니다.

이렇게 죄를 완벽하게 구속하여 영생구원얻게 할 수 있는 구세주는 **전혀 죄가 없는 사람이어야** 하고 **죄인들의 모든 죄를 담당해야** 하며 **그 모든 죄인들에게 내리실 하나님의 맹렬하신 진노를 다 감당할 수 있는 존재여야** 합니다.

예수 그리스도 외에 누가 이런 구세주가 있었습니까?

그러므로 **다른 종교나 신을 신봉하는 사람들은 결코 영생구원을 얻을 수 없으며 오히려 우상숭배하는 죄, 그리고 예수 그리스도를 표방하여 사람들을 영원한 멸망으로 이끄는 일에 동참하는 죄를 범하는** 것입니다.

> 막13:11 사람들이 너희를 끌어다가 넘겨 줄 때에 무슨 말을 할까 미리 염려하지 말고 무엇이든지 그 때에 너희에게 주시는 그 말을 하라 말하는 이는 너희

> 가 아니요 성령이시니라
> 〈더 제대로 된 번역〉
> 끌어다가 넘겨 줄 때 → 체포하여 재판에 넘길 때

　복음전파자는 핍박을 당하고 심지어 죽임을 당할 처지를 만나도 인간의 생각에서 나오는 말이 아니라 성령께서 주시는 말을 하게 됩니다. 그 말은 곧 예수가 유일한 구세주이심과 그를 믿으면 어떻게 구원받는지를 증언하는 것입니다. 이 말씀은 또한 복음전파가 사람의 입을 통해서가 아니라 하나님께서 친히 모든 것을 계획하시고 준비하시고 이루시는 것임을 확증해 주고 있습니다.
　그러므로 복음을 전파하는 사람은 확실히 예수 그리스도를 믿어 성령세례를 받은 자여야 할 뿐 아니라 성령의 충만함을 받아 어떤 환난과 위협 앞에서도 가감없이 복음을 증언할 수 있게 되어야 합니다.
　만약 때와 형편에 따라 복음을 가감하거나 다르게 말한다면 그는 성령이 말하게 하는 사람이 아닙니다. 성령이 떠났거나 예수를 버린 사람입니다.

> 〈눅21:14~15〉
> 14 그러므로 너희는 변명할 것을 미리 궁리하지 않도록 명심하라
> 15 내가 너희의 모든 대적이 능히 대항하거나 변박할 수 없는 구변과 지혜를 너희에게 주리라
> 〈더 제대로 된 번역〉
> 14 그러므로 너희는 변론할 말을 미리 준비하지 않겠다고 마음에 결심해라.
> 15 내가 너희에게 말과 지혜를 주어 너희 원수 가운데 그 누구도 너희를 맞서거나 반박하지 못하게 할 것이다.

　주님은 복음을 전파하는 사람들에게 무슨 말을 어떻게 할까 미리 준비하지 않겠다고 결심하라고 하셨습니다. 왜냐하면 진정한 복음전파자에게는 그 누구도 맞서거나 반박하지 못하도록 하나님께서 친히 할 말과 지혜를 주실 것이기 때문입니다.
　그러므로 진정한 복음전파자는 하나님의 대언자로서 때마다 성령께서 주시는 말씀과 지혜로만 말합니다. 때와 지역에 상관없이 언제나 같은 복음을 전합니다. 사람의 눈치를 보지 않으며 때를 따라 다르게 말하지 않습니다. 따라서 누구도 그것과 대항해서 이길 자가 없습니다. 비록 핍박을 받고 죽임을 당할 수는 있으나 결코 어디서도, 누구에게도 패배자가 되지 않습니다.

■ 눅10:3 갈지어다 내가 너희를 보냄이 어린 양을 이리 가운데로 보냄과 같도다

예수께서 제자들, 즉 복음전파자들을 세상에 보내시는데 그것은 약하고 힘 없어 보이는 어린 양을 이리들 가운데로 보내는 것과 같다고 하셨습니다.

불신자, 우상숭배자들이 하나님과 복음에 대해 결코 호의적이지 않을 것이며 마치 맹수가 먹이를 잡아먹으려는 것과 같이 대적하고 괴롭히게 된다는 말씀입니다.

복음전파자들은 이런 사실을 명심하고 어디에 가든지 환대와 친절한 대우 받을 것을 기대하지 말아야 합니다. 극심한 환난과 핍박을 당해도 당연하게 여기며 죽으면 죽으리라 하고 복음을 전해야 합니다.

그런데 단지 인간적인 결심과 담대함 만을 가지고는 결코 이렇게 해낼 수 없습니다. 그야말로 말씀과 믿음과 성령충만해야 하고 하나님의 권능의 손이 함께하는 사람이 되어야 하며 강하고 담대한 자가 되어야 합니다. 이런 훈련과 준비가 되지 않은 사람은 하나님께서 먼 데까지 보내서 전도하게 하실 수 없습니다.

■ 눅10:16 너희 말을 듣는 자는 곧 내 말을 듣는 것이요 너희를 저버리는 자는 곧 나를 저버리는 것이요 나를 저버리는 자는 나 보내신 이를 저버리는 것이라 하시니라
〈더 제대로 된 번역〉
■ 저버리는 → 배척하는

주님은 또 우리에게 중요한 말씀을 해주십니다.

주님께서 나로 하여금 하게 하시는 말, 즉 복음을 정확하게 전할 때 그 말을 듣는 사람은 내 말을 듣는 것이 아니요, 주께서 하시는 말씀을 듣는 것이라는 말입니다. 뿐만 아니라 나를 배척하는 사람은 곧 예수 그리스도를 배척하는 것이고, 예수를 배척하는 사람은 예수를 보내신 이, 즉 하나님 아버지를 배척하는 것이라 하셨습니다.

우리가 복음을 정확하고 정직하게 전파할 때에 어느 한 부분에 대해서라도 배척하는 사람은 곧 예수 그리스도를 배척하는 사람이고 더 나아가 성삼위 하나님을 배척하는 사람인 것입니다. 그래도 우리는 그런 사람들에게 계속해서 복음을 전파해야 하는데 그들이 하나님이 정하신 때가 지나기까지 계속 우리를 배척한다면 그들은 성삼위 하나님을 배척하는 자들로 간주되어 하나님과 상관이 없는 멸망의 세계로 떨어지게 됩니다.

그러므로 우리는 이런 사람들을 만나게 될 때 낙심하거나 주눅들지 말아야 합니다. 오히려 그들이 그렇게 할수록 때가 다 되기까지는 열 번이고 스무 번이고 찾아가서 간곡하게 복음을 들려주어야 합니다. 그만큼 복음전파자는 영원히 멸망에 떨어질 사람에게 소중하고 절실하게 필요한 사람들입니다. 또한 저들이 그 복음을 듣는 때야말로 절체절명의 순간입니다.

그러기에 우리는 저들의 때가 다 되기 전까지는 때를 얻든지 못 얻든지 쉬지 않고, 더 열심을 다해 저들에게 복음을 전해주어야 합니다.

> 요10:3 문지기는 그를 위하여 문을 열고 양은 그의 음성을 듣나니 그가 자기 양의 이름을 각각 불러 인도하여 내느니라

이 말씀에서 '문지기'는 성부 하나님, '그(목자)'는 예수 그리스도를 가리킵니다.

하나님 아버지께서 예수께 주신 양들(그리스도로 말미암아 선택하신 자들)을 예수께서 목자가 되어 푸른 초장으로 인도하게 하신다는 것입니다. 그런데 이 일을 성자 하나님이신 예수 그리스도를 위해 하신다고 하셨습니다.

선택된 사람들이 예수라는 참 목자를 만나서 잔잔한 물가, 푸른 초장에서 살게 되는 것은 성부 하나님의 거룩한 뜻에 따라 이루어짐을 알 수 있습니다.

그렇다면 그 양들은 누구일까요?

예수 그리스도께서 아시고 각각 그 이름을 불러낸 사람들입니다. 그 양들만이 참 목자이신 예수 그리스도의 음성을 듣는다고 했습니다.

죄인이 예수 그리스도를 믿는 것은 이렇게 하나님 아버지께서 예수 그리스도를 위하여 그에게 주신 양들, 즉 하나님께서 선택하신 양들이 오직 그 예수 그리스도의 음성을 듣고 따르게 하시는 것입니다.

여기서 또 강조되는 것은 구원얻는 양들은 참 목자의 음성을 듣는다는 사실입니다. 그리고 그 목자는 자기 양의 음성을 정확하게 알아서 한 사람, 한 사람을 불러 인도하신다는 것입니다. 이렇게 하나님께서 예수 그리스도에게 주시고, 예수께서 이름을 정확하게 알고 계신 그 사람들만이 구원을 받아 하나님의 백성이 됩니다. 결코 인간의 노력으로 하나님의 백성이 될 수 없습니다.

> 〈골1:28~29〉
> 28 우리가 그를 전파하여 각 사람을 권하고 모든 지혜로 각 사람을 가르침은 각 사람을 그리스도 안에서 완전한 자로 세우려 함이니

> *29 이를 위하여 나도 내 속에서 능력으로 역사하시는 이의 역사를 따라 힘을 다하여 수고하노라*
>
> 〈더 제대로 된 번역〉
>
> *28 그러므로 우리는 어디를 가든지, 누구에게나 그리스도를 전파한다. 우리가 할 수 있는 대로 힘껏 사람들을 가르치고 바른 길로 인도하는 것은 모든 사람이 그리스도 안에서 성숙한 자로 하나님 앞에 서게 되기를 원하기 때문이다.*
>
> *29 이 일을 위해 힘쓰고 애쓰며 내 안에서 능력을 주시는 그리스도를 의지하며 힘차게 나아간다.*

바울을 비롯한 복음전파자들은 **어디를 가든지 누구를 만나든지** 그리스도를 전파했고 **할 수 있는 대로 힘껏** 그 일을 했습니다. 그 이유는 **모든 사람이 그리스도 안에서 성숙한 자로 하나님 앞에 서게 되기를 원하기 때문이라** 했습니다. 바울과 일행들은 그 일을 위해 "**내 안에서 능력을 주시는 그리스도를 의지하며**" 그렇게 한다고 했습니다. 따라서 그들은 **어떤 시련이 있어도 그 일을 힘차게 해나갔다**는 것입니다.

그들은 **사람들을 가르치고 바른 길로 가게 하는 그 일을 "힘껏"** 했습니다. 우리가 또 주시해야 할 말씀은 "그리스도를 믿게 된 모든 사람이 **그리스도 안에서 성숙한 자**"가 되게 하기 위해 더욱 그렇게 했다는 것입니다.

우리 그리스도인들은 복음을 전해 예수를 믿게 할 뿐 아니라 믿게 된 사람을 말씀과 기도로 전력을 다해 가르치고 양육해야 합니다. 예수 믿기 이전의 사람들은 **전적으로 부패하고 타락한 사람들**이므로 그들이 예수를 영접했다고 하여 영육 간의 문제가 순식간에 다 해결되는 것이 아닙니다. 그들도 **먼저 자신과 싸워 이겨야** 하며 **어떤 유혹과 환난과 핍박도 싸워서 이겨야** 합니다. 그리고 **하나님께서 주신 사명들을 충실히 감당해야** 합니다. 전도자들은 그들이 이렇게 **영육 간에 치료되고 변화되고 무장되고 성숙한 그리스도의 사람이 되도록 해야** 합니다.

이 일은 그야말로 해산의 수고를 하지 않고는 안 됩니다.

결코 1~2년에 할 수 있는 일이 아니고 대충해서 되는 일도 아니며 개인의 열심과 의지와 실력으로도 결코 할 수 없습니다. 이렇게 할 수 있으려면 **말씀과 믿음과 성령이 충만한 사람이 되어야** 하며 **하나님의 손이 함께하는 사람이 되어야** 합니다.

그러므로 우리는 사도 바울처럼 "**힘을 다하여 수고하며**" 복음을 전파해야 합니다.

이렇게 하지 않는다는 것은
가. 내 속에서 역사하시는 성령의 역사를 소멸시키는 일입니다.
나. 복음을 전파하라고 보내시는 주님의 명령에 불복하는 일입니다.
다. 나 자신만을 위하고, 나밖에 볼 줄 모르는 사람이 되는 것입니다.

우리가 주님께서 직접 주시는 명령, 그것도 가장 중하고 높은 명령을 불복하고 내 안에서 역사하시는 성령을 소멸시킨다면 어찌 큰 죄가 아니겠습니까? 그로 인해 구원얻지 못하는 영혼들이 받는 피해는 누가 책임지게 되겠습니까? 이런 미성숙하고 불신앙의 자세가 어찌 하나님의 진노를 살 일이 아니겠습니까?

그러므로 전도하지 않고, 전도를 게을리하는 그리스도인에게는 반드시 징계가 따르게 되는 것입니다. 그래서 많은 성도들이 많은 환난과 손실을 겪고 있습니다.

3) 금 방울 소리는 오직 예수 그리스도만을 믿고 따르는 사람들만이 멸망에서 영생으로 옮겨지고 하나님과 화목을 이루게 됨을 깨우쳐줍니다.

만약 다른 소리가 들린다면 아론은 죽게 됩니다.
오직 똑같이 울리는 하나의 금 방울 소리만이 하나님의 귀에 아름답게 들립니다. 그 소리만이 죄인과 하나님을 화목하게 합니다.
예수만을 구세주로 믿고, 그에게만 경배하고, 그 이름으로만 하나님께 나아가고, 예수만 그리스도라고 증언하는 사람들만이 영생하고 하나님과 화목하게 되는 것입니다.
예수 외에 다른 것을 신성시하고(다른 금 방울을 만들고), 섬기고 가르치는 사람들은 결코 하나님의 진노를 피할 수 없습니다. 그러므로 로마교회를 비롯한 이단들은 결코 그리스도의 교회가 아니며 영생을 줄 수 없습니다.

〈엡2:13~17〉
13 이제는 전에 멀리 있던 너희가 그리스도 예수 안에서 그리스도의 피로 가까워졌느니라
14 그는 우리의 화평이신지라 둘로 하나를 만드사 원수 된 것 곧 중간에 막힌 담을 자기 육체로 허시고
15 법조문으로 된 계명의 율법을 폐하셨으니 이는 이 둘로 자기 안에서 한 새 사람을 지어 화평하게 하시고
16 또 십자가로 이 둘을 한 몸으로 하나님과 화목하게 하려 하심이라 원수 된

것을 십자가로 소멸하시고

17 또 오셔서 먼 데 있는 너희에게 평안을 전하시고 가까운 데 있는 자들에게 평안을 전하셨으니

〈더 제대로 된 번역〉

13 하지만 하나님을 알지 못하고 살았던 너희가 이제는 예수 그리스도 안에서 그리스도의 보혈로 인해 하나님과 가까워질 수 있게 되었다.

14 그리스도를 통해 평안을 누리고 유대인과 이방인이 그리스도 안에서 하나가 되었다. 이전에는 마치 둘 사이에 벽이 가로놓여있는 것 같았으나 예수 그리스도는 자신의 몸을 내어주심으로써 그 마음의 벽을 허물어뜨리셨다.

15 유대인의 율법에는 너무나 많은 명령과 규칙이 있었다. 그러나 예수님은 이러한 율법을 폐하셨다. 유대인과 이방인을 갈라놓던 율법을 없애심으로 이들이 그리스도 안에서 하나가 되어 새사람이 되게 하셨던 것이다. 이로써 예수님은 우리의 평화가 되셨다.

16 예수 그리스도는 십자가에 달려 죽으심으로 유대인과 이방인 사이에 가로막힌 마음의 벽을 허물어뜨리셨다. 이 둘을 하나가 되게 함으로써 이 둘 모두 하나님과 화목하게 되기를 바라셨다.

17 그리스도는 하나님을 모르는 이방인들에게 찾아오셨고 하나님을 믿는 유대인들에게도 찾아오셔서 평화에 대해 가르치셨다.

하나님을 알지 못했던 사람들이 "예수 그리스도 안에서 그리스도의 보혈로 인해" 하나님과 가까워질 수 있었다고 말씀합니다. 뿐만 아니라 "예수 그리스도를 통해" 평안을 누리고 유대인과 이방인이 "예수 그리스도 안에서" 하나가 되었다 했습니다. 또한 "예수 그리스도는 자신의 몸을 내어주심으로써" 이방인과 유대인 사이의 마음의 벽을 허물어뜨리셨다 했습니다.

그리고 예수님은 율법의 많은 명령과 규칙을 폐하셨으며, 그렇게 하심으로써 유대인과 이방인들이 "그리스도 안에서" 하나가 되어 새사람이 되게 하셨다 했습니다. 그 예수 그리스도는 이방인들에게도 찾아오셨고 하나님을 믿는 유대인들에게도 찾아오셔서 그들이 다 한결같이 평화를 얻게 하셨다고 말합니다.

이와 같이 예수 그리스도를 통하지 않고는 결코 하나님과 화목할 수 없고 사람들과도 화목할 수가 없고 영생을 얻을 수 없습니다.

이 금 방울의 소리는 우리를 하나님과 화목하게 하는 아름다운 소리로서 석류들이 움직일 때마다 울리게 되어 있습니다. 즉 모든 그리스도인은 모든 삶을 통해 끊임없이 복음을 외쳐야 합니다. 그렇게 함으로써 죄인들이 구

원을 얻게 되며 우리가 하나님의 자녀라는 사실이 점점 더 확고해지는 것입니다. 따라서 성소에 들어가고 나오며 때를 따라 내리시는 하나님의 은혜를 누리게 됩니다.

석류들은 비록 어리석고 연약해보여도 하나님으로부터 나오는 찬란한 빛을 받고 아름다움과 가치를 함께 뿜내는 영광스러운 존재들입니다.

하나님은 이렇게 "어리석은 자로 하여금 지혜로운 자들이 부끄러움을 당하게 하시고 연약한 자들로 하여금 강한 자들이 부끄러움을 당하게 하셨습니다(고전1:27,28).

그러나 그 석류들은 결코 스스로 자랑할 수 없습니다.

석류는 금 방울과 함께 있어야만 영광스럽고 복된 존재가 되기 때문입니다. 그래서 고린도전서 1장 29~31절에도 "이는 아무 육체도 하나님 앞에서 자랑하지 못하게 하려 하심이라 너희는 하나님으로부터 나서 그리스도 예수 안에 있고 예수는 하나님으로부터 나와서 우리에게 지혜와 의로움과 거룩함과 구원함이 되셨으니 기록된 바 자랑하는 자는 주 안에서 자랑하라 함과 같게 하려 함이라" 했습니다.

석류들은 보잘것없는 열매 그대로이지만 예수와 함께 있고(예수와의 연합), 예수로 말미암아(예수를 머리로 하여) 하나로 연결될 때 영광스럽고 복된 존재가 됩니다. 청색 옷에 단 하나의 석류와 하나의 금 방울만 있지 않다는 것과 석류와 금 방울이 사방으로 달려 있음에 유의해야 합니다.

흉패에 있는 열두 개의 보석도 최고의 고가품이 아니었지만 그것이 에봇에 붙어있고 금 테에 물려있음으로 인해 하나님 앞에서 찬란하고 고귀한 보석들로 존재했습니다.

우리는 이 사실을 결코 잊지 말아야 합니다.

제 55 강

〈13〉 제사장과 대제사장(18)
[5] 여섯 가지 복식(12)
⑧ 관

〈출28:36~39〉

36너는 또 순금으로 패를 만들어 도장을 새기는 법으로 그 위에 새기되 '여호와께 성결' 이라 하고 37그 패를 청색 끈으로 관 위에 매되 곧 관 전면에 있게 하라 38이 패를 아론의 이마에 두어 그가 이스라엘 자손이 거룩하게 드리는 성물과 관련된 죄책을 담당하게 하라 그 패가 아론의 이마에 늘 있으므로 그 성물을 여호와께서 받으시게 되리라 39너는 가는 베 실로 반포 속옷을 짜고 가는 베 실로 관을 만들고 띠를 수놓아 만들지니라

〈13〉 제사장과 대제사장(18)

[5] 여섯 가지 복식(12)

⑧ 관(1)

(1) 패

이것은 관의 앞부분에 붙이는 것입니다.

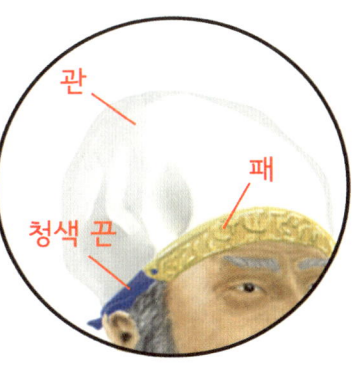

1) **"정금으로 만들라"** 하셨습니다.

이것은 앞의 경우들과 마찬가지로 그 패가 나타내는 바가 **"신적 섭리에 의해 이루어짐"** 을 의미합니다.

2) 패가 나타내는 것은 **"여호와께 성결"** 입니다.

이것은 대제사장이신 예수 그리스도와 연합된 자들은 여호와께 연합되었음을 의미합니다. 견대의 보석들과 흉패의 보석들, 그리고 석류들이 결과적으로 **"하나님께 거룩한 자들"** 이 되어 나아가는 것입니다.

그것들이 아무리 아름다워도 **"거룩함"** 을 입지 못하면 결코 여호와께 나아갈 수 없습니다.

가. 하나님은 거룩하시므로 그에게 나아가는 자들도 반드시 거룩해야 합니다.

> 시99:9 너희는 여호와 우리 하나님을 높이고 그 성산에서 예배할지어다 여호와 우리 하나님은 거룩하심이로다

> 레19:2 너는 이스라엘 자손의 온 회중에게 말하여 이르라 너희는 거룩하라 이는 나 여호와 너희 하나님이 거룩함이니라

> 〈레11:44~45〉
> 나는 여호와 너희의 하나님이라 내가 거룩하니 너희도 몸을 구별하여 거룩하게 하고 땅에 기는 길짐승으로 말미암아 스스로 더럽히지 말라 나는 너희의 하나님이 되려고 너희를 애굽 땅에서 인도하여 낸 여호와라 내가 거룩하니 너희도 거룩할지어다

> 레20:26 너희는 나에게 거룩할지어다 이는 나 여호와가 거룩하고 내가 또 너희를 나의 소유로 삼으려고 너희를 만민 중에서 구별하였음이니라

이것이 바로 패가 나타내는 의미입니다.
하나님은 성도들을 거룩하게 하시려고 "선택하시고 구별해 내신 것"입니다.

나. 이를 위해 하나님은 친히 그들을 거룩하게 만드시는 것입니다.
거룩해지는 일은 우리 스스로의 힘으로는 불가능합니다. '하나님께서 도우셔야만' 가능하며 아무리 더러웠던 자라도 거룩해질 수 있습니다.

> 출19:6 너희가 내게 대하여 제사장 나라가 되며 거룩한 백성이 되리라 너는 이 말을 이스라엘 자손에게 전할지니라

> 삼전4:7 하나님이 우리를 부르심은 부정하게 하심이 아니요 거룩하게 하심이니

> 〈레20:7~8〉
> 너희는 스스로 깨끗하게 하여 거룩할지어다 나는 너희의 하나님 여호와이니라 너희는 내 규례를 지켜 행하라 나는 너희를 거룩하게 하는 여호와이니라

이렇게 하나님은 친히 그 선택하신 자들을 거룩하게 하십니다.
우리는 하나님이 거룩한 분이라는 사실과 그 하나님이 선택하여 구원하신 백성들도 반드시 거룩해져야 한다는 사실을 잠시도 잊지 말아야 합니다. 이 사실을 잊어버리고 자신을 다시 욕되게 하며 하나님을 욕되게 하는 사람은 결코 하나님 앞에 나아갈 수 없습니다. 즉 그는 하나님의 백성이 아닙니다.

우리 성도들은 하나님을 점점 가까이하고 점점 거룩해져야 하며 이 일에 실패해서는 안 됩니다. 만약 나의 거룩함을 손상시키는 것이 있다면 반드시 해결하고 제거해야 합니다.

다. 하나님께서 거룩하게 하시는 역사에 성도들은 능동적으로 동참해야 합니다.
"스스로 깨끗케 하라" 하셨습니다.
성도들이 스스로 더럽혀지는 것을 방지하고 깨끗하게 하는 방법은 오직 하나님의 규례를 지켜 행하는 것입니다.
하나님의 규례를 지켜 행하지 않는 사람은 자신을 깨끗하게 하지 않는 사람이요, 더럽혀지고 있는 사람입니다.

그래서 하나님은 성도들에게 거룩하라고 하시며 또한 "그들이 이미 저지른 잘못에 대해 진정으로 회개하여 용서를 받아야 함"을 명령하십니다.

> 사57:15 지극히 존귀하며 영원히 거하시며 거룩하다 이름하는 이가 이와 같이 말씀하시되 내가 높고 거룩한 곳에 있으며 또한 통회하고 마음이 겸손한 자와 함께 있나니 이는 겸손한 자의 영을 소생시키며 통회하는 자의 마음을 소생시키려 함이라
> 〈더 제대로 된 번역〉
> 下겸손한 자의 영을 소생시키며 내가 그들에게 새 생명을 줄 것이며

① 성도는 하나님의 규례를 지키고 행하는 일에 적극적이어야 합니다.
② 그래도 저지르는 죄악은 신속하고 철저하게 회개하여 용서받는 일을 통해 거룩하게 하시는 하나님의 역사에 동참해야 합니다.
성도는 이 거룩하고 중요한 이유 때문에 하나님의 말씀을 소중히 하고 늘 가까이해야 하며 항상 기도생활을 해야 합니다. 그래서 말씀과 기도는 우리 성도들에게서 결코 따로 떨어져 있어서는 안 됩니다. 우리는 자신과 삶이 말씀과 기도로 끊임없이 접철되어 나가야 하는 것입니다. 만약 이 중에 어느 하나라도 문제가 생긴다면 그 사람은 결코 하나님 앞에 설 수 있는 거룩한 자가 될 수 없습니다. 많은 성도들이 이런 사람이 되어 자신은 신앙생활을 한다고 하지만 결코 하나님 앞에 서지 못하고 있습니다. 참으로 무서운 일이 아닐 수 없습니다.

라. 죄인은 결코 스스로 성결해질 수 없는데 누군가 그를 성결하게 할 수 있다면 그야말로 그는 거룩한 자요, '하나님이 거룩하시기에' 그의 소유인 성도들이 그에 의해 거룩해질 수 있습니다.

죄인은 **하나님에 의해서만** 거룩해질 수 있습니다. 하나님 이외의 그 어떤 것, 즉 종교나 위인도 죄인을 거룩하게 할 수 없습니다. 그래서 모든 종교와 아무리 위대한 인간도 결코 사람을 구원얻게 할 수 없습니다.

따라서 "**너희를 거룩하게 하는 나 여호와는 거룩함이니라**(레21:8)" 하신 것입니다.

이 하나님께서 우리를 거룩하게 하셨다면 **우리가 아무리 더럽고 악한 자라도 거룩해지는 것**입니다. 이렇게 할 수 있는 거룩한 하나님은 **오직 한 분** 뿐이십니다. 그 이름은 **여호와**이십니다.

하나님은 거룩을 강조하실 때마다 "**나는 여호와라**"고 말씀하셨습니다. 그래서 대제사장의 관에도 "**여호와께 성결**"이라고 쓰게 하신 것입니다.

그 어떤 이름(신 또는 사람)도 성결을 말하거나 요구할 수 없습니다. **하나님만이 지닐 수 있는 고유의 특성 중 하나가 바로 거룩성이므로 거룩해지지 못한 자는 결코 하나님께 나올 수가 없습니다.**

마. 죄인이 거룩해지고 의로워지는 방법은 **오직 예수 그리스도를 믿어 그와 한 몸을 이루는 것**뿐입니다.

유일한 대제사장이신 예수 그리스도와 연합될 때(그 몸의 한 부분이 될 때) 그는 '여호와께 거룩해진 자'가 됩니다.

> 요3:36 **아들을 믿는 자에게는** 영생이 있고 아들에게 순종하지 아니하는 자는 영생을 보지 못하고 도리어 하나님의 진노가 그 위에 머물러 있느니라
> 〈더 제대로 된 번역〉
> 아들에게 순종하지 아니하는 자 → 아들을 거역하는 사람

> 요5:24 내가 진실로 진실로 너희에게 이르노니 **내 말을 듣고 또 나 보내신 이를 믿는 자는** 영생을 얻었고 심판에 이르지 아니하나니 사망에서 생명으로 옮겼느니라
> 〈더 제대로 된 번역〉
> 심판에 이르지 아니하나니 → 심판을 당하지 않을 것이며

> 엡1:13 그 안에서 너희도 진리의 말씀 곧 너희의 구원의 복음을 듣고 그 안에서 또한 믿어 약속의 성령으로 인치심을 받았으니
> 〈더 제대로 된 번역〉
> 너희가 구원의 기쁜 소식인 진리의 말씀을 **듣고 믿었을 때** 하나님은 **그 표시로 우리에게 약속하신 성령을 보내주셨다.**

> 엡4:30 하나님의 성령을 근심하게 하지 말라 그 안에서 너희가 구원의 날까지 인치심을 받았느니라
> 〈더 제대로 된 번역〉
> 하나님의 성령을 근심하게 하지 말라. 하나님께서는 마지막 날에 너희가 **구원 받을 것을 보증하시기 위해** 우리에게 **성령을 보내주셨다.**

여기 **"구원받을 것을 보증한다"** 는 말과 관의 패에 **"도장을 새기는 법으로 새기라"** 는 말은 같은 의미입니다. **도장을 새기는 법으로 새긴다**는 것은 **지워지지 않도록 새기는 것**을 말하는데 예수 그리스도를 믿음으로써 성령으로 구원받을 것을 보증하는 것이야말로 영원히 지워지지 않습니다.

이렇게 되어지는 것은 **오직 예수 그리스도를 믿음으로써 가능하다**는 사실을 이 성막의 대제사장에서와 신약성경이 똑같이 선언하고 있습니다.

> 갈2:16 사람이 의롭게 되는 것은 율법의 행위로 말미암음이 아니요 오직 예수 그리스도를 믿음으로 말미암는 줄 알므로 우리도 그리스도 예수를 믿나니 이는 우리가 율법의 행위로서가 아니고 그리스도를 믿음으로써 의롭다 함을 얻으려 함이라 율법의 행위로써는 의롭다 함을 얻을 육체가 없느니라
> 〈더 제대로 된 번역〉
> 하지만 우리는 율법을 따른다고 해서 의롭다 함을 얻은 것이 아니다. **오직 예수 그리스도를 믿음으로** 말미암는 줄 알므로 우리도 그리스도 예수를 믿나니 이는 우리가 율법을 지켰기 때문이 아니고 **그리스도를 믿음으로써 의롭다 함을 얻으려 함이라.** 율법의 행위로써는 의롭다 함을 얻을 육체가 없느니라.
>
> 롬3:24 그리스도 예수 안에 있는 속량으로 말미암아 하나님의 은혜로 값없이 의롭다 하심을 얻은 자 되었느니라

이를 위해서 **성삼위 하나님께서 함께 역사**하시는 것입니다(태초에 사람을 창조하실 때와 같이).

> 살후2:13 주께서 사랑하시는 형제들아 우리가 항상 너희에 관하여 마땅히 하나님께 감사할 것은 하나님이 처음부터 **너희를 택하사 성령의 거룩하게 하심과 진리를 믿음으로** 구원을 받게 하심이니
> 〈더 제대로 된 번역〉
> 처음부터 → **이 세상 맨 처음부터**

성부 하나님께서 이 세상 맨 처음부터 택하셨고, **성령의 거룩하게 하심과 진리**(성자)를 믿음으로 구원을 얻게 하신 것입니다.

사람을 지으신 분만이 멸망당할 사람을 구원할 수 있습니다. 이것이 얼마나 크고 확실한 진리입니까? 그러기에 그것은 '정금으로 만들어지고, 새겨져서, 대제사장의 머리에서 영원토록 빛나야 하는 것입니다.

3) "패를 청색 끈으로 관에 매라" 하셨습니다.

예수 그리스도의 구속으로 말미암아 의롭다 하심을 얻는 일(여호와께 성결)은 '**변할 수 없는 거룩하신 하나님의 섭리**'에 의함을 뜻합니다. 이 청색의 끈은 그 어떤 줄보다도 강하며 누구도 끊을 수 없습니다.

가. 정금 판에 새겨진 '여호와께 성결'은 **이 청색 끈에 의해 관 전면에 위치하여 고정되고 찬란하게 빛납니다.**

예수 그리스도의 구속에 의한 성결처럼 **하나님과 모든 사람 앞에서 아름답고 영광스러운 것이** 어디 있겠습니까? 예수 그리스도의 구속에 의해 죄인들이 성결해지는 것이야말로 '**예수 그리스도의 영광이요, 왕의 표시**'입니다.

> 〈빌3:20~21〉
> 20 그러나 우리의 시민권은 하늘에 있는지라 거기로부터 구원하는 자 곧 주 예수 그리스도를 기다리노니
> 21 그는 만물을 자기에게 복종하게 하실 수 있는 자의 역사로 우리의 낮은 몸을 자기 영광의 몸의 형체와 같이 변하게 하시리라
> 〈더 제대로 된 번역〉
> 20 우리의 시민권은 하늘에 있다. 우리 구주 예수 그리스도께서 **하늘로부터 다시 오시는 날**을 우리는 기다린다.
> 21 그분은 우리의 죽은 몸을 **변화시켜서 그분의 영광스러운 모습과 같이 바꿔 주실 것**이다. 모든 만물을 다스리시는 그분의 능력이 우리를 **변화시키실 것**이다.

> 빌4:1 그러므로 나의 사랑하고 사모하는 형제들 나의 기쁨이요 면류관인 사랑하는 자들아 이와 같이 주 안에 서라
> 〈더 제대로 된 번역〉
> 그러므로 나의 사랑하고 사모하는 형제들 **나의 기쁨**이요, **자랑**인 사랑하는 자들아. 내가 너희에게 말한 것과 같이 주님을 계속 따르라.

> 살전2:19 우리의 소망이나 기쁨이나 자랑의 면류관이 무엇이냐 그가 강림하실 때 우리 주 예수 앞에 너희가 아니냐
> 〈더 제대로 된 번역〉
> 너희는 우리의 **소망**이요, **기쁨**이요, **면류관**이다. 우리 주 예수 그리스도께서

■ 다시 오시는 그날 우리는 너희를 자랑스러워할 것이다.

■ 벧전2:9 그러나 너희는 택하신 족속이요 왕 같은 제사장들이요 거룩한 나라요 그의 소유가 된 백성이니 이는 너희를 어두운 데서 불러내어 그의 기이한 빛에 들어가게 하신 이의 아름다운 덕을 선포하게 하려 하심이라
〈더 제대로 된 번역〉
그러나 너희는 택하신 족속이요, 왕의 제사장들이요, 거룩한 나라요, 하나님께서 홀로 다스리시는 나라의 백성이다. 이는 너희를 어두운 데서 불러내어 그의 기이한 빛에 들어가게 하신 하나님의 행하신 놀라운 일들을 알게 하시기 위함이라.

■ 고후1:14 너희가 우리를 부분적으로 알았으나 우리 주 예수의 날에는 너희가 우리의 자랑이 되고 우리가 너희의 자랑이 되는 그것이라
〈더 제대로 된 번역〉
너희가 우리를 부분적으로 밖에 이해할 수 없었으나 장차 우리 주 예수님의 날에 우리가 너희를 자랑스러워하는 것처럼 너희도 우리를 자랑스럽게 여길 수 있다는 것을 완전히 알게 되기를 소망한다.

모든 믿는 사람은 이렇게 예수 그리스도의 영광이요, 기쁨이요, 자랑입니다. 동시에 성도들 서로가 또 그렇습니다.
성도들은 죄인이 예수 그리스도의 구속으로 '여호와께 성결' 해지는 일을 최고의 자랑이요, 영광으로 삼아야 합니다. 예수께서 그토록 많은 선행을 하셨으나 그의 면류관의 패에는 오직 죄인들이 그로 말미암아 '여호와께 성결해진 사실을 자랑스럽게 표방'하고 있음을 주목해야 합니다. 모든 성도는 예수께서 죄인을 구속해주는 일처럼 영광과 기쁨이 되고 자랑할 것이 없음을 잊지 말아야 합니다.

나. 이런 영광은 전적으로 유일한 대제사장이신 예수 그리스도에 의해서만 성취된다는 사실을 다시 한번 명확하게 강조하십니다.
"이 패를 아론의 이마에 두어 그가 이스라엘 자손이 거룩하게 드리는 성물과 관련된 죄책을 담당하게 하라" 하셨습니다.
이 패를 이마에 붙일 수 있는 존재는 예수 그리스도뿐입니다.
죄인이 구속되는 일, 또 그것으로 인한 영광은 오직 예수 그리스도만이 관계됩니다. 죄인의 구속에는 그 누구의 이름도 개입되어서는 안 되며 그 영광도 예수 외에 그 누구도 찬탈할 수 없습니다. 만일 그런 일을 시도하는 자가 있다면 그가 바로 예수의 원수 마귀일 것입니다.

"그(예수 그리스도)로만 이스라엘 자손이 거룩하게 드리는 성물과 관련된 직책을 담당하게 하라" 하셨습니다.

예수 그리스도의 이름만 부르지 않는 자들(다른 이름도 함께 부르는 자들)은 결코 여기서 말씀하시는 '이스라엘 자손'이 아닙니다. 그리고 그들이 드리는 제물(신앙고백이나 회개)도 결코 '거룩하게 드리는 성물'이 아닙니다. 왜냐하면 예수만이 그들의 대제사장이 되게 하지 않았기 때문입니다.

이 패가 달린 관을 아론이 아닌 다른 사람이 쓰고 들어가거나, 아론과 누군가가 함께 쓰고 들어간다면 그들은 모두 죽고 말 것입니다.

예수 그리스도만이 구속주 되심을 하나님은 더 분명히 강조하십니다.

"그 패가 아론의 이마에 늘 있으므로 그 성물을 여호와께서 받으시게 되리라" 하셨습니다.

예수 그리스도만이 언제 어디서나 죄인의 구속주가 되십니다.

'그 이름을 부르는 자들, 그 이름으로 회개하는 자들만이' 여호와께서 받으실 만한 '성결한 자들'이 됩니다. 예수만이 구속주이심을 믿지 않는 자들, 예수 이름 외에 다른 이름을 부르는 자들, 다른 이름을 겸하여 부르는 자들은 결코 '여호와께 성결한 자'가 될 수 없습니다.

(2) 관

"가는 베 실로 만들라" 하셨습니다.

가는 베 실은 흰색입니다. 이 또한 '성결'을 의미합니다.

이 말씀을 하실 때 "이와 더불어 반포 속옷도 함께 가는 베 실로 만들라" 하셨습니다. 이것은 관과 반포 속옷(줄무늬 속옷)이 하나로 연관됨을 보여줍니다.

즉 죄인들을 구속하여 '여호와께 성결' 하게 하시는 구속주 자신이야말로 본래부터 성결한 분이심을 의미합니다. 그는 본래 죄를 알지도 못하는 거룩한 분이시기에 죄인들의 죗값을 지불하사 그들도 성결하게 하실 수 있는 것입니다.

이렇게 본래부터 성결한 분은 하나님이신 예수 그리스도뿐입니다. 이것은 예수 아닌 어떤 사람도 구속주가 될 수 없음을 확인시켜주는 것입니다. 그러므로 예수교가 아닌 다른 어떤 종교에도 구원이 있을 수 없습니다.

제 56 강

〈13〉 제사장과 대제사장(19)
[6] 제사장 직분의 위임

〈출28:40~42〉
40너는 아론의 아들들을 위하여 속옷을 만들며 그들을 위하여 띠를 만들며 그들을 위하여 관을 만들어 영화롭고 아름답게 하되 41너는 그것들로 네 형 아론과 그와 함께 한 그의 아들들에게 입히고 그들에게 기름을 부어 위임하고 거룩하게 하여 그들이 제사장 직분을 내게 행하게 할지며 42또 그들을 위하여 베로 속바지를 만들어 허리에서부터 두 넓적다리까지 이르게 하여 하체를 가리게 하라

〈13〉 제사장과 대제사장(19)

[6] 제사장 직분의 위임

1️⃣ **하나님은 아론의 아들들에게 제사장으로 위임하게 하셨습니다.**

'제사 사역이 아론과 그 아들들에게만 국한하여 맡겨진 것'은 죄인들의 구속이 오직 예수 그리스도와 그와 한 몸을 이룬 성도들(교회)을 통해 주어짐을 보여줍니다(벧전2:9下).
아론의 아들이 아니면 결코 제사장이 될 수 없었듯이 예수와 한 몸을 이루지 못한 사람은 결코 구속 사역에 동참할 수 없습니다.

2️⃣ **아론의 모든 아들들은 성결해져야 했습니다.**

"고의와 속옷을 가는 베로 만들어 입히게 하라" 하심은 아론의 아들들도 성결하게 할 것을 의미합니다.
성결하게 되지 않고는 결코 제사장이 될 수 없습니다. 그들이 이렇게 속옷을 입은 다음에야 띠를 띠고 관을 쓸 수 있으며 그런 다음에야 영화롭고 아름다워지며 기름이 부어지고 위임을 받게 됩니다.
만약 그들이 깨끗한 속옷 입기를 거절하거나 그것을 입기에 합당하지 않다면 띠도, 관도, 영화도, 아름다움도, 기름도, 위임도 있을 수 없습니다. 즉 성결해지기 전에는 그가 받아 누릴 좋은 은총들이 보류되거나 제거됩니다.

하나님께서는 이 성결이 보다 철저하고 진정해야 함을 말씀하십니다.

"하체를 가리게 하라" 하셨습니다.

이들은 성막 바깥에 있는 사람들과 달리 '하나님께서 요구하시는 정도의 성결'을 반드시 소유해야 합니다. 이 성결을 상실한다면 그들은 모든 것을 잃게 됩니다.

그러므로 성도들, 특히 부름 받은 종들은 성결 유지를 위해 생명을 걸어야 합니다.

> 〈롬8:13~14〉
> 13 너희가 육신대로 살면 반드시 죽을 것이로되 영으로써 몸의 행실을 죽이면 살리니
> 14 무릇 하나님의 영으로 인도함을 받는 사람은 곧 하나님의 아들이라
> 〈더 제대로 된 번역〉
> 13 너희가 죄의 본성에 따라 산다면 반드시 죽을 것이로되 성령의 도우심을 받아 몸의 악한 일을 죽인다면 살 것이다.

> 롬12:1 그러므로 형제들아 내가 하나님의 모든 자비하심으로 너희를 권하노니 너희 몸을 하나님이 기뻐하시는 거룩한 산 제물로 드리라 이는 너희가 드릴 영적 예배니라
> 〈더 제대로 된 번역〉
> 하나님이 기뻐하시는 거룩한 산 제물로 드리라 → 하나님을 기쁘시게 하는 거룩한 살아있는 제물로 드리라.

> 〈고전3:16~17〉
> 너희는 너희가 하나님의 성전인 것과 하나님의 성령이 너희 안에 계시는 것을 알지 못하느냐 누구든지 하나님의 성전을 더럽히면 하나님이 그 사람을 멸하시리라 하나님의 성전은 거룩하니 너희도 그러하니라

> 〈고후6:14~17〉
> 14 너희는 믿지 않는 자와 멍에를 함께 메지 말라 의와 불법이 어찌 함께하며 빛과 어둠이 어찌 사귀며
> 15 그리스도와 벨리알이 어찌 조화되며 믿는 자와 믿지 않는 자가 어찌 상관하며
> 16 하나님의 성전과 우상이 어찌 일치가 되리요 우리는 살아 계신 하나님의 성전이라 이와 같이 하나님께서 이르시되 내가 그들 가운데 거하며 두루 행하여 나는 그들의 하나님이 되고 그들은 나의 백성이 되리라 하셨느니라
> 17 그러므로 너희는 그들 중에서 나와서 따로 있고 부정한 것을 만지지 말라

내가 너희를 영접하여
〈더 제대로 된 번역〉
14 너희는 믿지 않는 자와 멍에를 함께 메지 말라 의로운 것과 불의한 것이 어떻게 짝이 될 수 있으며
15 그리스도와 벨리알이 어찌 화목하게 지낼 수 있으며 믿는 자와 믿지 않는 자 사이에 무슨 공통점이 있겠느냐?
16 하나님의 성전과 우상이 어떻게 어울릴 수 있겠느냐? 우리는 살아 계신 하나님의 성전이라 이와 같이 하나님께서 이르시되 내가 그들 가운데서 살고 그들 중에서 다닐 것이며 나는 그들의 하나님이 되고 그들은 나의 백성이 되리라 하셨느니라
17 그러므로 너희는 그들에게서 나와 구별되어라. 깨끗하지 않은 것은 손도 대지 마라. 그러면 내가 너희를 받아줄 것이다.

고후11:2 내가 하나님의 열심으로 너희를 위하여 열심을 내노니 내가 너희를 정결한 처녀로 한 남편인 그리스도께 드리려고 중매함이로다
〈더 제대로 된 번역〉
나는 하나님께서 질투하시는 것과 똑같이 너희에 대해 질투하고 있다. 내가 너희를 정결한 처녀로 한 남편인 그리스도께 정혼을 시켰다.

갈5:1 그리스도께서 우리를 자유롭게 하려고 자유를 주셨으니 그러므로 굳건하게 서서 다시는 종의 멍에를 메지 말라
〈더 제대로 된 번역〉
그리스도께서 우리를 해방시켜서 우리는 자유롭게 되었다. 그러므로 굳게 서서 다시는 율법의 종이 되지 말라

〈갈5:24~26〉
24 그리스도 예수의 사람들은 육체와 함께 그 정욕과 탐심을 십자가에 못 박았느니라
25 만일 우리가 성령으로 살면 또한 성령으로 행할지니
26 헛된 영광을 구하여 서로 노엽게 하거나 서로 투기하지 말지니라
〈더 제대로 된 번역〉
25 우리가 성령으로 새 생명을 얻었으므로 성령을 따라 살아야 한다.
26 그리고 오만하지 말고 서로 다투거나 시기하지 말아야 한다.

벧전2:5 너희도 산 돌 같이 신령한 집으로 세워지고 예수 그리스도로 말미암아 하나님이 기쁘게 받으실 신령한 제사를 드릴 거룩한 제사장이 될지니라
〈더 제대로 된 번역〉
너희도 산 돌처럼 거룩한 성전을 짓는 데 사용되기 바란다. 그리고 하나님께 영

적인 희생 제물을 올려드리는 거룩한 제사장이 되기 바란다. 하나님께서는 예수 그리스도를 통하여 그 희생 제사를 받으실 것이다.

3 '거룩한 제사장'이 되기 위해 반드시 할 일은 '기름을 붓는 것' 입니다.

(1) 하나님은 아론과 그 아들들이 '거룩해지는 것'과 연관하여 '기름을 부을(바를) 것'을 자주, 엄히 명하셨습니다.

출애굽기 29장 7절 이하에 "관유를 가져다가 그 머리에 부어 바르고... 너는 이같이 아론과 그 아들들에게 위임하여 거룩하게 할지니라" 하셨습니다. 여기서도 제사장직의 위임에 있어서 "거룩하게 하라"는 말씀과 '기름을 부을(바를) 것'을 특별히 연결시키셨습니다.

> 출30:30 너는 아론과 그의 아들들에게 기름을 발라 그들을 거룩하게 하고 그들이 네게 제사장 직분을 행하게 하고

> 〈출40:14~15〉
> 14 너는 또 그 아들들을 데려다가 그들에게 겉옷을 입히고
> 15 그 아버지에게 기름을 부음 같이 그들에게도 부어서 그들이 내게 제사장의 직분을 행하게 하라 그들이 기름 부음을 받았은즉 대대로 영원히 제사장이 되리라 하시매
> 〈더 제대로 된 번역〉
> 14 너는 또 그 아들들을 데려다가 그들에게 속옷을 입히고
> 15 그 아버지에게 기름을 부음 같이 그들에게도 부어서 나를 섬기는 제사장이 되게 하여라. 그들에게 기름을 부을 때에 그들은 제사장 가족이 될 것이다. 그들과 그 자손은 지금부터 제사장이 될 것이다.

> 민3:3 이는 아론의 아들들의 이름이며 그들은 기름 부음을 받고 거룩하게 구별되어 제사장 직분을 위임받은 제사장들이라
> 〈더 제대로 된 번역〉
> 제사장 직분을 위임받은 제사장들이라 → 제사장으로 임명되었다.

"제사장은 반드시 거룩히 구별되어야 한다"고 하면서 그것은 "기름이 발림으로써 되어진다"고 했습니다. 기름이 발리는 것은 '거룩히 구별되는 것'이고, '제사장 직분이 위임됨'을 뜻합니다.

기름 부음을 받아 거룩히 구별된 사람, 그것도 하나님이 친히 부르시고 세우신 사람이어야 하나님이 사용하시는 제사장이 되는 것입니다. 만약 그렇지

못한 사람이 성소나 지성소에 들어간다면 그는 살 수조차 없습니다. 예수 그리스도를 알게 하여 믿게 하고 모든 죄를 사함 받게 해주는 제사장은 이렇게 **하나님께서 만들어주시는 기름, 즉 성령의 부음을 받아 거룩해져야** 합니다.

그런데 오늘날 이렇게 되지 못한 제사장이 많습니다.

성령을 알지도 못하고 성령을 받지도 못하고 하나님께 제사장으로 부름을 받지도 못한 사람이 그저 직업으로 목사 일을 하는 경우들이 있고, 성도가 아닌 교인들이 많습니다. **하나님께서 정해주신 기름**(성령) **부음을 받지 못한 사람은 하나님의 백성도 아니며 결코 제사장이 될 수 없습니다.**

이런 사람 중에 **많은 거짓 종들이** 일어나서 **교회를 유린하며 영혼들을 도둑질합니다.** 또한 이렇게 **거룩히 구별되지 못한 교인들이** 얼마든지 교회 안에 존재함으로써 **교회를 유익하게 하는 것이 아니라 쓴 뿌리와 독초가 되며, 하나 되게 하는 것이 아니라 나누어지게 하는 일을 끊임없이 합니다.**

나는 과연 하나님께서 인정하시는 성도이고 목사인가? 즉 하나님께서 인정하시는 제사장인가를 정직하게 판단해보시기 바랍니다.

(2) 따라서 **이 기름 부음은 제사장이 될 자격자들**(아론과 그 아들들)**에게만** 주어졌고 다른 사람들에게는 허용되지 않았습니다.

> 〈출30:31~33〉
> 31 이스라엘 자손에게 말하여 이르기를 이것은 너희 대대로 내게 거룩한 관유니
> 32 사람의 몸에 붓지 말며 이 방법대로 이와 같은 것을 만들지 말라 이는 거룩하니 너희는 거룩히 여기라
> 33 이와 같은 것을 만드는 모든 자와 이것을 타인에게 붓는 모든 자는 그 백성 중에서 끊어지리라 하라
> 〈더 제대로 된 번역〉
> 31 이스라엘 자손에게 말하여 이르기를 이것은 너희 대대로 내게 거룩한 관유니 이것은 사람이나 물건을 거룩히 구별할 때에 쓸 것이다.
> 33 타인에게 붓는 모든 자는 → 제사장이 아닌 다른 사람에게 붓는 모든 자는

여기 '사람의 몸'은 '거룩해지지 않은 사람'을 말합니다.

거룩해질 수 없는 사람은 결코 이 기름 부음을 받을 수 없습니다.

이 기름은 그 자체가 거룩하며 그것이 부어지는(발리는) **대상도 거룩해지는 것입니다.**

이 기름은 **반드시 제사장이 될 사람들에게만 부어져야** 함을 강조하기를 "**이 기름은 사람이나 물건을 거룩히 구별할 때 쓰는 것이라**" 하셨고, **결코**

거룩해지지 않은 사람에게 붓지 말아야 하며 이 성막에서 쓰는 기름을 만드는 방법대로 사람이나 어떤 것을 위해 사용하려고 만들지 말아야 함을 분명히 명령하셨습니다.

심지어 "이와 같은 것을 만드는 모든 사람과 이것을 제사장이 아닌 다른 사람에게 붓는 모든 사람은 그 백성 중에서 끊어진다" 하셨습니다.

만약에 무자격자에게 이 기름을 붓거나 사용하면 부음을 받는 자나 그것을 붓는 자 모두 하나님의 진노를 당하는데 아예 하나님의 백성에서 끊어짐을 당한다고 했습니다. 그런 사람은 결코 하나님의 백성이 아니며 구원 받을 수 없다는 말입니다. 이 기름의 용도가 얼마나 엄격하게 제한되었는지 알 수 있습니다.

그런데 오늘날 이렇게 자격 없는 사람들에게 안수를 주는 일들이 얼마나 성행하는지 모릅니다. 이는 안수를 주는 사람과 받는 사람 모두가 큰 죄를 짓는 것이며 무서운 징벌을 면할 수 없습니다.

〈출40:9~13〉
9 또 관유를 가져다가 성막과 그 안에 있는 모든 것에 발라 그것과 그 모든 기구를 거룩하게 하라 그것이 거룩하리라
10 너는 또 번제단과 그 모든 기구에 발라 그 안을 거룩하게 하라 그 제단이 지극히 거룩하리라
11 너는 또 물두멍과 그 받침에 발라 거룩하게 하고
12 너는 또 아론과 그 아들들을 회막 문으로 데려다가 물로 씻기고
13 아론에게 거룩한 옷을 입히고 그에게 기름을 부어 거룩하게 하여 그가 내게 제사장의 직분을 행하게 하라
〈더 제대로 된 번역〉
9 또 관유를 가져다가 성막과 그 안에 있는 모든 것에 발라 그것과 그 모든 기구를 따로 구별하여 거룩하게 하여라.
10 그 안을 거룩하게 하라 → 제단을 따로 구별하여 거룩하게 하여라.
11 거룩하게 하고 → 거룩히 구별하여라.
13 아론에게 거룩한 옷을 입히고 그에게 기름을 부어 거룩히 구별하여 나를 섬기는 제사장이 되게 하여라.

하나님은 제사장뿐 아니라 성막과 그 기구들에도 기름을 발라 거룩하게 하라고 구체적으로 명령하셨습니다. 즉 제사장뿐 아니라 성막에 있는 모든 것들도 거룩해져야 한다는 뜻입니다.

하나님께서는 이토록 **제사장과 성막의 모든 것이 거룩해야함**을 강조하셨습니다.

위와 같은 사실을 볼 때 **위의 기름은 매우 특수한 것**입니다.
1. 그것은 **그 자체가 거룩합니다.**
2. 그것은 **반드시 거룩해질 수 있는 대상,** 즉 **아론과 그 아들들,** 그리고 **성막과 그 안에 있는 기구들만** 국한되어 사용되어야 합니다.
3. **그것이 부어지는**(발라지는) **대상만이** 제사장의 직분을 위임받고, 제사의 도구로 사용될 수 있습니다.
4. 그것은 **하나님에 의해서 위와 같은 목적으로 이 세상에 제공됩니다.**
5. 만약 그 기름을 다른 목적으로 만들거나 다른 용도로 사용하는 자들이 있다면 **그 모든 것은 다 헛것이요, 하나님의 진노를 당하게 됩니다.**

오늘날의 교회와 성도들은 **이 사실들에 대해 정확하게 알아야** 하며 목사를 비롯하여 교회에서 거룩한 직분을 맡은 사람들이 **하나님 앞에서 얼마나 합당한 자**가 되어야 하는지, 즉 **하나님 보시기에 거룩한 자**가 되어야 한다는 사실을 명심해야 합니다. 따라서 목사와 교회지도자들은 **자신이 지금까지 하나님 앞에서 거룩한 사명을 수행하기에 합당했는지**를 정신차리고 살펴보아야 합니다.

(3) 이 기름은 바로 예수 그리스도로 말미암아 교회와 성도들에게 주어지는 성령을 의미합니다.

> 〈출40:12~13〉
> 〈더 제대로 된 번역〉
> 12 너는 또 아론과 그 아들들을 회막 문으로 데려다가 **물로 씻기고**
> 13 아론에게 거룩한 옷을 입히고 그에게 **기름을 부어** 거룩히 구별하여 나를 섬기는 제사장이 되게 하여라.

이 말씀에서 기름 붓는 것과 물로 씻는 것을 연결시키고 있습니다.
이는 예수께서 친히 "사람이 **물과 성령으로 나지 아니하면 하나님의 나라에 들어갈 수 없느니라**(요3:5)" 하심과 일치합니다.

아론과 그 아들들은 **물로 씻고, 기름을 바른 다음에야** 성막에 들어가 제사장 일을 할 수 있었습니다. 예수 그리스도를 알게 하고, 그를 믿어 죄 사함 받고 구원 얻게 될 사람은 **반드시 하나님께 선택된 사람**이어야 하며 **성령 세례를 받은 사람**이어야 합니다.

세례 요한은 **죄인이 죄 씻음을 받아야 할 것을 역설했는데 진정한 죄 씻음을 받기 위해서는 '예수 그리스도에 의해 성령 세례를 받아야 함'**을 분명하게 증거했습니다.

> 마3:11 나는 너희로 회개하게 하기 위하여 물로 세례를 베풀거니와 내 뒤에 오시는 이는 나보다 능력이 많으시니 나는 그의 신을 들기도 감당하지 못하겠노라 그는 성령과 불로 너희에게 세례를 베푸실 것이요
> 〈더 제대로 된 번역〉
> 그의 신을 들기도 감당하지 못하겠노라 → 그의 신발을 들고 다닐 자격도 없다.

예수님께서는 이와 관련하여 친히 말씀하셨습니다.

> 〈눅4:18~19〉
> 18 주의 성령이 내게 임하셨으니 이는 가난한 자에게 복음을 전하게 하시려고 내게 기름을 부으시고 나를 보내사 포로된 자에게 자유를, 눈먼 자에게 다시 보게 함을 전파하며 눌린 자를 자유롭게 하고
> 19 주의 은혜의 해를 전파하게 하려 하심이라 하였더라
> 〈더 제대로 된 번역〉
> 18下 눈먼 자에게 다시 볼 수 있음을 선포하고 억눌린 자들에게 해방을 선포하라고 나를 보내셨다.

이 말씀은 이사야 선지자를 통해 이미 그대로 예언되었습니다.

> 사61:1 주 여호와의 영이 내게 내리셨으니 이는 여호와께서 내게 기름을 부으사 가난한 자에게 아름다운 소식을 전하게 하려 하심이라 나를 보내사 마음이 상한 자를 고치며 포로된 자에게 자유를, 갇힌 자에게 놓임을 선포하며
> 〈더 제대로 된 번역〉
> 여호와께서 내게 영을 주셨다. 이는 여호와께서 내게 기름을 부으사 가난한 자에게 기쁜 소식을 전하게 하려 하심이라, 나를 보내사 마음이 상한 자를 위로하고 포로된 자에게 자유를, 갇힌 자에게 놓임을 선포하게 하셨다.

그리고 이것에 대해 사도들이 또한 확실히 설명했습니다.

> 행1:8 오직 성령이 너희에게 임하시면 너희가 권능을 받고 예루살렘과 온 유대와 사마리아와 땅끝까지 이르러 내 증인이 되리라 하시니라

> 행2:33 하나님이 오른손으로 예수를 높이시매 그가 약속하신 성령을 아버지께 받아서 너희가 보고 듣는 이것을 부어 주셨느니라
> 〈더 제대로 된 번역〉

- 하나님께서 예수님을 높은 곳에 올려 하나님 오른편에 앉히시자 **예수님은 하나님 아버지께서 약속하신 성령을 받아서 너희가 보고 듣는 이것을 부어주셨느니라**

- 행2:38 베드로가 이르되 너희가 회개하여 각각 예수 그리스도의 이름으로 세례를 받고 죄 사함을 받으라 그리하면 **성령의 선물을 받으리니**

- 행10:38 **하나님이 나사렛 예수에게 성령과 능력을 기름 붓듯 하셨으매** 그가 두루 다니시며 선한 일을 행하시고 마귀에게 눌린 모든 사람을 고치셨으니 이는 하나님이 함께하셨음이라

- 딛3:6 우리 구주 예수 그리스도로 말미암아 **우리에게 그 성령을 풍성히 부어 주사**

우리가 예수 그리스도를 믿으면 죄 씻음을 받고 하나님을 다시 만나고 놀라운 은총들을 누리게 됩니다. 그와 동시에 **'성령이 우리에게 부어져서**(발라져서) **거룩하게'** 하고 그 **능력을 힘입어 제사장의 일을 감당하게** 됩니다.

그래서 우리는 포로된 자에게 자유를 주고, 눈먼 자를 보게 하고, 눌린 자를 자유하게 하는 일을 땅끝까지 해나가게 되는 것입니다.

이 성막에 관하여 맨 끝에서 설명하고 강조하는 것은 바로 이 **기름 부음을 받는 일**과 **제사장으로 위임받는 일**임을 주목해야 합니다.

성도들이여!

(1) 우리가 바로 **'특별히 선택된 아론의 자손들'** 임을 명심합시다.

(2) 우리에게 **성령의 능력이 기름 붓듯 부어져서** 죄인들이 예수 그리스도를 믿고, 죄 사함 받고, 모든 억압과 불행에서 해방되게 하는 **'거룩한 제사장 직분이 위임되어 있음'** 을 명심합시다.

(3) 우리는 **이 권능으로 예루살렘과 온 유대와 사마리아와 땅끝까지 이르러 그리스도의 증인이 되어야** 합니다.

(4) 우리는 **하나님의 거룩한 제사장답게 거룩하게 생활하는 것을 세상 그 무엇보다 중요하게 여겨야** 합니다.

아론의 아들 나답과 아비후가 제사장의 일을 잘못하다가 불에 타죽었습니다. 그때 하나님은 그들의 시신을 바깥으로 내버리도록 명령하시면서 남은 제사장들은 시신을 메고 나가지 못하도록 하셨습니다(레10장). 왜냐하면 그들은 **거룩하지 못한 자의 죽음으로 인해 더럽혀져서는 안 되기 때문**입니다.

우리 목사와 교회지도자들과 성도들은 이 사실을 반드시 기억해야 합니다.

> 레10:7 여호와의 관유가 너희에게 있은즉 너희는 회막 문에 나가지 말라 그리하면 죽음을 면하리라 그들이 모세의 말대로 하니라
> 〈더 제대로 된 번역〉
> 너희들은 **여호와께서 특별한 기름을 부어** 여호와를 섬기도록 임명하신 **구별된 사람들**이므로 회막을 벗어나지 마라. 만약 밖으로 나가면 **너희들은 죽을 것이다**.

거룩한 하나님의 사람이 거룩함을 잃으면 영육 간에 화를 당하게 됩니다. 만약 그 당시 아론의 아들 중 누가 인지상정을 앞세워 벌 받아 죽은 형제들의 시신을 성막 바깥으로 메고 나갔다면 그도 죽었을 것입니다.

인간적인 생각과 정을 앞세워 하나님의 명령을 거스르는 자들은 그것 때문에 성도의 거룩함과 특권을 잃고 여러 가지 화를 당하게 됩니다.

제사장의 사명을 감당하지 않거나 잘못 감당하는 자는 어찌 되겠는가 깊이 생각해보기 바랍니다.

제 57 강

〈13〉 제사장과 대제사장(20)
[7] 위임식(1)

〈출29:1~3〉
1네가 그들에게 나를 섬길 제사장 직분을 위임하여 그들을 거룩하게 할 일은 이러하니 곧 어린 수소 하나와 흠 없는 숫양 둘을 택하고 2무교병과 기름 섞인 무교 과자와 기름 바른 무교 전병을 모두 고운 밀가루로 만들고 3그것들을 한 광주리에 담고 그것을 광주리에 담은 채 그 송아지와 두 양과 함께 가져오라

〈13〉제사장과 대제사장(20)

[7] 위임식(1)

아론과 그 아들들의 제사장직 위임식에 대한 하나님의 명령입니다.
전에 없던 여러 가지 의식이 매우 **자세하게** 지시되어 있습니다.
이는 **많은 의식이 거행됨으로써** 하나님이 부르신 **제사장과 대제사장으로 하여금 자신이 해야 할 일의 위대성**에 대해 충분히 감동을 받도록 하신 것입니다. 또한 백성들도 **그 직능의 거룩함을 침해하지 못하도록** 하신 것입니다.
그리고 앞으로도 취임은 이렇게 해야 한다는 것을 보여주심으로 **영원한 규례**로 삼게 하셨습니다.

1 **"수소 하나와 숫양 둘과 무교병을 준비하라"** 하셨습니다.

하나님은 가장 먼저 **제물을 준비하라고** 명령하셨습니다.
'**수소 하나**'는 **속죄제**, '**숫양 둘**'은 **번제**와 **화목제**, 그리고 '**무교병**'은 **화목제와 함께 드린 소제**를 위한 것입니다.
수소는 '**젊은 것**'을 택하라 하셨는데 이는 **가장 힘 있는 것**을 의미합니다. 숫양도 '**흠 없는 것**'으로 택하라 하셨습니다.
하나님께 드릴 제물을 택할 때는 **최선을 도모해야 함**을 깨달을 수 있습니다.

이 희생 제물들은 **세 가지 목적**을 가졌습니다.
(1) 속죄제

공의로우신 하나님을 만족시키기 위해 사람의 죗값인 죽음 대신 '**희생의**

피'를 지불하는 것입니다. 이 제물은 속죄를 목적으로 한 그리스도의 보혈을 예표합니다.

(2) 번제

제물을 드리는 자의 헌신입니다.
여기서도 희생의 피를 요점으로 하고 있습니다. 그 이유는 사람은 죄인이기 때문에 '피로 속죄함'을 포함하지 않은 헌신은 불가능하기 때문입니다.

(3) 화목제

제사 드린 뒤에는 애연의 순서가 있습니다(19~28절).
그것은 하나님과 속죄받을 자의 화목으로 말미암아 즐거워하는 뜻을 표시하는 것입니다. 의식적인 법규가 신약 계시의 예표가 된 사실은 히브리서가 밝히 증거합니다(히9:1~10:14).

'무교병(누룩없는 빵)'도 상징적인 의미를 가집니다.
'누룩'은 악독과 부패를 상징하고(고전5:8), '빵'은 곡식이 으깨져서 가루가 되어(희생되어서) 만들어진 것인 만큼 희생의 결과를 상징합니다.
그러므로 무교병은 죄악으로 말미암지 않은 순수한 희생적 노력의 결과를 가리킵니다. 이처럼 신자는 주님을 위해 날마다 죽기까지 순종하고 충성함으로 하나님께 제물이 되어야 합니다.

'기름 섞인 무교 과자와 기름 바른 무교 전병'에서 '기름'은 매우 중요합니다. 그것은 성령을 상징합니다. 그래서 구약시대에는 희생 제물에 있어서 언제나 '기름'을 요점으로 하고 있습니다(레2:1,2,4,6,7,15,16).
신약시대의 성도들은 '성령에 의해' 그리스도로 말미암은 참된 제사를 하나님께 드리게 되는 것입니다(히9:14).

성막을 짓고 가장 먼저 한 일은 하나님께서 제사장으로 택하신 자들을 성별하는 일이었습니다.
이로써 그들은 자신들을 예배에 바치고 헌신하게 되며 하나님께서 그들을 받으셨다는 것이 선포됩니다. 또 백성들은 이것을 통해 저들이 스스로 제사장이 된 것이 아니라 '하나님께서 제사장으로 부르셨다'는 것을 알아야 했습니다(히5:4~6). 이렇게 이들은 일반 사람들과는 구별되었으며 하나님을 위해 따로 세우심을 받아 평범한 일과에는 손을 끊고 언제나 하나님께 시중들게 되었습니다.

여기서 우리가 유의할 것은 **하나님을 위해 일하는 모든 사람은 하나님을 위해 성별되어야 한다**는 것입니다. **사람이 먼저 하나님께 받아들여진 다음에 그들의 행위가 받아들여지는 것입니다.**

성별(위임)을 의미하는 히브리인들의 관용구는 '**손을 채운다**' 입니다(9절). 그러므로 "**너는 아론과 그의 아들들에게 위임하라**"를 "**너는 아론과 그 아들들의 손을 채우라**"고 읽을 수 있습니다.

'**위임**(성별)**식의 숫양**' 은 '**채움의 숫양**' 이라고 말할 수 있습니다(22, 26절). 그들을 성별하여 위임하는 것은 그들을 **완전하게 만드는 것**입니다. 그러므로 그리스도는 "**영원히 완전하시고 또 성별되셨다**" 고 한 것입니다(히 7:28).

이런 관용구들은 저들이 여호와 앞에서 요제를 드리기 전에 저들의 손에 제물이 놓여지는 사실에서 나왔습니다(24절).

그것은 다음과 같은 의미를 나타냅니다.

1) **하나님을 섬기는 자들은 손이 가득 차 있다, 즉 항상 바쁘다**는 뜻입니다. 그 일은 **중대하고 많으며 또 끊임없는 일**이기 때문입니다.

2) **그들의 손은 채워져 있어야 한다**는 것입니다.

그들은 반드시 **하나님께 드릴 헌물**을 가지고 있어야 합니다.

그러나 그 **헌물은 스스로 채울 수 없고 위로부터 그들에게 주어져야만** 합니다. 하나님께서 그들의 손을 채워주시지 않으면 그들은 백성들의 마음을 채울 수 없습니다. 그러므로 그들은 **하나님께로 가서 하나님의 풍족함으로부터 채움 받아야** 합니다.

오늘날의 목사와 교회지도자들도 이렇게 **하나님께서 주시는 신령한 것들로 채워짐을 받아야** 합니다. 결코 스스로 만들어 가지거나 사람들이 만들어 주는 것으로 채워져서는 안 됩니다.

그러나 오늘날 이런 사람들이 너무나도 많습니다.

따라서 교회 안팎의 사람들에게 필요한 것, 즉 **하나님께서 주시는 진정하고 완전한 필요**를 채워줄 수가 없습니다. 그래서 **외치는 자는 많으나 생명수가 말랐다**는 말씀도 있습니다. 그 결과는 뻔합니다.

인간의 지혜로운 소리나 아름다운 소리, 매끄러운 소리, 부드러운 소리를 아무리 가득 채워서 멋있게 전해준다 할지라도 그것은 하나님께로부터 온 신령한 것이 아니기 때문에 그런 것을 늘 듣고 배운 사람들은 영과 육의 문

제를 해결할 수 없으며 그리스도의 사람으로 치료되고 변화되고 성숙해질 수가 없습니다. 그런 사람들은 그리스도의 향기와 빛을 발할 수 없으며 소금의 사명이나 편지의 사명을 결코 제대로 수행할 수가 없습니다.

오늘날 많은 교회가 이런 교인들로 채워지고 있습니다. 따라서 교회 숫자는 많아지고 거대해 보이는 교회들이 많아지지만 도무지 교회와 성도가 구실을 제대로 할 수 없는 것입니다.

이런 근본적인 문제를 깨닫지 못하고 해결 받지 못하면서 외형만을 키우거나 방법만을 바꾼다면 그 모든 것은 헛되이 될 뿐입니다.

② 위임식을 행할 사람은 모세였습니다.

이것은 하나님의 명령이었습니다.

아론이 '백성들을 위해 위임받은 사람' 일지라도 그 백성들이 그를 위임할 수는 없었습니다. '여호와의 종' 이요, '여호와의 대리자' 인 모세가 제사장 위임식을 행해야 했습니다. 또 하나님께서는 하나님의 특별한 임명으로 모세가 제사장의 일을 수행해왔으므로 제사장이 차지할 제물들이 모세의 몫이 되리라고 명령하셨습니다(26절).

③ 위임식 장소는 '회막 문' 이었습니다.

▎4 너는 아론과 그의 아들들을 회막 문으로 데려다가 물로 씻기고

하나님께서는 장막에 거하기를 즐거워하셨고, 백성들은 그 장막 뜰 문 앞에 서 있었기 때문에 장막과 백성들 사이에 있는 문은 하나님과 사람 사이의 중보를 위해 성별된 자들이 서기에 가장 적합한 장소였습니다.

제사장은 그 문에서 성별되었습니다. 그 이유는 그들이 그 문의 문지기가 되어야 했기 때문입니다.

이렇게 목사와 하나님의 일꾼들은 사람들이 아니라 하나님에 의해 위임을 받아야 합니다. 하나님께 위임받은 자들은 하나님과 백성들 사이에서 중간자의 역할을 해야 합니다. 그러므로 이런 사람들은 성별된 사람이어야 하며 거룩한 하나님의 궁전(성막)의 문지기로서 합당한 자가 되어야 합니다.

하나님께 위임을 받지 못하고 성별 되지 못한 사람은 아무리 목사요, 교회 지도자라 할지라도 결코 이 성막에서 위임받은 제사장이 아닙니다.

그러므로 그들은 거룩한 사명을 수행하는 것이 아니며 그 결과는 헛될 뿐입니다.

④ **아론과 그 아들들을 물로 씻기고 성복을 입게 하셨습니다**(4~9절).

"너는 아론과 그의 아들들을 회막 문으로 데려다가 물로 씻기라" 하셨습니다.

물로 씻는 예식은 믿는 자가 그리스도로 말미암아 깨끗해지는 것을 상징합니다(계1:5, 7:14).

(1) 그들은 씻김을 받아야 했습니다.

"여호와의 기구를 메는 자들은 정결해야 한다"고 하셨습니다(사52:11).
"완전한 성결을 원하는 자들은 모든 더러움에서 자신을 정결하게 해야 한다" 했습니다(고후7:1).
제사장들은 이때 전신을 다 씻었습니다. 그러나 그 후로는 그들이 예식을 집행하러 들어갈 때 손발만 씻었습니다(30:19). 왜냐하면 "이미 씻긴 자는 다 씻을 필요가 없었기 때문(요13:10)"입니다.

(2) 그들은 거룩한 옷을 입어야 했습니다.

> 5 의복을 가져다가 아론에게 속옷과 에봇 받침 겉옷과 에봇을 입히고 흉패를 달고 에봇에 정교하게 짠 띠를 띠게 하고
> 6 그의 머리에 관을 씌우고 그 위에 거룩한 패를 더하고
> 8 그의 아들들을 데려다가 그들에게 속옷을 입히고
> 9 아론과 그의 아들들에게 띠를 띠우며 관을 씌워 그들에게 제사장의 직분을 맡겨 영원한 규례가 되게 하라 너는 이같이 아론과 그의 아들들에게 위임하여 거룩하게 할지니라
> 〈더 제대로 된 번역〉
> 9 그의 아들들에게 위임하여 → 그의 아들들을 제사장으로 임명하여

이 말씀들은 대제사장에게 성복을 입히는 것에 대한 말씀입니다.

'에봇 받침'이 되는 '겉옷', '에봇', '흉패'에 대하여는 28장 4~30절의 해석을 참조하시기 바랍니다.

그들이 거룩한 옷을 입어야 하는 것은 그들의 죄의 오염을 없애버리는 것만으로는 충분하지 않고 "성령의 은혜로 옷 입어야 한다", 즉 "의로 옷 입어야 한다"는 것입니다(시132:9). 사람들이 일을 하기 위해 준비하고 힘을 북돋우듯이 제사장들도 띠를 띠어야 했습니다. 또한 자신의 일과 직능을 진정한 영광으로 여기는 사람답게 예복을 입고 관을 써야 했습니다.

(3) 대제사장은 '거룩한 관유'로 기름 부음을 받으라고 하셨습니다.

> 7 관유를 가져다가 그의 머리에 부어 바르고

이것은 하나님께서 대제사장에게 성령을 부어 주심에 대한 비유입니다.

이때 대제사장이 기름 부음을 받은 것은 장차 오실 예수 그리스도에게 성령이 무한히 임하실 것을 예표합니다(눅4:18, 요3:34).

이로써 교회는 대제사장의 직무수행에서 오는 아름다운 향기로 채워지고 즐거워하게 됩니다. 왜냐하면 기름과 향유는 하나님과 제사장의 마음을 즐겁게 하는 것이기 때문입니다.

이것은 또 대제사장이 그의 일을 집행하는 자격을 갖출 수 있도록 그에게 아낌없이 성령이 부어진다는 것을 나타내는 표시입니다.

하위 제사장들도 기름 부음을 받았는데(30:30) 대제사장처럼 머리 위에 부음 받지는 않았습니다(레29:21). 기름이 그들의 옷자락에 뿌려진 피와 혼합되게 했을 뿐입니다. 뿐만 아니라 아론의 아들들에게는 성복의 '속옷'만 입히고 겉옷이나 에봇이나 흉패를 착용하게 하지 않았습니다. 이렇게 일반 제사장들의 복장은 대제사장의 복장과 달랐습니다.

아무리 하나님께 부르심을 받고 성결하게 되어 제사장의 직분을 수행해도 그는 예수 그리스도를 예표하는 대제사장은 아니었던 것입니다. 비록 예수 그리스도께서 십자가에 죽으신 직후에 지성소 휘장이 갈라져서 제사장도 지성소로 들어갈 수 있게 되었으나 그렇다고 하여 예수 그리스도의 피의 은총을 입어 거룩하게 된 제사장들, 즉 오늘날의 모든 성도는 결코 예수 그리스도가 아닙니다.

여기에서도 하나님은 이런 중요한 사실을 분명히 깨우쳐주시는 것입니다.

5 **속죄제와 번제와 화목제를 드리게 하셨습니다.**

(1) 제사장 위임식에서 첫째로 드린 제사는 '속죄제' 입니다.

> 10 너는 수송아지를 회막 앞으로 끌어오고 아론과 그의 아들들은 그 송아지 머리에 안수할지며
> 11 너는 회막문 여호와 앞에서 그 송아지를 잡고
> 12 그 피를 네 손가락으로 제단 뿔들에 바르고 그 피 전부를 제단 밑에 쏟을지며
> 13 내장에 덮인 모든 기름과 간 위에 있는 꺼풀과 두 콩팥과 그 위의 기름을 가져다가 제단 위에 불사르고
> 14 그 수소의 고기와 가죽과 똥을 진 밖에서 불사르라 이는 속죄제니라

죄사함 받지 못한 사람은 하나님의 일을 맡을 자격이 없습니다(히7:27~28).

"아론과 그 아들들은 그 수송아지 머리에 안수하라" 하셨습니다(10절).
그들이 이렇게 안수한 것은 그들의 죄를 그 송아지에게 전가시킨다는 것이었습니다.

희생되는 송아지는 장차 오실 예수 그리스도의 십자가의 희생을 상징합니다(엡5:2). 그러므로 그들의 죄악을 예수님이 대신 지신 것입니다(고후5:21).

제사장직의 계약은 모든 계약과 마찬가지로 '희생에 의해 이루어져야' 했습니다.

그들을 속죄하기 위한 속죄제를 드려야 했습니다.

율법에 의하면 저들도 결함이 있으므로 제사장들은 '백성들을 위해 속죄하기에 앞서 자신들의 속죄를 위해 제사를 드려야' 했습니다(히7:27~28). 그들은 자기들이 드리는 제물의 머리 위에 손을 얹고 자신은 마땅히 죽어야 할 자임을 스스로 고백하며, 그 짐승의 죽음이 자기들의 죄를 대속해주는 대속물로 받아들여지기를 빌어야 했습니다.

그 제물로는 다른 속죄 제물과 같은 것이 사용되었습니다. 단, 다른 속죄 제물의 고기는 제사장들이 백성들의 죄를 가져가 버린다는 증거로 제사장들이 먹었지만(레10:18) 이 제사장의 고기는 진 밖에 내다가 모두 불태우라고 하셨습니다.

이것은 율법 시대의 불완전성을 의미합니다.

제사장들의 죄는 그 희생 제물들로도 속죄되지 못하므로 저들은 더 훌륭한 대제사장과 더 좋은 희생물을 기대해야 했던 것입니다.

(2) 하나님께 영광을 돌리기 위해 '번제'를 드려야 했습니다.

> 15 너는 또 숫양 한 마리를 끌어오고 아론과 그의 아들들은 그 숫양의 머리 위에 안수할지며
> 16 너는 그 숫양을 잡고 그 피를 가져다가 제단 위의 주위에 뿌리고
> 17 그 숫양의 각을 뜨고 그 장부와 다리는 씻어 각을 뜬 고기와 그 머리와 함께 두고
> 18 그 숫양 전부를 제단 위에 불사르라 이는 여호와께 드리는 번제요 이는 향기로운 냄새니 여호와께 드리는 화제니라
> 〈더 제대로 된 번역〉
> 16 너는 그 숫양을 잡고 그 피를 가져다가 제단 둘레에 뿌려라.
> 17 그 숫양의 각을 뜨고 → 그 숫양을 여러 조각으로 갈라내고

■ *18 이는 향기로운 냄새니* → 그 냄새가 나를 기쁘게 하는 화제이다.

숫양을 온전히 **하나님께 불살라 바쳐야** 했습니다.

이것은 자신을 불태워 거룩한 사랑의 불꽃 속에서 올라가는 산 제물로서 하나님께 드리고 하나님을 섬기는 일에 '**완전히 헌신**'하리라는 표시입니다.

속죄제를 먼저 드린 후에 번제를 드려야 했습니다. **죄악이 제거되기까지는** 어떤 예배도 받아들여질 수 없기 때문입니다(사6:7).

그런데 **오늘날** 회개할 생각은 하지 않고 그저 끊임없이 정해진 시간에 모여 예배드리는 사람들이 너무나도 많습니다. 저들의 죄가 제거되기 전에는 아무리 많이 모이고 웅대한 건물에서 예배드린다 할지라도 그 예배는 하나님께 받아들여질 수 없습니다.

우리 모든 교회와 성도는 이 사실을 명심해야 합니다.

(3) '**화목제**'를 드려야 했습니다(1).

그 제물은 '**위임식의 숫양**'이라고 불렸습니다.
다른 두 제사보다 **더 특유한 것**이 많았기 때문입니다.
번제에서는 하나님께서 그들의 제사장직의 영광을 받았으나 이 제사에서는 그들이 **제사장직에서 오는 위로**를 받았습니다.

또한 **하나님과 그들 사이의 상호계약**을 나타내는 다음과 같은 일을 했습니다.

첫째, **제물의 피가 하나님과 그들 사이에 나누어졌습니다.**

> *19 너는 다른 숫양을 택하고 아론과 그 아들들은 그 숫양의 머리 위에 안수할지며*
> *20 너는 그 숫양을 잡고 그것의 피를 가져다가 아론의 오른쪽 귓부리와 그의 아들들의 오른쪽 귓부리에 바르고 그 오른손 엄지와 오른발 엄지에 바르고*
> *21 제단 위의 피와 관유를 가져다가 아론과 그의 옷과 그의 아들들과 그의 아들들의 옷에 뿌리라 그와 그의 옷과 그의 아들들과 그의 아들들의 옷이 거룩하리라*
> 〈더 제대로 된 번역〉
> *21 제단 위의 피와 관유를 가져다가* → 그리고 나서 *제단에서 피를 얼마쯤 가져다가 제사장을 임명할 때 쓰는 특별한 기름과 섞어라.*

곧 **일부는 단 주위에** 뿌려졌고, **일부는 그들의 의복과 몸에** 뿌려졌습니다.

이렇게 하여 **희생 제물에 의해 성립된 속죄의 은총이** 그들에게 적용하게 되었고 또 **그들은 그것을** 확신하게 되었습니다.

아론과 그 아들들의 '몸 전체에 피를 바른다' 는 의미에서 그들의 오른편 지체들 끝에 그 피를 발랐습니다.

특별히 **'손'** 은 일하는 지체이고 **'발'** 은 행하는 지체인데 거기에 피를 바른다는 것에는 깊은 의미가 있었습니다. **신체의 말단 부분에도 피가 뿌려졌으니** 그들의 전신이 하나님을 위해 구별되고 받아들여졌음을 의미합니다. 귓부리와 엄지발가락까지도 예외가 아니었습니다.

아론은 속죄되어 이제부터 하나님의 것이 되었으므로 전적으로 하나님의 말씀에 순종하여(귓부리에 피를 바른 것) 모든 일을 해야 하는 것입니다.

우리는 그들의 의복 위에 뿌려진 피와 기름이 의복을 얼룩지게 하고 더럽힌 것을 생각할 수 있습니다. 그러나 **의복 위에 뿌려진 희생물의 피와 거룩한 기름은** 그들에게 최선의 장식이 된 것입니다. 그 피와 기름은 그리스도의 피와 성령의 은혜를 상징하기 때문입니다. 그리스도의 피와 성령의 은혜는 우리에게 성결의 아름다움을 이루고, 완성해주며, 우리에게 하나님의 은총을 입게 해줍니다.

계시록에서는 **'어린양의 피로 희게 된 옷'** 에 대해 말씀합니다(계7:14). 이것도 그들과 그들의 직분을 전적으로 성화시키는 것의 표상입니다. 예수로 말미암아 진정한 성도들이 이와 같이 성화되는 것입니다.

> 22 또 너는 그 숫양의 기름과 기름진 꼬리와 그것의 내장에 덮인 기름과 간 위의 꺼풀과 두 콩팥과 그것들 위의 기름과 오른쪽 넓적다리를 가지라 이는 위임식의 숫양이라
> 〈더 제대로 된 번역〉
> 下 오른쪽 넓적다리를 잘라내어 따로 두어라. 이것이 제사장을 임명할 때 쓰는 숫양이다.

하나님께 바칠 희생 제물의 주요한 부분으로 간주되는 것은 바로 그 **'기름'** 이었습니다. 그 이유는 **하나님께서 원시 시대부터 주신 계시에 의한 것입니다**. 아벨도 하나님께 양의 기름을 드렸습니다(창4:4).

'기름' 은 생명의 힘 있는 부분을 차지한 것으로 가장 요긴한 것으로 생각됩니다. **'오른쪽 넓적다리'** 도 힘 있는 부분이므로 제물의 주요 부분으로 간주된 것입니다.

> *23 또 여호와 앞에 있는 무교병 광주리에서 떡 한 개와 기름 바른 과자 한 개와 전병 한 개를 가져다가*
> *24 그 전부를 아론의 손과 그의 아들들의 손에 주고 그것을 흔들어 여호와 앞에 요제를 삼을지며*
>
> 〈더 제대로 된 번역〉
> *24 下 그것들을 나 여호와 앞에서 흔들어 바치는 요제로 드려라.*

그 전부를 그들에게 준 사람은 **모세**입니다.

모세는 하나님을 대리하여 제사장 아론의 일을 지도했습니다. 제사제도가 전적으로 사람이 만든 것이라면 하나님을 기쁘시게 할 수가 없습니다. **오직 하나님의 지시대로 제사를 드려야** 그것이 하나님께 열납되는 것입니다.

> *25 너는 그것을 그들의 손에서 가져다가 제단 위에서 번제물을 더하여 불사르라 이는 여호와 앞에 향기로운 냄새니 곧 여호와께 드리는 화제니라*
>
> 〈더 제대로 된 번역〉
> 너는 그 과자들을 그들의 손에서 가져다가 제단 위에서 **번제물이 되기 위하여 그것들을 제단 위에서 불사르라** 그 냄새는 나 여호와를 기쁘게 하는 것이니 곧 여호와께 드리는 **화제니라**.

불사름은 하나님께 전적으로 바침을 의미합니다.

"**그 냄새는 나 여호와를 기쁘게 하는 것이니**" 라는 말씀은 **하나님께서 달게 받으셨음**을 뜻합니다.

제 58 강

〈13〉 제사장과 대제사장(21)
[7]위임식(2)

〈출29:1~3〉
1네가 그들에게 나를 섬길 제사장 직분을 위임하여 그들을 거룩하게 할 일은 이러하니 곧 어린 수소 하나와 흠 없는 숫양 둘을 택하고 2무교병과 기름 섞인 무교 과자와 기름 바른 무교 전병을 모두 고운 밀가루로 만들고 3그것들을 한 광주리에 담고 그것을 광주리에 담은 채 그 송아지와 두 양과 함께 가져오라

〈13〉 제사장과 대제사장(21)

[7] 위임식(2)

① "수소 하나와 숫양 둘과 무교병을 준비하라" 하셨습니다.
② 위임식을 행할 사람은 모세였습니다.
③ 위임식 장소는 '회막 문'이었습니다.
④ 아론과 그 아들들을 물로 씻기고 성복을 입게 하셨습니다.
⑤ 속죄제와 번제와 화목제를 드리게 하셨습니다.

(1) 첫째로 드린 제사는 '속죄제'입니다.

(2) 하나님께 영광을 돌리기 위해 '번제'를 드려야 했습니다.

(3) '화목제'를 드려야 했습니다(2).

> 〈출29:26~28〉
> 26 너는 아론의 위임식 숫양의 가슴을 가져다가 여호와 앞에 흔들어 요제를 삼으라 이것이 네 분깃이니라
> 27 너는 그 흔든 요제물 곧 아론과 그의 아들들의 위임식 숫양의 가슴과 넓적다리를 거룩하게 하라
> 28 이는 이스라엘 자손이 아론과 그의 자손에게 돌릴 영원한 분깃이요 거제물이니 곧 이스라엘 자손이 화목제의 제물 중에서 취한 거제물로서 여호와께 드리는 거제물이니라
> 〈더 제대로 된 번역〉
> 26 너는 아론을 제사장으로 임명할 때 쓴 숫양의 가슴을 가져다가 여호와 앞에서 요제로 바쳐라. 그 가슴은 너희의 몫이다.

> *27 거룩하게 하라 → 거룩히 구별하여라.*
> *28 이는 이스라엘 자손이 아론과 그의 자손에게 주어야 할 몫이다. 곧 거제물이니 곧 이스라엘 자손이 화목제의 제물 중에서 취한 거제물로서 나 여호와께 드리는 거제물이니라.*

여기 나오는 '**거제물**'은 히브리어로 '**테루마**'인데 제물의 넓적다리를 쳐들어 바친다는 뜻입니다(레7:32).

이것은 24절의 '**요제**'와는 다릅니다. 요제는 제물의 가슴 부분을 들고 앞뒤로 흔들어 바치는 것을 의미합니다(레7:30).

우리는 제사장이 행했던 동작의 의미를 확실하게 알기는 어렵습니다.

이렇게 바쳐졌던 것은 후에 **제사장들이 먹도록 반환**되었습니다(레7:34).

그들이 '**숫양의 가슴과 넓적다리**'를 나누어 먹을 수 있다는 것입니다. 그 먹는 방법에 대해서는 31~34절에 기록이 되어있습니다.

이것은 **신약교회의 성찬 예식**에 해당되며 그리스도의 속죄의 은혜를 **즐겁게 누림**을 비유합니다.

추가되어 드려진 속죄물과 함께 **그 제물의 고기**는 하나님과 사람이 **나누어가졌습니다.** 하나님과 그들이 **같이 잔치를 베푼 것**입니다. 이것은 **화목과 친교의 증거**입니다.

그 일부는 여호와 앞에 흔들고 난 후 제단 위에서 불살랐습니다. 즉 고기의 일부와 빵의 일부가 드려졌는데 **고기와 빵은 병행되어야** 하기 때문입니다(23절). **이것들을 앞뒤로 흔들라 하신 것은 그것들이 하나님께 바쳐졌음**을 표합니다. 그리고 **제단 위에서 불살라진 이유**는 제물 중 하나님의 몫은 그 제단이 차지해야 하기 때문입니다.

이렇게 하여 **하나님께서는 제사장들의 손으로 바쳐진 제단의 고기를 받으시고, 아론과 그 아들들을 종으로 인정하시고, 그 식탁에서 시중을 들라고 허락하셨던 것**입니다.

여기에 삽입구처럼 끼어든 것이 있습니다.

제사장들이 화목제물 분깃에 대한 율법 속에 위에서 나누어진 **위임식 숫양의 가슴과 넓적다리의 기사가 삽입**되었습니다.

모세는 가슴 고기를 취하고, 넓적다리는 하나님 몫과 함께 제단 위에서 **불살랐습니다**(26~28절). 그리고 **숫양과 빵의 남은 부분은 아론과 그 아들들이 회막문에서 먹으라고 하셨습니다**(31~33절). 이것은 하나님께서 그들을 '**종이면서도 친구로**' 부르셨음을 나타냅니다(요15:15).

하나님은 그들과 함께, 그들은 하나님과 함께 먹고 마셨습니다.

그들이 그것을 먹음으로써 "**속죄되었다**"는 것은 "저들이 화목을 얻었다(롬5:11)"는 의미입니다. 그리고 그 속죄의 잔을 저들이 감사히 받아들였으며 그럼으로써 하나님과 즐거운 친교를 나누었다는 것을 의미했습니다.

이것이 **제물을 놓고 베푼 잔치**의 참된 의미입니다.

만약 제물의 고기가 조금이라도 남으면 부패하지 않도록, 또 그것이 특별한 화목제물임을 나타내기 위해 **불태우라**고 하셨습니다.

"**피를…단 뿔들에 바르라**"는 것은 **제단 자체를 깨끗하게 하는** 상징적 행동이라고 봐야 합니다. 그것은 제사를 드리는 사람이 **이제부터 하나님과 교제함**, 또는 **하나님이 주시는 생명에 참여함**을 상징합니다.

'**피**'는 **예수 그리스도의 보혈**을 상징합니다.

모든 사람의 윤리적 불결은 **그 피로 말미암아서만** 깨끗해집니다. 제단은 물체에 불과하지만 인간의 죄로 인해 모든 피조물이 다 저주 아래 있으므로 **그것들도 피 뿌림을 받아야** 했습니다(골1:20).

"**그 피 전부를 단 밑에 쏟으라**" 하셨습니다.

이것은 **제단**을 속하여 거룩하게 하기 위함입니다(레8:15).

"**내장에 덮인 모든 기름과 간 위에 있는 꺼풀과 두 콩팥과 그 위의 기름을 취하여 단 위에 불사르라**" 하셨습니다.

이것은 '**기름**'과 관련된 부분들을 제물의 요점으로 여겨서 단 위에 불사른 것이니 곧 하나님께 제물을 바치는 방법입니다(창4:4).

'**불사름**'은 한 부분도 내어놓지 않고 그것들을 **온통 들어 바치는 것**을 의미합니다.

"**수소의 고기와 가죽과 똥을 진 밖에서 불사르라**" 하셨습니다.

이것은 **장차 오실 그리스도께서 영문 밖에서 십자가에 죽임이 되실 것을 예표합니다**(히13:11~12). 그리스도는 이와 같이 **버려지셨습니다**. 그러나 그의 피는 **그 백성의 모든 죄악을 대속하고도 남았습니다.**

6 **아론을 계승할 자들에 대한 규례**가 **나옵니다.**

〈출29:29~30〉
29 아론의 성의는 후에 아론의 아들들에게 돌릴지니 그들이 그것을 입고 기름 부음으로 위임을 받을 것이며

> 30 그를 이어 제사장이 되는 아들이 회막에 들어가서 성소에서 섬길 때에는 이 레 동안 그것을 입을지니라

후에 **아론의 제사장직을 그 아들들이 계승할 것**에 대한 말씀입니다.

'성의'는 '거룩한 옷'을 뜻하는 말로 대제사장 아론이 입던 복장의 여러 가지 부분들을 가리킵니다. 이 복장은 대제사장의 성직을 표상하므로 "성의를 아들들에게 돌리라"는 말씀은 아론이 후에 성직을 그 자손에게 **전승시켜야** 할 것을 의미합니다.

7 **이때 제물을 먹는 규례가 나옵니다.**

> 〈출29:31~34〉
> 31 너는 위임식 숫양을 가져다가 거룩한 곳에서 그 고기를 삶고
> 32 아론과 그의 아들들은 회막 문에서 그 숫양의 고기와 광주리에 있는 떡을 먹을지라
> 33 그들은 속죄물 곧 그들을 위임하며 그들을 거룩하게 하는 데 쓰는 것을 먹되 타인은 먹지 못할지니 그것이 거룩하기 때문이라
> 34 위임식 고기나 떡이 아침까지 남아 있으면 그것을 불에 사를지니 이는 거룩한즉 먹지 못할지니라

화목 제사를 드린 뒤에 제사장들이 제물을 먹는 규례에 대한 말씀입니다. 제물을 먹는 일도 **제사 드리는 규례와 관련**을 가지고 있습니다. 그것은 결단코 제사 드리는 일에서 독립된 자유로운 일이 아닙니다. 먹는 일 역시 **영적인 의미**를 가졌으며 법규의 제재를 받도록 되어있습니다. **제사장들은 먹을 수 있으나** 다른 사람들은 먹지 못하며 남은 것은 불살랐습니다. 거룩한 것을 무법하게 취급하면 그것이 **죄가 되므로** 불살라 처분하는 것입니다.

지금까지 본대로 **불사른다**는 말씀이 여러 차례 나옵니다. 이것은 제물을 불에 태워 바침에 관련한 것입니다.

여기서 우리가 주목하여 볼 일이 있습니다.

(1) **요긴한 것을 드려야** 합니다.

하나님께 무엇인가를 바칠 때는 **요긴한 것을 바쳐야** 합니다. 사람도 중요하게 여기지 않는 것을 존귀하신 하나님께 바쳐서는 안 됩니다.

(2) **온전히 바쳐야** 합니다.

하나님 앞에 바치면서 **아까워하는 마음**이 있다면 그것은 하나님 앞에 불사

른 것이 아닙니다. 우리는 **우리 자신을 하나님께 바칠 때도 불사름과 같이 모두 바쳐야** 하고 그 다음에는 자기 소유로 주장하지 말아야 합니다.

또한 32절에 "**떡(빵)을 먹을지라**" 는 말씀이 있습니다.
이는 **하나님 앞에 제물을 바치고 하나님과 화목한 자들이 그 은혜를 기쁘게 누리는 것**에 대한 말씀입니다.
그리스도께서 우리를 위해 속죄제물이 되셨으므로 우리는 **그 결과로 오는 모든 은혜를 믿음으로 받아야** 합니다. 진정한 믿음이 없는 자들은 그것을 받을 수 없습니다.

우리의 믿음은 **먹는 행동**으로 비유됩니다.
요한복음 6장에서 주님은 이렇게 말씀합니다.
"나는 하늘에서 내려온 산 빵이니 사람이 이 빵을 먹으면 영생하리라" 하셨고, "내가 진실로 진실로 너희에게 이르노니 인자의 살을 먹지 아니하고 인자의 피를 마시지 아니하면 너희 속에 생명이 없느니라 내 살을 먹고 내 피를 마시는 자는 영생을 가졌고 마지막 날에 내가 그를 다시 살리리라" 하셨습니다.

믿음을 '**먹음**' 에 비유하는 것의 의미는 다음과 같습니다.
(1) **진실하게 믿으면 하나님이 주시는 은혜를 거짓되게 먹을 수 없습니다.**
즉 진실한 믿음을 갖지 못한 사람들은 하나님이 주시는 은혜를 참으로 먹을 수 없는 것입니다.

(2) 예수 그리스도를 확실하게 믿는 사람은 마치 음식을 먹으면 그 영양분이 살과 피와 세포 속에 공급되는 것처럼 그리스도로 인한 은혜가 **참으로 자신의 것이 되고 그 영혼에 살과 피가 되며 꼭 필요한 영양분을 공급받게** 되는 것입니다.

(3) 기쁘게 예수 그리스도를 믿는 사람은 음식을 맛있게 먹는 것처럼 **그리스도로 인한 은혜를 세상의 무엇보다도 맛있고 기쁘게 받아들이게** 됩니다.

예수 그리스도를 믿는 일은 **참으로 기쁜** 일입니다.
나는 과연 이런 사람이 되고 있는지 돌아보시기 바랍니다.

8 **위임식은 7일간 거행되게 하셨습니다.**

> 〈출29:35~37〉
> 35 너는 내가 네게 한 모든 명령대로 아론과 그의 아들들에게 그같이 하여 이레 동안 위임식을 행하되
> 36 매일 수송아지 하나로 속죄하기 위하여 속죄제를 드리며 또 제단을 위하여 속죄하여 깨끗하게 하고 그것에 기름을 부어 거룩하게 하라
> 37 너는 이레 동안 제단을 위하여 속죄하여 거룩하게 하라 그리하면 지극히 거룩한 제단이 되리니 제단에 접촉하는 모든 것이 거룩하리라
> 〈더 제대로 된 번역〉
> 36 너는 그 칠일 동안 매일 수소 한 마리씩 바치라. 그것은 아론과 그의 아들들의 속죄제물이라. 너는 제단을 준비하여 깨끗하게 하고 제단에 기름을 부어 거룩하게 하여라.
> 37 너는 이레 동안 제단을 준비하여 거룩하게 하여라. 그리하면 지극히 거룩한 제단이 되리니 제단에 접촉하는 모든 것이 거룩하리라.

1~34절까지는 대제사장 위임식의 첫날 행사에 대한 말씀입니다. 사실상 대부분의 의식은 첫 날에 거행됩니다.

"너는 이레 동안 위임식을 행할지니라" 하셨습니다.

(1) 이 칠일의 마지막 날에 위임식이 끝난 것으로 간주하지 말라는 것입니다.

이는 그 위임식에 존엄성을 부여하는 것입니다. 또한 위임 후와 전의 그들의 상태 사이에 구분을 두는 것입니다. 또 그들이 그 직무의 비중과 중요성을 숙고할 시간적 여유를 가진 후에 일에 착수하도록 하신 것입니다.
이러한 일은 그 후에도 계속 지키라고 하셨습니다(30절).
아론에 이어 대제사장이 될 사람은 7일간 계속 거룩한 옷을 입고 있었습니다. 이것은 그가 직무에 신중해야 하며 점차적으로 응해야 함을 나타내는 표시입니다. 더욱이 그의 위임식을 거행하는 중에 한 번의 안식일이 경과하도록 하기 위해서였습니다.

(2) 이 첫 번째 위임식에서는 7일간 매일 한 마리씩 수송아지를 드리게 하셨습니다.

이것은 그들에게 중요한 것을 알리기 위함이었습니다.
1) 죄 사함을 받는 것은 그들에게 있어서 중요한 관심사라는 것입니다.
또한 그들이 속죄의 은혜를 받는다 할지라도 여전히 죄에 대한 참회의식을 가지고 죄를 고백해야 한다는 것을 말해줍니다.

그러므로 예수를 믿고 죄 사함을 받았다 할지라도 **성도로서 살아가면서, 그리고 제사장의 직분을 수행하면서 여전히 범하는 죄에 대한 회개 의식을 간직하고 시시때때로 회개해야** 합니다. 이것이 제대로 되지 않는 사람은 신자답게 살지 못하며 제사장으로서의 사명을 제대로 수행할 수 없습니다. 그런 사람은 하나님 앞에서 합당하지 않습니다.

2) 속죄를 위해 매일같이 바치는 희생제물들도 **'그리로 나오는 사람들을 온전하게 할 수는 없다'** 는 것입니다.

바울 사도가 말했듯이 만일 그 희생제물로 모든 것이 온전하게 될 수 있다면 다시는 그 제물을 드리지 않았어야 했습니다(히10:1~2).

그러므로 성도들은 **더 좋은 소망**이 도래하기를 기대하면서 날마다 회개생활을 해야 합니다.

3) 제사장들의 위임식은 **'장차 나타날 선한 것들의 그림자'** 였습니다.

가. **하나님께서 부르셨고 그 부르신 자들의 고백을 받아주시는 위대한 대제사장이신 그리스도는 영원히 성별**(위임)**되셨습니다.**

그는 다른 제사장과는 달리 **성령으로 기름부음을 받으셨고**(이 때문에 메시야, 즉 그리스도로 불리워진 것임) **아름다움과 영광으로 거룩한 옷을 입으셨으며,** 송아지나 양의 피가 아니라(히9:12) **자신의 피로써 성별**되셨습니다. 그러므로 그는 "**고난을 통해 완전하게 되셨고 성별**(위임)**되셨습니다**(히2:10)."

이렇게 하여 이 위임식은 **그리스도 안에서 영속적인 규례**가 되었습니다.

나. **성도들은 신령한 제사를 드리는 영적 제사장입니다**(벧전2:5).

그들은 그리스도의 피로 씻김을 받아서 "**우리 하나님께 제사장이 되었다**" 했습니다(계1:5~6).

성도들은 **성결의 아름다움으로 옷 입고 기름부음을 받은 것입니다**(요일2:27). **그들의 손에는 거룩한 일로 가득 채워져 있으며 그 일을 끊임없이 행해야** 합니다. 그들이 그 일을 맡게 된 것은 위대한 희생제물이신 **그리스도를 통해서**입니다.

양심 위에 뿌려진 그리스도의 피는 양심을 깨끗하게 하사 죽은 행실에서 떠나게 하고 "제사장으로서 살아계신 하나님을 섬기게 해준다" 했습니다(히9:14).

이는 임명하는 사람이나 임명받는 사람이 **모두 성실하고 신중하게 일함**으로써 **복음의 사역자들이 엄격히 구분되어야 함**을 일깨워줍니다. 그들은

위대한 일에 고용된 것이요, 그들에게는 **무거운 책임**이 맡겨진 것입니다.

그러므로 우리(제사장)들은 **복음을 전하는 사업**을 위해 엄격히 구별된 사람이요, **위대한 일**에 고용되었으며, **아주 중대하고 무거운 책임**이 맡겨져 있음을 결코 잊어서는 안 됩니다.

그런데 많은 성도들이 세상의 허탄한 일에 많은 시간과 정성을 쏟고 있습니다. 계속 그렇게 하는 성도는 결코 이 성막의 제사장이 아닙니다.

(3) **제단을 위한 속죄도 7일 동안** 있게 하셨습니다.

제사장을 위해 7일간 매일 드려진 속죄제는 **제단과도 관계된 의식**이었습니다. 제단의 성별은 **제사장의 성별식과 동시에 거행**했습니다. 인간의 타락 이래로 하나님 앞에서 거룩한 것이란 있을 수 없습니다.

비록 그 제단은 범죄할 수 있는 주체가 아니나 **사람들의 죄로 인해 오염**되었으므로 '**속죄**'가 먼저 있어야 했습니다. 죄는 우리를 하나님의 일을 하기에 부적합하게 하고 자격이 없게 만들기 때문입니다.

'**제단도 거룩해졌으니**' 단 자체가 거룩한 목적을 위해 따로 세워졌을 뿐 아니라 그 위에 바쳐지는 예물을 거룩하게 하기 위해서도 성별된 것입니다(마23:19).

예수 그리스도는 바로 **우리의 제단**이십니다.

그는 우리를 위해 **자신을 거룩하게** 하셨습니다. **그를 통해 우리와 우리의 행위가 거룩하게 되어 하나님께 받아들여질 수 있게 된 것입니다**(요17:19).

그러므로 성도들, 즉 제사장들은 **무엇보다 먼저 하나님 앞에 날마다 지은 죄를 회개하여 용서받아야** 합니다. 우리 자신과 우리가 행하는 사역들, 그리고 성전까지도 **우리의 진정한 회개를 통해 날마다 거룩해져야만** 합니다.

오늘날의 교회는 이런 일을 충실히 하고 있는지 하나님 앞에서 정직하게 점검해봐야 합니다. 만약에 언제까지나 이 일을 잘못한다면 그 교회는 이 성막과는 상관이 없는 교회입니다. 하나님은 그들에게서 떠나시는 것입니다. 이런 교회는 **무기력하고 점점 오염되고 오히려 하나님을 대적하는 집단**이 될 뿐입니다.

제 59강

〈14〉성막의 설치, 〈15〉재료 총량의 기록, 〈16〉복을 내리심

〈출40:1~8〉

1여호와께서 모세에게 말씀하여 이르시되 2너는 첫째 달 초하루에 성막 곧 회막을 세우고 3또 증거궤를 들여놓고 또 휘장으로 그 궤를 가리고 4또 상을 들여놓고 그 위에 물품을 진설하고 등잔대를 들여놓아 불을 켜고 5또 금 향단을 증거궤 앞에 두고 성막 문에 휘장을 달고 6또 번제단을 회막의 성막 문 앞에 놓고 7또 물두멍을 회막과 제단 사이에 놓고 그 속에 물을 담고 8또 뜰 주위에 포장을 치고 뜰 문에 휘장을 달고

〈14〉 **성막의 설치**

[1] **"성막을 세우고 모든 기구를 적당한 장소에 놓으라"** 고 하셨습니다.

성막의 각종 재료와 시설물들이 **각각 검사**되었고 이제 그것들을 **하나님의 뜻대로 정돈해야** 했습니다.

하나님은 모세에게 **성막을 세우고 모든 시설물을 제대로 정돈하라고 명령**하십니다.

이제 성막공사가 끝나고 모든 성물도 갖추어졌습니다. 백성들은 완성된 것들을 보고 싶은 마음이 간절했겠지만 모세는 **하나님께서 명령하실 때까지** 성막을 세우지 않았습니다.

우리는 **모든 일은 하나님께서 주장하고 계심을 깨달아야** 합니다(시37:23).

이 일을 한 때는 '정월 초하루'로 규정되었습니다.

그 날은 이스라엘 백성들이 애굽에서 나온 지 14일이 모자란 1년이 되는 날이었습니다. 출애굽한 지 둘째 해의 **1월**(아빕월) **1일**에 성막을 세우도록 명령하신 것입니다. 새해 첫날에 참으로 거룩하고 기쁜 일, 곧 성막 시설을 한 것은 **하나님 뜻**이었습니다.

한해 동안 그들이 하나님 앞에서 해야 할 일들이 그 기간 안에 완료되었습니다. 그 거룩한 일들은 그 해의 마지막에 이르러서야 준비가 완료된 것입니다. 그래서 새해 첫날을 성막 세우는 날로 정한 것은 매우 뜻깊은 일이었습니다.

이는 한해의 첫날에 좋은 일을 시작하는 것이 좋다는 것을 암시해줍니다. 히스기야 왕 때에도 정월 초하룻날 성전을 거룩하게 했습니다.

새해가 시작될 때마다 우리는 지난해보다 하나님을 더 잘 섬기겠다는 새로운 각오로 시작해야 합니다. 모든 것의 처음되신 하나님께 우리도 처음의 것을 드려야 합니다. 우리는 해마다 하나님 섬기는 일에 더욱 완전을 기해야 합니다.

하나님께서는 성막 자체를 세우라는 구체적인 명령을 하십니다.

그 안에 법궤를 두고 막으로 그 앞을 가리도록 하셨습니다. 다음에는 식탁과 등잔대와 향단을 들여놓되 막으로 가리지는 않도록 하셨습니다.

성막 문 앞에는 문으로 사용하는 휘장을 치라고 하셨습니다. 그 다음에는 뜰에 번제단과 물두멍을 놓게 하셨습니다. 그리고 마지막으로 뜰 주위에 포장을 치고 뜰 문에 포장을 달으라 하셨습니다.

그 성막을 설치할 때 이스라엘 사람들의 생활 상태는 매우 초라했습니다. 그러나 그들이 세운 성막만은 많은 물자를 들여서 완전을 기했습니다.

우리 성도들은 현재의 형편과 처지가 어떻든지 하나님을 섬기고 하나님의 명령을 수행하는 일에 있어서는 어떤 것도 마다하지 않고 온 정성을 다해 완전하게 되도록 힘써야 합니다.

오늘날 모든 교회와 성도들이 과연 이렇게 하고 있는지 냉철하게 살펴봐야 합니다.

[2] "모든 시설들과 기구들에 기름을 발라 거룩하게 하라" 하셨습니다.

> 〈출40:9~11〉
> 9 또 관유를 가져다가 성막과 그 안에 있는 모든 것에 발라 그것과 그 모든 기구를 거룩하게 하라 그것이 거룩하리라
> 10 너는 또 번제단과 그 모든 기구에 발라 그 안을 거룩하게 하라 그 제단이 지극히 거룩하리라
> 11 너는 또 물두멍과 그 받침에 발라 거룩하게 하고

모든 것이 제자리에 배치되었을 때 모든 것은 거룩하게 되었습니다.

그러나 아직까지는 그것들이 거룩한 것으로 사용되기에 완전하지 못했습니다. 하나님은 모세에게 성막과 기구를 거룩하게 하기 위한 목적으로 준비된 기름을 부으라고 명령하셨습니다.

그것들에 거룩한 기름을 바름으로써 하나님 앞에서 합당하게 된 것입니다. "거룩하게 하라", "그것이 거룩하리라" 는 말씀이 계속해서 나옵니다. 무엇이든지 하나님을 섬기는 일에 참가할 자격은 '거룩함' 입니다.

히브리서 12장 14절에 "모든 사람과 더불어 화평함과 거룩함을 따르라 이 것이 없이는 아무도 주를 보지 못하리라" 했습니다.

하나님을 섬기는 것과 관련된 물건들과 기구들까지 '거룩해져야' 함이 강조되고 있습니다. 외부만 깨끗이 하고 내부를 더럽게 하는 것은 외식하는 죄가 됩니다. 외부와 내부가 모두 깨끗해야 하나님께서 합당하게 여겨주시고 받아주시는 것입니다.

하나님 섬기는 일에 관련된 물건들과 기구들에 '특별한 기름(관유)'를 바르는 것이 왜 거룩함을 이루는 일인가? 그 이유는 바로 그 기름이 성령을 상징하기 때문입니다. 모세가 그 물건들에 기름을 바른 것은 그것들도 성령으로 말미암아 하나님께 봉헌함을 뜻합니다.

29장 12절에 단 뿔에도 피를 바르게 하셨는데 그것은 제단 자체를 깨끗하게 하는 것이었습니다. 피는 예수 그리스도의 보혈을 상징합니다. 피가 발라지는 사람이나 대상은 예수 그리스도의 보혈에 의해 하나님 받으시기에 합당하도록 성령이 능력으로 역사하시는 것입니다.

예수 그리스도의 보혈과 성령의 역사는 결코 따로일 수 없습니다.

예수의 보혈과 직접적인 관련을 맺지 않는 사람이나 물건은 성령의 역사와 전혀 관련이 없습니다. 성령은 예수의 영으로서 예수의 보혈의 은총을 입는 대상에게만 하나님께 합당하게 받아들여지도록 크신 능력으로 역사하십니다. 예수를 확실하게 믿지 못하여 성령세례를 받지 못한 사람들은 아무리 거대하게 성막 비슷한 것을 만들고 제사장을 흉내낸다 해도 그는 예수의 보혈과 성령의 기름으로 발리우지 못한 사람이므로 결코 이 성막과 하나님과는 관련이 없는 것입니다.

〈15〉 재료 총량의 기록

성막에 헌납되고 사용된 은, 금, 동의 총량이 기록되어 있습니다.

> 〈출38:21~31〉
> 21 성막 곧 증거막을 위하여 레위 사람이 쓴 재료의 물목은 제사장 아론의 아들 이다말이 모세의 명령대로 계산하였으며
> 22 유다 지파 훌의 손자요 우리의 아들인 브살렐은 여호와께서 모세에게 명령

하신 모든 것을 만들었고

23 단 지파 아히사막의 아들 오홀리압이 그와 함께 하였으니 오홀리압은 재능이 있어서 조각하며 또 청색 자색 홍색 실과 가는 베 실로 수 놓은 자더라
24 *성소 건축 비용으로 들인 금은 성소의 세겔로 스물아홉 달란트와 칠백삼십 세겔*이며
25 *계수된 회중이 드린 은은 성소의 세겔로 백 달란트와 천칠백칠십오 세겔*이니
26 *계수된 자가 이십 세 이상으로 육십만 삼천오백오십 명인즉 성소의 세겔로 각사람에게 은 한 베가 곧 반 세겔씩*이라
27 *은 백 달란트로 성소의 받침과 휘장 문의 기둥 받침을 모두 백 개*를 부어 만들었으니 *각 받침마다 한 달란트씩 모두 백 달란트*요
28 *천칠백칠십오 세겔로 기둥 갈고리를 만들고 기둥 머리를 싸고 기둥 가름대를 만들었으며*
29 *드린 놋은 칠십 달란트와 이천사백 세겔*이라
30 이것으로 회막 문 기둥 받침과 놋 제단과 놋 그물과 제단의 모든 기구를 만들었으며
31 뜰 주위의 기둥 받침과 그 휘장 문의 기둥 받침이며 성막의 모든 말뚝과 뜰 주위의 모든 말뚝을 만들었더라

성막을 짓는 데 사용된 **금, 은, 동의 수량**을 자세히 계산한 기록입니다. 그것들은 성막을 짓기 위해 **백성들이** 가져온 것이었습니다. 그 재료들을 쓴 용도에 대한 기록들도 상세히 나와 있습니다.

이것들을 계산하도록 임명된 사람은 **아론의 아들 이다말**이었습니다.

그는 **작은 일부터 훈련받아 점점 더 큰 일에 적합한 인물**이 되었습니다. 브살렐과 오홀리압은 그 재료들을 사용하여 모든 것을 만들었고, 이다말은 모든 것을 계산했습니다.

(1) **모든 금은 백성들이 자발적으로 하나님께 드렸습니다.**

백성들은 능력껏 자발적으로 하나님께 드렸고 그 액수는 **29달란트와 730세겔**이 넘었습니다. 어떤 사람은 이것을 현대의 시가로 약 15만 파운드의 금에 해당한다고 말합니다. 이것들로 **모든 금 기구와 그릇**을 만들었습니다.

(2) **은은 세금의 방법으로 수집**되었습니다.

모든 사람에게 반 세겔씩 부과되었는데 이것은 일종의 인두세와 같습니다. 그 액수는 총 **100달란트와 1775세겔**이 넘었습니다. 이것으로 그들은 **성막의 널판 받침과 휘장 기둥받침**을 부어 만들었습니다. 그래서 이것들은 **성막의 토**

대가 되었습니다. 위 은의 총계는 오늘날의 시가로 약 3400파운드나 됩니다.
자발적인 헌납에 의한 금과 누구나 세금처럼 드린 은의 수집은 불공평하게 된 일만 아니라면 공정한 비용이 될 수 있다는 것을 보여줍니다.

우리 성도들은 하나님의 일에 있어서 **자발적인 헌납을 할 수 있어야** 합니다. 또한 **공정하게 분담하여** 물질을 드릴 수도 있어야 합니다.

하나님께 물질을 드리는 것에 있어서 인색하거나 불합당하게 해서는 안 됩니다. 왜냐하면 모든 것은 하나님께로부터 주어진 것이기 때문입니다.

(3) 놋은 금이나 은보다는 가치가 낮지만 제단을 만드는 데 사용되었을 뿐 아니라 성막 울타리의 모든 받침과 말뚝, 번제단과 물두멍을 만들 때 사용되었습니다.

이것은 **약속된** 것이었습니다.

"나는 **놋으로 나무를 대신하리라**(사60:17)" 는 말씀이 있습니다.

이것을 보면 성막을 지을 때 아마 나무도 앙장들의 받침으로 사용된 것으로 보입니다. 하나님의 거룩한 일을 위해서는 금이나 은과 같은 물질들이 사용될 뿐 아니라 **그보다 덜 가치 있는 것도 용이하게 사용되는 것**입니다. 사람도 마찬가지입니다.

그러므로 우리는 인간적으로 어떤 형편에 있든지, 경제적으로 어떤 처지에 있든지 **하나님께서 쓰시고자 하실 때 나 자신이나 내가 가진 것을 기꺼이 드리고 하나님 앞에서 유용하게 쓰여야** 합니다.

이 계산들을 보면 이스라엘 백성들이 성막을 위해 **얼마나 아낌없이 바쳤으며, 책임맡은 일꾼들 역시 참으로 성실했음**을 알 수 있습니다.

〈16〉 복을 내리심

하나님께서는 성막의 준공과 성막의 모든 물품을 하나님의 지시대로 한 것에 대해 복을 내리셨습니다.

> 〈출39:32~43〉
> 32 이스라엘 자손이 이와 같이 성막 곧 회막의 모든 역사를 마치되 여호와께서 모세에게 명령하신 대로 다 행하고
> 33 그들이 성막을 모세에게로 가져왔으니 곧 막과 그 모든 기구와 그 갈고리들과 그 널판들과 그 띠들과 그 기둥들과 그 받침들과
> 34 붉은 물을 들인 숫양의 가죽 덮개와 해달의 가죽 덮개와 가리는 휘장과
> 35 증거궤와 그 채들과 속죄소와

> 36 상과 그 모든 기구와 진설병과
> 37 순금 등잔대와 그 잔 곧 벌여놓는 등잔대와 그 모든 기구와 등유와
> 38 금 제단과 관유와 향기로운 향과 장막 휘장 문과
> 39 놋 제단과 그 놋 그물과 그 채들과 그 모든 기구와 물두멍과 그 받침과
> 40 뜰의 포장들과 그 기둥들과 그 받침들과 뜰 문의 휘장과 그 줄들과 그 말뚝들과 성막 곧 회막에서 사용할 모든 기구와
> 41 성소에서 섬기기 위한 정교한 옷 곧 제사 직분을 행할 때에 입는 제사장 아론의 거룩한 옷과 그의 아들들의 옷이라
> 42 여호와께서 모세에게 명령하신 대로 이스라엘 자손이 모든 역사를 마치매
> 43 모세가 그 마친 모든 것을 본즉 여호와께서 명령하신 대로 되었으므로 모세가 그들에게 축복하였더라

성막과 그 부속품들과 제사장들의 복장들이 하나님께서 지시하신 것과 엄밀하게 일치하도록 제작된 사실을 기록하고 있습니다. 그리고 모세는 이스라엘 백성들의 이런 순종을 귀하게 보고 그들을 축복해주었습니다.

하나님은 자신의 백성의 순종을 무엇보다도 기뻐하십니다.

> 〈삼상15:22〉
> 사무엘이 이르되 여호와께서 번제와 다른 제사를 그의 목소리를 청종하는 것을 좋아하심 같이 좋아하시겠나이까 순종이 제사보다 낫고 듣는 것이 숫양의 기름보다 나으니

순종은 그렇게 귀하기에 예수님도 순종을 배우셨다고 했습니다(히5:8,9).

(1) 성막의 건축자들은 모든 일을 신속하게 감당했습니다.

그 일이 시작해서 끝날 때까지 다섯 달 정도밖에 걸리지 않았습니다. 그 공사에는 정교한 일이 많았고 수놓는 일, 보석들은 세공하는 것도 시간이 많이 걸리는 일이었음에도 불구하고 짧은 시간 내에 잘 마쳤습니다. 그러면서도 놀랄 만큼 정확하게 모든 것을 만들었습니다.

그 이유는 다음과 같습니다.
1) 많은 사람들이 동원되었으나 그들은 서로의 뜻이 일치했고 다투지 않았습니다.
2) 일꾼들은 하나님의 세심한 명령을 받았으므로 그 일을 지연시킬 이유가 없었습니다.

우리 하나님의 일꾼들은 하나님의 일이 세상의 어떤 일보다 더 존귀함을

먼저 알아야 합니다. 그리고 **인간의 지혜와 기술만으로써가 아니라 완전하신 하나님의 계획을 알고 그 하나님의 간섭을 받고** 해야 합니다.

오늘날 많은 경우에 일이 그르쳐지고 부작용들이 생기고 결과가 오히려 하나님의 영광을 가리는 일들이 많습니다. 그 이유는 **성막을 지은 하나님의 일꾼들이 처음부터 끝까지, 사소한 일에서부터 큰 일까지 하나님의 세심한 지시와 인도를 받은 것과 같은 은총을 입지 못했기** 때문입니다.

그러므로 하나님의 일꾼들은 '이것이 하나님의 일이겠지' 하고 무조건 열심만 낼 것이 아니라 **하나님께 간절히 기도하여 그 일과 일하는 사람인 나 자신에게 하나님이 함께하시는 은총을 받아야** 합니다.

3) 그들은 모든 일에 정성을 다했고 열정적이었으며 그 일이 끝날 때까지 잘 인내했습니다.

하나님께서 그렇게 하도록 **그들의 마음을 대비시켜** 주셨습니다.

하나님의 은혜로 굳건한 결심, 근면, 자발적인 마음을 받았기에 비록 적은 시간에도 놀라운 결과를 만들어내게 된 것입니다.

그러므로 오늘날 모든 하나님의 일꾼들은 **하나님께로부터 모든 일을 하기에 합당한 마음을 받는 은총을 입어야** 합니다.

(2) 그들은 하나님의 명령을 엄수했습니다.

그들은 "여호와께서 명령하신 대로 행했다" 했습니다(32,42절).

그 명령을 조금도 변경하지 않았습니다. 하나님의 일은 **하나님의 뜻대로 행해져야** 합니다. 결코 일하는 사람 자신의 어떤 포부와 욕심이나 하나님께서 합당하게 여기시지 않는 방법으로 해서는 안 됩니다.

하나님께서 명령하신 것과 만드신 제도들은 사람들이 거기에 더 미화하거나 수정할 필요가 없습니다. 그런 것은 결코 **하나님께서 허용하시지 않습니다.** 그래서 "너희는 그의 말씀에 무엇을 더하지 말라" 한 것입니다.

하나님은 **하나님의 뜻대로 드리는 예배를 기쁘게 받으십니다.** 아무리 화려하고 아름답게 보여도 우리의 뜻대로만 드리는 예배는 받지 않으십니다.

그러므로 우리는 **예배를 비롯한 모든 것을 하나님의 뜻을 알고 해야** 합니다. 한 영혼이라도 더 구원하는 것이 중요하지만 **그것도 하나님의 뜻에 합당하게 해야** 합니다.

예배당 건물을 짓는 것도 마찬가지입니다.

오늘날 **하나님의 뜻을 전혀 분별하지 못하고 경쟁심에 의해, 자기를 나타**

내고 자랑하려는 의도로, 하나님이 아니라 자기를 위해 건물도 짓고 사람들을 모으는 **거짓 종들**이 너무나 많습니다. 그것은 분명히 **불충한 죄**이며 하나님의 뜻을 어기는 죄입니다.

(3) 그들은 만든 모든 물품을 모세에게 가져와서 **검사와 인증을 받았습니다.**

모든 것에 대해 구체적으로 호명되었고, 다 만들어졌다고 보고되었습니다. 모세는 그들에게 명령한 내용을 잘 알고 있었기에 **그들이 받은 지시에 따라, 빠짐없이 다 만든 것을 확인**할 수 있었습니다. 만일 하자나 잘못이 있다면 다시 만들었을 것입니다.

모세는 **하나님께서 주신 권위**를 가지고 있었고 백성들은 **자기들을 지도하는 그의 권위에 존경**을 보냈습니다.

그들은 모세가 그런 일에 대해 전문적으로 알지 못한다고 해서 그의 판단에 복종하지 않거나 이의를 제기하지 않았습니다. 하나님은 그들에게 그 일을 할 수 있는 지식과 재능을 주셨듯이 **자기들이 만든 작품을 모형과 비교하고 검사해볼 수 있는 마음도 모세에게 주셨다는 것을 인정**한 것입니다. 그들은 모세보다 일을 더 잘하는 방법을 알고 있었을지라도 **모세는 그들보다 훨씬 정확한 모형**을 알고 있었습니다. 그러므로 그들은 **그의 동의가 없이는 자기들의 일에 만족할 수 없었습니다.**

성막은 그야말로 **처음부터 끝까지 철저하게 하나님께서 모세에게 명령하신 대로** 만들어졌습니다. 그래서 그 모든 것은 **하나님께서 열납하실 만하게 된 것**입니다.

우리도 **우리가 하나님을 위해 하는 일에 있어서 주님의 허락을 받고자 힘써야** 합니다. 사람들끼리 의논하고 하나님의 뜻과 상관없이 사람의 기술과 지식으로써 무엇을 하려고 해서는 안 됩니다.

(4) 모세는 모든 것이 **하나님의 명령 대로 잘 되었음을 확인했습니다**(43절).

모세는 모든 것을 낱낱이 살펴보았습니다. 그리고 그것들이 모두 하나님께서 그에게 보여주신 모형에 따라 완성된 것을 확인했습니다. 그것은 **일꾼들이 하나님의 명령에 철저하게 순종하여 일했기 때문에** 나온 결과입니다. **하나님께서 우리 안에서, 우리를 통해 일하실 때는 하나님의 모든 지혜와 지식이 흡족히 성취되게** 하십시오. 그럼으로써 **우리가 하나님 앞에서 하는 모든 것이 하나님의 지시에 따라 되었고 일점일획도 땅에 떨어짐 없이 다**

이루어진다는 사실이 증명되는 것입니다.

그러나 **하나님의 세우신 목적과 뜻에 벗어나는 모든 것은 떨어지고 변경되고 사라져버리게** 됩니다.

우리 모든 성도들, 특히 목사와 지도자들은 **대소사 간의 모든 일을 함에 있어 이 사실을 명심해야** 합니다.

(5) 모세는 그들을 축복해주었습니다.

1) 그들을 **칭찬했고** 그들이 이룩한 모든 일에 대해 **만족함을 표했습니다.**
모세는 이스라엘 백성들이 하나님께서 모세를 통해 명령하신 대로 모든 일을 완벽하게 했음에 대해 칭찬할 뿐 아니라 **누구보다도 하나님께서 칭찬하고 계심**을 드러낸 것입니다.

하나님께 세움 받은 치리자들은 잘못하는 자들에게 두려움이 되어야 함은 물론이요, **선행을 하는 자들에게는 상급을 주는 자**가 되어야 합니다. 흠만 찾아내려고 하고 기뻐할 줄 몰라서도 안 됩니다.

2) 그들을 **축복하는 기도**를 했습니다.
모세가 충성스럽게 일한 사람들에게 보수를 지불했다는 기록은 없습니다. **다만 그들을 위해 축복기도만 해주었습니다. 노동자가 노동의 대가를 받는 것은 마땅한 일입니다. 그러나 여기서는 달랐습니다.**

그 이유는 다음과 같습니다.
① 그들에게는 **자신들을 위해 그들 가운데에 계신 하나님의 성막이 주는 영예와 위로가 충분한 보수가 되었던 것입니다.**
② **그들과 그들 가족을 위한 식량이 하늘에서 값없이 내려왔고 그들의 의복은 낡지 않았습니다. 그러므로 그들은 어떤 대가도 기대할 이유가 없었습니다.**
하나님께 대한 의무와 하나님과의 관계 속에서 우리가 물질적인 보수를 받지 못했을지라도 우리는 **하나님의 일을 기쁜 마음으로 하게 해주신 것만으로 만족해야** 합니다.
③ **여호와의 이름으로 주어진 이 축복은 그들이 한 모든 일에 대한 넉넉한 보수가 되었습니다.**
하나님께서 고용하신 자들은 그들이 한 모든 것에 대해 **하나님께서 복을 내려주실 것**이요, 그 복은 **가장 좋은 복**입니다. 하나님께서 충성된 자들에게 베푸시는 최고의 복은 **하나님이 그들의 하나님이 되어주시고 영원한 생명을 주시는 것**입니다.

제 60 강

〈17〉 모든 명령을 기록함, 〈18〉 모세의 순종,
〈19〉 여호와의 임재, 〈20〉 구름의 인도

〈출40:33~38〉

33그는 또 성막과 제단 주위 뜰에 포장을 치고 뜰 문에 휘장을 다니라 모세가 이같이 역사를 마치니 34구름이 회막에 덮이고 여호와의 영광이 성막에 충만하매 35모세가 회막에 들어갈 수 없었으니 이는 구름이 회막 위에 덮이고 여호와의 영광이 성막에 충만함이었으며 36구름이 성막 위에서 떠오를 때에는 이스라엘 자손이 그 모든 행진하는 길에 앞으로 나아갔고 37구름이 떠오르지 않을 때에는 떠오르는 날까지 나아가지 아니하였으며 38낮에는 여호와의 구름이 성막 위에 있고 밤에는 불이 그 구름 가운데 있음을 이스라엘의 온 족속이 그 모든 행진하는 길에서 그들의 눈으로 보았더라

〈17〉 모든 명령을 기록함

(1) 모세는 이스라엘 백성들이 그들에게 맡겨진 하나님의 거룩한 보물들에 대해 자주 읽고 듣도록 하나님께서 명령하신 모든 것을 기록했습니다 (39:32~41).

백성들은 성막에 구비되어있는 여러 가지 성물들을 볼 수 없었습니다.
제사장들만 볼 수 있었기에 모든 백성이 그 거룩한 일들에 대해 잘 알 수 있도록 상세하게 기록한 것입니다.
이와 같이 신약성경에도 그리스도의 역사에 대한 여러 가지 동일한 사실들이 두 사람, 혹은 세 사람, 또는 네 사람을 통해 똑같이 언급되고 있는데 그것도 같은 이유입니다.
하나님의 법과 복음에 관한 거룩한 사실들은 거듭해서 우리의 마음에 새겨질 필요가 있습니다. 우리는 이렇게 상세하게, 또는 같은 사실을 반복해서 기록하게 하신 말씀들을 통해 하나님과 하나님의 법과 뜻과 하시는 모든 일에 대해 수시로 읽고 들으며 기억해야 하고 그것을 계속 유지하고 보존시켜야 합니다.

(2) 모세는 이 기록을 통해 하나님께서 시내산에서 자기에게 보여주신 모

형대로 모든 것을 정확하게 만들었으며 자신과 선발된 일꾼들이 주의 깊게 일했다는 것을 나타냈습니다.

앞에서는 우리에게 원본을 보여주셨고 여기에서는 사본을 보여주신 것입니다. 따라서 우리는 그 모든 일이 정확하게 일치함을 알 수 있습니다.

모세는 하나님의 집과 그 안의 모든 세부사항에 이르기까지 지시하신 모든 명령에 자신이 충성했음을 모두에게 말해주고 있는 것입니다.

여기서 또한 그는 우리에게 하나님의 계명들은 일점일획이라도 어김없이 순종해야 함을 깨우쳐줍니다.

(3) 하나님은 그의 백성의 성실한 복종을 기뻐하시고 그것을 계산하고 계시다가 의인의 부활 때에 영광으로 갚아주신다는 것을 엿볼 수 있습니다.

하나님께서는 인간의 의무를 감찰하시는 일에 한 치의 어김도 없으십니다. "하나님은 불의하지 아니하사 너희 행위와 그의 이름을 위하여 나타낸 사랑으로 이미 성도를 섬긴 것과 이제도 섬기고 있는 것을 잊어버리지 아니하시느니라(히6:10)" 했습니다.

(4) 여기서 우리는 복음의 성막이 지니고 있는 영적인 풍성함과 아름다움을 반복해서 볼 수 있습니다.

우리는 교회의 영광을 생각하면 할수록 교회를 더욱 사랑하고 찬탄하게 될 것입니다.

〈18〉 모세의 순종

모세는 하나님의 명령대로 철저하게 순종했습니다(40:16~33).

우리는 이 부분의 말씀에서 순종의 원리를 알 수 있습니다.

모세는 성막과 그 모든 부속품들을 하나님이 지시하신 그대로 시설하고 조립했습니다.

(1) 모세는 하나님께서 그에게 지시하신 명령대로 다 행했습니다.

하나님은 하나님께서 명령하신 것 안에서만 찾을 수 있습니다. 하나님께 불순종하는 자들은 결코 하나님을 찾을 수도 없고 알 수도 없습니다.

(2) 각 부속품마다 하나님의 지시하신 것에 관한 말씀이 나와 있습니다.

이것은 모세가 모든 일꾼들처럼 용의주도하고 하나님 앞에서 자신을 철저하게 다스렸다는 것을 보여줍니다.

"여호와께서 모세에게 명하신 대로 되니라" 는 말씀이 여덟 번이나 거듭해서 나옵니다(16,19,21,23,25,27,29,32).

모세 자신은 위대한 사람이지만 성막을 짓는 데 있어서 작은 것 하나까지도 자기 뜻대로 더하거나 빼지 않고 변경시키려 하지 않았습니다.

하나님의 명령을 받고 수행하는 사람들은 주인이신 하나님이 모든 것을 보고 계신다는 것과 그 명령에 조금이라도 가하거나 감하는 것은 큰 죄가 된다는 사실을 항상 기억해야 합니다.

(3) 막으로 가려야 할 것은 가리고(21절), 사용해야 할 것은 즉시 사용했습니다.

모세는 자기의 직무를 하나님의 명령대로 수행함으로써 제사장들이 자기들의 일을 정확하게 행할 수 있도록 교훈해준 것입니다. 모세는 원래 제사장이 아니었음에도 불구하고 제사장으로 계수되었습니다(시99:6). 유대 저자들은 그를 가리켜 '제사장 중의 제사장' 이라 했습니다.

모세는 하나님께로부터 온 특별한 표징과 지시에 따라 제사장보다 예언자나 율법수여자로 행동했습니다. 그는 수레바퀴를 출발하게 했고 나머지 일은 임명된 자들의 손에 맡겼습니다.

⟨19⟩ **여호와의 임재**

성막에 구름이 덮이고 그 안에 하나님의 영광이 충만해졌습니다.

> ⟨출40:34~35⟩
> 34 구름이 회막에 덮이고 여호와의 영광이 성막에 충만하매
> 35 모세가 회막에 들어갈 수 없었으니 이는 구름이 회막 위에 덮이고 여호와의 영광이 성막에 충만함이었으며

하나님께서 이 세상을 창조하시고 인간을 만드시고 세상을 소유하여 그 속에 살게 하셨던 것과 같이 모세가 사람 가운데 거하실 하나님의 장소로서 성막을 완성했을 때 하나님께서 그곳에 오셔서 그곳을 소유하셨습니다.

하나님의 말씀이 아직 육신이 되지는 않았지만 그 사건의 전주곡으로서 그곳에 거하셨고 그곳에서 다스리셨습니다. 이제 후로는 그 장소가 "그의 보좌의 처소요", "그의 발을 두는 처소" 가 된 것입니다(겔43:7).

하나님께서는 **그들 가운데 오셔서 성막을 취하신다는 가시적인 표징을** 주셨습니다. 그것은 금송아지 사건으로 인해 빼앗겼던 은총을 **되돌려주신다**는 것과, 동시에 성막을 위해 저들이 바친 모든 비용과 관심과 수고를 **기쁘게 받으셨음**을 친히 증거하신 것이었습니다.

이리하여 하나님은 그 백성들을 **인정하셨고** 그들이 행한 모든 것을 **기뻐하셨고** 그들에게 **풍성한 상급을 주신다**는 것을 친히 보여주셨습니다.

하나님은 당신에게 처소를 마련한 자들과 함께 거하십니다.
하나님의 사업과 영광을 위해 바쳐진 상하고 참회하는 심령과 맑고 거룩한 심령은 '영원한 안식'을 얻게 되는 것입니다.

믿음으로 말미암아 그리스도께서 바로 거기에 거하십니다(엡3:7).
하나님께서 우리 영혼 속에 보좌와 제단을 가지신다면 바로 거기에 거룩한 성전이 존재하게 됩니다. 그리고 하나님은 **우리가 하나님의 명령을 엄수한 것에 대해 인정해주시고 영광의 관을 씌워주십니다.**

하나님은 시내산에서 자신을 현현하셨듯이, **새롭게 세워진 이 성막에서 또 현현**하셨습니다. "여호와의 영광이 시내산 위에 머무르고 맹렬한 불길이 보였다"는 말씀이 있습니다(24:16~17). 그와 마찬가지로 하나님께서 하나님의 집을 취하시기 위해 강림하셨을 때, "**성막 밖에는 구름이 덮이고 그 안쪽은 여호와의 영광이 가득했다**" 했습니다. 이것은 스가랴서 2장 5절에 암시된 것과 같습니다. 거기에서 하나님은 "**예루살렘 둘레의 불벽**" 이 있을 것이며(그것은 **구름기둥**이며 밤에는 **불기둥**입니다) "**그 가운데에는 여호와의 영광이 가득하리라**"고 약속하셨습니다.

(1) "**구름이 회막 위에 덮였다**" 했습니다.

애굽에서부터 그들 앞에 서서 여기까지 인도했던 구름이 **이제는 성막 위에 머물러 그 위를 배회**했습니다. 가장 뜨겁고 청명한 날에도 머물렀으니 태양이 흩어버릴 수 있는 구름이 아니었습니다.
이 구름을 통해 의도하시는 바가 있습니다.

1) **이스라엘 백성들로 하여금** "여호와가 우리 가운데 거하시는가?" **하는 질문을 다시 할 수 없게 하시기 위함입니다.**
이것은 진 중에서도, 가장 먼 구석에 있는 사람들에게까지도 **주야로 하나님의 임재하심을 볼 수 있게 해주는 표시**였습니다.

이미 홍해와 시내산에서 많은 기사를 베풀어 **하나님의 진실성**을 충분히 입증해주었던 그 구름이 '이스라엘 백성의 전 여정을 함께하고도 계속해서 볼 수 있게' 된 것입니다. 그런데도 그들이 믿지 않는다면 더 이상 **용서의 여지는 없는 것**입니다.

2) **성막을 감추시는 것**과, **그 안에는 하나님의 영광이 있다는 증거**입니다.
하나님은 그들 가운데 거하셨지만 **구름 가운데 거하셨습니다**. 하나님은 육신의 몸을 가진 인간들에게 자신의 모습을 숨기십니다.
우리는 하나님의 영광을 "구름 속에서와 같지 않고", "거울에서 보는 것과 같이 얼굴을 마주 대하고 보게 될 때"를 만나게 될 것입니다.

3) 그 구름은 **성막의 보호**를 뜻합니다.
그들은 성막을 네 겹으로 덮어서 보호했습니다. 그러나 결국 **최선의 보호는 그것을 덮은 구름이었습니다**.
여호와의 집에 거하는 자들은 숨겨지고 하나님의 보호 아래 안전하게 됩니다(시27:4~5). 이것은 성막에만 있었던 은총이었지만 **모든 시온, 즉 예수 그리스도를 믿는 교회의 거처에 주는 약속**이기도 합니다(사4:5). **모든 영광에는 확실한 방어**가 있습니다.

4) 구름은 광야를 지나가는 **이스라엘의 행진을 이끄는 인도**를 뜻합니다 (36,37).
구름이 성막 위에 머물러 있는 동안은 그들이 휴식을 취했습니다. 그러다가 **구름이 이동하면 그들도 이동했습니다. 이스라엘 백성들은 구름을 온전히 하나님의 지시로 알고 따랐습니다.**
이 사실은 민수기 9장 15절 이하에서 더욱 자세히 언급되어 있습니다. 또한 오랜 후에 하나님의 영광에 대한 감사의 말씀과 함께 다시 이야기됩니다 (느9:19,시78:14,105:39).
이스라엘 백성들은 성막이 세워지기도 전에 구름을 그들의 인도자로 삼았습니다. 그 구름이 때로는 여기에, 때로는 저기에 나타났습니다. 그러나 이후로는 구름이 '성막 위에' 머물렀고 '오직 거기서만' 발견되었습니다. 이와 같이 교회는 성경이 기록되기 전에도 처음부터 **하나님의 계시**를 안내자로 삼고 있었습니다. 성경이 만들어진 후로는 구름이 성막에만 머무는 것처럼 **하나님의 계시는 교회에만 머물게** 된 것입니다. 창세 때 빛이 첫째 날에 만들어졌으나 넷째 날에 만들어진 태양에 모여졌던 것과 같이 **이제 하나**

님의 계시는 오직 교회에서만 발견할 수 있게 된 것입니다. 우리는 율법과 성경을 주신 하나님께 참으로 영광을 돌려 드려야 합니다.

(2) "여호와의 영광이 성막에 충만하였다" 했습니다(34, 35절).

그 영광이 두렵고 장엄해서 누구도 성막에 들어갈 수 없게 되었습니다. 이제 그 모습을 드러낸 여호와의 영광은 빛과 불을 대동했습니다. 성막은 이런 것들로 충만하게 되었습니다.

모세가 처음에 시내산에서 불을 보았을 때 가시나무가 타서 없어지지 않았던 것과 같이 성막의 포장들도 불에 타서 없어지지 않았습니다. 왜냐하면 기름 부음을 받은 것들은 하나님의 위엄도 파멸하시지 않기 때문입니다. 그러나 빛이 너무나 눈부시게 비쳤고, 불꽃이 너무 경외스러워서 모세는 "회막에 들어갈 수 없었다" 했습니다. 그 광채가 조금 감소되고 여호와의 영광이 성막 안에서 물러설 때까지는 밖에 머물러 있었습니다. 이것은 하나님의 영광과 엄위하심이 얼마나 두려운 것인지를 보여줍니다. 또한 사람 중에 가장 선하고 위대한 모세까지도 그 앞에 감히 설 수 없음을 보여줍니다.

모세는 '육신의 약함을 인해' 할 수 없었던 일을 우리 주 예수 그리스도는 행하셨습니다. 하나님은 그리스도를 더 가까이 이끄시고 더 가까이 오게 하십니다. 그리스도는 "우리를 위해 지성소에 들어가시사" 우리로 하여금 속죄소까지도 담대히 나아갈 수 있도록 초대하셨습니다.

그리스도는 손으로 만들지 않은 성소에 들어가실 수 있었습니다(히9:24). 그분 자신이 하나님의 영광으로 가득 차 있고(요1:14) 또한 이 불과 빛이 예시한 하나님의 은혜와 진리까지도 가득 찬 참된 성막이십니다. 그 예수 그리스도 안에서 하나님의 영광은 영원히 안식하게 되는 것입니다. "그 안에는 신성의 모든 충만이 육체로 거하시기 때문(골2:9)" 입니다. 예수 그리스도를 통해서만 참으로 하나님을 찬양할 수가 있습니다.

〈20〉 구름의 인도

백성들은 성막에서 구름이 떠오르면 길을 떠나고, 성막 위에 머물 때에는 그 장소에서 머물렀습니다.

> 〈출40:36~38〉
> 36 구름이 성막 위에서 떠오를 때에는 이스라엘 자손이 그 모든 행진하는 길에 앞으로 나아갔고

> *37 구름이 떠오르지 않을 때에는 떠오르는 날까지 나아가지 아니하였으며*
> *38 낮에는 여호와의 구름이 성막 위에 있고 밤에는 불이 그 구름 가운데에 있음을 이스라엘의 온 족속이 그 모든 행진하는 길에서 그들의 눈으로 보았더라*
> 〈더 제대로 된 번역〉
> *38 낮에는 여호와의 구름이 성막 위를 덮었고 밤에는 구름 가운데 불이 있었다. 그리하여 모든 이스라엘 백성은 여행을 하는 동안에 그 구름을 볼 수 있었다.*

이 말씀들 가운데에는 또 한 가지 순종의 사건이 기록되어 있습니다.

그것은 이스라엘 백성이 광야 여행 중에 "구름이 성막 위에서 떠오를 때에는" 길을 떠나고, 그것이 "떠오르지 않을 때에는" 그 곳에 머문 일입니다. 이 일은 매우 귀한 순종이므로 민수기 9장 15절 이하에서 이 일에 대한 말씀이 일곱 번이나 거듭 나옵니다. 이런 중복 문구는 거기에 기록된 사건의 귀중성을 강조하는 것입니다. 참으로 순종은 제사보다 귀한 일입니다(삼상 15:22).

모든 인생은 하나님의 법에 순종해야 합니다.

사람은 지존자도 아니고 자유자도 아닙니다. 하나님께서 내신 법에 대한 순종은 사람의 구조적인 성격에서 벌써 요청되고 있습니다.

사람은 하나님께서 내신 이 우주의 법칙에도 순응하지 않을 수 없습니다. 사람은 지구에 살면서 하나님께서 정하신 지구의 일정한 법에 순응하지 않을 수 없습니다.

하나님께서 내신 법에 의해 이 만물계에 속한 것들은 변동될 수 없습니다. 그 이유는 하나님께서 그것들을 유지해 나가시기 때문입니다.

지구는 총알보다 75배나 빠른 속도로 태양을 돌고 있는데 사람이 어찌 그것을 막을 수 있겠습니까? 수소 둘(H_2)과 산소 하나(O)가 합하여 물(H_2O)이 되는 원리를 바꿀 사람은 없습니다.

보통 사람들은 알지도 못하는 엄청 큰 별들이 우주에 수도 없이 많습니다. 그중 베텔기우스는 태양보다 800백배 가량 더 크다고 합니다. 사람은 이런 별들의 소용도 모르고 있습니다. 사람들은 결코 이런 것들을 지배하지 못합니다. 사람들은 일정하게 운영되는 세상의 법칙도 막지 못합니다.

법을 세우기만 하고 유지하지 않는다면 그 법은 시행될 수 없습니다. 국가법도 그대로 행정하지 않는다면 그것은 아무런 좋은 성과도 나타내지 못합니다.

하나님께서 세상 만물의 법칙을 친히 실시하시기 때문에 사람은 그 법에 순종해야 합니다. 더욱이 **하나님의 신령한 법**은 얼마나 힘이 있겠습니까? 신령한 법이란 곧 **하나님 자신**이십니다.

하나님께서 자신을 우리에게 내어주신 사실은 다음과 같이 해석될 수 있습니다.

(1) 사람은 **하나님이 함께해주시는 은혜로만** 구원을 받습니다.

성막과 그 부속품들과 제사제도를 세움에 있어서 하나님께 순종했던 모세는 하나님을 어떤 분으로 여긴 것입니까? 그 민족의 구원이 **오직 하나님께만 달렸음을 알았던** 것입니다.

그들이 하나님과 함께 가나안 땅에 들어간 일은 **그들의 구원**을 의미하는데 모세는 하나님께서 함께하지 않으시려면 그 백성을 가나안 땅으로 들여보내지 마시기를 구했습니다(33:15). 이것을 보면 모세는 그와 그 백성의 구원문제가 **온전히 하나님께만 달려 있다고 믿었음**을 알 수 있습니다.

구원이란 결국 영육의 죽음 문제를 해결하는 것인데 이 문제는 **하나님께서만 해결**하실 수 있습니다. 하나님은 그들의 이 문제를 해결해주시기 위해 **성막**과 **제사제도**를 세우라고 하신 것입니다.

이 일은 아주 중요합니다.

그 일에 대한 하나님의 명령은 자세하고 긴데 모세는 **그 세목들 하나하나에 지극한 정성으로 실행**했습니다. 이 때문에 이 부분에서 "여호와께서 모세에게 명하신대로 되니라" 는 말씀이 여러 번 나온 것입니다. 이와 같은 순종이야말로 **시종일관된 충성된 순종**입니다(히3:2,5).

우리는 하나님의 말씀을 순종하려 할 때 **우리 자신의 어리석은 반항 때문에** 종종 실패합니다. 그러나 우리는 **하나님의 말씀이 우리를 영육의 죽음에서 구원하는 것임을 믿을 때 넉넉히 순종하게** 됩니다. 그러므로 우리는 **죽더라도 하나님께 순종할 마음이 있어야** 합니다.

(2) 사람은 **하나님의 인도를 받아야** 합니다(34~38절).

사람은 누구나 **어두운 존재들**입니다. 그러므로 **하나님의 인도를 받아야만** 합니다. 우리는 하나님께서 그 불쌍한 인생들을 인도해주심을 알아야 합니다.

사람보다 귀하지 않은 수많은 별들도 하나님께서 인도하십니다.

시편 147편 4절에 "그가 별들의 수효를 세시고 그것들을 다 이름대로 부르시는도다" 했습니다.

사람은 그 무엇보다도 귀하게 지음을 받았습니다. 사람의 영혼은 천하를 주어도 바꿀 수 없고 그 몸도 천하의 그 어떤 동물과도 바꿀 수 없습니다.

시편 37편 23절에 "여호와께서 사람의 걸음을 정하시고" 했습니다.

하나님이 사람의 걸음을 정하신다 함은 **하나님께서 사람의 주재자**란 뜻입니다.

그러므로 하나님의 인도를 받지 않고 자기 마음대로 사는 사람은 **대주재를 거스르는 죄**를 저지르는 것입니다.

특별히 성도들은 하나님의 아들의 피로 구속되었기 때문에 가장 귀중한 하나님의 소유입니다. 그래서 바울은 "너희는 너희 자신의 것이 아니라(고전 6:19)" 했습니다.

하나님께 순종하는 단순한 행동이 **하나님 앞에서는 깊고 오묘한 일**입니다. 예수님은 하나님의 아들이시지만 "**고난으로 순종함을 배워서 온전하게 되었다**" 고 했습니다(히5:8~9).

하나님께 순종함으로만 복을 받는다는 사실을 명심하며 살아가는 우리 모두가 되기를 축원합니다. 아멘.

이 책은 **예수 그리스도**의 **영**인 **성령**께서 하시는 일에 대해 **상세히 알게** 해줍니다.

사도행전 강해설교
전6권
각권 22,000원

- ◆ 하나님은 과연 누구신가?
- ◆ 예수 그리스도를 확실하게 믿은 사람이 어떻게 하나님의 사람으로 변화되고 거룩해지는가?
- ◆ 복음이 무엇이며, 어떻게 사람들에게 전달되는가?
- ◆ 복음을 전하는 사람은 과연 어떤 사람인가?
- ◆ 예수 그리스도의 교회가 무엇이며, 어떻게 세워지고 확장되는가?
- ◆ 영적인 전쟁이 무엇인가? 하나님의 권능이 무엇인가?
- ◆ 하나님의 종과 거짓 종이 어떻게 다른가?
- ◆ 하나님의 백성은 어떤 인생을 사는가?
- ◆ 이런 의문에 대해 분명하고도 충분하게, 알기 쉽게 설명해줍니다.

하나님과 성경의 예언을
정확히 알고 싶은 분들을 위한 책

요한계시록 강해설교 전3권
각권 18,000원

◆ 하나님은 누구시며 진리는 무엇인가를 알게 합니다
◆ 요한계시록의 정확한 번역과 해석으로 과거와 현재와 미래에 대한 창조주의 섭리를 알게 합니다

1. 성경본문이 주는 교훈 (지혜)
2. 오늘날 우리의 잘못을 지적하는 책망
3. 잘못된 것을 고치게 하는 바르게 함
4. 영육의 성장과 훈련을 위한 의로 교육하는 말씀

구입안내

김정은 간사: 010-5732-9009 / 010-7659-9997
송금계좌: 373912-474-04107 (하나은행 / 류춘복)